CURSO DE DIREITO EMPRESARIAL

www.editorasaraiva.com.br/direito
Visite nossa página

Elisabete Vido

CURSO DE DIREITO EMPRESARIAL

9ª edição
2ª tiragem
2021

saraiva jur

DADOS INTERNACIONAIS DE CATALOGAÇÃO NA PUBLICAÇÃO (CIP)
VAGNER RODOLFO DA SILVA - CRB-8/9410

V654c Vido, Elisabete

Curso de direito empresarial / Elisabete Vido. – 9. ed. – São Paulo : Saraiva Educação, 2021.
480 p.

ISBN 978-65-5559-536-9 (Impresso)

1. Direito. 2. Direito empresarial. I. Título.

2021-328 CDD 346.07
CDU 347.7

Índices para catálogo sistemático:

1. Direito empresarial 346.07
2. Direito empresarial 347.7

saraiva EDUCAÇÃO | saraiva jur

Av. Paulista, 901, 3º andar
Bela Vista – São Paulo – SP – CEP: 01311-100

SAC sac.sets@saraivaeducacao.com.br

Direção executiva Flávia Alves Bravin
Direção editorial Renata Pascual Müller
Gerência de projetos e produção editoriais Fernando Penteado

Planejamento Josiane de Araujo Rodrigues

Novos projetos Sérgio Lopes de Carvalho
Dalila Costa de Oliveira

Gerência editorial Isabella Sánchez de Souza
Edição Liana Ganiko Brito

Produção editorial Daniele Debora de Souza (coord.)
Daniela Nogueira Secondo

Arte e digital Mônica Landi (coord.)
Camilla Felix Cianelli Chaves
Claudirene de Moura Santos Silva
Deborah Mattos
Guilherme H. M. Salvador
Tiago Dela Rosa

Projetos e serviços editoriais Daniela Maria Chaves Carvalho
Kelli Priscila Pinto
Marília Cordeiro
Nicoly Wasconcelos Razuk

Diagramação Laís Soriano
Revisão Willians Calazans
Capa Aero Comunicação
Produção gráfica Marli Rampim
Sergio Luiz Pereira Lopes
Impressão e acabamento Bercrom Gráfica e Editora

Data de fechamento da edição: 3-3-2021

Dúvidas? Acesse www.editorasaraiva.com.br/direito

CL 607074 CAE 759620

DEDICATÓRIA

Para Flávio Martins, e nossa extraordinária vida comum, sem nenhum medo de ser chamada de brega pelo meu querido leitor, ofereço as palavras de Sergio Endrigo, da música "Io che amo solo te" numa tradução livre:

"Tem gente que teve mil coisas
Todo o bem, todo o mal do mundo
Eu só tive você
E não te perderei, não te deixarei
Por procurar novas aventuras
Tem gente que ama mil coisas
E se perde pelas estradas do mundo
Eu que amo apenas a ti
Eu me aquietarei e te presentearei
Com o que resta da minha juventude
Eu só tive você
E não te perderei, não te deixarei
Por procurar novas ilusões
Tem gente que ama mil coisas
E se perde pelas estradas do mundo"

AGRADECIMENTO

Agradeço aos meus pais, Quintino e Zenaide, que deixaram que eu errasse e fosse o que eu sonhasse, ao mesmo tempo que gastaram toda a sua vida para me presentear com a melhor vida possível.

Agradeço ao meu irmão, Eduardo, por sua presença e a certeza de seu amor.

Agradeço aos meus amores Ringo Star, Paul McCartney e Eleanor Rigby, meus cachorros, por me ensinarem o que é o amor incondicional.

Por fim, aos queridos alunos, que me ensinaram a ser professora, que compartilharam seus sonhos e deixaram em mim sua marca inesquecível.

SUMÁRIO

1

DIREITO EMPRESARIAL

SUMÁRIO

1.1 Evolução histórica

O direito comercial tem início na Idade Média. Para Gladston Mamede[1], a origem está nas regiões de Ur e Lagash (cidades mesopotâmicas da Idade Antiga), mas o que é aceito pela maioria é que o começo está com o florescimento das primeiras cidades (burgos) e o desenvolvimento do comércio marítimo.

Durante a **Idade Média**, com a ausência de um Estado centralizado, as regras eram estabelecidas dentro dos limites dos feudos. Na baixa Idade Média, observa-se a decadência do sistema feudal e o fortalecimento das cidades, e, socialmente, uma nova classe começa a ganhar força: a dos mercadores ambulantes que agora tinham condições de se fixarem, e precisavam de regras para as suas atividades, que simplesmente eram ignoradas pelo tradicional direito civil.

Para tanto, começaram a se organizar em **corporações**, e desenvolveram regras, baseadas nos costumes, para serem aplicadas nas relações entre comerciantes. Este é o **período subjetivo do Direito comercial**.

Nesse momento, **o critério caracterizador** do comerciante é **a participação na corporação de ofício** (de artesãos, comerciantes etc.), não importando o que o comerciante faça, mas se pertence ou não a uma determinada corporação. O direito comercial é um direito de uma determinada classe. De acordo com Marlon Tomazette, tal sistema também se refletiu no Brasil durante o século XVIII e a primeira metade do século XIX, quando as normas tratavam dos "homens de negócios, seus privilégios e sua falência"[2].

---

1. MAMEDE, Gladston. *Manual de direito empresarial*. 6. ed. São Paulo: Atlas, 2012. p. 2.
2. TOMAZETTE, Marlon. *Curso de direito empresarial*: teoria geral e direito societário. 2. ed. São Paulo: Atlas, 2009. v. 1, p. 8.

Na **Idade Moderna**, com a centralização do poder político nas mãos do monarca, o Direito também será uma atribuição do Estado. Nesse período, o direito comercial não está mais restrito às atividades dos comerciantes. Exemplo disso é o surgimento dos títulos de crédito, que na sua criação estão ligados às relações comerciais, mas com a sua circulação, tornavam-se um **direito autônomo**. O critério adotado nesse período, como resposta ao período anterior, é o objetivo, ou seja, superado o direito das corporações, a **definição de comércio** depende dos **atos realizados**, se são ou não comerciais, e não das pessoas que os realizam.

A legislação que marca esta nova visão do direito comercial, é o **Código Francês de 1807, que adota a teoria dos atos do comércio**, ou seja, o comerciante é quem pratica determinado ato definido na lei como ato típico da atividade comercial.

Como era de se esperar, também este período foi superado, já que não era possível prever e relacionar todos os atos que poderiam ser comerciais. O terceiro e **atual momento** é o iniciado pelo **Código Civil italiano de 1942**. O foco agora não são os atos comerciais, mas a *atividade* realizada pelo empresário.

No Código Civil italiano de 1942 ocorre a **unificação do direito privado**, de tal modo que num mesmo ordenamento, em um mesmo conjunto de normas são regulados o direito civil e o direito comercial. Assim, por exemplo, as normas que regulam as relações obrigacionais são aplicáveis tanto para as operações corriqueiras de consumidores quanto para as complexas relações entre empresários. Também é nesse ordenamento, que se adota a teoria da empresa, abandonando-se o termo "comércio" e adotando-se o termo "empresa".

PARA FIXAR

1º PERÍODO IDADE MÉDIA	Corporações de ofício	• Comerciante é definido por sua participação nas corporações
2º PERÍODO SÉC. XIX	Código Francês 1807	• Comerciante é definido pela prática dos atos de comércio • Teoria dos atos de comércio
3º PERÍODO SÉC. XX	Código Civil Italiano 1942	• Unificação do direito privado • Empresário é definido pela prática de atividade econômica organizada • Teoria da empresa

1.2 Evolução do direito comercial no Brasil

No Brasil, durante todo o período de colonização, se aplicava apenas as **normas portuguesas** (por exemplo, as *Ordenações Filipinas*). Com a vinda da Corte para o Brasil em 1808, a colônia brasileira passa a ser o centro do império português. Além disso, a abertura dos portos às nações aliadas de Portugal fez com que fosse criada a "Real Junta de Comércio, Fábrica e Navegação deste Estado do Brasil e seus Domínios Ultramarinos", por um alvará real em 23-8-1808. Em 1815, passa a ser designada "Real Junta de Comércio, Fábrica e Navegação do Império do Brasil" e perdura até 1850 com a publicação do

Código Comercial de 1850. A Real Junta de Comércio, além de resolver inicialmente conflitos ultramarinos, cuidava das matrículas dos negociantes e das certidões necessárias à época.

A nossa primeira regulamentação é o **Código Comercial de 1850**, que segue *a* **influência do Código Francês de 1808**, adotando, portanto, o critério objetivo da *teoria dos atos de comércio.*

Embora não houvesse uma relação dos atos de comércio no Código Comercial, o Regulamento 737, também de 1850, definia em seu art. 19 quais atos seriam de comércio:

> "§ 1º A compra e venda ou troca de efeitos móveis ou semoventes, para os vender por grosso ou a retalho, na mesma espécie ou manufaturados, ou para alugar o seu uso. § 2º As operações de câmbio, banco e corretagem. § 3º As empresas de fábricas, de comissões, de depósito, de expedição, consignação e transportes de mercadorias, de espetáculos públicos. § 4º Os seguros, fretamentos, riscos e quaisquer contratos relativos ao comércio marítimo. § 5º A armação e expedição de navios".

O comerciante era definido como quem praticava a "mercancia", o comércio. O problema era que o Código Comercial de 1850 não definia o que era a "mercancia".

Carvalho de Mendonça[3] é quem nos ajudará a compreender melhor os atos de comércio, diferenciando-os em três tipos:

- **atos de comércio por natureza**, que são os negócios jurídicos relacionados ao "exercício normal da indústria mercantil". Neles se observa a habitualidade ou profissionalismo, a finalidade lucrativa e a intermediação, que significa não adquirir a mercadoria como destinatário final e sim aproximar o produtor ao consumidor final;
- **atos de comércio por dependência ou conexão**, que são atos originalmente civis, mas por terem sido realizados no interesse da atividade comercial, adquirem a conotação de atos de comércio, é o caso, por exemplo, da compra de mesas e cadeiras para um restaurante ou um congelador para um bar.
- **atos de comércio por força de lei**, que são caracterizados como ato de comércio simplesmente por força de lei, como, por exemplo, os atos realizados pelas sociedades por ações.

O Regulamento 737 foi revogado em 1875, mas sua lista de atos de comércio continuou sendo utilizada, o que, na prática, gerava problemas, pois vários atos, por não pertencerem à lista, não eram considerados comerciais, como a compra e venda de imóveis, a atividade rural, a prestação de serviços, entre outros.

---

3. CARVALHO DE MENDONÇA, J.X. *Tratado de direito comercial brasileiro.* Campinas: Bookseller, 2000. v. 1, p. 526.

Dessa necessidade, e **por influência do Código Civil italiano de 1942**, o Brasil, antes mesmo do Código Civil de 2002, começa a adotar a **teoria da empresa**, como pode se notar, por exemplo, na Lei n. 8.934/94, que trata do Registro de **Empresas** Mercantis.

Com o **Código Civil de 2002 adota-se oficialmente a teoria da empresa** e ocorre a unificação, ao menos formal, do direito civil com o direito empresarial. Esta unificação formal não é absoluta, já que parte do Código Comercial de 1850 ainda continua em vigor[4], e o direito empresarial continua a ser disciplinado por várias leis especiais, tais como a Lei n. 6.404/76 (sociedades anônimas), o Dec. 57.663/66 (letra de câmbio e nota promissória), a Lei n. 7.357/85 (cheque), a Lei n. 8.934/94 (registro de empresas) etc.

Agora o **empresário** é definido de acordo com o art. 966 do Código Civil de 2002, como quem "**exerce profissionalmente atividade econômica organizada para a produção ou a circulação de bens ou de serviços**".

PARA FIXAR

TEXTO NORMATIVO	INSPIRAÇÃO	TEORIA
Código Comercial (1850)	Código Francês (1807)	• Dos atos de comércio
Código Civil (2002)	Código Civil Italiano (1942)	• Da empresa

1.3 Fontes

Na visão de Rubens Requião, são fontes do direito empresarial: a lei e os costumes[5]. Quanto às leis, Rubens Requião, assevera que apenas as "leis comerciais" são fontes do direito empresarial, e que devem ser excluídas as leis civis, pois a "regra civil não pode condizer com a natureza da relação comercial"[6]. Entretanto, hoje grande parte das regras empresariais estão dispostas no ordenamento civil, e, como nem sempre é possível separar tão claramente o que são regras empresariais ou civis, a lei civil ou empresarial será fonte do direito empresarial se puder ser aplicada ao caso concreto, de acordo com as regras de interpretação.

As *leis,* que são fontes do direito empresarial, encontram-se em grande medida no Código Civil no Livro II, "Do Direito da Empresa" e no Título VIII do Livro I, "Do Direito das Obrigações", que trata dos "Títulos de Crédito", e que são aplicados quando houver a omissão das Leis especiais, como o Dec. 57.663/66, a Lei n. 5.474/68, a Lei n. 7.357/85, entre outras. Além da Lei n. 6.404/76 que trata das sociedades por ações, e da Lei n. 11.101/2005 que trata da recuperação de empresas e da falência, entre outras.

É importante ressaltar que o **Código Comercial de 1850**, apesar de ter sido quase todo revogado, ainda **continua parcialmente em vigor** e é fonte para o comércio marítimo (Parte Segunda).

---

4. O Código Comercial de 1850 continua em vigor nos artigos que tratam do comércio marítimo.
5. REQUIÃO, Rubens. *Curso de direito comercial.* 28. ed. São Paulo: Saraiva, 2009. v. 1, p. 26.
6. Idem, p. 27.

Quanto ao **costume**, chamado por Rubens Requião como "usos comerciais"[7], certamente foi a origem de todo o direito empresarial, quando as regras eram definidas pelas Corporações de ofício. E os usos, para que se transformem numa regra implícita de uma comunidade, devem ser **praticados reiteradamente, por certo tempo, e com o reconhecimento voluntário dessa comunidade**[8].

Requião classifica os usos em dois grupos:

- **usos propriamente ditos ou de direito**, que são os aplicados pela vontade do legislador e por isso são aplicados imperativamente;
- **usos interpretativos ou convencionais**, que surgem pela vontade das partes[9].

Em todo o caso os usos não podem prevalecer contra a lei, não se admitindo os costumes ***contra legem***. É importante ressaltar que as normas cogentes não podem ser alteradas pela vontade das partes, enquanto que as normas dispositivas podem ser alteradas pela vontade das partes.

No Brasil, compete às Juntas Comerciais fazer os assentamentos dos usos e práticas comerciais (art. 8º, VI, da Lei n. 8.934/94).

PARA FIXAR

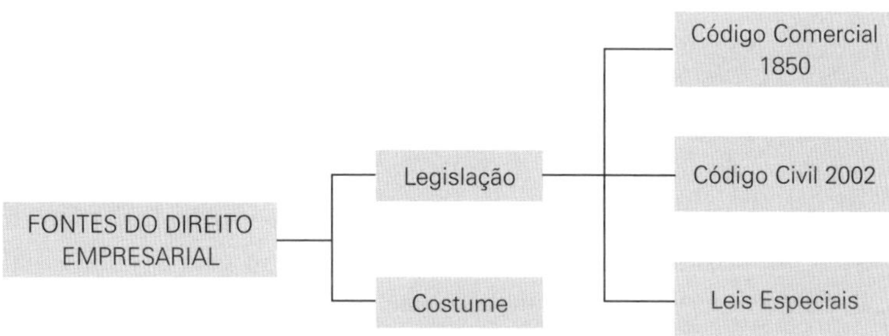

1.4 Conceito e autonomia

Historicamente, como vimos, apenas existia o direito privado como sinônimo do direito civil, especialmente durante o Império Romano. Com o florescimento das cidades e a ascensão da classe dos mercadores, se faziam necessárias regras especiais para aquelas relações, cujo dinamismo exigia normas capazes de regulá-las, diversas daquelas

7. Idem, p. 29.
8. Idem.
9. Idem, p. 30.

do direito comum. É nesse momento que surge um conjunto de regras, a princípio apenas alcançando os membros das corporações de ofício e posteriormente a todos que realizassem os atos comerciais.

Nesse momento é inquestionável a autonomia formal e material do direito comercial, já que além de regras especiais que regulamentam a disciplina, temos um corpo de normas específico, o Código Comercial de 1850.

Essa autonomia é questionada, quando o Código Civil de 2002 trata num mesmo ordenamento o direito civil e parte das regras do direito empresarial. Entretanto, **a autonomia não se perdeu**, já que apenas uma parte do direito empresarial foi tratada no Código Civil de 2002. Outras leis continuam a compor o ordenamento empresarial como a Lei n. 11.101/2005, que trata da recuperação de empresas e da falência, a Lei n. 7.357/85 que regula o cheque, a Lei n. 9.279/96 que trata da propriedade industrial entre outros, sem contar que o próprio Código Comercial continua em vigor em relação ao comércio marítimo.

E ainda que se falasse na perda relativa da autonomia formal, a **autonomia material foi mantida**, que no dizer de Marlon Tomazette, significa entre outras coisas a manutenção de princípios próprios, que são: "a simplicidade das formas, a onerosidade, a proteção ao crédito, o cosmopolitismo"[10]. A simplicidade das formas é necessária em virtude da velocidade das relações econômicas. A onerosidade se observa no objetivo claro do empresário em lucrar com sua atividade. O crédito é essencial para a manutenção da atividade econômica, enquanto que o cosmopolitismo reflete a globalização das relações empresariais.

Como se tudo isso não bastasse, a **autonomia** do direito empresarial é **assegurada pela CF/1988**, no art. 22, I, que, ao tratar da competência privativa da União para legislar sobre diversas matérias, explicitou que entre elas estão o "direito civil" e o "direito comercial". Portanto, não resta dúvida de que se trata de matérias diferentes e autônomas.

A nomenclatura "direito empresarial" se mostra mais adequada do que simplesmente direito comercial, pois a preocupação da disciplina não está apenas na atividade de intermediação de mercadorias, mas também na produção, na prestação de serviços bem como todas as relações necessárias para viabilizar a atividade empresarial.

O **direito empresarial** é, portanto, o **ramo do Direito** que tem por objeto a **regulamentação da atividade econômica** daqueles que atuam na circulação ou produção de bens, bem como na prestação de serviços, que conheceremos a seguir com a denominação de empresário.

1.5 Questões

01. **(Cespe – 2007.2)** Considerando o atual estágio do direito comercial (ou empresarial) brasileiro, assinale a opção correta.

a) O Código Civil de 2002, assim como o Código Comercial de 1850, adotou a teoria da empresa.

10. TOMAZETTE, Marlon. *Curso de direito empresarial* cit., 2. ed., v. 1, p. 32.

b) O Código Civil de 2002 não revogou a antiga legislação sobre sociedades por quotas de responsabilidade limitada.
c) O Código Civil de 2002 revogou totalmente o Código Comercial de 1850.
d) A Constituição da República estabelece a competência privativa da União para legislar sobre direito comercial (ou empresarial).

02. (Para fixação) Assinale a alternativa correta:

a) O direito empresarial brasileiro atual toma como base a teoria italiana da empresa para conceituar o empresário e a sociedade empresária, sendo certo que a mesma leva em conta o modo como a atividade é exercida.
b) O direito empresarial brasileiro atual toma como base a teoria alemã da empresa para conceituar o empresário e a sociedade empresária, sendo certo que a mesma leva em conta o modo como a atividade é exercida.
c) O direito empresarial brasileiro atual toma como base a teoria italiana dos atos do comércio para conceituar o empresário e a sociedade empresária, sendo certo que a mesma leva em conta o modo como a atividade é exercida.
d) O direito empresarial brasileiro atual toma como base a teoria francesa da empresa para conceituar o empresário e a sociedade empresária, sendo certo que a mesma leva em conta o modo como a atividade é exercida.

03. (Para fixação) Sobre a autonomia do direito empresarial, assinale a afirmativa correta:

a) com a unificação da matéria empresarial no Novo Código Civil, é fato que o Direito empresarial perdeu sua autonomia, sendo um ramo, portanto, do Direito Civil.
b) o direito empresarial, mesmo após a entrada em vigor do Novo Código Civil, continua sendo uma matéria autônoma, pois ainda assim continua em vigor o Código Comercial em quase toda sua totalidade.
c) O direito empresarial, mesmo após a entrada em vigor do Novo Código Civil, continua sendo uma matéria autônoma, mesmo a Constituição Federal prevendo de modo diverso.
d) O direito empresarial, mesmo após a entrada em vigor do Novo Código Civil, continua sendo uma matéria autônoma, uma vez que existem diversas legislações esparsas específicas, livros doutrinários específicos, bem como previsão constitucional separando a matéria civil da comercial (art. 22, I).

04. (Para fixação) O Código Comercial de 1850:

a) foi revogado pelo Novo Código Civil.
b) foi revogado pelo Novo Código Civil, estando em vigor, apenas, a parte atinente ao comércio marítimo.
c) foi derrogado pelo Novo Código Civil, estando em vigor, apenas, a parte atinente ao comércio marítimo.
d) foi derrogado pelo Novo Código Civil, estando em vigor, apenas, as partes atinentes ao comércio marítimo e aéreo.

GABARITO

QUESTÃO	COMENTÁRIOS
01	A alternativa D está correta, pois a Constituição Federal, no seu art. 22, I, determina que à União compete privativamente legislar sobre: "direito civil, comercial, penal, processual,

01	eleitoral, agrário, marítimo, aeronáutico, espacial e do trabalho". A alternativa A está incorreta, pois o Código Civil foi a primeira legislação a adotar a teoria da empresa. A alternativa B está incorreta, pois o Código Civil revogou a legislação sobre sociedades limitadas. A alternativa C está incorreta, já que parte do Código Comercial continua em vigor, que são os artigos que versam sobre contratos marítimos.
02	A alternativa correta é a A, tendo em vista que o art. 966 do Código Civil de 2002 adota expressamente a teoria italiana da empresa, de caráter subjetivo, que leva em conta o modo como a atividade é exercida para conceituar o empresário e a sociedade empresária. A teoria francesa era a dos atos de comércio, presente no Código Comercial de 1850.
03	A alternativa correta é a D, sendo certo que o direito empresarial ainda é autônomo, mesmo com a entrada em vigor do Novo Código Civil. Exemplo disso é o fato de que a matéria possui grade própria nos cursos de Direito, existem diversas outras legislações esparsas, livros próprios, além de a Constituição Federal prever competência privativa da União para legislar em material Civil e Comercial, diferenciando as duas.
04	A alternativa correta é a C, sendo certo que o Código Civil de 2002 derrogou o Código Comercial, na medida em que ainda se encontra em vigor esse último diploma na parte que rege o comércio marítimo.

2 EMPRESA

SUMÁRIO

2.1 Conceito de empresa

O Código Civil brasileiro de 2002, assim como o Código Civil italiano de 1942, adotou a teoria da empresa, mas não conceituou empresa. Na Itália, a melhor explicação é de Alberto Asquini[1], que, com sua **teoria poliédrica da empresa**, definiu empresa a partir da soma de quatro perfis: subjetivo, funcional, objetivo e corporativo.

O **perfil subjetivo** analisa a necessidade de um titular da atividade, ou seja quem exerce a atividade empresarial, que pode ser: o empresário individual, sociedade empresária ou Eireli[2]. O **perfil funcional** é a atividade empresarial definida como "aquela força em movimento dirigida para um determinado escopo produtivo"[3]. O **perfil objetivo** é o conjunto de bens necessários para o exercício da atividade empresarial, denominado azienda. E por fim, o **perfil corporativo** é a relação entre empresário e seus funcionários que realizam a atividade.

Waldirio Bulgarelli[4], ao explicar a teoria poliédrica, atribuiu um novo nome: teoria triédrica da empresa, excluindo o perfil corporativo pois, segundo ele, a **empresa** se dá pela soma de três aspectos: **empresário** (perfil subjetivo), **estabelecimento** (perfil objetivo), e **atividade empresarial** (perfil funcional). E termina por definir empresa como a "atividade econômica organizada de produção e circulação de bens e serviços

1. ASQUINI, Alberto. Profili dell'Impresa, *Rivista del Diritto Commerciale*, v. 41, I, 1943. Tradução de Fábio Konder Comparato. *Revista de Direito Mercantil*. São Paulo: RT, 104/113-116, out./dez. 1996.
2. Já fazendo a relação com o que existe hoje em nosso ordenamento.
3. Já fazendo a relação com o que existe hoje em nosso ordenamento
4. BULGARELLI, Waldirio. *Tratado de direito empresarial*. 2. ed. São Paulo: Atlas, 1995. p. 93.

para o mercado, exercida pelo empresário, em caráter profissional, através de um complexo de bens"[5].

Rubens Requião caracteriza de forma mais simplificada a empresa como o exercício da atividade econômica[6], o que, em nossa opinião, é uma definição equivocada, já que é possível o exercício de atividades econômicas por atividades não empresariais. A atividade de uma sociedade de médicos, por exemplo, pode ser constituída sob a forma de sociedade não empresária, e ainda assim exerce uma atividade econômica.

É importante, por fim, saber que a empresa não se confunde com as pessoas que exercem a atividade, ou seja, o empresário individual, a sociedade empresária ou Eireli. Da mesma forma, não se pode confundir a empresa com o estabelecimento, conjunto de bens, onde ela é exercida. Portanto, ao simplificar o conceito de empresa, o mais correto, na nossa opinião, seria aproximá-lo do conceito da atividade empresarial.

2.2 Atividade empresarial

O legislador determinou certas **características** para a definição de uma atividade como empresária: **(a) exercício da atividade econômica**; **(b) profissionalismo**; e **(c) organização (art. 966 do CC)**.

É a presença de todas elas que caracterizará a atividade como empresarial.

a) Atividade econômica

O exercício da atividade econômica, significa que a atividade deve ter o objetivo lucrativo destinada à produção, circulação de bens ou prestação de serviços, e assim reconhecida como empresarial.

O legislador, no art. 966 do Código Civil, pretendeu aqui acobertar o maior número possível de atividades, deixando de fora da definição algumas poucas atividades que não são econômicas, como é o caso daquelas exercidas pelas associações e fundações.

O objetivo da atividade econômica é lucrativo, ainda que muitas vezes, especialmente no momento atual, o resultado seja apenas a sua manutenção.

b) Profissionalismo

O profissionalismo fica evidenciado pelo fato de o empresário atuar com habitualidade, em nome próprio e com o domínio das informações sobre o produto ou o serviço que está colocando no mercado. A atividade, nesse sentido, não pode ser ocasional ou esporádica; ao contrário, tem que ser realizada de forma contínua.

---

5. BULGARELLI, Waldirio. *Tratado de direito empresarial*. 2. ed. São Paulo: Atlas, 1995. p. 100.
6. REQUIÃO, Rubens. *Curso de direito comercial*. 28. ed. São Paulo: Saraiva, 2009. v. 1, p. 59.

Se a atividade for constituída de forma eventual ou esporádica, não existirá atividade empresarial.

c) Organização

A **organização** refere-se à preocupação do empresário em **gerir os elementos da atividade empresarial** como capital, matéria-prima, mão de obra, tecnologia empregada, o melhor local e horário de funcionamento, entre outros. A organização, portanto, significa essa preocupação em usar os melhores recursos para que o negócio dê certo.

O empresário preocupa-se não apenas com a atividade pessoalmente exercida, e sim com a gestão do todo, para que essa atividade, ao final, dê o resultado esperado.

A organização existe não importando se o empreendimento é grande ou pequeno; afinal, não é a grandiosidade que representa a organização, e sim a gestão do todo.

Quando o mais importante no exercício da atividade econômica é a **pessoalidade**, a confiança, ela **deixa de ser empresarial**. É o que acontece, por exemplo, com a atividade exercida pelo advogado; mesmo que este tenha funcionários e seja profissional, a escolha realizada pelo cliente é baseada na **confiança**, e não na organização; logo, a atividade, neste caso, não é empresarial.

Da mesma forma o médico, que, ao exercer sua atividade num consultório, mesmo que possua uma secretária ou outro funcionário, não tem como principal preocupação a organização dessa atividade, e sim a **pessoalidade**, a relação direta com seu paciente. No entanto, se num dado momento o seu consultório for crescendo e esse profissional pensar em montar uma clínica ortopédica, por exemplo, contratando médicos, auxiliares, comprando máquinas e empregando funcionários que possam comandá-las, a pessoalidade vai diminuindo e a organização vai aumentando. Daí que nessa clínica médica, se houver **organização**, a atividade passaria a ser empresarial.

Nesse sentido, o Enunciado n. 195 do Conselho de Justiça Federal, aprovado na III Jornada de Direito Civil, dispõe: "A expressão 'elemento de empresa' demanda interpretação econômica, devendo ser analisada sob a égide da absorção da atividade intelectual, de natureza científica, literária ou artística, como um dos fatores da organização empresarial".

PARA FIXAR

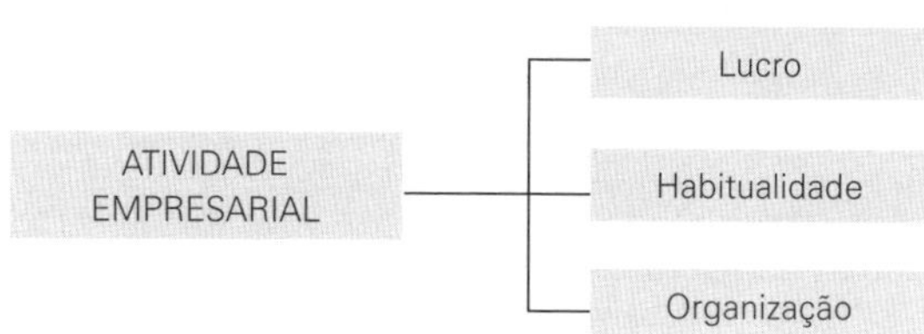

2.3 Questões

01. (2017. VUNESP.TJ-SP) Quais dos elementos indicados a seguir são considerados indispensáveis para a existência de uma empresa?

a) Lucro, sociedade e aviamento.

b) Produção racional, comercialização dos produtos e função social.

c) Eficiência, registro no órgão competente e estabilidade.

d) Atividade, empresário e estabelecimento.

02. (TJPR/2014) Para a Teoria da Empresa, adotada no Brasil com o Código Civil de 2002, é empresarial a atividade econômica organizada para a produção ou a circulação de bens ou de serviços. Será empresário, pois, aquele que exercer profissionalmente essa atividade. A respeito dessa teoria, é INCORRETO afirmar:

a) O aspecto objetivo se refere à dinâmica empresarial, ou seja, à atividade própria do empresário ou da sociedade empresária, em seu cotidiano negocial, que nada mais é do que o complexo de atos que compõem a vida empresarial.

b) Ela surgiu e foi desenvolvida na Itália, sendo um de seus expoentes Alberto Asquini.

c) Como objeto de estudos, a empresa possui quatro perfis, de acordo com seus quatro aspectos distintos, que são o perfil ou aspecto subjetivo, o perfil ou aspecto objetivo, o perfil ou aspecto funcional e o perfil ou aspecto corporativo.

d) No direito brasileiro o aspecto corporativo submete-se ao regramento da legislação trabalhista, daí por que Waldirio Bulgarelli prefere dizer que a Teoria Poliédrica da Empresa é reduzida, no Brasil, à Teoria Triédrica da Empresa, abrangendo tão somente os perfis subjetivo, objetivo e funcional, que interessam à legislação civil.

GABARITO

QUESTÃO	COMENTÁRIOS
01	A alternativa D está correta, pois, de acordo com a Teoria da Empresa, são necessários três elementos para a existência de uma empresa: atividade empresarial, empresário e estabelecimento.
02	A alternativa incorreta é a A, pois o aspecto objetivo é o conjunto de bens necessários para o exercício da atividade empresarial. As demais alternativas estão corretas e expressam a Teoria Poliédrica da Empresa de Alberto Asquini.

3

EMPRESÁRIO

SUMÁRIO

3.1 Empresário

De acordo com o art. 966 do Código Civil de 2002, empresário é a pessoa que "exerce profissionalmente atividade econômica organizada para a produção ou a circulação de bens ou de serviços".

O empresário é o sujeito da atividade empresarial, o titular de direitos e obrigações. Essa atividade pode ser realizada:

- pelo **empresário individual**, que exerce sua atividade como pessoa física e assume o risco da atividade empresarial, já que não há um patrimônio da pessoa jurídica e um patrimônio da pessoa física;
- pela **empresa individual de responsabilidade limitada** (Eireli, modalidade inserida pela Lei n. 12.441/2011), que exerce a atividade individualmente, mas com a constituição de personalidade jurídica;
- pelas **sociedades empresárias**, que exercem a atividade empresarial pela contribuição de duas ou mais pessoas, constituindo ou não personalidade jurídica, dependendo da ocorrência do registro.

Atente para o fato de que, nas sociedades empresárias, os sócios não podem ser chamados de empresários, pois o empresário é a sociedade. Ela é a titular da atividade empresarial, enquanto os sócios, por outro lado, podem ser chamados apenas de sócios, acionistas, cotistas ou investidores; nunca de empresário.

O empresário individual, a empresa individual de responsabilidade limitada e as sociedades empresárias serão estudados posteriormente.

3.2 Sujeitos da atividade empresarial

A atividade empresarial pode ser realizada pelos seguintes sujeitos: empresário individual, empresa individual de responsabilidade limitada e sociedades.

Começaremos nosso estudo pelo empresário individual.

3.2.1 Empresário individual

O empresário individual é a pessoa física que exerce uma atividade empresarial sem a presença de sócios. O problema de se exercer a atividade dessa forma é que o empresário assume o **risco total** pela atividade exercida[1].

Isso porque o empresário individual, mesmo que regularmente registrado, não tem um patrimônio separado para a atividade empresarial e outro para suas obrigações pessoais, já que não existe a constituição da personalidade jurídica. O empresário individual tem um **único patrimônio**, que responde ao mesmo tempo **pelas dívidas empresariais e pessoais**[2].

O empresário individual é obrigado a se registrar antes de começar sua atividade (art. 967 do CC); do contrário, será empresário individual, mas exercendo sua atividade de modo irregular[3].

A sociedade empresária e a empresa individual de responsabilidade limitada, quando se registram, constituem personalidade jurídica e adquirem autonomia patrimonial em relação ao patrimônio dos sócios ou titulares.

Portanto, nessas situações, diante de uma obrigação empresarial a responsabilidade patrimonial é da sociedade ou da "empresa individual de responsabilidade limitada" e, eventualmente, dependendo do tipo societário adotado, pode-se ou não atingir o patrimônio pessoal dos sócios. Aliás, esse benefício de ordem é previsto pelo art. 1.024 do Código Civil de 2002, quando o legislador afirma que o patrimônio pessoal dos sócios só

---

1. De acordo com os arts. 66 a 85 do Projeto de Lei do Senado n. 487/2013, o empresário individual que exerça sua atividade regularmente terá um patrimônio afetado pela atividade, ou seja, conseguirá separar os bens pessoais dos bens empresariais.

2. Nesse sentido, o posicionamento do Tribunal de Justiça do Estado de São Paulo: "Agravo de instrumento. Prestação de serviços hospitalares. Ação monitoria. Ajuizamento contra pessoa natural titular de firma empresarial exercida individualmente, nos termos do art. 966 do Código Civil de 2002. Expedição de ofício ao Detran para localização de bens passíveis de penhora em nome da empresa individual. Possibilidade. Inexistência de personalidade distinta entre a empresa individual e a pessoa física que desempenha a atividade. Recurso provido. 'Usando uma firma para a realização de atividade empresarial e mantendo o seu nome natural para os atos da vida civil, o empresário individual, antigo comerciante na teoria dos atos do comércio, não se investe de dupla personalidade, de modo que as obrigações exercidas pela pessoa física se confundem com aquelas assumidas pela firma comercial, e vice-versa'" (TJSP, AgIn 990102756149 SP, 25ª Câm. Dir. Priv., j. 25-8-2010, rel. Andreatta Rizzo, *DJ* 2-9-2010).

3. De acordo com os arts. 66 a 85 do Projeto de Lei do Senado n. 487/2013, haverá previsão expressa sobre o empresário informal ou irregular.

pode ser atingido quando permitido no ordenamento, depois de esgotados os bens da pessoa jurídica.

O **empresário individual** não tem este benefício de ordem e, igualmente, **não tem personalidade jurídica, ainda que seja registrado e possua CNPJ**, e mantenha sua existência como pessoa física[4]. A personalidade jurídica só pode ser constituída a partir de previsão legal, o que não existe para o empresário individual.

Dessa forma, portanto, o patrimônio conquistado ao longo da vida do empresário individual pode ser atingido pelo insucesso da atividade empresarial, ressalvados os bens absolutamente impenhoráveis que seriam protegidos de qualquer forma[5].

Posteriormente, estudaremos a forma criada pelo legislador, na Lei n. 12.441/2011, de proteger o patrimônio pessoal do empresário, com o estabelecimento da Empresa Individual de Responsabilidade Individual (Eireli).

IMPORTANTE

Cuidado, o empresário individual possui CNPJ, mas **não possui** personalidade jurídica. A finalidade do CNPJ é para que o Fisco tribute de forma diferenciada as atividades empresariais e atividades pessoais.

3.2.1.1 Requisitos

Podem exercer a atividade empresarial como empresário individual, de acordo com o art. 972 do Código Civil de 2002, os que estiverem em "pleno gozo da capacidade civil e não forem legalmente impedidos"[6].

Portanto, podemos afirmar que são requisitos para ser empresário individual:

- capacidade civil em pleno gozo;
- ausência de impedimentos legais.

Ressalte-se que **o registro na Junta Comercial**, como detalharemos posteriormente, **não é um requisito para constituir o empresário individual**, mas sim a declaração da regularidade da atividade.

4. Nesse sentido, o STJ se posicionou: "Empresário individual é a própria pessoa física ou natural, respondendo os seus bens pelas obrigações que assumiu, quer civis quer comerciais. Indispensável a outorga uxória para efeitos de doação, considerando que o patrimônio da empresa individual, e da pessoa física, nada mais são que a mesma realidade. Inválido, portanto, o negócio jurídico celebrado (STJ, REsp 594.832/RO, 3ª T., j. 28-6-2005, rel. Min. Nancy Andrighi, *DJ*, 1º-8-2005, p. 443).

5. No mesmo sentido, TOMAZZETTE, Marlon. *Curso de direito empresarial* cit., p. 46.

6. De acordo com os arts. 66 a 85 do Projeto de Lei do Senado n. 487/2013, os mesmos requisitos foram mantidos.

PARA FIXAR

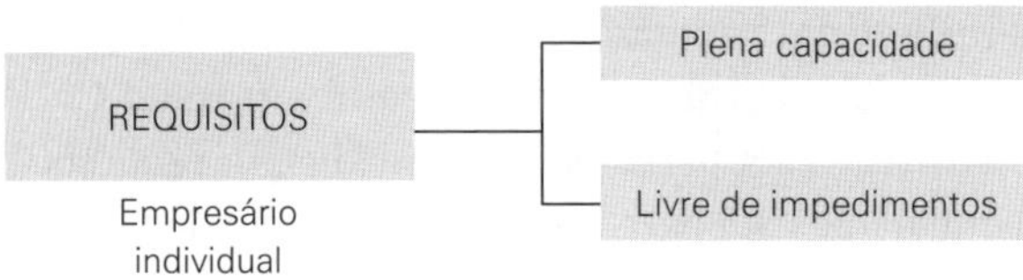

a) Capacidade

A plena capacidade civil das pessoas naturais começa aos 18 anos, desde que conservem a sanidade mental. Se a pessoa tem menos de 16 anos, ela é absolutamente incapaz (art. 3º do CC) e, para o exercício de atos da vida civil, precisará de representação. Porém, se a idade é de 16 a 18 anos, a pessoa será relativamente incapaz e precisará ser assistida na prática dos atos da vida civil.

Entretanto, a pessoa que tem entre 16 e 18 anos pode ser emancipada e adquirir a plena capacidade civil, por ato dos pais, por decisão judicial ou, ainda, pelas hipóteses legais do casamento, do exercício de emprego público efetivo, da colação de grau em curso superior, do estabelecimento ou da relação de emprego que permitam ao incapaz economia própria (art. 5º do CC).

A incapacidade também pode não ter relação com a idade da pessoa, e sim com suas condições mentais. Uma pessoa pode ser capaz, mas, num dado momento da sua vida, tornar-se **incapaz** por uma doença ou mesmo um acidente. Nessas situações, a incapacidade é definida judicialmente, por meio de um processo de interdição, em que será demonstrado se existe a incapacidade, e se ela é absoluta ou relativa.

O fato de a pessoa ser portadora de deficiência não a torna incapaz, ainda que ela possa precisar de assistência especial.

a.1) Realização da atividade empresarial por incapaz como empresário individual

A regra para a realização da atividade empresarial é a capacidade, por isso o incapaz não pode iniciar uma atividade empresarial individualmente, mas, **em caráter de exceção**, é possível a **continuação** da atividade empresarial.

A continuação da empresa, nesse caso, atende ao **princípio da preservação da empresa**, que leva em conta não apenas o interesse do incapaz, mas também o interesse dos empregados, fornecedores e da sociedade de uma forma geral, que podem ser prejudicados pelo encerramento da atividade empresarial.

A **continuação da empresa** ocorrerá se:

- o incapaz recebeu a empresa como objeto de **herança**, portanto a atividade foi iniciada por alguém capaz, **ou**

- se a **incapacidade foi superveniente** ao início da atividade empresarial, de tal modo que a incapacidade surgiu posteriormente ao início da atividade empresarial, reconhecida judicialmente pelo procedimento da interdição[7].

Nesses casos, o **juiz** no processo de **inventário**, em que a destinação do espólio será definida, ou no processo de **interdição**, no qual a gestão dos bens será definida, **avaliará** se a atividade empresarial deve ou não ser continuada, e decidindo pela continuidade, após a oitiva do Ministério Público, designará um representante ou assistente, que ficará à frente dos negócios e prestará contas dessa atribuição (arts. 974 e 975 do CC). Essa decisão pode ser revogada a qualquer tempo por uma decisão judicial.

Os atos empresariais serão realizados em nome do incapaz, que é o empresário individual, pelo representante (incapacidade absoluta) ou pelo próprio incapaz com a assistência de um terceiro (incapacidade relativa), já que a autorização judicial atinge a atividade empresarial como um todo.

Se o representante for impedido de realizar a atividade empresarial, precisará nomear gerentes, com a concordância do juiz, mas será responsável pelos atos praticados pelas pessoas nomeadas (art. 975 do CC).

O maior problema será quanto à responsabilidade patrimonial. Vimos que o empresário individual responde diretamente com todo o seu patrimônio pelas dívidas empresariais, daí que ficaria a dúvida se o incapaz correria o mesmo risco, por ser um empresário individual.

De acordo com o legislador, **os bens que o incapaz já possuía**, ao tempo da sucessão ou da interdição, desde que **estranhos ao acervo da empresa**, ou seja, desde que não tivessem relação com a atividade empresarial no momento da autorização judicial, **não seriam atingidos pelas dívidas da empresa** (art. 974, § 2º, do CC).

O legislador constituiu, portanto, um verdadeiro **patrimônio de afetação**, que fica apartado do restante do patrimônio, de tal modo que a alienação/substituição dos bens só poderá ocorrer com a autorização judicial.

A proteção será efetivada perante terceiros com a expedição do **alvará** que contém a autorização judicial, a nomeação do representante ou assistente e a lista de bens do incapaz que será objeto de proteção. Este alvará será averbado no Registro Público de Empresas Mercantis (Junta Comercial), para que os credores saibam dessa limitação patrimonial (art. 976 do CC).

O objetivo do legislador foi o de proteger o patrimônio estranho à atividade empresarial que o incapaz possuía antes da autorização judicial, e é exatamente por isso que o incapaz só poderá ser **sócio de sociedades** se for representado ou assistido, não for administrador e se o **capital social foi totalmente integralizado** (art. 974, § 3º, do CC).

Se a incapacidade chegar ao fim, a proteção findará imediatamente.

---

7. Nesse sentido, o Enunciado n. 203 do Conselho de Justiça Federal dispõe: "O exercício de empresa por empresário incapaz, representado ou assistido, somente é possível nos casos de incapacidade superveniente ou incapacidade do sucessor na sucessão por morte".

PARA FIXAR

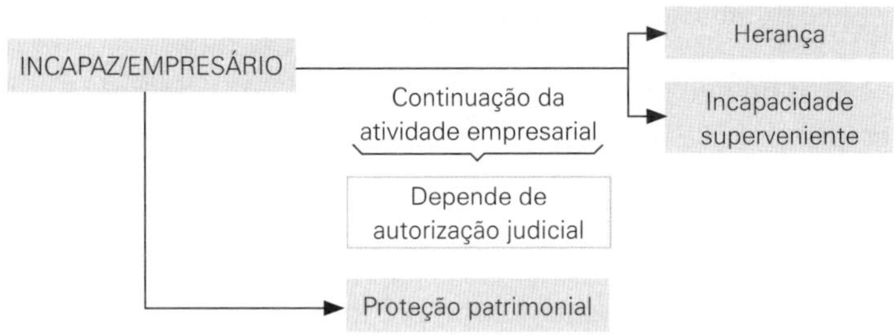

b) Impedimentos

Além da plena capacidade, é necessária a inexistência de impedimento legal para o exercício da atividade empresarial, a fim de preservar o interesse de terceiros ou o interesse público em geral.

Os atos empresariais realizados pelo legalmente impedido são válidos, e este **responderá pelas obrigações contraídas** (art. 973 do CC), a fim de não trazer prejuízos a terceiros. Além disso, a atividade irregularmente exercida será considerada contravenção penal, como pode ser observado pelo art. 47 da Lei de Contravenções Penais – LCP (Decreto-Lei n. 3.688/41):

> "Exercer profissão ou atividade econômica ou anunciar que a exerce, sem preencher as condições a que por lei está subordinado o seu exercício: Pena – prisão simples, de quinze a três meses, ou multa (...)".

Nesse sentido, continua o art. 49 da Lei de Contravenções Penais: "Infringir determinação legal relativa à matrícula ou à escrituração de indústria, de comércio, ou de outra atividade: Pena – multa (...)".

São impedidos de exercer a atividade empresarial:

b.1) Falidos

O falido é o empresário, a sociedade empresária ou Eireli que **teve sua falência decretada** por um dos motivos do art. 94 da Lei n. 11.101/2005. O impedimento surge a partir da decretação da falência (art. 102 da Lei n. 11.101/2005) e até que sejam declaradas extintas suas obrigações (art. 159 da Lei n. 11.101/2005). No caso das sociedades empresárias, não apenas **a sociedade é considerada falida**, como **também os sócios que respondam ilimitadamente** (art. 81 da Lei n. 11.101/2005).

De acordo com o art. 158 da Lei n. 11.101/2005, alterado pela Lei n. 14.112/2020, as obrigações do falido são extintas:

- com o pagamento de todos os créditos;
- com o pagamento, depois de realizado todo o ativo, de mais de 50% dos créditos quirografários, sendo facultado ao falido o depósito da quantia necessária para atingir essa porcentagem se para tanto não bastou a integral liquidação do ativo;
- com o decurso do prazo de 3 anos, contado da decretação da falência, ressalvada a utilização dos bens arrecadados anteriormente, que serão destinados à liquidação para a satisfação dos credores habilitados ou com pedido de reserva realizado.

A extinção do impedimento dependerá da declaração judicial de extinção das obrigações, a partir de uma petição do falido com a demonstração de uma das causas de extinção acima descritas (art. 159 da Lei n. 11.101/2005).

b.2) Servidores públicos

Em relação ao servidor público, a **proibição** recai sobre a atividade de **empresário individual e administrador de sociedade empresária**, mas não o impede de ser sócio ou acionista de uma sociedade (art. 117 da Lei n. 8.112/90). No mesmo sentido, magistrados (art. 36 da LC n. 35/79) e membros do Ministério Público (art. 44, III, da Lei n. 8.625/93).

O servidor público que realiza a atividade empresarial não preenche os requisitos exigidos pela lei e, portanto, pratica contravenção penal (art. 47 da LCP), independentemente das sanções administrativas.

b.3) Militares na ativa

Os militares na ativa não apenas são proibidos de serem empresários individuais ou administradores de sociedades empresárias, como também é considerado crime militar tal atuação (art. 204 do CPM).

b.4) Deputados, senadores e vereadores

Os deputados e senadores sofrem restrições no exercício da atividade empresarial, de tal modo que não podem ser proprietários, controladores ou diretores de empresa que goze de favor decorrente **de contrato com pessoa jurídica de direito público** ou nela exercer função remunerada (art. 54, II, *a*, da CF/88).

Os vereadores possuem as mesmas restrições (art. 29, IX, da CF/88).

A Constituição não tratou de outros agentes políticos, como é o caso do presidente da República, seus ministros, governador, prefeito etc. E como se trata de restrições, elas não podem ser estendidas a quem a lei expressamente não limitou.

b.5) Estrangeiros

Como regra, os estrangeiros não são proibidos de realizarem a atividade empresarial, mas possuem algumas **restrições** dependendo da atividade que pretenderem exercer.

O estrangeiro não naturalizado e o naturalizado há menos de 10 anos não podem explorar **empresa jornalística e de radiodifusão**. Essas atividades só podem ser realizadas por brasileiros natos ou naturalizados há mais de 10 anos (art. 222 da CF/88).

O estrangeiro também não pode exercer atividade empresarial que tenha por objeto a exploração e o aproveitamento **das jazidas e demais recursos minerais**, inclusive potenciais de energia hidráulica. Essas atividades só podem ser exercidas por brasileiros ou pessoas jurídicas brasileiras, mediante **autorização ou concessão da União** (art. 176 da CF/88).

3.2.1.2 Empresário casado

O Código Civil não protege o patrimônio do empresário individual, que responde com todo o seu patrimônio pelas dívidas empresariais e pessoais. Entretanto, o legislador previu nesse caso uma distinção patrimonial entre o patrimônio pessoal e o patrimônio da "empresa".

Essa "distinção" se observa quando o legislador, ao tratar do empresário casado, de acordo com o art. 978 do Código Civil de 2002, determinou que "pode, **sem necessidade de outorga conjugal**, qualquer que seja o regime de bens, **alienar os imóveis** que **integrem o patrimônio da empresa** ou gravá-los de ônus real". Nesse artigo, nota-se que o legislador, ao tratar de bens que pertençam ao "patrimônio da empresa", usou um termo equivocado, já que no caso no empresário individual não existe patrimônio da empresa, e sim bens que são usados para o exercício da atividade empresarial.

Tal artigo deve ser compreendido, portanto, no sentido de que os **bens imóveis relacionados com a atividade empresarial** podem ser negociados ou onerados **sem a necessidade da vênia conjugal**, não importando o regime de bens que o empresário é casado. Evidentemente, o legislador não está tratando dos imóveis do casal, que, para serem alienados, seguiriam as regras do Direito Civil.

3.2.2 Empresa individual de responsabilidade limitada (Eireli)

A Lei n. 12.441/2011 criou o instituto da Empresa Individual de Responsabilidade Limitada (Eireli) no art. 980-A do Código Civil de 2002.

A Eireli constitui um novo tipo empresarial, ao lado do empresário individual e da sociedade empresária. Ressalte-se que a **Eireli não é uma espécie societária**. Nesse sentido, o Enunciado n. 469 do Conselho de Justiça Federal, aprovado na V Jornada de Direito Civil, dispõe: "A empresa individual de responsabilidade limitada (Eireli) não é sociedade, mas novo ente jurídico personificado".

Para a Eireli ser constituída ela precisa de um titular, que pode ser Pessoa Física ou Pessoa Jurídica, por falta de proibição legal.

A Eireli normalmente realizará atividade empresarial, mas o próprio § 5º do art. 980-A estabelece que é possível o exercício de atividade "constituída para a prestação de serviços de qualquer natureza a remuneração decorrente da cessão de direitos patrimoniais de autor ou de imagem, nome, marca ou voz de que seja detentor o titular da pessoa jurídica, vinculados à atividade profissional". Esta consideração é importante, pois definirá o local de registro da Eireli, que será na Junta Comercial, se a atividade for empresarial, ou no Cartório de Registro Civil de Pessoas Jurídicas, se a atividade não for empresarial.

A partir do registro na Junta Comercial ou no Cartório de Registro Civil de Pessoas Jurídicas, dependendo do objeto social, a Eireli adquire **personalidade jurídica** (art. 44, VI, do CC). Em virtude da constituição dessa personalidade jurídica, ocorrerá a separação patrimonial dos bens do titular e da Eireli; portanto, como regra, apenas o patrimônio desta responderá pelas obrigações empresariais.

Se o patrimônio da Eireli não for suficiente para saldar as dívidas, a regra é que seja pedida a falência da Eireli, como aconteceria com qualquer empresa que se tornasse insolvente.

É possível, entretanto, que o patrimônio do titular seja atingido, se houver a **desconsideração da personalidade jurídica**. A desconsideração, conforme veremos adiante, como regra, não pode ser decretada pelo simples estado de insolvência. Será necessário demonstrar igualmente o abuso da personalidade jurídica, que pode ser configurado pela confusão patrimonial ou pelo desvio de finalidade (art. 50 do CC e 980-A, § 6º, do CC).

Outra questão importante é que para a constituição da Eireli é necessária a integralização do capital social, que deverá ser de **pelo menos 100 salários mínimos**. Esse valor deve ser, portanto, comprovado no momento da constituição, seja pela contribuição em dinheiro ou em bens (art. 1.055 do CC)[8].

A Eireli pode ser constituída pelo registro como Eireli ou pela transformação de uma sociedade em Eireli. Esta última hipótese ocorreria pela transformação de um tipo empresarial, por exemplo, uma sociedade limitada em Eireli. Para tanto, é indispensável que exista o valor de capital exigido e ocorra a concentração de cotas numa única pessoa (art. 1.033, parágrafo único, do CC).

O legislador faz uma limitação à pessoa natural, que só pode ser titular de uma Eireli.

A Eireli pode adotar o nome empresarial de firma social ou denominação social, seguido da terminação Eireli. Como firma social, seria utilizado o nome do titular, enquanto na denominação o nome seria inventado.

Ressalte-se, por fim, que o próprio art. 980-A do Código Civil de 2002 indica a aplicação subsidiária das regras da sociedade limitada, por exemplo:

- Composição do capital social em bens ou dinheiro, proibindo-se a contribuição em prestação de serviços (art. 1.055, § 2º, do CC);

8. Esse artigo pode ser utilizado pela aplicação subsidiária das regras de Sociedade LTDA., de acordo com o § 6º do art. 980-A do Código Civil.

- As formalidades para alteração de capital social (arts 1.081 a 1.084 do CC);
- Responsabilidade do titular da Eireli pela exata avaliação dos bens que compõem o capital social por cinco anos contados da constituição (art. 1.055, § 1º, do CC);
- A administração poderá ser realizada pelo próprio titular ou por terceiro. Essa informação pode estar no próprio ato constituidor ou num documento separado, registrado na Junta Comercial ou no Cartório de Registro Civil de Pessoas Jurídicas (art. 1.061 do CC);
- O administrador responderá solidariamente, junto a Eireli, quando agir com culpa (arts. 1.053 e 1.016 do CC);
- O administrador responderá por perdas e danos quando realizar operações contrariando a vontade do titular, ou ainda quando aplica créditos ou bens sociais em proveito próprio ou de terceiro (arts. 1.053, 1.013, § 2º, e 1.017 do CC);
- Responsabilidade ilimitada do titular que agir contra a lei (art. 1.080 do CC). Note-se que se trata de uma hipótese diversa da desconsideração, já que versa sobre a consequência do ilícito praticado pelo titular, entre outros.

3.3 Sujeitos que não podem ser considerados empresários

Entre os titulares das atividades econômicas, alguns não podem ser consideradas empresários. São os casos de:

- profissionais intelectuais;
- cooperativas;
- sociedade de advogados.

a) Profissionais intelectuais

De acordo com o art. 966, parágrafo único, do Código Civil de 2002, "**não se considera empresário** quem exerce **profissão intelectual, de natureza científica, literária ou artística**, ainda com o concurso de auxiliares ou colaboradores, **salvo** se o exercício da profissão constituir **elemento de empresa**".

A atividade exercida por profissionais intelectuais – por exemplo: médico, dentista, advogado, escritor, entre outros – tem como fator principal a **pessoalidade**. O cliente faz sua escolha a partir das características pessoais do profissional; a escolha, portanto, não é atraída pela organização, e sim pela confiança gerada pelo profissional.

Nesse sentindo, o Enunciado n. 193 do Conselho de Justiça Federal, aprovado na III Jornada de Direito Civil, dispõe: "O exercício das atividades de natureza exclusivamente intelectual está excluído do conceito de empresa".

Entretanto, se a atividade do profissional **intelectual constituir elemento da empresa**, ou seja, se transformar num fator de produção, a atividade passaria a ser empresarial. No dizer de Vera Helena de Mello Franco, "quando o prestador de serviços se 'impessoaliza', e os serviços, até então pessoalmente prestados, passam a ser oferecidos pela organização empresarial, perante a qual se torna um mero organizador"[9], sua atividade passa a ser empresarial.

Quando nas clínicas médicas, por exemplo, a pessoalidade e a confiança deixam de ser o critério mais importante da atividade e a organização da atividade torna-se essencial, a atividade passa a ser empresarial.

Nesse sentido, o Enunciado n. 194 do Conselho da Justiça Federal, aprovado na III Jornada de Direito Civil, determina que "os profissionais liberais não são considerados empresários, salvo se a organização dos fatores da produção for mais importante que a atividade pessoal desenvolvida".

Portanto, se a **atividade exercida pelo profissional intelectual é apenas um dos fatores**, ou elementos de produção organizados pelo empresário, a **atividade** é **empresarial**[10]. É isso que o legislador quis dizer ao ressaltar que a atividade, se **constituir elemento de empresa**, será considerada empresarial. Nesse sentido o Enunciado n. 195 da III Jornada de Direito Civil determina: "a expressão 'elemento de empresa' demanda interpretação econômica, devendo ser analisada sob a égide da absorção da atividade intelectual, de natureza científica, literária ou artística, como um dos fatores da organização empresarial".

b) Cooperativas

As sociedades podem exercer atividades empresariais ou não empresariais. A sociedade será empresária ou não por definição legal ou em virtude do objeto social. No caso da sociedade empresária definida pelo objeto social, será empresária se seu objeto estiver de acordo com a definição de atividade empresarial dada pelo art. 966 do Código Civil de 2002. Entretanto, se o objeto social for não empresarial ou, ainda, se o legislador assim determinar, teremos as Sociedades Simples.

Este é o critério que usaremos para classificar as sociedades, assunto que trataremos posteriormente.

O legislador ao tratar das cooperativas define, no parágrafo único do art. 982 do Código Civil de 2002, que a **cooperativa**, "independentemente de seu objeto", será uma

---

9. MELLO FRANCO, Vera Helena de. *Manual de direito comercial*. 2. ed. São Paulo: RT, 2004. v. 1, p. 59.

10. Nesse sentido, o Tribunal de Justiça do Estado da Bahia: "Apelação cível. Direito tributário e fiscal. Embargos à execução. ISS. Insuficiência de recolhimento. Sociedade empresarial. Prestação de serviços médicos. Exercício da atividade constitui elemento de empresa. Aplicação do disposto no art. 966, parágrafo único, do Código Civil. Impossibilidade do benefício da alíquota fixa para a exação. Da análise dos autos depreende-se que a apelante não tem natureza de sociedade uniprofissional, que goza do privilégio de alíquota fixa, mas sim sociedade pluriprofissional com caráter empresarial, uma vez que exerce atividades distintas dentro da empresa, não respondendo pessoalmente pelos serviços prestados e distribuindo entre si os lucros auferidos. Ademais, no contrato social da apelante, na cláusula primeira, item 3, prevê a abertura ou fechamento de filiais em qualquer parte do país, o que afasta qualquer dúvida do caráter empresarial das atividades desenvolvidas. Ainda, a responsabilidade pelos serviços prestados é da sociedade e não pessoal do médico. Assim, constatada está a natureza empresarial da recorrente, o que não lhe confere o direito à alíquota fixa de Imposto sobre serviços." (TJBA, Ap. 4.291.812.008/BA 42918-1/2008, 4ª Câm. Civ., j. 2-9-2009, rel. José Olegário Monção Caldas).

sociedade simples. Posteriormente, no estudo sobre as sociedades, trataremos com mais detalhes sobre as cooperativas; por ora, a cooperativa é necessariamente uma sociedade simples (não empresária), por decisão do legislador.

c) Sociedade de advogados

O art. 15 da Lei n. 8.906/94, que trata do Estatuto da Advocacia e da Ordem dos Advogados do Brasil (OAB), define as **sociedades de advogados** como "**sociedade simples** de prestação de serviços de advocacia". No mesmo sentido, o art. 16 da Lei n. 8.906/94 prescreve que:

> "Não são admitidas a registro nem podem funcionar todas as espécies de sociedades de advogados que apresentem forma ou características de sociedade empresária, que adotem denominação de fantasia, que realizem atividades estranhas à advocacia, que incluam como sócio ou titular de sociedade unipessoal de advocacia pessoa não inscrita como advogado ou totalmente proibida de advogar".

Portanto, o posicionamento do legislador é que a sociedade de advogados é uma sociedade simples.

3.4 Auxiliares do empresário

3.4.1 Prepostos

Tanto o empresário individual, a Eireli como a sociedade empresária precisam ser auxiliados no exercício das atividades empresariais. Este auxílio é exercido pelos prepostos, que são pessoas colocadas à **frente do negócio**.

A preposição pode surgir de um contrato de trabalho ou de prestação de serviços. Independentemente disso, a relação entre o preponente (empresário) e o preposto é uma relação subordinação, na qual o preponente dá as ordens e o preposto realiza a atividade.

A atividade do preposto se equipara à relação do mandatário, ou seja, o preposto recebe **poderes de representação** que como regra são personalíssimos e só podem ser delegados com a expressa concordância do empresário ou sociedade empresária (art. 1.169 do Código Civil de 2002).

Os prepostos também não podem fazer **concorrência**, mesmo que de forma indireta, aos preponentes, a não ser que exista **autorização expressa**. Se exercerem concorrência sem autorização, responderão pelas perdas e danos causados (art. 1.170 do Código Civil de 2002).

Os preponentes respondem por todos os atos praticados pelos prepostos no interior da empresa, desde que relativos à atividade da empresa, mesmo que não autorizados por escrito. Quando os atos forem realizados fora do estabelecimento, dependem de autorização por escrito, para que o preponente responda por tais atos (art. 1.178 do Código

Civil de 2002). É claro que algumas vezes, dependendo do caso concreto, a pessoa está fora da empresa, mas dentro de sua atribuição e agindo no interesse da empresa, age sob a responsabilidade do preponente.

Dos auxiliares denominados prepostos, os mais importantes são o gerente e o contabilista.

3.4.2 Gerente

O gerente é o **preposto permanente** da atividade empresarial (art. 1.172 do Código Civil de 2002). As médias e grandes empresas constituem administradores, que representarão legalmente o empresário ou a sociedade empresária, mas o gerente tem uma atribuição de fato nas empresas.

É a pessoa colocada pelo empresário ou sociedade empresarial à frente dos negócios com a função de chefia. Os poderes do gerente são amplos, mas podem ser limitados pelo dono do negócio. Para que essa **limitação** produza efeitos em relação a terceiros, depende do da averbação no Registro Público de Empresas Mercantis ou **Junta Comercial** (arts. 1.173 e 1.174 do Código Civil de 2002).

3.4.3 Contabilista

O empresário e a sociedade empresária têm a obrigação de manter a escrituração correta de sua atividade. Esta escrituração nos livros obrigatórios e facultativos deve ser feita pelos contabilistas, chamados popularmente de contadores, que são profissionais inscritos no Conselho Regional de Contabilidade.

As anotações feitas nos livros pelos contabilistas são lançadas como se fossem feitas pelo empresário ou sociedade empresária, a não ser que a anotação seja feita com má-fé (art. 1.177 do Código Civil de 2002) o que traz como consequência a responsabilidade do contabilista.

3.5 Questões

01. **(TRF – 3ª REGIÃO/2016)** Relativamente à Eireli (empresa individual de responsabilidade limitada), assinale a alternativa incorreta:

a) A pessoa natural que constituir empresa individual de responsabilidade limitada somente poderá figurar em uma única empresa dessa modalidade.

b) Somente o patrimônio social da empresa responderá pelas dívidas da empresa individual de responsabilidade limitada, não se confundindo em qualquer situação com o patrimônio da pessoa natural que a constitui, conforme descrito em sua declaração anual de bens entregue ao órgão competente.

c) A empresa individual de responsabilidade limitada também poderá resultar da concentração das quotas de outra modalidade societária num único sócio, independentemente das razões que motivaram tal concentração.

d) Poderá ser atribuída à empresa individual de responsabilidade limitada constituída para a prestação de serviços de qualquer natureza a remuneração decorrente da cessão de direitos patrimoniais de autor ou de imagem, nome, marca ou voz de que seja detentor o titular da pessoa jurídica, vinculados à atividade profissional.

02. (2017. CONSULPLAN TJ-MG) Possui(em) capacidade para ser empresário, **EXCETO**:

a) Os que estiverem em pleno gozo da capacidade civil e não forem legalmente impedidos.

b) O incapaz, desde que representado ou assistido, poderá continuar a empresa antes exercida por ele enquanto capaz.

c) Faculta-se aos cônjuges contratar sociedade, entre si ou com terceiros, desde que não tenham casado no regime da comunhão universal de bens, ou no da separação obrigatória.

d) O falido não reabilitado.

03. (FCC/TRT – 23ª REGIÃO (MT)/2015) Antônio é empresário individual, como tal inscrito no Registro de Empresas e no CNPJ há mais de dez anos. Com exceção daqueles legalmente impenhoráveis, respondem pelas dívidas contraídas por Antônio no exercício da atividade empresarial

a) somente os seus bens afetados à atividade empresarial, mas limitadamente ao valor do capital da empresa.

b) todos os seus bens, inclusive os não afetados à atividade empresarial, desde que deferida judicialmente a desconsideração da personalidade jurídica da empresa.

c) todos os seus bens.

d) todos os seus bens, mas limitadamente ao valor do capital da empresa.

e) somente os seus bens afetados à atividade empresarial.

04. (TRT – 2ª Região SP/2015) À luz da legislação vigente e da jurisprudência consolidada dos Tribunais Superiores, analise as seguintes proposições:

I. A empresa individual de responsabilidade limitada será constituída por uma única pessoa titular da totalidade do capital social, devidamente integralizado, que não será inferior a 100 (cem) vezes o maior salário-mínimo vigente no País. O nome empresarial deverá ser formado pela inclusão da expressão "Eireli" após a firma ou a denominação social da empresa individual de responsabilidade limitada.

II. Na sociedade limitada, a responsabilidade de cada sócio é restrita ao valor de suas quotas, não respondendo solidariamente pela integralização do capital social.

III. Na sociedade em comandita simples tomam parte sócios de duas categorias: os comanditados, pessoas físicas, responsáveis solidária e ilimitadamente pelas obrigações sociais; e os comanditários, obrigados somente pelo valor de sua quota.

IV. Celebram contrato de sociedade cooperativa as pessoas que reciprocamente se obrigam a contribuir com bens ou serviços para o exercício de uma atividade econômica, de proveito comum, sem objetivo de lucro, observados os princípios da dupla qualidade e o da retribuição pessoal diferenciada.

V. Presume-se dissolvida irregularmente a empresa que deixar de funcionar no seu domicílio fiscal, sem comunicação aos órgãos competentes, legitimando o redirecionamento da execução fiscal para o sócio-gerente.

a) Todas as proposições estão corretas.

b) Somente a proposição V está incorreta.

c) Somente a proposição II está incorreta.

d) Somente as proposições I e III estão incorretas.

e) Somente as proposições III e IV estão incorretas.

05. (FCC/TJ-GO/2015) Thiago, titular de uma empresa individual do ramo de padaria, veio ser interditado judicialmente e declarado absolutamente incapaz para os atos da vida civil por conta de uma doença mental que lhe sobreveio. A Thiago, nesse caso, é:

a) permitido continuar a empresa por meio de representante, mediante prévia autorização judicial, que não é passível de revogação.

b) vedado continuar a empresa, ainda que por meio de representante.

c) permitido continuar a empresa por meio de representante, mediante prévia autorização judicial, que poderá ser revogada, também judicialmente, sem prejuízo dos direitos de terceiros.

d) permitido continuar a empresa por meio de representante, independentemente de prévia autorização judicial.

e) permitido continuar a empresa por meio de representante, caso em que todos os bens que já possuía ao tempo da sua interdição ficarão sujeitos ao resultado da empresa, ainda que estranhos ao acervo desta.

06. (TJMG/FUNDEB/2014) Assinale a alternativa INCORRETA.

a) A pessoa natural que constituir Empresa Individual de Responsabilidade Limitada – Eireli, titular exclusiva do capital integralizado não inferior a cem vezes o salário mínimo, somente poderá figurar em uma única empresa dessa modalidade.

b) Com o trespasse do estabelecimento empresarial, o adquirente continua solidariamente obrigado, pelo prazo de um ano, pelo pagamento dos créditos vencidos e vincendos, desde que regularmente contabilizados.

c) Por exercer profissionalmente atividade econômica organizada para a produção ou circulação de bens ou de serviços, o empresário ou a sociedade empresária não se enquadram como os destinatários finais dos bens e serviços por eles adquiridos. Logo, as disposições do Código de Defesa do Consumidor (Lei n. 8.078/90) somente lhes são aplicáveis na qualidade de consumidores por equiparação.

d) Nos contratos bancários, a cobrança da comissão de permanência, cujo valor não pode ultrapassar a soma dos encargos remuneratórios e moratórios neles previstos, exclui a exigibilidade dos juros remuneratórios, moratórios e da multa contratual.

07. (2015. CONSULPLAN.TJ-MG) Sobre as empresas individuais de responsabilidade limitada e com base no Código Civil (Lei n. 10.406, de 10 de janeiro de 2002), assinale a afirmativa **INCORRETA**:

a) A empresa individual de responsabilidade limitada também poderá resultar da concentração das quotas de outra modalidade societária num único sócio, independentemente das razões que motivaram tal concentração.

b) A pessoa natural que constituir empresa individual de responsabilidade limitada somente poderá figurar em uma única empresa dessa modalidade.

c) A empresa individual de responsabilidade limitada será constituída por pelo menos duas pessoas, ambas titulares da totalidade do capital social, devidamente integralizado, que não será inferior a 100 (cem) vezes o maior salário mínimo vigente no País.

d) Poderá ser atribuída à empresa individual de responsabilidade limitada constituída para a prestação de serviços de qualquer natureza a remuneração decorrente da cessão de direitos patrimoniais de autor ou de imagem, nome, marca ou voz de que seja detentor o titular da pessoa jurídica, vinculados à atividade profissional

GABARITO

QUESTÃO	COMENTÁRIOS
01	A alternativa A está correta, de acordo com o art. 980-A do CC. A alternativa B está incorreta, pois o patrimônio do titular pode ser atingido em caráter de exceção, no caso de desconsideração da personalidade jurídica. A alternativa C está correta, pois aponta uma das formas de origem da Eireli (art. 1.033 do CC). A alternativa D está correta, pois a Eireli pode exercer a atividade empresarial ou ainda a atividade de "prestação de serviços de qualquer natureza a remuneração decorrente da cessão de direitos patrimoniais de autor ou de imagem, nome, marca ou voz de que seja detentor o titular da pessoa jurídica, vinculados à atividade profissional" (art. 980-A do CC).
02	A alternativa D está correta, pois o falido não reabilitado continua impedido para a realização da atividade empresarial (art. 102 da Lei n. 11.101/2005)
03	A alternativa C está correta, e as demais não, pois Antonio, como empresário individual responde com todos os seus bens pelas dívidas empresariais. Não se pode falar em desconsideração de personalidade, pois o empresário individual não adquire personalidade jurídica (art. 44 do CC).
04	A proposição I está correta, pois trata corretamente da Eireli, de acordo com o art. 980-A do CC. A II proposição está incorreta, pois na sociedade limitada, os sócios respondem solidariamente até o limite do capital social (art. 1.052 do CC). A proposição III está correta ao definir acertadamente a sociedade em comandita simples (art. 1.045 do CC). A proposição IV está correta, pois define acertadamente a sociedade cooperativa (art. 1.093 do CC). A proposição V está correta, pois define acertadamente a dissolução irregular. Por essas razões, a alternativa correta é a C.
05	A alternativa correta é a C, pois Thiago como incapaz pode continuar a ser empresário individual se houver a autorização judicial, revogável, desde que representado (arts. 974 e 975 do CC).
06	A alternativa C está incorreta, pois o art. 2º do CDC estabelece o conceito de consumidor: "(...) toda pessoa física ou jurídica que adquire ou utiliza produto ou serviço como destinatário final". As demais alternativas estão corretas.
07	A alternativa incorreta é a C, pois a Eireli só possui um titular (art. 980-A do CC).

4

ATIVIDADE EMPRESARIAL REGULAR

SUMÁRIO

Para que o empresário (empresário individual, Eireli e sociedades) exerça uma atividade regular, é necessário o **registro** no Órgão competente, e a manutenção dos **livros** obrigatórios e facultativos.

4.1 Registro Público de Empresas

O art. 967 do Código Civil de 2002 estabelece que o empresário individual, a Eireli e a sociedade empresária têm a obrigação de se **registrar no Registro Público de Empresas Mercantis (Junta Comercial)** da respectiva sede, antes do início de sua atividade.

Apesar da obrigação estabelecida por lei, não é o registro empresarial imprescindível para que se caracterize a atividade como empresarial.

O registro é um ato declaratório que serve para dar **regularidade para a atividade empresarial**. Nesse sentido o Enunciado n. 199 da III Jornada de Direito Civil do CJF, determina que "a inscrição do empresário ou sociedade empresária é requisito delineador de sua regularidade, e não de sua caracterização".

Portanto, existe empresário individual e sociedade empresária independentemente do registro, mas serão irregulares e como tais podem sofrer falência (art. 1º da Lei n. 11.101/2005), mas não podem requerer a falência de seu devedor (art. 97, § 1º, da Lei n. 11.101/2005) e nem requerer a própria recuperação de empresas (art. 48, *caput*, da Lei n. 11.101/2005)[1].

1. Como já alertamos anteriormente, nos arts. 66 a 85 do Projeto de Lei do Senado n. 487/2013 haverá a previsão expressa do empresário informal ou irregular.

Entretanto, como **exceção** ao que acabamos de tratar, quem exerce a **atividade rural** só terá sua atividade considerada como **empresarial** submetendo-se ao **risco da falência** e à **possibilidade de requerer a recuperação de empresas**, se esta for registrada no Registro Público de Empresas.

Para quem exerce **atividade rural**, como, o plantador de cana-de-açúcar, o criador de gado, o **registro** não apenas estabelece que a atividade é regular, mas constitui verdadeiramente um **requisito para a existência da atividade empresarial**. Enquanto não houver registro, não existirá atividade empresarial.

O art. 971 do Código Civil de 2002 ressalta que quem exerce uma atividade rural tem a **faculdade** e não a obrigação de se registrar no Registro Público de Empresas.

Outra ressalva diz respeito à Eireli, que só existe como definida pelo legislador se for regularmente registrada.

Concluindo: O **registro** para quem exerce a **atividade rural e para a Eireli** é um ato **constitutivo,** enquanto que para os demais **empresários ou sociedades empresárias** o registro é apenas **declaratório.**

Nesse sentido o Enunciado n. 202 do Conselho de Justiça Federal, aprovado na III Jornada de Direito Civil, dispõe:

> "O registro do empresário ou sociedade rural na Junta Comercial é facultativo e de natureza constitutiva, sujeitando-o ao regime jurídico empresarial. É inaplicável esse regime ao empresário ou sociedade rural que não exercer tal opção".

PARA FIXAR

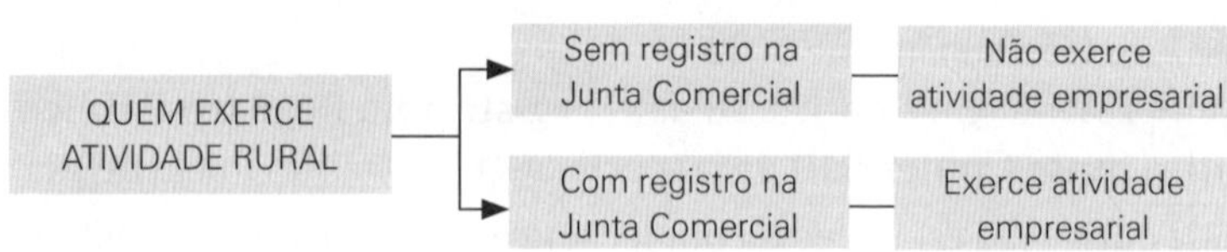

4.1.1 Organização do registro da atividade empresarial

O Registro Público de Empresas Mercantis[2] é regulamentado pela Lei n. 8.934/94 e tem por finalidades: dar garantia, publicidade, autenticidade, segurança e eficácia aos atos jurídicos das empresas; cadastrar as empresas nacionais e estrangeiras em funcionamento no País e manter atualizadas as informações pertinentes, proceder à matricula dos agentes auxiliares do comércio, bem como ao seu cancelamento (art. 1º da Lei n. 8.934/94).

2. Terminologia empregada na Lei n. 8.934/94 e mantida no Código Civil, no art. 1.150.

O **Registro Público de Empresas Mercantis** prestará serviços em todo o território nacional pelo **SINREM** (Sistema Nacional de Registro de Empresas Mercantis), que é composto pelos seguintes órgãos: **Departamento de Registro Empresarial e Integração (DREI) e as Juntas Comerciais.**

4.1.1.1 DREI

Departamento de Registro Empresarial e Integração (DREI), que substituiu o Departamento Nacional de Registro Comercial (DNRC), no exercício de suas funções, **órgão federal** vinculado ao Ministério de Desenvolvimento, Indústria e Comércio Exterior, com as seguintes funções:

> I – supervisionar e coordenar, no plano técnico, os órgãos incumbidos da execução dos serviços de Registro Público de Empresas Mercantis e Atividades Afins;
>
> II – estabelecer e consolidar, com exclusividade, as normas e diretrizes gerais do Registro Público de Empresas Mercantis e Atividades Afins;
>
> III – solucionar dúvidas ocorrentes na interpretação das leis, regulamentos e demais normas relacionadas com o registro de empresas mercantis, baixando instruções para esse fim;
>
> IV – prestar orientação às Juntas Comerciais, com vistas à solução de consultas e à observância das normas legais e regulamentares do Registro Público de Empresas Mercantis e Atividades Afins;
>
> V – exercer ampla fiscalização jurídica sobre os órgãos incumbidos do Registro Público de Empresas Mercantis e Atividades Afins, representando para os devidos fins às autoridades administrativas contra abusos e infrações das respectivas normas, e requerendo tudo o que se afigurar necessário ao cumprimento dessas normas;
>
> VI – estabelecer normas procedimentais de arquivamento de atos de firmas mercantis individuais e sociedades mercantis de qualquer natureza;
>
> VII – promover ou providenciar, supletivamente, as medidas tendentes a suprir ou corrigir as ausências, falhas ou deficiências dos serviços de Registro Público de Empresas Mercantis e Atividades Afins;
>
> VIII – prestar colaboração técnica e financeira às juntas comerciais para a melhoria dos serviços pertinentes ao Registro Público de Empresas Mercantis e Atividades Afins;
>
> IX – organizar e manter atualizado o cadastro nacional das empresas mercantis em funcionamento no País, com a cooperação das juntas comerciais;
>
> X – instruir, examinar e encaminhar os processos e recursos a serem decididos pelo Ministro de Estado da Indústria, do Comércio e do Turismo, inclusive os pedidos de autorização para nacionalização ou instalação de filial, agência, sucur-

sal ou estabelecimento no País, por sociedade estrangeira, sem prejuízo da competência de outros órgãos federais;

XI – promover e efetuar estudos, reuniões e publicações sobre assuntos pertinentes ao Registro Público de Empresas Mercantis e Atividades Afins.

XII – promover e elaborar estudos e publicações e realizar reuniões sobre temas pertinentes ao Registro Público de Empresas mercantis e atividades afins; e

XIII – especificar, desenvolver, implementar, manter e operar, em articulação e observadas as competências de outros órgãos, os sistemas de informação relativos à integração do registro e à legalização de empresas, incluída a Central Nacional de Registros[3].

4.1.1.2 Juntas Comerciais

As Juntas Comerciais são órgãos existentes em cada **unidade da federação** e subordinam-se **administrativamente ao governo estadual e tecnicamente ao DREI**, com exceção da Junta Comercial do Distrito Federal que se subordina administrativa e tecnicamente ao DREI. Por esta razão fala-se que a Junta Comercial tem **natureza híbrida**.

Em virtude dessa natureza, os **atos técnicos** da Junta, quando questionados judicialmente, seriam julgados na **Justiça Federal** em virtude de sua subordinação ao DREI, que é um órgão federal. Por outro lado, os atos administrativos seriam apreciados pela Justiça Estadual (STJ, CComp 43.225/PR, rel. Min. Ari Pargendler, *DJ* 1º-2-2006, p. 425).

Nesse sentido, o STJ:

> "Competência. Conflito. Justiça estadual e Justiça federal. Mandado de segurança contra ato do presidente da junta comercial do estado de minas gerais. Competência *ratione personae*. Precedentes. Conflito procedente. I – Em se cuidando de mandado de segurança, a competência se define em razão da qualidade de quem ocupa o polo passivo da relação processual. II – As Juntas Comerciais efetuam o registro do comércio por delegação federal, sendo da competência da Justiça Federal, a teor do art. 109-VIII, da Constituição, o julgamento de mandado de segurança contra ato do Presidente daquele órgão. III – Consoante o art. 32, I, da Lei n. 8.934/1994, o registro do comércio compreende "a matrícula e seu cancelamento: dos leiloeiros, tradutores públicos e intérpretes comerciais, trapicheiros e administradores de armazéns-gerais" (STJ, CComp 31.357/MG, Min. Sálvio de Figueiredo Teixeira, j. em 26-2-2003).

3. Art. 4º da Lei n. 8.934/94.

Para o próprio STF:

> "Juntas Comerciais. Órgãos administrativamente subordinados ao Estado, mas tecnicamente à autoridade federal, como elementos do sistema nacional dos Serviços de Registro do Comércio. Consequente competência da Justiça Federal para o julgamento de mandado de segurança contra ato do Presidente da Junta, compreendido em sua atividade fim" (RE 199.793/RS, rel. Min. Octavio Gallotti, j. em 4-4-2000).

Por outro lado, em se tratando de **questões administrativas** como, questões envolvendo funcionários, a **competência é estadual**, como pode ser visto:

> "Conflito negativo de competência. Junta comercial. Servidor aposentado. Mandado de segurança. Inclusão de vantagens remuneratórias. Não configurado o exercício de função pública federal delegada. Competência da justiça comum. 1. O ato administrativo impugnado no mandado de segurança impetrado por servidor estadual inativo, consistente no cálculo a menor de seus proventos, não foi praticado no exercício de delegação de função pública federal, referente aos atos de registro de comércio arrolados na Lei n. 8.934/1994, mas a partir da exegese de leis estaduais de regência da remuneração de cargos e proventos de aposentadoria dos funcionários da junta comercial mineira. 2. Se houve ou não ilegalidade na prática do referido ato administrativo, é questão a ser dirimida na Justiça Comum Estadual, e não na Justiça Federal, pois a hipótese em apreço não é de exercício de função pública federal delegada. 3. Conflito conhecido para declarar a competência do Juízo de Direito da 7ª Vara da Fazenda Pública e Autarquias de Belo Horizonte" (STJ, CComp 54.590/MG, Min. Maria Thereza de Assis Moura, j. em 11-10-2006).

O **posicionamento mais atualizado** sobre esse assunto parece caminhar no sentido de que a Justiça Federal apenas seria competente se o litigio, além de versar sobre assuntos técnicos, questionasse a falta de lisura da Junta Comercial, do contrário, apenas em se tratando de assunto técnico, a competência seria da Justiça Estadual. Portanto, se a questão principal fosse a discussão da "justiça" da decisão da Junta Comercial, o instrumento correto seria um Mandado de Segurança impetrado contra o Presidente da Junta. Enquanto que para litígios que tratem de anulação de registros, a competência deve ser da Justiça Estadual (STJ, REsp 678.405, 3ª T., j. 16-3-2006, rel. Min. Castro Filho).

PARA FIXAR

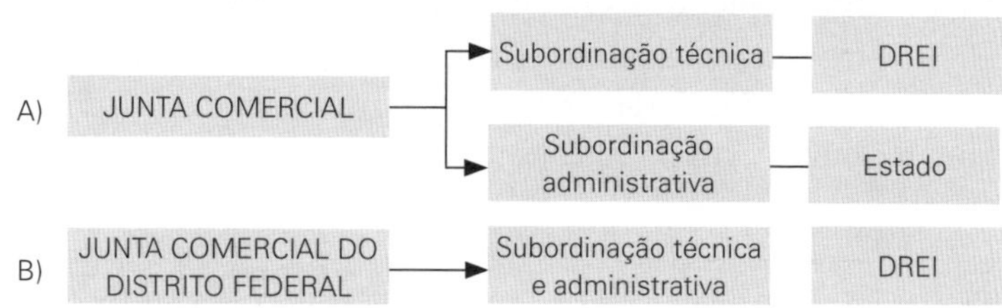

Pelo fato de a **Junta Comercial** ter uma **atribuição estadual**, se uma empresa tem sua sede num determinado Estado, ela deve ser registrada na Junta Comercial do respectivo Estado (art. 967 do CC).

Além disso, se constituir uma filial, agência ou sucursal em outra cidade, dentro do mesmo Estado, a regularização da filial ocorrerá pela simples averbação no registro da sede. Por outro lado, se pretender constituir **filial**, agência ou sucursal em **outro Estado**, precisará averbar a constituição da filial, agência ou sucursal no registro da sede e registrar o ato constitutivo na Junta Comercial do Estado onde se encontra territorialmente a filial (art. 969 do Código Civil de 2002).

Por exemplo, se uma empresa tem sua sede registrada em São Paulo (Junta Comercial de São Paulo) e pretende abrir uma filial em Goiás, deve averbar a filial no registro da sede (Junta Comercial de São Paulo) e registrá-la na Junta Comercial de Goiás.

A Junta Comercial tem as seguintes **atribuições**:

- a **matrícula** e seu cancelamento: dos leiloeiros, tradutores públicos e intérpretes comerciais, trapicheiros e administradores de armazéns-gerais[4];
- o **arquivamento**: dos documentos relativos à constituição, alteração, dissolução e extinção de firmas individuais, sociedades empresárias e cooperativas; dos atos relativos a consórcio e grupo de sociedade de que trata a Lei n. 6.404/76; dos atos concernentes a empresas mercantis estrangeiras autorizadas a funcionar no Brasil; das declarações de microempresa; de atos ou documentos que, por determinação legal, sejam atribuídos ao Registro Público de Empresas Mercantis ou daqueles que possam interessar ao empresário e às sociedades empresárias;
- a **autenticação** dos instrumentos de escrituração (livros empresariais) das empresas registradas e dos agentes auxiliares do comércio, as cópias dos documentos assentados (arts. 32 e 39 da Lei n. 8.934/94).

O registro da atividade empresarial ocorre em uma das Juntas Comerciais espalhadas pelos Estados da federação.

Para as sociedades simples, as fundações e as associações, o local correto para a efetivação do registro é o Cartório de Registro Civil de Pessoas Jurídicas (art. 998, *caput* do Código Civil de 2002). No caso das sociedades de advogados, apesar de serem sociedades simples, são registradas no Conselho Seccional da OAB (art. 15 da Lei n. 8.906/94).

É importante ressaltar que, por ser a **cooperativa** uma **sociedade simples**, o local adequado para seu registro deveria ser no Cartório de Registro Civil de Pessoas Jurídicas, de acordo com o Código Civil de 2002 (art. 998, *caput*), mas, de acordo com o art. 18 da

---

4. A atividade da matrícula é o motivo pelo qual a Lei n. 8.934/1994 chama-se Lei de Registro das Empresas Mercantis e Atividades Afins. As "atividades afins" se referem exatamente àquelas desempenhadas por estes profissionais que precisam se matricular na Junta Comercial.

Lei n. 5.764/71 (Lei do Cooperativismo) e com o art. 32, II, *a*, da Lei n. 8.934/94, o registro da cooperativa continua ocorrendo na **Junta Comercial**.

Nesse sentido o Enunciado n. 69 do Conselho de Justiça Federal, aprovado na I Jornada de Direito Civil, dispõe: "As sociedades cooperativas são sociedades simples sujeitas à inscrição nas juntas comerciais".

4.1.1.2.1 Estrutura e funcionamento da Junta Comercial

As Juntas Comerciais possuem a seguinte **composição**:

- **Presidência**: composta pelo presidente e vice-presidente nomeados pelo Ministro de Desenvolvimento Indústria e Comércio Exterior, no Distrito Federal, e nos Estados pelos Governadores, essa escolha será feita entre os Vogais. O presidente dirige e representa a Junta, além de dar posse aos vogais, dirigir as sessões do plenário e superintender todos os serviços, zelando pelo cumprimento das normas e regulamentos. O vice-presidente substitui o presidente em suas faltas ou impedimentos (arts. 9º, 22, 23 e 24 da Lei n. 8.934/94);
- **Plenário**: composto de no máximo 23 vogais e no mínimo de 11 vogais, escolhidos pelos governos dos Estados. O Plenário julga os processos em grau de recurso (arts. 9º, 10, 11, 19 da Lei n. 8.934/94);
- **Turmas**: compostas por três vogais cada uma. As turmas julgam os pedidos relativos à execução dos atos de registro.
- **Secretaria-geral**: composta pelo secretário geral nomeado pelo Ministro do Desenvolvimento, Indústria e Comércio Exterior, no Distrito Federal, e nos Estados, pelos respectivos governadores. A secretaria-geral executa os serviços de registro e de administração da Junta (arts. 9º, 25, 26 da Lei n. 8.934/94).
- **Procuradoria**: composta por um ou mais procuradores chefiados pelo Procurador que for designado pelo Governador do Estado. A procuradoria fiscaliza e promove o cumprimento das normas, oficiando, internamente, por sua iniciativa ou mediante solicitação da presidência, do plenário e das turmas; e, externamente, em atos ou feitos de natureza jurídica, inclusive os judiciais, que envolvam matéria do interesse da Junta (arts. 9º, 27 e 28 da Lei n. 8.934/94).

O **registro** das atividades empresariais ocorre com o arquivamento dos atos constitutivos. Se o registro ocorrer dentro de 30 dias contados da assinatura desses atos, o arquivamento retroagirá à data da assinatura. Após este prazo, o arquivamento acontecerá a partir do despacho que conceder o registro (art. 36 da Lei n. 8.934/94).

A Junta Comercial **decidirá colegiadamente** no prazo de cinco dias úteis, contados do recebimento, sobre o arquivamento dos atos de constituição das sociedades anônimas, bem como as atas de assembleia; dos atos referentes à fusão, transformação, incorporação e cisão de empresas os **atos de constituição** e alteração de consórcios e de **grupos de sociedades**. Para os **demais atos**, bastará uma **decisão singular** do presidente, vogal ou um servidor habilitado, que será proferida em dois dias úteis contados do recebimento (arts. 41, 42 e 43 da Lei n. 8.934/94).

Se a **documentação apresentada** tiver **vícios sanáveis**, o empresário terá 30 dias, contados da data da ciência pelo interessado ou da publicação do despacho para sanar as irregularidades. Se o prazo não for cumprido ou se houver vícios insanáveis, o pedido será indeferido (art. 40 da Lei n. 8.934/94).

As decisões proferidas pela Junta Comercial podem ser revistas por meio de **pedido de reconsideração**, recurso de plenário ou recurso ao Ministro de Desenvolvimento, Indústria e Comércio Exterior. Todos os recursos têm o prazo de 10 dias úteis, contados a partir da intimação ou da publicação da decisão proferida pela Junta (art. 50 da Lei n. 8.934/94). As procuradorias e os interessados podem apresentar contrarrazões em igual prazo (art. 51 da Lei n. 8.934/94). Os recursos citados não terão efeitos suspensivos (art. 49 da Lei n. 8.934/94).

O **pedido de reconsideração** é cabível para decisões singulares ou decisões de Turmas que formulem exigências para o deferimento do arquivamento. E será apreciado em três dias para decisões singulares e cinco dias para as decisões das Turmas (art. 45 da Lei n. 8.934/94).

O recurso ao Plenário é cabível das decisões definitivas, singulares ou das Turmas, e será apreciado em 30 dias do recebimento (art. 46 da Lei n. 8.934/94).

O recurso ao Ministro do Desenvolvimento, Indústria e Comércio Exterior é cabível das decisões do Plenário (art. 47 da Lei n. 8.934/94).

PARA FIXAR

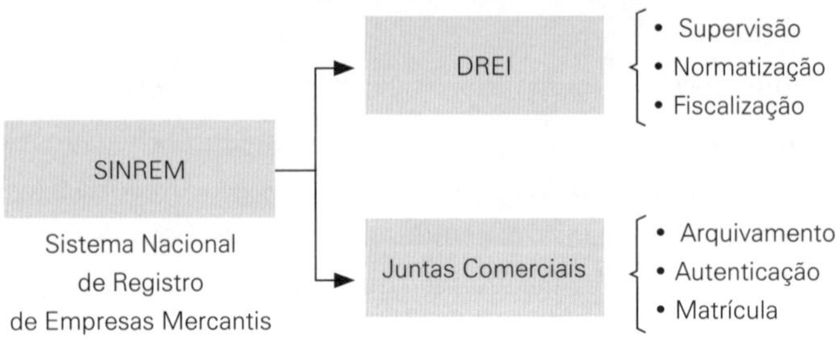

4.2 Livros empresariais

Os livros empresariais surgiram da necessidade de o antigo comerciante registrar as anotações do dia a dia de sua atividade, suas vendas, compras, recebimentos etc. Essa necessidade passou a ser uma obrigação, já que não apenas o titular da atividade tem interesse nessa documentação, como é o caso do Estado, já que os livros são instrumentos eficazes para auxiliar a fiscalização e a tributação do empresário[5].

A **ausência dos livros obrigatórios** traz para o empresário algumas consequências tais como: a ocorrência de crime falimentar pela falta desses livros, se for decretada a falência do empresário ou da sociedade empresária (art. 178 da Lei n. 11.101/2005), a exclusão do benefício da recuperação de empresas (art. 51 da Lei n. 11.101/2005) e a impossibilidade de usar os livros como meio de prova.

De acordo com Marcelo M. Bertoldi, existem três sistemas relacionados aos livros empresariais: o francês, o suíço e o germânico. O sistema germânico estabelece quais são os livros necessários, mas não define as regras de escrituração. O sistema suíço estabelece a existência de livros, mas deixa a critério do empresário a escolha dos livros e as regras de escrituração. O sistema francês, adotado pelo Brasil, por sua vez, define os livros obrigatórios e estabelece regras fixas de escrituração[6].

Os livros empresariais possuem as seguintes **funções**:

- **administrativa**, para que o empresário ou a sociedade empresária tenha conhecimento do andamento de seu negócio;
- **documental**, a fim de servir como meio de prova contra ou a favor do empresário ou da sociedade empresária e de suas relações com terceiros;
- **fiscal**, para fins de tributação e fiscalização dos lançamentos realizados.

Para que os livros cumpram essas funções eles precisam ser **autenticados** pela Junta Comercial e, para tanto, os apontamentos devem ser feitos em idioma e moeda corrente nacionais e em forma contábil, por ordem cronológica, sem rasuras, espaços em branco, nem entrelinhas, borrões, rasuras ou emendas (art. 1.183 do Código Civil de 2002).

Os livros empresariais podem ser obrigatórios ou facultativos. Dentre os livros obrigatórios, o único que é **obrigatório** para qualquer atividade é o livro **Diário**, que pode ser substituído pelo livro de Balancetes Diários e Balanços, quando o empresário ou a sociedade empresária adotar o sistema de fichas de lançamentos (art. 1.185 do Código Civil de 2002).

Os livros podem ser mecanizados ou informatizados (art. 1.179 do Código Civil de 2002). As **Microempresas e Empresas de Pequeno Porte** devem manter em boa ordem e guarda os documentos que fundamentaram a apuração dos impostos e contribuições devidos e o cumprimento das obrigações acessórias, enquanto não decorrido o prazo decadencial e não prescritas eventuais ações que lhes sejam pertinentes. Além disso, deve manter o **Livro Caixa,** no qual será escriturada a movimentação financeira e bancária (art. 26, § 2º, da LC n. 123/2006).

---

5. Os arts. 120 a 148 do Projeto de Lei do Senado n. 487/2013 mantêm a obrigatoriedade da escrituração para o empresário e não dispensam a escrituração para o pequeno empresário, mas determinam uma escrituração especial.

6. BERTOLDI, Marcelo M. *Curso avançado de direito comercial*. 4. ed. São Paulo: Ed. RT, 2008. p. 82.

Existem outros livros obrigatórios dependendo da atividade realizada e da estrutura empresarial adotada, por exemplo, o Livro de Registro de Duplicatas, que é obrigatório quando ocorre a emissão de duplicatas, ou ainda o Livro de Registro de Ações Nominativas, entre outros para as sociedades por ações.

Além dos livros obrigatórios, o empresário individual, a Eireli ou a sociedade empresária podem adotar outros livros que acharem necessários, por exemplo, o Livro de Contas Correntes, o Livro de Vendas etc. (art. 1.179, § 1º, do Código Civil de 2002).

Como os **livros** detalham a atividade do empresário, sobre eles recai a proteção do **sigilo**, a fim de preservá-lo de seus concorrentes (art. 1.190 do Código Civil de 2002). Entretanto, este sigilo não é absoluto. Não atingindo, por exemplo, o Fisco e a Previdência que podem examinar os livros empresariais sem restrições (art. 1.193 do Código Civil de 2002, art. 195 do CTN e art. 33 da Lei n. 8.212/91). Nesse sentido, a Súmula 439 do STF: "estão sujeitos à fiscalização tributária ou previdenciária quaisquer livros comerciais, limitado o exame aos pontos objeto da investigação".

Além disso, é possível que o **juiz determine a exibição total ou parcial de livros**. De acordo com o art. 1.191 do Código Civil de 2002, o juiz pode determinar a exibição integral dos livros para tratar de questões relativas à sucessão (empresarial ou hereditária), comunhão (separação dos cônjuges, quando a empresa ou cotas societárias são objeto de partilha), administração ou gestão à conta de outrem, ou em caso de falência. A exibição judicial pode ser requerida pela parte ou determinada de ofício pelo juiz, sempre que os livros puderem ajudar a esclarecer um litígio (art. 1.191 do Código Civil de 2002, art. 396 do CPC/2015). Em se tratando de S.A., a exibição de livro depende de requerimento de acionistas que representem ao menos 5% do capital social (art. 105 da Lei n. 6.404/1976).

4.3 Atividade rural

Quem exerce a atividade rural, como vimos anteriormente, tem a **faculdade de se registrar** na Junta Comercial, afinal nem toda atividade rural é exercida com o objetivo empresarial. Ela poderia ser exercida com o escopo de subsistência e até mesmo sob a forma de cooperativa.

O art. 971, ao declarar, que "o empresário, cuja atividade rural constitua sua principal profissão, pode, observadas as formalidades de que tratam o art. 968 e seus parágrafos, requerer inscrição no Registro Público de Empresas Mercantis da respectiva sede, caso em que, depois de inscrito, ficará equiparado, para todos os efeitos, ao empresário sujeito a registro", permite que quem exerce essa atividade, escolha a natureza dela, se empresarial ou não.

O mesmo ocorre com a sociedade que exerce atividade rural, já que o art. 984 do Código Civil de 2002 determina que: "a sociedade que tenha por objeto o exercício de atividade própria de empresário rural e seja constituída, ou transformada, de acordo com um dos tipos de sociedade empresária, pode, com as formalidades do art. 968, requerer inscrição no Registro Público de Empresas Mercantis da sua sede, caso em que, depois de inscrita, ficará equiparada, para todos os efeitos, à sociedade empresária".

Se quem exerce a atividade rural quiser registrar na Junta Comercial sua atividade, a partir desse momento, será considerada empresarial. Portanto, o registro para quem exerce a atividade rural é **elemento constitutivo** e não declaratório como para a atividade empresarial comum[7].

4.4 Atividade empresarial irregular

A ausência do registro torna a atividade empresarial irregular, impedindo ao empresário o usufruto dos benefícios do empresário regular, ou seja:

a) não terá legitimidade ativa para requerer **falência de seu devedor** (art. 97, IV e § 1º, da Lei n. 11.101/2005);

b) poderá ter sua **falência requerida e decretada**, que será necessariamente fraudulenta, porque a ausência dos livros empresariais autenticados, por si só, constitui crime falimentar (art. 178 da Lei n. 11.101/2005), podendo, inclusive, requerer a autofalência (art. 105 da Lei n. 11.101/2005);

c) não poderá participar de licitações por falta da inscrição no CNPJ e da ausência de matrícula no INSS (art. 28 e 29 da Lei n. 8.666/93);

d) não poderá requerer a **recuperação judicial** (art. 48 da Lei n. 11.101/2005).

PARA FIXAR E DIFERENCIAR

EMPRESÁRIO REGULAR	EMPRESÁRIO IRREGULAR
Pode sofrer falência.	Pode sofrer falência.
Pode requerer a recuperação de empresas.	Não pode requerer a recuperação de empresas.
Pode requerer a falência de seu devedor.	Não pode requerer a falência de seu devedor.

4.5 Nome empresarial

O nome empresarial é termo usado para **identificar** o empresário individual, a Eireli e a sociedade empresária no **exercício da atividade empresarial**. As sociedades simples, fundações e associações, apesar de não exercerem atividade empresarial, possuem

7. Nesse sentido, o Enunciado n. 202 da III Jornada de Direito Civil do Conselho de Justiça Federal, esclarece: "o registro do empresário ou sociedade rural na Junta Comercial é facultativo e de natureza constitutiva, sujeitando-o ao regime jurídico empresarial. É inaplicável esse regime ao empresário ou sociedade rural que não exercer tal opção".

equiparação de proteção dos nomes adotados como a atribuída aos nomes empresariais (art. 1.155, parágrafo único, do Código Civil de 2002).

O nome empresarial é tratado como **direito fundamental** no art. 5º, XXIX, da CF/88, quando afirma que a lei assegurará a proteção do nome empresarial bem como a outros sinais distintivos. Esses sinais distintivos como a marca, o título do estabelecimento, o domínio eletrônico não podem ser confundidos com o nome empresarial.

4.5.1 Natureza jurídica do nome empresarial

Quanto à natureza jurídica, existem **três** posicionamentos:

- nome empresarial como um direito da personalidade;
- nome empresarial como um direito de propriedade;
- nome empresarial como um direito pessoal.

Passaremos a tratar de cada uma das correntes.

4.5.1.1 Nome empresarial como um direito da personalidade

Pontes de Miranda[8], Modesto Carvalhosa[9] e Gladston Mamede, entre outros, entendem o nome empresarial como um direito da personalidade. Mamede começa pela análise do art. 52 do Código Civil de 2002, que afirma que se aplica às pessoas jurídicas a proteção dos direitos da personalidade naquilo que for cabível. E dentro dos direitos protegidos, estaria o direito ao nome (art. 16 do Código Civil de 2002). O posicionamento de Mamede é reforçado pelo art. 1.164 do Código Civil de 2002, que **proíbe a alienação do nome empresarial**.

Para que se reconhecesse o nome empresarial como um direito da personalidade, algumas características deveriam estar presentes, de acordo com Carlos Alberto Bittar[10], entre elas:

- **Ser oponível *erga omnes***, ou seja, ser protegido contra todos, impedindo qualquer pessoa de realizar um ato que traga prejuízo ao titular do direito. O nome empresarial recebe esta proteção.
- **São extrapatrimoniais**, ou seja, não possuem valor econômico. Ao nome empresarial não pode ser reconhecida esta característica, pois é inquestionável

---

8. MIRANDA, Pontes de. *Tratado de direito privado*. Campinas: Bookseller, 2000. v. XV, p. 111.
9. CARVALHOSA, Modesto. *Comentários ao Código Civil*. São Paulo: Saraiva, 2003. v. 13, p. 731.
10. BITTAR, Carlos Alberto. *Os direitos da personalidade*. 4. ed. Rio de Janeiro: Forense Universitária, 2000. p. 8-11.

que possui valor econômico, já que é por esse nome que é reconhecido pelos fornecedores, credores e por quem contrata com o empresário ou a sociedade empresária.

- **Não podem ser objeto de alienação**. A princípio de acordo com o *caput* do art. 1.164 do Código Civil de 2002, o nome empresarial não poderia ser objeto de alienação, mas o próprio parágrafo único permite a alienação desde que o contrato não o impeça e que se acrescente o nome do adquirente.

Portanto, ao se reconhecer a possibilidade de alienação, na forma da lei, e o valor econômico, não se pode considerar o nome empresarial como um direito da personalidade.

4.5.1.2 Nome empresarial como um direito de propriedade

Para outros como Sergio Campinho[11], o nome empresarial é um instituto que pode ser objeto de propriedade. Campinho afirma que o nome empresarial faz parte do estabelecimento e pode ser objeto de alienação na forma da lei.

Fábio Ulhoa, por sua vez não concorda com a caracterização como direito pessoal, pois reconhece o valor patrimonial do nome empresarial (valor intangível), e, portanto, um bem de natureza patrimonial[12]. Tais posicionamentos, em nossa opinião, são os mais acertados.

4.5.1.3 Nome empresarial como um direito pessoal

J. X. Carvalho de Mendonça[13] e Marlon Tomazette[14] reconhecem o nome empresarial como um direito pessoal. Consideram que o nome empresarial tem valor patrimonial, mas não é ligado à personalidade do empresário ou sociedade empresarial.

A partir da análise das correntes acima, concluímos que o importante é reconhecer que o **nome empresarial tem valor econômico** e que **como regra não pode ser alienado**, a não ser que exista a permissão contratual (nessa hipótese, o nome empresarial deve ser seguido do nome do adquirente). Portanto, na nossa opinião, o nome empresarial é um bem intangível que faz parte do patrimônio do empresário ou da sociedade empresária.

---

11. CAMPINHO, Sérgio. *O direito da empresa à luz do novo Código Civil*. 4. ed. Rio de Janeiro: Renovar, 2004. p. 354.

12. COELHO, Fabio Ulhoa. *Curso de direito comercial*. 12. ed. São Paulo: Saraiva, 2008. v. 1, p. 178.

13. Carvalho de Mendonça afirma que "o nome do comerciante não é propriedade. Pode é certo, constituir uma riqueza se a casa comercial adquiriu fama e crédito, graças ao trabalho, à inteligência e à probidade do seu fundador, mas isto está longe de constituí-lo em coisa, em objeto de comércio" (MENDONÇA, J.X. Carvalho de. *Tratado de direito comercial brasileiro*. Campinas: Bookseller, 2001. v. 2, t. 2, p. 175-176).

14. TOMAZETTE, Marlon. *Curso de direito empresarial*. São Paulo: Atlas, 2008. v. 1, p. 125.

4.5.2 Espécies de nome empresarial

O nome empresarial pode ser redigido sob as espécies de **firma** ou **denominação social** (art. 1.155 do Código Civil de 2002). A firma por sua vez pode ser individual ou social.

A firma individual é redigida a partir do nome civil do empresário individual. A firma social, também chamada de razão social, é o nome composto pelo patronímico de todos ou de alguns sócios. E a denominação social, por sua vez, é um nome inventado.

Na maioria das vezes o legislador determina qual espécie o empresário individual ou a sociedade empresarial deve utilizar. No caso da **firma individual** ela é obrigatoriamente utilizada pelo **empresário individual**, que adotará o seu nome civil, abreviado ou completo, podendo indicar o ramo de atividade. Por exemplo, alguém chamado Alberto Souza pode se registrar na Junta Comercial com o nome de Alberto Souza, A. Souza, Souza ou Souza Produtos Alimentícios.

A Eireli pode usar a razão social ou denominação social seguido da terminação "Eireli".

A **firma social ou razão social** é obrigatoriamente utilizada pelas Sociedades em Nome Coletivo, Sociedade em Comandita Simples e, facultativamente, pela Sociedade Limitada e pela Sociedade em Comandita por Ações. Na razão social, o nome empresarial será composto pelos patronímicos dos sócios, podendo indicar o ramo de atividade e eventualmente do tipo societário. Então, por exemplo, uma sociedade em nome coletivo composta por Alberto Souza, Antonio Silva e Eduardo Santos, poderia utilizar Souza e Cia; Souza, Silva e Santos; Santos e Cia produtos alimentícios.

A **denominação social**, por outro lado, é um nome inventado, utilizado obrigatoriamente pela S.A. e facultativamente pela Sociedade Limitada e pela Comandita por ações. Assim, por exemplo, os sócios Alberto Souza, Antonio Silva e Eduardo Santos, poderiam utilizar Alimentos Gostosos S.A., ou Cia. Alimentos Gostosos.

PARA FIXAR

ESPÉCIES DE NOMES EMPRESARIAIS	COMPOSIÇÃO	QUEM UTILIZA
Firma Individual	Composto pelo nome do empresário individual	Empresário individual
Firma social ou razão social	Composto pelos patronímicos de um ou mais sócios	• Sociedade em Nome Coletivo • Sociedade em Comandita Simples • Sociedade Limitada • Sociedade em Comandita por ações
Denominação social	Nome inventado	• Sociedade Anônima • Sociedade Limitada • Sociedade em Comandita por ações

4.5.3 Princípios norteadores do registro do nome empresarial

O art. 34 da Lei n. 8.934/94 e o art. 1.166 do Código Civil de 2002 determinam que o nome empresarial obedecerá aos princípios da veracidade e da novidade. A Instrução Normativa n. 104/2007 do DNRC/ DREI, no seu art. 4º, determina que "o nome empresarial atenderá aos princípios da **veracidade** e da **novidade** e identificará, quando assim exigir a lei, o tipo jurídico da sociedade. Parágrafo único. O nome empresarial não poderá conter palavras ou expressões que sejam atentatórias à moral e aos bons costumes".

4.5.3.1 Princípio da veracidade

Pelo princípio da veracidade, o nome empresarial **não pode induzir a erro** quem venha a contratar com o empresário individual ou com a sociedade empresária, por isso, por exemplo, não pode constar do nome empresarial um ramo de atividade que não esteja sendo exercida.

Da mesma forma, não pode compor o nome empresarial, o nome de pessoa que não faça mais parte da sociedade, por isso o art. 1.165 do Código Civil de 2002, determina que **deva ser excluído** do nome empresarial, o **nome do sócio falecido**, ou que não participe mais da sociedade. É claro que, em caráter de exceção, de acordo com o parágrafo único do art. 1.164 do Código Civil de 2002, é possível manter o nome do alienante, se houver permissão contratual e se for precedido do nome do adquirente.

Na Instrução Normativa n. 104/2007 do DREI, o art. 5º, explica o princípio da veracidade, no registro do empresário individual ou da sociedade empresária:

> "Art. 5º (...).
>
> I – o empresário só poderá adotar como firma o seu próprio nome, aditando, se quiser ou quando já existir nome empresarial idêntico, designação mais precisa de sua pessoa ou de sua atividade; II – a firma: *a)* da sociedade em nome coletivo, se não individualizar todos os sócios, deverá conter o nome de pelo menos um deles, acrescido do aditivo 'e companhia', por extenso ou abreviado; *b)* da sociedade em comandita simples deverá conter o nome de pelo menos um dos sócios comanditados, com o aditivo 'e companhia', por extenso ou abreviado; *c)* da sociedade em comandita por ações só poderá conter o nome de um ou mais sócios diretores ou gerentes, com o aditivo 'e companhia', por extenso ou abreviado, acrescida da expressão 'comandita por ações', por extenso ou abreviada; *d)* da sociedade limitada, se não individualizar todos os sócios, deverá conter o nome de pelo menos um deles, acrescido do aditivo 'e companhia' e da palavra 'limitada', por extenso ou abreviados; III – a denominação é formada com palavras de uso comum ou vulgar na língua nacional ou estrangeira e ou com expressões de fantasia, com a indicação do objeto da sociedade, sendo que: *a)* na sociedade limitada, deverá ser seguida da palavra 'limitada', por extenso ou abreviada; *b)* na sociedade anônima, deverá ser acompanhada da expressão 'companhia'

ou 'sociedade anônima', por extenso ou abreviada, vedada a utilização da primeira ao final; *c)* na sociedade em comandita por ações, deverá ser seguida da expressão 'em comandita por ações', por extenso ou abreviada; *d)* para as sociedades enquadradas como microempresa ou empresa de pequeno porte, inclusive quando o enquadramento se der juntamente com a constituição, é facultativa a inclusão do objeto da sociedade; *e)* ocorrendo o desenquadramento da sociedade da condição de microempresa ou empresa de pequeno porte, é obrigatória a inclusão do objeto da sociedade empresária no nome empresarial, mediante arquivamento da correspondente alteração contratual. § 1º Na firma, observar-se-á, ainda: *a)* o nome do empresário deverá figurar de forma completa, podendo ser abreviados os prenomes; *b)* os nomes dos sócios poderão figurar de forma completa ou abreviada, admitida a supressão de prenomes; *c)* o aditivo 'e companhia' ou '& Cia.' poderá ser substituído por expressão equivalente, tal como 'e filhos' ou 'e irmãos', dentre outras. § 2º O nome empresarial não poderá conter palavras ou expressões que denotem atividade não prevista no objeto da sociedade".

4.5.3.2 Princípio da novidade

O princípio da novidade exige que o nome que será registrado na Junta Comercial seja **diferente dos nomes empresariais** já registrados (art. 1.163 do Código Civil de 2002). Daí que a Junta Comercial pode indeferir o registro de nomes iguais ou semelhantes aos que já estiverem registrados.

É em virtude da aplicação do princípio da novidade que o empresário individual e a sociedade empresária gozam do direito de exclusividade do uso do nome empresarial (art. 1.166 do Código Civil de 2002), tendo o direito de impedir administrativa e até judicialmente o registro de nome empresarial igual ou semelhante ao nome já registrado. Judicialmente, de acordo com o art. 1.167 do Código Civil de 2002, o prejudicado pode, a qualquer tempo, ingressar com ação para anular a inscrição do nome empresarial que tenha violado a lei ou o contrato. Não podemos nos esquecer de que como a atribuição da Junta Comercial é estadual, logo, essa **exclusividade** também é **estadual.**

A Instrução Normativa n. 104/2006 do DNRC/DREI explica a aplicação do princípio da novidade:

> "Art. 6º Observado o princípio da novidade, não poderão coexistir, na mesma unidade federativa, dois nomes empresariais idênticos ou semelhantes. § 1º Se a firma ou denominação for idêntica ou semelhante a de outra empresa já registrada, deverá ser modificada ou acrescida de designação que a distinga. § 2º Será admitido o uso da expressão de fantasia incomum, desde que expressamente autorizada pelos sócios da sociedade anteriormente registrada".

Para a preservação do princípio da novidade o art. 8º da Instrução Normativa n. 104/2007 do DNRC/DREI:

"**Art. 8º** Ficam estabelecidos os seguintes critérios para a análise de identidade e semelhança dos nomes empresariais, pelos órgãos integrantes do Sistema Nacional de Registro de Empresas Mercantis – SINREM: I – entre firmas, consideram-se os nomes por inteiro, havendo identidade se homógrafos e semelhança se homófonos; II – entre denominações: *a)* consideram-se os nomes por inteiro, quando compostos por expressões comuns, de fantasia, de uso generalizado ou vulgar, ocorrendo identidade se homógrafos e semelhança se homófonos; *b)* quando contiverem expressões de fantasia incomuns, serão elas analisadas isoladamente, ocorrendo identidade se homógrafas e semelhança se homófonas".

4.5.4 Proteção do nome empresarial

A proteção ao nome empresarial começa "automaticamente" com o **arquivamento dos atos constitutivos** do empresário individual, da Eireli e das sociedades empresárias (art. 33 da Lei n. 8.934/94).

Essa proteção ancorada pelo princípio da novidade é restrita ao Estado a que pertença a Junta Comercial, onde houve o registro do nome empresarial. Isso é o que prescreve o art. 1.166 do Código Civil de 2002 e nesse sentido também decidiu o STJ[15].

O TJMG entende que "o titular do registro de um nome empresarial tem direito, entre outros aspectos, à exclusividade do uso desse nome. Tendo em vista a função desempenhada pelo nome empresarial, que é de distinção em relação a outros empresários, não pode o ordenamento jurídico admitir a coexistência de **nomes iguais** ou **semelhantes** que possam **causar confusão** aos usuários, consumidores, fornecedores e até mesmo em relação ao próprio Estado, em seus diversos níveis e esferas"[16].

Diante dessa exclusividade, o titular do registro mais antigo do nome empresarial tem direito de ingressar com a ação de anulação do nome empresarial, prevista no art. 1.167 do CC.

Para o TRF da 4ª Região, a análise da novidade, para **proteger** o nome empresarial, deve levar em conta também se a semelhança de nomes poderia fazer com que o consumidor se confunda, gerando assim a **concorrência desleal**, nesse sentido entendeu:

"1 – A legislação de regência veda a utilização de firmas ou denominações idênticas ou semelhantes, concernentes, respectivamente, à homografia ou homofonia, em comparação com outras já registradas perante a Junta Comercial. 2 – Os nomes empresariais devem ser examinados por inteiro, na forma da alínea a do inc. II do art. 8º da

---

15. "A proteção legal da denominação de sociedades empresárias, consistente na proibição de registro de nomes iguais ou análogos a outros anteriormente inscritos, restringe-se ao território do Estado em que localizada a Junta Comercial encarregada do arquivamento dos atos constitutivos da pessoa jurídica" (STJ, EDcl nos EDcl em AgRg no REsp 653.609, rel. Min. Jorge Scartezzini, *DJ* 27-6-2005).

16. TJMG, AI 1.0024-7-662411-3/001-Belo Horizonte-MG, 11ª Câm. Civ., j. 14-11-2007, v.u., rel. Des. Marcelo Rodrigues.

Instrução Normativa DREI 104/2007, a fim de se verificar ocorrência de identidade gráfica ou de fonia. 3 – Hipótese em que os elementos constantes nos nomes das outras empresas os diferenciam do da impetrante. Considerada essa circunstância e o fato de que as empresas atuam em ramos de atividade distintos, o registro da filial da impetrante não acarretará prejuízos às outras empresas, pois não causará confusão aos consumidores e clientes nem ensejará concorrência desleal"[17].

Posteriormente faremos a distinção entre nome empresarial e marca.

4.6 Título do estabelecimento

O título do estabelecimento, nome fantasia ou insígnia[18] é o **sinal** diferenciado que o empresário individual ou a sociedade empresária colocam na **fachada** ou **letreiro** de seu estabelecimento.

Algumas vezes o título do estabelecimento é um resumo do nome empresarial ou até mesmo uma marca registrada, por exemplo, a empresa que tem por nome empresarial Banco Bradesco S.A. terá na sua fachada o nome Bradesco, que é exatamente o título do Estabelecimento.

Apesar de no Brasil não haver registro próprio para o título do estabelecimento, no momento que o empresário individual ou a sociedade empresária **arquivam** seu ato constitutivo, provará a anterioridade da utilização do título do estabelecimento, e, portanto, adquirirá o **direito de exclusividade** sobre o estabelecimento[19].

Ainda que na ausência de um registro próprio, existe punição prevista no art. 195, V, da Lei n. 9.279/96, que considera crime de **concorrência desleal**, o uso indevido do título de estabelecimento. Também é considerado crime: reproduzir ou imitar o título de estabelecimento (art. 191 da Lei n. 9.279/96), sem contar a obrigação de indenizar o empresário individual ou sociedade empresarial pelo ato ilícito praticado (art. 186 do Código Civil de 2002).

Por ser um termo que de fato tem relação direta com a atração da clientela, normalmente o título do estabelecimento é registrado como marca do estabelecimento.

4.7 Questões

01. (VUNESP/TJ-SP/2015) A respeito da escrituração mercantil, é **incorreto** afirmar que

a) os livros obrigatórios do empresário e da sociedade empresária devem ser autenticados na Junta Comercial.

---

17. TRF-4ª Reg., Remessa *Ex Officio* em MS 2007.70.00.011931-0-PR, 3ª T., j. em 15-4-2008, rel. Juiz Federal Marcelo De Nardi.

18. Insígnia é o nome utilizado por Carvalho de Mendonça.

19. MARTINS, Fran. *Curso de direito comercial*. 27. ed. Rio de Janeiro: Forense, 2001. p. 340.

b) quando preencherem os requisitos legais, os livros contábeis fazem prova a favor de seu titular, nos litígios entre empresários.

c) as sociedades anônimas deverão manter registros permanentes, observando a legislação e os princípios de contabilidade geralmente aceitos e registrar suas mutações patrimoniais segundo o regime de caixa.

d) o exame de livros comerciais, em ação judicial envolvendo contratos mercantis, fica limitado aos lançamentos correspondentes às transações entre os litigantes.

02. **(TCM/RJ – Procurador)** De acordo com o Código Civil, assinale a assertiva correta.

a) Não é considerada empresário a pessoa física ou jurídica que inicia sua atividade sem a inscrição prévia perante o Registro Público de Empresas Mercantis, a cargo da Junta Comercial.

b) O estabelecimento empresarial é representado pelo local em que o empresário exerce sua atividade.

c) O empresário rural, cuja atividade rural constitua sua principal profissão, deverá, sempre, requerer inscrição no Registro Público de Empresas Mercantis da respectiva sede.

d) O Código Comercial de 1850 foi parcialmente revogado pelo Código Civil, mantendo-se vigentes os dispositivos relativos ao comércio marítimo.

e) As obrigações contraídas por pessoa impedida legalmente de exercer atividade própria de empresário são nulas.

03. **(FCC/TJ-GO/2015)** Acerca dos livros e fichas dos empresários e sociedades, é correto afirmar:

a) não fazem prova senão depois de homologados pela Junta Comercial.

b) fazem prova contra as pessoas a que pertencem, mas não em seu favor.

c) a prova deles resultantes é bastante mesmo nos casos em que a lei exige escritura pública, já que se equiparam a documentos públicos.

d) quando escriturados sem vício extrínseco ou intrínseco, fazem prova a favor das pessoas a que pertencem, mas desde que confirmados por outros subsídios.

e) a prova deles resultantes pode ser ilidida pela comprovação da falsidade dos lançamentos, mas não da sua inexatidão.

04. **(Cespe – 2009.2)** O nome comercial ou de empresa, ou, ainda, o nome empresarial, compreende, como expressão genérica, três espécies de designação: a firma de empresário (a antiga firma individual), a firma social e a denominação. Rubens Requião. Curso de direito comercial. 1º vol., 27ª ed., S. Paulo: Saraiva, 2007, p. 231 (com adaptações). Considerando a doutrina relativa às espécies de nomes comerciais, assinale a opção correta.

a) A utilização da expressão "sociedade anônima" pode indicar a firma de sociedade simples ou empresária.

b) O registro do nome comercial na junta comercial de um estado garante à sociedade constituída a exclusividade da utilização internacional da denominação registrada.

c) O direito brasileiro se filia ao sistema legislativo da veracidade ou da autenticidade. Assim, a firma individual deve ser constituída sob o patronímico do empresário individual.

d) A omissão do termo "limitada" na denominação social não implica necessariamente a responsabilidade solidária e ilimitada dos administradores da firma.

05. (TRT – 9ª REGIÃO (PR)/Juiz do Trabalho/2012) Assinale a alternativa correta.

a) A inscrição do empresário individual no Registro Público de Empresas Mercantis é ato declaratório.

b) Com a inscrição, a empresa individual é alçada à condição de pessoa jurídica.

c) A inscrição do empresário no Registro Público de Empresas Mercantis da correspondente sede pode ser realizada após o início da respectiva atividade nas hipóteses previstas em lei.

d) A inscrição caracteriza-se por ser um ato de arquivamento, por consistir no armazenamento de documentos no órgão registrador.

e) A falta de inscrição do empresário no registro público das empresas mercantis é requisito de existência.

06. (Sefaz/AC/Auditor/2009) Carlos e José montaram um armazém, o BSB Comércio de Bebidas Ltda., que se dedicava à venda de alimentos e bebidas no atacado. Levaram o contrato social a registro na junta comercial local, ficando estabelecido que o capital social estaria dividido em 100 quotas, no valor de R$ 1.000,00 cada quota. Com base nessa situação hipotética e nas regras quanto ao nome empresarial, assinale a opção correta.

a) Nos termos da legislação vigente, os princípios da novidade e da exclusividade são absolutos. Assim, a inscrição da sociedade na junta comercial exclui a possibilidade de haver nomes iguais ou semelhantes em todo o território nacional.

b) Há vício no nome empresarial BSB Comércio de Bebidas Ltda., tendo em vista que as sociedades limitadas não podem adotar uma denominação, mas sim uma firma, que deve ser composta com o nome de um ou mais sócios que sejam pessoas físicas.

c) Há preciosismo dos sócios na composição do nome empresarial BSB Comércio de Bebidas Ltda., pois, se o contrato social já estabelece que a responsabilidade dos sócios é limitada, não é necessário que a expressão Ltda. figure como parte do nome empresarial.

d) Nos termos apresentados, o nome empresarial da sociedade de Carlos e José não respeita o princípio da veracidade.

07. (Sefaz/AC/Auditor/2009) Acerca das obrigações dos empresários, assinale a opção correta.

a) São obrigações do empresário e da sociedade empresária efetuar os seus registros nas juntas comerciais, manter a escrituração uniforme de seus livros, em correspondência com a respectiva documentação, e levantar anualmente o balanço patrimonial e o resultado econômico.

b) Os livros empresariais podem ser divididos em obrigatórios, exigidos por lei, e facultativos, não exigidos por lei, mas que auxiliam os empresários em sua atividade. Entre os livros obrigatórios, incluem-se o copiador de cartas, o livro razão e o livro caixa; e entre os livros facultativos, o livro diário, o livro de estoque e o livro borrador.

c) São dispensados do dever de escrituração os pequenos e médios empresários e as empresas de pequeno porte, na forma definida em lei.

d) As restrições estabelecidas ao exame da escrituração aplicam-se também às autoridades fazendárias, no regular exercício da fiscalização do pagamento de impostos.

08. (FGV – Procurador – TCM – RJ/2008) A respeito do nome empresarial, assinale a alternativa correta.

a) A sociedade em comandita por ações pode adotar firma ou denominação, integradas pela expressão "comandita por ações".

b) A sociedade em conta de participação pode adotar firma ou denominação, integradas pela expressão "em conta de participação".
c) A razão social equivale à denominação.
d) A sociedade anônima pode adotar o nome de seu fundador em sua razão social.
e) São espécies de nome empresarial: firma individual, firma coletiva, razão social e denominação.

09. **(PGE/PI/Procurador/2008)** Como regulado pelo Código Civil, o nome empresarial:
a) obedece ao princípio da novidade, que determina a impossibilidade legal de coexistirem dois nomes empresariais idênticos no território nacional.
b) é elemento do estabelecimento comercial, podendo ser alienado com ou sem trespasse.
c) refere-se à sociedade empresária, devendo o empresário limitar-se a usar o seu nome civil.
d) será necessariamente firma, tratando-se de sociedade em conta de participação.
e) formar-se-á necessariamente sob denominação, se o quadro societário da sociedade limitada a ser nomeada envolver apenas pessoas jurídicas.

10. **(2015. FCC.TJ-PI)** Renato, empresário cuja atividade rural constitui sua principal profissão,
a) tem a faculdade de se inscrever no Registro de Empresas, mas só pode exercê-la previamente ao início das suas atividades.
b) não tem direito de se inscrever no Registro de Empresas, cabendo-lhe se inscrever apenas perante o Ministério da Agricultura e Pecuária e Abastecimento.
c) tem o dever de se inscrever no Registro de Empresas previamente ao início das suas atividades.
d) tem o dever de se inscrever no Registro de Empresas até noventa dias depois da data em que iniciar suas atividades.
e) tem a faculdade de se inscrever no Registro de Empresas, mesmo depois de iniciadas as suas atividades.

GABARITO

QUESTÃO	COMENTÁRIOS
01	As alternativas A, B, D estão corretas, pois indicam a obrigação do empresário de autenticar os livros na Junta Comercial, e esses livros são usados como meio de prova a favor dos seus titulares, além de precisarem de determinação judicial para que sejam exibidos em juízo (art. 1.190 a 1.192 do Código Civil de 2002). A alternativa C está incorreta, pois a SA utiliza o livro Diário, e não o livro de caixa.
02	A alternativa A está incorreta, uma vez que o registro é condição de regularidade da atividade empresarial e não de sua caracterização, bastando o exercício de atividade econômica, de forma profissional e organizada (art. 966 do Código Civil de 2002). A alternativa B está incorreta, uma vez que estabelecimento não se confunde com ponto comercial. O estabelecimento é o conjunto de bens corpóreos e incorpóreos reunidos para o exercício da atividade empresarial (art. 1.142 do Código Civil de 2002). A alternativa C está incorreta, já que ao empreendedor rural a inscrição na Junta Comercial é facultativa (art. 971 do Código Civil de 2002). A alternativa D está correta, pois o Código Civil de 2002 derrogou o Código Comercial de 1850, mantendo-se a vigência sobre comércio marítimo. A alternativa E está incorreta, pois as obrigações assumidas por pessoas impedidas são válidas (art. 973 do Código Civil de 2002).

03	A alternativa A está incorreta, pois os livros precisam ser autenticados e não homologados pela Junta Comercial. A alternativa B está incorreta, pois os livros podem ser usados como meio de prova em favor dos empresários. A alternativa C e E estão incorretas, pois os livros admitem prova em sentido contrário. A alternativa D está correta, pois os livros possuem presunção relativa de veracidade, admitindo confirmações e provas em sentido contrário.
04	A alternativa A está incorreta, pois o termo "sociedade anônima" só pode ser usado para as sociedades empresárias, e não para as sociedades simples. A alternativa B está incorreta, pois a proteção do nome empresarial é estadual, já que o lugar onde o nome é registrado é na Junta Comercial (Lei n. 8.934/94). A alternativa C está correta, pois realmente o direito brasileiro se filia ao sistema legislativo da veracidade ou da autenticidade. Assim, a firma individual deve ser constituída sob o patronímico do empresário individual. A alternativa D está incorreta, pois a ausência da terminação "limitada" gera a responsabilidade ilimitada e solidária dos administradores (art. 1.158 do Código Civil de 2002).
05	A alternativa A está correta, pois a inscrição do empresário individual no Registro Público de Empresas Mercantis é ato declaratório. A alternativa B está incorreta, pois o empresário individual não constitui personalidade jurídica (art. 44 do Código Civil de 2002). A alternativa C está incorreta, pois o registro deve acontecer antes do início das atividades (art. 967 do Código Civil de 2002). A alternativa D está incorreta, pois para que o arquivamento ocorra, é indispensável a decisão da Junta pelo arquivamento. A alternativa E está incorreta, pois o empresário individual existe a partir do exercício da atividade empresarial, e não do registro.
06	A alternativa A está incorreta, tendo em vista que a Junta Comercial é um órgão de jurisdição estadual, portanto, a proteção ao nome empresarial ocorre apenas no Estado em que é registrado (art. 5º Lei n. 8.934/94). A alternativa B está errada, pois a limitada pode utilizar denominação ou firma (art. 1.158, do Código Civil de 2002). A alternativa C está incorreta, pois é necessária a utilização da terminação LTDA ao final do nome (art. 1.158 do Código Civil de 2002). A alternativa D está correta, vez que o nome não designa de forma precisa e correta o objeto da sociedade.
07	A alternativa correta é a A, pois está de acordo com os arts. 1.179 e 967, ambos do Código Civil de 2002.
08	A alternativa correta é a A, encontrando respaldo legal no art. 1.090 do Código Civil de 2002. Quanto às demais alternativas, a sociedade em conta de participação não é registrada e, portanto, não tem proteção ao nome empresarial. A sociedade anônima utiliza a denominação social. E por fim as espécies de nome empresarial são: firma individual, firma social ou razão social e denominação social.
09	A alternativa correta é a E, tendo em vista o preceituado no art. 997, I, do Código Civil de 2002. A alternativa A está incorreta, uma vez que a novidade deve ser no Estado da federação em que o nome empresarial foi registrado, pois a Junta Comercial é um órgão de jurisdição estadual. A alternativa B está incorreta, tendo em vista à proibição constante no art. 1.164 do Código Civil de 2002. A alternativa C está incorreta, pois o nome empresarial serve para designar o empresário e a sociedade empresária. A alternativa D está incorreta, uma vez que a sociedade em conta de participação não possui nome empresarial (art. 1.162 do Código Civil de 2002).
10	A alternativa correta é a E, pois de acordo com o artigo 971 do Código Civil, na atividade rural, existe a faculdade de se registrar na Junta Comercial.

5
ESTABELECIMENTO

SUMÁRIO

5.1 Conceito

Oscar Barreto Filho conceitua o estabelecimento como "o complexo de bens materiais e imateriais, que constituem o instrumento utilizado pelo comerciante para a exploração da atividade mercantil". No mesmo sentido, Carvalho de Mendonça define o estabelecimento como "o complexo de meios idôneos materiais e imateriais pelos quais o comerciante explora determinada espécie de comércio". E é dessa forma que o art. 1.142 do Código Civil de 2002 define o **estabelecimento** como o "**complexo de bens organizado, para exercício da empresa"**, titularizado por empresário individual, Eireli, ou por sociedade empresária.

Esses bens, como Oscar Barreto Filho e Carvalho de Mendonça esclarecem, são materiais ou imateriais. Os bens materiais são aqueles que guarnecem o espaço físico da empresa, como: cadeiras, mesas, balcão, computador, as mercadorias propriamente ditas etc. Enquanto que os bens imateriais são aqueles bens intangíveis, como a marca, patente, o ponto comercial, o nome empresarial, o título do estabelecimento, etc. A tudo isso se soma a **organização desenvolvida pelo empresário individual, Eireli ou sociedade empresária**, que reúne, escolhe e altera este conjunto de bens, agregando a eles um valor adicional.

O que sempre foi chamado pela doutrina como **estabelecimento**, e o legislador hoje regulamenta no Código Civil, é sinônimo de **fundo de comércio**. Esse é o posicionamento de Oscar Barreto Filho e Carvalho de Mendonça. Para Fábio Ulhoa, entretanto, o chamado fundo de comércio, que aparece no art. 52, II e § 3º, da Lei n. 8.245/91, não é sinônimo de estabelecimento e sim de aviamento, que trataremos a seguir.

Estabelecimento é o conjunto de bens (materiais e imateriais) organizados pelo empresário individual, Eireli, sociedade empresária para o exercício da atividade empresária.

Outra questão importante é que cada unidade – lojas, filiais, sucursais, agências – é considerada estabelecimento relacionado com a sede que é o estabelecimento principal.

O **principal estabelecimento** é, portanto, o centro gerencial de toda a empresa. É o local de onde as decisões são tomadas. A definição sobre qual é o principal estabelecimento é elemento importante para a determinação do juízo competente para decretar a falência e conceder a recuperação judicial (art. 3º da Lei n. 11.101/2005).

Nesse sentido o Enunciado n. 215 do Conselho de Justiça Federal, aprovou na III Jornada de Direito Civil, dispõe: "A sede a que se refere o *caput* do art. 998 poderá ser a da administração ou a do estabelecimento onde se realizam as atividades sociais". E o Enunciado n. 466 do Conselho de Justiça Federal, aprovou na V Jornada de Direito Civil, dispõe: "Para fins do Direito Falimentar, o local do principal estabelecimento é aquele de onde partem as decisões empresariais, e não necessariamente a sede indicada no registro público".

5.2 Natureza jurídica

Quanto à natureza jurídica se discute se o estabelecimento é uma pessoa jurídica, é um bem imaterial, uma universalidade de direito ou uma universalidade de fato.

Questiona-se se o estabelecimento seria uma pessoa jurídica, ou seja, sujeito de direitos e obrigações. Acreditamos, entretanto, que o estabelecimento não pode ser confundido com o sujeito de direitos e obrigações, afinal, o titular do estabelecimento, ou seja, quem é detentor de direitos e obrigações das relações envolvendo o estabelecimento, é o empresário individual, a Eireli ou a sociedade empresária.

Para Rubens Requião, o estabelecimento é um bem móvel e incorpóreo, confundindo-se com a organização da atividade. Sem dúvida, na nossa opinião, a organização é essencial ao estabelecimento, mas este não se reduz a organização.

Para outros, como é o caso de Carvalho de Mendonça, o estabelecimento é uma universalidade de Direito, ou seja, um conjunto de bens que mantêm reunidos pela vontade do legislador, como é o caso da herança e da massa falida. Entretanto, na nossa opinião, para que pudéssemos considerar o estabelecimento como universalidade de direito, os bens não poderiam ser trocados, alienados, isoladamente, sob pena de deixar de existir o estabelecimento.

Concordamos com Marlon Tomazette e grande parte da doutrina que entende que o **estabelecimento é uma universalidade de fato**, ou seja, a reunião de bens, que existem isoladamente, podem ser negociados isoladamente, mas estão juntos pela vontade do empresário, da Eireli ou da sociedade empresária (art. 90 do Código Civil de 2002). A ligação dos bens ocorreu por um ato de vontade, que pode ir se construindo e se modificando ao longo do exercício da atividade.

PARA FIXAR

O estabelecimento tem a natureza jurídica de universalidade de fato.

5.3 Elementos e atributos do estabelecimento

Os bens materiais (cadeiras, mesa, balcão, mercadorias, estoque) e imateriais (marca, patente, desenho industrial, nome empresarial, título do estabelecimento, ponto comercial) são os elementos que compõem o estabelecimento; por outro lado, existem bens que são **atributos, qualidades do estabelecimento**. Os atributos são resultado da organização dos bens que fazem parte do estabelecimento. São eles o aviamento e a clientela.

5.3.1 Aviamento

O **aviamento** é a **capacidade de um estabelecimento para produzir resultados, para gerar lucros**. Sua existência está vinculada ao estabelecimento, embora não se confunda com este. Certamente, quando o estabelecimento é alienado, o preço contratado leva em conta essa capacidade de crescimento. Sua existência se percebe igualmente quando as ações de uma sociedade anônima expressam um valor de mercado muito superior aos bens que compõem a empresa.

O aviamento pode aumentar em virtude das características pessoais do Empresário ou administradores; sua forma de atender as pessoas, de tratar os funcionários e, até mesmo, como entende seu negócio. Também é possível que seu aumento de valor decorra diretamente do negócio realizado, do produto ofertado, da tecnologia empregada.

Esse aviamento pode ser objetivo ou subjetivo. No **aviamento objetivo**, a capacidade de gerar lucros surge da organização do estabelecimento, mas, no **aviamento subjetivo**, a capacidade de gerar lucros está ligada à pessoa do Empresário ou de algum administrador/diretor, portanto na venda do estabelecimento deve-se ter maior atenção a respeito da manutenção desse administrador/diretor ou até mesmo a realização de contrato com cláusula de não competição, devidamente indenizada.

O aviamento é protegido indiretamente, por exemplo, quando o locatário perde o direito a renovação compulsória do contrato de locação, e em alguns casos tem o direito de ser ressarcido "dos prejuízos e dos lucros cessantes..." (art. 52, § 3º, da Lei n. 8.245/91).

O **aviamento**, portanto, não é um elemento e sim um atributo, pois não existe isoladamente, e sim apenas como resultado da organização do todo. O aviamento pode ser avaliado economicamente, como pode ser observado no art. 1.187, parágrafo único, III, do Código Civil, a respeito da composição do inventário.

5.3.2 Clientela

A clientela é o grupo de pessoas que realizam negócios com o estabelecimento de **forma continuada**, ou no dizer de Fábio Ulhoa, "é o conjunto de pessoas que habitualmente consomem os produtos ou serviços fornecidos por um empresário".

Clientela não é sinônimo de freguesia. Enquanto a clientela mantém relações continuadas, a freguesia apenas se relaciona com o estabelecimento em virtude do local (ponto) onde ele se encontra.

A clientela também é protegida indiretamente quando se impede a concorrência desleal, por exemplo, na proibição do alienante explorar a mesma atividade que vendeu para o adquirente durante cinco anos, no caso de omissão do contrato (art. 1.147 do Código Civil de 2002).

A clientela é um dos fatores de valorização do aviamento.

PARA FIXAR

A clientela e o aviamento não são bens do estabelecimento e sim atributos dele.

5.4 Objeto unitário de negócio jurídico

O estabelecimento pode ser cedido temporariamente ou definitivamente. A cessão temporária acontece pelo usufruto ou arrendamento. A cessão definitiva do estabelecimento ocorre com sua alienação (art. 1.143 do Código Civil de 2002). Ao contrato de **alienação** do estabelecimento damos o nome de Trespasse.

Trespasse é a alienação do estabelecimento de um empresário, Eireli ou sociedade empresária para outro empresário ou sociedade empresária.

5.4.1 Trespasse

a) Formalidades

O estabelecimento, além de ser o instrumento pelo qual a atividade empresarial é realizada, também constitui a principal garantia dos credores, razão pela qual sua alienação, para que seja eficaz perante terceiros, deve observar cautelas específicas, como a **averbação** na Junta Comercial e a **publicação** no DOE (art. 1.144 do Código Civil de 2002).

A publicação será dispensada no caso de Trespasse de estabelecimento de ME ou EPP, nos termos do art. 71 da LC n. 123/2006.

Deve-se, ainda, observar se o **alienante possui bens suficientes** para solver o passivo deixado na empresa. No caso de não haver bens suficientes, a **alienação somente será eficaz** perante terceiros com a **concordância dos credores** de forma tácita ou expressa, até 30 dias após a notificação ou o pagamento antecipado das dívidas (art. 1.145 do Código Civil de 2002).

Nesse sentido o Enunciado n. 393 do Conselho de Justiça Federal, aprovou na IV Jornada de Direito Civil, dispõe: "A validade da alienação do estabelecimento empresarial não depende de forma específica, observado o regime jurídico dos bens que a exijam".

PARA FIXAR

Para que o trespasse seja eficaz perante terceiros é necessário:

1. Averbação da alienação na Junta Comercial

↓

2. Publicação no DOE

↓

3. Concordância expressa ou tática dos credores se os bens do alienante não forem suficiente para saldar as dívidas deixadas no estabelecimento e se os credores não forem pagos antecipadamente.

A ausência desta notificação, quando o alienante não possuir bens suficientes, permite ao credor que não foi notificado, ou que foi notificado, mas não concordou com o trespasse, e nem recebeu o pagamento adiantado, a possibilidade de **requerer a falência do alienante pela prática de atos de falência** (art. 94, III, *c*, da Lei n. 11.101/2005). E, uma vez que a falência seja decretada, ocorreria a ineficácia **do trespasse realizado,** podendo os credores da massa atingirem o estabelecimento nas mãos do adquirente (art. 129, VI, da Lei n. 11.101/2005).

Ressaltamos que, se o alienante possui bens suficientes para saldar as dívidas, não é necessária a notificação, concordância dos credores ou qualquer pagamento antecipado.

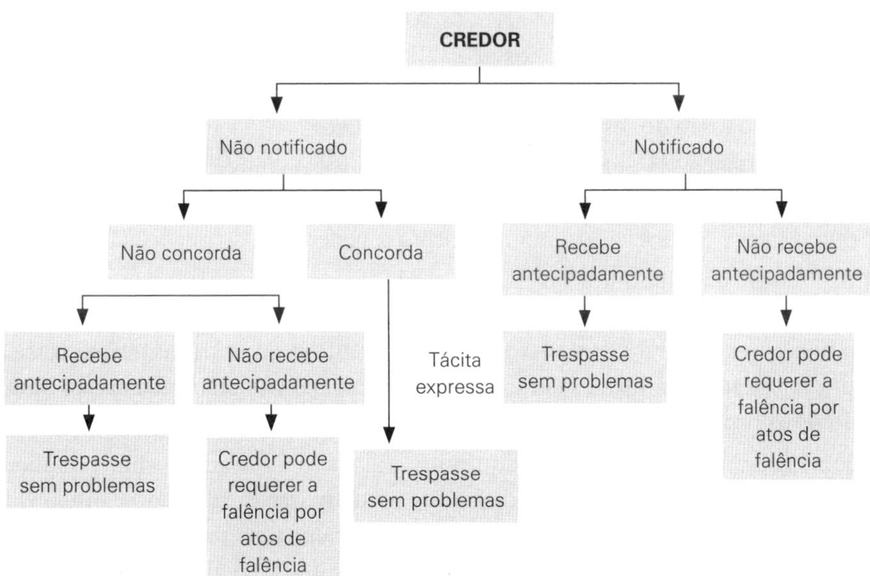

b) Responsabilidade pelas dívidas contraídas antes do trespasse

A responsabilidade pelas **dívidas contraídas anteriormente ao trespasse é do adquirente** do estabelecimento, desde que as mesmas estejam regularmente **contabilizadas.** Vale lembrar que o **alienante responde solidariamente pelas dívidas durante um ano,** conforme a seguinte regra: **em se tratando de dívidas vencidas, conta-se um ano a partir da publicação da transmissão do estabelecimento; referindo-se a dívidas vincendas, conta-se um ano a partir da data de vencimento de cada uma** (art. 1.146 do Código Civil de 2002).

PARA FIXAR

Quem responde pelas dívidas contraídas antes do trespasse é:

- o adquirente: pelas dívidas contabilizadas + dívidas tributárias + dívidas trabalhistas;
- o alienante: solidariamente ao adquirente por um ano **a partir da publicação da transmissão do estabelecimento, em se tratando de dívidas vencidas; referindo-se a dívidas vincendas, conta-se um ano a partir da data de vencimento de cada uma**.

c) Responsabilidade pelas dívidas trabalhistas

No caso dos **contratos de trabalho,** em virtude da **sucessão trabalhista** quem assume as obrigações, mesmo que não contabilizadas, é o **adquirente** (arts. 10 e 448 da CLT), já que houve a sucessão empresarial, restará apenas ao adquirente, cobrar regressivamente do alienante, se houver previsão no contrato de Trespasse. Na área trabalhista, é pacífico que, em caso de "sucessão jurídica" – transferência do estabelecimento, por qualquer forma – o adquirente assume a responsabilidade, mesmo que no contrato exista cláusula em sentido contrário. Isso porque a regra da sucessão é de ordem pública e não pode ser alterado pelas partes.

Dessa forma, assim descreve o art. 448-A CLT. "Caracterizada a sucessão empresarial ou de empregadores prevista nos arts. 10 e 448 desta Consolidação, as obrigações trabalhistas, inclusive as contraídas à época em que os empregados trabalhavam para a empresa sucedida, são de responsabilidade do sucessor".

Na visão de Délio Maranhão, para que ocorra a sucessão trabalhista é necessária a transferência do estabelecimento, bem como a continuação do contrato de trabalho. Por outro lado para Souto Maior e Maurício Godinho, bastaria a transferência do estabelecimento.

Importante salientar que a sucessão poderia ser cronológica, ou seja quando não há aquisição do estabelecimento por parte do proprietário. O proprietário apenas está no mesmo ponto e explorando a mesma atividade, que um proprietário anterior. Nesse caso, só haverá sucessão trabalhista, se houver um aproveitamento do uso da marca, da clientela pelo novo proprietário.

Além da responsabilidade do adquirente, na visão de Mauro Schiavi, o alienante responderá solidariamente, em caso de fraude no trespasse (art. 942 do Código Civil de 2002) e subsidiariamente se o adquirente não tiver bens pela proteção ao princípio da dignidade da pessoa humana do trabalhador (arts. 1º e 170 da CF/88). Nesse sentido, o parágrafo único do art. 448-A da CLT: "A empresa sucedida responderá solidariamente com a sucessora quando ficar comprovada fraude na transferência".

d) Responsabilidade pelas dívidas fiscais

Nas **dívidas fiscais**, o adquirente responde pela totalidade das obrigações, se o alienante cessou sua atividade econômica. Mas o adquirente responderá subsidiariamente, se o alienante prosseguir na exploração da atividade econômica ou iniciá-la em até seis meses da alienação (art. 133 do CTN). Ainda que contratualmente esteja escrito que o adquirente não responderá pelos débitos fiscais contraídos antes do trespasse, esta cláusula não pode ser oposta perante o Fisco, mas serve para que posteriormente o adquirente tenha direito de regresso contra o alienante.

PARA FIXAR

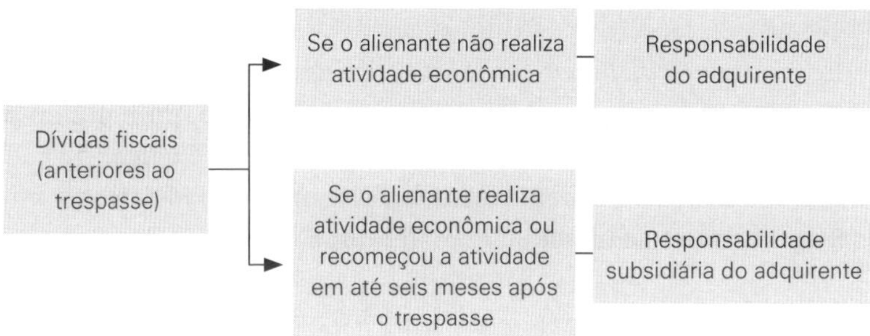

---

e) Responsabilidade pelas dívidas na falência e na recuperação de empresas

É importante ressaltar que, **dentro da falência**, a aquisição do estabelecimento está isenta de qualquer ônus (art. 141, II, da Lei n. 11.101/2005). No mesmo sentido ocorre na recuperação judicial (art. 60, parágrafo único, da Lei n. 11.101/2005). Esse também é o posicionamento do STF, no Informativo n. 548, de maio de 2009, quando manteve a constitucionalidade da isenção de ônus para quem adquire estabelecimento dentro de um procedimento de falência ou de recuperação judicial (ADIn 3.934/DF, rel. Min. Ricardo Lewandowski, 27-5-2009). Assim relatou:

> "A exclusão da sucessão tornaria mais interessante a compra da empresa e tenderia a estimular maiores ofertas pelos interessados na aquisição, o que aumentaria a garantia dos trabalhadores, em razão de o valor pago ficar à disposição do juízo da falência e ser utilizado para pagar prioritariamente os créditos trabalhistas. Além do mais, a venda em bloco da empresa possibilitaria a continuação da atividade empresarial preservando empregos".

ATENÇÃO

> Na aquisição de estabelecimento na falência e na recuperação de empresas, o adquirente não responde por encargos trabalhistas ou tributários.

f) Cláusula de não concorrência (não restabelecimento)

Para evitar que o alienante, ao vender o estabelecimento, se restabeleça na mesma atividade e acabe desviando a clientela que foi negociada com o trespasse, é possível **proibir o restabelecimento na mesma atividade**, numa determinada região de atuação.

Um caso importante decidido pelo STF em agosto de 1914, tratava exatamente desta questão. O litígio era entre a Companhia Nacional de Tecidos de Juta, com sede no Rio de Janeiro, tendo como advogado Carvalho de Mendonça, contra o Conde Alvares Penteado e a Companhia Paulista de Aniagem, ambos de São Paulo, que tinham como advogado Ruy Barbosa. O problema era que a Companhia Nacional de Tecidos de Juta comprou a Fábrica Santana do Conde, e este se restabeleceu pela Companhia Paulista de Aniagem, de quem era acionista majoritário. A Companhia Nacional sentiu-se prejudicada, pois claramente houve uma redução do aviamento, e pleiteou a devolução de parte do valor pago pela fábrica. Naquela época, o STF decidiu em favor das rés, já que no contrato não havia cláusula de não restabelecimento, e ela não deveria ser considerada.

Apesar do resultado desfavorável na época, a discussão surgiu, e prevaleceu posteriormente que a cláusula de não restabelecimento era uma **cláusula implícita** no contrato de trespasse. Esse entendimento foi consolidado pelo art. 1.147 do Código Civil de 2002, que determina que o alienante não poderá restabelecer-se em ramo idêntico da atividade negociada nos **5 anos que se seguirem à transferência, salvo expressa autorização no contrato.**

É possível, portanto, que no contrato, seja determinado um prazo diferente dos cinco anos, podendo inclusive, determinar que não existe a obrigação de não se restabelecer. Não se pode dizer, entretanto, que a não concorrência pode durar por tempo indeterminado, mesmo que assim esteja previsto no contrato, já que seria uma limitação abusiva. O STJ entendeu que se a cláusula for por tempo indeterminado, deve ser aplicado o prazo de cinco anos previsto no art. 1.147 do Código Civil[1].

---

1. Direito empresarial. Fixação de cláusula de não concorrência. Quando a relação estabelecida entre as partes for eminentemente comercial, a cláusula que estabeleça dever de abstenção de contratação com sociedade empresária concorrente pode irradiar efeitos após a extinção do contrato, desde que limitada espacial e temporalmente. Inicialmente, deve-se buscar, na hipótese em análise, a finalidade pretendida pelas partes ao firmarem a cláusula de não concorrência para, então, compreender-se sua adequação, ou não, à autonomia privada conformada pela funcionalização do direito privado, nos termos do art. 421 do Código Civil. Com efeito, a restrição à concorrência no ambiente jurídico nacional, em que vige a livre iniciativa privada, é excepcional e decorre da convivência constitucionalmente imposta entre as liberdades de iniciativa e de concorrência. Saliente-se que essa mesma preocupação com os efeitos concorrenciais potencialmente negativos forneceu substrato doutrinário e ideológico a suportar a vedação de restabelecimento em casos de trespasse de estabelecimento. A referida vedação passou a integrar o ordenamento jurídico nacional por meio do art. 1.147 do Código Civil, segundo o qual, "Não havendo autorização expressa, o alienante do estabelecimento não pode fazer concorrência ao adquirente, nos cinco anos subsequentes à transferência". Diferentemente da hipótese em análise, a vedação ao restabelecimento nos casos de trespasse decorre de lei, o que afasta discussões acerca da proporcionalidade da medida. A par disso, tratando-se a concorrência de valor institucional a ser protegido por imposição constitucional, extrai-se a função social de cláusulas autorregulatórias privadas que se adequem a esta finalidade. Por óbvio, essa admissão deverá atender a certos limites, sob pena de se desviarem de sua função, passando a representar conduta abusiva de alguma das partes. Nesse contexto, deve também ser afastada a conclusão no sentido de que, resolvido o vínculo contratual, não teria qualquer eficácia a cláusula de não concorrência. Primeiramente, esse entendimento retira da cláusula toda sua funcionalidade, existente, como demonstrado, na

O texto de lei não delimita a região na qual não se pode se restabelecer, pois esta definição depende do ramo e da abrangência da atividade. Em alguns casos, bastaria a proibição num bairro, em outros casos numa cidade ou Estado, e até mesmo em todo o território nacional. Por isso, caberá ao julgador determinar a região de não concorrência de acordo com cada caso concreto.

Para evitar essa definição posterior ao negócio, bastaria a previsão no contrato de trespasse sobre o período temporal e a região territorial da não concorrência.

O adquirente do estabelecimento se verificar a violação da cláusula de não restabelecimento, contratualmente prevista, ou na omissão, pela previsão legal, poderá ingressar com uma ação de obrigação de não fazer contra o alienante, além de pedir o ressarcimento pelos prejuízos causados.

Nesse sentido o Enunciado n. 490 do Conselho de Justiça Federal, aprovou na V Jornada de Direito Civil, dispõe:

> "A ampliação do prazo de 5 (cinco) anos de proibição de concorrência pelo alienante ao adquirente do estabelecimento, ainda que convencionada no exercício da autonomia da vontade, pode ser revista judicialmente, se abusiva".

É importante ressaltar que, no caso de arrendamento do estabelecimento, a não concorrência dura o período da vigência do contrato de arrendamento (art. 1.147, parágrafo único, do CC).

PARA FIXAR

O prazo para não restabelecimento no TRESPASSE é de 5 anos, no caso de omissão do contrato.

O prazo para não restabelecimento no ARRENDAMENTO é a vigência do contrato, no caso de omissão do contrato.

g) Sub-rogação contratual

É natural que existam contratos em andamento, quando o trespasse ocorre, e o ideal é que os contratos abordem como devem ser tratados nessa situação.

---

medida em que protege o ambiente concorrencial de distorções indesejadas. Ademais, a exigência de conduta proba das partes, nos termos do art. 422 do Código Civil, não está limitada ao lapso temporal de vigência do contrato principal em que inserida. Nesse diapasão, o Enunciado n. 25 da I Jornada de Direito Civil do CJF, esclarece: "o art. 422 do Código Civil não inviabiliza a aplicação pelo julgador do princípio da boa-fé nas fases pré-contratual e pós-contratual". E, de fato, insere-se na conduta conformada pela boa-fé objetiva a vedação ao estabelecimento de concorrência entre empresas que voluntariamente se associam para ambas auferirem ganhos, bem como o prolongamento dessa exigência por prazo razoável, a fim de propiciar a desvinculação da clientela da representada do empreendimento do representante. Assim, devem ser consideradas válidas as cláusulas contratuais de não concorrência, desde que limitadas espacial e temporalmente, porquanto adequadas à proteção da concorrência e dos efeitos danosos decorrentes de potencial desvio de clientela – valores jurídicos reconhecidos constitucionalmente. REsp 1.203.109-MG, rel. Min. Marco Aurélio Bellizze, julgado em 5/5/2015, *DJe* 11-5-2015 (Informativo 561).

Como regra, o **trespasse importará em sub-rogação dos contratos estipulados para a exploração do estabelecimento** (art. 1.148 do Código Civil de 2002). Para que a sucessão dos contratos ocorra, é imprescindível que tenha relação com a atividade empresarial, e que não tenha caráter pessoal, ou seja, não tenha sido baseado nas características pessoais do titular do estabelecimento. **A locação e o mandato são exemplos de contratos com caráter pessoal**.

É nesse sentido que afirma o Enunciado n. 234 do CJF: "Quando do trespasse do estabelecimento empresarial, o contrato de locação do respectivo ponto não se transmite automaticamente ao adquirente".

Entretanto, na I Jornada de Direito Comercial, houve a aprovação do Enunciado de n. 8, segundo o qual "a sub-rogação do adquirente nos contratos de exploração atinentes ao estabelecimento adquirido, desde que não possuam caráter pessoal, é a regra geral, incluindo o contrato de locação".

Apesar da divergência acima exposta, entendemos que é necessária a concordância expressa do locador, ainda que essa autorização conste previamente do contrato de locação, nesse sentido o art. 13 da Lei n. 8.245/91. Além disso, a sucessão de contratos pode não ocorrer por justa causa, de tal modo que o terceiro pode rescindir o contrato em 90 dias a contar da publicação do trespasse. São exemplos de justa causa: ações em andamento contra o adquirente, títulos protestados.

Quanto aos devedores, o trespasse só produzirá efeitos a partir de sua publicação, mas se os devedores efetuarem o pagamento ao alienante, ficarão isentos da obrigação, tendo agido de boa-fé. Restando ao adquirente cobrar o pagamento do alienante (art. 1.149 do Código Civil de 2002).

5.5 Proteção ao ponto comercial

O ponto comercial não é apenas o lugar no qual o empresário se estabelece, mas o espaço onde a atividade empresarial se desenvolve. Em nossa opinião, este espaço pode ser o **local** onde fisicamente a atividade é realizada ou mesmo o endereço eletrônico por meio do qual a atividade é realizada (*site*).

Em se tratando de proteção ao espaço físico é a própria atividade empresarial que acrescenta valor econômico ao ponto comercial. Por esse motivo, o ponto necessita de proteção legal específica, sobretudo em se tratando de imóvel alugado.

Se o espaço físico é de propriedade do empresário, então a realização dessa atividade depende exclusivamente de sua vontade, norteada pelas condições do mercado. Se, por outro lado, o espaço físico é de propriedade de terceiro, o empresário corre o risco de perder o ponto e toda atribuição econômica que a ele emprestou.

Para proteger o espaço físico, ponto comercial, alugado pelo empresário, é que a Lei n. 8.245/91 criou a ação renovatória.

5.5.1 Ação renovatória

A ação renovatória, prevista na Lei n. 8.245/91, tem a finalidade de proteger não só o ponto comercial, mas o valor agregado pelo exercício da atividade econômica. Segundo Fábio Ulhoa, o locatário tem o **direito de inerência ao ponto**, ou seja, o direito de permanecer no espaço alugado que ele contribuiu para valorizar.

A ação renovatória concede ao empresário individual, a Eireli, à sociedade empresária e até mesmo à sociedade simples o direito de obter a renovação compulsória do contrato de locação, desde que o locatário demonstre os requisitos definidos em lei.

Para que o locatário tenha **direito à ação renovatória**, será necessário cumprir os seguintes **requisitos, de forma cumulativa** (art. 51 da Lei de Locações):

a) **contrato de locação escrito e por tempo determinado**, ou seja, o contrato verbal, não permite que o locatário seja amparado pela ação renovatória. Deve-se observar que mesmo que um contrato de locação tenha sido elaborado por prazo determinado, se no vencimento ele não foi substituído, o contrato será prorrogado automaticamente por prazo indeterminado, o que resultaria na perda desse requisito e, portanto, na impossibilidade de ingressar com a ação renovatória;
b) **contrato anterior ou soma do prazo dos contratos anteriores é de cinco anos ininterruptos**, seja pelo locatário ou seu sucessor. O período de cinco anos pode ser composto por uma sucessão de contratos escritos e por prazo determinado, admitindo-se portanto a *accessio temporis*. Mesmo um pequeno intervalo entre os contratos, na visão de Fábio Ulhoa, causaria a interrupção do prazo, já que o legislador determinou "prazos ininterruptos"; em contrapartida, em alguns julgados, o STJ, entendeu que se o intervalo for pequeno, não causa tal interrupção de prazo[2];
c) **exploração**, pelo locatário, do **mesmo ramo de atividade pelo prazo mínimo e ininterrupto de três anos**, para que o locatário tenha conseguido agregar valor ao imóvel locado. Esse requisito já deve ter sido cumprido no momento da propositura da ação renovatória.

Tem **legitimidade ativa** para ingressar com a ação renovatória o locatário, seu cessionário ou sucessor (art. 51, §§ 1º e 2º, da Lei de Locações). No caso de sublocação total, permitida contratualmente, tem legitimidade ativa para ingressar com a ação renovatória, o sublocatário (art. 51, § 1º, da Lei de Locações).

O **momento para pleitear a renovação**, sob pena de decadência, são os **primeiros seis meses do último ano do contrato** (art. 51, § 5º, da Lei de Locações). Portanto, se o último contrato for de dois anos, o período para o locatário ingressar com a ação será a partir do 12º mês até o 18º mês do contrato. Se não for proposta no prazo legal, pode o locador, findo o contrato, retomar o imóvel, independentemente de motivo especial.

---

2. **AGRAVO REGIMENTAL EM RECURSO ESPECIAL. LOCAÇÃO. RENOVAÇÃO. HIATO LONGO ENTRE CONTRATOS ESCRITOS. ACCESSIO TEMPORIS. INADMISSÃO. PRECEDENTES. 1. Em**

PARA FIXAR

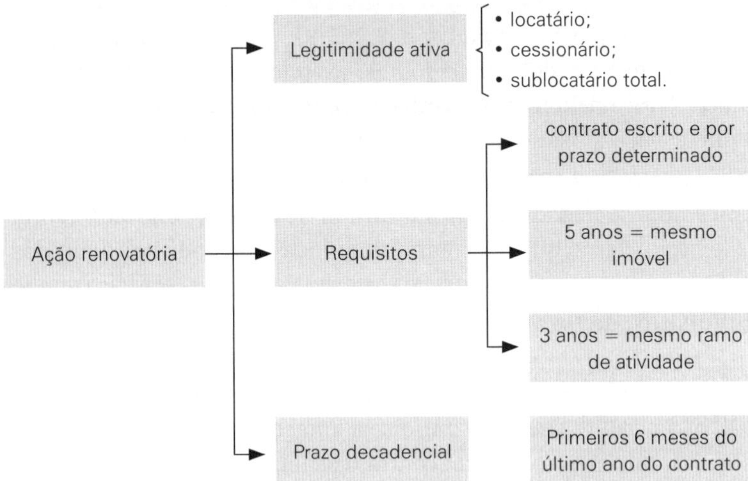

O locador pode promover a **revisão do valor** estipulado para o aluguel decorridos **3 anos** da data do contrato, da data do último reajuste ou da data do início da renovação do contrato.

O pedido de renovação do contrato de locação será pelo prazo do último contrato ou de no máximo cinco anos, e não da soma do tempo no qual o imóvel estava sendo alugado. Na visão da ministra Nancy Andrighi:

> "Permitir a renovação por prazos maiores, de dez, 15, 20 anos, poderia acabar contrariando a própria finalidade do instituto, dadas as sensíveis mudanças de conjuntura econômica, passíveis de ocorrer em tão longo período de tempo, além de outros fatores que possam ter influência na decisão das partes em renovar, ou não, o contrato"[3].

---

bora inadmitida na letra mesma da lei atualmente em vigor, a existência de hiato entre os contratos escritos, por "ininterruptos" os prazos contratuais a serem somados, esta Corte Superior de Justiça firmou sua jurisprudência no sentido de afirmar a possibilidade do accessio temporis, mesmo após a edição da Lei n. 8.245 /91, nas hipóteses em que for curto o período existente entre os contratos escritos. 2. Em hipóteses tais, em que mediou período razoável entre os contratos escritos – dezesseis meses –, não há como se ter como admissível a *accessio temporis*. Precedentes. 3. Agravo regimental improvido. AgRg no REsp 61436 SP 1995/0008704-9 (STJ)

3. RECURSO ESPECIAL. AÇÃO **RENOVATÓRIA** DE CONTRATO. LOCAÇÃO COMERCIAL. ACCESSIO TEMPORIS. PRAZO DA RENOVAÇÃO. ARTIGOS ANALISADOS: art. 51 da Lei n. 8.245 /91. 1. Ação **renovatória** de contrato de locação comercial ajuizada em 9-6-2003. Recurso especial concluso ao Gabinete em 7-12-2011. 2. Discussão relativa ao prazo da renovação do contrato de locação comercial nas hipóteses de "accessio temporis". 3. A Lei n. 8.245 /91 acolheu expressamente a possibilidade de "accessio temporis", ou seja, a soma dos períodos ininterruptos dos contratos de locação para se alcançar o prazo mínimo de 5 (cinco) anos exigido para o pedido de renovação, o que já era amplamente reconhecido pela jurisprudência, embora não constasse do Decreto n. 24.150/1934. 4. A **renovatória**, embora vise garantir os direitos do locatário face às pretensões ilegítimas do locador de se apropriar patrimônio imaterial, que foi agregado ao seu imóvel pela atividade exercida pelo

Em face da proteção ao direito de propriedade, algumas vezes a renovação compulsória não será concedida, mesmo que todos os requisitos tenham sido cumpridos pelo locatário. Nos casos a seguir, o juiz concederá a **retomada ao locador** (arts. 52 e 72 da Lei de Locações):

a) **melhor proposta de terceiro**, tanto em relação a uma locação por maior valor de aluguel, quanto em relação à compra do imóvel locado. Nesta situação, o locatário possui o direito de preferência em condições de igualdade na aquisição do imóvel (art. 72, III, § 2º, da Lei de Locações);

b) **reformas determinadas pelo Poder Público ou por decisão do próprio locador**. Neste último caso, o locador deverá justificar a reforma com a valorização do imóvel (art. 72, § 3º, da Lei de Locações);

c) **uso próprio**, desde que o locador não explore o mesmo ramo de atividade explorado anteriormente pelo inquilino. Tal limitação é inconstitucional, na visão de Fábio Ulhoa, pois limita indefinidamente o direito de propriedade do locador. A melhor solução nesse caso, na visão do autor, é permitir a exploração no mesmo ramo de atividade, cabendo ao locatário o direito de ser indenizado pela perda do ponto.

   A retomada para uso próprio seria permitida no caso de **locação-gerência**, que ocorreria quando o locador desenvolve a atividade empresarial no ponto comercial, sendo responsável inclusive pelas instalações e depois alugou para locatário (art. 52, § 1º, da Lei de Locações). Entende-se que nesse caso a valorização do ponto ocorreu principalmente pela atividade do locador;

d) **uso de descendente, ascendente ou cônjuge**, desde que demonstre o fundo de comércio (ou estabelecimento comercial) existente por **mais de 1 ano** (art. 52, II, da Lei de Locações), com as mesmas ressalvas tratadas anteriormente na retomada para uso próprio.

Em virtude da retomada do imóvel locado, o locatário que desenvolveu o fundo de comércio ao longo dos anos sofrerá um prejuízo em virtude da perda do ponto comercial, e exatamente por isso, em algumas situações, o **locatário terá o direito de pleitear uma indenização**. São elas:

a) quando a retomada foi concedida em virtude de melhor proposta de terceiro;

---

locatário, notadamente o fundo de comércio, o ponto comercial, também não pode se tornar uma forma de eternizar o contrato de locação, restringindo os direitos de propriedade do locador, e violando a própria natureza bilateral e consensual da avença locatícia. 5. O prazo 5 (cinco) anos mostra-se razoável para a renovação do contrato, a qual pode ser requerida novamente pelo locatário ao final do período, pois a lei não limita essa possibilidade. Mas permitir a renovação por prazos maiores, de 10, 15, 20 anos, poderia acabar contrariando a própria finalidade do instituto, dadas as sensíveis mudanças de conjuntura econômica, passíveis de ocorrer em tão longo período de tempo, além de outros fatores que possam ter influência na decisão das partes em renovar, ou não, o contrato. 6. Quando o art. 51, *caput*, da Lei n. 8.2145 dispõe que o locatário terá direito à renovação do contrato "por igual prazo", ele está se referido ao prazo mínimo exigido pela legislação, previsto no inciso II do art. 51, da Lei n. 8.245 /91, para a renovação, qual seja, de cinco anos". **REsp 1323410 MG 2011/0219578-3 (STJ).**

b) quando o locador atrasa na destinação alegada por um período de três meses;

c) quando o locador não dá a destinação alegada;

d) quando o locador explorar o mesmo ramo de atividade do locatário, exceto na locação-gerência (art. 52, §§ 1º e 3º, da Lei de Locações), valendo aqui a mesma discussão sobre o ramo de atividade, da retomada para uso próprio.

5.5.1.1 Aspectos processuais da ação renovatória

Na petição inicial, além da presença dos requisitos do art. 51 da Lei n. 8.245/91, e a redação de acordo com o art. 319 do CPC, será necessária a verificação de alguns critérios específicos.

O **foro competente** para ingressar com a ação renovatória é o **local do imóvel**, salvo de houver foro de eleição no contrato de locação (art. 58, II, da Lei n. 8.245/91).

O **valor da causa** será de 12 vezes o valor do aluguel (art. 58, III, da Lei n. 8.245/91). E da sentença que aprecia a ação renovatória, cabe o recurso de apelação, apenas no efeito devolutivo.

Outro aspecto relevante, na contestação o locador pode rebater os argumentos da inicial, questionando a presença dos requisitos legais, a tempestividade, a legitimidade, bem como deduzir a retomada prevista no art. 52 da Lei n. 8.245/91.

5.5.2 Locação por shopping center

No empreendimento denominado *shopping center*, normalmente ocorre a **locação dos espaços autônomos** de seu interior, no sentido de **organizá-lo** em atividades econômicas variadas.

Neste tipo de empreendimento não ocorre apenas uma concentração de atividades econômicas, mas toda uma organização que implica a segurança dada aos consumidores, na existência ou não de estacionamento, no atendimento das mais variadas necessidades dos consumidores e até mesmo na realização de promoções e campanhas publicitárias. Tudo isso é realizado não pelo locatário de um dos espaços do *shopping center*, mas pelo proprietário do empreendimento. Este planejamento do espaço é chamado pela doutrina de *tenant mix*.

Uma peculiaridade desse contrato é que a retribuição cobrada do lojista normalmente compreende um valor fixo ou um valor variável de acordo com faturamento obtido. O valor devido será o maior obtido pelo percentual do faturamento ou o valor fixo.

Outra característica é a possibilidade da cobrança de valor pela reserva de espaço dentro de um *shopping center* que está sendo construído. Nesse contrato, o empreendedor garante a entrega do empreendimento em determinada data, na exata localização combinada. Essa quantia paga pela reserva de localização no *shopping center* é a *res sperata*.

Por todas essas peculiaridades, discute-se sobre a natureza do contrato entre o *shopping center* e o lojista. **Para o STJ, esses contratos têm natureza atípica**, pois afinal "o propósito principal: relação associativa entre empreendedor e lojistas, que põem em prática um plano estratégico que mistura produtos e serviços, com vista a um fim comum: rentabilidade pela venda de mercadorias, da qual participam ambos" (REsp 178.908).

Fábio Ulhoa Coelho, ao contrário, entende tratar-se de um contrato de locação, como o previsto pelo legislador na Lei de Locações (Lei n. 8.245/91).

O que nos interessa é que de fato a Lei de Locações **admite a possibilidade da propositura da ação renovatória por parte do locatário**, em face do empreendimento *shopping center*, nos requisitos e prazo de interposição anteriormente expostos. Entretanto, com relação à retomada do espaço pelo *shopping center*, todas as situações citadas são possíveis, com **exceção da retomada para uso próprio e para uso de ascendente, descendente ou cônjuge** (art. 52, § 2º, da Lei de Locações).

Outra característica típica desse contrato realizado pelo *shopping center* ocorre em virtude da **proibição do repasse de algumas despesas ao locatário**. Dessa forma, não pode o empreendedor do *shopping center* cobrar do locatário:

a) obras de reforma ou acréscimos que interessem à estrutura integral do imóvel;

b) pintura das fachadas, esquadrias externas, poços de aeração e iluminação;

c) indenizações trabalhistas e previdenciárias pela dispensa de empregados anteriores ao início da locação;

d) obras ou substituições de equipamentos que impliquem em modificação do projeto original;

e) obras de paisagismo (art. 54, § 1º, *b*, da Lei de Locações).

5.6 Questões

01. **(FAURGS/TJ-RS/2016)** Assinale a alternativa correta sobre estabelecimento empresarial no Código Civil.

a) O pagamento ou o consentimento de todos os credores é imprescindível para validade e eficácia da alienação do estabelecimento.

b) O adquirente do estabelecimento não responde pelo pagamento dos débitos anteriores à transferência, desde que regularmente contabilizados.

c) O alienante do estabelecimento, não havendo autorização expressa, não pode fazer concorrência ao adquirente nos cinco anos subsequentes à transferência.

d) O contrato que tenha por objeto a alienação do estabelecimento só produz efeitos quanto a terceiros depois de averbado no Registro Civil das Pessoas Jurídicas.

e) A cessão dos créditos referentes ao estabelecimento transferido produz efeito em relação aos respectivos devedores, independentemente de publicação da transferência e da boa-fé do devedor que pagar ao cedente.

02. **(VUNESP/TJ-RJ/2016)** Assinale a alternativa correta no que respeita ao estabelecimento empresarial.

a) A eficácia da alienação do estabelecimento, se ao alienante não restarem bens suficientes para solver o passivo, dependerá do pagamento de todos os credores, ou do consentimento destes, que se admite de modo expresso ou tácito, no prazo de 30 dias contados de sua notificação.

b) Por consistir no complexo de bens organizado para o exercício da empresa, o estabelecimento não pode ser objeto unitário de negócios jurídicos constitutivos, ainda que compatíveis com a sua natureza.

c) O contrato que tenha por objeto o trespasse do estabelecimento produzirá efeitos quanto a terceiros a partir da data de sua assinatura.

d) O adquirente do estabelecimento responde pessoalmente pelo pagamento dos débitos anteriores à transferência, independentemente de estarem contabilizados, exonerando-se o devedor primitivo quanto aos créditos vencidos.

e) O alienante, em razão de expressa previsão legal, não poderá fazer concorrência ao adquirente, nos 5 anos subsequentes à assinatura do contrato de trepasse, não sendo admitida autorização expressa em sentido contrário.

03. **(CESPE/AGU/2015)** Julgue o item a seguir com base no entendimento atual do STJ acerca de direito empresarial.

O imóvel no qual se localize o estabelecimento da empresa é impenhorável, inclusive por dívidas fiscais.

04. **(FAURGS/TJ-RS/2015/Remoção)** Assinale a alternativa que contém afirmativa **INCORRETA** quanto ao empresário ou ao estabelecimento empresarial.

a) Salvo disposição em contrário, o trespasse importa a sub-rogação do adquirente nos contratos estipulados para exploração do estabelecimento.

b) O adquirente do estabelecimento responde pelo pagamento dos débitos anteriores à sua transferência, desde que esses sejam regularmente contabilizados, continuando o devedor primitivo subsidiariamente obrigado, pelo prazo de um ano, a partir de publicação do arquivamento da alteração contratual no Registro Público de Empresas.

c) O empresário individual não dependerá de outorga conjugal para alienar imóvel utilizado no exercício da empresa, desde que exista prévia autorização do cônjuge referente à destinação do imóvel ao patrimônio empresarial.

d) A inscrição de sociedade que tenha por objeto social a exploração de atividade agropecuária no Registro Público de Empresas é facultativa.

05. **(VUNESP/TJ-MS/2015)** Assinale a alternativa correta acerca do estabelecimento, conforme disciplinado pelo Código Civil.

a) O adquirente do estabelecimento responde pelo pagamento dos débitos anteriores à transferência, desde que regularmente contabilizados, continuando o devedor primitivo solidariamente responsável, quanto aos créditos vencidos, pelo prazo de dois anos a partir da publicação do trespasse.

b) Não restando ao alienante bens suficientes para solver seu passivo, a eficácia da alienação do estabelecimento dependerá do pagamento de todos os credores, ou do consentimento expresso destes, no prazo de sessenta dias a partir da notificação.

c) O contrato que tenha por objeto a alienação, usufruto ou arrendamento do estabelecimento, produzirá efeitos quanto a terceiros a partir da data em que se realize o trespasse.

d) No caso de arrendamento do estabelecimento, não havendo autorização expressa, o arrendante não poderá fazer concorrência ao arrendatário, nos cinco anos subsequentes ao arrendamento, independentemente do prazo do contrato.

e) A cessão dos créditos referentes ao estabelecimento transferido produzirá efeito em relação aos respectivos devedores, desde o momento da publicação da transferência, mas o devedor ficará exonerado se de boa-fé pagar ao cedente.

06. (FCC/TJ-SC/2015) Ricardo, empresário do ramo de móveis, alienou o seu estabelecimento para Alexandre, que ali deu continuidade à exploração da mesma atividade. No contrato de trespasse, foram regularmente contabilizadas todas as dívidas relativas ao estabelecimento, algumas delas já vencidas e outras por vencer. Nesse caso, Ricardo

a) não responde pelas dívidas do estabelecimento, ainda que anteriores à sua transferência

b) responde com exclusividade por todas as dívidas do estabelecimento anteriores à sua transferência.

c) responde com exclusividade apenas pelas dívidas já vencidas por ocasião da transferência do estabelecimento.

d) responde solidariamente com Alexandre, durante determinado prazo, por todas as dívidas anteriores à transferência do estabelecimento.

e) responde solidariamente com Alexandre apenas pelas dívidas já vencidas por ocasião da transferência do estabelecimento.

07. (FGV – Fiscal de Rendas Sefaz – RJ/2010) A respeito do trespasse do estabelecimento empresarial, analise as afirmativas a seguir.

I. O contrato de trespasse de estabelecimento empresarial produzirá efeitos quanto a terceiros só depois de averbado à margem da inscrição do empresário, ou da sociedade empresária, no Registro Público de Empresas Mercantis e de publicado na imprensa oficial.

II. Com relação aos créditos de natureza civil vencidos antes da celebração do contrato de trespasse, o vendedor do estabelecimento continuará por eles solidariamente obrigado, pelo prazo de um ano contado a partir da publicação do contrato de trespasse na imprensa oficial.

III. Não se admite, mesmo por convenção expressa entre os contratantes, o imediato restabelecimento do vendedor do estabelecimento no mesmo ramo de atividades e na mesma zona geográfica.

Assinale:

a) se somente a afirmativa I estiver correta.

b) se somente a afirmativa II estiver correta.

c) se somente as afirmativas I e II estiverem corretas.

d) se somente as afirmativas I e III estiverem corretas.

e) se somente as afirmativas II e III estiverem corretas.

08. (FGV – Fiscal de Rendas Sefaz – RJ/2010) Com relação ao estabelecimento empresarial, assinale a afirmativa incorreta.

a) É o complexo de bens organizado para o exercício da empresa, por empresário ou por sociedade empresária.

b) Refere-se tão somente à sede física da sociedade empresária.

c) Desponta a noção de aviamento.

d) Inclui, também, bens incorpóreos, imateriais e intangíveis.

e) É integrado pela propriedade intelectual.

09. (PUC-PR/PGE-PR/2015) Acerca da disciplina jurídica do estabelecimento empresarial, assinale a alternativa **CORRETA**.

a) Uma cláusula contratual que permita o restabelecimento do alienante do estabelecimento empresarial no prazo de três anos é lícita e mais benéfica ao alienante do que a inexistência de cláusula contratual a este respeito.

b) O estabelecimento empresarial corresponde a uma universalidade de direito.

c) O registro da operação de trespasse no Registro Público de Empresas Mercantis é essencial para a validade deste negócio jurídico.

d) É necessário o consentimento expresso dos credores se ao alienante do estabelecimento empresarial não restarem bens suficientes para solver o seu passivo.

e) O alienante do estabelecimento empresarial fica obrigado solidariamente com o adquirente pelos débitos anteriores à transferência, desde que regularmente contabilizados pelo prazo de dois anos.

10. (TRT 21ª Região – 2012) A respeito do estabelecimento empresarial, assinale a afirmação incorreta:

a) o adquirente do estabelecimento responde pelo pagamento dos débitos anteriores à transferência, desde que regularmente contabilizados, continuando o devedor primitivo solidariamente obrigado pelo prazo de um ano, a partir da publicação, quanto aos créditos vencidos, e da data do vencimento, quanto aos outros;

b) a inscrição do empresário, ou dos atos constitutivos das pessoas jurídicas, ou as respectivas averbações, no registro próprio, asseguram o uso exclusivo do nome nos limites do respectivo Estado;

c) as publicações das sociedades estrangeiras serão feitas nos órgãos oficiais da União e do Estado onde tiverem sucursais, filiais ou agências;

d) o preposto, salvo autorização expressa, não pode negociar por conta própria ou de terceiro, nem participar, embora indiretamente, de operação do mesmo gênero da que lhe foi cometida, sob pena de responder por perdas e danos e de serem retidos pelo preponente os lucros da operação;

e) o empresário e a sociedade empresária, salvo aquela com sede em país estrangeiro, são obrigados a conservar em boa guarda toda a escrituração, correspondência e papéis concernentes à sua atividade, enquanto não ocorrer prescrição ou decadência no tocante aos atos neles consignados.

11. (TRT 2ª Região – 2013) O estabelecimento comercial, nos termos do Código Civil, é o complexo de bens organizado, para exercício da empresa, por empresário ou sociedade empresária. Em caso de alienação do estabelecimento comercial, observe as proposições abaixo e ao final aponte a alternativa que contenha as proposituras corretas:

I. O adquirente do estabelecimento sempre responde pelo pagamento dos passivos anteriores à transferência.

II. O adquirente do estabelecimento não responde pelo pagamento dos passivos anteriores à transferência, se não forem contabilizados à época da compra.

III. O adquirente do estabelecimento não responde pelo pagamento dos passivos anteriores à transferência, permanecendo todos na responsabilidade do vendedor.

IV. O adquirente do estabelecimento responde pelo pagamento dos passivos anteriores à transferência, desde que regularmente contabilizados, continuando o devedor primitivo solidariamente obrigado pelo prazo de um ano.

V. O adquirente do estabelecimento responde pelo pagamento dos passivos anteriores à transferência, desde que regularmente contabilizados, continuando o devedor primitivo subsidiariamente obrigado pelo prazo de um ano.

Está correta a alternativa:

a) II e IV.
b) I e III.
c) II e III.
d) I e II.

12. (TJ-BA/Magistratura/2012) Não se concebe a existência de empresário, seja ele pessoa física ou moral, sem o estabelecimento empresarial. Com relação ao estabelecimento empresarial, assinale opção correta.

a) A doutrina distingue duas formas de aviamento: o objetivo e o subjetivo, estando o objetivo associado à pessoa que esteja à frente da empresa e que empresta a esta todo o seu prestígio.
b) Os contratos de trespasse, usufruto ou arrendamento do estabelecimento empresarial produzem efeitos perante terceiros, independentemente de publicação na imprensa oficial e de averbação no Registro Público de Empresas Mercantis e Atividades Afins.
c) De acordo com a teoria da personalidade jurídica do estabelecimento, aceita no ordenamento jurídico brasileiro, o estabelecimento é considerado sujeito de direito distinto e autônomo em relação ao empresário.
d) Consoante o entendimento doutrinário dominante, o estabelecimento é concebido como uma universalidade de bens que passa a ser uma universalidade de fato na medida em que seus vários elementos são reunidos em um objetivo econômico comum.
e) O patrimônio empresarial não se resume necessariamente ao seu estabelecimento, sendo possível que o empresário adquira bens que não tenham relação direta com sua atividade.

13. (VUNESP/TJ-RJ/Magistratura/2012) Na transferência do estabelecimento empresarial, é correto afirmar que:

a) Desde que determinado no contrato, as partes poderão acordar que a transferência não importará a sub-rogação do adquirente nos contratos estipulados para a exploração do estabelecimento.
b) o adquirente do estabelecimento não responde pelo pagamento dos débitos anteriores à transferência, ainda que contabilizados.
c) no caso de arrendamento do estabelecimento, é possível, independentemente de autorização expressa, que o arrendador concorra com o arrendatário.
d) a cessão dos créditos referentes ao estabelecimento transferido produzirá efeito em relação aos respectivos devedores, desde o momento da realização do contrato.

14. (CESPE/TJ-ES/Magistratura/2011) Com base nos fundamentos do direito empresarial, assinale a opção correta.

a) O local em que o empresário se estabelece denomina-se propriedade comercial ou ponto, e a proteção jurídica do ponto decorre da sua importância para o sucesso da empresa.
b) Veda-se, com o objetivo de evitar a configuração de confusão patrimonial, que uma sociedade empresária seja titular de mais de um estabelecimento.
c) O estabelecimento empresarial é sujeito de direito, dada a personalização desse complexo de bens.

d) O direito considera a clientela elemento do estabelecimento empresarial, pois deriva da tutela jurídica a necessária natureza do bem tutelado.

15 **(VUNESP/TJ-RJ/Magistratura/2014)** Considera-se complexo de bens organizado para o exercício da empresa, por empresário ou sociedade empresária:

a) atividade econômica desenvolvida profissionalmente.

b) estabelecimento.

c) patente.

d) ponto.

16. **(FCC/TJ-AP/Magistratura/2014)** Realizado o trespasse do estabelecimento, é correto afirmar:

a) O nome empresarial do titular do estabelecimento pode ser incluído na alienação do estabelecimento.

b) Não havendo autorização expressa, o alienante não pode fazer concorrência ao adquirente, nos 5 anos subsequentes à transferência.

c) O adquirente não responde pelo pagamento dos débitos anteriores à transferência que estejam regularmente contabilizados.

d) A eficácia quanto a terceiros independe de averbação no Registro Público de Empresas Mercantis e de publicação na imprensa oficial.

e) O adquirente que continua a exploração do estabelecimento adquirido, não responde pelos tributos relativos ao estabelecimento adquirido, devidos até a data do ato.

17 **(CESPE/TRT-5ª Região/BA/2013)** Em relação ao estabelecimento comercial, assinale a opção correta.

a) Conforme a doutrina majoritária, a natureza jurídica do estabelecimento comercial é de uma universalidade de fato.

b) Para que seja válido em relação a terceiros eventualmente prejudicados por sua celebração, o trespasse deve ser registrado à margem da inscrição do empresário ou da sociedade empresária no Registro Público de Empresas.

c) Para a garantia de terceiros, o nome do empresário individual ou da sociedade empresária deve coincidir com o título do estabelecimento comercial.

d) O estabelecimento comercial não pode ser objeto de penhora se utilizado para a exploração de empresa de empresário individual, por ser, nesse caso, necessário ao exercício da profissão de empresário, dada a definição de empresário contida no art. 966 do Código Civil.

e) O estabelecimento comercial compõe-se dos bens necessários ao exercício da empresa e dos débitos do empresário, inclusive dos que não estejam contabilizados no momento de eventual trespasse.

18. **(FCC/2012/TRT/4ª REGIÃO/RS)** Se ao alienante não restarem bens suficientes para solver o seu passivo, a eficácia da alienação do estabelecimento depende:

a) somente do consentimento expresso dos credores trabalhistas e tributários.

b) do consentimento expresso ou tácito de todos os credores, em 60 (sessenta) dias de sua notificação.

c) do pagamento de todos os credores, ou do consentimento destes, de modo expresso ou tácito, em 30 (trinta) dias a partir de sua notificação.

d) apenas do pagamento de todos os credores trabalhistas e tributários.

e) exclusivamente do consentimento expresso dos credores com garantia real.

19. (2013/TRT/SP) O estabelecimento comercial, nos termos do Código Civil, é o complexo de bens organizado, para exercício da empresa, por empresário ou por sociedade empresária. Em caso de alienação do estabelecimento comercial, observe as proposições abaixo e ao final aponte a alternativa que contenha as proposituras corretas:

I) O adquirente do estabelecimento sempre responde pelo pagamento dos passivos anteriores à transferência.

II) O adquirente do estabelecimento não responde pelo pagamento dos passivos anteriores à transferência, se não foram contabilizados à época da compra.

III) O adquirente do estabelecimento não responde pelo pagamento dos passivos anteriores à transferência, permanecendo todos na responsabilidade do vendedor.

IV) O adquirente do estabelecimento responde pelo pagamento dos débitos anteriores à transferência, desde que regularmente contabilizados, continuando o devedor primitivo solidariamente obrigado pelo prazo de um ano.

V) O adquirente do estabelecimento responde pelo pagamento dos débitos anteriores à transferência, desde que regularmente contabilizados, ficando o devedor primitivo subsidiariamente obrigado pelo prazo de um ano.

Está correta a alternativa:

a) II e IV.
b) I e III.
c) III e V.
d) II e III.
e) I e II.

20. (2017.VUNESP SP) Considerando a definição de "estabelecimento" contida no artigo 1.142 do Código Civil e a possibilidade, prevista nos artigos 1.143 e seguintes, a natureza jurídica desse instituto jurídico, adotada pelo nosso legislador, é aquela de

a) sociedade de fato.
b) núcleo patrimonial provisório.
c) universalidade de direito
d) pessoa jurídica.

GABARITO

QUESTÃO	COMENTÁRIOS
01	A alternativa A está incorreta. o pagamento ou o consentimento de todos os credores não é imprescindível para validade e eficácia da alienação do estabelecimento (art. 1.144 do CC). A alternativa B está incorreta, pois o adquirente do estabelecimento responde pelo pagamento das dívidas contabilizadas (art. 1.146 do CC). A alternativa C está correta, pois o alienante do estabelecimento, não havendo autorização expressa, não pode fazer concorrência ao adquirente nos cinco anos subsequentes à transferência (art. 1.147 do CC). A alternativa D está incorreta, pois o contrato que tenha por objeto a alienação do estabelecimento só produz efeitos quanto a terceiros depois de averbado na Junta Comercial (art. 1.144 do CC). A alternativa E está incorreta, pois cessão dos créditos referentes ao estabelecimento transferido produz efeito em relação aos respectivos devedores, dependendo da publicação da transferência e da boa-fé do devedor que pagar ao cedente (art. 1.149 do CC).

02	A alternativa A está correta, pois a eficácia da alienação do estabelecimento, se ao alienante não restarem bens suficientes para solver o passivo, dependerá do pagamento de todos os credores, ou do consentimento destes, que se admite de modo expresso ou tácito, no prazo de 30 dias contados de sua notificação. (art. 1.145 do CC). A alternativa B está incorreta, pois por consistir no complexo de bens organizado para o exercício da empresa, o estabelecimento pode ser objeto unitário de negócios jurídicos constitutivos, ainda que compatíveis com a sua natureza (art. 1.143 do CC). A alternativa C está incorreta, pois o contrato que tenha por objeto o trespasse do estabelecimento produzirá efeitos quanto a terceiros a partir da data da averbação e publicação na Junta Comercial (art. 1.144 do CC). A alternativa E está incorreta, pois o alienante, em razão de expressa previsão legal, não poderá fazer concorrência ao adquirente, nos 5 anos subsequentes à assinatura do contrato de trepasse, sendo admitida autorização expressa em sentido contrário (art. 1.147 do CC).
03	A afirmação está incorreta, pois o estabelecimento pode ser objeto de penhora de acordo com a Súmula 451 do STJ.
04	A alternativa A está correta de acordo com o art. 1.148 do CC. A alternativa B está incorreta, pois o adquirente do estabelecimento responde pelo pagamento dos débitos anteriores à sua transferência, desde que esses sejam regularmente contabilizados, continuando o devedor primitivo solidariamente obrigado, pelo prazo de um ano, a partir de publicação do arquivamento da alteração contratual no Registro Público de Empresas (art. 1.146 do CC). A alternativa C está correta nos termos do art. 978 do Código Civil de 2002. A alternativa D está correta de acordo com o art. 971 do Código Civil de 2002.
05	A alternativa A está incorreta, pois o adquirente do estabelecimento responde pelo pagamento dos débitos anteriores à transferência, desde que regularmente contabilizados, continuando o devedor primitivo solidariamente responsável, quanto aos créditos vencidos, pelo prazo de um ano a partir da publicação ou vencimento das obrigações (art. 1.146 do CC). A alternativa B está incorreta, pois não restando ao alienante bens suficientes para solver seu passivo, a eficácia da alienação do estabelecimento dependerá do pagamento de todos os credores, ou do consentimento expresso destes, no prazo de trinta dias a partir da notificação (art. 1.145 do CC). A alternativa C está incorreta, pois o contrato que tenha por objeto a alienação, usufruto ou arrendamento do estabelecimento, produzirá efeitos quanto a terceiros da publicação do trespasse (art. 1.143 do CC). A alternativa D está incorreta, pois a não concorrência é aplicável no contrato de trespasse. A alternativa E está correta, pois está de acordo com o art. 1.149 do CC.
06	A alternativa D está correta, pois Ricardo responde solidariamente com Alexandre pelo prazo de um ano contado da publicação do trespasse ou do vencimento da obrigação, nos termos do art. 1.146 do Código Civil de 2002.
07	A alternativa correta é a C, pois a afirmativa I está correta de acordo com o art. 1.144 do Código Civil de 2002, bem como a afirmativa II está correta de acordo com o art. 1.146 do Código Civil de 2002.
08	A alternativa B está incorreta, pois o que se refere tão somente a sede física da empresa é o ponto comercial e não o estabelecimento, que possui com conceito muito mais amplo (art. 1.142 do Código Civil de 2002).
09	A alternativa A está correta, pois de fato, uma cláusula contratual que permita o restabelecimento do alienante do estabelecimento empresarial no prazo de três anos é lícita e mais benéfica ao alienante do que a inexistência de cláusula contratual a este respeito (art. 1.147 do CC). A alternativa B está incorreta, pois o estabelecimento é uma universalidade de fato. A alternativa C está incorreta, pois o registro é essencial para a eficácia do trespasse perante terceiros (art. 1.143 do CC). A alternativa D está incorreta, pois se ao alienante do estabelecimento empresarial não restarem bens suficientes para solver o seu passivo, o consentimento dos credores pode ser expresso ou tácito (art. 1.145 do CC). A alternativa E está incorreta, pois o alienante do estabelecimento empresarial fica obrigado solidariamente com o adquirente pelos débitos anteriores à transferência, desde que regularmente contabilizados pelo prazo de um ano (art. 1.146 do CC).

10	A alternativa incorreta é a E, pois os empresários, as sociedades brasileiras e as sociedades estrangeiras, precisam guardar em bom estado, toda a escrituração pertinente à sua atividade. As demais alternativas estão corretas de acordo com dispositivos legais.
11	A alternativa correta é a A, de acordo com o previsto no art. 1.146 do Código Civil de 2002.
12	A alternativa correta é a D, pois o art. 1.142 do Código Civil de 2002 define o conceito de estabelecimento.
13	A alternativa correta é a A, de acordo com o art. 1.148 do Código Civil de 2002.
14	A alternativa correta é a A, pois essa é a correta definição de ponto comercial.
15	A alternativa correta é a B, conforme art. 1.142 do Código Civil de 2002.
16	A alternativa correta é a B, de acordo com o art. 1.147 do Código Civil de 2002.
17	A alternativa correta é a A, seguindo a definição do art. 90 do Código Civil de 2002. Esse é o posicionamento de Oscar Barreto Filho e o nosso.
18	A alternativa correta é a C, nos termos do art. 1.145 do CC.
19	A alternativa correta é a A, de acordo com o art. 1.145 e 1.146 do Código Civil de 2002.
20	A alternativa correta é C. A natureza jurídica do estabelecimento é de universalidade de bens. Para Carvalho de Mendonca, posicionamento adotado pela banca, é de universalidade de direito.

6

PROPRIEDADE INDUSTRIAL

SUMÁRIO

6.1 Propriedade intelectual, propriedade autoral e propriedade industrial

A propriedade intelectual envolve a proteção de todos os bens imateriais oriundos de uma criação intelectual. Engloba, portanto, a propriedade industrial e a propriedade autoral.

Nesse sentido, a propriedade *autoral* começa a partir da criação intelectual e não a partir do registro nos órgãos competentes, sendo estes apenas atos declaratórios que conferem a formalidade da proteção sobre o direito autoral. Sua proteção alcança apenas a forma como a ideia foi exteriorizada, a fim de se evitarem os plágios.

Já a propriedade *industrial* é protegida a partir do ato administrativo conferido pelo Instituto Nacional de Propriedade Industrial, ou seja, da concessão da patente, do registro da marca e do desenho industrial. Por essa razão, pode-se afirmar que o **ato administrativo**, nesse caso, tem natureza **constitutiva**, uma vez que a proteção começa não pela criação, mas pelo reconhecimento do INPI. A **proteção da propriedade industrial** alcança desde a **inovação**, a ideia da invenção, até a **forma** pela qual a ideia se exterioriza.

PARA DIFERENCIAR

DIREITO AUTORAL	PROPRIEDADE INDUSTRIAL
Protege a forma pela qual a ideia se exterioriza	Protege a ideia e a forma como se exterioriza
Origem: decorre da anterioridade da criação	**Origem:** decorre de um ato administrativo
Ato administrativo: natureza declaratória	**Ato administrativo:** natureza constitutiva

6.2 Evolução histórica

De acordo com a evolução histórica na proteção da propriedade industrial, descrita por Fábio Ulhoa[1], o primeiro marco de proteção às invenções foi o *Statute of Monopolies*, em 1623, na Inglaterra. O segundo país a legislar sobre a proteção à propriedade industrial foram os Estados Unidos, na sua Constituição, em 1787, seguida pela França, em 1791.

Certamente, o marco mais importante foi a **Convenção da União de Paris**, em 1883, que tratou da **uniformização** e **internacionalização** das regras sobre a proteção da propriedade industrial. O Brasil participou dessa Convenção desde o início, e por isso é considerado um país *unionista.*

Nesse contexto, a Convenção da União de Paris se preocupou em proteger:

- patentes de invenção e de modelo de utilidade;
- desenhos industriais;
- nome empresarial;
- indicações de proveniência;
- repressão da concorrência desleal.

Outro marco importante que deu continuidade à necessidade de uniformização das regras relativas à Propriedade Industrial é o **Acordo Trips**, assinado no ano de 1994, acordo este que originou a Organização Mundial do Comércio (OMC). Esse acordo foi ratificado pelo Brasil em 1994 (Dec. n. 1.355/94), cuja vigência, segundo o previsto no próprio acordo, só ocorreria 5 anos depois[2].

6.3 Evolução legislativa no Brasil

No Brasil, o **primeiro ato de proteção à invenção** ocorreu em **1809**, quando o Príncipe Regente, D. João VI, concedeu **alvará** reconhecendo o direito do inventor e concedendo a exclusividade da exploração de inventos durante 14 anos, desde que **registradas** na **Real Junta de Comércio.**

A primeira Constituição Federal brasileira a abordar a proteção à propriedade industrial foi a de 1824, no texto de seu art. 179, XXVI, que dispôs: "os inventores terão a propriedade de suas descobertas, ou das suas produções. A lei lhes assegurará um **privilégio exclusivo temporário,** ou lhes remunerará em ressarcimento da perda que hajam de sofrer pela vulgarização". No enunciado desse dispositivo, observamos a presença da exclusividade temporária para o uso da propriedade industrial.

1. COELHO, Fábio Ulhoa. *Curso de direito comercial.* 12. ed. São Paulo: Saraiva, 2008. v. 1, p. 134.
2. Esse entendimento foi mantido pelo STJ no REsp 806.147, no qual a relatora, Ministra Nancy Andrighi, entendeu que a alteração do prazo de proteção da patente concedida pela Lei n. 5.772/71, que era de 15 anos, e seria alterado pelo Acordo TRIPS para 20 anos, só entraria em vigor 5 anos após a ratificação.

De importância histórica inigualável, a **Constituição de 1824** aliou os avanços do liberalismo (elencando inúmeros direitos individuais) com certo apego ao absolutismo (mantendo a escravidão e poderes exagerados nas mãos do imperador).

Esse é o posicionamento de Afonso Arinos: "Independentemente de qualquer análise crítica, uma observação preliminar pode ser tranquilamente feita a propósito da Constituição brasileira de 1824: ela foi um grande Código político, dos maiores produzidos pela ciência e experiência políticas do século XIX. (...) Com todos os defeitos e insuficiências, o Império é uma página de glória na vida do Brasil e sua constituição, flexível, moderada, liberal e prudente, praticada por uma série de verdadeiros estadistas, se inscreve, repetimos, entre os mais felizes documentos políticos do século passado"[3].

Em 1875, surgiu a primeira lei sobre a proteção de marcas (Dec. n. 2.682/1875), a partir de uma intervenção de **Rui Barbosa**, que não conseguira proteger a marca de seu cliente. O jurista buscava a proteção da marca de rapé "Areia Preta", que estaria sendo copiada por outra empresa, que usava a marca de rapé "Areia Parda", nomenclatura que gerava confusão para o consumidor. Apesar de indícios favoráveis para o cliente, seu pedido foi julgado juridicamente impossível.

A **Constituição de 1891**, promulgada logo após a queda da monarquia e cujo anteprojeto por feito por Rui Barbosa, reservava dois parágrafos para a propriedade industrial. Vejamos:

> "Art. 72. (...)
>
> (...)
>
> § 25. Os inventos industriais pertencerão aos seus autores, aos quais ficará garantido por lei um privilégio temporário, ou será concedido pelo Congresso um prêmio razoável quando haja conveniência de vulgarizar o invento.
>
> (...)
>
> § 27. A lei assegurará também a propriedade das marcas de fábrica".

A **Constituição de 1934**, também promulgada, e de curta duração (tendo em vista que foi revogada pela Constituição de 1937, outorgada por Getúlio Vargas), assegurava o privilégio temporário das invenções, bem como a proteção da marca.

O então Presidente da República Getúlio Vargas outorgou a **Constituição de 1937**, conhecida como "Polaca" (por conta de sua inspiração polonesa). Entre suas características principais estava a redução dos direitos fundamentais nela previstos. Nesse diapasão, não havia previsão constitucional da propriedade industrial.

Finda a Ditadura Vargas, foi promulgada a **Constituição de 1946**, que, sobre a propriedade industrial, de forma muito semelhante à Constituição de 1891, dizia:

> "Art. 141. (...)

---

3. FRANCO, Afonso Arinos de Melo. *Curso de direito constitucional brasileiro*. 1. ed. Rio de Janeiro: Forense, 1960. v. II, p. 88.

> (...)
>
> § 17. Os inventos industriais pertencem aos seus autores, aos quais a lei garantirá privilégio temporário ou, se a vulgarização convier à coletividade, concederá justo prêmio.
>
> § 18. É assegurada a propriedade das marcas de indústria e comércio, bem como a exclusividade do uso do nome comercial".

Com o Golpe Militar de 1964, foi outorgada pelos militares a **Constituição de 1967**, que, no seu art. 150, dizia:

> "**Art. 150.** (...)
>
> (...)
>
> § 24. A lei garantirá aos autores de inventos industriais privilégio temporário para sua utilização e assegurará a propriedade das marcas de indústria e comércio, bem como a exclusividade do nome comercial".

Anos depois, com o intuito principal de constitucionalizar os Atos Institucionais (atos editados pelo governo militar, após o golpe militar de 1964, usados como forma de legitimação e legalização dos atos políticos do regime), foi editada a EC 1/69, que, no art. 153, repetia o dispositivo acima mencionado, com uma pequenina alteração de redação. Vejamos:

> "**Art. 153.** (...)
>
> (...)
>
> § 24. A lei assegurará aos autores de inventos industriais privilégio temporário para sua utilização, bem como a propriedade das marcas de indústria e comércio e a exclusividade do nome comercial".

Por fim, a Constituição de 1988 fez jus ao seu cognome, ao prever de forma mais extensa que suas antecessoras a propriedade industrial, no art. 5º. Vejamos:

> "**Art. 5º.** (...)
>
> (...)
>
> XXIX – a lei assegurará aos autores de inventos industriais privilégio temporário para sua utilização, bem como proteção às criações industriais, à propriedade das marcas, aos nomes de empresas e a outros signos distintivos, tendo em vista o interesse social e o desenvolvimento tecnológico e econômico do País".

A lei que regulamenta atualmente essa proteção no Brasil é a **Lei n. 9.279/96**, que substituiu a Lei n. 5.772/71. A propriedade industrial faz parte do fundo de comércio desenvolvido pelo empresário e por isso merece tutela do legislador pátrio.

A proteção dos direitos da propriedade industrial efetua-se mediante o determinado pelo art. art. 2º da Lei n. 9.279/96:

- concessão de patentes de invenção e de modelo de utilidade;

- concessão de registro de desenho industrial;
- concessão de registro de marca;
- repressão às falsas indicações geográficas; e
- repressão à concorrência desleal.

Ressalte-se que o **nome empresarial** não foi objeto da Lei n. 9.279/96, sendo tratado pela Lei n. 8.934/94.

O empresário titular desses bens – patente de invenção e modelo de utilidade ou registro de marca e desenho industrial – tem o direito de **explorar** economicamente o objeto correspondente, **com exclusividade**. A concessão, proteção e fiscalização da propriedade industrial são realizadas pelo INPI (Instituto Nacional de Propriedade Industrial).

O **INPI** é uma autarquia federal vinculada ao Ministério do Desenvolvimento, Indústria e Comércio Exterior, e as ações em que o órgão figura como parte devem ser ajuizadas na Justiça Federal, na seção judiciária do Rio de Janeiro, local da sede do referido órgão. Mas, se houver outras pessoas no polo passivo, o que normalmente acontece nas ações de nulidade, por exemplo, podem ser demandadas no **Rio de Janeiro** ou no **domicílio do outro réu**, de acordo com orientação jurisprudencial do STJ (STJ, REsp 346.628/SP, rel. Min. Nancy Andrighi).

6.4 Patente

É **patenteável** o que pode ser produzido em série, ou seja, o que pode ser explorado pela indústria.

São requisitos para se requerer a patente (art. 8º da Lei n. 9.279/96): **(a)** novidade; **(b)** atividade inventiva; **(c)** aplicação industrial; **(d)** não impedimento.

a) Novidade

A **novidade** de uma determinada criação é verificada quando ela **não está** compreendida no **estado de técnica.** Estado de técnica é tudo o que é acessível ao público no **Brasil ou no exterior,** seja porque a patente dessa criação já foi obtida por outra pessoa, já era conhecida pela população ou ainda por um grupo especializado naquele assunto (art. 11 da Lei n. 9.279/96).

Por essa razão, podemos entender que a **novidade exigida é a absoluta**, já que não está restrita apenas ao território nacional. Em outras palavras, a novidade deve expressar algo totalmente desconhecido para a sociedade.

Embora o estado de técnica exclua a concessão da patente, o legislador indica situações nas quais **existirá o conhecimento do público**, mas **não** ficará configurado o **estado de técnica.** São elas:

- a divulgação do invento pelo inventor ou por terceiros a partir de informações obtidas do inventor, em até 12 meses antes de depositar o pedido da patente (art. 12 da Lei n. 9.279/96);

- o pedido de patente realizado em outro país que recepcionou a Convenção da União de Paris. Nesse caso, esse depósito no exterior adquire o direito de prioridade de 12 meses para depositar o pedido no Brasil (art. 17 da Lei n. 9.279/96).

b) Atividade inventiva

A atividade inventiva é a **atividade humana** empregada para chegar ao objeto da patente, o esforço intelectual do criador. Seu objetivo é diferenciá-lo da "mera" descoberta desse objeto que é resultado do esforço humano.

É essencial demonstrar que o resultado obtido não poderia ser conseguido com os conhecimentos técnicos existentes até o momento.

c) Aplicação industrial

A possibilidade de aplicação industrial significa que a criação pode ser objeto de produção industrial. Muitos bens **não são patenteáveis**, exatamente por lhes faltar a aplicação industrial, de acordo com o disposto no art. 10 da Lei n. 9.279/96, como: **descobertas, teorias científicas e métodos matemáticos, concepções puramente abstratas**; esquemas, planos, princípios ou **métodos** comerciais, contábeis, financeiros, educativos, publicitários, de sorteio e de fiscalização; as **obras literárias**, arquitetônicas, artísticas e científicas ou qualquer criação estética; apresentação de informações; regras de jogo; programas de computador em si; **técnicas e métodos operatórios ou cirúrgicos**, bem como **métodos terapêuticos ou de diagnóstico**, para aplicação no corpo humano ou animal; e o todo ou parte de seres vivos naturais e materiais biológicos encontrados na natureza, ou ainda que dela isolados, inclusive o genoma ou germoplasma de qualquer ser vivo natural e os processos biológicos.

Nesses bens não patenteáveis, observa-se a não possibilidade da aplicação industrial, da produção em escala.

Atente para o fato de que o **programa de computador em si é considerado direito autoral**, sendo protegido pela Lei n. 9.609/98, e como tal sua proteção começa a partir de sua criação, sendo o registro um ato declaratório e não constitutivo. O registro, entretanto, é feito no próprio INPI.

d) Desimpedimento

De acordo com o art. 18 da Lei n. 9.279/96, para que a patente seja concedida, é necessário não ocorrer nenhum dos seguintes **impedimentos**: a) não pode ser contrária à moral, aos bons costumes, à segurança, à ordem e à saúde pública; b) substâncias resultantes de transformação do núcleo atômico; c) seres vivos, na sua totalidade ou apenas parte deles, **com exceção dos transgênicos que atendam aos requisitos exigidos para a concessão da patente**.

6.4.1 Espécies e vigência da patente

Quando a patente é requerida, ela pode ser de **invenção** ou de **modelo de utilidade**.

A patente será de invenção quando o produto for realmente novo. No modelo de utilidade, haverá uma melhoria em algo já existente, uma melhor utilização, ou, como diz Fábio Ulhoa, um "aperfeiçoamento da invenção"[4].

A exclusividade da proteção não tem duração ilimitada. O legislador determinou um prazo de vigência de **20 anos, contados do depósito**, para a patente de **invenção, e de 15 anos, contados do depósito**, para o **modelo de utilidade** (art. 40 da Lei n. 9.279/96).

Durante esse período, qualquer terceiro está proibido de explorar o produto objeto de patente sem a autorização de seu titular, permitindo ao titular ingressar com as medidas judiciais necessárias para **impedir a utilização indevida** da patente, além de requerer **indenização** por esse uso indevido (arts. 47 e 209, § 1º, da Lei n. 9.279/96). A exclusividade, entretanto, pode ser cerceada pela possibilidade da concessão de licenças, como veremos a seguir.

É importante notar que os prazos da patente **não podem ser prorrogados**, o que significa que, após os períodos de proteção, a invenção e o modelo de utilidade serão de domínio público.

Como algumas vezes a concessão da patente pode demorar a ser analisada pelo INPI, o legislador, no parágrafo único do art. 40, determinou que o período de vigência **não poderá ser inferior a 10 anos da concessão, no caso da patente de invenção, e nem menor que 7 anos, no caso da patente de modelo de utilidade**.

6.4.1.1 Patentes *pipeline*

A patente *pipeline* é a ferramenta utilizada pelas indústrias, especialmente a farmacêutica, para conseguir a proteção da patente de invenções ocorridas durante a vigência da Lei anterior (Lei n. 5.772/71), período em que não era possível no Brasil requerer a patente de medicamentos ou de produtos alimentícios. Entretanto, na Lei n. 9.279/96, é possível requerer a patente dessas invenções que não tinham proteção até então, sob a forma de *pipeline* (arts. 230 e 231 da Lei n. 9.279/96).

Pelo *pipeline*, os laboratórios tiveram um ano para requerer a patente ao INPI, e a vigência foi fixada considerando o primeiro depósito no exterior. As patentes de invenção no Brasil valem por 20 anos a partir da data do depósito. Segundo as *Notícias* do Superior Tribunal de Justiça: "O tema não é novo no STJ. A Terceira e Quarta Turma já julgaram alguns desses recursos. Um deles, relatado pelo ministro João Otávio de Noronha, inviabilizou o pedido de extensão da patente do Viagra, indicado para disfunção erétil (Resp 731.101). Outro foi o que pôs limite no prazo de patente do Diovan, indicado no tratamento da hipertensão arterial (Resp 1.145.637). Neste caso, o julgamento foi unânime, seguindo o posicionamento do desembargador convocado Vasco Della Giustina. Conforme o art. 42 da Lei n. 9.279/96, a patente confere ao titular o direito de impedir que terceiro produza, use ou coloque à venda o produto objeto da patente. Em todas as ins-

4. COELHO, Fábio Ulhoa. *Manual de direito comercial*, cit., 12. ed., v. 1, p. 137.

tâncias do Judiciário, há mais de cem ações envolvendo medicamentos diversos, segundo dados do INPI. A Justiça Federal analisou recentemente o caso envolvendo a comercialização do Xenical, fabricado pelo laboratório F. Hoffmann-La Roche e indicado para o tratamento da obesidade. Também analisou um processo envolvendo a fabricação do medicamento Hepsera, pelo laboratório Institut of Organic, indicado para controle da pressão arterial. Outro caso, que aguarda julgamento, mas no STJ, é a patente do anticoncepcional Yasmim, fabricado pela Schering"[5].

As indústrias farmacêuticas desejavam que o prazo de proteção fosse contado do pedido realizado no Brasil e não do depósito, como decidiu o STJ (REsp 1.092.139).

6.4.2 Legitimidade para requerer a patente

O titular da patente é quem faz o pedido de patente junto ao INPI, ou ainda seus herdeiros ou sucessores (art. 6º, § 2º, da Lei n. 9.279/96).

Se **duas ou mais pessoas** desenvolverem a patente conjuntamente, a patente pertencerá a todos, desde que todos façam o pedido, ou ainda se um deles fizer o pedido e qualificar todos os outros (art. 6º, § 3º, da Lei n. 9.279/96). Por outro lado, se duas ou mais pessoas entenderem que são titulares isoladamente da patente, ela será de **quem primeiro depositar o pedido**, não importando a data da criação ou da concessão (art. 7º da Lei n. 9.279/96).

Se um empresário contratar um **empregado** para desenvolver a **pesquisa** ou uma atividade inventiva cuja **execução do contrato ocorra no Brasil**, e dessa atividade resultar uma invenção, ela pertencerá integralmente ao **empregador** (art. 88 da Lei n. 9.279/96). Aplica-se a mesma regra se a patente for requerida pelo empregado até um ano após a extinção do vínculo empregatício. O empregado terá direito apenas ao salário previamente ajustado.

Se o **empregado** não for contratado para desenvolver uma atividade inventiva, mas **com seu trabalho e com os recursos do empregador**, desenvolver uma invenção, a **patente será comum**, em partes iguais, para o empregado e o empregador. Nesse caso, o empregador terá a prioridade da licença de exploração (art. 91 da Lei n. 9.279/96).

Por fim, se o **empregado desenvolver sozinho a invenção**, fora de horário de trabalho e **sem utilizar dos recursos do empregador**, a patente será exclusivamente do **empregado** (art. 90 da Lei n. 9.279/96). O mesmo raciocínio será aplicado para estagiários, trabalhadores autônomos, empresas terceirizadas e para os servidores de toda a Administração Pública (arts. 92 e 93 da Lei n. 9.279/96).

Se a patente for concedida a pessoa que não era a verdadeira titular, como nos casos acima, é cabível a adjudicação da patente (art. 49 da Lei n. 9.279/96).

---

5. Notícias do STJ, acesso em 6-12-2010.

6.4.3 Procedimento para a concessão da patente

O titular da patente redigirá seu pedido contendo a descrição detalhada do objeto, juntamente com o comprovante do pagamento de retribuição (art. 19 da Lei n. 9.279/96). Uma vez requerida ou depositada, haverá um exame preliminar para verificar se o depósito foi feito regularmente (art. 20 da Lei n. 9.279/96).

Após essa análise, haverá um período de **sigilo de 18 meses** para que o responsável pela patente possa se organizar, a fim de desenvolver sua criação (art. 30 da Lei n. 9.279/96). Se o autor do pedido não precisar desse período de sigilo, poderá pleitear sua dispensa e, com isso, antecipará a **publicação** do seu invento, que será realizada pelo INPI na Revista da Propriedade Industrial (art. 30, § 1º, da Lei n. 9.279/96).

A publicação é o meio pelo qual terceiros saberão do pedido e poderão apresentar oposição a ele, que será levada em conta pelo INPI, durante o exame.

Após 60 dias da publicação, o **exame** do pedido da patente terá início. O exame depende de novo **requerimento** do depositante ou de qualquer interessado, que pode ocorrer em até 36 meses contados do depósito (art. 31 da Lei n. 9.279/96). O **novo requerimento** é necessário para deixar claro que o inventor não perdeu o interesse na concessão da patente. Se não houver um novo requerimento em até 36 meses, o INPI arquivará o pedido de patente (art. 33 da Lei n. 9.279/96).

Após o exame técnico, a patente, enfim, será concedida, com a **expedição da carta-patente** (art. 38 da Lei n. 9.279/96). O depósito do pedido serve para dar início à contagem do prazo de proteção, bem como para marcar a anterioridade do pedido.

PARA FIXAR

PROCEDIMENTO – PATENTE

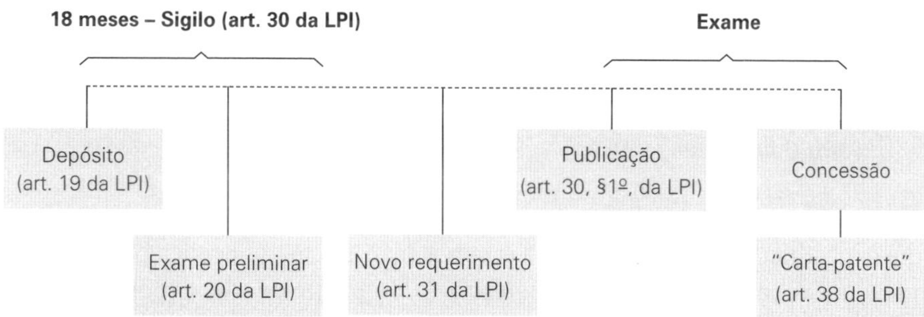

6.4.4 Nulidade

A nulidade pode ser pedida quando os requisitos para a concessão da patente não estiverem presentes; quando houver algum erro no procedimento administrativo para a concessão, por exemplo, a falta de publicação; ou ainda quando se pretender questionar a titularidade, por exemplo, na patente envolvendo direito de empregado e empregador (art. 50 da Lei n. 9.279/96).

Nesses casos a nulidade pode ser pedida administrativa ou judicialmente.

A nulidade da patente pode ser requerida, **administrativamente**, no INPI por iniciativa do próprio INPI ou por qualquer interessado em até **6 meses contados da data da concessão** (art. 51 da Lei n. 9.279/96). O titular da patente será intimado para se manifestar em 60 dias, e a análise da nulidade administrativa será feita pelo presidente do INPI (arts. 52 e 54 da Lei n. 9.279/96).

Judicialmente, a ação de nulidade pode ser proposta por qualquer interessado, ou pelo próprio INPI durante o **período de vigência** da patente. Se o INPI não for autor da ação de nulidade, necessariamente participará como interessado do processo, e por essa razão a competência será na **Justiça Federal**. O interessado tem o período da vigência da patente para interpor a ação de nulidade, e o réu tem **60 dias para contestar a ação**, o que configura a ação de nulidade na forma de **procedimento especial** (arts. 56 e 57 da Lei n. 9.279/96).

A ação pode ser proposta no Rio de Janeiro, sede do INPI. Se houver pluralidade de réus, como no caso da ação proposta pelo interessado, a ação poderá ser proposta **na sede do INPI ou no domicílio do outro réu** (REsp 346.628).

O interessado pode ainda pedir ao juiz da ação que impeça **liminarmente** que sejam suspensos os efeitos da patente concedida, para evitar dano irreparável ou de difícil reparação (art. 209, § 1º, da Lei n. 9.279/96).

Além da ação de nulidade, é cabível a **ação de adjudicação** para requerer a titularidade da patente que foi concedida indevidamente ao réu (art. 49 da Lei n. 9.279/96), com o mesmo procedimento e peculiaridades da ação de nulidade. Na adjudicação, o autor quer que a patente seja tirada do réu e concedida para o autor, ao contrário da nulidade, cujo objetivo é apenas a nulidade da patente titularizada pelo réu.

6.4.5 Cessão e licença

É possível que o titular da patente não queira ou não tenha condições de explorar a patente concedida. Neste caso, é possível conceder a cessão ou licença para um terceiro interessado. Na **cessão,** ocorre a **transferência de propriedade**, e, portanto, o titular deixa de ser proprietário da invenção, o que é possível inclusive antes da concessão da patente (arts. 5º, 58 e 59 da Lei n. 9.279/96).

Na licença, o titular continua sendo proprietário, mas permite ou é obrigado a permitir que terceiro explore a patente. **A licença**, portanto, constitui **uma permissão de uso**.

A autorização para que terceiro explore uma patente concedida ocorre por meio da licença de uso ou exploração da patente, que pode acontecer de modo voluntário ou compulsório.

Na **licença voluntária**, ocorre o acordo de vontades, que será averbado junto ao INPI para que produza efeitos perante terceiros. Neste caso, o licenciado paga ao titular os *royalties* combinados, e o acordo e terá a duração que as partes combinarem contratualmente (arts. 61 e 62 da Lei n. 9.279/96).

Além da licença voluntária, é possível a concessão da **licença compulsória**, a partir de uma decisão administrativa ou judicial, nas seguintes situações:

- quando o titular da patente utilizar os direitos decorrentes da patente de forma abusiva, ou por meio de **abuso de poder econômico** (*caput* do art. 68 da Lei n. 9.279/96). O abuso de poder econômico pode ser configurado pela **não exploração do objeto da patente no território brasileiro** por falta de fabricação, fabricação incompleta do produto, ou, ainda na falta de uso integral do processo patenteado. De forma simplificada, a patente desenvolvida **não atende às necessidades do mercado** (art. 68, § 1º, da Lei n. 9.279/96). A inércia, nesse caso, só pode ser alegada após três anos da concessão da patente (art. 68, § 5º, da Lei n. 9.279/96);
- quando, **cumulativamente**, (i) houver **dependência** de uma patente em relação a outra, (ii) o objeto da patente dependente trouxer **substancial progresso técnico** em relação à patente anterior, e (iii) **não houver acordo** entre o titular da patente anterior e o titular da patente dependente. Esse é o caso da licença cruzada (art. 70 da Lei n. 9.279/96);
- nos casos de **emergência nacional ou interesse público**, declarados por ato do representante do Poder Executivo Federal (art. 71 da Lei n. 9.279/96).

Nos dois primeiros casos, a licença compulsória só pode ser pedida por quem tenha o legítimo interesse e capacidade técnica e econômica para realizar a exploração do objeto da patente (art. 68, § 2º, da Lei n. 9.279/96).

A licença **compulsória** será sempre **não exclusiva**, portanto o titular da licença ainda poderá explorá-la ou licenciá-la. Além disso, é necessariamente temporária e onerosa (art. 72 da Lei n. 9.279/96).

6.4.6 Extinção

A proteção da propriedade industrial será extinta e, portanto, coloca fim ao monopólio do titular, pelas seguintes razões (art. 78 da Lei n. 9.279/96):

a) **decurso do prazo de proteção**, que no caso da invenção será de 20 anos contados do depósito e no caso do modelo de utilidade será de 15 anos contados do depósito;

b) **caducidade**, que significa a não utilização da patente por 2 anos após a concessão da licença compulsória, devido à inércia do titular na exploração da patente. Lembrando que a inércia, na licença por abuso de poder econômico, só poderia ser concedida após 3 anos sem utilização. Portanto, ao todo são pelo menos 5 anos sem exploração (art. 80 da Lei n. 9.279/96);

c) **não pagamento da taxa de retribuição anual** devida ao INPI, que deverá ocorrer a partir do terceiro ano a contar do depósito. O pagamento deve ocorrer nos 3 primeiros meses de cada ano, podendo ser feito em até 6 meses após esse prazo, independentemente de notificação (arts. 84 a 86 da Lei n. 9.279/96)[6];

d) **renúncia do titular**, desde que não gere prejuízos para terceiros, como licenciados ou franqueados;

e) pela **ausência de procurador** devidamente qualificado e **domiciliado no Brasil**, com poderes para representá-la administrativa e judicialmente, inclusive para receber citações (art. 217 da Lei n. 9.279/96).

6.5 Registro industrial

No registro industrial, o que se pretende preservar é uma "ideia", seja um sinal pelo qual será conhecido um produto ou serviço, ou a forma inovadora de um objeto. Nesse sentido, podem ser objeto de registro o **desenho industrial** e a **marca**.

6.5.1 Desenho industrial

O desenho industrial é a **forma** de objetos que, com seus traços e cores, apresentam um resultado visual novo e que podem servir de modelo de fabricação industrial (art. 95 da Lei n. 9.279/96). O desenho industrial não atribui uma nova utilidade ao objeto; a inovação apenas altera a aparência do objeto.

São **requisitos** do desenho industrial:

a) **novidade**, que significa que o novo formato não era conhecido do público antes do depósito do pedido no Brasil ou no exterior. Perde o requisito da novidade se o formato está no estado de técnica, ou seja, se já existe o conhecimento público do formato (art. 96, § 1º, da Lei n. 9.279/96). Não será considerado o estado de técnica se o conhecimento ocorreu em até 180 dias antes do pedido do depósito, em virtude de divulgação feita pelo inventor ou pelo INPI (art. 96, § 3º, da Lei n. 9.279/96);

b) **originalidade**, que significa atribuir um resultado visual diferenciado dos objetos de mesma natureza já existentes (art. 97 da Lei n. 9.279/96);

---

6. Para o arquivamento de pedido ou extinção de patente por falta de pagamento da retribuição anual prevista no art. 84 da Lei n. 9.279/96, exige-se notificação prévia do respectivo depositante ou titular (STJ, 3ª T., REsp 1.669.131-RJ, rel. Min. Paulo de Tarso Sanseverino, julgado em 27-6-2017, Info 608).

c) **aplicação industrial**, que significa que a inovação visual possa ser explorada pela indústria. Esse requisito fará a diferença entre as obras de arte e o desenho industrial; as obras puramente artísticas não podem ser consideradas desenho industrial (art. 98 da Lei n. 9.279/96);

d) **não impedimento**, que é a impossibilidade de poderem ser registrados como desenho industrial: "o que for contrário à moral e aos bons costumes ou que ofenda a honra ou a imagem de pessoas, ou atente contra liberdade de consciência, crença, culto religioso ou ideia e sentimentos dignos de respeito e veneração", e ainda "a forma necessária comum ou vulgar do objeto ou, ainda, aquela determinada essencialmente por considerações técnicas ou funcionais" (art. 100 da Lei n. 9.279/96).

São exemplos de proteção de desenho industrial o formato de uma cadeira ou de um utensílio doméstico. O importante, é que **a inovação seja visual e não de mecanismo ou funcionamento inovador**.

6.5.1.1 Procedimento

O inventor do resultado visual inovador faz o pedido de registro do desenho industrial no INPI, com a descrição, foto ou desenho, área de aplicação e comprovante do pagamento de retribuição. Com a apresentação do pedido, será realizado um **exame formal preliminar**, analisando a documentação entregue (art. 101 da Lei n. 9.279/96).

O **sigilo, se pedido**, será de **180 dias** contados do depósito. Do contrário, será automaticamente publicado, e simultaneamente será expedido o respectivo certificado (art. 106 da Lei n. 9.279/96).

Não há, portanto, no desenho industrial, o **exame prévio** dos requisitos, presumindo-se que o pedido do registro do desenho industrial já contém os requisitos necessários. Tal presunção só é derrubada diante de oposição de terceiro prejudicado. Portanto, a forma de exame adotado no Brasil, para a concessão do desenho industrial, é a da **livre concessão**, ou seja, não há exame prévio dos requisitos, como ocorre na patente e no registro da marca. O exame só ocorrerá for requerido pelo titular do desenho industrial (art. 111 da Lei n. 9.279/96). Por essa razão, qualquer interessado pode discutir a ausência desses requisitos para a concessão do desenho, a menos que haja instauração de ofício do processo de nulidade (art. 111, parágrafo único, da Lei n. 9.279/96).

O registro de desenho industrial atribui o direito de exclusividade ao titular da inovação pelo prazo de 10 anos, contados da data de depósito, podendo tal prazo ser **prorrogado** por até três períodos sucessivos de **5 anos** (art. 108 da Lei n. 9.279/96).

6.5.1.2 Nulidade

Assim como na patente é possível que o INPI ou qualquer interessado ingresse com o pedido de nulidade, administrativa ou judicialmente (art. 112 da Lei n. 9.279/96).

A nulidade do desenho pode ser pedida **administrativamente no INPI** no prazo de **5 anos contados da data da concessão** do registro (art. 113 da Lei n. 9.279/96). O procedimento de nulidade pode ocorrer por iniciativa de terceiro ou de ofício pelo próprio INPI.

Judicialmente, a ação de nulidade pode ser proposta por qualquer interessado, ou pelo próprio INPI durante o **período de vigência** do desenho industrial. Se o INPI não for autor da ação de nulidade, necessariamente participará como interessado do processo, e por essa razão a competência será da **Justiça Federal** (arts. 56, 57 e 118 da Lei n. 9.279/96).

A ação pode ser proposta no Rio de Janeiro, sede do INPI. Se houver pluralidade de réus, como no caso da ação proposta pelo interessado, a ação pode ser proposta **na sede do INPI ou no domicílio do outro réu** (REsp 346.628).

O interessado pode ainda pedir ao juiz da ação que impeça **liminarmente** que sejam suspensos os efeitos da patente concedida, para evitar dano irreparável ou de difícil reparação (art. 209, § 1º, da Lei n. 9.279/96).

6.5.1.3 Extinção

A proteção do desenho industrial será extinta por (art. 119 da Lei n. 9.279/96):

a) **decurso do prazo** de proteção, que pode durar no máximo 25 anos, se houver o pedido de prorrogação;

b) **não pagamento da taxa de retribuição** devida ao INPI. O titular do registro do desenho industrial tem de pagar ao INPI uma taxa quinquenal, a partir do segundo quinquênio da data do depósito (art. 120 da Lei n. 9.279/96);

c) **renúncia do titular**, desde que não atinja terceiros interessados;

d) pela **ausência de procurador devidamente qualificado e domiciliado no Brasil**, com poderes para representar o dono do desenho administrativa e judicialmente, inclusive para receber citações, caso se trate de pessoa domiciliada no exterior (art. 217 da Lei n. 9.279/96).

6.5.2 Marca

Marca é um **sinal visualmente distintivo** que pode servir para identificar produtos, serviços, padrões de qualidade ou certificações. O sinal que pode ser registrado como marca não é sonoro nem olfativamente perceptível.

A marca serve ao mesmo tempo para **diferenciar o produto ou o serviço para o consumidor** e para **indicar a procedência**. Nesse sentido, a utilização indevida da marca registrada por outra pessoa pode lesar moralmente o titular da marca, já que seu produto é confundido com outro, e, portanto, o consumidor não apenas deixa de adquiri-lo para comprar da marca, fruto de uma imitação, como também pode deixar definitivamente de comprar o produto em virtude de qualidade inferior, que será atribuída erroneamente ao titular da marca.

6.5.2.1 Requisitos

Para que o INPI conceda a proteção a uma marca, os seguintes requisitos devem ser observados:

a) Novidade relativa

A marca precisa ser **nova em determinado ramo ou classe (princípio da especialidade)**[7], ou, pelo menos, que a expressão linguística seja utilizada de forma diferenciada. A proteção é restrita ao próprio ramo de atividade, de acordo com posicionamento do STJ (REsp 142.954). Isso significa que é possível a existência de marcas idênticas, desde que sejam utilizadas em ramos de atividade distintos. É até possível marcas semelhantes num determinado ramo, desde que não induzam os consumidores a erro.

O Brasil adota uma classificação internacional de produtos e serviços, chamada **Classificação de Nice**. O objetivo principal é impedir a confusão entre os consumidores de um determinado produto ou serviço.

A novidade relativa é excetuada pela marca de alto renome, que veremos a seguir.

b) Não colidência com marca de alto renome

A marca de alto renome representa uma exceção ao princípio da especialidade que protege a marca apenas em determinado ramo de atividade.

Marca de alto renome é aquela conhecida por um número expressivo de pessoas e em grande parte do território nacional, e exatamente por esse conhecimento gera uma atração ao consumidor.

Para que uma marca seja considerada de alto renome, o titular precisa demonstrar o prestígio de sua marca ao INPI, que, ao reconhecê-la, passa a ser **protegida em todos os ramos de atividade** (art. 125 da Lei n. 9.279/96).

Se o INPI reconhecê-la como de alto renome, a proteção em todos os ramos de atividade dura 5 anos, sem a necessidade de nova produção provas (Resolução INPI n. 107/2013).

A partir desse momento, o titular da marca de alto renome pode impedir qualquer tentativa de utilização por terceiro, ou registro de marca idêntica ou semelhante, em qualquer ramo de atividade, sem, entretanto, poder impedir registro concedido anteriormente.

---

7. Fábio Ulhoa chama esse princípio de especificidade. *Curso de direito comercial*. 12. ed. v. 1, p. 159.

Nesse sentido, o STJ no REsp 1.124.613/RJ, relatoria do Ministro Ricardo Villas Bôas Cueva, menciona que o Poder Judiciário não pode substituir o Instituto Nacional da Propriedade Industrial – INPI na sua função administrativa típica de avaliar o atendimento aos critérios normativos essenciais à caracterização do alto renome de uma marca, haja vista o princípio da separação dos poderes. Precedentes do STJ. Publicado no *DJe* de 8-9-2015.

c) Não colidência com marca notoriamente conhecida

A marca notoriamente conhecida é aquela **conhecida em seu ramo** de atividade, mas protegida **independentemente de seu registro no Brasil**.

Sua proteção decorre do art. 6º da Convenção da União de Paris[8], recepcionado no Brasil pelo art. 126 da Lei n. 9.279/96. A ideia é impedir que pessoas se apropriassem de marcas registradas no exterior e se apropriem dessa fama registrando como sua, no Brasil. Deve ser observado que a marca notoriamente conhecida é protegida apenas em seu ramo de atividade.

d) Não impedimento

Os impedimentos estão descritos no art. 124 da Lei n 9.279/96. São eles:

> "I – brasão, armas, medalha, bandeira, emblema, distintivo e monumento oficiais, públicos, nacionais, estrangeiros ou internacionais, bem como a respectiva designação, figura ou imitação;
>
> II – letra, algarismo e data, isoladamente, salvo quando revestidos de suficiente forma distintiva;
>
> III – expressão, figura, desenho ou qualquer outro sinal contrário à moral e aos bons costumes ou que ofenda a honra ou imagem de pessoas ou atente contra liberdade de consciência, crença, culto religioso ou ideia e sentimento dignos de respeito e veneração;
>
> IV – designação ou sigla de entidade ou órgão público, quando não requerido o registro pela própria entidade ou órgão público;
>
> V – reprodução ou imitação de elemento característico ou diferenciador de título de estabelecimento ou nome de empresa de terceiros, suscetível de causar confusão ou associação com estes sinais distintivos;
>
> VI – sinal de caráter genérico, necessário, comum, vulgar ou simplesmente descritivo, quando tiver relação com o produto ou serviço a distinguir, ou aquele empregado

---

8. "Art. 6º Os países da União comprometem-se a recusar ou invalidar o registro, quer administrativamente, se a lei do país o permitir, quer a pedido do interessado, e a proibir o uso de marca de fábrica ou de comércio que constitua reprodução, imitação ou tradução, suscetíveis de estabelecer confusão, de uma marca que a autoridade competente do país do registro ou do uso considere que nele é notoriamente conhecida como sendo a marca de uma pessoa amparada pela presente Convenção, e utilizada para produtos idênticos ou similares. O mesmo sucederá quanto a parte essencial da marca notoriamente conhecida ou imitação suscetível de estabelecer confusão com esta."

comumente para designar uma característica do produto ou serviço, quanto à natureza, nacionalidade, peso, valor, qualidade e época de produção ou de prestação do serviço, salvo quando revestidos de suficiente forma distintiva;

VII – sinal ou expressão empregada apenas como meio de propaganda;

VIII – cores e suas denominações, salvo se dispostas ou combinadas de modo peculiar e distintivo;

IX – indicação geográfica, sua imitação suscetível de causar confusão ou sinal que possa falsamente induzir indicação geográfica;

X – sinal que induza a falsa indicação quanto à origem, procedência, natureza, qualidade ou utilidade do produto ou serviço a que a marca se destina;

XI – reprodução ou imitação de cunho oficial, regularmente adotada para garantia de padrão de qualquer gênero ou natureza;

XII – reprodução ou imitação de sinal que tenha sido registrado como marca coletiva ou de certificação por terceiro, observado o disposto no art. 154;

XIII – nome, prêmio ou símbolo de evento esportivo, artístico, cultural, social, político, econômico ou técnico, oficial ou oficialmente reconhecido, bem como a imitação suscetível de criar confusão, salvo quando autorizados pela autoridade competente ou entidade promotora do evento;

XIV – reprodução ou imitação de título, apólice, moeda e cédula da União, dos Estados, do Distrito Federal, dos Territórios, dos Municípios, ou de país;

XV – nome civil ou sua assinatura, nome de família ou patronímico e imagem de terceiros, salvo com consentimento do titular, herdeiros ou sucessores;

XVI – pseudônimo ou apelido notoriamente conhecidos, nome artístico singular ou coletivo, salvo com consentimento do titular, herdeiros ou sucessores;

XVII – obra literária, artística ou científica, assim como os títulos que estejam protegidos pelo direito autoral e sejam suscetíveis de causar confusão ou associação, salvo com consentimento do autor ou titular;

XVIII – termo técnico usado na indústria, na ciência e na arte, que tenha relação com o produto ou serviço a distinguir;

XIX – reprodução ou imitação, no todo ou em parte, ainda que com acréscimo, de marca alheia registrada, para distinguir ou certificar produto ou serviço idêntico, semelhante ou afim, suscetível de causar confusão ou associação com marca alheia;

XX – dualidade de marcas de um só titular para o mesmo produto ou serviço, salvo quando, no caso de marcas de mesma natureza, se revestirem de suficiente forma distintiva;

XXI – a forma necessária, comum ou vulgar do produto ou de acondicionamento, ou, ainda, aquela que não possa ser dissociada de efeito técnico;

XXII – objeto que estiver protegido por registro de desenho industrial de terceiro; e

XXIII – sinal que imite ou reproduza, no todo ou em parte, marca que o requerente evidentemente não poderia desconhecer em razão de sua atividade, cujo titular seja sediado ou domiciliado em território nacional ou em país com o qual o Brasil mantenha acordo ou que assegure reciprocidade de tratamento, se a marca se destinar a distinguir produto ou serviço idêntico, semelhante ou afim, suscetível de causar confusão ou associação com aquela marca alheia".

PARA FIXAR

MARCA DE ALTO RENOME	MARCA NOTORIAMENTE CONHECIDA
Art. 125 da Lei n. 9.279/96	Art. 126 da Lei n. 9.279/96
Conhecida por um número expressivo de pessoas e em grande parte do território nacional	Conhecida por pessoas que atuam em determinado ramo de atividade
Registrada no INPI	Pode ter sido registrada em outro país
Protegida em todos os ramos de atividade	Protegida apenas no próprio ramo de atividade

6.5.2.2 Classificações

A marca pode ser registrada sob três espécies, de acordo com sua **utilização** (art. 123 da Lei n. 9.279/96):

- **marca de produtos e serviços** propriamente dita, que servirá como um **sinal distintivo** desse produto ou serviço em relação a outros semelhantes ou afins, mas que possuam origem diversa (art. 123, I, da Lei n. 9.279/96).
- **marca de certificação**, que serve para auferir que determinado produto ou serviço está em conformidade com **determinadas especificações técnicas** quanto à qualidade, metodologia, material empregado, como, por exemplo, demonstram os produtos ou serviços que contêm os selos Abima, ISO 9.000, Inmetro, entre outros (art. 123, II, da Lei n. 9.279/96).
- **marca coletiva**, que serve para identificar produtos e serviços utilizados por membros de uma **determinada entidade** (art. 123, III, da Lei n. 9.279/96). A marca coletiva normalmente atribui uma qualidade ideológica.

A marca também pode ser diferenciada quanto à sua **forma**:

- **Nominativa** é a marca composta por palavras, letras, nomes, algarismos ou expressões.
- **Figurativa** é a marca composta por desenhos, imagens, símbolos ou qualquer sinal distintivo.
- **Mista** é a marca composta por formas nominativas e figurativas.
- **Tridimensional** é a forma plástica de um determinado produto, ou mesmo de sua embalagem, com uma apresentação diferenciada.

6.5.2.3 Legitimidade para requerer o registro da marca

A marca pode ser requerida por **pessoas físicas ou pessoas jurídicas** de direito público ou de direito privado.

Com relação às pessoas jurídicas de direito privado, a marca requerida precisa ter relação com o ramo de atividade realizado, ainda que indiretamente. Em relação à marca coletiva, apenas uma pessoa jurídica que representa uma coletividade pode requerer o registro dessa marca. Por fim, em relação à marca de certificação, apenas a pessoa **sem interesse** comercial ou industrial direto no produto ou serviço atestado pode requerer o registro dessa marca (art. 128 da Lei n. 9.279/96).

Como regra, a proteção é dada para **quem primeiro registrou a marca no INPI**. Entretanto, o legislador protegeu o **direito de precedência**, que significa que, se a pessoa de boa-fé **utilizou no Brasil**, há pelo menos **6 meses**, marca parecida ou idêntica a quem registra posteriormente, esse uso tem a prioridade do registro (art. 129 da Lei n. 9.279/96).

Outra prioridade é a de quem tem a marca **registrada em outro país**, que também recepcionou a Convenção da União de Paris: terá por 6 meses a prioridade do registro.

6.5.2.4 Procedimento

O interessado deposita o pedido de registro da marca com as identificações e a taxa de retribuição do depósito, levando em conta as peculiaridades exigidas em relação ao titular da marca de produto ou serviço, coletiva e de certificação (arts. 147, 148 e 155 da Lei n. 9.279/96).

Após a apresentação do pedido, o INPI faz um exame preliminar, apenas para analisar os requisitos formais (art. 156 da Lei n. 9.279/96). Depois desse exame, se não houver nenhum problema, ocorrerá a **publicação da marca**, que poderá ser impugnada no prazo de 60 dias, por qualquer pessoa (art. 158 da Lei n. 9.279/96).

Só então será examinado o pedido de registro da marca pelo INPI, concedendo ou não o registro da marca (art. 160 da Lei n. 9.279/96). A concessão se verifica com a publicação do **certificado de registro da marca** (art. 163 da Lei n. 9.279/96).

A partir da concessão, o titular da marca tem direito de impedir terceiros de usar, e inclusive requerer indenização pela utilização indevida (arts. 208 a 210 da Lei n. 9.279/96).

6.5.2.5 Prazo de proteção

O registro da marca tem prazo de proteção de **10 anos, contados a partir da data de concessão**, sendo tal **prazo prorrogável** por períodos iguais e sucessivos. Portanto, a marca conta com proteção indefinida, bastando que o titular requeira a prorrogação no momento oportuno.

É importante ressaltar que a contagem do prazo da marca começa da concessão e não do depósito, como na patente e no registro do desenho industrial. Além disso, ao contrário da patente, os prazos são prorrogáveis sucessivamente.

A prorrogação deve ser pedida no último ano do prazo de vigência, com o pagamento da taxa de retribuição, mas é possível que a **prorrogação** ocorra em até 6 meses após o termino do prazo de vigência (art. 133 da Lei n. 9.279/96).

6.5.2.6 Direitos

O titular da marca tem por direitos:

- ceder seu registro ou pedido de registro;
- licenciar seu uso;
- zelar pela sua integridade material e reputação (art. 130 da Lei n. 9.279/96).

Nesse sentido, quem **usa indevidamente** a marca registrada por terceiro tem a obrigação de indenizar o proprietário pelas **perdas e danos** causados (art. 129 da Lei n. 9.279/96). De acordo com o STJ, o prazo para interpor a **ação de perdas e danos é de 5 anos** (Súmula 143 do STJ).

Por outro lado, de acordo com o enunciado do art. 132 da Lei n. 9.279/96, o titular da marca não pode:

a) impedir que empresários utilizem sinais distintivos que lhes são próprios, juntamente com a marca do produto, na sua promoção e comercialização;

b) impedir que fabricantes de acessórios utilizem a marca para indicar a destinação do produto, desde que obedecidas as práticas leais de concorrência;

c) impedir a livre circulação de produto colocado no mercado interno, por si ou por outrem com seu consentimento, ressalvado os casos de licença compulsória;

d) impedir a citação da marca em discurso, obra científica ou literária ou qualquer outra publicação, desde que sem conotação comercial e sem prejuízo para seu caráter distintivo.

6.5.2.7 Nulidade

Também na marca é possível o requerimento da sua nulidade, administrativa ou judicialmente, se a marca foi concedida em desacordo com as regras definidas pelo legislador para sua concessão (art. 165 da Lei n. 9.279/96).

Administrativamente, a nulidade da marca pode ser requerida pelo interessado ou ser instaurada de ofício pelo INPI, no **prazo de 180 dias** contados da data da expedição do **certificado de registro da marca** (art. 169 da Lei n. 9.279/96). Após o contraditório, haverá a decisão proferida pelo Presidente do INPI (art. 171 da Lei n. 9.279/96).

Judicialmente, a ação de nulidade deve ser proposta pelo INPI, ou por qualquer interessado. Se ação não for proposta pelo INPI, a sua participação é indispensável no processo. Em virtude de sua participação, a **competência será da Justiça Federal**. O local será o Rio de Janeiro (sede do INPI) ou na sede do outro réu. A ação de nulidade não pode ser cumulada com reparação de danos. Se a parte lesada quiser ingressar com ação de reparação de danos, deverá fazê-lo em ação autônoma[9].

O prazo para a interposição da **ação de nulidade** é de **5 anos**, contados da **concessão**, e o réu tem 60 dias para contestar a ação (arts. 174 e 175 da Lei n. 9.279/96).

Também quanto à titularidade da marca é cabível a **ação de adjudicação** para requerer a titularidade do registro da marca, que indevidamente foi concedida ao réu (art. 166 da Lei n. 9.279/96), com as mesmas peculiaridades e procedimento da ação de nulidade.

PARA COMPARAR

PRAZOS		
	NULIDADE ADMINISTRATIVA	NULIDADE JUDICIAL
PATENTE	6 meses/concessão	durante a vigência
MARCA	180 dias/concessão	5 anos/concessão
DESENHO INDUSTRIAL	5 anos/concessão	durante a vigência

9. "Direito processual civil. Honorários sucumbenciais em desfavor do INPI em ação de nulidade de registro de marca. Na ação de nulidade de registro de marca em que o INPI foi indicado como réu ao lado de sociedade empresária em virtude da concessão indevida do registro e do não processamento do procedimento administrativo para anular o registro indevidamente concedido, a autarquia federal responde solidariamente pelos honorários advocatícios sucumbenciais, na hipótese em que se reconheceu a omissão do instituto quanto à citada inércia, ainda que o ente federal tenha reconhecido a procedência do pedido judicial. O art. 175 da Lei n. 9.279/1996 (Lei de Propriedade Industrial – LPI) dispõe que "A ação de nulidade do registro será ajuizada no foro da justiça federal e o INPI, quando não for autor, intervirá no feito". Com efeito, o tema acerca da natureza jurídica da intervenção do INPI, nas ações de nulidade de marcas e patentes, é controvertido na doutrina e na jurisprudência. Isso porque, de fato, a lei impõe a participação do INPI, presumindo a existência de um interesse jurídico que não se confunde com o interesse individual das partes. Em regra, enquanto os particulares disputam um direito patrimonial, calcado essencialmente em objetivos fático-econômicos, o INPI compromete-se com a defesa do interesse social difuso: o desenvolvimento tecnológico e econômico do país. Noutros termos, por não se comprometer com o interesse individual de quaisquer das partes, o INPI, ao menos em tese, tem posição processual própria e independente da vontade das partes litigantes, o que de fato distancia a intervenção da LPI das intervenções típicas previstas no CPC – o qual somente se aplica de forma subsidiária às demandas de nulidade de registro marcário. Assim, não haveria que se cogitar da aplicação do art. 50 do CPC, porquanto a assistência é instituto voluntário, ao passo que a intervenção da LPI é obrigatória. Todavia, na situação concreta, a solução se distingue da regra geral, pois a autora direcionou sua demanda de forma expressa contra o INPI justificada pela inércia do instituto em relação ao andamento de prévio requerimento administrativo para declarar a nulidade do registro marcário concedido à ré. Desse modo, a causa de pedir da recorrida não ficou limitada à concessão indevida do registro, mas incluiu o não processamento do procedimento administrativo, situação imputável exclusivamente à autarquia. Assim, a demanda foi corretamente direcionada ao INPI que, sim, compôs a lide como autêntico réu, devendo, portanto, suportar todos os ônus de sua sucumbência" (STJ, REsp 1.258.662-PR, rel. Min. Marco Aurélio Bellizze, julgado em 2-2-2016, *DJe* 5-2-2016).

6.5.2.8 Extinção

A proteção da marca será extinta por (art. 142 da Lei n. 9.279/96):

a) decurso do prazo de proteção sem o respectivo pedido de prorrogação;

b) caducidade, para o que bastará sua não utilização pelo período de 5 anos (art. 143 da Lei n. 9.279/96). É importante ressaltar que, se a marca for usada ainda que seja no exterior, não haverá caducidade. Além disso, disso na utilização deve ser verificado o uso expressivo da marca, e não apenas eventual[10];

c) renúncia do titular;

---

10. "Direito empresarial. Produtos destinados a comercialização no exterior e caducidade da marca. O fato de produto elaborado e fabricado no Brasil ser destinado exclusivamente ao mercado externo não implica a caducidade do respectivo registro de marca por desuso. De acordo com a Lei de Propriedade Industrial, uma vez passados cinco anos da concessão do registro, se requerida a sua caducidade, deve o titular da marca demonstrar que, na data do requerimento, já iniciou seu uso no Brasil, ou que, ainda que interrompido o seu uso, a interrupção não ultrapassou mais de cinco anos consecutivos, ou que não tenha, nesse prazo, feito uso com modificação que implique alteração de seu caráter distintivo original, sem a apresentação de razões legítimas. Se o titular da marca registrada no Brasil industrializa, fabrica, elabora o produto em território nacional, claramente inicia e faz uso da marca no Brasil, merecendo toda proteção legal, pois aqui empreende, gerando produção, empregos e riqueza, sendo indiferente que a mercadoria aqui produzida seja destinada ao mercado interno ou exclusivamente ao externo. Produzir no País o produto com a marca aqui registrada atende suficientemente ao requisito legal de 'uso da marca iniciado no Brasil'" (STJ, REsp 1.236.218-RJ, rel. Min. Raul Araújo, julgado em 5-2-2015, *DJe* 11-6-2015, Informativo 563). E "Direito Empresarial. Caducidade de marca por uso esporádico. É possível que se reconheça a caducidade do registro da marca quando, em um período de cinco anos, o valor e o volume de vendas do produto relacionado à marca forem inexpressivos (na situação em análise, 70 pacotes de cigarros que geraram receita de R$ 614,75) em comparação com operações bilionárias realizadas pelo titular no mesmo período (produção de mais de 400 bilhões de cigarros). De acordo com a Lei de Propriedade Industrial, uma vez passados cinco anos da concessão do registro, se requerida a sua caducidade, deve o titular da marca demonstrar que, na data do requerimento, já iniciou seu uso no Brasil, ou que, ainda que interrompido o seu uso, a interrupção não ultrapassou mais de cinco anos consecutivos, ou que não tenha, nesse prazo, feito uso com modificação que implique alteração de seu caráter distintivo original, sem a apresentação de razões legítimas. Quanto ao uso efetivo da marca, a doutrina esclarece que 'A Lei não define – e com razão – os atos que hão de constituir uso. O uso é noção intuitiva: usar é exercitar, pôr em funcionamento. Ao uso, que é uma atividade (= ação), contrapõe-se o desuso, que é, em essência, uma atitude neutra (= omissão). Ambos, uso e desuso, são fatos jurígenos, gerando consequências no campo do Direito. Usar, no sentido que o direito de propriedade industrial empresta a esse verbo, é projetar a marca para o mundo, para que ela, antes mera potencialidade, passe a exercer a função a que se destina. A Lei anterior, ao prever a extinção do registro como sanção para o desuso, empregava o termo uso efetivo. A Lei nova não repete o adjetivo, falando apenas de uso, sem qualquer qualificação. Muito embora o adjetivo 'efetivo' dê acento à realidade do uso, nem por isso nos parece autorizada a conclusão de que a sua ausência leve à aceitação de qualquer uso. É que, em função de sua categoria ôntica, as marcas só podem ser consideradas em uso quando 'ionizem' os bens ou serviços a que se destinem, carregando, simbolicamente, informações sobre eles e comunicando-as ao público. O fio condutor do exame de suficiência de uso é a atuação do titular no sentido de pôr a sua marca diante do público'. Assim, no caso em análise, o uso esporádico da marca, com escassas negociações no mercado, é inexpressivo dentro da magnitude das operações bilionárias realizadas pela empresa, portanto, insuficiente para configurar e comprovar o uso efetivo da marca apto a afastar a caducidade por desuso".

d) pela ausência de procurador devidamente qualificado e domiciliado no Brasil, com poderes para representar o titular da marca administrativa e judicialmente, inclusive para receber citações, caso se trate de pessoa domiciliada no exterior (art. 217 da Lei n. 9.279/96).

PARA RESUMIR

PATENTE	MARCA	DESENHO INDUSTRIAL
Produto	Sinal	Formato
Requisitos: • novidade; • atividade inventiva; • aplicação industrial; • livre de impedimento.	Requisitos: • novidade relativa; • não colidência com marca de alto renome; • não colidência com marca notoriamente conhecida; • livre de impedimentos.	Requisitos: • novidade; • originalidade; • aplicação industrial; • livre de impedimentos.
Prazo: • 20 anos/depósito (invenção) • 15 anos/depósito (modelo de utilidade)	Prazo: • 10 anos/concessão	Prazo: • 10 anos/depósito
Prazo não pode ser prorrogado	Prazo prorrogável sucessivamente	Prazo prorrogável por 3 períodos de 5 anos

6.5.2.9 Colidência com o nome empresarial

Algumas vezes, o nome empresarial pode confrontar com o que foi registrado como marca. Alguns doutrinadores diziam que deveria ser levada em conta a atribuição de cada órgão onde os registros são realizados, e, nesse caso, portanto, o registro da marca sempre deveria prevalecer em relação ao nome empresarial, já que o INPI tem atribuição nacional, enquanto a Junta Comercial tem atribuição estadual. Para outros, entretanto, o critério definidor seria a anterioridade, ou seja, prevaleceria o termo registrado primeiro. Esse não é o posicionamento do STJ, pois o registro prévio do nome empresarial não implica de forma alguma a proteção do uso da marca[11].

---

11. "Direito empresarial. Precedência de nome empresarial que não implica direito ao registro de marca. A sociedade empresária fornecedora de medicamentos cujos atos constitutivos tenham sido registrados em Junta Comercial de um Estado antes do registro de marca no Instituto Nacional da Propriedade Industrial (INPI) por outra sociedade que presta serviços médicos em outro Estado, não tem direito ao registro de marca de mesma escrita e fonética, ainda que a marca registrada coincida com seu nome empresarial. Isso porque as formas de proteção ao nome empresarial e à marca comercial não se confundem. A tutela daquele se circunscreve à unidade federativa de competência da Junta Comercial em que registrados os atos constitutivos da empresa, podendo ser estendida a todo o território nacional, desde que feito pedido complementar de arquivamento nas demais Juntas Comerciais. Por sua vez, a proteção à marca obedece ao sistema atributivo, sendo adquirida pelo registro validamente expedido pelo INPI, que assegura ao titular seu uso exclusivo em todo o território nacional, nos termos do art. 129, *caput* e § 1º, da Lei n. 9.279/1996 (LPI). Conforme es-

De acordo com o STJ, no REsp 1.204.488, em confronto entre a marca e o nome empresarial, devem ser observados: a anterioridade do registro, o espaço territorial de proteção e o ramo de atividade abrangido.

Em relação ao **espaço territorial**, o nome empresarial é protegido em determinada unidade da federação, onde houve o arquivamento de seus atos constitutivos, podendo se estender a outras unidades, se o registro for estendido a essas juntas comerciais. Por outro lado, a marca, devidamente registrada, é protegida, como vimos, em todo o território nacional e em determinado ramo de atividade, salvo a marca de alto renome.

Levando-se em conta todos esses aspectos, o nome empresarial só é impedimento ao registro da marca, de acordo com o STJ, se houver a presença simultânea de dois requisitos:

- que a proteção do nome empresarial ocorra em todos os Estados da federação, e
- se a marca e o nome empresarial causarem confusão ou associação com esses sinais distintivos.

6.6 *Trade dress*

Trade dress é o conjunto de características de um produto que permite aos consumidores a identificação da origem do produto, diferenciando-o de outros já existentes no mercado.

---

clarecido pela Terceira Turma do STJ, 'A interpretação do art. 124, V, da LPI que melhor compatibiliza os institutos da marca e do nome comercial é no sentido de que, para que a reprodução ou imitação de elemento característico ou diferenciado de nome empresarial de terceiros constitua óbice ao registro de marca – que possui proteção nacional –, necessário, nessa ordem: (i) que a proteção ao nome empresarial não goze somente de tutela restrita a alguns Estados, mas detenha a exclusividade sobre o uso do nome em todo o território nacional e (ii) que a reprodução ou imitação seja 'suscetível de causar confusão ou associação com estes sinais distintivos'. Não sendo essa, incontestavelmente, a hipótese dos autos, possível a convivência entre o nome empresarial e a marca, cuja colidência foi suscitada' (REsp 1.204.488-RS, *DJe* 2/3/2011). Além disso, não cabe a aplicação ao caso do art. 8º da Convenção da União de Paris de 1883 (CUP), pois o escopo desse dispositivo é assegurar a proteção do nome empresarial de determinada sociedade em país diverso que o seu de origem, que seja signatário da CUP, e não em seu país de origem, onde se deve atentar às leis locais. Nesse sentido, não se pode olvidar que o art. 1.166 do CC estabelece que 'A inscrição do empresário, ou dos atos constitutivos das pessoas jurídicas, ou as respectivas averbações, no registro próprio, asseguram o uso exclusivo do nome nos limites do respectivo Estado'. Já o art. 124, XIX, da LPI veda o registro de marca que reproduza outra preexistente, ainda que em parte e com acréscimo, 'suscetível de causar confusão ou associação com marca alheia'. Nessa toada, a finalidade da proteção ao uso das marcas é dupla: por um lado protegê-la contra usurpação, proveito econômico parasitário e o desvio desleal de clientela alheia e, por outro, evitar que o consumidor seja confundido (REsp 1.105.422-MG, Terceira Turma, *DJe* 18/5/2011). Ademais, sem perder de vista o enfoque pelo ângulo do direito marcário, a possibilidade de confusão e/ou associação entre as marcas é notória, por possuírem identidade fonética e escrita quanto ao elemento nominativo e ambas se destinarem ao segmento mercadológico médico" (STJ, REsp 1.184.867-SC, rel. Min. Luis Felipe Salomão, julgado em 15-5-2014, Informativo 548).

O *trade dress* fica configurado quando alguma empresa imita esse conjunto de características a fim de induzir o consumidor a erro, a confundi-lo para adquirir determinado produto em lugar do outro. Essa empresa que "imita" as características de outro produto usa do artificio da associação parasitária a fim de se aproveitar da qualidade, boa fama da empresa concorrente.

A origem legal do *trade dress* ocorre, nos EUA, em 1946, com o *Lanham Act*, que assim descreveu: Seção 43 (15 USC § 1125): "Qualquer pessoa que, ou em conexão com quaisquer produtos ou serviços, ou qualquer recipiente para mercadorias, usa no comércio qualquer palavra, termo, nome, símbolo ou dispositivo, ou qualquer combinação destes, ou qualquer falsa denominação de origem, descrição falsa ou enganosa de fato, ou representação falsa ou enganosa de fato, que seja:

(A) é suscetível de causar confusão, ou para causar erro, ou enganar quanto à filiação, ligação ou associação de tal pessoa com outra pessoa, ou quanto à origem, patrocínio ou aprovação de seus bens, serviços ou atividades comerciais por outra pessoa, ou

(B) em publicidade ou promoção comercial, deturpa a natureza, características, qualidades, ou na origem geográfica de seus bens de outra pessoa, serviços ou atividades comerciais, deve ser responsabilizada em uma ação civil por qualquer pessoa que acredita que ele ou ela está ou é suscetível de ser danificado por esse ato" (livre tradução)[12].

No Brasil não temos uma previsão específica para proteger esse conjunto de características, mas no art. 5º, XXIX, da CF o legislador constitucional assim prevê: "a lei assegurará aos autores de inventos industriais privilégio temporário para sua utilização, bem como proteção às criações industriais, à propriedade das marcas, aos nomes de empresas e a **outros signos distintivos** (...)". Dessa forma a proteção do *trade dress* estaria compreendida na proteção de "outros signos distintivos".

Além disso, o art. 123, I, da Lei n. 9.279/96 assim define marca de produto ou serviço: "aquela usada para distinguir produto ou serviço de outro idêntico, semelhante ou afim, de origem diversa". Entendemos que essa definição não trata apenas do logotipo ou do sinal, como também desse conjunto de características de determinado produto.

E, por fim, é no art. 209 da Lei n. 9.279/96 que encontramos a justificativa da proteção judicial no Brasil ao *trade dress*: "fica ressalvado ao prejudicado o direito de haver perdas e danos em ressarcimento de prejuízos causados por atos de violação de direitos de propriedade industrial e atos de concorrência desleal não previstos nesta Lei, tenden-

12. Section 43 (15 U.S.C. § 1125): "Any person who, on or in connection with any goods or services, or any container for goods, uses in commerce any word, term, name, symbol, or device, or any combination thereof, or any false designation of origin, false or misleading description of fact, or false or misleading representation of fact, which – (A) is likely to cause confusion, or to cause mistake, or to deceive as to the affiliation, connection, or association of such person with another person, or as to the origin, sponsorship, or approval of his or her goods, services, or commercial activities by another person, or (B) in commercial advertising or promotion, misrepresents the nature, characteristics, qualities, or geographic origin of his or her or another person's goods, services, or commercial activities, shall be liable in a civil action by any person who believes that he or she is or is likely to be damaged by such act".

tes a prejudicar a reputação ou os negócios alheios, a **criar confusão** entre estabelecimentos comerciais, industriais ou prestadores de serviço, ou entre os **produtos e serviços** postos no comércio".

O que percebemos quando ocorre essa imitação do conjunto de características de determinado produto nada mais é que um "ato de concorrência desleal não previstos nesta Lei, tendentes a prejudicar a reputação ou os negócios alheios, a criar confusão entre estabelecimentos comerciais, industriais ou prestadores de serviço, ou entre os produtos e serviços postos no comércio", amparando o Judiciário na proteção do *trade dress*, até que tenhamos uma proteção específica.

A proteção desse conjunto-imagem, chamado apropriadamente de *trade dress*, objetiva evitar a confusão causada ao consumidor entre duas marcas, criando uma associação parasitária, que poderá causar uma depreciação da marca titularizada pelo ofendido.

A competência para apreciar questões relativas ao *trade dress* é da Justiça Estadual, já que envolve litígio entre empresários, e não há a necessidade de intervenção do INPI[13]. A verificação do *trade dress* depende necessariamente de prova pericial[14].

A título de curiosidade, vejamos que o *trade dress* já é protegido em vários países da América Latina:

- Porto Rico: Lei 169/2009;
- Cuba: Decreto-Lei 203/1999;
- Panamá: Lei 35/96;
- Rep. Dominicana: Lei 20/2000;
- Colômbia: Decisão 486/2000 da Comissão da Comunidade Andina das Nações;
- Costa Rica: Lei 7.978/2003;
- Argentina: LPI Agosto/2018.

6.7 Questões

01. (FCC/2017/TJ-SC) São patenteáveis

a) as descobertas, teorias científicas e métodos matemáticos.

b) os microrganismos transgênicos que atendam aos requisitos de novidade, atividade inventiva e aplicação industrial, e que não sejam mera descoberta.

---

13. As questões acerca do ***trade dress*** (conjunto-imagem) dos produtos, concorrência desleal e outras demandas afins, por não envolverem registro no INPI e cuidando de ação judicial entre particulares, são inequivocamente de competência da Justiça estadual, já que não afetam interesse institucional da autarquia federal. No entanto, compete à Justiça Federal, em ação de nulidade de registro de marca, com a participação do INPI, impor ao titular a abstenção do uso, inclusive no tocante à tutela provisória (REsp 1527232/SP).

14. A caracterização de concorrência desleal por confusão, apta a ensejar a proteção ao conjunto-imagem (***trade dress***) de bens e produtos, é questão fática a ser examinada por meio de perícia técnica. REsp 1.353.451-MG (Informativo 612).

c) as obras literárias, arquitetônicas, artísticas e científicas e qualquer criação estética.
d) as técnicas cirúrgicas e métodos terapêuticos e de diagnóstico para aplicação no corpo animal, mas não no corpo humano.
e) apenas as invenções que atendam aos requisitos de novidade, atividade inventiva e aplicação industrial.

02. **(CESPE/2017/TJ-PR)** Caso dois autores tenham realizado a mesma invenção de forma independente,

a) qualquer um deles poderá requerer a patente, mediante nomeação e qualificação do outro.
b) aquele que comprovar a data de invenção mais antiga terá direito ao privilégio temporário para a utilização.
c) aquele que primeiro obtiver o registro usufruirá do privilégio temporário para a utilização da invenção.
d) aquele que provar o depósito mais antigo terá direito a obter a patente.

03. **(TRF 4ª REGIÃO/2016)** Assinale a alternativa INCORRETA.

Com base nas teses firmadas pelo Superior Tribunal de Justiça a respeito da propriedade intelectual:

a) A marca de alto renome (assim definida em lei) é exceção ao princípio da especificidade e tem proteção especial em todos os ramos de atividade, desde que previamente registrada no Brasil e assim declarada pelo INPI – Instituto Nacional de Propriedade Industrial.
b) Marcas fracas ou evocativas, constituídas por expressões comuns ou genéricas, não possuem o atributo da exclusividade, podendo conviver com outras semelhantes.
c) Para se conceder a proteção especial da marca de alto renome em todos os ramos de atividade, é dispensável procedimento administrativo junto ao Instituto Nacional de Propriedade Industrial.
d) Para a caracterização da colidência entre marcas, devem ser utilizados os seguintes parâmetros: (i) as marcas devem ser apreciadas sucessivamente, de modo a se verificar se a lembrança deixada por uma influência na lembrança deixada pela outra; (ii) as marcas devem ser avaliadas com base nas suas semelhanças, e não nas suas diferenças; e (iii) as marcas devem ser comparadas pela sua impressão de conjunto, e não por detalhes.
e) Vige no Brasil o sistema declarativo de proteção de marcas e patentes, que prioriza aquele que primeiro fez uso da marca, constituindo o registro no órgão competente mera presunção, que se aperfeiçoa pelo uso.

04. **(FAURGS/2016/TJ-RS)** O prazo de vigência para o registro de marca, segundo disposto na Lei n. 9.279/96, é de

a) 5 (cinco) anos, improrrogável.
b) 5 (cinco) anos, prorrogável por 3 (três) períodos sucessivos de 5 (cinco) anos cada.
c) 10 (dez) anos, improrrogável.
d) 10 (dez) anos, prorrogável por períodos iguais e sucessivos.
e) 70 (setenta) anos, improrrogável.

05. (VUNESP/2016/TJ-RJ) No tocante às marcas, conforme disciplina em lei específica, é correto afirmar que

a) o registro da marca vigorará pelo prazo de 15 anos, contados da data da concessão, prorrogável por dois períodos iguais e sucessivos.

b) ao seu titular ou depositante é assegurado, dentre outros, o direito de impedir que comerciantes ou distribuidores utilizem sinais distintivos que lhe são próprios, juntamente com a marca do produto, na sua promoção e comercialização.

c) se considera marca de produto ou serviço aquela usada para atestar a conformidade de um produto ou serviço com determinadas normas ou especificações técnicas, notadamente quanto à qualidade, natureza, material utilizado e metodologia empregada.

d) ao seu titular ou depositante é assegurado, dentre outros, o direito de ceder seu registro ou pedido de registro.

e) caducará o registro da marca, salvo justificado o desuso por seu titular, a requerimento de qualquer pessoa com legítimo interesse se, decorridos 10 anos de sua concessão, o uso da marca tiver sido interrompido por mais de 5 anos consecutivos.

06. (IESES/2016, QTJ-PA/Titular de Serviços de Notas e de Registros – Remoção) A patente de invenção e a de modelo de utilidade vigorará data de depósito respectivamente pelos prazos de:

a) 30 (trinta) e 20 (vinte) anos.

b) 20 (vinte) e 15 (quinze) anos.

c) 20 (vinte) e 10 (dez) anos.

d) 25 (vinte e cinco) e 15 (quinze) anos.

07. (FGV/2010/Auditor/PM de Angra dos Reis – RJ) Em relação aos direitos e obrigações relativos à propriedade industrial, assinale a afirmativa INCORRETA.

a) Os direitos de propriedade industrial são considerados bens móveis.

b) Para que uma invenção seja patenteável, é necessário que ela atenda aos requisitos de novidade, atividade inventiva e aplicação industrial.

c) A vigência da patente de invenção perdura por 20 (vinte) anos, contados da data de depósito, ao passo que a patente de modelo de utilidade vigora por 15 (quinze) anos, igualmente contados da data de depósito.

d) O prazo para a propositura de ação de nulidade da patente é de 2 (dois) anos após o início da vigência da patente.

e) A extinção da patente faz com que seu objeto caia em domínio público.

08. (FGV/2010/Fiscal de Rendas Sefaz/RJ) Com relação à *propriedade industrial*, analise as afirmativas a seguir.

I. Os bens industriais patenteáveis são a invenção e o modelo de utilidade.

II. A marca de alto renome gozará de proteção em todos os ramos de atividade, excepcionando-se, assim, a regra da especificidade, segundo a qual a proteção da marca é restrita à sua classe de produtos ou serviços.

III. A patente de invenção vigorará pelo prazo de 20 anos, contados da data do depósito, ou pelo prazo de 10 anos, contados da concessão, o que ocorrer por último, ressalvada, no segundo caso, a hipótese de o INPI estar impedido de proceder ao exame de mérito do pedido, por pendência judicial comprovada ou por motivo de força maior. Assinale:

a) se somente as afirmativas I e II estiverem corretas.

b) se somente as afirmativas I e III estiverem corretas.
c) se somente as afirmativas II e III estiverem corretas.
d) se somente a afirmativa I estiver correta.
e) se todas as afirmativas estiverem corretas.

09. **(IESES/2016/TJ-PA/Titular de Serviços de Notas e de Registros)** De acordo com a lei que regula os direitos e obrigações relativos à propriedade industrial, a ação para reparação de dano causado ao direito de propriedade industrial prescreve em:

a) 06 (seis) meses.
b) 05 (cinco) anos.
c) 02 (dois) anos.
d) 03 (três) anos.

10. **(FCC/2012/TRT 20ª REGIÃO)** Assegura-se ao autor o direito de obter a patente, que lhe garante a propriedade,

a) somente de invenção que atenda aos requisitos de novidade e atividade inventiva, ainda que não tenha aplicação industrial.
b) como modelo de utilidade, de objeto de uso prático, ou parte deste, suscetível de aplicação industrial, que apresente nova forma ou disposição, envolvendo ato inventivo, que resulte em melhoria funcional no seu uso ou em sua fabricação.
c) como descoberta, de teorias científicas e de métodos matemáticos.
d) como invenção, de técnicas e métodos operatórios ou cirúrgicos, bem como métodos terapêuticos ou de diagnóstico, para aplicação no corpo humano ou animal.
e) como descoberta, de todo ou de parte de seres vivos naturais e materiais biológicos encontrados na natureza, ou ainda que dela isolados, inclusive o genoma ou germoplasma de qualquer ser vivo natural e os processos biológicos naturais.

11. **(TJ-PR/2014)** A respeito da propriedade imaterial, é CORRETO afirmar:

a) A propriedade intelectual é o conjunto de regras de proteção sobre bens incorpóreos ou imateriais, ou seja, que não têm existência física, exclusivamente relacionados à estética, às sensações corporais, às percepções, ao estado de espírito, aos sentimentos e aos símbolos.
b) O direito autoral, e não a propriedade industrial, compõe a propriedade intelectual.
c) O direito autoral cuida especificamente das obras literárias, artísticas, científicas etc. – em geral obras relacionadas à estética, às sensações corporais, às percepções, ao estado de espírito, aos sentimentos, aos símbolos.
d) O Código da Propriedade Industrial considera todos os direitos de propriedade industrial como bens imóveis. Dessa forma, é cabível ação judicial para reparação de dano causado aos direitos de propriedade industrial, cuja pretensão prescreve em cinco anos.

12. **(TJ-PR/2014)** Desenho industrial é a forma plástica ornamental de um objeto ou o conjunto ornamental de linhas e cores que possa ser aplicado a um produto, proporcionando resultado visual novo e original na sua configuração externa e que possa servir de tipo de fabricação industrial (Código da Propriedade Industrial, Art. 95). Relacionada a esse conceito, assinale a alternativa correta.

a) A característica plástica do desenho industrial significa que ele somente pode ser entendido como tal se o objeto ou o conjunto ornamental de linhas e cores idealizado pelo seu autor permitir a reprodução mediante o uso de materiais orgânicos poliméricos sintéticos, mais conhecidos como plásticos, os quais apresentam a propriedade de adaptar-se em distintas formas, como de vasos, sacolas, embalagens, sapatos etc.

b) Desimpedimento (ou legalidade) significa que o desenho industrial que se pretenda levar a registro não pode incidir em uma das hipóteses impeditivas previstas no art. 100 da Lei n. 9.279/1996 (contrário à moral e aos bons costumes; ofensivo à honra ou imagem de pessoas; atente contra a liberdade de consciência, crença, culto religioso ou ideia e sentimentos dignos de respeito e veneração; forma necessária comum ou vulgar do objeto ou, ainda, aquela determinada essencialmente por considerações técnicas ou funcionais).

c) Os principais requisitos exigidos para o registro de desenho industrial são: 1) a plasticidade; 2) a ornamentalidade; 3) a originalidade; e 4) a industrialização.

d) Tendo em vista o requisito da novidade, o titular do desenho industrial não pode, por exemplo, apresentar o desenho em público em congresso ou a eventuais clientes, antes de efetuar o depósito no INPI, sem ficar impedido de encaminhar seu pedido de registro, nos termos do art. 96, § 1º, da Lei da Propriedade Industrial.

13. **(CESPE/2012/DPE-ES/Defensor Público)** São patenteáveis a invenção e o modelo de utilidade, exigindo-se, para a concessão da patente de invenção, o preenchimento de alguns requisitos, entre os quais se inclui o de estar a invenção compreendida no estado da técnica quando do pedido de patente.

( ) certo

( ) errado

14. **(CESPE/2011/TRF 3ª REGIÃO/Juiz Federal)** André, Bruno e César realizaram uma mesma invenção, respectivamente, nos meses de janeiro, fevereiro e março de 2011. As invenções foram depositadas para registro de patente nos meses de abril, maio e junho de 2011, respectivamente, por Bruno, César e André, tendo sido informada, em cada registro, a data de conclusão da invenção. Os processos administrativos iniciados com o depósito foram concluídos em julho, agosto e setembro de 2011, correspondentemente, para César, André e Bruno. Nessa situação hipotética, a patente deve ser concedida

a) a César, cujo processo foi concluído primeiramente.

b) a André, por ser o primeiro inventor, e a Bruno, por ter sido o primeiro a fazer o depósito.

c) aos três inventores, porque todos eles depositaram no mesmo ano.

d) a André, por ter sido o primeiro a inventar.

e) a Bruno, por ter sido o primeiro a depositar.

15. **(CESPE/2011/TRF 1ª REGIÃO/Juiz)** De acordo com a CF, a lei assegura aos autores de inventos industriais privilégio temporário para sua utilização bem como para a proteção das criações industriais, da propriedade das marcas, dos nomes de empresas e de outros signos distintivos, tendo em vista o interesse social e o desenvolvimento tecnológico e econômico do país. Com relação à proteção da propriedade industrial, considerados o seu interesse social e o desenvolvimento tecnológico e econômico do país, assinale a opção correta.

a) O titular da marca pode impedir que comerciantes ou distribuidores utilizem sinais distintivos que lhes sejam próprios, juntamente com a marca do produto, para a sua promoção e comercialização.

b) O titular fica sujeito a ter a patente licenciada compulsoriamente se exercer os direitos dela decorrentes de forma abusiva, ou por meio dela praticar abuso de poder econômico, comprovado nos termos da lei, por decisão administrativa ou judicial.
c) A patente de modelo de utilidade que envolva descoberta abrange as teorias científicas e métodos matemáticos, vigorando pelo prazo de vinte anos, contados da data de depósito.
d) A ação de nulidade poderá ser ajuizada a qualquer tempo da vigência da patente, perante a justiça estadual, pelo Instituto Nacional da Propriedade Industrial ou por qualquer pessoa com legítimo interesse.
e) A patente de invenção deve atender aos requisitos de novidade, atividade inventiva e aplicação industrial e vigorará pelo prazo de quinze anos, contados da data de depósito.

16. (TRF 2ª REGIÃO/Juiz Federal Substituto) Sociedade empresária obteve, em 2010, o registro da marca "Lord Ello", para assinalar produtos que, mais tarde, tencionava fabricar. Devido a critérios internos, a fabricação foi adiada e a marca não foi usada. Em 2017, outra pessoa jurídica estuda adotar idêntico designativo, para assinalar produtos da mesma classe e do mesmo segmento consumidor. Indique a opção correta:

a) Como o registro foi deferido a anterior requerente, o uso legítimo da marca, por outrem, exige licença, certo que, dentro dos dez anos de proteção inicial, é indiferente a falta de uso.
b) Em regra, a falta de uso implica, após o prazo previsto em lei, nulidade absoluta do registro.
c) A falta de uso pode gerar a anulação do registro, se decorrente de capricho ou de intuito de especulação, mas a invalidade não ocorre quando a abstenção é oriunda de critérios lógicos, como, no caso, prioridades mercadológicas da fabricante.
d) A falta de uso pode implicar caducidade do registro, decorrido o prazo previsto em lei, desde que as anuidades não sejam pagas.
e) Em princípio, afigura-se presente, no caso, hipótese de caducidade da marca, apta a ser requerida pela sociedade que apresenta interesse em adotá-la e pronunciada pelo Instituto Nacional de Propriedade Industrial.

17. (CESPE/2013/TRF 2ª REGIÃO/Juiz Federal) A Lei da Propriedade Industrial determina o que é ou não patenteável. Consoante essa norma, os itens passíveis de patenteamento incluem:

a) uma nova teoria científica capaz de demonstrar as razões da falta de eficiência energética de determinados geradores.
b) novos programas de computadores.
c) novos métodos cirúrgicos para aplicação ao corpo humano.
d) um esquema de novo método publicitário.
e) um objeto de uso prático suscetível de aplicação industrial, que apresente nova forma, envolvendo ato inventivo que resulte em melhoria funcional em sua fabricação.

18. (CESPE/2013/DPE-TO/Defensor Público) Com relação ao direito de propriedade industrial, assinale a opção correta, considerando que INPI corresponde ao Instituto Nacional da Propriedade Industrial.

a) A marca de produto ou serviço deve atestar a qualidade de determinado produto ou serviço em conformidade com normas técnicas previamente estabelecidas por institutos próprios, de natureza governamental.
b) Sendo o INPI uma autarquia federal, a ação em que se discute o pagamento do valor da remuneração pelo uso de patente deve ser proposta perante a justiça federal.
c) A invenção que atenda aos requisitos da novidade, atividade inventiva e aplicação industrial poderá ser patenteada e a legitimidade para requerê-la ao INPI cabe ao próprio autor, bem como aos seus herdeiros ou sucessores.
d) Cabe ao INPI conceder patentes de novas técnicas e métodos operatórios ou cirúrgicos, bem como métodos terapêuticos ou de diagnóstico, para aplicação no corpo animal.
e) Considera-se desenho industrial o objeto de uso prático que, suscetível de aplicação industrial, apresente nova forma ou disposição e envolva ato inventivo que resulte em melhoria funcional.

19. (UFPR/2012/TJ-PR/Juiz) Sobre patentes, assinale a alternativa correta.

a) Para vir a ser patenteada, uma invenção precisaria atender aos requisitos da novidade, uso prático e aplicação industrial.
b) Se um determinado inventor obtém a patente de sua invenção, é lícito supor que poderá exercer o direito de impedir terceiros, sem seu consentimento, de produzir, usar, colocar à venda, vender ou importar o produto objeto da patente pelo prazo de 20 anos a contar da data da concessão da patente.
c) A proibição de patenteabilidade de material biológico, no todo ou em parte, não abrange as plantas geneticamente modificadas que possam vir a ter aplicação industrial.
d) Embora a falta do pagamento da retribuição anual devida ao INPI seja hipótese de extinção da patente, é possível, contudo, restaurá-la mediante solicitação e pagamentos específicos.

20. (VUNESP/2014/TJ-PA/Juiz de Direito Substituto) Parte superior do formulário

No que se refere a patentes, assinale a alternativa correta.

a) Reputa-se concedida a patente na data de deferimento do pedido, devendo conter da carta-patente o número, o título e a natureza respectivos, o nome do inventor, a qualificação e o domicílio do titular, o prazo de vigência, o relatório descritivo, as reivindicações e os desenhos, bem como os dados relativos à prioridade.
b) O pedido de patente será mantido em sigilo durante 18 (dezoito) meses contados da data de depósito ou da prioridade mais antiga, quando houver, após o que será publicado, à exceção daquele originário do Brasil, cujo objeto interesse à defesa nacional, sendo processado em caráter sigiloso.
c) A patente de invenção vigorará pelo prazo de 15 (quinze) anos e a de modelo de utilidade pelo prazo 20 (vinte) anos contados da data de depósito.
d) O prazo de vigência não será inferior a 5 (cinco) anos para a patente de invenção e a 10 (dez) anos para a patente de modelo de utilidade, a contar da data de concessão.
e) A patente será concedida depois de deferido o pedido e comprovado o pagamento da retribuição correspondente no prazo de 120 (cento e vinte) dias contados do deferimento, expedindo-se a respectiva carta-patente.

21. (CESPE/2014/TJ-DF/Titular de Serviços de Notas e de Registros – Provimento) Parte superior do formulário

Considerando a proteção conferida na legislação brasileira à propriedade industrial e aos direitos autorais, assinale a opção correta.

a) Os princípios da especialidade e da territorialidade, aplicáveis à proteção das marcas, são relativizados, respectivamente, nos casos de marcas de alto renome, que obtêm proteção em todos os ramos de atividade, e de marcas notoriamente conhecidas, que gozam de proteção independentemente de estarem previamente depositadas ou registradas no Brasil.

b) É patenteável, como modelo de utilidade, a concepção puramente abstrata da qual possa ser desenvolvido um objeto de uso prático, suscetível de aplicação industrial, e cuja nova forma acarrete melhoria funcional.

c) Das decisões adotadas nos vários procedimentos realizados perante o INPI cabe recurso, em última instância administrativa, ao ministro de Estado do Desenvolvimento, Indústria e Comércio Exterior.

d) Enquanto o registro de um programa de computador é constitutivo do direito de proteção estatal da propriedade intelectual sobre a obra, o registro de um desenho industrial tem caráter meramente declaratório e de publicidade, não causando sua ausência prejuízo ao exercício dos direitos de propriedade sobre o desenho.

e) Os prazos legais de proteção à propriedade intelectual sobre um programa de computador e a uma patente de invenção são idênticos.

22. (CESPE/2014/TJ-DF/Juiz) Parte superior do formulário

A respeito da propriedade industrial, assinale a opção correta.

a) Em caso de criação independente, se duas ou mais pessoas reclamarem o direito à patente de determinado invento, terá prioridade a pessoa que provar a primazia da criação.

b) No processo de caducidade de patente instaurado a requerimento de parte interessada, o INPI poderá prosseguir se houver desistência do requerente.

c) Embora autorize a administração pública a condicionar atendimento a pedido de fiscalização ao prévio recolhimento do valor inadimplido, a falta de pagamento da retribuição anual por si só não causa extinção da patente.

d) A propriedade do desenho industrial é adquirida pela patente validamente concedida.

e) É patenteável a invenção que atenda aos requisitos de novidade, atividade inventiva e aplicação industrial, como, por exemplo, um novo programa de computador ou um novo método cirúrgico.

23. (CESPE/2013/TJ-RR/Titular de Serviços de Notas e de Registros) Com relação a propriedade industrial e direitos autorais, assinale a opção correta.

a) Para a proteção dos direitos industriais de um eletrodoméstico, por exemplo, é necessário haver não só registrabilidade, mas também patenteabilidade.

b) A proteção aos direitos autorais abrange a ideia relacionada à obra, de modo que um artista não pode, por exemplo, pintar um quadro com motivos florais parecidos com os existentes em obra de arte de outro artista.

c) Os direitos autorais relativos a uma obra de arte garantem sua exploração, com exclusividade, àquele que primeiramente requerer o privilégio.

d) Um eletrodoméstico com configuração visual inovadora não pode ser considerado obra de arte, para efeitos de proteção de direitos autorais, dadas sua função utilitária e a possibilidade de que seja industrializado.

e) Tanto o direito autoral quanto o direito industrial efetivam-se com a edição de ato administrativo de natureza constitutiva.

24. (FCC/2012/TRT 20ª REGIÃO/SE) Assegura-se ao autor o direito de obter a patente, que lhe garante a propriedade,

a) somente de invenção que atenda aos requisitos de novidade e atividade inventiva, ainda que não tenha aplicação industrial.

b) como modelo de utilidade, de objeto de uso prático, ou parte deste, suscetível de aplicação industrial, que apresente nova forma ou disposição, envolvendo ato inventivo, que resulte em melhoria funcional no seu uso ou em sua fabricação.

c) como descoberta, de teorias científicas e de métodos matemáticos.

d) como invenção, de técnicas e métodos operatórios ou cirúrgicos, bem como métodos terapêuticos ou de diagnóstico, para aplicação no corpo humano ou animal.

e) como descoberta, de todo ou de parte de seres vivos naturais e materiais biológicos encontrados na natureza, ou ainda que dela isolados, inclusive o genoma ou germoplasma de qualquer ser vivo natural e os processos biológicos naturais.

GABARITO

QUESTÃO	COMENTÁRIOS
01	A alternativa B está correta, pois os microrganismos transgênicos atendem aos requisitos de novidade, atividade inventiva e aplicação industrial, e que não sejam mera descoberta (art. 10 da LPI).
02	A alternativa B está correta, pois o titular da patente é quem primeiro depositou a patente (arts. 6º e 7º da LPI).
03	A alternativa A está correta de acordo com o art. 125 da Lei n. 9.279/96. A alternativa B está correta de acordo com o art. 124 da Lei n. 9.279/96. A alternativa C está incorreta, pois marca de alto renome é aquela denominada como tal pelo INPI, por meio de um procedimento administrativo. A alternativa D está correta, pois explica como o INPI faz a verificação de uma marca de produtos ou serviços do art. 123, I, da Lei n. 9.279/96. A alternativa E está correta, pois é a declaração dada pelo INPI que confere a patente ou registro.
04	A alternativa correta é a C, pois o prazo de proteção da marca é de 10 anos contados da concessão do registro.
05	A alternativa A está incorreta, pois a proteção dura 10 anos contados da concessão do registro (art. 133, *caput*, da Lei n. 9.279/96). A alternativa B está incorreta, pois ao titular da marca não é assegurado o direito de impedir que comerciantes ou distribuidores utilizem sinais distintivos que lhes são próprios, juntamente com a marca do produto, na sua promoção e comercialização. A alternativa C está incorreta, pois a definição dada corresponde a marca de certificação (art. 123, II, da Lei n. 9.279/96). A alternativa D está correta, pois é permitida a licença e a cessão do registro da marca. A alternativa E está incorreta, pois, para que ocorra a caducidade, o uso da marca deve ter sido interrompido por mais de 5 (cinco) anos consecutivos, ou se, no mesmo prazo, a marca tiver sido usada com modificação que implique alteração de seu caráter distintivo original, tal como constante do certificado de registro (art. 143, II, da Lei n. 9.279/96).
06	A alternativa correta é a B, pois aponta o prazo correto de proteção de patente de invenção e do modelo de utilidade (art. 40, *caput*, da Lei n. 9.279/96).
07	A alternativa incorreta é a D, uma vez que difere do preceituado no art. 56 da Lei n. 9.279/96. O prazo nesse caso seria o período de vigência.

08	A alternativa correta é a E, pois todas as afirmativas estão corretas, como pode ser observado: Afirmativa I (art. 2º, I, da Lei n. 9.279/96). Afirmativa II (art. 125 da LPI). Afirmativa III (art. 40 da LPI).
09	A alternativa correta é a B, pois indica o prazo correto para a ação de reparação de danos.
10	A alternativa correta é a B, pois está de acordo com o art. 9º da Lei n. 9.279/96. As demais alternativas estão incorretas nos termos dos arts. 10 e 18 da Lei n. 9.279/96.
11	A alternativa correta é a C, pois o direito autoral e a propriedade industrial compõem a propriedade intelectual. O direito autoral protege a exteriorização da ideia, enquanto a propriedade industrial protege a ideia em si e sua exteriorização. A proteção do direito autoral começa com a criação, enquanto na propriedade industrial começa com o depósito ou concessão.
12	A alternativa correta é a B, de acordo com os arts. 18 e 104 da Lei n. 9.279/96.
13	A afirmação está errada, pois a Lei de Propriedade Industrial define os requisitos necessários no art. 8º da Lei n. 9.279/96, enquanto o art. 11, § 1º, descreve como se constitui o estado da técnica. Portanto, estado da técnica não é requisito.
14	A alternativa correta é a E, conforme os arts. 6º, 16 e 30 da Lei n. 9.279/96. O titular da patente é quem primeiro depositou.
15	A alternativa correta é a B, conforme o art. 68 da Lei n. 9.279/96.
16	A alternativa correta é a E, pois a caducidade depende de pedido de algum interessado.
17	A alternativa correta é a E, conforme o art. 9º da Lei n. 9.279/96. As demais alternativas violam o art. 10 da Lei n. 9.279/96.
18	A alternativa correta é a C, pois a Lei de Propriedade Industrial definiu, em seu art. 6º, § 2º, os legitimados para requerer a patente, bem como no art. 8º determinou os requisitos necessários para reconhecimento da patente. Por fim, o art. 19 informa que o pedido de patente deve ser apresentado perante o INPI.
19	A alternativa correta é a D, conforme o art. 87 da Lei n. 9.279/96.
20	A alternativa correta é a B, conforme os arts. 30 e 75 da Lei n. 9.279/96.
21	A alternativa correta é a A, de acordo com o art. 125 da Lei n. 9.279/96.
22	A alternativa correta é a B, de acordo com o art. 80, § 2º, da Lei n. 9.279/96, no qual, mesmo que o requerente desista de pedir a caducidade, o INPI pode dar continuidade.
23	A alternativa correta é a D. O art. 8º da Lei n. 9.610/98, que trata dos direitos autorais, estabelece que não é objeto de proteção dos direitos autorais o aproveitamento industrial ou comercial das ideias contidas na obra.
24	A alternativa correta é a B, de acordo com o art. 9º da Lei n. 9.279/96, que define modelo de utilidade.

7

MICROEMPRESA E EMPRESA DE PEQUENO PORTE

SUMÁRIO

7.1 Evolução legislativa

O legislador verificou, no final da década de 1970, o que é óbvio para qualquer pequeno empresário, que é impossível impor-lhe a carga tributária e as formalidades exigidas de uma grande empresa. Se isso acontece, não resta alternativa ao pequeno empresário a não ser encerrar sua atividade, viver na informalidade ou sonegar tributação.

Por isso, em 1984, surgiu o **primeiro Estatuto da Microempresa**, a Lei n. 7.256/84; nesse estatuto, apesar da previsão de algumas vantagens trabalhistas, tributárias, não houve previsão sobre a Empresa de Pequeno Porte, o que significava que, se a atividade da microempresa se desenvolvesse um pouco, ela seria automaticamente tratada com o mesmo critério de uma grande empresa.

A Constituição de 1988 elevou à preocupação constitucional o tratamento da microempresa, que no seu art. 179 dispôs: "A União, os Estados, o Distrito Federal e os Municípios dispensarão às microempresas e às empresas de pequeno porte, assim definidas em lei, **tratamento jurídico diferenciado**, visando a incentivá-las pela **simplificação** de suas obrigações administrativas, tributárias, previdenciárias e creditícias, ou pela eliminação ou redução destas por meio de lei", além de ter elevado a um dos **princípios da atividade econômica**, no art. 170, IX.

A legislação seguinte foi a **Lei n. 8.864/94**, chamada de **Estatuto da Microempresa e da Empresa de Pequeno Porte**, que, adaptando-se à necessidade e ao preceito constitucional, tratou da empresa de pequeno porte. Juntamente com essa legislação, foi criada a **Lei n. 9.317/96**, que criou o **Simples**, reunindo alguns tributos federais a um único recolhimento mensal e com uma alíquota unificada, o que na prática resultou numa redução tributária e numa diminuição da burocracia para o pagamento dos tributos.

Em 1998, o Grupo Mercado Comum, órgão do Mercosul, publicou a Resolução n. 59/98, com as "Políticas de apoio às micro, pequenas e médias empresas". Como resultado dessas diretrizes, o Brasil criou um **novo Estatuto de Microempresa e Empresa de Pequeno Porte, a Lei n. 9.841/99**, revogando as leis anteriores, mas **mantendo a Lei n. 9.317/96**. Isso gerou alguns problemas de definição, já que para se enquadrar no Simples o critério era um, enquanto na definição do Estatuto o critério definidor de ME e EPP era outro.

Por fim, a EC n. 42/2003 acrescentou a alínea *d* ao art. 146, III, da CF/88, determinando que cabe à **lei complementar** dar tratamento diferenciado e favorecido para as ME e EPP.

Com isso, foi criada a **LC n. 123/2006**, revogando todas as legislações anteriores (Lei n. 9.317/96 e Lei n. 9.841/99). É dessa legislação que trataremos neste capítulo, com todas as alterações até a LC n. 147/2014.

Nesse sentido, o Enunciado n. 200 do Conselho de Justiça Federal, aprovado na III Jornada de Direito Civil, dispõe: "É possível a qualquer empresário individual, em situação regular, solicitar seu enquadramento como microempresário ou empresário de pequeno porte, observadas as exigências e restrições legais".

7.2 Conceito

De acordo com a LC n. 123/2006, a Microempresa (**ME**) é sociedade empresária, simples e o empresário, devidamente registrados nos respectivos órgãos competentes, e que tenham a receita bruta anual de até **R$ 360.000,00**, e a Empresa de Pequena Porte (**EPP**) serão a sociedade empresária, simples ou empresário que tenham o **receita bruta anual acima de R$ 360.000,00 e até R$ 4.800.000,00**, de acordo com a alteração realizada pela LC n. 139/2011. A atualização desses valores, se necessária, na legislação será feita pelo Comitê Gestor do Simples Nacional (CGSN), sem nenhum índice previamente fixado (art. 1º, § 1º, da LC n. 123/2006).

Outra figura atualizada pela LC 139/2011, o Microempreendedor Individual (MEI), modalidade de ME (art. 18-E, § 3º, da LC n. 123/2006), é o empresário individual a que se refere o art. 966 do Código Civil de 2002, que tenha auferido receita bruta, no ano-calendário anterior, de até R$ 81.000,00, optante pelo Simples Nacional (art. 18-A, § 1º, da LC n. 123/2006).

Note que, apesar de a nomenclatura ser de microempresa e empresa de pequeno porte, ela atinge tanto a sociedade empresária e o empresário individual como a sociedade simples. Veremos no próximo capítulo que a sociedade simples não exerce atividade empresária, entretanto pode ser uma ME ou EPP, o que, por si, já traz confusão de terminologia.

Outro detalhe importante é que, apesar de o critério ser da receita bruta anual, se a atividade começou no próprio ano, o critério será proporcional aos meses de atividade (art. 3º, § 2º, da LC n. 123/2006).

Na nossa legislação o enquadramento é uma faculdade do empreendedor, que a partir de sua decisão deve comunicar à **Junta Comercial** o seu enquadramento, a fim de que se acrescente ao seu nome a **terminação ME ou EPP.** De acordo com a IN DREI 103/2007, deve ser feito um requerimento ao Presidente da Junta Comercial.

Na atual legislação, o **desenquadramento** é **automático**, ou seja, se num exercício a atividade tiver uma receita bruta anual maior do que o previsto em lei, a ME pode se tornar EPP e vice-versa, além de poder deixar de ser ME e EPP. O ideal seria a lei atribuir um prazo de alguns exercícios para que ocorresse o desenquadramento.

PARA FIXAR

DEFINIÇÃO			
	ME	Receita Bruta Anual	Até R$ 360.000,00
	EPP	Receita Bruta Anual	Acima de R$ 360.000,00 até R$ 4.800.000,00

7.3 Exclusão

Não se inclui no regime diferenciado e favorecido previsto na LC n. 123/2006, para nenhum efeito legal, a pessoa jurídica (art. 3º, § 4º, LC n. 123/2006):

- de cujo capital participe outra pessoa jurídica;
- que seja filial, sucursal, agência ou representação, no País, de pessoa jurídica com **sede no exterior**;
- de cujo capital participe pessoa física que seja inscrita como empresário, ou seja, sócia de outra empresa que receba tratamento jurídico diferenciado nos termos da lei complementar, desde que a receita bruta global **ultrapasse o limite de faturamento da EPP**;
- cujo titular ou sócio participe com mais de 10% (dez por cento) do capital de outra empresa não beneficiada pela lei complementar, desde que a receita bruta global ultrapasse o limite da EPP;
- cujo sócio ou titular seja administrador ou equiparado a outra pessoa jurídica com fins lucrativos, desde que a receita bruta global ultrapasse o limite da EPP;
- constituída sob a forma de cooperativa, salvo as de consumo;

- que participe do capital de outra pessoa jurídica;
- que exerça atividade de banco comercial, de investimentos e de desenvolvimento, de caixa econômica, de sociedade de crédito, financiamento e investimento ou de crédito imobiliário, de corretora ou de distribuidora de títulos, valores mobiliários e câmbio, de empresa de arrendamento mercantil, de seguros privados e de capitalização ou de previdência complementar;
- resultante ou remanescente de **cisão** ou qualquer outra forma de **desmembramento** de pessoa jurídica que tenha ocorrido em um dos 5 (cinco) anos-calendário anteriores;
- constituída sob a forma de sociedade por ações;
- cujos titulares ou sócios guardem, cumulativamente, com o contratante do serviço, relação de pessoalidade, subordinação e habitualidade.

7.4 Órgãos vinculados

O tratamento diferenciado e favorecido para as ME e EPP será realizado pelos seguintes órgãos (art. 2º da LC n. 123/2006):

a) **Comitê Gestor de Tributação do Simples Nacional**, vinculado ao Ministério da Fazenda, composto por 4 representantes da Secretaria da Receita Federal do Brasil, como representantes da União, 2 dos Estados e do Distrito Federal e 2 dos Municípios, para tratar dos **aspectos tributários**;

b) **Fórum Permanente das Microempresas e Empresas de Pequeno Porte**, com a participação dos órgãos federais competentes e das entidades vinculadas ao setor para tratar dos demais aspectos, com a finalidade de **orientar e assessorar** a formulação e coordenação da Política Nacional de Desenvolvimento das Microempresas e Empresas de Pequeno Porte, bem como acompanhar e avaliar a sua implantação. Será presidido e coordenado pelo Ministério do Desenvolvimento, Indústria e Comércio Exterior;

c) **Comitê para Gestão da Rede Nacional para a Simplificação do Registro e da Legalização de Empresas e Negócios**, vinculado à Secretaria da Micro e Pequena Empresa da Presidência da república, composto por representantes da União, dos Estados e do Distrito Federal, dos Municípios e demais órgãos de apoio e de registro empresarial, na forma definida pelo Poder Executivo, para tratar do processo de registro e de legalização de empresários e de pessoas jurídicas.

PARA FIXAR

ÓRGÃOS	COMPOSIÇÃO	FUNÇÃO
Comitê Gestor de Tributação do Simples Nacional.	4 – Secretaria da Receita Federal do Brasil; 2 – Estados e DF; 2 – Municípios.	Tratar dos aspectos tributários.

Fórum Permanente das ME e EPP.	Órgãos federais e entidades vinculadas.	Orientar e assessorar a formulação e coordenação da Política Nacional de Desenvolvimento das ME e EPP.
Comitê para Gestão da Rede Nacional para Simplificação do Registro e Legalização de Empresas e Negócios.	Representantes: União, Estados, Distrito Federal, Municípios e órgãos vinculados.	Registro e legalização das ME e EPP.

7.5 Benefícios

Os principais benefícios trazidos pela LC n. 123/2006 são:

7.5.1 Recolhimento unificado

Quem é definido como ME ou EPP pode fazer o recolhimento tributário pelo **Simples Nacional** (Sistema Integrado de Pagamento de Impostos e Contribuições das Microempresas e Empresas de Pequeno Porte), que permitirá o **recolhimento mensal unificado** do IR, IPI, CSLL, Cofins, PIS/PASEP, CPP (Contribuição Patronal Previdenciária), ICMS e ISS. Apesar de ser facultativa a opção para o Simples Nacional, uma vez realizada será irretratável durante o ano-calendário.

Da mesma forma, **não pode recolher os impostos e contribuições** na forma do **Simples Nacional** a Microempresa ou a Empresa de Pequeno Porte (art. 17 da LC n. 123/2006):

- que explore atividade de prestação cumulativa e contínua de serviços de assessoria creditícia, gestão de crédito, seleção e riscos, administração de contas a pagar e a receber, gerenciamento de ativos (*asset management*), compras de direitos creditórios resultantes de vendas mercantis a prazo ou de prestação de serviços (*factoring*);
- que tenha sócio domiciliado no exterior;
- de cujo capital participe entidade da Administração Pública, direta ou indireta, Federal, Estadual ou Municipal;
- que possua débito com o Instituto Nacional do Seguro Social – INSS, ou com as Fazendas Públicas Federal, Estadual ou Municipal, cuja exigibilidade não esteja suspensa;
- que preste serviço de transporte intermunicipal e interestadual de passageiros, exceto na modalidade fluvial ou quando possuir características de transporte urbano ou metropolitano ou realizar-se sob fretamento contínuo em área metropolitana para transportes de estudantes ou trabalhadores;
- que seja geradora, transmissora, distribuidora ou comercializadora de energia elétrica;

- que exerça atividade de importação ou fabricação de automóveis e motocicletas;
- que exerça atividade de importação de combustíveis;
- que exerça atividade de produção ou venda no atacado de bebidas alcoólicas, cervejas sem álcool, cigarros, cigarrilhas, charutos, filtros para cigarros, armas de fogo, munições e pólvoras, explosivos e detonantes;
- que realize cessão ou locação de mão de obra;
- que se dedique ao loteamento e à incorporação de imóveis;
- que realize atividade de locação de imóveis próprios, exceto quando se referir à prestação de serviços tributados pelo ISS;
- com ausência de inscrição ou com irregularidade em cadastro fiscal federal, municipal ou estadual, quando exigível.

7.5.2 Abertura e encerramento facilitados da empresa

A constituição e o encerramento de uma empresa sempre foram, e continuam sendo, extremamente demorados e burocráticos.

Na LC n. 123/2006, um dos objetivos é a facilitação dessa abertura e encerramento das ME e EPP.

A primeira facilitação é o empresário ou sociedade ter acesso a todas as informações necessárias para a constituição da empresa, além de ter acesso prévio à possibilidade ou não de constituição de sua atividade em determinado endereço, os requisitos e licenças necessárias, dependendo da atividade, e sobre a possibilidade de utilizar um determinado nome empresarial (art. 5º da LC n. 123/2006).

A facilitação se observa, também, quanto à impossibilidade de que outros órgãos envolvidos com o registro da atividade determinem mais documentos do que os pedidos pela Junta Comercial. Além disso, não é necessária a assinatura de advogado no contrato social (arts. 8º e 10 da LC n. 123/2006).

Quanto ao encerramento da atividade, é possível o requerimento de baixa, sem a necessidade de prova de quitação dos débitos tributários, entre outros. O encerramento da empresa, nesse caso, gera a **responsabilidade solidária** dos titulares, dos sócios e dos administradores por essas obrigações (art. 9º, § 5º, da LC n. 123/2006).

7.5.3 Incentivo à associação

Com o incentivo à associação, as ME e EPP têm maior força de contratação, podendo, por exemplo, adquirir bens numa quantidade maior e negociar as condições de pagamento, em virtude da quantidade da compra. A associação acontecerá por meio da **sociedade de propósito específico**, que respeitará as seguintes regras (art. 56, § 2º, da LC n. 123/2006):

- terá seus atos arquivados no Registro Público de Empresas Mercantis;

- terá por finalidade realizar: (i) operações de compra para revenda às microempresas ou empresas de pequeno porte que sejam suas sócias; (ii) operações de venda de bens adquiridos das microempresas e empresas de pequeno porte que sejam suas sócias para pessoas jurídicas que não sejam suas sócias;
- poderá exercer atividades de promoção dos bens adquiridos, na forma anteriormente descrita;
- apurará o imposto de renda das pessoas jurídicas com base no lucro real, devendo manter a escrituração dos livros Diário e Razão;
- apurará a Cofins e a Contribuição para o PIS/Pasep de modo não cumulativo;
- exportará, exclusivamente, bens a ela destinados pelas microempresas e empresas de pequeno porte que dela façam parte;
- será constituída como sociedade limitada;
- deverá, nas revendas às microempresas ou empresas de pequeno porte que sejam suas sócias, observar preço no mínimo igual ao das aquisições realizadas para revenda;
- deverá, nas revendas de bens adquiridos de microempresas ou empresas de pequeno porte que sejam suas sócias, observar preço no mínimo igual ao das aquisições desses bens.

7.5.4 Existência de uma fiscalização orientadora

De acordo com o art. 55 da LC n. 123/2006, a ME e a EPP estariam sujeitas a uma **dupla visita da fiscalização**, em se tratando de questões trabalhistas, metrológicas, sanitárias, ambientais, de segurança e de uso e ocupação do solo. Nesse caso, a primeira fiscalização tem a finalidade de **orientar** o empreendedor para que sua situação seja regularizada. A autuação só ocorreria, em relação a esses assuntos, no caso de reincidência verificada na segunda fiscalização.

Não haverá a dupla fiscalização quando a atividade ou a situação for considerada de **alto risco**.

Além disso, **não haverá a fiscalização orientadora** quando for constatada infração por falta de registro de empregado ou anotação da Carteira de Trabalho e Previdência Social – CTPS, ou, ainda, na ocorrência de reincidência, fraude, resistência ou embaraço à fiscalização (art. 55, § 1º, da LC n. 123/2006).

7.5.5 Pagamento facilitado no protesto de títulos

Quando a ME e a EPP forem devedoras de título protestado, terão acesso às seguintes facilitações (art. 73 da LC n. 123/2006):

- "sobre os **emolumentos** do tabelião **não incidirão quaisquer acréscimos a título de taxas, custas e contribuições** para o Estado ou Distrito Federal, carteira de previdência, fundo de custeio de atos gratuitos, fundos especiais do Tribunal de Justiça, bem como de associação de classe, criados ou que venham a ser criados sob qualquer título ou denominação, ressalvada a cobrança do devedor das despesas de correio, condução e publicação de edital para realização da intimação";

- "para o pagamento do título em cartório, **não poderá ser exigido cheque de emissão de estabelecimento bancário**, mas, feito o pagamento por meio de cheque, de emissão de estabelecimento bancário ou não, a quitação dada pelo tabelionato de protesto será condicionada à efetiva liquidação do cheque. Portanto, **o pagamento poderá ser feito pelo cheque da própria ME ou EPP**";
- "o **cancelamento** do registro de protesto, fundado no pagamento do título, será feito **independentemente de declaração de anuência do credor**, salvo no caso de impossibilidade de apresentação do original protestado";
- "para os fins do disposto no *caput* e nos incs. I, II e III do referido art. 73, o devedor deverá provar sua qualidade de microempresa ou de empresa de pequeno porte perante o tabelionato de protestos de títulos, mediante documento expedido pela Junta Comercial ou pelo Registro Civil das Pessoas Jurídicas, conforme o caso";
- "quando o pagamento do título ocorrer com cheque sem a devida provisão de fundos, serão automaticamente suspensos pelos cartórios de protesto, pelo prazo de 1 (um) ano, todos os benefícios previstos para o devedor neste artigo, independentemente da lavratura e registro do respectivo protesto".

7.5.6 Tratamentos diferenciados nas licitações

A primeira facilitação diz respeito à comprovação da regularidade fiscal das ME e EPP para a participação de licitações, que deverão apresentar a documentação que prove a regularidade fiscal. A facilitação ocorre na falta de algum documento, pois a **ME e a EPP não poderão ser excluídas da participação da licitação, já que é possível a complementação em 5 dias, contados da declaração do vencedor do certame** (arts. 42 e 43 da LC n. 123/2006).

Outra facilitação é o **critério de desempate**, segundo o qual, se a ME ou a EPP ofertar a mesma proposta ou apresentar uma proposta 10% maior do que a proposta vencedora, haverá a oportunidade de a ME e da EPP apresentar uma segunda proposta, num valor menor do que a vencedora (art. 45 da LC n. 123/2006). No caso de pregão, a regra será aplicada quando a proposta for maior em 5%.

7.5.7 Regras especiais quanto às obrigações trabalhistas e previdenciárias

Embora não tenham refletido inovação em relação à legislação anterior, as ME e EPP são **dispensadas** (art. 51 da LC n. 123/2006):

- "da afixação de Quadro de Trabalho em suas dependências";
- "da anotação das férias dos empregados nos respectivos livros ou fichas de registro";
- "de empregar e matricular seus aprendizes nos cursos dos Serviços Nacionais de Aprendizagem";
- "da posse do livro intitulado 'Inspeção do Trabalho'"; e
- "de comunicar ao Ministério do Trabalho e Emprego a concessão de férias coletivas".

É importante ressaltar que as ME e EPP **não estão dispensadas** das anotações na Carteira de Trabalho e Previdência Social – CTPS, do arquivamento dos documentos comprobatórios de cumprimento das obrigações trabalhistas e previdenciárias, enquanto não prescreverem essas obrigações, da apresentação da Guia de Recolhimento do Fundo de Garantia do Tempo de Serviço e Informações à Previdência Social – GFIP, da apresentação das Relações Anuais de Empregados e da Relação Anual de Informações Sociais – RAIS e do Cadastro Geral de Empregados e Desempregados – CAGED (art. 52 da LC n. 123/2006).

7.5.8 Regras especiais para as decisões societárias nas ME e EPP

As ME e as EPP são desobrigadas da realização de reuniões e assembleias em qualquer das situações previstas na legislação civil, as quais **serão substituídas por deliberação representativa do primeiro número inteiro superior à metade do capital social**. Tal disposição serviu para desobrigar especialmente as sociedades limitadas, que são a forma mais comum adotada pela ME e EPP, que exigiriam a decisão tomada em reuniões ou assembleias.

Tal forma facilitada na tomada de decisão não se aplica caso haja disposição contratual em contrário, caso ocorra hipótese de justa causa que enseje a **exclusão de sócio** ou caso um ou mais sócios ponham em risco a continuidade da empresa em virtude de atos de inegável gravidade (art. 70, § 1º, da LC n. 123/2006). Nesse caso, continuará valendo o art. 1.085 do Código Civil de 2002.

7.5.9 Sistema de comunicação eletrônica

De acordo com o art. 16, § 1º-A, da LC n. 123/2006, a opção pelo Simples Nacional implica a aceitação de sistema de comunicação eletrônica, que servirá entre outras coisas para informar de atos administrativos, encaminhar notificações e intimações, bem como expedir avisos em geral.

As comunicações serão feitas em portal próprio, dispensando-se a publicação no Diário Oficial e o envio por via postal (art. 16, § 1º-B, da LC n. 123/2006), sendo consideradas para todos os efeitos como comunicação pessoal.

7.5.10 Investidor-anjo

O investidor-anjo é a pessoa física ou jurídica que poderá fazer o aporte de capital a fim de fomentar inovação e investimento produtivo (art. 61-A da LC n. 123/2006).

O investidor-anjo não será considerado sócio nem terá qualquer direito a gerência ou voto na administração da empresa; não responderá por qualquer dívida da empresa, inclusive em recuperação judicial, não se aplicando a ele o art. 50 do Código Civil, e será remunerado por seus aportes, nos termos do contrato de participação, pelo prazo máximo de cinco anos.

O investidor-anjo somente poderá exercer o direito de resgate depois de decorridos, no mínimo, dois anos do aporte de capital, ou prazo superior estabelecido no contrato de participação, e seus haveres serão pagos na forma do art. 1.031 do Código Civil, não podendo ultrapassar o valor investido devidamente corrigido.

7.6 Questões

01. De acordo com o disposto na LC n. 123/2006 e suas alterações, assinale a alternativa correta. A receita bruta é:

a) O produto da venda de bens e serviços nas operações de conta própria, o preço dos serviços prestados e o resultado nas operações em conta alheia, não incluídas as vendas canceladas e os descontos incondicionais concedidos.

b) O produto da venda de bens e serviços nas operações de conta própria, o preço dos serviços prestados e o resultado nas operações em conta alheia, considerando-se as vendas canceladas e os descontos incondicionais concedidos.

c) O produto da venda de bens e serviços nas operações de conta própria, o preço dos serviços prestados e o resultado nas operações em conta alheia, incluídas as vendas canceladas e os descontos condicionais concedidos.

d) O produto da venda de bens e serviços nas operações de conta própria, o preço dos serviços prestados e o resultado nas operações em conta alheia, considerando-se as vendas canceladas e todos os descontos concedidos.

e) O produto da venda de bens e serviços nas operações de conta própria, o preço dos serviços prestados e o resultado nas operações em conta alheia, não incluídas vendas canceladas e os descontos concedidos.

02. Em relação à Lei Complementar n. 123, de 14 de dezembro de 2006, que institui o Estatuto Nacional da Microempresa e da Empresa de Pequeno Porte, marque a resposta correta:

I. No caso de início de atividade no próprio ano-calendário, o limite a que se refere a LC n. 123/2006 será proporcional ao número de meses em que a microempresa ou a empresa de pequeno porte houver exercido atividade, excluindo as frações de meses.

II. Não se inclui no regime diferenciado e favorecido na LC n. 123/2006, para nenhum efeito legal, a pessoa jurídica de cujo capital participe pessoa física que seja inscrita como empresário, ou seja, sócia de outra empresa que receba tratamento diferenciado nos termos da LC n. 123/2006, desde que a receita bruta global ultrapasse o limite tratado na LC n. 123/2006.

III. O registro dos atos constitutivos, de suas alterações e extinções (baixas), referentes a empresários e pessoas jurídicas em qualquer órgão envolvido no registro empresarial e na abertura da empresa ocorrerá independentemente da regularidade de obrigações tributárias, previdenciárias ou trabalhistas, principais ou acessórias, do empresário, dos sócios ou dos administradores por tais obrigações, apuradas antes ou após o ato de extinção.

IV. Não poderão recolher os impostos e contribuições na forma do Simples Nacional a microempresa ou a empresa de pequeno porte que tenha sócio brasileiro domiciliado no exterior.

a) F V V V.

b) V V F V.

c) F V F V.

d) V F V F.

e) V F F F.

03. (AFT/2010/ESAF) A respeito de fiscalização de microempresas e empresas de pequeno porte, marque a assertiva correta:

a) Será observado o critério da dupla visita da fiscalização trabalhista, para lavratura de autos de infração, inclusive quando for constatada infração por falta de registro de empregado.

b) A fiscalização, no que se refere ao aspecto metrológico, deverá ter natureza prioritariamente punitiva.

c) A fiscalização, no que se refere aos aspectos sanitário, ambiental e de segurança, deverá ser prioritariamente orientadora, mesmo quanto a atividades e situações cujo grau de risco seja considerado alto.

d) No caso de fraude, resistência ou embaraço à fiscalização trabalhista será também observado o critério de dupla visita para lavratura de autos de infração.

e) A fiscalização trabalhista deverá ter natureza prioritariamente orientadora.

04. (TJ-PR/2014) Assinale a alternativa incorreta.

a) Microempresa e Empresa de Pequeno Porte são conceitos econômico-fiscais.

b) Empresário é gênero do qual o empresário individual, a sociedade empresária e a empresa individual de responsabilidade limitada são espécies.

c) O Simples – Sistema Integrado de Pagamento de Impostos e Contribuições constitui-se em uma forma simplificada e unificada de recolhimento de tributos, por meio da aplicação de percentuais favorecidos e progressivos, incidentes sobre uma única base de cálculo, qual seja, a receita bruta.

d) O Simples – Sistema Integrado de Pagamento de Impostos e Contribuições é um regime tributário diferenciado, simplificado e favorecido, aplicável às pessoas jurídicas consideradas como sociedades simples e sociedades em comandita simples, nos termos definidos na Lei n. 9.317, de 1996, e alterações posteriores, estabelecido em cumprimento ao que determina o disposto no art. 179 da CF/88.

GABARITO

QUESTÃO	COMENTÁRIOS
01	A alternativa correta é a A, uma vez que se encontra de acordo com o art. 3º, § 1º, da LC 123/2006.

02	A afirmativa a ser assinalada é a A. Vejamos: a afirmativa I está incorreta (art. 3º, § 2º, da LC n. 123/2006); a afirmativa II está correta (art. 3º, § 4º, III, da LC n. 123/2006 – obs.: esse dispositivo foi alterado pela LC 147/2014); a afirmativa III está correta (art. 9º da LC 123/2006); a afirmativa IV está correta (art. 17, II, da LC n. 123/2006).
03	A alternativa E está correta, de acordo com o art. 55 da LC n. 123/2006.
04	A alternativa D é a incorreta, pois o SIMPLES, é um sistema que pode ser utilizado por sociedades simples ou empresárias, Eireli e ainda por empresário individual e alguns profissionais liberais, desde que exista o enquadramento na legislação.

8

TEORIA GERAL DO DIREITO SOCIETÁRIO

SUMÁRIO

8.1 Conceito

A sociedade é uma reunião de pessoas com o objetivo de unir esforços e recursos para realizar uma atividade econômica. A sociedade permite que atividades que não poderiam ser realizadas, ou seriam realizadas com dificuldades, por um empresário individual, se tornem viáveis.

Na relação das pessoas jurídicas descritas no art. 44 do Código Civil de 2002, as sociedades figuram junto com as associações, fundações, organizações religiosas, partidos políticos e empresas individuais de responsabilidade limitada. Mas é importante ressaltar que a existência das pessoas jurídicas só começa com o registro, como veremos a seguir.

A diferença essencial entre as sociedades e as demais pessoas jurídicas do art. 44 do Código Civil de 2002 é a exploração da atividade econômica.

A sociedade constitui-se por meio de um contrato entre duas ou mais pessoas[1], que se obrigam a **combinar esforços e recursos** para atingir fins comuns (art. 981 do Código Civil de 2002).

Como regra, os sócios contribuem para a formação do patrimônio social, mas em algumas sociedades é possível que o sócio apenas contribua com a prestação de serviços, como é o caso de algumas cooperativas (dependendo dos critérios de adesão presentes no estatuto social) e das sociedades simples, que não adotam nenhum tipo societário específico, como veremos posteriormente.

---

1. Veremos a seguir que é possível a existência de sociedades com apenas um sócio, mas elas são exceções. A regra é a da necessidade de duas ou mais pessoas.

Na sociedade limitada e na sociedade **por ações,** o sócio necessariamente deve contribuir com **dinheiro** ou com **bens**, existindo vedação expressa para o ingresso de sócio que apenas contribua com o trabalho (art. 1.055, § 2º, do Código Civil de 2002 e art. 7º da Lei n. 6.404/76).

8.2 Características gerais

a) Sociedades pluripessoais e unipessoais

Na regra geral, a quantidade de pessoas necessárias para a constituição de uma sociedade é de ao menos duas pessoas[2]. São as sociedades pluripessoais. Entretanto, o ordenamento prevê a existência de sociedades unipessoais, ou seja, sociedades que existem com a presença de apenas uma pessoa. São elas:

- a **subsidiária integral** (art. 251 da Lei n. 6.404/76), que é um tipo de sociedade anônima, cujo capital social está totalmente nas mãos de uma **pessoa jurídica brasileira**, sem duração predeterminada;
- qualquer S.A., que pode permanecer por **até um ano** com apenas um acionista. Note-se que na Lei consta que a unipessoalidade pode se manter de um exercício para o outro (art. 206, I, *d*, da Lei n. 6.404/76);
- de qualquer sociedade regida pelo Código Civil, que pode permanecer por **até 180 dias** com apenas um sócio (art. 1.033, IV, do Código Civil de 2002);
- **a sociedade unipessoal de advocacia, que está prevista no art. 15 da Lei n. 8.906/94, segundo alteração** da Lei n. 13.247/2016, na qual é possível que apenas um advogado constitua a sociedade, desde que efetue o registro no Conselho Seccional da OAB. Nessa sociedade, o sócio e o titular da sociedade individual de advocacia respondem subsidiária e ilimitadamente pelos danos causados aos clientes por ação ou omissão no exercício da advocacia (art. 17 da Lei n. 8.906/94);
- **a Sociedade Unipessoal Limitada**, estabelecida a partir da Lei n. 13.874/2019, que permite a criação de uma sociedade limitada a partir de um único sócio (art. 1.052, § 1º, do CC).

Ressalte-se que até abril de 2019 a única sociedade que podia existir originariamente como unipessoal era a de advocacia, mas, com a Lei n. 13.874/2019, a sociedade limitada também pode ser unipessoal, sem se sujeitar a qualquer prazo.

Ressalte-se que a única sociedade que pode existir originariamente como unipessoal é a de advocacia, pois, nos demais casos, as sociedades foram constituídas como pluripessoais, mas, ao longo da vida societária, podem se tornar unipessoais.

---

2. A sociedade anônima já precisou de sete sócios, depois de quatro sócios, e agora segue a regra geral de ao menos duas pessoas.

Outra questão importante é que a Empresa Individual de Responsabilidade Limitada não é uma sociedade unipessoal; como já dissemos anteriormente, trata-se de um tipo empresarial independente.

Além disso, em alguns casos, existe a exigência de que apenas pessoas físicas possam compor o quadro societário, como é o caso da sociedade em nome coletivo e dos sócios comanditados na sociedade em comandita simples. Nas demais sociedades, o quadro societário pode ser composto de pessoas físicas ou jurídicas.

b) Nome empresarial

O nome empresarial é o termo registrado na Junta Comercial pelo empresário individual, Eireli e sociedade empresária. Só se pode falar em proteção desse nome empresarial se houver o registro. Por ser registrado nesse órgão, a **proteção do nome empresarial ocorre apenas no território estadual**, já que a circunscrição da Junta Comercial é estadual (art. 1.166 do CC).

Para que esse termo seja registrado, é necessário que se respeitem os princípios da veracidade, da novidade (art. 33 da Lei n. 8.934/94) e da exclusividade, de que tratamos anteriormente.

Adaptando a compreensão desses princípios ao nome empresarial adotado pela sociedade:

- o **princípio da veracidade** indica que o nome deve expressar o ramo de atividade, a espécie societária, a responsabilidade dos sócios;
- o **princípio da novidade** indica que só pode ser escolhido um nome empresarial diverso dos já registrados na Junta Comercial daquele Estado e em determinado ramo de atividade;
- o **princípio da exclusividade**, por sua vez, esclarece que quem primeiro registrou o nome possui a exclusividade do uso do termo naquele ramo de atividade.

O instrumento processual usado para impugnar um nome empresarial que não respeite os princípios acima é a **ação de anulação de nome empresarial**, prevista pelo art. 1.167 do Código Civil, que seguirá pelo procedimento comum.

O nome empresarial pode ser redigido sob a forma de **firma social (razão social) ou denominação social**. Na razão social, o nome empresarial será redigido pelo patronímico dos sócios (sociedade em nome coletivo, sociedade em comandita simples, sociedade limitada, sociedade em comandita por ações), e, na denominação social, o nome empresarial é composto por um nome inventado, contendo sempre que possível o ramo de atividade (sociedade limitada, sociedade anônima, sociedade em comandita por ações).

Normalmente a utilização da **razão social** expressa a **responsabilidade ilimitada dos sócios** que emprestaram seus nomes à sociedade, enquanto a utilização da **denominação social** normalmente expressa que os sócios responderão de forma **limitada**.

CUIDADO

No caso da sociedade limitada e da sociedade em comandita por ações, podem utilizar a razão social ou a denominação social, e a forma de responsabilidade dos sócios será definida pela lei, como será explicado adiante.

O nome empresarial, como regra, não pode ser objeto de alienação, a não ser que seja adaptado de acordo com a nova composição societária (art. 1.164 do Código Civil de 2002).

PARA FIXAR

RAZÃO SOCIAL OU FIRMA SOCIAL	DENOMINAÇÃO SOCIAL
Nome empresarial é composto pelo patronímico dos sócios	Nome empresarial é inventado
Sociedade em nome coletivo, sociedade em comandita simples, sociedade limitada, sociedade em comandita por ações	Sociedade anônima, sociedade limitada, sociedade em comandita por ações

c) Sociedade conjugal

No Código Civil de 2002, é **proibida** a sociedade constituída entre marido e mulher, se forem casados sob o regime de **comunhão universal** ou **separação obrigatória** de bens (art. 977).

A ideia do legislador era proteger o interesse dos herdeiros ou de terceiros que contratam com a sociedade. No caso do regime da separação obrigatória, o legislador pretende a não comunicação de bens entre os cônjuges, preservando o patrimônio dos herdeiros. Nesse caso, se a sociedade fosse constituída, os bens se comunicariam na sociedade. No caso do regime de comunhão universal, o objetivo é a proteção dos credores, já que se encontrariam duas pessoas, mas com o patrimônio de uma só.

Essa proibição atinge apenas os cônjuges que participam da mesma sociedade. Nesse sentido é o teor do Enunciado n. 205 do CJF, que dispõe que "a vedação à participação de cônjuges casados nas condições previstas no artigo refere-se unicamente **a uma mesma sociedade**", abrangendo "tanto a participação originária (na constituição da sociedade) quanto a derivada, isto é, fica vedado o ingresso de sócio casado em sociedade de que já participa o outro cônjuge".

A proibição só atinge sociedades constituídas ou alteradas a partir da vigência do Código Civil de 2002, portanto as sociedades constituídas antes de 2002, quando não havia nenhuma proibição, podem se manter da mesma forma. A sociedade praticou um ato jurídico perfeito (art. 5º, XXXVI, da CF/88). Nesse sentido, o Enunciado n. 204 do CJF dispõe "A proibição de sociedade entre pessoas casadas sob o regime da comunhão universal ou da separação obrigatória **só atinge as sociedades constituídas após a vigência do Código Civil de 2002**".

PARA FIXAR

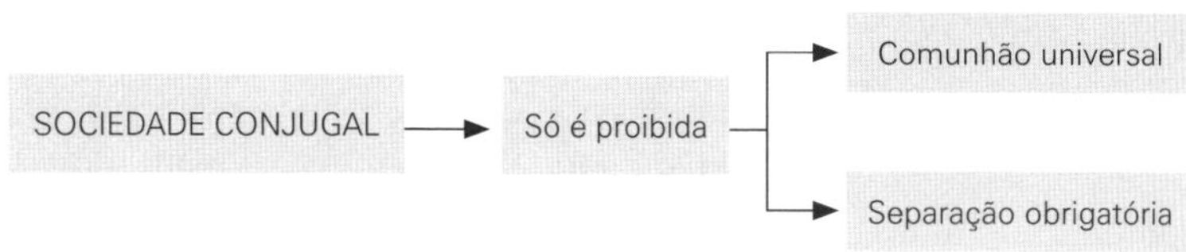

d) Contribuição para o capital social

O capital social é o **fundo inicial** das sociedades, já que para exercerem a atividade econômica é necessário algum investimento inicial. O capital social representa o lastro que a sociedade possui, de tal modo que, se esse lastro for alterado ao longo do tempo, será necessária uma modificação no contrato social e a respectiva averbação no órgão competente.

O capital social é a soma do dinheiro ou dos bens com que os sócios se comprometem a contribuir para a sociedade. Todos os sócios são obrigados a contribuir para integralizar o capital na forma estabelecida no contrato social (art. 1.004 do Código Civil de 2002).

Essa contribuição pode ser em dinheiro, créditos ou em bens sujeitos à avaliação, já que o capital social é necessariamente expresso em moeda nacional.

A **contribuição** do capital social feita **exclusivamente em serviços** é admitida apenas em algumas sociedades, como veremos a seguir, quando forem **sociedade simples** ou **cooperativa** (arts. 997, V, e 1.094 do Código Civil de 2002).

Na sociedade limitada e na sociedade anônima, a contribuição não pode consistir exclusivamente em prestação de serviços (art. 1.055, § 2º, do Código Civil de 2002 e art. 7º da Lei n. 6.404/76).

Nesse sentido o Enunciado n. 222 do Conselho de Justiça Federal, na III Jornada de Direito Civil, dispõe: "O art. 997, V, não se aplica à sociedade limitada na hipótese de regência supletiva pelas regras das sociedades simples".

8.3 Classificação das sociedades

Vamos descrever abaixo classificações que nos ajudarão a entender as espécies societárias de que trataremos oportunamente.

8.3.1 Sociedades simples ou empresárias

As sociedades podem ser simples ou empresárias dependendo da definição legal ou do **objeto social realizado**, já que ambas exercem atividade econômica.

Por decisão do legislador, as **sociedades por ações (sociedade anônima e sociedade em comandita por ações) serão sempre empresárias**, enquanto as **cooperativas**

e as sociedades de advogados serão sempre sociedade simples (arts. 982, parágrafo único, do Código Civil de 2002 e 15 da Lei n. 8.906/94). Nessas duas situações não importa o objeto social realizado.

Fora essas quatro sociedades, definidas previamente pelo legislador, as demais serão sociedades simples ou empresárias dependendo do objeto social realizado.

Esse é entendimento do art. 982 do Código Civil de 2002, que afirma que se considera "empresária a sociedade que tem por objeto o exercício de atividade própria de empresário sujeito a registro (art. 967); e, simples, as demais".

Assim, a sociedade que é empresária terá como objeto social a atividade empresarial, ou seja, a atividade é econômica, exercida com profissionalismo e organizada, de prestação de serviços, circulação de bens ou produção (art. 966 do CC).

Por outro lado, se o objeto social for de **natureza científica, literária** ou **artística**, exercida normalmente por **profissionais intelectuais**, também chamadas de sociedades uniprofissionais, teremos uma **sociedade simples** (art. 982, *caput*, do Código Civil de 2002).

Não se pode esquecer que, **se a atividade exercida pelo profissional liberal for elemento de empresa**, ou seja, quando a atividade do profissional for apenas um dos elementos organizados pela sociedade, esta **será empresária**. Nesse caso, a confiança e a pessoalidade comum na atividade do profissional liberal não são o elemento mais importante. A atividade seria apenas um dos elementos da atividade empresarial.

A sociedade empresária pode adotar as seguintes formas societárias: em nome coletivo, em comandita simples, limitada, anônima e comandita por ações.

A sociedade simples pode admitir as seguintes formas: puramente simples, em nome coletivo, em comandita simples, sociedade limitada e cooperativa.

Independentemente da relevância prática das sociedades simples, precisamos estudá-las, pois **suas regras são aplicadas subsidiariamente às sociedades empresárias regidas pelo Código Civil.** Essas regras representam uma verdadeira "teoria geral" do Direito Societário, mas a aplicação é sempre subsidiária, ou seja, quando não existir artigo específico tratando do mesmo tema e lembrando que essa teoria geral não se aplica às sociedades por ações.

Outra questão importante é saber que **as sociedades simples não** sofrerão **falência** e nem terão direito à **recuperação de empresas**, por não exercerem atividade empresarial (arts. 1º e 48 da Lei n. 11.101/2005).

PARA FIXAR

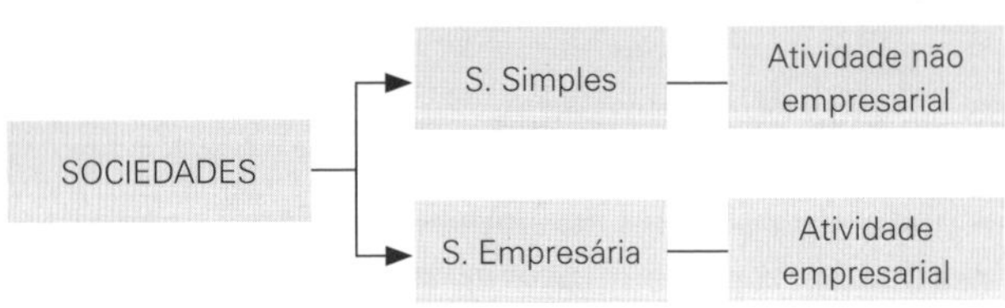

8.3.2 *Sociedades personificadas e não personificadas*

Distinguem-se as sociedades personificadas das não personificadas pela existência ou não de personalidade jurídica, respectivamente.

A personalidade jurídica **surge com o registro** (arts. 45 e 985 do Código Civil de 2002), que não pode ser realizado em qualquer órgão, visto que são três os órgãos que têm a capacidade de fazer surgir a personalidade jurídica:

- **Registro Público de Empresas Mercantis a cargo das Juntas Comerciais** (sociedades empresárias e cooperativas);
- **Cartório de Registro Civil de Pessoas Jurídicas** (sociedades simples em geral);
- **Conselho Seccional da OAB** (sociedade de advogados e sociedade unipessoal de advocacia).

A **constituição da personalidade jurídica** é importante, na medida em que cria uma personalidade e patrimônio distintos dos sócios, com titularidade negocial e processual autônomas.

Além disso, nos casos em que os **sócios** puderem ser responsabilizados pelas dívidas da pessoa jurídica, essa responsabilidade será sempre **subsidiária** em relação à sociedade (art. 1.024 do Código Civil de 2002). Portanto, quando a sociedade assumir uma obrigação, a responsabilidade pelo pagamento recairá primeiro sobre a sociedade e somente se esta não tiver bens os sócios serão atingidos, de acordo com a previsão legal de cada tipo societário.

A personalidade jurídica não terá fim com a dissolução da sociedade, mas apenas com a liquidação da sociedade, que é o procedimento destinado ao pagamento dos credores e à eventual partilha entre os sócios. Só com o fim da liquidação é que haverá o cancelamento da pessoa jurídica (art. 51 do Código Civil de 2002)

Nas sociedades não personificadas, não há a constituição de personalidade jurídica, e, portanto, não há o registro em nenhum dos três lugares mencionados anteriormente (Junta Comercial, Cartório de Registro Civil de Pessoas Jurídicas e OAB). É possível, entretanto, que exista algum contrato registrado, por exemplo, no Cartório de Títulos e Documentos, e nem por isso a sociedade se tornará personificada.

PARA FIXAR

PERSONIFICADAS	NÃO PERSONIFICADAS
Com personalidade jurídica	Sem personalidade jurídica
Com registro	Sem registro na Junta Comercial, na OAB ou no Cartório de Registro Civil de Pessoas Jurídicas
• Junta Comercial – Sociedade Empresária • Cartório de Registro Civil de Pessoas Jurídicas – Sociedades Simples • Conselho Seccional da OAB – Sociedades de Advogados	

8.3.3 Sociedades nacionais ou estrangeiras

As sociedades podem ser estrangeiras ou brasileiras, **dependendo da localização de sua sede**. Se a sede está no exterior, a sociedade é estrangeira; se está no Brasil, é brasileira. A sede da empresa determina quais são as regras que determinam sua constituição.

As sociedades brasileiras serão regidas pelas leis nacionais (art. 1.126 do Código Civil de 2002).

A **sociedade estrangeira,** para se estabelecer no Brasil, depende de **autorização** do representante do **Poder Executivo Federal**, cujo ato autorizante tem **validade por 12 meses**. Dentro desse prazo deverá ocorrer a constituição da empresa autorizada (art. 1.134 do Código Civil de 2002), caso contrário a autorização caducará (art. 1.124 do Código Civil de 2002).

A sociedade estrangeira, autorizada, será registrada na Junta Comercial ou no Cartório de Registro Civil de Pessoas Jurídicas competente, com os documentos essenciais para o registro, juntamente com a autorização federal.

O **nome empresarial** será o mesmo do seu país de origem acrescido das palavras "**do Brasil**" ou "para o Brasil". Além disso, a sociedade estrangeira constituída no Brasil obedece à legislação brasileira (arts. 1.136 e 1.137 do Código Civil de 2002).

Importante mencionar que a sociedade estrangeira, devidamente autorizada, deve manter permanentemente um representante no Brasil, capaz de resolver os assuntos administrativos ou judiciais (art. 1.138 do Código Civil de 2002).

PARA FIXAR

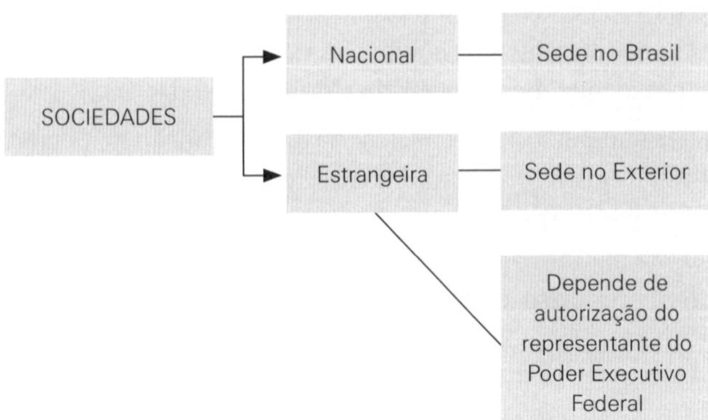

8.3.4 Sociedades dependentes de autorização

Algumas sociedades, por decisão do legislador, precisam de autorização do Poder Executivo Federal para o exercício de sua atividade no Brasil.

As sociedades estrangeiras, independentemente do objeto social realizado, precisam de autorização para seu funcionamento neste país (art. 1.134 do Código Civil de 2002).

Outras sociedades, dependendo do objeto social, **precisam de autorização** para serem constituídas. É o caso das mineradoras (art. 176, § 1º, da CF/88), das seguradoras (art. 74 do Dec.-Lei n. 73/66), das instituições financeiras (art. 18 da Lei n. 4.595/64), das empresas que exerçam atividade jornalística ou de radiodifusão (art. 222 da CF/88), das sociedades que tenham por objeto a subscrição para revenda e a distribuição no mercado de títulos ou valores mobiliários (art. 11 da Lei n. 4.728/65), dos bancos de investimento de natureza privada (art. 29 da Lei n. 4.728/65), das operadoras de planos e seguros privados de assistência à saúde (art. 8º da Lei n. 9.656/98), dentre outras.

A autorização deve ser dada pelo representante do Poder Executivo federal, permitindo que a empresa seja **constituída** em até **12 meses,** contados da **publicação** do ato autorizante. Se esse prazo não for respeitado, a empresa precisará de nova autorização (art. 1.124 do Código Civil de 2002).

PARA FIXAR

8.3.5 Sociedades institucionais ou sociedades contratuais

De acordo com o regime de constituição, as sociedades podem ser constituídas por um **contrato social** ou por um **estatuto social**.

No primeiro caso, estamos diante das sociedades contratuais, nas quais o objetivo de buscar o fim social e a preservação do interesse dos sócios são compatíveis, visto que o legislador permite que o contrato social estabeleça as regras sobre vários assuntos. São contratuais as sociedades simples, em nome coletivo, em comandita simples e a sociedade limitada.

As sociedades institucionais são constituídas por um estatuto social e têm por objetivo a manutenção do fim nele descrito. São sociedades institucionais: as sociedades anônimas, as sociedades em comandita por ações e também as cooperativas.

8.3.6 Sociedades de pessoas ou de capital

Nas sociedades de pessoas, além do fim social, a relação de **confiança** e de **colaboração** entre os sócios para **alcançar o fim social** são indispensáveis. A esse vínculo de cooperação e lealdade mútua chamamos de *affectio societatis.*

Como consequência da importância dessa relação pessoal, normalmente o contrato ou estatuto social traz cláusulas de controle para a entrada de terceiros. Pode estar escrito, por exemplo, que a entrada de terceiros só é possível com a concordância dos demais sócios, ou, ainda, que a sucessão, em caso de falecimento, não é possível, de tal modo que os herdeiros serão ressarcidos pela cota do sócio e até mesmo que as cotas são impenhoráveis[3]. São exemplos de sociedades de pessoas: as sociedades em nome coletivo, as sociedades em comandita simples, as sociedades puramente simples[4].

A quebra da *affectio societatis* por si não é causa de exclusão do sócio, de acordo com posicionamento do STJ[5], mas permite a retirada do sócio que reconhece a quebra da relação de confiança. Para que ocorra a exclusão é necessária, além da quebra da *affectio*, a existência de uma justa causa, de uma falta grave contra a empresa.

Nas sociedades de capital, a relação de confiança entre os sócios não é essencial. Apenas a **manutenção do fim social é imprescindível**. Por isso mesmo, não é possível a dissolução parcial em virtude da quebra da *affectio societatis*. A entrada de terceiro estranho à sociedade é livre, assim como a sucessão e a penhora de cotas ou ações são livres. São exemplos de sociedades de capital: as sociedades por ações, especialmente as S.A. abertas, já que nas S.A. fechadas é possível que se redija um estatuto social mais voltado ao interesse dos acionistas, que algumas vezes são em número bem reduzido[6].

No caso da sociedade limitada, o posicionamento majoritário é que ela pode ser de pessoas ou de capital dependendo da aplicação subsidiária das regras de sociedades simples (sociedade simples) ou da aplicação supletiva da LSA (sociedade de capital), permitidas pelo art. 1.053 do Código Civil.

---

3. Veremos mais tarde se as cotas podem ser ou não penhoráveis.
4. Veremos posteriormente que existe divergência doutrinária sobre a natureza jurídica da sociedade limitada.
5. STJ, REsp 1.129.222/PR, 3ª T., j. 28-6-2011, rel. Min. Nancy Andrighi, *DJe* 1º-8-2011.
6. Em caráter de exceção: A Turma negou provimento ao agravo regimental, reafirmando que é possível a dissolução de sociedade anônima familiar quando ausente a afinidade entre os sócios. Nesse caso, a distribuição de resultados ficou relegada ao plano de mera consequência da dissolução, pois não considerada condicionante para o deferimento da dissolução. Precedentes citados: EREsp 111.294/PR, *DJ* 10-9-2007 e EREsp 419.174/SP, *DJe* 4-8-2008 (STJ, AgRg no REsp 1.079.763/SP, 4ª T., j. 25-8-2009, rel. Min. Aldir Passarinho Junior, *DJe* 5-10-2009).

Nosso posicionamento, entretanto, é o de que a sociedade limitada é de pessoas, em virtude das possibilidades legais de retirada, exclusão e do controle na entrada de terceiros. Neste último caso, o legislador prevê a aplicação legal, quando o contrato não tratar o assunto de forma diferente, como é o caso da cessão de cotas (art. 1.057 do CC).

PARA FIXAR

SOCIEDADE DE PESSOAS	SOCIEDADE DE CAPITAL
• Fim social • Vínculo de confiança e de cooperação dos sócios (*affectio societatis*)	• Fim social
• Presença de cláusulas de controle para a entrada de terceiros	• Ausência de cláusulas de controle
• Quebra da *affectio societatis* – retirada do sócio	

8.4 Desconsideração da personalidade jurídica

A constituição da personalidade jurídica viabiliza a realização de algumas atividades que seriam inexequíveis sem ela, seja pelo montante investido ou simplesmente pelo risco assumido.

O princípio da autonomia patrimonial, entendido como distinção entre o patrimônio da pessoa jurídica e o dos sócios, norteia a atividade empresarial, permitindo que se conquiste a finalidade econômica almejada.

A existência da personalidade jurídica resulta, portanto, na **separação patrimonial**. Como anteriormente dito, os bens da **pessoa jurídica respondem ilimitadamente** pelas obrigações sociais, e os bens dos sócios poderão ser atingidos dependendo do tipo societário, mas somente depois de esgotado o patrimônio da pessoa jurídica (art. 1.024 do Código Civil de 2002).

Entretanto, se a autonomia patrimonial da pessoa jurídica for usada de **forma abusiva**, lesando credores ou violando a lei, será necessário **afastar** o privilégio da **autonomia patrimonial**. É isso que faz a desconsideração da personalidade jurídica, que não anula ou invalida a pessoa jurídica, mas a afasta, excepcionalmente, para que determinados credores possam atingir os bens dos sócios ou do titular, no caso da Eireli.

Em virtude dessa possibilidade de atingir os bens dos sócios, esta teoria também é chamada de teoria da penetração.

8.4.1 Origem histórica da desconsideração

Para a maioria da doutrina, o primeiro caso, ou ao menos o caso mais relevante, de desconsideração aconteceu na Inglaterra em 1897, no caso **Salomon x Salomon Co.**

Ltd.[7]. Nesse exemplo, o Sr. Aaron Salomon constituiu uma companhia, no ramo de calçados, transferindo um empreendimento que possuía sozinho, e deteve 20 mil ações; os outros 6 sócios, membros de sua família, possuíam 1 ação cada. O investimento feito pelo Sr. Aaron Salomon obteve garantias privilegiadas da companhia.

A companhia acabou se tornando insolvente, e o liquidante, representando os credores quirografários, pleiteou a responsabilidade do Sr. Salomon, a fim de que o valor recebido por ele como crédito privilegiado fosse restituído para a satisfação dos demais credores. A 1ª instância e a Corte determinaram a desconsideração da personalidade jurídica, permitindo o alcance do patrimônio do Sr. Aaron Salomon. A decisão foi reformada pela Casa dos Lordes, ou seja, ao final não houve a responsabilização do Sr. Aaron Salomon. Apesar da reforma, nesse caso teve origem a *disregard doctrine*[8].

CUIDADO

Nas provas é comum aparecerem termos como desconsideração da personalidade jurídica, *disregard doctrine, disregard of legal entity* ou ainda teoria da penetração.

8.4.2 A aplicação da desconsideração da personalidade jurídica no Brasil

No Brasil, o primeiro doutrinador a tratar da desconsideração da personalidade jurídica foi Rubens Requião[9].

A desconsideração será aplicada em **caráter de exceção**, quando a sociedade não tiver patrimônio suficiente para saldar as obrigações assumidas, e, dependendo da teoria adotada, será necessária a presença de outro requisito, como veremos a seguir. Uma vez determinada a desconsideração, os sócios responderão pelas dívidas sociais, ou seja, com seu patrimônio pessoal.

Na desconsideração ocorre um **afastamento da personalidade jurídica** da empresa[10] para se alcançar o patrimônio do sócio, a partir do **requerimento do interessado e por meio de decisão judicial**. Esse afastamento será aplicado a determinados atos, sem anular, encerrar, liquidar a pessoa jurídica, que será mantida nos demais atos realizados por ela.

---

7. A descrição do caso foi feita por Rubens Requião (*Curso de direito comercial*. 28. ed. São Paulo: Saraiva, p. 352).

8. Para Fábio Ulhoa, teve origem no caso State x State Oil Co., em 1892, nos EUA.

9. REQUIÃO, Rubens. *Curso*..., cit., 28. ed., p. 351.

10. Nos EUA, a desconsideração pode ser chamada de *disregard of legal entity, disregard doctrine* ou ainda *piercing the corporate veil*.

8.4.2.1 No direito do consumidor

A primeira previsão a respeito da desconsideração aparece no Código de Defesa do Consumidor (Lei n. 8.078/90), que acaba por prever duas situações de aplicação: a do *caput* do art. 28 do CDC e a do § 5º do art. 28.

a) Cabimento do *caput* do art. 28 do CDC

O *caput* **do art. 28 da Lei n. 8.078/90** dispõe: "o juiz poderá desconsiderar a personalidade jurídica da sociedade quando, em detrimento do consumidor, **houver abuso de direito, excesso de poder, infração da lei, fato ou ato ilícito ou violação dos estatutos ou contrato social**. A desconsideração também será efetivada quando **houver falência, estado de insolvência, encerramento ou inatividade da pessoa jurídica provocados por má administração**" (grifos nossos).

O problema é que, na maioria das hipóteses descritas no *caput* do art. 28 do CDC, não seria necessária a desconsideração, já que seria possível a responsabilidade direta dos sócios e administradores pela prática dos atos ilícitos[11].

No caso da **falência**, por exemplo, é possível a desconsideração, que não deve ser confundida com a responsabilidade dos sócios, ser verificada no próprio processo de falência (arts. 82 e 82-A da Lei n. 11.101/2005, alterada pela Lei n. 14.112/2020). Outra questão é se a **dissolução irregular** seria motivo suficiente para a desconsideração, ou seja, se o fato de encerrar suas atividades sem quitar suas obrigações já seria motivo suficiente para a desconsideração. Para o STJ, essa dissolução não é, por si, motivo suficiente para a desconsideração (STJ, REsp 876.974/SP, 3ª T., j. 9-8-2007, rel. Min. Nancy Andrighi, *DJ* 27-8-2007); seria necessária a configuração do abuso da pessoa jurídica.

b) Cabimento do § 5º do art. 28 do CDC

No § 5º do art. 28 do CDC: "Também poderá ser desconsiderada a pessoa jurídica sempre que sua personalidade for, de alguma forma, **obstáculo ao ressarcimento de prejuízos causados aos consumidores**" (grifos nossos).

Nessa situação, seria necessário que a **pessoa jurídica fosse um obstáculo, um impedimento ao ressarcimento ao consumidor**.

Embora tal possibilidade traga um risco enorme para quem exerce a atividade empresarial, estamos tratando do ressarcimento de pessoas que o legislador entendeu que são vulneráveis e merecem uma proteção especial, inclusive diante dos prejuízos causados pela atividade. O risco, na obrigação ao ressarcimento do consumidor, será assumido pelos sócios.

A essa possibilidade da desconsideração foi dado o nome de **teoria menor**[12]. Nesse sentido, a Min. Nancy Andrighi, no REsp 279.273: "A teoria menor da descon-

---

11. Como já era previsto no Decreto n. 3.708/1919 e no art. 159 da Lei n. 6.404/76.

12. A nomenclatura *teoria menor e maior* é usada por muitos doutrinadores, por exemplo, Fábio Ulhoa, que usa o termo *teoria maior* no *Curso de direito empresarial*, v. 2, p. 47. Essa denominação também foi usada pelo STJ.

sideração, acolhida em nosso ordenamento jurídico excepcionalmente no Direito do Consumidor e no Direito Ambiental, incide com a mera prova de insolvência da pessoa jurídica para o pagamento de suas obrigações, independentemente da existência de desvio de finalidade ou de confusão patrimonial. Para a teoria menor, o risco empresarial normal às atividades econômicas não pode ser suportado pelo terceiro que contratou com a pessoa jurídica, mas pelos sócios e/ou administradores desta, ainda que estes demonstrem conduta administrativa proba, isto é, mesmo que não exista qualquer prova capaz de identificar conduta culposa ou dolosa por parte dos sócios e/ou administradores da pessoa jurídica. A aplicação da teoria menor da desconsideração às relações de consumo está calcada na exegese autônoma do § 5º do art. 28, do CDC, porquanto a incidência desse dispositivo não se subordina à demonstração dos requisitos previstos no *caput* do artigo indicado, mas apenas à prova de causar, a mera existência da pessoa jurídica, obstáculo ao ressarcimento de prejuízos causados aos consumidores"[13].

8.4.2.2 No direito ambiental

No direito ambiental, a reparação dos danos ambientais, seguindo a mesma regra do § 5º do art. 28 do CDC, adota a **teoria menor**. O art. 4º da Lei n. 9.605/98 prevê: "poderá ser **desconsiderada a pessoa jurídica** sempre que sua personalidade **for obstáculo ao ressarcimento de prejuízos causados à qualidade do meio ambiente**" (grifamos).

Também aqui se observa que, se a pessoa jurídica for obstáculo, impedimento ao ressarcimento aos danos ambientais, os sócios responderão pelo risco da atividade.

8.4.2.3 Na infração à ordem econômica

O art. 34 Lei n. 12.529/2011, que trata da reparação nas infrações à ordem econômica, repetiu o texto do *caput* do art. 28 do CDC.

Manteve-se, portanto, a previsão desnecessária da desconsideração da personalidade jurídica, em situações em que já havia a possibilidade de alcançar o patrimônio dos sócios.

8.4.2.4 No direito do trabalho

A desconsideração da personalidade jurídica **no Direito do Trabalho** não tem previsão legal, mas **a teoria adotada é a teoria menor**, ou seja, **basta o não pagamento por parte da sociedade reclamada para que a desconsideração seja determina-**

---

13. STJ, REsp 279.273/SP, 3ª T., j. 4-12-2003, rel. Min. Ari Pargendler, rel. p/ acórdão Min. Nancy Andrighi, *DJ* 29-3-2004.

da. A exigência da prova do abuso da personalidade seria muito difícil de ser produzida pelo trabalhador[14].

O juiz terá de definir se prestigiará a proteção do trabalhador ou a tutela da segurança jurídica. Na Justiça do Trabalho, normalmente se prestigia a proteção ao trabalhador.

De acordo com Homero Batista Mateus da Silva, a desconsideração da personalidade jurídica aparece como uma última oportunidade de fazer cumprir a ordem judicial que determinou o pagamento da quantia pela sociedade reclamada. Muitas vezes, os responsáveis já não possuem endereços conhecidos, muito menos bens ou conta bancária vinculada ao CNPJ da empresa. Além disso, relata o autor, frequentemente "os mesmos sócios desaparecidos" prosseguem no empreendimento econômico em outro endereço, e, em alguns casos, até no mesmo endereço[15].

Com a Reforma Trabalhista, não se discute mais legalmente a possibilidade de decretação de ofício da desconsideração, uma vez que o art. 855-A da CLT indica a aplicação do procedimento descrito nos arts. 133 e seguintes do CPC, ou seja, a partir de um requerimento, que pode estar na própria petição inicial ou num incidente, com a citação dos sócios e só depois a decisão sobre a desconsideração.

Daí que a desconsideração acaba sendo a única forma de quitar ou diminuir o dano causado ao trabalhador.

8.4.2.5 No Código Civil

O Código Civil de 2002 adota **a teoria maior** ao prever, no seu art. 50, a partir da Lei n. 13.874/2019: "Em caso de **abuso da personalidade jurídica**, caracterizado pelo **desvio de finalidade**, ou pela **confusão patrimonial**, pode o juiz decidir, a requerimento da parte, ou do Ministério Público quando lhe couber intervir no processo, que os efeitos de certas e determinadas relações de obrigações sejam estendidos aos bens particulares dos administradores ou sócios da pessoa jurídica beneficiados direta ou indiretamente pelo abuso".

Para a **teoria maior**, a desconsideração só pode ocorrer se houver **abuso da personalidade jurídica**, caracterizada pelo **desvio de finalidade** ou pela **confusão patrimonial.**

Segundo a Min. Nancy Andrighi, no mesmo REsp 279.273, explica: "A teoria maior da desconsideração, regra geral no sistema jurídico brasileiro, não pode ser aplicada com a mera demonstração de estar a pessoa jurídica insolvente para o cumprimento de suas obrigações. Exige-se, aqui, para **além da prova de insolvência, ou a demonstração de desvio de finalidade (teoria subjetiva da desconsideração), ou a de-**

---

14. TRT 2ª Reg., AP 02502-1991-005-02-00; TRT 10ª Reg., AP 00541/2001.

15. SILVA, Homero Batista Mateus da. *Curso de direito do trabalho aplicado*: execução trabalhista. Rio de Janeiro: Elsevier, 2010. v. 10, p. 42.

monstração de confusão patrimonial (teoria objetiva da desconsideração)" (grifos nossos).

O desvio de finalidade significa que a pessoa jurídica foi usada para praticar atos diferentes do seu objeto social, ou seja, a pessoa jurídica foi utilizada para praticar algum ato fraudulento. A confusão patrimonial se configura pela ausência da clareza do que é patrimônio da pessoa jurídica e o que faz parte do patrimônio dos sócios. Em algumas sociedades, é comum a utilização dos bens dos sócios para a gestão da empresa, e nem por isso o objetivo é lesar credores. Portanto, a confusão patrimonial, por si, não basta para que ocorra a desconsideração: é imprescindível que ocorra o abuso da personalidade jurídica. De acordo com o § 2º do art. 50 do CC, para que ocorra a confusão patrimonial será necessário:

- cumprimento repetitivo pela sociedade de obrigações do sócio ou do administrador ou vice-versa;
- transferência de ativos ou de passivos sem efetivas contraprestações, exceto o de valor proporcionalmente insignificante;
- outros atos de descumprimento da autonomia patrimonial.

O STJ, recentemente, "reafirmou a jurisprudência segundo a qual a desconsideração da personalidade jurídica exige requisitos objetivos e subjetivos: além da inexistência de ativos para cobrir o débito, é preciso que se prove o uso malicioso da empresa, com a intenção de fraude contra os credores. No caso em julgamento, a empresa recorrente alegava que a simples falta de bens para quitar a dívida não deveria ser motivo para a desconsideração da personalidade jurídica – com o que os sócios passam a responder diretamente pelas obrigações da sociedade. Durante a execução de uma sentença na primeira instância da Justiça paulista, o credor não havia conseguido encontrar bens penhoráveis no patrimônio da empresa devedora. Por isso, pediu que fosse desconsiderada sua personalidade jurídica, de modo a poder responsabilizar outra empresa, que detinha o controle da executada. O juiz negou a desconsideração, a qual só veio a ser concedida pelo tribunal estadual. Ao analisar o recurso contra a decisão do TJSP, o Ministro Sidnei Beneti observou que, conforme demonstrado pelas provas do processo, os bens do patrimônio da executada estavam, na verdade, em nome da sócia controladora, "o que, de si só, já evidenciava a malícia de desenvolver atividade de monta por intermédio de empresa de parcas forças patrimoniais". Em seu voto, o ministro fez um histórico da evolução do instituto da desconsideração até chegar ao Código Civil de 2002: "A evolução da desconsideração da pessoa jurídica ostenta no Direito brasileiro trajetória clara no sentido da caracterização subjetiva para a objetiva, vindo, com o Código Civil, à solução intermediária de compromisso entre ambas as tendências". "A jurisprudência desta Corte", acrescentou, "chancela o caráter objetivo-subjetivo dos requisitos da desconsideração, exigindo a presença de duas facetas: a inexistência de ativo patrimonial do devedor, apto a arcar com as consequências do débito, e a utilização maliciosa da pessoa jurídica desfalcada de ativo patrimonial por parte do sócio detentor dos haveres negados à pessoa jurídica deles exausta".

Segundo precedentes apontados pelo relator, o STJ admite a desconsideração quando, além da insuficiência de bens do devedor, ficam demonstrados o desvio de finalidade – caracterizado por ato praticado com a intenção de fraudar credores – ou a confusão patrimonial entre a empresa e seus sócios" (notícias do STJ de 11-2-2011, referente ao STJ, REsp 1.141.447/SP).

Nesse sentido, o Enunciado n. 51 do Conselho de Justiça Federal, aprovado na I Jornada de Direito Civil, dispõe: "A teoria da desconsideração da personalidade jurídica – *disregard doctrine* – fica positivada no novo Código Civil, mantidos os parâmetros existentes nos microssistemas legais e na construção jurídica sobre o tema". No mesmo contexto o Enunciado n. 7, aprovado na I Jornada de Direito Civil, dispõe: "Só se aplica a desconsideração da personalidade jurídica quando houver a prática de ato irregular e, limitadamente, aos administradores ou sócios que nela hajam incorrido", corroborando o entendimento o Enunciado n. 146, aprovado na III Jornada de Direito Civil, prevê: "Nas relações civis, interpretam-se restritivamente os parâmetros de desconsideração da personalidade jurídica previstos no art. 50 (desvio de finalidade social ou confusão patrimonial). (Este Enunciado não prejudica o Enunciado n. 7)".

Com a Lei n. 13.874/2019, que acrescentou vários parágrafos ao art. 50 do CC, temos apenas a definição legal de confusão patrimonial e desvio de finalidade, de acordo com o que a doutrina já definia.

PARA FIXAR

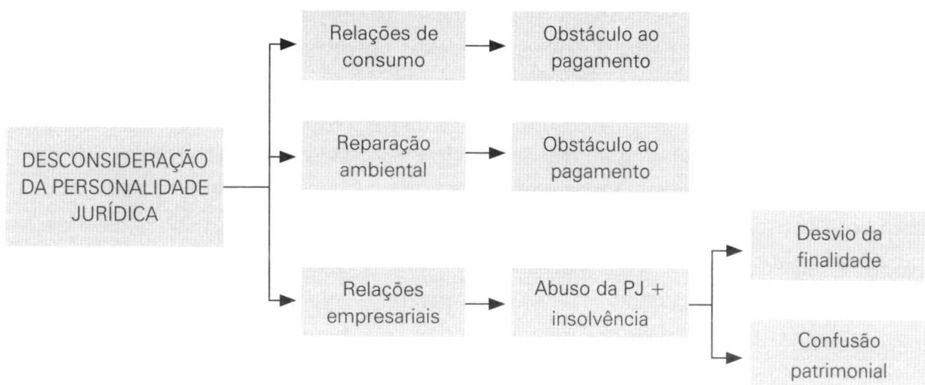

8.4.3 Desconsideração inversa

A finalidade da desconsideração é atingir os bens dos sócios, quando a personalidade jurídica é usada de forma abusiva. **Na desconsideração inversa, a obrigação é do sócio, que utiliza a pessoa jurídica para proteger bens que fariam parte de seu patrimônio**, transferindo-os ou até mesmo já os adquirindo em nome da pessoa jurídica.

Assim, quando os credores tentam atingir os bens do sócio, a fim de satisfazer seus créditos, não encontram bens suficientes no patrimônio pessoal do sócio, já que **esses bens estariam protegidos pela autonomia patrimonial da pessoa jurídica**.

A desconsideração inversa vem sendo usada normalmente nas questões referentes ao direito de família, como a partilha de bens, na separação ou no divórcio, ou ainda numa prestação alimentícia, mas nada impede que, se evidenciada a confusão patrimonial com o objetivo de lesar os credores da pessoa física, seja declarada a desconsideração inversa pelo juiz.

Nesse sentido, o STJ assim se posicionou: "que a desconsideração inversa da personalidade jurídica caracteriza-se pelo afastamento da autonomia patrimonial da sociedade, para, contrariamente do que ocorre na desconsideração da personalidade propriamente dita, atingir, então, o ente coletivo e seu patrimônio social, de modo a responsabilizar a pessoa jurídica por obrigações de seus sócios ou administradores. Assim, observa que o citado dispositivo, sob a ótica de uma interpretação teleológica, legitima a inferência de ser possível **a teoria da desconsideração da personalidade jurídica em sua modalidade inversa**, que encontra justificativa nos princípios éticos e jurídicos intrínsecos à própria *disregard doctrine*, que vedam o abuso de direito e a fraude contra credores.

Dessa forma, a finalidade maior da *disregard doctrine* contida no preceito legal em comento é combater a utilização indevida do ente societário por seus sócios. Ressalta que, diante da desconsideração da personalidade jurídica inversa, com os efeitos sobre o patrimônio do ente societário, os sócios ou administradores possuem legitimidade para defesa de seus direitos mediante a interposição dos recursos tidos por cabíveis, sem ofensa ao contraditório, à ampla defesa e ao devido processo legal.

No entanto, a Min. Relatora assinala que o **juiz só poderá decidir por essa medida excepcional** quando forem atendidos todos **os pressupostos relacionados à fraude ou abuso de direito** estabelecidos no art. 50 do Código Civil de 2002. No caso dos autos, tanto o juiz como o tribunal *a quo* entenderam haver confusão patrimonial e abuso de direito por parte do recorrente" (grifamos) (STJ, REsp 948.117/MS, j. 22-6-2010 rel. Min. Nancy Andrighi, *DJe* 3-8-2010, Informativo n. 440).

Nesse sentido o Enunciado n. 283 do Conselho de Justiça Federal, aprovado na IV Jornada de Direito Civil, dispõe: "É cabível a desconsideração da personalidade jurídica denominada "inversa" para alcançar bens de sócio que se valeu da pessoa jurídica para ocultar ou desviar bens pessoais, com prejuízo a terceiros".

Ressalte-se que a desconsideração inversa, amplamente aplicada em nossos tribunais, está expressamente prevista no art. 133, § 2º, do CPC.

8.4.4 Procedimento para a desconsideração

A desconsideração da personalidade jurídica, de acordo com o art. 50 do Código Civil de 2002, **depende de requerimento do interessado ou do Ministério Público**, e como regra, portanto, não poderia ser declarada de ofício, afinal sempre se trata de uma situação excepcional. Apesar de a regra ser essa, **na Justiça do Trabalho é comum a declaração da desconsideração, independentemente do pedido das partes**, como uma proteção ao trabalhador que, como princípio, é a parte vulnerável da relação de trabalho.

Para que a desconsideração seja declarada, **não é necessária uma ação autônoma**[16]; ela **deve ser requerida incidentalmente, como determinam os arts. 133 e seguintes do CPC/2015**, em um processo de conhecimento, de execução, num cumprimento de sentença e até num processo falimentar. Apesar de não ser essencial, nada impede que a desconsideração seja requerida por uma ação autônoma[17], na própria inicial.

O importante é que seja respeitado o **devido processo legal**, ou seja, permitindo-se o **contraditório** e a produção de provas, a fim de que o **juiz se convença de que o melhor para aquele caso concreto é a desconsideração da personalidade jurídica**.

O CPC/2015 estabelece um incidente de desconsideração da personalidade jurídica nos arts. 133 a 137, com o seguinte texto:

> "Art. 133. O incidente de desconsideração de personalidade jurídica será instaurado a pedido da parte ou do Ministério Público, quando lhe couber intervir no processo.
>
> § 1º Os pressupostos de desconsideração da personalidade jurídica serão previstos em lei.
>
> § 2º Aplica-se o disposto neste Capítulo à hipótese de desconsideração inversa da personalidade jurídica.
>
> Art. 134. O incidente de desconsideração é cabível em todas as fases do processo de conhecimento, no cumprimento de sentença e na execução fundada em título executivo extrajudicial.
>
> § 1º A instauração do incidente será imediatamente comunicada ao distribuidor para as anotações devidas.
>
> § 2º Dispensa-se a instauração do incidente se a desconsideração da personalidade jurídica for requerida já na petição inicial, caso em que será citado o sócio ou a pessoa jurídica.
>
> § 3º Salvo na hipótese do § 2º, a instauração do incidente suspenderá o processo.
>
> § 4º O requerimento deve demonstrar o preenchimento dos pressupostos legais específicos para a desconsideração da personalidade jurídica.
>
> Art. 135. Instaurado o incidente, o sócio ou a pessoa jurídica será citado para manifestar-se e requerer as provas cabíveis no prazo de quinze dias.
>
> Art. 136. Concluída a instrução, se necessária, o incidente será resolvido por decisão interlocutória impugnável por agravo de instrumento.
>
> Parágrafo único. Se a decisão for proferida pelo relator, cabe agravo interno.

---

16. Este é o posicionamento do STJ (REsp 228.357, REsp 418.385, REsp 920.602, REsp 332.763, REsp 331.478, REsp 767.021).

17. MAMEDE, Gladston. *Direito empresarial brasileiro*. São Paulo: Atlas, 2008, p. 275.

Art. 137. Acolhido o pedido de desconsideração, a alienação ou oneração de bens, havida em fraude de execução, após a instauração do incidente, será ineficaz em relação ao requerente".

É importante ressaltar a necessidade de citação diante do incidente da desconsideração, o que permitirá a ampla defesa, já que os sócios e/ou a sociedade farão parte do polo passivo do processo. Enquanto a desconsideração não for resolvida, o processo principal ficará suspenso (art. 134, § 3º, do CPC/2015).

8.5 Questões

01. (CESPE/PC-PE/Delegado de Polícia/2016) Assinale a opção que apresenta, respectivamente, as espécies societárias que somente podem ser consideradas, a primeira, como sociedade empresária e, a segunda, como sociedade simples, em razão de expressa imposição legal.

a) sociedade comandita por ações / sociedade comandita simples.
b) sociedade anônima / sociedade cooperativa.
c) sociedades estatais / associações.
d) sociedade anônima / sociedade limitada.
e) sociedade em nome coletivo / sociedade limitada.

02. (VUNESP/TJ-SP/Titular de Serviços de Notas e de Registros – Provimento/2016) As sociedades empresariais podem ser:

a) anônimas ou ilimitadas.
b) simples e cooperativas.
c) personificadas e não personificadas.
d) simples e limitadas.

03. (MPE-SP/2015) Em razão da personalização das sociedades empresárias, os sócios têm, pelas obrigações sociais:

a) responsabilidade solidária.
b) responsabilidade direta.
c) responsabilidade subsidiária.
d) responsabilidade negocial.
e) responsabilidade supracontratual.

04. (FCC/MPE-AL/2012) NÃO são empresárias:

a) as sociedades cooperativas.
b) as sociedades por ações que tenham por objeto a prestação de serviços.
c) quaisquer sociedades limitadas.
d) apenas as sociedades não personificadas.
e) as sociedades em nome coletivo, qualquer que seja o seu objeto.

05. (CONSULPLAN/TJ-MG/Titular de Serviços de Notas e de Registros/2017) Os cônjuges podem contratar entre si sociedade,

a) independentemente do regime de casamento adotado.

b) desde que não tenham casado no regime de separação de bens, seja este obrigatório ou voluntário.

c) em nenhum caso, independentemente do regime de casamento adotado.

d) desde que não tenham casado no regime de comunhão universal de bens ou no de separação obrigatória

06. (FCC/TRT 15ª REGIÃO/2015) São sociedades personificadas:

a) sociedade em conta de participação e sociedade limitada.

b) sociedade anônima e sociedade em comum.

c) sociedade em comandita simples e sociedade em nome coletivo.

d) sociedade em conta de participação e sociedade em comandita simples.

e) sociedade em nome coletivo e sociedade em comum.

07. (TRT 14ª REGIÃO/2014) O Código Civil brasileiro prevê e regula, dentre outros temas, a figura da sociedade estrangeira no Brasil. Dentre as afirmações abaixo, qual delas está **INCORRETA**?

a) A sociedade estrangeira, qualquer que seja o seu objeto, não pode, sem autorização do Poder Executivo, funcionar no País, ainda que por estabelecimentos subordinados, podendo, todavia, ressalvados os casos expressos em lei, ser acionista de sociedade anônima brasileira.

b) A sociedade autorizada pode iniciar sua atividade antes de inscrita no registro próprio do lugar em que se deva estabelecer.

c) A sociedade estrangeira autorizada a funcionar é obrigada a ter, permanentemente, representante no Brasil, com poderes para resolver quaisquer questões e receber citação judicial pela sociedade.

d) Qualquer modificação no contrato ou no estatuto dependerá da aprovação do Poder Executivo, para produzir efeitos no território nacional.

e) Nenhuma das anteriores.

08. (CONSULPLAN/TJ-MG/2015) À luz do Código Civil (Lei n. 10.406, de 10 de janeiro de 2002), são sociedades personificadas, **EXCETO**:

a) Sociedade em comandita simples.

b) Sociedade em conta de participação.

c) Sociedade em comandita por ações.

d) Sociedade anônima.

09. (VUNESP/TJ-SP/2014) As sociedades empresariais regulares, no Direito Brasileiro, podem adotar os seguintes tipos:

a) sociedade simples, sociedade em nome coletivo, sociedade em comandita simples e por ações, sociedade limitada, sociedade por ações.

b) sociedade em nome coletivo, sociedade em comandita simples e comandita por ações, sociedade limitada, sociedade por ações.

c) sociedade em nome coletivo, sociedade em comum, sociedade cooperativa, sociedade limitada, sociedade por ações.

d) sociedade em nome coletivo, sociedade em comandita por ações, sociedade limitada, sociedade de propósito específico, sociedade por ações.

10. (FCC/TRT 1ª REGIÃO (RJ)/Juiz do Trabalho/2011) A aplicação da doutrina da desconsideração da personalidade jurídica implica:

a) excluir os bens da pessoa jurídica de constrição judicial, para atingir o patrimônio de seus sócios ou administradores, quando eles agirem com abuso ou excesso de poderes.

b) a dissolução e liquidação da sociedade para pagamento de seus débitos, e, não sendo suficientes os seus bens, atingir o patrimônio de seus sócios ou administradores.

c) estender aos bens particulares dos administradores ou sócios da pessoa jurídica, quando verificado o abuso da personalidade jurídica, os efeitos de certas e determinadas relações de obrigações.

d) a imposição de responsabilidade solidária aos sócios ou administradores da pessoa jurídica, por suas dívidas, quando o patrimônio desta for insuficiente para atender a todos os credores.

e) estender aos bens particulares dos administradores ou sócios da pessoa jurídica os efeitos das obrigações decorrentes dos contratos por eles firmados na condições de representantes da pessoa jurídica.

11. (TRT 21ª REGIÃO/RN/2010) De acordo com o Código Civil, a desconsideração da personalidade jurídica consiste em:

a) não considerar os efeitos da personificação para atingir a responsabilidade dos sócios.

b) declarar nula, de pleno direito, a personificação.

c) tornar a personalidade jurídica ineficaz para todos os atos praticados pela sociedade.

d) na extinção da personalidade jurídica por via judicial.

e) todas as alternativas estão incorretas.

12. (TJ-MG/FUNDEB/2014) Analise as afirmativas seguintes.

I. Quando fundada no desvio de finalidade, a aplicação da teoria da desconsideração importa na anulação e supressão da personalidade jurídica do ente societário, permitindo que os credores invadam o patrimônio pessoal dos sócios que o compõem.

II. Pela via incidental, somente os efeitos patrimoniais, e não o estado de falido, podem ser estendidos aos sócios, administradores e terceiros que causaram prejuízo à massa falida.

III. Na sociedade em comum, de natureza não personificada, todos os sócios respondem solidária e ilimitadamente pelas obrigações sociais, excluído do benefício de ordem aquele que contratou pela sociedade.

IV. A sociedade anônima responde pelos atos *ultra vires* (praticados por seu administrador com extrapolação dos limites e poderes que lhe foram outorgados pelo correspondente estatuto) e sua ratificação pela assembleia geral exime o administrador da responsabilidade pelos prejuízos deles decorrentes.

A partir da análise, conclui-se que estão INCORRETAS.

a) I e IV apenas.

b) II e III apenas.

c) I e III apenas.
d) II e IV apenas.

GABARITO

QUESTÃO	COMENTÁRIOS
01	A alternativa correta é a B, pois a sociedade anônima é sempre sociedade empresarial, e a cooperativa sempre é sociedade simples (parágrafo único do art. 982 do Código Civil de 2002).
02	A alternativa correta é a C, pois é a única que representa uma classificação adotada pelo Código Civil, e que representa sociedade empresarial.
03	A alternativa correta é a C, pois nas sociedades personificadas os credores precisam atingir primeiro a sociedade, para só então atingir o patrimônio dos sócios, portanto a responsabilidade é subsidiária (art. 1.024 do Código Civil de 2002).
04	A alternativa correta é a A, pois as cooperativas sempre são sociedade simples, ou seja, não empresária (parágrafo único do art. 982 do Código Civil de 2002).
05	A alternativa correta é a D, pois a sociedade conjugal não é permitida nas hipóteses do art. 977 do Código Civil de 2002.
06	A alternativa correta é a C, pois é a alternativa que apresenta sociedades personificadas; nas demais, existe ao menos uma sociedade não personificada (sociedade em comum e em conta de participação).
07	A alternativa correta é a B, pois a sociedade estrangeira depende de autorização do representante do Poder Executivo federal para constituir filiais no Brasil. A publicação ocorrerá na DOU, e a empresa deve providenciar o registro e começar suas atividades em até 12 meses (arts. 1.134 e s. do Código Civil de 2002).
08	A alternativa correta é a B, pois a sociedade em conta de participação é uma sociedade não personificada.
09	A alternativa correta é a B, pois é a alternativa que indica sociedades regulares (personificadas) e empresariais. Nas demais existe ao menos uma sociedade simples e/ou sociedade não registrada.
10	A alternativa correta é C, nos termos do art. 50 do Código Civil de 2002, ou seja, em determinada relação jurídica, permitir que o credor atinja os bens dos sócios, diante do abuso da personalidade jurídica.
11	A alternativa correta é A: a desconsideração afasta as regras da personalidade jurídica e atinge o patrimônio dos sócios, nos termos do art. 50 do Código Civil de 2002.
12	A alternativa a ser assinalada é A, pois a assertiva I está incorreta, já que não haverá anulação ou supressão da personalidade jurídica; a assertiva IV está incorreta, já que para as sociedades por ações existe regra especial de responsabilidade dos administradores, sendo inaplicável o art. 1.015 do Código Civil de 2002, conforme o art. 158, II, da Lei n. 6.404/76.

9

SOCIEDADES

SUMÁRIO

9.1 Sociedade comum

A sociedade comum é, de acordo com o art. 986 do Código Civil de 2002, aquela que não tem seus atos constitutivos registrados no órgão competente. É o caso, portanto, da **sociedade** em **formação**.

Trata-se de uma sociedade contratual em constituição, regida pelo Código Civil, já que o próprio art. 986 do Código Civil de 2002 **exclui as sociedades por ações em organização** da regência das regras da sociedade em comum. As sociedades por ações em organização são regidas pela Lei n. 6.404/76.

Alguns doutrinadores diferenciam as sociedades de fato das sociedades irregulares. É o caso de Rubens Requião, para quem as **sociedades de fato** seriam aquelas que não possuem nenhum ato constitutivo por escrito; por outro lado, as **sociedades irregulares** são as que possuem ato constitutivo, mas que não foi levado ao registro[1].

---

1. REQUIÃO, Rubens. *Curso de direito comercial*. 28. ed. São Paulo: Saraiva, 2009. v. 1, p. 411.

Apesar da definição de a sociedade em comum ser diferente da sociedade de fato ou irregular, aplicam-se as regras da sociedade em comum para as sociedades de fato e para as irregulares.

A sociedade em comum, portanto, não foi registrada, e com isso **não possui personalidade jurídica**. Apesar da ausência da personalidade jurídica, **possui capacidade processual**, desde que representada (art. 75, IX, do CPC/2015).

Em virtude disso, a sociedade em comum:

- não pode opor a sua irregularidade, quando demandada (art. 75, § 2º, do CPC/2015);
- pode sofrer falência, já que para sofrer a falência o requisito essencial é o exercício da atividade empresarial e não o registro (art. 1º da Lei n. 11.101/2005);
- não pode requerer a falência de seu devedor, já que para isso o registro é indispensável (art. 97 da Lei n. 11.101/2005);
- não pode requerer a recuperação de empresas (arts. 48 e 161 da Lei n. 11.101/2005);
- não tem proteção ao nome empresarial (art. 33 da Lei n. 8.934/94). Lembrando que o nome empresarial é o termo registrado na Junta, portanto, se não houver registro, não existe proteção ao nome empresarial.

Nesse sentido o Enunciado n. 383 do Conselho de Justiça Federal, aprovado na IV Jornada de Direito Civil, dispõe: "A falta de registro do contrato social (irregularidade originária – art. 998) ou de alteração contratual versando sobre matéria referida no art. 997 (irregularidade superveniente – art. 999, parágrafo único) conduzem à aplicação das regras da sociedade em comum (art. 986)".

PARA FIXAR
SOCIEDADE COMUM
• Pode sofrer falência;
• Não pode requerer a falência do devedor;
• Não pode requerer a recuperação judicial;
• Não terá proteção ao nome empresarial.

9.1.1 Prova da sociedade em comum

Como vimos anteriormente, as sociedades em comum podem ser demandadas judicialmente, por isso precisamos saber como provar sua existência.

As pessoas que contratam com a sociedade comum podem **provar a existência** da sociedade **de qualquer maneira lícita**, mas para os **sócios**, quando precisam provar a existência da sociedade perante terceiros ou em ações entre os sócios, é **indispensável a prova documental** (art. 987 do Código Civil de 2002).

9.1.2 Responsabilidade dos sócios

A responsabilidade dos sócios é **solidária e ilimitada** pelas dívidas sociais, e, como não há personalidade jurídica, o ideal seria que os sócios fossem atingidos diretamente pelos credores da sociedade[2]. Entretanto, não é essa a regra fixada pelo legislador.

É possível que exista entre os sócios algum documento que descreva a parcela de investimento de cada sócio. Esse documento é chamado de **pacto limitativo de poderes**. Entretanto, se existir, só terá validade entre as partes.

O Código Civil, no art. 988, criou um instituto denominado **patrimônio especial**. O patrimônio especial é formado pelos **bens dos sócios** que foram colocados para o **uso da atividade empresarial**, assim como as dívidas assumidas pela sociedade.

Nesse sentido, o Enunciado n. 210 do CJF: "O patrimônio especial a que se refere o art. 988 é aquele afetado ao exercício da atividade, garantidor de terceiro, e de titularidade dos sócios em comum, em face da ausência de personalidade jurídica".

E é esse patrimônio especial que deve ser atingido pelos credores da sociedade, e só quando esses bens se esgotarem é que os bens dos sócios podem ser atingidos, ou seja, o legislador criou um verdadeiro **benefício de ordem** (art. 990 do Código Civil de 2002), como o que existe para as sociedades que possuem personalidade jurídica (art. 1.024 do Código Civil de 2002).

Esse benefício de ordem é a regra, mas será **excluído** dele o sócio que contratou pela sociedade, ou seja, esse sócio que contratou com terceiros responderá diretamente pelas obrigações (art. 990 do Código Civil de 2002).

PARA VISUALIZAR

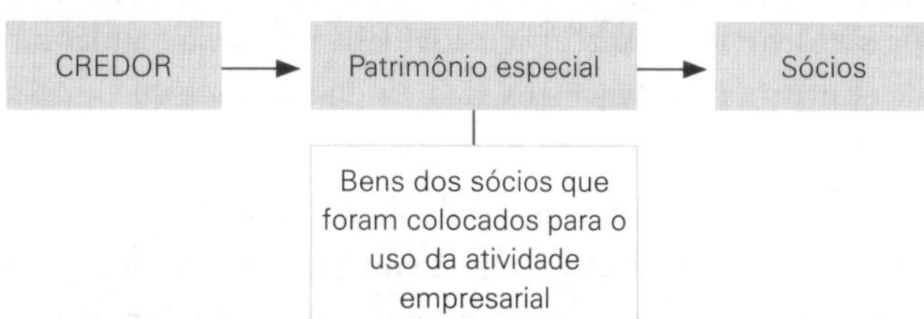

2. CAMPINHO, Sergio. *O direito de empresa à luz do novo Código Civil*. 9. ed. Rio de janeiro: Renovar. p. 81-82.

9.2 Sociedade em conta de participação

A sociedade em conta de participação, na visão de Sérgio Campinho, com a qual concordamos, não é uma sociedade, mas um **contrato associativo ou de participação**[3]. Na verdade o que existe entre os envolvidos é um contrato, no qual uma das partes investe e não aparece e, portanto, não contrata com terceiros, e a outra é que, atuando em nome próprio, aparece e contrata com terceiros.

Embora o termo "sociedade" não seja o mais adequado, não há dúvida de que se trata de uma **sociedade de pessoas**, uma vez que o vínculo existente entre os sócios é essencial para a realização da atividade. A entrada de outro sócio, de uma determinada categoria, depende da concordância dos demais sócios.

A sociedade em conta de participação **não tem personalidade jurídica**, não possuindo registro nem no Registro Público de Empresas Mercantis e Atividades Afins, nem no Cartório de Registro Civil de Pessoas Jurídicas.

Ela existe por meio de um contrato verbal ou escrito, de uso interno entre os sócios. Como não há registro, também não se pode falar em nome empresarial (art. 33 da Lei n. 8.934/94).

O contrato existente entre os sócios pode até ter sido registrado no Cartório de Títulos e Documentos, mesmo assim não haverá personalidade jurídica para a sociedade (art. 991 do Código Civil de 2002), inclusive com a exigência da Receita Federal, pela Instrução Normativa n. 1.863/2018, de que a sociedade em conta de participação possua CNPJ.

9.2.1 Composição e responsabilidade dos envolvidos

A sociedade é composta por duas espécies de sócios:

- **sócio ostensivo**, que pode ser um empresário individual, Eireli ou sociedade empresária, que em seu próprio nome realiza o objeto dessa parceria (objeto social). O sócio ostensivo pode exercer sua atividade de forma regular ou irregular. Como é ele que **contrata com terceiros**, é também sobre ele que recai a responsabilidade **ilimitada** pelas obrigações assumidas;
- **sócio participante**, também chamado de sócio oculto, aquele que "**não aparece perante terceiros**", tampouco contrata com terceiros; o sócio participante ou oculto apenas contribuirá com o investimento para o êxito da parceria empresarial. Por não contratar com terceiros, **não terá responsabilidade em relação a quem contrata com o sócio ostensivo.** Mesmo que o sócio participante seja conhecido, por exemplo, com o registro na Receita Federal, não poderá ser atingido por terceiro.

3. Idem, p. 82.

Assim como na Sociedade em Comum, o legislador trata de um patrimônio especial, constituído pela contribuição do sócio ostensivo e do sócio participante. Na prática, significa que determinados bens pertencem a ambos os sócios (art. 994 do Código Civil de 2002).

Temos de ter cuidado ao imaginar que o sócio participante não terá nenhum prejuízo, por não responder perante terceiros. O prejuízo do sócio participante pode chegar à perda do seu investimento.

O credor que não receber sua obrigação precisará atingir primeiro o patrimônio especial, ou seja, os bens dos sócios ostensivo e participante que foram colocados no uso da atividade empresarial, e só então o sócio ostensivo será atingido (art. 994 do Código Civil de 2002).

A responsabilidade e os direitos entre os sócios são regidos pelo contrato existente entre eles, portanto é possível que o sócio participante responda perante o ostensivo, de acordo com as regras contratuais.

CUIDADO

Se o sócio participante contratar com terceiros, ele passará a ser responsabilizado perante terceiros.

9.2.2 Liquidação e falência

A liquidação da sociedade em conta de participação não é resolvida pela dissolução societária, como seria resolvida a maioria das sociedades. A liquidação da sociedade em conta de participação é regida pela **ação de exigir contas** (art. 996 do Código Civil de 2002 e art. 550 do CPC/2015).

A sociedade em conta de participação não sofre falência, pois quem realiza a atividade e se responsabiliza por ela é o sócio ostensivo. Portanto, pela atividade da sociedade em conta de participação, só o sócio ostensivo pode falir. Na falência do sócio ostensivo, se o sócio participante tiver algum crédito para receber, habilitar-se-á na falência como crédito quirografário (art. 994, § 2º, do Código Civil de 2002).

O sócio participante também pode sofrer falência se exercer uma atividade empresarial qualquer e, nesse caso, o sócio ostensivo será tratado na falência do participante, como um contrato bilateral, portanto poderá ser continuado de acordo com a decisão do administrador judicial (art. 117 da Lei n. 11.101/2005).

CUIDADO

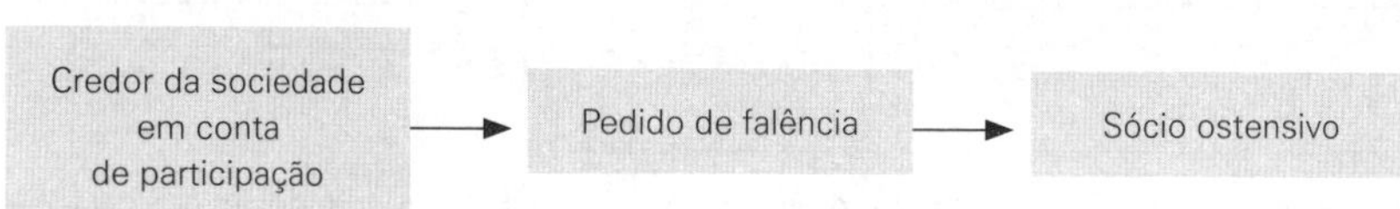

9.3 Sociedade simples (pura)

A nomenclatura "sociedade simples" é trazida pela primeira vez ao Brasil pelo Código Civil de 2002. Antes do atual Código Civil, o que existia era a sociedade civil regida pelo Código Civil de 1916, portanto a atual sociedade simples substituiu a maioria das sociedades civis existentes até 2002[4].

A sociedade simples é a forma societária adotada para as **atividades não empresariais**, como nas sociedades entre profissionais intelectuais, chamadas por alguns de **sociedades uniprofissionais**, ou seja, constituídas por pessoas com a mesma formação profissional. Mas, certamente, sua maior importância é ser a **legislação subsidiária** para as sociedades regidas pelo Código Civil. Nesse sentido, concordamos com Rubens Requião: teria sido melhor criar um capítulo do Código Civil com regras gerais sobre o Direito Societário[5].

As sociedades simples podem adotar a forma pura ou alguma das formas societárias previstas no Código Civil, como as sociedades em nome coletivo, em comandita simples, limitada. Sem mencionar a cooperativa, que por definição legal é uma sociedade simples. De forma alguma a sociedade simples pode adotar a forma de sociedade por ações, pois o parágrafo único do art. 982 do Código Civil de 2002, determina que as sociedades por ações sejam sempre empresárias.

Se adotarem a forma pura, as regras utilizadas serão as dos arts. 997 e seguintes do Código Civil, mas, se adotarem algumas das demais formas societárias do Código, então serão reguladas pelas regras específicas daquelas sociedades e subsidiariamente, ou seja, no que não for contraditório, adotarão as regras das sociedades simples.

PARA FIXAR

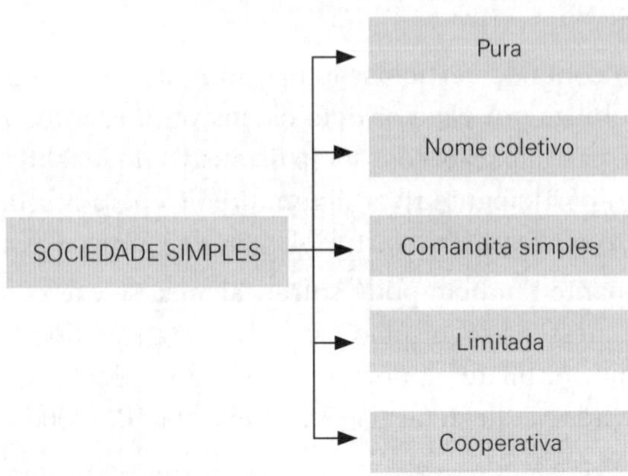

4. BORBA, José Edwaldo Tavares. *Direito societário*. 11. ed. Rio de Janeiro: Renovar. p. 85; e CAMPINHO, Sergio. *O direito de empresa...*, cit., p. 89.
5. REQUIÃO, Rubens. *Curso de direito comercial*, cit., p. 412.

9.3.1 *Contrato social*

As sociedades simples têm as seguintes **cláusulas obrigatórias** em seu contrato social (art. 997 do Código Civil de 2002):

a) nome, nacionalidade, estado civil, profissão e residência dos sócios, se pessoas naturais, e a firma ou a denominação, nacionalidade e sede dos sócios, se jurídicas;

b) denominação, objeto, sede e prazo da sociedade;

c) capital da sociedade, expresso em moeda corrente, podendo compreender qualquer espécie de bens, suscetíveis de avaliação pecuniária;

d) a quota de cada sócio no capital social, e o modo de realizá-la;

e) as prestações a que se obriga o sócio, cuja contribuição consista em serviços;

f) as pessoas naturais incumbidas da administração da sociedade, e seus poderes e atribuições;

g) a participação de cada sócio nos lucros e nas perdas;

h) se os sócios respondem, ou não, subsidiariamente, pelas obrigações sociais.

O contrato social deve ser registrado, em até 30 dias da sua constituição, no **Cartório de Registro Civil de Pessoas Jurídicas** (art. 998 do Código Civil de 2002). Se esse prazo de 30 dias for cumprido, produzirá o efeito de retroagir a data do registro à data da assinatura do contrato. Se esse prazo não for cumprido, não haverá impedimento para o registro, mas a data considerada será a da concessão do registro pelo órgão competente.

É importante ressaltar que, mesmo que a sociedade simples adote a forma de outros tipos societários previstos no Código Civil, por exemplo, no caso da limitada, o registro continuará acontecendo, como regra, no Cartório de Registro Civil de Pessoas Jurídicas.

PARA FIXAR

SOCIEDADE SIMPLES → Registro → Cart. Reg. Civil de PJ

9.3.2 *Alteração do conteúdo contratual*

De acordo com o art. 999 do Código Civil de 2002, a alteração de qualquer conteúdo descrito no art. 997 precisa da **concordância unânime** dos sócios.

Em relação às cláusulas não previstas no art. 997, para que sejam alteradas, será necessária a concordância da maioria absoluta de votos, se o contrato não especificar outra regra (art. 999 do Código Civil de 2002).

9.3.3 Participação e responsabilidade dos sócios

Nas sociedades simples admite-se a participação de pessoas físicas ou jurídicas. Os sócios podem contribuir para a composição do capital social com dinheiro, bens ou créditos, e a partir dessa contribuição será definida a cota de cada sócio. Ao se admitir a contribuição em bens, é imprescindível que eles sejam suscetíveis de avaliação e que o sócio responda pelos riscos da evicção. Da mesma forma, se a contribuição for com créditos, os sócios responderão pela solvência desses créditos (art. 1.005 do Código Civil de 2002).

Outra peculiaridade é que na sociedade simples admite-se sócio que **apenas preste serviços** (art. 997, V, do Código Civil de 2002), mesmo assim ele não participará da formação do capital social, não terá uma "cota" social determinada, **participando dos lucros da empresa pela proporção média das cotas**, mas sem previsão de participação nas perdas societárias (arts. 1.007 e 1.023 do Código Civil de 2002).

Este sócio não poderá exercer atividade estranha à sociedade, salvo autorização expressa, sob pena de ser excluído da sociedade (art. 1.006 do Código Civil de 2002).

CUIDADO

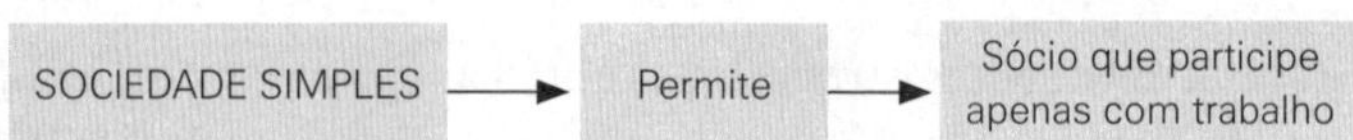

Quanto à responsabilidade dos sócios pelas dívidas societárias, temos duas posições. Para alguns doutrinadores[6], trata-se de uma de uma decisão dos sócios, que poderão responder ou não de forma subsidiária pelas dívidas societárias, dependendo da redação do contrato social. Isso significa que quem contratar com uma sociedade simples deverá verificar qual foi a regra adotada por aquela sociedade.

Nesse sentido o Enunciado n. 479 do Conselho de Justiça Federal, aprovado na V Jornada de Direito Civil, dispõe: "Na sociedade simples pura (art. 983, parte final, do Código Civil de 2002), a responsabilidade dos sócios depende de previsão contratual. Em caso de omissão, será ilimitada e subsidiária, conforme o disposto nos arts. 1.023 e 1.024 do Código Civil de 2002".

Para outros[7], com os quais concordamos, a responsabilidade não depende de livre escolha dos sócios, e sim do tipo societário adotado; tal fato significaria que necessariamente haveria **responsabilidade subsidiária**, podendo os sócios deliberar se entre eles existe ou não responsabilidade solidária.

6. BORBA, José Edwaldo Tavares. *Direito societário*. 11. ed. Rio de Janeiro: Renovar. p. 89; e CAMPINHO, Sergio. *O direito de empresa*, cit., p. 117.

7. MAMEDE, Gladston. *Direito empresarial brasileiro*. 3. ed. São Paulo: Atlas, 2008, v. 2, p. 107.

O fato é que, de acordo com o art. 1.023 do Código Civil de 2002, os sócios respondem subsidiariamente na proporção de suas cotas. Só existirá solidariedade se no contrato social vier estipulada tal regra. Nesse caso, o sócio que pagar a dívida teria o direito de cobrar regressivamente dos outros sócios.

9.3.4 Cessão de cotas

Por ser uma **sociedade de pessoas**, o ingresso no quadro societário na *sociedade simples* é controlado, uma vez que a sociedade simples é normalmente usada por profissionais intelectuais, exigindo-se uma especialização em determinada área. A **entrada de terceiros** depende do consentimento dos demais sócios (art. 1.003 do Código Civil de 2002).

O cedente das cotas **responderá** solidariamente com o cessionário, perante a sociedade e em relação a terceiros, por **dois anos**, a partir da averbação do contrato social (parágrafo único do art. 1.003 do Código Civil de 2002).

De acordo com Mauro Schiavi, o ex-sócio que se beneficiou da mão de obra será atingido se a ação trabalhista foi proposta em até 2 anos após a sua saída[8]. Por outro lado, Homero Batista Mateus da Silva entende que, para a segurança das relações jurídicas, a efetiva penhora deveria ocorrer nesse período de 2 anos após a saída do sócio[9].

9.3.5 Sócio remisso

O sócio remisso é aquele que deixou de integralizar (disponibilizar para a sociedade) a cota subscrita (a cota com a qual se comprometeu). Esse sócio, de acordo com o legislador, precisa ser notificado para cumprir sua obrigação (integralização das cotas) em 30 dias. Vencido o prazo, o sócio será constituído em **mora** e responderá pelo valor devido, mais os danos causados pelo não pagamento, ou, se os demais sócios preferirem, poderão optar pela **exclusão** do sócio (art. 1.004 do Código Civil de 2002).

A forma da exclusão do sócio remisso será extrajudicial de acordo com a vontade da maioria dos demais sócios, uma vez que houve violação da integralização de sua parte, que era seu primeiro dever na sociedade.

Trataremos da exclusão com detalhes posteriormente, mas ressaltamos que a exclusão apenas será possível com a respectiva devolução do valor que eventualmente tenha sido integralizado pelo sócio remisso.

---

8. SCHIAVI, Mauro. *Manual de direito processual do trabalho*. 4. ed. São Paulo: LTr, 2011. p. 909.

9. SILVA, Homero Batista Mateus da. *Curso de direito do trabalho aplicado: execução trabalhista*. Rio de Janeiro: Elsevier, 2010. v. 10, p. 45.

PARA FIXAR

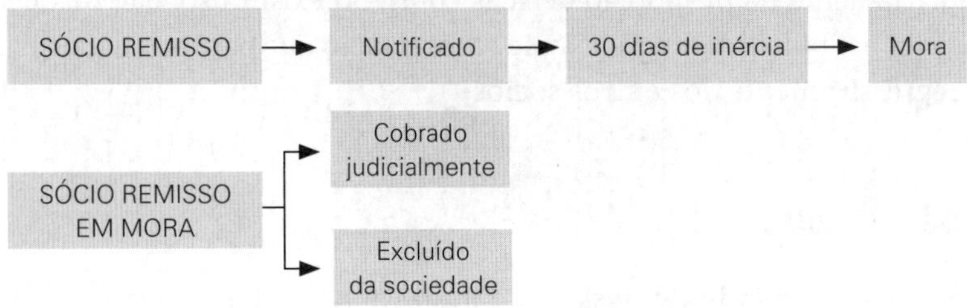

9.3.6 Administração

O administrador é uma pessoa que torna presente a vontade da sociedade, mas sem a subordinação nem poderes de mandato. Tanto é que o Código Civil prevê a regência supletiva das regras de mandato, mas não afirma tratar-se de mandato (art. 1.011, § 2º, do Código Civil de 2002).

a) Escolha e destituição

O administrador será necessariamente pessoa física, podendo ser nomeado no contrato social ou em ato separado, devidamente registrado ou averbado no Órgão Competente[10].

O administrador deve ser cuidadoso e diligente no exercício de suas funções, além de não poder ser impedido por lei (servidor público, falido, militar na ativa, e outras proibições ao exercício da atividade empresarial), tampouco ser condenado a pena que vede o acesso a cargos públicos, ou que tenha sido condenado por crime falimentar, prevaricação, suborno, concussão, peculato, crimes contra a economia popular, sistema financeiro, relações de consumo, entre outros, enquanto durarem os efeitos da condenação (art. 1.011, § 1º, do Código Civil de 2002).

Se o **administrador sócio** for nomeado no contrato social, a sua destituição só ocorrerá por decisão judicial (art. 1.019 do Código Civil de 2002) ou por concordância unânime dos sócios (art. 997, VI, c/c art. 999 do Código Civil de 2002).

Por outro lado, se o administrador for nomeado num documento separado, devidamente registrado, no Cartório de Registro Civil de Pessoas Jurídicas, pode ser destituído a qualquer tempo (art. 1.012 e parágrafo único do art. 1.019 do Código Civil de 2002).

Na **omissão** do **contrato social**, a administração caberá a todos os sócios isoladamente, podendo cada sócio realizar atos de gestão e impugnar o ato de administração

10. Para Sergio Campinho, o administrador pode ser um sócio ou um não sócio. Na sua obra: *O direito de empresa*, cit., p. 111.

realizado por outro sócio, cabendo a decisão final aos sócios por maioria de votos (art. 1.013 do Código Civil de 2002). Essa atribuição da administração não atingirá os futuros sócios que vierem a participar da sociedade, se a omissão permanecer.

Além disso, ainda é possível a **administração conjunta** de dois ou mais administradores, e nesse caso é indispensável a participação conjunta no ato de administração, a não ser que se trate de uma situação urgente que precise de uma atitude imediata, sob pena de causar um dano irreparável (art. 1.014 do Código Civil de 2002).

b) Atribuição e responsabilidade

O administrador é quem pratica os atos de gestão, usa o nome empresarial e pode ter outros poderes expressamente descritos no documento que o qualifica (art. 1.015 do CC).

Atos de gestão são os necessários para a realização do objeto social, e são realizados pelo administrador independentemente de permissão contratual (art. 1.015 do Código Civil de 2002). Por outro lado, usar o nome empresarial significa que ele assina pela sociedade. Essa atribuição, no entanto, precisa estar expressamente delimitada no documento que o qualifica.

Como regra, o administrador não pode ser responsabilizado pelos atos praticados em nome da sociedade, mesmo que estes resultem em prejuízo para a sociedade (*caput* do art. 1.015 do Código Civil de 2002). Em caráter de exceção, no entanto, existem algumas hipóteses de responsabilização pessoal do administrador, por **perdas e danos**:

- quando o administrador sócio agir sabendo ou devendo saber que estava agindo em afronta à vontade da maioria (art. 1.013, § 2º, do Código Civil de 2002);
- quando aplicar créditos ou bens da sociedade em proveito próprio ou de terceiros, sem o consentimento escrito dos sócios (art. 1.017, *caput*, do Código Civil de 2002);
- quando o administrador agir com culpa (art. 1.016 do Código Civil de 2002).

Em caráter de extrema exceção é possível que a **sociedade seja isenta de responsabilidade** e apenas o administrador responda, ou seja, a **sociedade não responderá** pelo ato praticado pelo administrador e a responsabilidade do administrador será oposta a terceiro.

Para que ocorra a **responsabilidade isolada do administrador** que agiu com excesso de poderes, ou seja, sem poderes para a prática do ato, esta limitação ou estava registrada no órgão competente (art. 1.015, parágrafo único, I, do CC), ou o terceiro tinha como saber da limitação, pois foi notificado, por exemplo, art. 1.015, parágrafo único, II, do Código Civil.

A outra hipótese de **excesso de poderes e, portanto, responsabilidade isolada do administrador** é o **ato** *ultra vires* (art. 1.015, parágrafo único, III, do Código Civil de 2002). Para que o ato *ultra vires* ocorra, basta que o administrador tenha praticado um ato além do objeto social.

Longe de ser uma novidade do Código Civil de 2002, a teoria *ultra vires* já era adotada no art. 316 do Código Comercial de 1850, mas havia sido abandonada pela adoção da teoria da aparência. A responsabilidade pelo ato *ultra vires* só pode ser adotada em relação aos contratos empresariais, não se esperando tal conhecimento do consumidor ou trabalhador, para os quais ainda prevalece a teoria da aparência.

De acordo com o Enunciado n. 219 do CJF, "está positivada a teoria *ultra vires* no Direito brasileiro, com as seguintes ressalvas: (a) o ato *ultra vires* não produz efeito apenas em relação à sociedade; (b) sem embargo, a sociedade poderá, por meio de seu órgão deliberativo, ratificá-lo; (c) o Código Civil amenizou o rigor da teoria *ultra vires*, admitindo os poderes implícitos dos administradores para realizar negócios acessórios ou conexos ao objeto social, os quais não constituem operações evidentemente estranhas aos negócios da sociedade; (d) não se aplica o art. 1.015 às sociedades por ações, em virtude da existência de regra especial de responsabilidade dos administradores (art. 158, II, Lei n. 6.404/76)".

Em todas as hipóteses de responsabilidade isolada do administrador é imprescindível que o terceiro saiba ou tenha condições de saber do excesso que está sendo praticado pelo administrador.

Os administradores são obrigados a prestar contas aos sócios de sua administração, apresentando anualmente um inventário, balanço patrimonial e o de resultado econômico (art. 1.020 do Código Civil de 2002). A sociedade pode ingressar com uma ação para exigir contas para que a obrigação seja cumprida (arts. 550 e s. do CPC/2015).

AÇÃO DO ADMINISTRADOR	RESPONSABILIDADE
Culpa	Perdas e danos
Contraria a vontade da maioria dos sócios	Perdas e danos
Usa bens ou dinheiro da sociedade sem autorização dos sócios	Perdas e danos
Excesso de poderes	Isolada (a sociedade opõe a terceiros a responsabilidade do administrador)

9.3.7 Controle da sociedade

Na sociedade simples, o poder de controle da empresa é definido: primeiro por quem possui o maior valor das cotas. Se houver empate em relação ao valor das cotas, a definição será dada pelo número de sócios, e, se o empate ainda prevalecer, então apenas uma decisão judicial resolverá a questão (art. 1.010 do Código Civil de 2002).

9.3.8 Resolução da sociedade em relação a um sócio

Ocorre a resolução da sociedade em relação a um dos sócios por: morte, retirada ou exclusão de sócio.

A retirada, exclusão ou morte do sócio não o exime da responsabilidade pelas obrigações contraídas anteriormente à sua saída, de tal modo que sua **responsabilidade** é mantida por **dois anos** contados da averbação do contrato social (art. 1.032 do Código Civil de 2002).

Toda vez que houver a saída de um sócio, seja por falecimento, retirada ou exclusão, as cotas serão ressarcidas a partir do valor patrimonial, que será apurado mediante balanço especial (art. 1.031 do Código Civil de 2002).

Vamos estudar cada uma das hipóteses a seguir.

RESUMINDO

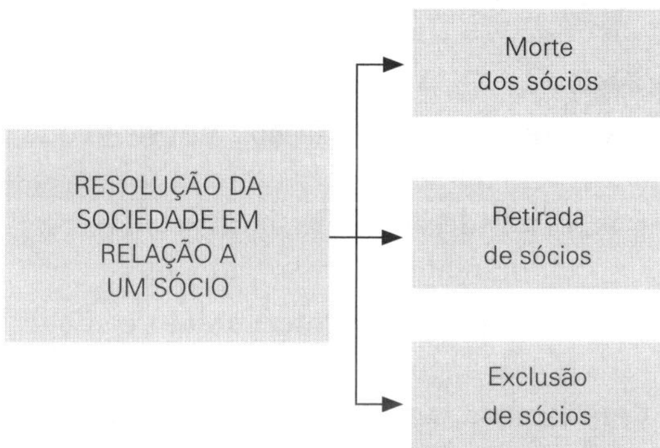

---

a) Morte dos sócios

O Código Comercial de 1850, no art. 335, determinava que a morte do sócio causava a dissolução da sociedade. É claro que a dissolução mais provável que poderia ocorrer era a dissolução parcial, já que a sociedade continuaria a existir e apenas seria rompido o vínculo existente entre a sociedade e o sócio.

No art. 1.028 do Código Civil de 2002, o **falecimento** do sócio, como regra, causa a resolução da sociedade em relação ao sócio falecido, já que, diante do falecimento, os herdeiros terão direito aos haveres (valor patrimonial), que pertenceriam ao de *cujus*.

Isso porque a natureza da sociedade simples é de uma sociedade de pessoas, que existe em virtude de características pessoais dos sócios. Assim, a entrada do herdeiro não seria a primeira opção trazida pelo legislador.

Diante da morte do sócio, a sociedade poderia continuar suas atividades, com o ressarcimento dos herdeiros. Mas, por um ato de vontade dos sócios, poderia permitir a entrada dos herdeiros ou até mesmo decidir pela dissolução total[11] (art. 1.028 do Código Civil de 2002).

11. Nesse sentido, o Enunciado n. 221 do CJF: "Diante da possibilidade de o contrato social permitir o ingresso na sociedade do sucessor de sócio falecido, ou de os sócios acordarem com os herdeiros a substituição de sócio falecido, sem liquidação da quota em ambos os casos, é lícita a participação de menor em sociedade limitada, estando o capital integralizado, em virtude da inexistência de vedação no Código Civil".

O ressarcimento será calculado de acordo com as regras do art. 1.031, ou seja, levando-se em conta o valor levantado em balanço especialmente realizado, em virtude do falecimento.

Se os herdeiros assumirem o lugar do sócio falecido, por permissão contratual ou concordância dos sócios, não estaremos diante de dissolução parcial, e sim perante a simples substituição de quem é o titular da cota.

Se os herdeiros/espólio não conseguirem a resolução da sociedade em relação ao sócio falecido, deverão ingressar com a ação de dissolução parcial por morte cumulada com apuração de haveres. Entretanto, se a resolução foi feita, mas não houve o ressarcimento, é cabível a ação de apuração de haveres para que o valor seja apurado e cobrado (arts. 599 e s. do CPC).

b) Retirada de sócios

A retirada é a forma de resolução em relação a um sócio que **deseja sair** da sociedade, e não encontrou um meio mais fácil, por exemplo, a cessão de cotas. O sócio não é obrigado a se manter na sociedade, afinal, de acordo com o art. 5º, XX, da CF/88, ninguém é obrigado a se associar ou manter-se associado.

Se a sociedade foi constituída por **prazo determinado**, como regra os sócios deveriam permanecer nela até o seu término, por isso, se o sócio quiser se retirar, então precisará provar judicialmente a **justa causa** (art. 1.029 do Código Civil de 2002), que nesse caso poderia ser a quebra da *affectio societatis*. A ação que seria utilizada seria a ação de dissolução parcial de retirada cumulada com apuração de haveres (arts. 599 e s. do CPC).

Se, por outro lado, o contrato for por prazo **indeterminado**, o sócio pode se retirar por qualquer motivo, desde que proceda à **notificação** dos sócios e da sociedade com antecedência mínima de 60 dias. Após 30 dias da notificação, os sócios podem optar pela dissolução da sociedade (art. 1.029, *caput* e parágrafo único, do Código Civil de 2002).

Ao exercer o direito de retirada, o ex-sócio tem direito aos seus haveres (valor patrimonial), calculados de acordo com o art. 1.031 do Código Civil de 2002, ou seja, a partir de um balanço especialmente realizado em virtude da retirada.

Se, após a notificação, os demais sócios ficarem inertes, restará ao sócio que deseja se retirar ingressar com ação de dissolução parcial cumulada com apuração de haveres, mas, se a saída do sócio foi aceita, sem que ocorresse o respectivo ressarcimento, caberá ao sócio ingressar com a ação de apuração de haveres (arts. 599 e s. do CPC).

c) Exclusão de sócio

A exclusão de sócio, ou seja, a saída do sócio por vontade dos outros sócios, pode ocorrer judicialmente ou extrajudicialmente.

Na sociedade simples, a modalidade extrajudicial só é admitida para o sócio remisso, que será excluído após o prazo de 30 dias do recebimento da notificação para que ele efetue a integralização de sua cota (art. 1.004 do Código Civil de 2002).

Para a exclusão judicial, é necessária a prática de uma falta grave, que seria uma falta contra a própria atividade empresarial. Não basta a simples quebra da *affectio societatis*, que é o vínculo de cooperação e de confiança existente entre os sócios, especialmente importante na sociedade de pessoas.

Nesse caso, **a sociedade, a partir da vontade da maioria dos demais sócios,** deverá promover a ação de dissolução parcial de exclusão do sócio, seja ele minoritário ou majoritário.

Também é possível a **exclusão judicial** se o sócio for declarado **falido** em outra atividade empresarial que exerça, ou ainda em virtude de **incapacidade superveniente** (art. 1.030 do Código Civil de 2002). Para a exclusão judicial, a lei exige a concordância da maioria dos demais sócios. Para o cálculo dessa maioria, deve ser levada em conta a quantidade de sócios, sem levar em conta o sócio que será réu da ação de exclusão[12].

Em todas as situações, o sócio excluído terá direito à apuração dos seus haveres (valor patrimonial), de acordo com o art. 1.031 do Código Civil, ou seja, o próprio contrato social pode prever a forma de ressarcimento, e na omissão dessa cláusula contratual será necessário um balanço especial para fazer o cálculo do valor patrimonial.

PARA FIXAR

9.3.9 Direitos provenientes da separação do sócio com seu ex-cônjuge ou companheiro

Alguns sócios têm o seu patrimônio ou parte dele investido em cotas societárias, e, diante de uma separação conjugal, o Código Civil estabeleceu a regra que deverá ser aplicada ao caso no art. 1.027, determinado que "os herdeiros do cônjuge de sócio, ou o cônjuge do que se separou judicialmente, não podem exigir desde logo a parte que lhes couber na quota social, mas concorrer à divisão periódica dos lucros, até que se liquide a sociedade".

Nesse caso, portanto, o ex-cônjuge ou ex-companheiro do sócio ou os herdeiros do ex-cônjuge/companheiro do sócio não podem simplesmente ingressar na sociedade, o

12. **O quórum deliberativo para exclusão judicial do sócio majoritário por falta grave no cumprimento de suas obrigações deve levar em conta a maioria do capital social de sociedade limitada, excluindo-se do cálculo o sócio que se pretende jubilar.** STJ, 3ª Turma, REsp 1.653.421-MG, rel. Min. Ricardo Villas Bôas Cueva, julgado em 10-10-2017 (Informativo 616 STJ).

que violaria a relação existente na sociedade de pessoas, e também não podem exigir o valor de cota imediatamente, o que poderia inviabilizar a continuação da sociedade.

O CPC/2015 permite ainda ao ex-cônjuge ou ex-companheiro o direito de pleitear a apuração de haveres da parte correspondente à sua parte (art. 600, parágrafo único, do CPC).

9.3.10 Apuração de haveres

Quando o sócio se retira, falece ou é excluído, os haveres devidos deverão ser apurados, ou seja, será calculado o valor que a sociedade deve pagar ao ex-sócio ou herdeiros.

O critério usado será o levantamento da **situação patrimonial** da sociedade, a partir de um balanço especialmente realizado para esse fim. O objetivo é apurar quanto realmente vale a parte do sócio que sai da sociedade, levando-se em conta a data da saída do sócio e quanto foi efetivamente integralizado na sociedade[13].

O valor será pago em 90 dias, salvo se houver acordo ou disposição no contrato social em sentido contrário (art. 1.031,§ 2º, do Código Civil de 2002).

Se o sócio que se retirou foi excluído ou os herdeiros do falecido quiserem discutir judicialmente o valor dos haveres, utilizarão uma ação de apuração de haveres (arts. 599 e seguintes do CPC). Vale destacar que, na **ação de apuração de haveres**, a sociedade deve participar do litígio, pois não apenas os sócios serão atingidos, mas também a sociedade, que arcará com o ressarcimento e terá uma perda patrimonial para arcar com eventual saldo devedor[14].

9.4 Sociedade em nome coletivo[15]

A sociedade em nome coletivo tem sua origem nas antigas sociedades familiares, época em que era fundamental que os sócios possuíssem as mesmas responsabilidades e os mesmos poderes. Atualmente ela é regida pelos arts. 1.039 a 1.044 do Código Civil de 2002 e subsidiariamente pelas regras das sociedades simples.

Apesar de não se exigir essa relação familiar para sua constituição, certamente o vínculo de confiança e colaboração para a realização do fim social é indispensável, o que torna a sociedade em nome coletivo uma **sociedade de pessoas**. Esse vínculo é tão forte nessa relação que na sociedade em nome coletivo só se admitem como sócios pessoas físicas.

O mesmo raciocínio se aplica à redação do **nome empresarial**; já o nome da sociedade em nome coletivo é escrito sob a forma de **firma ou razão social**, composta pelo

---

13. Também é o posicionamento do STJ, no REsp 646.221, 3ª T., j. 19-4-2005, rel. Min. Humberto Gomes de Barros, *DJ* 8-8-2005.

14. Este também é o posicionamento de Sergio Campinho. *O direito de empresa*, cit., p. 227.

15. Arts. 310 a 313 do Projeto de Lei do Senado n. 487/2013.

patronímico de um ou mais sócios. Se na redação do nome empresarial não for possível incluir o nome de todos os sócios, então se deve acrescentar a expressão "e Companhia", sua abreviação, & Cia., ou termo equivalente. Exemplo: Vieira, Oliveira & Cia.; Tavares e irmãos (art. 1.042 do Código Civil de 2002).

Por essa razão, inclusive, é que, na sociedade anônima, o termo Cia não pode ser usado no fim do nome empresarial, mas apenas no início ou no meio do nome empresarial (art. 3º da Lei n. 6.404/76).

O seu ato constitutivo é um contrato social, o que a torna, portanto, uma **sociedade contratual**. Esse contrato social poderá ser registrado na **Junta Comercial** (sociedade empresária) ou no **Cartório de Registro Civil de Pessoas Jurídicas** (sociedade simples), dependendo de o objeto social ser ou não empresarial.

Com o registro surge a personalidade jurídica, e com ela a separação patrimonial dos bens da sociedade e dos sócios. Apesar dessa autonomia, na sociedade em nome coletivo, os **sócios responderão ilimitadamente pelas obrigações sociais**, ou seja, poderão ser atingidos em seu patrimônio pessoal no valor das dívidas sociais. Por essa razão é que na prática raramente existe esse tipo societário.

A responsabilidade dos sócios é subsidiária, solidária e ilimitada.

A responsabilidade subsidiária significa que os credores precisarão atingir em primeiro lugar o patrimônio da sociedade, e apenas quando este não for suficiente é que os bens dos sócios podem ser atingidos, respeitando a ordem do art. 1.024 do Código Civil de 2002.

A responsabilidade solidária e ilimitada significa, que após o término dos bens da sociedade e não satisfeita a dívida, os sócios podem ser cobrados no valor das dívidas sociais, permitindo-se inclusive que os sócios sejam cobrados individualmente, devido à solidariedade. É possível, entretanto, que os sócios limitem a responsabilidade entre si (pacto limitativo de poderes), mas essa limitação é interna, ou seja, entre os sócios, não produzindo efeitos em relação a terceiros (art. 1.039 do Código Civil de 2002).

PARA VISUALIZAR

CREDOR → Sociedade em nome coletivo → Sócios

O **credor particular do sócio** não terá direito a liquidação da cota do seu devedor antes da dissolução da sociedade, a não ser que a sociedade tenha sido prorrogada tacitamente, se tivesse sido constituída por prazo determinado, ou ainda quando for acolhida a oposição judicial, proposta pelo credor no prazo de 90 dias contados do prazo dilatório (art. 1.043 do Código Civil de 2002).

Em virtude da responsabilização patrimonial dos sócios, o incapaz não pode ser sócio, já que o legislador quis proteger o seu patrimônio.

9.5 Sociedade em comandita simples

A sociedade em comandita simples é uma sociedade personificada que adquire sua personalidade jurídica com o registro na Junta Comercial (sociedade empresária) ou no Cartório de Registro Civil de Pessoas Jurídicas (sociedade simples), dependendo do objeto social ser ou não empresarial.

A sociedade em comandita simples é regida pelos arts. 1.045 a 1.051 do Código Civil de 2002, e subsidiariamente pelas regras da sociedade em nome coletivo e, em seguida, as regras da sociedade simples, no que for compatível com esse tipo societário (art. 1.046 do Código Civil de 2002).

A sociedade em comandita simples é constituída pela composição necessária de duas categorias de sócios: **comanditado** e **comanditário**.

Os sócios **comanditados** – que só podem ser pessoas físicas – são os que assumem o risco da atividade, pois respondem solidária e ilimitadamente pelas obrigações sociais. É claro que, por se tratar de uma sociedade personificada, a sociedade é responsável pelas dívidas sociais. Nos casos em que os bens da sociedade estiverem esgotados, os bens dos sócios comanditados serão atingidos de forma subsidiária (art. 1.045 do Código Civil de 2002).

Como são os comanditados que administram e possuem a responsabilidade ilimitada, também são eles que emprestam seus nomes à razão social (art. 1.047 do Código Civil de 2002).

Os sócios **comanditários** – que podem ser pessoas físicas ou jurídicas – têm por obrigação investir o valor correspondente à sua cota, e respondem limitadamente pelo valor de sua cota. Apesar de poderem fiscalizar os atos de gestão, e até serem constituídos procuradores em determinados atos, não podem administrar a sociedade, sob pena de responder da mesma forma que os comanditados (arts. 1.045 e 1047 do CC).

PARA FIXAR

SÓCIO COMANDITADO	SÓCIO COMANDITÁRIO
PF	PF ou PJ
Administra	Não administra
Responde ilimitadamente	Responde limitadamente

A sociedade em comandita simples é uma **sociedade de pessoas** pela presença da *affectio societatis* especialmente com relação aos sócios comanditados.

Para que exista a sociedade em comandita simples é necessária, sempre, a existência das duas categorias de sócios, já que a ausência por mais de 180 dias de uma das categorias dos sócios resultará em dissolução da sociedade (art. 1.051, II, do Código Civil de 2002).

O incapaz só pode ser sócio comanditário, pela não participação na gestão da sociedade e pela proteção patrimonial. Da mesma forma, o servidor público só pode ser sócio comanditário, pois não pode ser administrador de sociedade (art. 117, X, da Lei n. 8.112/90).

ATENÇÃO

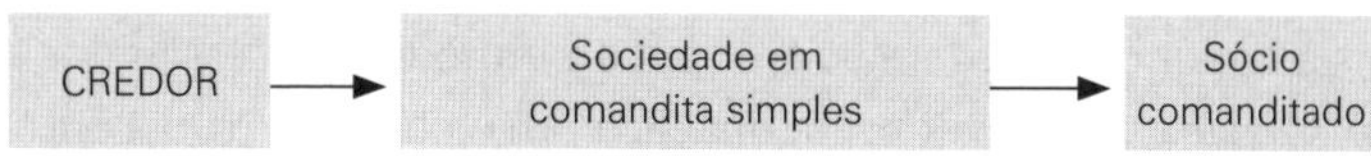

9.6 Sociedade limitada[16]

9.6.1 Fonte jurídica

A sociedade limitada é uma **sociedade contratual** regida pelo Código Civil nos arts. 1.052 a 1.087. Entretanto, nas omissões do texto próprio para a sociedade limitada, aplicam-se subsidiariamente as regras das sociedades simples, e, se o contrato expressamente trouxer a previsão da aplicação da Lei das Sociedades Anônimas, esta poderá ser usada supletivamente, desde que não contrarie a natureza da sociedade limitada (art. 1.053 do Código Civil de 2002).

Isso significa que, de acordo com a redação do contrato, ou até mesmo diante da omissão do contrato social, a sociedade adotará regras complementares da sociedade simples ou da sociedade anônima. Se o contrato for omisso, as **regras subsidiárias serão das sociedades simples**, e, se por outro lado o **contrato trouxer a previsão expressa** da **aplicação da Lei n. 6.404/76**, aplicar-se-á, no que for compatível, esta última lei.

PARA VISUALIZAR

16. Arts. 302 a 309 do Projeto de Lei do Senado n. 487/2013.

9.6.2 Natureza jurídica

A sociedade limitada **pode ser de pessoas ou de capital,** de acordo com o contrato social.

Será de pessoas nos casos em que o contrato social contemplar cláusulas de controle para entrada de terceiros estranhos à sociedade, como no caso de condicionar a cessão de cotas sociais à anuência dos demais cotistas ou impedir a sucessão dos herdeiros por morte de sócio. Ou seja, se houver preocupação com o controle para a entrada de terceiro, podemos afirmar que a sociedade limitada é de pessoas.

Se, ao contrário, as cláusulas contratuais não impedirem a entrada de terceiros, pela sucessão ou pela cessão, então a sociedade limitada será de capital.

Há outros indícios de que a sociedade limitada é de pessoas ou de capital. Se o contrato social trouxer a **previsão expressa** da aplicação supletiva da **Lei de S.A.**, naquilo que não contrariar as regras específicas da sociedade limitada, então poderemos deduzir que a sociedade é de capital.

Por outro lado, se houver a **omissão** da aplicação supletiva da Lei de S.A., aplicar-se-á **subsidiariamente as regras das sociedades simples**, desde que não contrarie as regras específicas da sociedade limitada; estaremos diante de uma sociedade de pessoas.

Para Sérgio Campinho[17], a sociedade limitada é uma sociedade de pessoas, afinal existem artigos, nas regras específicas sobre [sociedades] limitadas, que indicam esse controle para a entrada de terceiros, como é o caso do art. 1.057 do Código Civil de 2002, que submete a cessão de cotas a terceiros à não oposição de sócios que representem mais de ¼ do capital social, além da possibilidade de excluir um sócio extrajudicialmente em virtude de falta grave (art. 1.085 do Código Civil de 2002). Não concordamos com esse posicionamento, pois, nessas situações exemplificadas por Sérgio Campinho – cessão de cotas e exclusão extrajudicial –, o legislador dá liberdade para o contrato social dispor sobre os assuntos de forma contrária.

A importância dessa classificação é, entre outras coisas, a verificação se é possível ou não a dissolução parcial e a exclusão de sócio pela prática de uma falta grave, o que só poderá acontecer quando a sociedade limitada for uma sociedade de pessoas.

A sociedade limitada pode ser empresária ou simples, dependendo do objeto social. Se o objeto indicar uma atividade empresarial, o registro será na Junta Comercial, e, se indicar uma atividade não empresarial (sociedade simples), o registro será feito no Cartório de Registro Civil de Pessoas Jurídicas (art. 1.150 do Código Civil de 2002).

---

17. CAMPINHO, Sergio. *O Direito de empresa*, cit., p. 160.

SIMPLIFICANDO

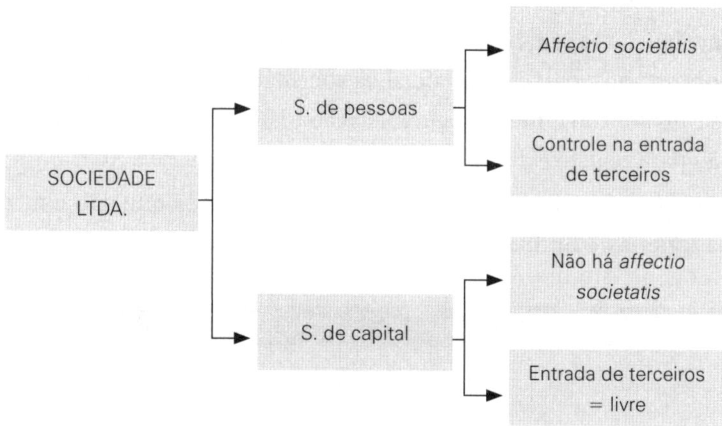

9.6.3 *Nome empresarial*

A sociedade limitada pode utilizar como nome empresarial a **firma ou denominação**. No caso da utilização da firma social, basta a utilização do patronímico de um ou mais sócios, seguidos da terminação "**limitada**" ou sua abreviatura.

No caso da utilização da denominação, deve constar o nome inventado pelos sócios, seguido do ramo de atividade e da terminação "limitada" ou a sua abreviatura (art. 1.158 do Código Civil de 2002).

A **falta da terminação "Ltda.**" gera a responsabilidade solidária e ilimitada dos **administradores** que se utilizarem do nome empresarial sem essa terminação (art. 1.158, § 3º, do Código Civil de 2002).

PARA FIXAR

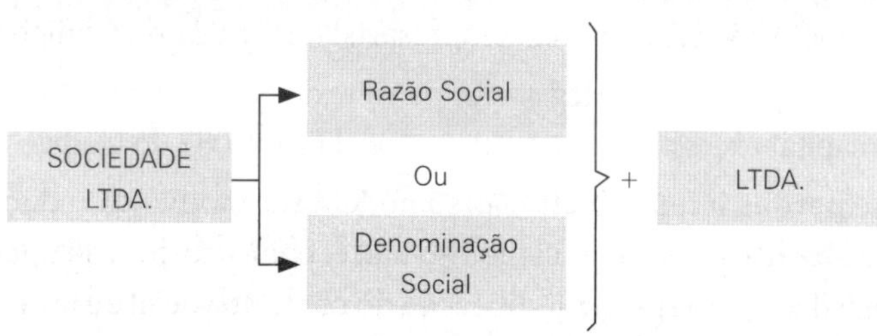

9.6.4 *Capital social*

O capital social é um bem intangível composto pela somatória dos recursos trazidos pelos sócios à empresa, expressos em moeda nacional. Ele representa o lastro que a sociedade tem perante terceiros. Esses recursos, fruto das contribuições dos sócios, podem ser em dinheiro ou em bens.

Se a contribuição for em bens, será necessária uma **avaliação** desses bens, para que os valores possam compor o capital social da sociedade. Nesse caso, os sócios permanecem responsáveis **solidariamente** pela avaliação realizada por **até 5 anos** após a data de sua realização para registro (art. 1.055, § 1º, do Código Civil de 2002).

Na sociedade limitada é proibido o ingresso de sócios que não contribuam com recursos, mas **apenas com trabalho** (art. 1.055, § 2º, do Código Civil de 2002).

PARA FIXAR

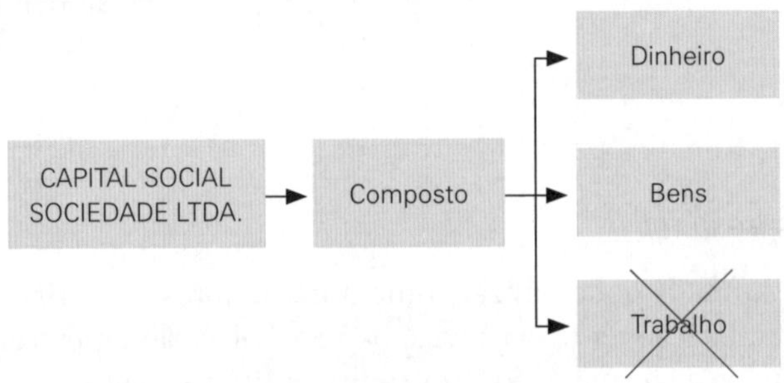

9.6.4.1 Aumento e redução de capital social

É possível o aumento de capital social se, além de nova integralização de capital, formalmente houver alteração no contrato social e consequente averbação no órgão competente, na Junta Comercial ou Cartório de Registro Civil de Pessoas Jurídicas, dependendo de o objeto social ser ou não empresarial (art. 1.081 do Código Civil de 2002).

Para reduzir o capital social, o legislador permite duas motivações diferentes: a) perdas irreparáveis; b) capital excessivo para o objeto social (art. 1.082 do Código Civil de 2002).

No caso de **perdas irreparáveis** elas só podem ser motivo da redução se houver a **anterior integralização** de todo o capital social, e, como nesse caso apenas retratará a realidade da sociedade, bastarão a modificação do contrato social e a averbação no órgão competente (art. 1.083 do Código Civil de 2002).

No caso de o capital social ser **excessivo ao objeto social**, a redução do capital social só será possível se não houver a **impugnação pelos credores quirografários**, no prazo de 90 dias da data da publicação da assembleia que decidiu a redução do capital social (art. 1.084, § 1º, do Código Civil de 2002). Além da não impugnação, será preciso ainda a alteração do contrato social e da averbação no órgão competente.

9.6.5 Sociedade Unipessoal Limitada

A Lei n. 13.874/2019 criou a figura da Sociedade Unipessoal Limitada permitindo que a sociedade Ltda. seja constituída por apenas um sócio, permanecendo dessa forma durante toda sua existência (art. 1.052 do CC). Portanto, todos artigos da sociedade limitada serão aplicados levando em conta essa peculiaridade.

Ressalte-se que, pela constituição da personalidade jurídica, no momento do registro, haverá separação patrimonial desse único "sócio" em relação à sociedade (arts. 45 e 985 do CC).

9.6.6 Cessão de cotas

Em relação à cessão de cotas, se o **contrato social** for **omisso**, um sócio pode **livremente** ceder suas cotas a outro sócio, independentemente da concordância dos demais, mas, se quiser cedê-las **para terceiros** estranhos à sociedade, isso somente será possível se **não ocorrer** a **oposição dos sócios** que representem **mais de ¼ do capital social** (art. 1.057 do Código Civil de 2002).

A cessão só produzirá efeitos perante a sociedade e terceiros após a averbação do contrato social.

O cedente continua responsável pelas obrigações sociais por até 2 anos contados da averbação de sua saída do quadro societário.

Em relação às dívidas trabalhistas, o ex-sócio responde subsidiariamente pelas obrigações trabalhistas da sociedade relativas ao período em que figurou como sócio, somente em ações ajuizadas até dois anos depois de averbada a modificação do contrato, observada a seguinte ordem de preferência: 1. a empresa devedora; 2. os sócios atuais; e 3. os sócios retirantes (art. 10-A CLT). Ou seja, a responsabilidade do ex-sócio **é subsidiária** em relação à sociedade e aos sócios do quadro societário atual.

Por outro lado, o ex-sócio responderá solidariamente com os demais quando ficar comprovada fraude na alteração societária decorrente da modificação do contrato (art. 10-A da CLT).

Para Mauro Schiavi, o ex-sócio que se beneficiou da mão de obra será atingido se a ação trabalhista for proposta em até 2 anos após a sua saída[18]. Por outro lado, Homero Batista Mateus da Silva entendia que, para a segurança das relações jurídicas, a efetiva penhora deveria ocorrer nesse período de 2 anos após a saída do sócio[19]. Essa discussão foi superada pela lei, já que está claro que o prazo de 2 anos é para o ajuizamento da ação.

9.6.7 Penhora de cotas

Em relação à possibilidade ou não da penhora de cotas na sociedade limitada, o posicionamento de Rubens Requião[20] é o de que a penhora de cotas somente seria pos-

---

18. SCHIAVI, Mauro. *Manual de direito processual do trabalho*. 4. ed. São Paulo: LTr, 2011. p. 909.

19. SILVA, Homero Batista Mateus da. *Curso de direito do trabalho aplicado: execução trabalhista*. Rio de Janeiro: Elsevier, 2010. v. 10, p. 45.

20. REQUIÃO, Rubens. *Curso de direito comercial*, cit., p. 520.

sível se na sociedade a entrada de terceiros fosse livre; por outro lado, se no contrato social houvesse restrição à entrada de pessoas, o credor só poderia participar dos lucros da sociedade. Para Sergio Campinho[21], a penhora de cotas seria possível independentemente do que estivesse determinado no contrato social, já que não havia vedação legal.

Para o **STJ**, a penhora de cotas é possível em qualquer situação, mas os **sócios** têm a **preferência na arrematação** (REsp 39.609-3).

A questão foi em parte resolvida pela reforma do CPC de 2006. Segundo o art. 655, VI, do CPC/73, na lista de bens que podem ser objetos de penhora estão as ações e cotas de sociedades empresárias, e o art. 685-A, § 4º, do CPC/73 determinou que os sócios devem ser intimados, para exercer, se quiserem, o direito de preferência na arrematação das cotas.

O problema é que, no momento em que o legislador indica que as cotas penhoráveis são as empresárias, deixou de fora as sociedades simples, e como tais seguirão a regra do art. 1.026 do Código Civil de 2002, como tratamos anteriormente.

Mas o novo Código de Processo Civil, Lei n. 13.105, de 16-3-2015, em seu art. 835, IX, inclui em seu texto legal a penhorabilidade das ações e cotas de sociedade simples, dirimindo qualquer dúvida quanto à penhorabilidade das cotas da sociedade simples, e o art. 876, § 7º, do CPC/2015 manteve a determinação que os sócios devem ser intimados, para exercer, se quiserem, o direito de preferência na arrematação das cotas.

9.6.8 Responsabilidade dos sócios

A responsabilidade da sociedade é ilimitada por todas as obrigações assumidas, mas os sócios respondem de forma limitada e subsidiária pelas obrigações sociais.

Para tornar claras as regras de responsabilidade, vejamos o seguinte exemplo de sociedade limitada que possui um capital social de 100 moedas.

O sócio A se comprometeu a colocar na sociedade 80 moedas, das quais colocou 50 e ficou devendo 30. O sócio B se comprometeu a colocar 20 e, de fato, colocou as 20 moedas. Traduzindo para uma linguagem técnica, é o mesmo que dizer que A subscreveu 80 e integralizou 50, enquanto B subscreveu e integralizou 20 moedas. Assim, temos:

PARA FIXAR

SOCIEDADE X LTDA.	COMPROMETEU = SUBSCREVEU	COLOCOU = INTEGRALIZOU	DEVE
Sócio A	80	50	30
Sócio B	20	20	0

A regra geral da responsabilidade na sociedade limitada diz que cada sócio responde pela **integralização do capital subscrito** e, **solidariamente**, pelo capital **não integralizado** (art. 1.052 do Código Civil de 2002). Ou seja, no exemplo acima, o sócio A

21. CAMPINHO, Sergio. *O direito de empresa*, cit., p. 185.

responde por colocar na empresa as 80 moedas, enquanto o sócio B responde por colocar na empresa 20 moedas. No que tange às cotas não integralizadas, os sócios A e B respondem solidariamente até o valor do que falta integralizar, ou seja, das 30 moedas.

CUIDADO

> Para que os credores atinjam os bens dos sócios A e B, será necessário primeiro atingir os bens da sociedade, e só quando não houver mais bens para serem atingidos é que os sócios poderão ser atingidos até o limite do que falta integralizar (art. 1.024 do CC).

Enquanto os sócios não registrarem o ato constitutivo da sociedade limitada da qual fazem parte, a sociedade não é limitada e sim comum, e o regramento que deverá ser utilizado é o da sociedade comum (arts. 986 a 990 do CC).

Em caráter de exceção, a responsabilidade dos sócios ocorrerá de forma **subsidiária** e **ilimitada** quando os sócios deliberarem de forma **contrária à lei ou ao contrato social** (art. 1.080 do Código Civil de 2002). Note que **nesse caso não é necessária** a desconsideração da personalidade jurídica, já que o ato ilícito praticado pelos sócios permite alcançá-los patrimonialmente[22].

9.6.9 Administrador

A sociedade pode ser administrada por **um administrador sócio** ou **não sócio** nomeado no contrato social ou num documento separado (art. 1.060 do Código Civil de 2002).

É imprescindível que o administrador, sócio ou não sócio, seja identificado no contrato ou em ato separado devidamente registrado na Junta Comercial ou no Cartório de Registro Civil de Pessoas Jurídicas, a fim de que terceiros saibam quem representa a sociedade e quais atos essa pessoa pode realizar (art. 1.053 do Código Civil de 2002).

Se o contrato social for omisso quanto à função do administrador, ela será exercida por cada um dos sócios separadamente. Tal prerrogativa, entretanto, não atinge os sócios que vierem a ingressar na sociedade posteriormente (arts. 1.053 e 1.013 do Código Civil de 2002).

As regras aplicadas a respeito da responsabilidade do administrador dependem do que estiver previsto no contrato social. Se o contrato social foi omisso, serão aplicadas as regras das sociedades simples, com as consequências que já estudamos. Por outro lado, se o contrato expressamente indicar a aplicação da Lei n. 6.404/76, usaremos as regras das sociedades anônimas, que estudaremos a seguir, naquilo que não contrariar as regras específicas da sociedade limitada.

Se o contrato social não indicar a aplicação supletiva da Lei de S.A., a responsabilidade do administrador será determinada como segue.

---

22. Nesse sentido o Enunciado n. 229 do CJF: "A responsabilidade ilimitada dos sócios pelas deliberações infringentes da lei ou do contrato torna desnecessária a desconsideração da personalidade jurídica, por não constituir a autonomia patrimonial da pessoa jurídica escudo para a responsabilização pessoal e direta".

Como regra, o administrador não pode ser responsabilizado pelos atos praticados em nome da sociedade, mesmo que estes resultem em prejuízo para a sociedade (*caput* do art. 1.015 do Código Civil de 2002). Em caráter de exceção, no entanto, existem algumas hipóteses de responsabilização pessoal do administrador por **perdas e danos**:

- quando o administrador sócio agir sabendo ou devendo saber que estava agindo em afronta à vontade da maioria (art. 1.013, § 2º, do Código Civil de 2002);
- quando aplicar créditos ou bens da sociedade em proveito próprio ou de terceiros, sem o consentimento escrito dos sócios (art. 1.017, *caput*, do Código Civil de 2002);
- quando o administrador agir com culpa (art. 1.016 do CC).

Em caráter de extrema exceção, é possível que a **sociedade seja isenta de responsabilidade**, respondendo o administrador isoladamente, ou seja, a **sociedade não responderá** pelo ato praticado pelo administrador. Nesse caso a responsabilidade do administrador será **oposta a terceiro**.

Para que ocorra a **responsabilidade isolada do administrador** agiu com **excesso de poderes**, ou seja, sem poderes para a prática do ato, e essa limitação ou estava registrada no órgão competente (art. 1.015, parágrafo único, I, do CC), ou o terceiro tinha como saber da limitação, pois foi notificado, por exemplo (art. 1.015, parágrafo único, II, do CC).

A outra hipótese de **excesso de poderes e, portanto, responsabilidade isolada do administrador** é o **ato** *ultra vires* (art. 1.015, parágrafo único, III, do Código Civil de 2002). Para que o ato *ultra vires* ocorra, basta que o administrador tenha praticado um ato além do objeto social.

Longe de ser uma novidade do Código Civil de 2002, a **teoria *ultra vires*** já era adotada no art. 316 do Código Comercial de 1850, mas havia sido abandonada pela adoção da teoria da aparência. A responsabilidade pelo ato *ultra vires* só pode ser adotada em relação aos contratos empresariais, não se esperando tal conhecimento do consumidor ou trabalhador, para os quais ainda prevalece a teoria da aparência.

De acordo com o Enunciado n. 219 do CJF: "está positivada a teoria *ultra vires* no Direito brasileiro, com as seguintes ressalvas: (a) o ato *ultra vires* não produz efeito apenas em relação à sociedade; (b) sem embargo, a sociedade poderá, por meio de seu órgão deliberativo, ratificá-lo; (c) o Código Civil amenizou o rigor da teoria *ultra vires*, admitindo os poderes implícitos dos administradores para realizar negócios acessórios ou conexos ao objeto social, os quais não constituem operações evidentemente estranhas aos negócios da sociedade; (d) não se aplica o art. 1.015 às sociedades por ações, em virtude da existência de regra especial de responsabilidade dos administradores (art. 158, II, Lei n. 6.404/76)".

Em todas as hipóteses de responsabilidade isolada do administrador é imprescindível que o terceiro saiba ou tenha condições de saber do excesso que está sendo praticado pelo administrador.

Os administradores são obrigados a prestar contas aos sócios de sua administração, apresentando anualmente um inventário, balanço patrimonial e o de resultado econômico (art. 1.020 do Código Civil de 2002). A sociedade pode ingressar com uma ação para exigir contas para que a obrigação seja cumprida (arts. 550 e s. do CPC/2015).

AÇÃO DO ADMINISTRADOR	RESPONSABILIDADE
Culpa	Perdas e danos
Contraria a vontade da maioria dos sócios	Perdas e danos
Usa bens ou dinheiro da sociedade sem autorização dos sócios	Perdas e danos
Excesso de poderes	Isolada (a sociedade opõe a terceiros a responsabilidade do administrador)

9.6.10 Decisões

As decisões de uma sociedade limitada são tomadas por assembleias ou reuniões. A terminologia "**reunião**" será utilizada quando a sociedade for composta por até dez sócios, enquanto o termo "**assembleia**" será utilizado quando a sociedade for composta por mais de dez sócios (art. 1.072, § 1º, do Código Civil de 2002).

A assembleia deve ser convocada pelos administradores, mas, diante de sua inércia por mais de 60 dias, qualquer sócio poderá fazer a convocação, ou ainda os sócios titulares de pelo menos 20% do capital social, se o administrador permanecer inerte por 8 dias diante do pedido de convocação (art. 1.073 do Código Civil de 2002), e poderá ocorrer presencialmente ou digitalmente (art. 1.080 do Código Civil de 2002).

Para que a convocação ocorra, é necessário que sejam respeitadas as seguintes solenidades:

- três publicações em jornal de grande circulação e no Diário Oficial;
- a primeira publicação deve respeitar a antecedência mínima de 8 dias da data da assembleia, para a primeira convocação (art. 1.152, § 3º, do Código Civil de 2002). Na segunda convocação, se for necessária, o prazo da primeira publicação será reduzido para 5 dias;
- é necessário o quórum mínimo de instalação da assembleia de no mínimo 3/4 do capital social (arts. 1.071, V, e 1.076 do Código Civil de 2002).

Normalmente as decisões da sociedade limitada devem ser tomadas mediante a maioria de votos, mas existem algumas questões que exigem quórum qualificado. São elas:

- decisões que só podem ser tomadas de **forma unânime**: (a) designação de administrador não sócio, se o capital social não estiver integralizado (art. 1.061 do Código Civil de 2002); (b) dissolução de sociedade com prazo determinado (art. 1.033, I, do Código Civil de 2002);
- decisões que dependem da **concordância de 3/4 do capital social** para: (a) modificação do contrato social; (b) aprovar incorporação, fusão e dissolução (arts. 1.071, V e VI, e 1.076, I, do Código Civil de 2002);
- decisões que dependem da **concordância de 2/3 do capital social** para: (a) destituição de sócio-administrador designado pelo contrato social; (b) designação de administrador não sócio, se o capital social estiver totalmente integralizado (arts. 1.061 e 1.063, § 1º, do Código Civil de 2002).

- decisões que dependem da concordância da **maioria absoluta do capital social, ou seja, de mais da metade do capital social** para: (a) designação de sócio-administrador realizada em ato separado; (b) remuneração de administradores; (c) exclusão de sócio por justa causa; (d) pedido de recuperação de empresas (arts. 1.071, II, III, IV; VIII, 1.076, II; e art. 1.085 do Código Civil de 2002);
- decisões que dependem da concordância da **maioria simples do capital social, ou seja, de mais da metade dos sócios presentes na assembleia**, para: (a) aprovação da prestação de contas dos administradores; (b) demais assuntos (arts. 1.071, I e VII, e 1.076, III, do Código Civil de 2002).

Se todos os sócios estiverem presentes na assembleia ou houver uma declaração por escrito sobre a ciência de todos eles a respeito da assembleia, as publicações serão dispensadas (art. 1.072, § 2º, do Código Civil de 2002).

Se na data fixada não estiver presente o quórum mínimo de sócios, então será necessária uma segunda convocação, que seguirá as solenidades anteriormente descritas, com a diferença de que o período de antecedência a ser respeitado para a primeira publicação será de 5 dias. Nesta segunda convocação não há quórum de instalação.

O sócio poderá participar e votar a distância em reunião ou em assembleia, nos termos do regulamento do órgão competente do Poder Executivo federal (art. 1.080-A do Código Civil de 2002).

9.6.11 Conselho fiscal

O conselho fiscal é um órgão facultativo que depende de previsão no contrato social.

É composto por três ou mais membros e respectivos suplentes, sócios ou não, residentes no país e eleitos na assembleia anual de sócios (art. 1.066 do Código Civil de 2002)

São atribuições do conselho fiscal (art. 1.069 do Código Civil de 2002): (a) examinar os livros e papéis da sociedade, ao menos de três em três meses; (b) lavrar o livro de atas e pareceres; (c) denunciar os erros, fraudes ou crimes que descobrirem; (d) convocar a assembleia dos sócios por motivos graves e urgentes ou se a diretoria retardar a convocação por mais de trinta dias; (e) praticar, durante o período de liquidação da sociedade, os atos a que se refere o art. 1.069 do Código Civil de 2002, tendo em vista as disposições especiais reguladoras da liquidação.

9.6.12 Retirada

A retirada do sócio acontece nos casos em que o sócio decide por vontade própria sair da sociedade. A retirada pode ser motivada ou imotivada.

A retirada será motivada nas hipóteses do art. 1.077 do Código Civil de 2002, ou seja quando o sócio não concorda com modificação do contrato social, fusão, incorporação. Nesse caso, o sócio terá de notificar os demais sócios no prazo de 30 dias, para manifestar sua intenção de se retirar da sociedade.

Se a sociedade limitada adotar de forma subsidiária as regras das sociedades simples, e o contrato for por **prazo indeterminado**, o **sócio pode se retirar por qualquer mo-**

tivo, desde que proceda à notificação dos demais sócios com antecedência mínima de 60 dias. Após 30 dias da notificação, os sócios podem optar pela dissolução total da sociedade (art. 1.029 do Código Civil de 2002)[23].

Independentemente da aplicação subsidiária das regras pertinentes à sociedade simples, de acordo com o art. 5º, XX, da CF/88, ninguém é obrigado a se associar ou manter-se associado. Por essa razão é que a retirada pode ser motivada ou imotivada.

Diante da retirada, tem o direito aos seus haveres, calculados de acordo com o art. 1.031 do Código Civil de 2002, ou seja, a partir de um balanço especialmente realizado em virtude da retirada. O novo CPC fala que a apuração de haveres ocorre a partir de um balanço de determinação, que seria uma forma atualizada de apurar a parte do sócio[24].

---

23. FAZZIO JUNIOR, Waldo. *Sociedades limitadas*. São Paulo: Atlas, 2003. p. 171. Nesse sentido, também, Tavares Borba entende não existir uma vinculação perpétua; em BORBA, José Edwaldo Tavares. *Direito societário*. 11. ed. Rio de Janeiro: Renovar, 2008. p. 128.

24. "Direito empresarial. Critérios para a apuração de haveres do sócio retirante de sociedade por quotas de responsabilidade limitada. No caso de dissolução parcial de sociedade por quotas de responsabilidade limitada, prevalecerá, para a apuração dos haveres do sócio retirante, o critério previsto no contrato social se o sócio retirante concordar com o resultado obtido, mas, não concordando, aplicar-se-á o critério do balanço de determinação, podendo-se utilizar conjuntamente a metodologia do *fluxo de caixa descontado* para se aferir, inclusive, o patrimônio intangível da sociedade. No RE 89.464-SP (Segunda Turma, *DJ* 4/5/1979), acerca da apuração de haveres decorrente de dissolução parcial, a Suprema Corte desenvolveu o raciocínio de que se deveria conceber uma forma de liquidação que assegurasse, concomitantemente, a preservação do empreendimento e uma situação de igualdade entre os sócios. Em respeito a essa premissa, mesmo que o contrato social eleja critério para a apuração de haveres, esse somente prevalecerá caso haja a concordância das partes com o resultado alcançado. Em outras palavras, se o sócio retirante não concordar com o resultado obtido pela aplicação do critério de apuração de haveres previsto no contrato social, facultar-se-á a ele a adoção da via judicial, a fim de que seja determinada a melhor metodologia de liquidação. Nesse mesmo julgado (RE 89.464-SP), o STF decidiu que deve ser assegurada ao sócio retirante situação de igualdade na apuração de haveres, fazendo-se esta com a maior amplitude possível, com a exata verificação, física e contábil, dos valores do ativo. Ademais, a doutrina, ao comentá-lo, observa que o voto condutor se baseou no fato de que a saída do dissidente não poderia lhe acarretar resultado patrimonial pior do que se fosse promovida a dissolução total. O STJ, ao assumir o papel uniformizador da legislação infraconstitucional, ratificou esse entendimento, fixando que, na dissolução de sociedade de responsabilidade limitada, a apuração de haveres [...] há de fazer-se como se dissolução total se tratasse, salientando que a medida tem por escopo preservar o *quantum* devido ao sócio retirante [...], evitando-se o locupletamento indevido da sociedade ou sócios remanescentes em detrimento dos retirantes (REsp 35.702-SP, Terceira Turma, *DJ* 13/12/1993). Entendimento que, aliás, prevaleceu em outros julgados do STJ (REsp 89.519-ES, Terceira Turma, *DJ* 4/8/1997; REsp 105.667-SC, Quarta Turma, *DJ* 6/11/2000; e REsp 197.303-SP, Quarta Turma, *DJ* 15/4/2002). Nesse contexto, a Terceira Turma do STJ, há tempos (REsp 24.554-SP, DJ 16/11/1992, e 35.702-SP, *DJ* 13/12/1993), já decidiu que o melhor critério de liquidação de haveres a ser utilizado seria o chamado *balanço de determinação*, que refletiria o valor patrimonial real da empresa. Melhor explicando, o valor patrimonial é obtido dividindo-se o patrimônio líquido da sociedade pelo número de quotas. O valor do patrimônio líquido, por sua vez, irá variar conforme o critério adotado para elaboração do balanço. Por isso, na dissolução parcial, deve-se utilizar um levantamento do balanço que confira ao patrimônio líquido e, por conseguinte, ao valor patrimonial um valor real. Esse balanço, de acordo com os referidos precedentes, seria justamente o *balanço de determinação*. O *balanço de determinação* utiliza um critério diferenciado de avaliação do ativo, que permite uma apuração fidedigna do patrimônio líquido, baseia-se no valor de mercado, correspondendo a uma simulação da realização de todos os bens do ativo e da satisfação do passivo social, com vistas a apurar qual seria o acervo líquido da sociedade se ela estivesse sendo totalmente dissolvida naquela data. Na dissolução parcial, a equipara-

Se, após a notificação, os demais sócios ficarem inertes, restará ao sócio que deseja se retirar ingressar com ação de dissolução parcial cumulada com apuração de haveres,

---

ção à dissolução total para efeitos da apuração de haveres constitui mera ficção legal, não se podendo olvidar que a sociedade irá, na prática, continuar em atividade, portanto, beneficiando-se de seus bens intangíveis, cujo valor, naquele momento (de apuração de haveres), deve estar espelhado também nas cotas do sócio dissidente, que até então contribuiu para a formação desse patrimônio intangível. Acrescente-se, por oportuno, que, embora a jurisprudência consolidada mencione que a apuração de haveres há de ser feita como se tratasse de dissolução total (que se realiza mediante balanço de liquidação, portanto com exclusão dos bens intangíveis), os próprios precedentes estabelecem a utilização do balanço determinado, em que o patrimônio intangível é levado em consideração. Essa aparente contradição se resolve pela mitigação da regra de equiparação da dissolução parcial à total, lembrando que ela constitui uma ficção legal já que a sociedade se manterá em plena atividade, bem como que os precedentes que lhe deram origem, desde os seus primórdios (ainda no âmbito do STF), basearam-se no fato de que deve ser assegurada ao sócio retirante situação de igualdade na apuração de haveres, fazendo-se esta com a maior amplitude possível, com a exata verificação, física e contábil, dos valores do ativo (RE 89.464-SP). E não se diga que esse temperamento estaria desvirtuando a regra, pois a exegese do comando jurisprudencial de igualdade entre os sócios e de ampla avaliação de todo o ativo evidencia ser impossível dar-lhe cumprimento sem incluir no cálculo dos haveres do dissidente o patrimônio intangível da empresa. Quanto à metodologia a ser usada para a precificação dos haveres do sócio retirante, tem-se que a metodologia do *fluxo de caixa descontado* que inclua, em seu cálculo, o patrimônio intangível da sociedade representa a que melhor revela a situação econômica e a capacidade de geração de riqueza de uma sociedade por quotas de responsabilidade limitada. Esse modelo avaliatório objetiva, em última análise, estabelecer o preço de mercado da sociedade, ou seja, o valor patrimonial real da empresa. Por isso, essa metodologia é rotineiramente utilizada em operações de aquisição, fusão e incorporação de participações societárias. Trata-se, entretanto, de um método subjetivo, inexistindo regra ou consenso sobre quais variáveis devem obrigatoriamente compor o cálculo. Seja como for, no cálculo do fluxo de caixa descontado, tem-se por praxe a inclusão do patrimônio intangível da sociedade, que corporifica uma expectativa futura de capacidade de geração de caixa ou de excesso de valor do negócio. Dessa forma, conclui-se que a utilização da metodologia do fluxo de caixa descontado vai ao encontro da jurisprudência do STJ, no sentido de que a apuração de haveres na dissolução parcial de sociedade limitada seja realizada mediante cálculo que aponte o valor patrimonial real da sociedade empresária. Nessa conjuntura, a própria orientação do STJ, de que a apuração de haveres se dê por balanço de determinação que, repise-se, compreende os bens intangíveis da sociedade sinaliza a possibilidade de utilização do fluxo de caixa descontado. Tanto é assim que, no julgamento do REsp 968.317-RS (DJe 11/5/2009), a Quarta Turma do STJ decidiu que não configura ofensa ao art. 1.031 do CC/02 o acolhimento das conclusões do laudo pericial que, ao apurar o valor do fundo de comércio, utiliza-se de sistemática de cálculo consistente na projeção da rentabilidade futura trazida ao valor presente, de modo a aferir os efeitos provocados pela perda da parcela intangível do patrimônio (contas de clientes). Não se ignora o fato de que, ao se desligar da sociedade, o dissidente perde a condição de sócio, não mais se sujeitando aos riscos do negócio, ou seja, deixando de participar de eventuais lucros ou prejuízos apurados. Todavia, também não se pode ignorar que a saída do dissidente ontologicamente não difere da alienação de sua participação societária. Também na dissolução parcial há alienação de quotas sociais. A única diferença é que a adquirente é a própria sociedade (ou os sócios remanescentes). Portanto, se, na alienação de participação societária, aceita-se de forma pacífica que o valor de mercado das quotas seja apurado mediante aplicação da metodologia do fluxo de caixa descontado, não se vislumbra motivo para que esse mesmo método não seja utilizado na apuração de haveres de sócio retirante. Afinal, não há como reembolsar de forma digna e justa o sócio dissidente sem incluir na apuração de haveres a mais valia da empresa no mercado. Ressalte-se, por fim, que o cálculo do fluxo de caixa descontado apresenta resultados futuros trazidos a valor presente, mediante aplicação de uma taxa de desconto que contempla o custo de oportunidade do capital empregado na remuneração das quotas sociais. Dessa forma, sofrendo a mais-valia futura redução a um valor presente, com base em um fator de risco, não se pode falar a rigor em participação do sócio dissidente nos lucros futuros da empresa" (STJ, REsp 1.335.619-SP, rel. originária e voto vencedor Min. Nancy Andrighi, rel. para acórdão Min. João Otávio de Noronha, julgado em 3-3-2015, *DJe* 27-3-2015 (Informativo 558).

mas, se a saída do sócio foi aceita, sem que ocorresse o respectivo ressarcimento, caberá ao sócio ingressar com a ação de apuração de haveres (arts. 599 e s. do CPC).

9.6.13 Exclusão de sócio

Na sociedade limitada, quando o sócio pratica uma **falta grave**, que torne a sua presença impossível para a continuação da atividade empresarial, é possível excluí-lo judicialmente ou extrajudicialmente.

A exclusão extrajudicial é possível se cumulativamente houver a presença dos seguintes requisitos:

- se houver a previsão no contrato social da possibilidade de exclusão por justa causa;
- se houver a concordância da maioria dos sócios, representativa de mais da metade do capital social. Ressalte-se o Enunciado n. 17 da I Jornada de Direito Comercial do CJF, que assim entendeu: "Na sociedade limitada com dois sócios, o sócio titular de mais da metade do capital social pode excluir extrajudicialmente o sócio minoritário desde que atendidas as exigências materiais e procedimentais previstas no art. 1.085, *caput*, e parágrafo único, do CC";
- que seja dada a oportunidade de defesa ao sócio por meio da convocação de uma reunião ou assembleia especialmente convocada para esse fim, a não ser que a sociedade seja composta por apenas 2 sócios – art. 1.085, parágrafo único, do CC (redação dada pela Lei n. 13.792, de 2019).

Em virtude do quórum necessário para essa modalidade de exclusão, apenas é possível para **excluir o sócio minoritário** (art. 1.085 do Código Civil de 2002). É claro que, se o sócio majoritário praticar uma falta grave, é possível sua exclusão sob a forma judicial.

Havendo a exclusão extrajudicial do sócio, devem ser apurados os seus haveres (valor patrimonial) de acordo com o art. 1.031 do Código Civil de 2002, se não houver outra forma de apuração prevista no contrato.

Se a exclusão extrajudicial não for possível, ainda restará à sociedade ingressar com a exclusão judicial quando houver justa causa. Também é possível a exclusão judicial se o sócio for declarado falido em outra atividade empresarial que exerça, ou ainda em virtude de incapacidade superveniente (art. 1.030 do Código Civil de 2002). Para a ação ser proposta por decisão da maioria dos demais sócios e para esse cálculo, desconsidera-se o sócio que será réu da exclusão judicial[25].

---

25. **O quórum deliberativo para exclusão judicial do sócio majoritário por falta grave no cumprimento de suas obrigações deve levar em conta a maioria do capital social de sociedade limitada, excluindo-se do cálculo o sócio que se pretende jubilar.** STJ, 3ª Turma, REsp 1.653.421-MG, rel. Min. Ricardo Villas Bôas Cueva, julgado em 10-10-2017 (Informativo STJ 616).

A ação será de dissolução parcial cumulada com apuração de haveres, com fundamento no arts. 599 e seguintes do CPC.

9.7 Questões

01. (CESPE/TJ-DFT/2016) Assinale a opção correta acerca das sociedades personificadas, de acordo com o Código Civil.

a) Na sociedade em nome coletivo, o uso da firma é privativo, nos limites do contrato, dos que tenham os necessários poderes para usá-la; na sociedade em comandita simples, não pode o nome do sócio comanditário constar na firma social, sob pena de ficar sujeito às mesmas responsabilidades de sócio comanditado.

b) Assim como o sócio comanditário na sociedade em comandita simples, o sócio pessoa física da sociedade em nome coletivo, como regra geral, responde solidária e ilimitadamente pelas obrigações sociais.

c) Na sociedade simples, não constitui causa de dissolução de pleno direito da sociedade a não reconstituição, no prazo de cento e oitenta dias, da pluralidade de sócios, ao contrário do que acontece no regime da sociedade limitada.

d) A sociedade simples constitui-se mediante contrato escrito, na forma pública ou particular. A sociedade limitada, porém, constitui-se apenas com observância de forma pública.

e) É obrigatório constar a firma social nos contratos da sociedade simples.

02. (VUNESP/TJ-SP/2015) Assinale a alternativa *incorreta*.

a) Exceto se houver expressa autorização no contrato social, na sociedade limitada, um sócio não pode ceder quotas a outro quotista sem o consentimento dos demais.

b) Na sociedade limitada, a responsabilidade dos sócios é restrita ao valor das suas quotas, salvo quanto à obrigação de integralização do capital, que é solidária.

c) Na sociedade simples, a contribuição do sócio pode consistir apenas em serviços.

d) Na sociedade limitada, em que o capital social ainda não estiver integralizado, a designação de administrador não sócio depende da aprovação pela unanimidade dos sócios.

03. (FCC/TRT 15ª REGIÃO/2015) Acerca da sociedade limitada, considere:

I. Seu contrato social poderá prever a regência supletiva pelas normas da sociedade anônima.

II. Os sócios respondem individual e limitadamente às suas respectivas participações pela exata estimação de bens conferidos ao seu capital social.

III. Para a formação do seu capital social, é vedada contribuição que consista em prestação de serviços.

IV. Deve adotar denominação social, vedado o uso de firma como nome empresarial.

V. Na omissão do contrato social, é vedado aos sócios ceder sua participação na sociedade, mesmo para outros sócios, sem a concordância dos demais.

Está correto o que consta APENAS em:

a) I e II.

b) I e III.

c) II e IV.
d) III e V.
e) IV e V.

04. **(FCC/TJ-RR/2015)** Analise as seguintes proposições acerca da sociedade em conta de participação:

I. Com a inscrição do seu contrato social no registro competente, adquire personalidade jurídica.

II. A atividade constitutiva do seu objeto social é exercida unicamente pelo sócio participante, em nome individual e sob responsabilidade própria e exclusiva dele.

III. Sua constituição independe de qualquer formalidade e se prova por todos os meios de direito.

IV. É dissolvida de pleno direito em caso de falência do sócio participante.

V. É regida subsidiariamente pelas normas que disciplinam a sociedade simples, e a sua liquidação rege-se pelas normas relativas à prestação de contas, na forma da lei processual.

Está correto o que se afirma APENAS em:

a) I e II.
b) I e III.
c) II e IV.
d) III e V.
e) IV e V.

05. **(CONSULPLAN/TJ-MG/Titular de Serviços de Notas e de Registros/2016)** Em relação à Sociedade Limitada, considerando os ditames do Código Civil Brasileiro, é correto afirmar:

a) Na sociedade limitada, a responsabilidade de cada sócio é restrita ao valor de suas quotas, mas todos respondem solidariamente pela integralização do capital social.
b) Independem da deliberação dos sócios, a aprovação das contas da administração e a destituição dos administradores.
c) A deliberação em assembleia será obrigatória se o número de sócios for superior a 20 (vinte).
d) A assembleia dos sócios instala-se com a presença, em primeira convocação, de titulares de no mínimo metade do capital social, e, em seguida, com qualquer número.

06. **(FAURGS/TJ-RS/2016)** A respeito da disciplina da sociedade limitada no Código Civil, assinale a alternativa correta.

a) A sociedade limitada rege-se, nas omissões do regime próprio, pelas normas da sociedade em comum.
b) A contribuição que consista em prestação de serviços é permitida pela disciplina da sociedade limitada.
c) Todos os sócios respondem solidariamente pela exata estimação de bens conferidos ao capital social até o prazo de dois anos da data do registro da sociedade.
d) A sociedade limitada é administrada por uma ou mais pessoas obrigatoriamente designadas no contrato social.
e) A administração atribuída no contrato a todos os sócios não se estende de pleno direito aos que posteriormente adquiram essa qualidade.

07. (FCC/TJ-SC/2015) Adriana e Débora eram sócias numa sociedade limitada. Sem prévia audiência dos demais sócios, Adriana alienou a Débora a totalidade das quotas de que era titular. Nesse caso, considerando que o contrato social era omisso quanto à cessão de quotas, a alienação realizada é

a) válida, mas só será eficaz depois de ratificada pela maioria dos demais sócios.

b) nula, porque não autorizada expressamente pelo contrato social.

c) nula, porque não respeitado o direito de preferência dos demais sócios.

d) válida, não podendo ser impedida pelos demais sócios.

e) válida, mas pode ser vetada por sócios titulares de mais de um quarto do capital social.

08. (FCC/TJ-RR/2015) Marcos, sócio integrante de determinada sociedade limitada, faltou com os seus deveres sociais, mediante a reiteração de condutas desleais e graves que colocaram em risco a própria continuidade da empresa. Por conta disso, todos os demais sócios desejam excluí-lo da sociedade. Considerando-se que o contrato social é omisso quanto à possibilidade de exclusão por justa causa, Marcos

a) somente poderá ser excluído da sociedade judicialmente, mediante iniciativa da maioria dos demais sócios.

b) poderá ser excluído da sociedade extrajudicialmente, mediante alteração do contrato social, desde que a exclusão seja aprovada por sócios titulares de pelo menos 2/3 (dois terços) do capital social.

c) não poderá ser excluído da sociedade, nem mesmo judicialmente, pois a exclusão por justa causa depende de previsão expressa do contrato social.

d) somente poderá ser excluído da sociedade judicialmente, mediante iniciativa de sócios titulares de pelo menos 3/4 (três quartos) do capital social.

e) poderá ser excluído da sociedade extrajudicialmente, mediante alteração do contrato social, desde que a exclusão seja aprovada por sócios titulares de mais da metade do capital social.

09. (TJ-MG/FUNDEB/2014) Analise as afirmativas sobre os tipos de sociedades e o exercício da atividade empresarial, assinalando com V as verdadeiras e com F as falsas.

( ) Embora o exercício da medicina corresponda a uma profissão intelectual de natureza científica, uma clínica médica de cirurgia plástica se reveste de natureza empresarial, já que nela o exercício da atividade médica, de nítida finalidade econômica, constitui elemento da empresa.

( ) A sociedade simples pode constituir-se em conformidade com os tipos de sociedade limitada, em nome coletivo, em comandita simples e em cooperativa. Todavia, seu contrato social deve ser inscrito no Registro Civil das Pessoas Jurídicas do local de sua sede.

( ) A maioria dos sócios de uma limitada poderá excluir o sócio minoritário que esteja pondo em risco a continuidade da empresa, em virtude de atos de inegável gravidade, independentemente de previsão no contrato social, desde que uma assembleia seja convocada especialmente para este fim, com prévia e tempestiva ciência do acusado para nela comparecer e apresentar sua defesa.

( ) Durante a fase de organização da sociedade anônima, até que se concluam seus atos constitutivos e ocorra seu arquivamento na Junta Comercial, os fundadores atuam em nome pessoal, pois o negócio jurídico por eles firmado para constituir a sociedade não vincula a companhia em formação e nem os subscritores de seu capital.

Assinale a alternativa que apresenta a sequência correta.

a) F V V V.
b) V F V V.
c) V F F V.
d) F V F V.

10. (VUNESP/TJ-SP/2014) Tendo em vista a Sociedade Limitada, assinale a opção *incorreta*

a) A sociedade limitada adquire uma personalidade jurídica distinta do patrimônio dos sócios que a compõem. Isto gera, de maneira absoluta, a irresponsabilidade dos sócios pelos débitos da sociedade limitada.
b) A sociedade limitada terá um capital fixo e determinado, formado por qualquer espécie de bens, suscetíveis de avaliação pecuniária e execução forçada, adequados à consecução do objeto social.
c) Subscrição e integralização são momentos distintos. Subscrição é a divisão do capital entre os sócios. Integralização é o efetivo pagamento do valor subscrito.
d) A responsabilidade de cada sócio é restrita ao valor de suas quotas, mas todos respondem solidariamente pela integralização do capital social.

11. (FCC/TRT 15ª REGIÃO/2015) "Sapatos Confortáveis Ltda." é uma sociedade atuante no ramo de varejo de calçados, regularmente inscrita no Registro de Empresas e administrada por sócios e não sócios. Na hipótese de o capital social dessa sociedade estar apenas parcialmente integralizado, respondem pela integralização do capital social

a) apenas os sócios titulares das quotas não integralizadas, solidariamente.
b) apenas os sócios titulares das quotas não integralizadas, proporcional e limitadamente às suas respectivas participações.
c) todos os sócios, solidariamente.
d) todos os sócios, proporcional e limitadamente às suas respectivas participações.
e) todos os sócios e administradores, sócios ou não, solidariamente.

12. (CESPE/TJ-RN/2013) A respeito das sociedades, assinale a opção correta.

a) A partir do Código Civil de 2002, o direito brasileiro, no que concerne às sociedades limitadas, adotou expressamente a *ultra vires doctrine*.
b) A sociedade estrangeira, qualquer que seja o seu objeto, pode, sem autorização do Poder Executivo, funcionar no país, por estabelecimentos subordinados, não podendo, todavia, ressalvados os casos expressos em lei, ser acionista de sociedade anônima brasileira.
c) Diz-se coligada ou filiada a sociedade cujo capital outra sociedade participa de qualquer forma, podendo controlá-la.
d) Na sociedade não personificada, os sócios, nas relações entre si ou com terceiros, podem provar a existência da sociedade por qualquer modo.
e) A caracterização de microempresa e empresa de pequeno porte não depende de quanto aufiram como receita bruta, em cada ano-calendário.

13. (VUNESP/2011/TJ-SP/Juiz) Nas sociedades simples, é correto afirmar que:

a) todos os sócios respondem solidária e ilimitadamente pelas obrigações sociais, excluído do benefício de ordem – referente à execução em primeiro lugar dos bens sociais – aquele que contratou pela sociedade.
b) O sócio sempre participa dos lucros e das perdas na proporção das respectivas quotas.

c) os poderes do sócio investido na administração por cláusula do contrato social podem ser revogados, a qualquer tempo, por meio de ato separado, desde que subscrito pela maioria dos sócios.

d) a administração da sociedade, nada dispondo o contrato social, compete separadamente a cada um dos sócios.

e) É anulável a estipulação contratual que exclua qualquer sócio de participar dos lucros e das perdas.

14. (VUNESP/TJ-PA/2014) Nas sociedades limitadas, é correto afirmar que

a) na omissão do contrato, o sócio pode ceder sua quota, total ou parcialmente, a quem seja sócio, independentemente de audiência dos outros, ou a estranho, se não houver oposição de titulares de mais da metade do capital social.

b) os sócios respondem solidariamente pela exata estimação de bens conferidos ao capital social, até o prazo de cinco anos da data da subscrição das quotas.

c) o capital social divide-se em quotas indivisíveis e iguais, cabendo uma ou diversas a cada sócio, que será responsável pela integralização que lhe couber.

d) a cessão total ou parcial da quota somente terá eficácia com a aprovação da modificação do contrato social com o consentimento dos demais sócios, respondendo, o cedente, solidariamente com o cessionário, perante a sociedade e terceiros, pelas obrigações que tinha como sócio, até dois anos depois de sua saída.

e) os sócios serão obrigados à reposição dos lucros e das quantias retiradas, a qualquer título, ainda que autorizados pelo contrato, quando tais lucros ou quantia se distribuírem com prejuízo do capital.

15. (2017/FMP Concursos/PGE-AC) De acordo com a Lei n. 10.406, de 10 de janeiro de 2002, ressalvado o disposto no art. 1.061 e no § 1º do art. 1.063, as deliberações dos sócios na sociedade limitada na omissão do contrato serão tomadas

a) pelos votos correspondentes, no mínimo, à metade do capital social para a destituição dos administradores.

b) pelos votos correspondentes, no mínimo, à metade do capital social para a designação dos administradores, quando feita em ato separado

c) pelos votos correspondentes, no mínimo, à metade do capital social para estabelecer o modo de sua remuneração, quando não estabelecido no contrato.

d) pelos votos correspondentes, no mínimo, a três quartos do capital social para a modificação do contrato social.

e) pelos votos correspondentes, no mínimo, à metade do capital social para a nomeação e destituição dos liquidantes e o julgamento das suas contas.

16. (2017/VUNESP/TJ-SP) A retirada do sócio de sociedade limitada

a) depende da aprovação dos demais em assembleia ou reunião.

b) condiciona-se à prévia propositura de ação judicial.

c) condiciona-se à apresentação de justa causa.

d) constitui direito potestativo do sócio retirante.

17. (2017/CONSULPLAN/TJ-MG) A limitação da responsabilidade de um sócio, em uma sociedade limitada, por regra, é

a) capital social total prometido pela sociedade e ainda não integralizado de forma solidária entre os sócios.

b) capital social individualmente prometido por casa sócio e ainda não integralizado de forma subsidiária para os demais sócios.

c) o capital social prometido, independentemente de estar integralizado ou não, sendo obrigação dos sócios integralizar novamente, caso a sociedade não tenha patrimônio em caso de falência.

d) o capital real que a sociedade tiver, não sendo relevante o capital integralizado ou não. Os sócios jamais são obrigados a completar o capital social, salvo existência de crime falimentar.

18. (2017/CESPE/PC-GO/Delegado de Polícia) Assinale a opção correta no que se refere ao direito societário.

a) Compete ao poder público municipal do local da sede autorizar o funcionamento de sociedades cujo funcionamento dependa de autorização do Poder Executivo.

b) É nulo todo o contrato social de sociedade limitada que contenha cláusula que exclua qualquer sócio da participação nos lucros e nas perdas.

c) A sociedade em comum e a sociedade de fato ou irregular são não personificadas, conforme classificação do Código Civil.

d) O sócio remisso pode ser excluído da sociedade pelos demais, caso em que deve ser-lhe devolvido, com os abatimentos cabíveis, o montante com o qual tenha contribuído para o capital social.

e) Os tipos societários previstos no Código Civil são exemplificativos, podendo as sociedades organizar-se de formas distintas das expressamente listadas

GABARITO

QUESTÃO	COMENTÁRIOS
01	A alternativa A está correta, pois define corretamente o uso do nome empresarial pela sociedade em nome coletivo e pela sociedade em comandita simples. A alternativa B está incorreta, pois o sócio comanditário pode ser pessoa física ou jurídica e responde limitadamente (art. 1.045 do CC). A alternativa C está incorreta, pois ambas as sociedades, simples e limitada, se dissolvem se a unipessoalidade permanecer por mais de 180 dias (art. 1.033 do CC). A alternativa D está incorreta, pois ambas as sociedades, simples e limitada, precisam apenas de um contrato particular para sua constituição. A alternativa E está incorreta, pois na sociedade simples o nome empresarial será a denominação social.
02	A alternativa A está incorreta, pois, na omissão do contrato social, a cessão de cotas entre sócios é livre (art. 1.057 do CC). A alternativa B está correta de acordo com o art. 1.052 do CC. A alternativa B está correta de acordo com o art. 997, V, do CC. A alternativa B está correta de acordo com o art. 1.066 do CC.
03	A assertiva I está correta de acordo com o art. 1.053 do CC. A assertiva II está incorreta, pois a responsabilidade pela avaliação é solidária (art. 1.055 do CC). A assertiva III está correta de acordo com o art. 1.055 do CC. A assertiva IV está incorreta, pois é permitida a denominação social (art. 1.158 do CC). A assertiva V está incorreta, pois, na omissão do contrato social, a cessão de cotas entre sócios é livre (art. 1.057, *caput*, do CC). Portanto, a alternativa correta é a B.
04	A assertiva I está incorreta, pois a sociedade em conta de participação não tem personalidade jurídica. A assertiva II está incorreta, pois, na sociedade em conta de participação, o sócio ostensivo realiza o objeto social (art. 991 do CC). A assertiva III está correta, pois sua constituição independe de qualquer formalidade e se prova por todos os meios de direito. A assertiva IV está incorreta, pois a dissolução ocorre pela falência do sócio ostensivo (art. 995 do CC). A assertiva V está correta, pois é regida subsidiariamente pelas normas que disciplinam a sociedade simples, e a sua liquidação rege-se pelas normas relativas à prestação de contas, na forma da lei processual. Portanto, a alternativa correta é a D.

05	A alternativa A está correta de acordo com o art. 1.052 do CC. As demais estão incorretas, pois só existe assembleia quando há mais de 10 sócios e o quórum da assembleia é de ¼ do capital votante.
06	A alternativa correta é a E, de acordo com o art. 1.060, parágrafo único, do CC. As demais estão incorretas, pois a sociedade limitada rege-se subsidiariamente pelas regras das sociedades simples. Além disso, é proibida a contribuição de sócio que consista apenas em prestação de serviços, e a responsabilidade pela avaliação é de 5 anos.
07	A alternativa correta é a D, pois, na omissão do contrato social, a cessão de cotas entre sócios é livre (art. 1.057 do CC).
08	A alternativa correta é a A, pois, já que o contrato social é omisso (art. 1.085 do CC), a exclusão só pode ser judicial, nos termos do art. 1.030 do CC.
09	A alternativa correta é a C, pois as assertivas são V, F, F e V.
10	A alternativa incorreta é a A, pois é possível a responsabilização dos sócios no caso de desconsideração da personalidade jurídica ou de responsabilização por ato ilícito (arts. 50 e 1.080 do CC).
11	A alternativa correta é a C, pois os sócios respondem pela integralização da cota subscrita, e solidariamente pela integralização do capital social (art. 1.052 do CC).
12	A alternativa correta é a A, pois a teoria *ultra vires* está prevista nas sociedades simples e limitada (parágrafo único do art. 1.015 do CC).
13	A alternativa correta é a A, de acordo com o art. 1.010 do CC.
14	A alternativa correta é a E, pois na limitada os sócios serão obrigados à reposição dos lucros e das quantias retiradas, a qualquer título, ainda que autorizados pelo contrato, quando tais lucros ou quantia se distribuírem com prejuízo do capital.
15	A alternativa correta é a D, pois a alteração de contrato social depende de quórum de ¾ do capital social
16	A alternativa correta é a D, pois a retirada de sócio pode ser motivada ou imotivada.
17	A alternativa correta é a A, pois a responsabilidade dos sócios é solidária até o limite do que falta integralizar (art. 1.052 do CC).
18	A alternativa correta é a D, pois o sócio remisso também tem direito à apuração dos seus haveres (art. 1.058 do CC).

10

SOCIEDADE ANÔNIMA

SUMÁRIO

10.1 Origem histórica

A sociedade anônima é a espécie societária que traz a proteção patrimonial dos sócios ou acionistas de origem mais remota, já que a sociedade limitada apenas surgiu na Alemanha em 1892.

Segundo Fábio Ulhoa, a primeira sociedade anônima foi criada no início do século XV, a Casa de São Jorge (*Officium Procuratorum Sancti Georgii*), uma instituição financeira criada para arcar com os gastos da guerra travada entre Gênova e Veneza[1].

Já para Gladston Mamede, a origem ocorre em 1604, com a criação da Companhia Holandesa das Índias Ocidentais[2], seguida de outras Companhias com o mesmo objetivo, mas originadas em países diferentes: França, Suécia, Dinamarca. A necessidade deste novo tipo societário era a valorização do objeto social, e não da pessoa dos investidores, que em contrapartida ao seu investimento tinham a proteção de seu patrimônio pessoal, já que o máximo a perder seria o investimento realizado.

1. COELHO, Fábio Ulhoa. *Curso de direito comercial.* 11. ed. São Paulo: Saraiva, 2008. v. 2, p. 62.
2. MAMEDE, Gladston. *Direito empresarial brasileiro*. 3. ed. São Paulo: Atlas, 2008. v. 2, p. 400-401.

O regime jurídico adotado para sua constituição era a outorga estatal, garantindo aos investidores a exclusividade da exploração do negócio. A outorga estatal se manteve, não mais garantindo a exclusividade da exploração do negócio, mas como requisito prévio de captação de recursos, como ocorreu na Inglaterra, a partir de 1720. Com o desenvolvimento da economia, a outorga estatal foi substituída pela autorização do governo de acordo com o Código Comercial francês de 1807.

A partir de 1825, com o crescente desenvolvimento industrial dos Estados Unidos, colocou-se fim à necessidade de autorização estatal como forma de atração do investimento externo.

O momento seguinte, ocorrido a partir de 1844 na Inglaterra, dá origem ao sistema da regulamentação, de tal modo que a autorização governamental agora só é indispensável para algumas atividades.

10.2 Evolução histórica no Brasil

A primeira sociedade anônima do Brasil foi o Banco do Brasil, surgido em 1808, com a vinda da Família Real, por meio de um alvará real concedido pelo príncipe regente D. João VI.

Com o Código Comercial de 1850, adotamos o sistema da autorização governamental, mas, a partir de 1882, o sistema adotado passou a ser o da regulamentação, mantendo a autorização para algumas atividades[3].

Atualmente, com a Lei n. 6.404/76, concordamos com Fábio Ulhoa ao entender que se mantém a **regulamentação** como regra, e a necessidade de **autorização para algumas atividades**, como para a captação de recursos públicos, a constituição de instituição financeira, entre outras[4].

10.3 Características gerais

São características gerais das sociedades anônimas:

- **Sociedade empresária**. A sociedade anônima é necessariamente uma sociedade empresária, por definição do legislador, que já na Lei n. 6.404/76 identificava essa sociedade como uma sociedade mercantil, o que foi reiterado pelo Código Civil. As sociedades anteriormente estudadas, como a sociedade em nome coletivo, comandita simples e limitada, podiam ser simples ou empresárias, dependendo do

---

3. COELHO, Fábio Ulhoa. *Curso de direito comercial*, cit., 11. ed., v. 2, p. 64.

4. Para Tavares Borba, o sistema hoje adotado é o da livre criação; a autorização apenas existe em algumas sociedades previstas na lei, como dependentes de autorização. BORBA, José Edwaldo Tavares. *Direito societário*. 11. ed. Rio de Janeiro: Renovar, 2008.

objeto social. Atente para o fato de que não importa a atividade exercida, a sociedade anônima não poderá ser uma sociedade simples (art. 982, parágrafo único, do Código Civil de 2002 e art. 2º da Lei n. 6.404/76).

- **Sociedade de capital.** Nas sociedades anônimas, o interesse da sociedade é a manutenção do fim social, e, para tanto, importa apenas que o investimento seja feito pelos sócios/acionistas, o que a torna essencialmente uma sociedade de capital. Exatamente por ter essa característica é que na sociedade anônima **não é possível o controle na entrada de terceiros**, daí que a cessão de cotas é livre, assim como é igualmente livre a sucessão em caso de falecimento. A quebra da *affectio societatis*, por fim, simplesmente não pode ser alegada nas sociedades anônimas. Vale ressaltar que numa **sociedade anônima fechada**, de natureza familiar, o **STJ** entendeu que seria possível a **dissolução por quebra de** *affectio societatis*, já que, naquele caso concreto, a relação pessoal era uma característica fundamental. Portanto, se estivermos diante de uma S.A. fechada de natureza familiar, seria possível não apenas a retirada motivada, como veremos a seguir, como também a retirada pela quebra da *affectio societatis*, bem como a exclusão por justa causa[5]. Nesse sentido o STJ: Empresarial. Sociedade anônima fechada. Cunho familiar. Dissolução. Fundamento na quebra da *affectio societatis*. Possibilidade. devido processo legal. Necessidade de oportunizar a participação de todos os sócios. Citação inexistente. Nulidade da sentença reconhecida. 1. Admite-se dissolução de sociedade anônima fechada de cunho familiar quando houver a quebra da *affectio societatis*. 2. A dissolução parcial deve prevalecer, sempre que possível, frente à pretensão de dissolução total, em homenagem à adoção do princípio da preservação da empresa, corolário do postulado de sua função social. 3. Para formação do livre convencimento motivado acerca da inviabilidade de manutenção da empresa dissolvenda, em decorrência de quebra da liame subjetivo dos sócios, é imprescindível a citação de cada um dos acionistas, em observância ao devido processo legal substancial. 4. Recurso especial não provido (REsp 1.303.284/PR, Min. Nancy Andrighi, *DJe* 13-5-2015).
- **Mínimo de dois acionistas.** Como em qualquer sociedade, é exigido o mínimo de 2 acionistas, entretanto temos duas exceções: a primeira delas temporalmente delimitada, que é o caso da S.A., que pode ter um único acionista por até 1 exercício (art. 206, I, *d*, da Lei n. 6.404/76), e a **subsidiária integral**, na qual todo o capital social de uma S.A. está centralizado nas mãos de uma pessoa jurídica brasileira

---

5. *Sociedade anônima familiar. Dissolução parcial.* A Seção reiterou ser possível a dissolução parcial de sociedade anônima familiar com apuração de haveres, no caso de quebra da *affectio societatis*, até para preservar a sociedade e sua utilidade social (Lei n. 6.404/1976, art. 206, II, *b*). Precedente citado: STJ, EREsp 111.294/PR, *DJ* 10-9-2007. STJ, EREsp 419.174/SP, 2ª Sessão, rel. Min. Aldir Passarinho Junior, j. 28-5-2008 (Info. 357).

cuja aquisição tenha sido documentada por uma escritura pública (art. 251, § 2º, da Lei n. 6.404/76).

- **Capital social dividido em ações.**
- **Pode ser aberta ou fechada.** Dependendo se existe ou não autorização para a negociação de seus títulos no mercado de valores mobiliários, como trataremos posteriormente.
- Adota como **nome empresarial** a denominação seguida por S.A. – Sociedade Anônima ou Cia. – Companhia, desde que o termo "companhia" não pode figurar no final do nome empresarial (art. 3º da Lei n. 6.404/76).
- **Responsabilidade dos acionistas.** Limitada à integralização do **preço de emissão** das ações subscritas (art. 1º da Lei n. 6.404/76).
- **Possibilidade de participação em outras sociedades.** Ainda que não prevista no estatuto social, desde que essa participação tenha como finalidade viabilizar a realização do objeto social ou para beneficiar a empresa com incentivos fiscais (art. 2º, § 3º, da Lei n. 6.404/76).

10.4 Mercado de capitais

O Mercado de Capitais é um sistema de distribuição de títulos emitidos pela S.A. Reúne de um lado as S.A. abertas, autorizadas a disponibilizar títulos para captar recursos no mercado, e de outro lado pessoas que dispõem de recursos para investir nesse mercado.

Não apenas ações, mas outros títulos emitidos pela S.A. aberta podem ser negociados no mercado de capitais. Para a S.A., a oferta de títulos no mercado de capitais é uma forma de levantar recursos para manter e viabilizar seu desenvolvimento econômico, e, para os investidores, mais uma opção de investimento.

a) Mercado de capitais primário e secundário

Quando a S.A. coloca pela primeira vez seus títulos no mercado, estamos diante do **mercado de capitais primário**, onde a relação é entre a S.A. e o investidor. No mercado de capitais primário, apenas são negociados títulos novos, recém-emitidos pela S.A. O valor pago pelo investidor no mercado de capitais primário é o **valor de emissão** do título, que, como veremos a seguir, é o valor fixado pela S.A. Quando a S.A. oferta um bloco de ações, nessa primeira oferta estamos falando do I.P.O. (*Initial public offering*). O IPO é a primeira venda de ações de uma empresa no mercado de capitais e normalmente ocorre na expansão da S.A.

Por outro lado, quando o título já está no mercado, e a negociação é entre um investidor e outro investidor, estamos diante do **mercado de capitais secundário**. No mercado de capitais secundário a S.A. não participa da negociação, já que o título está no mercado e o valor pago pelo título é o **valor de mercado ou de negociação**, que flutua de acordo com a oferta, a procura e todos os fatores internos e externos à sociedade que interferem nesse valor.

b) Comissão de valores mobiliários – CVM

A princípio, o Banco Central era responsável pelo mercado de capitais, mas no final da década de 1960, em virtude dos incentivos fiscais criados pelo Governo Federal, um grande volume de recursos foi levado ao mercado de capitais, aumentando rapidamente a procura por ações pelos investidores, sem que houvesse um aumento correspondente na oferta de novas emissões de ações pelas empresas. Isto desencadeou o ***boom* da Bolsa do Rio de Janeiro**, quando, entre dezembro de 1970 e julho de 1971, ocorreu uma expressiva elevação nos valores das ações.

O problema é que, a partir de julho de 1971, vários acionistas começaram a vender suas ações, e, juntamente com novas emissões de ações, a oferta de títulos aumentou, fazendo com que o preço das ações se desvalorizasse com a mesma rapidez.

Com isso, os investidores deixaram de colocar seus recursos no mercado de capitais, daí a necessidade de criar um órgão específico para regulá-lo. Foi então que a Lei n. 6.385/76 criou a **CVM – Comissão de Valores Mobiliários**, autarquia federal, de regime especial, com **poderes de agência reguladora**, vinculada ao Ministério da Fazenda, que tem como funções (art. 8º da Lei n. 6.385/76):

- **normatizar**, por meio de instruções normativas, o funcionamento do mercado de capitais;
- **fiscalizar** o mercado de capitais, a fim de impedir fraudes e abusos, bem como verificar se os investidores estão regularmente informados da situação das sociedades e, quando for o caso, punir administradores e controladores, por informação indevida ou qualquer forma de abuso;
- **autorizar** a constituição de uma S.A. aberta, bem como autorizar a colocação de títulos de sua emissão no mercado de capitais.

c) Bolsa de valores e mercado de balcão

O mercado de capitais acontece concretamente na bolsa de valores ou no mercado de balcão.

A **bolsa de valores** tem natureza privada, constituída ou por uma associação de sociedades corretoras ou por uma sociedade. Na bolsa de valores acontece o **mercado de capitais secundário**, ou seja, ações e títulos que já estão no mercado circulam, portanto, a bolsa de valores não é o local onde a S.A. coloca seus títulos pela primeira vez no mercado.

O pregão que ocorre na bolsa de valores é apenas entre investidores que já adquiriram esses títulos e oferecem para outros investidores.

O **mercado de balcão**, com igual natureza de pessoa jurídica de Direito Privado, por outro lado, realiza a distribuição de títulos emitidos pela S.A., fora da bolsa de valores. O mercado de balcão é constituído pelas sociedades corretoras e por instituições financeiras ou ainda pelo mercado de balcão organizado, que no Brasil é formado pela Soma (Sociedade Operadora do Mercado de Acesso), uma companhia cujo objeto é realizar operações de compra e venda de valores mobiliários.

No mercado de balcão pode acontecer tanto o **mercado primário**, ou seja, a negociação de títulos entre a S.A. e os investidores interessados, como o **mercado secundário**, no qual existe a circulação de títulos que já estão no mercado.

Tanto a bolsa de valores como o mercado de balcão se submetem à fiscalização da CVM.

PARA COMPARAR

MERCADO DE BALCÃO	BOLSA DE VALORES
Sociedade corretora ou instituição financeira	Associação de sociedades corretoras ou S.A.
Mercado de capitais primário e secundário	Mercado de capitais secundário

10.5 Constituição da S.A.

A S.A. pode se constituir por meio da subscrição pública ou da subscrição particular, como veremos a seguir, mas algumas providências são comuns a qualquer forma de constituição.

De acordo com o art. 80 da Lei n. 6.404/76, a S.A. precisa de:

- **subscrição**, *pelo menos por 2 (duas) pessoas*, de todas as ações em que se divide o capital social fixado no estatuto, com **exceção da subsidiária integral**, na qual todo o capital social está nas mãos de uma pessoa jurídica brasileira (art. 251, § 2º, da Lei n. 6.404/76);
- **realização**, como entrada, de **10%, no mínimo**, do preço de emissão das ações subscritas em dinheiro, salvo as instituições financeiras, que precisam de **50% do capital subscrito** (art. 27 da Lei n. 4.595/64);
- **depósito**, no Banco do Brasil S.A., ou em outro estabelecimento bancário autorizado pela Comissão de Valores Mobiliários, da parte do capital realizado em dinheiro, que deverá ser feito pelo fundador, no prazo de 5 (cinco) dias contados do recebimento das quantias, em nome do subscritor e a favor da sociedade em organização, que só poderá levantá-lo após haver adquirido personalidade jurídica. E, se a companhia não se constituir dentro de 6 (seis) meses da data do depósito, o banco restituirá as quantias depositadas diretamente aos subscritores (arts. 80 e 81, *caput* e parágrafo único, da Lei n. 6.404/76).

10.5.1 Subscrição particular ou constituição simultânea

A **subscrição particular** ou **constituição simultânea** ocorrerá quando todo o capital necessário já tiver sido obtido pelos próprios fundadores. Esse tipo de constituição é usado pela **S.A. fechada**, e, portanto, a constituição tem um procedimento mais simplificado.

Na subscrição particular, será necessário reunir os fundadores numa assembleia ou ainda lavrar uma escritura pública com o seguinte conteúdo: a qualificação dos subscritores; o estatuto da companhia; a relação das ações tomadas pelos subscritores e a importância das entradas pagas; a transcrição do recibo do depósito referido anteriormente; a transcrição do laudo de avaliação dos peritos, caso tenha havido subscrição do capital social em bens; a nomeação dos primeiros administradores e, quando for o caso, dos fiscais (art. 88, *caput* e § 2º, da Lei n. 6.404/76).

Com a ata dessa assembleia ou a certidão expedida junto com o estatuto social, a S.A. deve ser registrada na **Junta Comercial** (art. 97 da Lei n. 6.404/76), para só então começar a realizar sua atividade, sob pena de ser considerada irregular.

Arquivados os documentos relativos à constituição da companhia, os seus administradores providenciarão, nos 30 dias subsequentes, a publicação deles, bem como a de certidão do arquivamento, na Junta Comercial do local de sua sede (art. 98 da Lei n. 6.404/76).

Os **primeiros administradores são solidariamente responsáveis** perante a companhia pelos prejuízos causados pela demora no cumprimento dessas formalidades complementares à sua constituição (art. 99 da Lei n. 6.404/76).

10.5.2 Subscrição pública ou constituição sucessiva

A **subscrição pública ou constituição sucessiva** ocorrerá quando, para completar o montante do capital social, for necessária a captação de investimentos externos. Assim, essa forma de constituição é comum na **S.A. aberta**.

Nesta forma de constituição, em primeiro lugar, deverão ser respeitadas todas as providências preliminares, e então será necessário um **prévio registro de emissão na CVM** (Comissão de Valores Mobiliários), que analisará o pedido de registro com o **estudo de viabilidade financeira** do futuro empreendimento, o projeto do estatuto social e o prospecto, organizado e assinado pelos fundadores e pela instituição financeira intermediária (art. 82, *caput* e § 1º, da Lei n. 6.404/76).

O prospecto deverá mencionar, com precisão e clareza, as bases da companhia e os motivos que justifiquem a expectativa de bom êxito do empreendimento, e em especial: o valor do capital social a ser subscrito, o modo de sua realização e a existência ou não de autorização para aumento futuro; a parte do capital a ser formada com bens, a discriminação desses bens e o valor a eles atribuído pelos fundadores; o número, as espécies e classes de ações em que se dividirá o capital; o valor nominal das ações, e o preço da emissão das ações; a importância da entrada a ser realizada no ato da subscrição; as obrigações assumidas pelos fundadores, os contratos assinados no interesse da futura companhia e as quantias já despendidas e por despender; as vantagens particulares, a que terão direito os fundadores ou terceiros, e o dispositivo do projeto do estatuto que as regula; a autorização governamental para constituir-se a companhia, se necessária; as datas de início e término da subscrição e as instituições autorizadas a receber as entradas; a solução prevista para o caso de excesso de subscrição; o prazo dentro do qual deverá realizar-se a assembleia de constituição da companhia, ou a preliminar para avaliação dos bens, se for o caso; o nome, nacionalidade, estado civil, profissão e residência dos fundadores, ou, se pessoa jurídica, a firma ou denominação, nacionalidade e sede, bem como o número e espécie de ações que cada um houver subscrito; a instituição financeira intermediária do lançamento, em cujo poder ficarão depositados os originais do prospecto e do projeto de estatuto, com os documentos a que fizerem menção, para exame de qualquer interessado (art. 84 da Lei n. 6.404/76).

Uma vez que a CVM tenha aprovado o projeto, a S.A. em formação deverá buscar a **intermediação de uma instituição financeira** para que suas ações sejam negociadas na bolsa de valores. Esse serviço prestado pela instituição financeira é chamado de *underwriting*. As pessoas que se interessarem por essas ações saberão o que estão adquirindo, uma vez que as ações trarão o nome escolhido para a S.A., seguido da terminologia "em organização" (arts. 82 a 84 e 91 da Lei n. 6.404/76).

Encerrado o período de oferta e havendo sido subscrito todo o capital social, os fundadores convocarão a assembleia geral, que deverá promover a avaliação dos bens, se for o caso, e deliberar sobre a constituição da companhia (art. 86, I e II, da Lei n. 6.404/76).

A assembleia de constituição instalar-se-á, em primeira convocação, com a presença de subscritores que representem, no mínimo, metade do capital social, e, em segunda convocação, com qualquer número (art. 87 da Lei n. 6.404/76).

Da mesma forma que na subscrição particular, o estatuto e a ata da assembleia serão registrados na Junta Comercial (art. 97 da Lei n. 6.404/76).

PARA COMPARAR

SUBSCRIÇÃO PARTICULAR	SUBSCRIÇÃO PÚBLICA
1) Assembleia de Fundação ou Escritura Pública;	1) Prévio Registro da CVM;
2) Registro na Junta Comercial.	2) Intermediação de Instituição Financeira;
	3) Assembleia de Constituição;
	4) Registro na Junta Comercial.

10.6 Capital social

O capital social da S.A. é fixado no estatuto social e é expresso por moeda nacional, corrigido anualmente (art. 5º, parágrafo único, e art. 167 da Lei n. 6.404/76). O capital social é composto por **dinheiro ou qualquer bem suscetível de avaliação** em dinheiro (art. 7º da Lei n. 6.404/76). Note que, assim como na limitada, o capital social não pode ser composto pela prestação de serviços de algum acionista.

A **avaliação** dos bens será feita por **3 peritos** ou por **empresa especializada**, nomeados em assembleia geral dos subscritores, convocada pela imprensa e presidida por um dos fundadores, instalando-se em primeira convocação com a presença de subscritores que representem metade, pelo menos, do capital social, e em segunda convocação com qualquer número. Se a assembleia não aprovar a avaliação, ou o subscritor não aceitar a avaliação aprovada, ficará sem efeito o projeto de constituição da companhia (art. 8º, *caput* e § 3º, da Lei n. 6.404/76).

Os **avaliadores e o subscritor** responderão perante a companhia, acionistas e terceiros, pelos **danos** que lhes causarem por **culpa ou dolo** na avaliação dos bens, sem prejuízo da responsabilidade penal em que tenham incorrido. No caso de bens em condomínio, a responsabilidade dos subscritores será solidária (art. 8º, § 6º, da Lei n. 6.404/76).

Quando fica estabelecido o valor do capital social, já se estabelece por quantas ações ele será composto.

10.6.1 Aumento de capital social

Durante a existência da S.A., ela pode precisar aumentar seu capital social para manter seu fim social. Esse aumento de capital social ocorre com a emissão de novas ações, que poderão ser negociadas com os acionistas ou com terceiros que desejem participar da S.A. Para que ocorra esse aumento, é indispensável que pelo menos 75% – ou ¾ – do capital social tenha sido integralizado (art. 170 da Lei n. 6.404/76).

Além disso, será necessária a decisão por uma assembleia geral extraordinária, e o exercício do direito de preferência a quem já é acionista (art. 171 da Lei n. 6.404/76).

É possível ainda que o aumento de capital já esteja previsto no estatuto social, assim o aumento pode ocorrer por decisão dos administradores. É o caso da sociedade de **capital autorizado** (art. 168 da Lei n. 6.404/76). Nesse caso, o estatuto precisa fixar o aumento do capital, a emissão de novas ações, e se haverá ou não o direito de preferência dos acionistas (art. 172 da Lei n. 6.404/76).

Com o afastamento do direito de preferência dos acionistas, as sociedades de capital autorizado **podem emitir bônus de subscrição e opções de ação** a fim de dar a preferência na aquisição dessas ações, como estudaremos posteriormente.

10.6.2 Redução de capital social

A redução do capital social pode ser necessária em virtude de situações como o **reembolso ao acionista dissidente**, quando exerce seu direito de retirada (art. 45 da Lei n. 6.404/76), ou mesmo do **acionista remisso**, quando todas as alternativas para conseguir a quantia não tiverem êxito.

A redução também pode ocorrer em virtude das hipóteses do art. 173 da Lei n. 6.404/76, como, por exemplo, no caso de **prejuízos acumulados**, que não possam ser suportados com a reserva de capital, ou ainda quando o capital social for excessivo ao objeto social.

Quando o **capital social for excessivo ao objeto social**, devem-se restituir aos acionistas as partes dos valores pagos, ou a liberação de parte do que não foi integralizado; nesse caso a eficácia da redução dependerá da concordância dos credores, obtida em até 60 dias da publicação da ata da assembleia geral, e da aprovação da maioria dos debenturistas (art. 174, § 3º, da Lei n. 6.404/76).

10.7 Reserva de capital

Algumas vezes o acionista, ao comprar a ação da S.A., paga pela ação, adquirida diretamente da sociedade, na constituição, ou no aumento de capital social, um valor maior que o valor nominal da ação. Esse valor pago pelo acionista é chamado de **valor de emissão**.

Essa **diferença entre o valor nominal e valor de emissão** (ágio) não será destinado ao capital social, e sim contabilizado como **reserva de capital**. Outro detalhe peculiar é que, enquanto o capital social poderia ser composto por bens ou dinheiro, a reserva de capital **só poderá ser composta por dinheiro**.

Os valores contabilizados como reserva de capital **só podem ser utilizados para** (art. 200 da Lei n. 6.404/76):

- absorção de prejuízos que ultrapassarem os lucros acumulados e as reservas de lucros;
- resgate, **reembolso** ou compra de ações;
- resgate de partes beneficiárias;
- incorporação ao capital social;
- **pagamento de dividendo a ações preferenciais**, quando essa vantagem lhes for assegurada.

10.8 Ações

As ações são títulos que correspondem a parte do capital social e conferem a seus titulares um complexo de direitos e deveres. Por ser o principal título emitido pela S.A., trataremos detalhadamente desse tema.

10.8.1 Valores

O valor das ações, dependendo do aspecto analisado, pode ser atribuído da seguinte forma: valor nominal, valor de emissão, valor patrimonial, valor de negociação e valor econômico.

a) Valor nominal

O valor nominal é o resultado da **divisão do valor do capital social pelo número de ações**. Este valor pode estar ou não expresso na ação, de tal modo que podem existir ações **com ou sem valor nominal** (arts. 13 e 14 da Lei n. 6.404/76). O que a S.A. pode escolher é se o valor nominal estará ou não expresso na ação, mas não se a ação terá ou não o valor nominal. Portanto, todas as ações possuem valor nominal, mas este valor pode ou não estar expresso no corpo da ação.

A fixação do valor nominal na ação "protege" seu titular de uma posterior diluição de seu investimento, quando a S.A. aumenta seu capital social e emite mais ações no mercado, já que **é vedada** a emissão de ações por **preço inferior ao seu valor nominal** (art. 13 da Lei n. 6.404/76).

Esse valor não é o que o acionista paga ao adquirir sua ação. Normalmente o valor pago é o de emissão, que é superior ao valor nominal.

b) Valor de emissão

O valor de emissão é o **valor fixado pela S.A.**, e é a quantia paga pelo acionista no momento em que adquire sua ação diretamente da S.A. no momento da constituição da S.A. ou no caso de aumento de capital social.

Quando o valor de emissão é maior do que o valor nominal, a diferença, chamada de ágio, é destinada a uma conta específica chamada **reserva de capital** (art. 13, § 2º, da Lei n. 6.404/76).

Note, portanto, que parte do valor de emissão pago será destinada a compor o capital social (parte correspondente ao valor nominal), e a diferença será destinada à reserva de capital.

Como vimos anteriormente no tema "mercado de capitais", o valor de emissão é pago no **mercado de capitais primário**, onde existe a relação direta entre o investidor e a S.A.

c) Valor de negociação ou de mercado

O valor de negociação é o **preço pago pela ação no mercado de capitais secundário**. Este valor é fixado pela oferta e procura das ações no mercado, cuja relação depende não apenas da saúde financeira da empresa como também de fatores políticos e econômicos do mercado e do país onde a negociação está acontecendo.

d) Valor patrimonial

O valor patrimonial é o valor representativo da participação do acionista no patrimônio líquido da companhia, calculado pela **divisão do patrimônio líquido pelo número de ações**. O patrimônio líquido é obtido contabilmente pela diferença entre o ativo e o passivo.

Tal valor é devido ao acionista, em caso de **liquidação** ou **reembolso**, tendo-se acesso a este valor por meio de um balanço especialmente realizado para esta finalidade (art. 45, § 1º, da Lei n. 6.404/76).

e) Valor econômico

O valor econômico é o valor obtido a partir de cálculos altamente complexos, pois leva em conta quanto a ação valeria ao ser colocada no mercado futuramente. O valor econômico leva em conta uma **expectativa de avaliação da ação** e a rentabilidade da empresa e é usado nos casos de apuração de **responsabilidade do administrador**, uma vez que uma determinada decisão tomada pelo administrador pode alterar essa expectativa de valor.

De acordo com Modesto Carvalhosa, esta avaliação pode levar em conta dois critérios contábeis diferentes, a **comparação por múltiplos** e o **fluxo de caixa descontado**[6]. A comparação por múltiplos é a comparação com empresas semelhantes, enquanto o fluxo de caixa descontado leva em conta a capacidade de caixa da S.A. e a expectativa de lucro.

10.8.2 Classificação das ações

10.8.2.1 Quanto aos direitos específicos

Com relação à natureza, à espécie ou aos direitos que conferem a seus titulares, as ações podem ser: ordinárias, preferenciais ou de gozo ou fruição (art. 15 da Lei n. 6.404/76).

a) Ordinárias

As ações ordinárias são aquelas que conferem os direitos reservados ao acionista comum, além de conceder a seus titulares o **direito de voto** (art. 16 da Lei n. 6.404/76).

O titular dessa ação é chamado de ordinarialista e possui os direitos descritos no art. 109 da Lei n. 6.404/76, de que trataremos a seguir, e o direito de votar nas decisões tomadas pela assembleia geral. Será entre os ordinarialistas que ocorrerá a definição do controlador e dos acionistas minoritários.

Nas **companhias fechadas**, as ações ordinárias ainda **podem adotar classes diferentes**, de acordo com a forma ou conversibilidade de uma forma em outra; a conversibilidade em ações preferenciais; a exigência de nacionalidade brasileira do acionista; ou o direito de voto em separado para o preenchimento de determinados cargos de órgãos administrativos (art. 16, I, II e III, da Lei n. 6.404/76). Entretanto na S.A. aberta só existirá um tipo de ação ordinária.

b) Preferenciais

As ações preferenciais são as que, além dos direitos comuns descritos no art. 109 da Lei n. 6.404/76, conferem **vantagens econômicas ou políticas** a seus titulares, que são chamados de preferencialistas.

As **vantagens econômicas** consistem na prioridade na distribuição de dividendos e na prioridade no reembolso do capital investido; além disso, no estatuto da S.A., pode estabelecer uma forma específica de distribuição dos dividendos, que podem ser mínimos, fixos ou diferenciais.

Os **dividendos mínimos** são aqueles distribuídos a partir de um valor mínimo de recebimento, mas que não impedem que o acionista receba mais, se a S.A. tiver um lucro maior em um exercício. Os **dividendos fixos** são aqueles distribuídos a partir de um valor fixo de recebimento, e, mesmo que a S.A. tenha um lucro maior em determinado

---

6. CARVALHOSA, Modesto. *Comentários à Lei de Sociedades Anônimas*. São Paulo: Saraiva, 1997. v. 3, p. 461.

exercício, o acionista preferencial não terá uma participação maior. Os **dividendos diferenciais** são aqueles distribuídos numa proporção diferente e superior a pelo menos 10% do que será distribuído para quem possui uma ação ordinária (art. 17, § 1º, II, da Lei n. 6.404/76).

Se a S.A. ficar três exercícios consecutivos sem fazer a distribuição de dividendos a que a empresa se comprometeu, deverá devolver o direito de voto aos preferencialistas, até que voltem a ser distribuídos os dividendos (art. 111, § 1º, da Lei n. 6.404/76).

Por outro lado, as vantagens políticas consistem na possibilidade de **eleger** um ou mais **membros** dos órgãos de **administração** (art. 18 da Lei n. 6.404/76) ou ainda na atribuição do *direito de veto*; são as chamadas "*golden share*" em matérias especificadas pela assembleia geral, ao ente desestatizante nas companhias que foram objeto de privatização (art. 17, § 7º, da Lei n. 6.404/76).

Das ações emitidas, a partir de 2001, no máximo 50% podem ser preferenciais sem direito a voto. Antes de 2001, o critério máximo era de 2/3 do total das ações emitidas.

As ações preferenciais podem ser emitidas com classes diferentes tanto na S.A. aberta como na fechada. Os direitos atribuídos a cada classe de ação preferencial estarão descritos no estatuto social da S.A.

c) De gozo ou fruição

As ações de gozo ou fruição são as ações emitidas para **amortizar dívidas** que a S.A. teria com o acionista em caso de liquidação da sociedade. Elas são emitidas para substituir ações ordinárias ou preferenciais que estão no mercado (art. 44, § 5º, da Lei n. 6.404/76). Note que a ação não foi emitida pela S.A. como de gozo ou fruição; ela só existe quando substitui as ações que estão no mercado.

Como o valor foi adiantado, em caso de direito de reembolso ou realmente de liquidação da S.A., deve-se levar em conta o valor que já foi pago ao acionista.

PARA COMPARAR

ORDINÁRIAS	PREFERENCIAIS	GOZO OU FRUIÇÃO
• Direitos: art. 109 da Lei das S.A.; • Voto; • Nas cias. fechadas podem ter classes diferentes.	• Direitos: art. 109 da Lei das S.A.; • Vantagem patrimonial: distribuição de dividendos; ou • Vantagem política: direito de voto; direito de veto. Podem ter classes diferentes tanto na S.A. fechada como na S.A. aberta.	• Direitos: art. 109 da Lei das S.A.; • Amortizar dívidas que a S.A. teria com o acionista em caso de liquidação.

10.8.2.2 Quanto à forma de circulação

Com relação à forma de circulação, as ações podem ser nominativas ou escriturais. As **ações nominativas** são aquelas que, para serem transferidas, precisam de registro por termo lavrado no Livro de Registro de Ações Nominativas (arts. 20 e 31 da Lei n. 6.404/76). Essa transferência, portanto, depende de uma formalidade maior.

As **ações escriturais**, por outro lado, não possuem emissão de certificado e a comprovação de propriedade é demonstrada pelo extrato da conta de depósito emitida pela instituição financeira que vendeu as ações. A transferência dessas ações não precisa ser solene, bastando o lançamento da venda e compra pela instituição financeira (arts. 34 e 35, § 1º, da Lei n. 6.404/76).

Importante ressaltar que **não podem mais ser emitidas ações ao portador**, que são aquelas sem identificação do titular, tampouco as nominativas endossáveis, que permitiriam a transmissão pelo simples endosso e, portanto, sem o controle sobre a sua titularidade, por determinação da Lei n. 8.021/90.

10.9 Acionistas

10.9.1 Dever

O acionista tem como dever **a integralização do preço de emissão das ações subscritas** (art. 106 da Lei n. 6.404/76), ou seja, pagar o valor de emissão da ação.

Note que, ao contrário da sociedade limitada, na qual a responsabilidade do sócio é limitada à integralização da ação que subscreveu e solidariamente até o limite do que falta a integralizar, na S.A. a responsabilidade do acionista é apenas pela integralização do valor de emissão da própria ação.

10.9.1.1 Acionista remisso

O acionista remisso é o **acionista que não integralizou as ações que subscreveu**. É constituído em mora o acionista que não faz o pagamento nas condições previstas no boletim de subscrição, ou na chamada. A chamada é necessária se o estatuto e o boletim forem omissos quanto ao montante da prestação e ao prazo ou data do pagamento, cabendo aos órgãos da administração efetuar chamada, mediante avisos publicados na imprensa, por 3 vezes, no mínimo, fixando prazo, não inferior a 30 dias, para o pagamento.

Uma vez **constituído em mora, o acionista remisso** será responsável pelo pagamento dos juros, da correção monetária e da multa que o estatuto determinar, esta não superior a 10% do valor da prestação (art. 106, § 2º, da Lei n. 6.404/76).

A S.A. pode optar por **executar o acionista remisso ou vender as ações na bolsa de valores** sob as custas do acionista (art. 107, I e II, da Lei n. 6.404/76). A venda das ações na bolsa de valores pode ser realizada mesmo que a execução já tenha iniciado. É claro que a venda no mercado de capitais só será possível nas companhias abertas, enquanto nas fechadas só é possível a execução.

PARA FIXAR

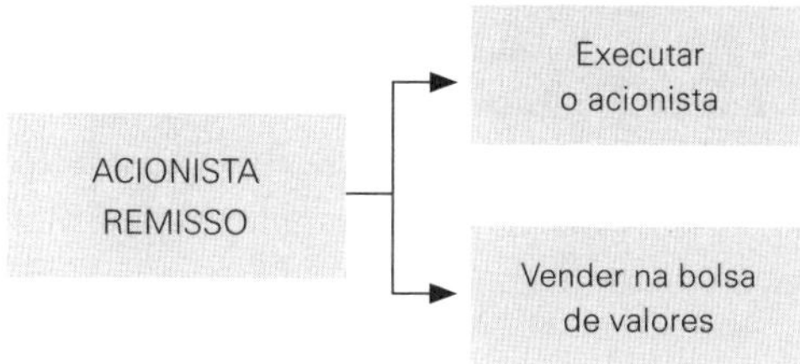

10.9.2 Direitos essenciais do acionista

São direitos comuns a todos os acionistas, que não podem ser reduzidos ou retirados, nem pelo estatuto social e nem por decisão da assembleia:

- **Participar dos lucros sociais** (dividendos). Todos os acionistas possuem o direito de participar dos lucros da sociedade, mas a medida da participação depende do tipo de ação adquirida e se haverá ou não distribuição de dividendos naquele exercício;
- **Participar do acervo da companhia em caso de liquidação**, lembrando que o acionista que teve sua ação substituída pela ação de gozo ou fruição já recebeu o adiantamento do que receberia em caso de liquidação, daí que o valor a ser pago deve ser descontado do que já foi pago. O valor que será utilizado no caso de liquidação é o valor patrimonial;
- **Fiscalizar os negócios sociais**;
- **Preferência** para subscrição de ações e outros títulos conversíveis em ações emitidos pela S.A.;
- **Direito de retirada**, que é direito do acionista **dissidente**, que é o acionista que não concorda com alguma deliberação que possa resultar em alteração do estatuto social ou ainda se houver alteração do estatuto em relação às vantagens atribuídas à espécie de ação de sua propriedade (art. 137 da Lei n. 6.404/76). O acionista dissidente tem direito de se retirar da sociedade (direito de retirada ou recesso) se não houver liquidez ou dispersão mediante **reembolso** do **valor patrimonial** das ações, o que significa que o cálculo será feito a partir da divisão do patrimônio líquido obtido no último balanço aprovado pela assembleia geral pelo número das ações. Entretanto, se o valor estiver desatualizado, ou seja, se o balanço tiver mais de 60 dias sem atualização, então apenas será pago 80% do valor patrimonial, até que a S.A. providencie a atualização do balanço, no máximo em 120 dias (arts. 45, § 2º, segunda parte, da Lei n. 6.404/76). Se a discordância ocorrer em virtude de fusão, incorporação ou participação societária, não haverá direito de retirada se houver liquidez na bolsa de valores e dispersão (art. 137, II, *b*, da Lei n. 6.404/76). O prazo decadencial para o exercício do direito de retirada é de 30 dias contados da publicação da decisão.

Ressalte-se que, se o valor patrimonial for pago trazendo prejuízo ao capital social, e a S.A. vier a falir, é cabível a **ação revocatória contra os ex-acionistas que receberam indevidamente** (art. 45, § 8º, da Lei n. 6.404/76). Entretanto, como se trata de um ato objetivamente descrito, **não importando a intenção das pessoas envolvidas, entende-se que é possível a declaração de ineficácia de ofício pelo juiz** (art. 129, parágrafo único, da Lei n. 11.101/2005). No capítulo da falência, trataremos com detalhes da ação revocatória e da declaração de ineficácia.

10.9.3 Direito de voto

a) A respeito de quem tem o direito de voto

O direito de voto não é direito de todo acionista. Só os acionistas titulares das **ações ordinárias** e alguns titulares de ações **preferenciais que têm direito a voto**, ou adquiriram o direito de voto, por não terem recebido por 3 exercícios consecutivos a participação dos dividendos prometidos (art. 111, § 1º, da Lei n. 6.404/76), é que poderão realmente participar das decisões da S.A.

Entretanto, na constituição da S.A. o direito de voto é atribuído a todos os acionistas, em caráter de exceção (art. 87, § 2º, da Lei n. 6.404/76).

O voto pode ser exercido pessoalmente, por procuração, desde que o mandato tenha sido concedido em até no máximo 1 ano, ou até mesmo à distância, na S.A. aberta (arts. 121 e 122 da Lei n. 6.404/76).

Outra questão relevante a respeito de quem tem o direito ao voto diz respeito à **ação que foi dada em penhor**; nesse caso, apesar do penhor, o proprietário da ação continua com o direito de voto. No caso da **ação dada em garantia fiduciária**, o devedor permanece com o direito de voto, nos termos do contrato (art. 113 da Lei n. 6.404/76).

Por fim, se a **ação foi dada em usufruto**, o direito de voto depende de acordo entre o usufrutuário e o proprietário (art. 114 da Lei n. 6.404/76).

Ressalte-se que, nas companhias abertas e fechadas, o acionista poderá participar e votar a distância em assembleia geral, nos termos do regulamento da Comissão de Valores Mobiliários e do órgão competente do Poder Executivo federal, respectivamente (art. 121 da Lei n. 6.404/76).

b) Abuso do direito de voto

O direito de voto, embora expresse uma manifestação unilateral de vontade, deve respeitar o **dever de lealdade** que o acionista tem para com a S.A. Desta forma, **é proibido** ao acionista votar com a finalidade de causar dano à companhia ou a outros acionistas, obtendo para si ou para outrem vantagem que não tem direito, prejudicando a companhia ou a outros acionistas (art. 115 da Lei n. 6.404/76).

Também é proibido votar na assembleia que aprovará o laudo de avaliação do bem que contribuiu para a formação do capital social e para aprovar as próprias contas, se foi membro do conselho de administração. Nesse caso estaremos diante de um **voto**

conflitante e, por essa razão a deliberação **pode ser anulada** (art. 115, §§ 1º e 4º, da Lei n. 6.404/76).

O acionista que votar nas situações acima responde pelos danos causados à companhia em virtude do **exercício abusivo do direito de voto** (art. 115, § 3º, da Lei n. 6.404/76).

c) Voto plural e voto múltiplo

Cada ação que confere o direito de voto atribui apenas um voto nas deliberações da assembleia. É, portanto, **proibido o voto plural**, que consistiria na atribuição de mais de um voto a uma determinada ação (art. 110, § 2º, da Lei n. 6.404/76).

Entretanto, é **possível a concessão do voto múltiplo**, esteja ou não previsto no estatuto. A faculdade da utilização do voto múltiplo deve ser pedida pelos acionistas que representem, no mínimo, um décimo do capital social com direito de voto, em até 48 horas antes da assembleia geral.

O voto múltiplo significa que **serão atribuídos a cada ação tantos votos quantos forem os membros do conselho de administração**, permitindo que o acionista cumule seus votos em um candidato ou os distribua entre vários (art. 141 da Lei n. 6.404/76).

PARA COMPARAR

VOTO PLURAL	VOTO MÚLTIPLO
Conceder mais de um voto por ação	Conceder tantos votos quantos forem os administradores a serem eleitos
É proibido	É permitido

10.9.3.1 Acordo de acionistas

O acordo de acionistas pode versar sobre a compra e venda de suas ações, preferência para adquiri-las, exercício do direito a voto ou do poder de controle (art. 118 da Lei n. 6.404/76). A validade do acordo de acionista perante terceiros depende de arquivamento do acordo na sede da S.A. no livro de registro de ações (art. 118, § 1º, da Lei n. 6.404/76).

Com o arquivamento do acordo, é possível que um dos acionistas ingresse com medidas judiciais (art. 118, § 3º, da Lei n. 6.404/76), para que o objeto do acordo seja cumprido, e, sempre que for necessária uma medida judicial, a S.A. também precisará figurar no polo passivo, uma vez que ela será atingida pelo cumprimento do acordo de acionistas (STJ, REsp 784.267, Min. Nancy Andrighi, *DJ* 17-9-2007, p. 256).

O não comparecimento à assembleia ou às reuniões dos órgãos de administração da companhia, bem como as abstenções de voto de qualquer parte de acordo de acionistas ou de membros do conselho de administração eleitos nos termos de acordo de acionistas, assegura à parte prejudicada o direito de votar com as ações pertencentes ao acionista ausente ou omisso e, no caso de membro do conselho de administração, pelo conselheiro eleito com os votos da parte prejudicada (art. 118, § 9º, da Lei n. 6.404/76).

10.9.3.2 Acionista controlador

a) Controle

O acionista controlador pode ser pessoa física ou jurídica que detém, **permanentemente**, a maioria dos votos e o poder de eleger a maioria dos administradores, e usa efetivamente seu poder para dirigir as atividades sociais e orientar o funcionamento dos órgãos da companhia (art. 116, *a* e *b*, da Lei n. 6.404/76).

O controle, de acordo com Fábio Konder Comparato[7], pode ser **interno ou externo**. No controle interno, leva-se em conta quem é o titular das ações. O **controle externo**, por outro lado, acontece **em virtude do endividamento da empresa**, que por causa dessas obrigações pendentes depende dos credores e fornecedores para definir os rumos da atividade.

O controle interno pode ser: totalitário, majoritário, minoritário ou administrativo. No **controle totalitário**, todas as ações estão nas mãos de uma única pessoa; é o que acontece na subsidiária integral e na sociedade pertencente a um grupo familiar. Essa modalidade de controle não é tão comum.

O **controle majoritário**, que é o mais comum, é o exercido por um acionista ou vários acionistas que, ao decidirem conjuntamente, definem o rumo da S.A. De acordo com Comparato[8], se houver uma minoria qualificada, apta, por exemplo, a acionar administradores, na reparação de danos, o **controle majoritário é simples**. Mas, se não houver essa minoria qualificada, o controle será **majoritário absoluto.**

O **controle minoritário** ocorre quando o capital social é tão diluído que é possível que acionistas titulares de menos da metade do capital social exerçam o poder de controle.

Por fim, existe o **controle administrativo**, que é atingido pela máxima diluição do capital social, e nesse caso os administradores escolhidos pela assembleia geral é que definirão os rumos da sociedade.

b) Responsabilidade do controlador

O controlador é responsável pelo abuso no exercício desse poder de controle, quando causar um dano à sociedade, por ter deixado de decidir de acordo com o fim social da S.A. Nesse caso, o controlador terá de indenizar a sociedade pelos danos causados.

O art. 117 da Lei n. 6.404/76 cita alguns exemplos de abuso no exercício do poder de controle; são eles: orientar a S.A. para fim estranho ao objeto social, favorecer outra sociedade em detrimento dos acionistas minoritários, aprovar contas irregulares, aprovar fusão, incorporação ou fusão, a fim de obter vantagens indevidas, entre outros.

---

7. COMPARATO, Fábio Konder. *O poder de controle na sociedade anônima*. 3. ed. Rio de Janeiro: Forense, 1983. p. 36 e 51.

8. COMPARATO, Fábio Konder. *O poder de controle*..., cit., 3. ed., p. 44 a 46.

c) Alienação do controle

O legislador se preocupou em proteger os acionistas minoritários quando ocorre a alienação do controle da sociedade, uma vez que o interessado em adquirir o controle da sociedade faz uma oferta melhor das ações que compõem o controle acionário, em relação à avaliação das ações dos minoritários.

Para evitar esse prejuízo aos minoritários, quando ocorre a alienação de controle, chamada de *tag along* – venda conjunta –, o interessado precisará fazer uma oferta pública de aquisição das ações com direito de voto, pertencentes aos minoritários, oferecendo ao menos 80% do valor ofertado na aquisição do controle (art. 254-A da Lei n. 6.404/76).

Se a S.A. adotou a governança corporativa, então a oferta aos acionistas minoritários deve ser de 100% do valor ofertado pelo controle da sociedade.

A aquisição do controle também pode ocorrer por meio de **uma oferta pública**, que será feita com a participação de uma instituição financeira que garanta o cumprimento das obrigações assumidas pelo ofertante (art. 257 da Lei n. 6.404/76). Nessa oferta pública para a aquisição do controle da sociedade, é imprescindível que o ofertante, a instituição financeira e a CVM mantenham o **sigilo** sobre a oferta (art. 260 Lei n. 6.404/76).

d) Incorporação por ações

Na incorporação por ações, todas as ações de uma empresa são adquiridas por outra, que para regularizá-la converte a S.A. adquirida em subsidiária integral. Para que tal procedimento ocorra, além da concordância das empresas envolvidas, é necessário que a incorporadora seja uma Pessoa Jurídica Brasileira (art. 252 da Lei n. 6.404/76).

Sem dúvida, essa é outra forma de se adquirir o controle de uma empresa; já a subsidiária integral, de que já tratamos anteriormente, será mantida, mas seu controle absoluto será realizado pela incorporadora.

Após a avaliação das ações e aprovado o laudo pela assembleia geral da incorporadora, efetivar-se-á a incorporação, e os titulares das ações incorporadas receberão diretamente da incorporadora as ações que lhes couberem.

10.10 Valores mobiliários

Os valores mobiliários são títulos de investimento emitidos pela S.A. para, na maioria das vezes, obter recursos no mercado de capitais. São eles: debêntures, partes beneficiárias, bônus de subscrição, *commercial papers,* opções de ação.

10.10.1 Debêntures

As debêntures são títulos negociáveis que conferem **direito de crédito contra a sociedade**, nas condições constantes da escritura de emissão ou no certificado (art. 52 da Lei n. 6.404/76).

Com a emissão da debênture, a S.A. se torna devedora de determinada quantia, enquanto o debenturista se torna credor. O **crédito,** aqui, **não é eventual**, pois no vencimento a debênture deverá ser resgatada pela companhia, com direito de preferência, podendo assegurar ao seu titular juros, fixos ou variáveis, participação no lucro da companhia e prêmio de reembolso (art. 56 da Lei n. 6.404/76).

As debêntures podem ter garantia real, garantia flutuante, subordinada ou quirografária. A diferença entre estas espécies de debêntures será relevante no caso de falência da S.A., pois, dependendo da espécie da debênture, teremos uma classificação diferenciada da falência. Ou seja, o credor pode ficar entre os credores com garantia real (debênture com garantia real), entre os credores com privilégio geral (garantia flutuante), quirografários (debênture quirografária) ou subordinados (debênture subordinada).

As debêntures também podem ser convertidas em ações, se previsto na sua emissão.

Normalmente, a decisão sobre a emissão de debêntures é da assembleia geral, mas, nas companhias abertas, o conselho de administração pode decidir sobre a emissão de debêntures não conversíveis em ações, sem a necessidade de autorização do estatuto social. **O estatuto da companhia aberta poderá autorizar o conselho de administração a deliberar sobre a emissão de debêntures conversíveis em ações**, especificando o limite do aumento de capital decorrente da conversão das debêntures em valor do capital social ou em número de ações, e as espécies e classes das ações que poderão ser emitidas (art. 59, §§ 1º e 2º, da Lei n. 6.404/76).

Para a emissão de debêntures, é necessário:

- autorização da emissão de debêntures pela CVM;
- arquivamento, no registro do comércio, e publicação da ata da assembleia geral, ou do conselho de administração, que deliberou sobre a emissão;
- inscrição da escritura de emissão no registro do comércio;
- constituição das garantias reais, se for o caso (art. 61, § 3º, e art. 62, III, da Lei n. 6.404/76).

Em virtude dos interesses compartilhados, os debenturistas podem se reunir em assembleias a fim de tratar de assuntos comuns. Outra forma de proteger o interesse dos debenturistas é a **nomeação do agente fiduciário**.

A presença do agente fiduciário é obrigatória nas ofertas públicas de debêntures e facultativa nas demais. A função do agente fiduciário é representar a comunhão dos debenturistas perante a companhia emissora. Somente podem ser nomeadas agentes fiduciários as pessoas naturais que satisfaçam os requisitos para o exercício de cargo em órgão de administração da companhia e as instituições financeiras que, especialmente autorizadas pelo Banco Central do Brasil, tenham por objeto a administração ou a custódia de bens de terceiros (arts. 66, § 1º, e 68 da Lei n. 6.404/76).

PARA FIXAR

DEBÊNTURE
- Direito de crédito contra a S.A.
- Vencimento certo
- Poder ser: com garantia real, flutuante, quirografária ou subordinada

10.10.2 Partes beneficiárias

As partes beneficiárias são títulos negociáveis, sem valor nominal, e **estranhos ao capital social** (arts. 46 e 47 da Lei n. 6.404/76), **conferindo ao titular a participação nos lucros da S.A.** (art. 46, § 1º, da Lei n. 6.404/76). O direito de crédito, nesse sentido, é eventual, na medida em que só é pago nos exercícios em que houver lucros. Não conferem direitos privativos de acionistas, salvo o de fiscalização.

As companhias abertas e as instituições financeiras não podem emitir partes beneficiárias (parágrafo único do art. 47 da Lei n. 6.404/76). Portanto, a existência de partes beneficiárias depende da emissão por companhias fechadas, e que não sejam instituições financeiras. Apesar disso, as partes beneficiárias são emitidas de forma onerosa, já que **normalmente têm a finalidade de remunerar serviços prestados**; nesse caso a parte beneficiária pode ser resgatada em até 10 anos (art. 48, § 1º, da Lei n. 6.404/76).

É possível a conversão de partes beneficiárias em ações, mediante previsão no estatuto social, desde que sejam capitalizados com fundos criados para esta finalidade, que se converterão em capital social (art. 48, § 2º, da Lei n. 6.404/76).

10.10.3 Bônus de subscrição

Os bônus de subscrição são títulos negociáveis **emitidos pelas sociedades de capital autorizado**, que conferem direito de subscrever ações do capital social, emitidos até o limite de aumento do capital autorizado no estatuto (art. 75, *caput* e parágrafo único, da Lei n. 6.404/76).

A emissão de bônus de subscrição pode ter sido prevista pelo estatuto social, autorizado pela assembleia geral ou até mesmo pelo conselho de administração (art. 76 da Lei n. 6.404/76). Os acionistas possuem preferência na aquisição do bônus de subscrição.

Podem ter a finalidade de facilitar a venda de ações ou debêntures, contribuindo para uma melhor programação do aumento de capital.

10.10.4 Commercial papers

O *commercial paper* é uma **promessa de pagamento** emitida pela S.A., diante de uma necessidade imediata de recursos com um vencimento em curto prazo, de até 180 dias para S.A. fechada e de até 360 dias para S.A. aberta (Instrução Normativa n. 134 da CVM).

10.10.5 Opções de ações ou stock options

As *stock options* são títulos nos quais se concede o direito futuro de opção de aquisição de ações mediante o pagamento de um preço previamente fixado no contrato de trabalho ou pela assembleia geral.

A expectativa é que a ação no futuro aumente seu valor, e, ao exercer a opção de ação com o valor prefixado, se ganhe dinheiro no ato de compra e venda das ações.

As *stock options* são oferecidas para administradores, diretores e prestadores de serviços visando a uma vantagem para permanecer na empresa e algumas vezes como diferencial na contratação desses profissionais.

O estatuto da S.A. pode prever que a companhia, dentro do limite de capital autorizado, e de acordo com plano aprovado pela assembleia geral, outorgue opção de compra de "ações **a seus administradores ou empregados, ou a pessoas naturais que prestem serviços à companhia ou a sociedade sob seu controle**" (art. 168, § 3º, da Lei n. 6.404/76).

Atualmente o posicionamento do TST as classifica como um título de **natureza contratual e não salarial**, pois o empregado terá de pagar para obtê-las, além de ser opcional, afinal o empregado pode ou não comprar o título. Nesse sentido, o Ministro Mauricio Godinho Delgado, da 6ª Turma do TST, entende que "as *stock options* são parcelas econômicas vinculadas ao risco empresarial e aos lucros e resultados dos empreendimentos", e, nesse caso, não possuem natureza contratual[9].

10.11 Órgãos da sociedade anônima

Fazem parte da estrutura da S.A. os seguintes órgãos: assembleia geral, conselho de administração, diretoria e conselho de fiscalização.

10.11.1 Assembleia geral

A assembleia geral constitui o poder supremo da companhia, consistente na reunião dos acionistas, com ou sem direito a voto. Compete privativamente à assembleia geral:

- reformar o estatuto social; eleger ou destituir, a qualquer tempo, os administradores e fiscais da companhia, ressalvado o disposto no inc. II do art. 142 da Lei n. 6.404/76;
- tomar, anualmente, as contas dos administradores e deliberar sobre as demonstrações financeiras por eles apresentadas; autorizar a emissão de debêntures, ressalvado o disposto nos §§ 1º e 2º do art. 59 da Lei n. 6.404/76;

9. TST, RR 134100-97.2000.5.02.0069, *DEJT* 25-2-2011 e AIRR 85740-332009.5-3-0023, de 15-12-2010.

- suspender o exercício dos direitos do acionista (art. 120 da Lei n. 6.404/76); deliberar sobre a avaliação de bens com que o acionista concorrer para a formação do capital social;
- autorizar a emissão de partes beneficiárias;
- deliberar sobre transformação, fusão, incorporação e cisão da companhia, sua dissolução e liquidação, eleger e destituir liquidantes e julgar-lhes as contas;
- autorizar os administradores a confessar falência e pedir recuperação de empresas (art. 122, IX, da Lei n. 6.404/76).

a) Convocação

A assembleia geral é **convocada, como regra, pelo conselho de administração, se houver, ou pelos diretores**, observado o disposto no estatuto, mas também é possível a convocação (art. 123, parágrafo único, da Lei n. 6.404/76):

- pelo conselho fiscal, nos casos previstos no inc. V do art. 163;
- por qualquer acionista, quando os administradores retardarem, por mais de 60 dias, a convocação nos casos previstos em lei ou no estatuto;
- por acionistas que representem cinco por cento, no mínimo, do capital social, quando os administradores não atenderem, no prazo de oito dias, a pedido de convocação que apresentarem, devidamente fundamentado, com indicação das matérias a serem tratadas;
- por acionistas que representem cinco por cento, no mínimo, do capital votante, ou cinco por cento, no mínimo, dos acionistas sem direito a voto, quando os administradores não atenderem, no prazo de oito dias, a pedido de convocação de assembleia para instalação do conselho fiscal.

Para a **S.A. fechada**, a convocação ocorrerá por meio de três publicações no Diário Oficial e em jornal de grande circulação até 8 dias, no mínimo, antes de sua realização. Se for **S.A. aberta**, a convocação ocorrerá por meio de 3 publicações no Diário Oficial e em jornal de grande circulação, devendo ocorrer com 15 dias, no mínimo, de antecedência.

A instalação da assembleia só poderá ocorrer se estiverem presentes acionistas que **representem 1/4 do capital votante**, na primeira convocação (arts. 124 e 125 da Lei n. 6.404/76). Se o quórum não foi preenchido, será necessária uma nova convocação, cuja primeira publicação terá uma anterioridade de 8 dias para as companhias abertas e de 5 dias para as companhias fechadas. Nessa segunda convocação, não há quórum para a instalação.

b) Assembleia geral ordinária e extraordinária

A assembleia geral pode ser ordinária ou extraordinária. A **assembleia geral ordinária** será instalada nos **primeiros 4 meses seguintes ao término do exercício social**, para discussão de **assuntos de rotina**, que são (art. 132 da Lei n. 6.404/76):

- tomar as contas dos administradores, examinar, discutir e votar as demonstrações financeiras;
- deliberar sobre a destinação do lucro líquido do exercício e a distribuição de dividendos;
- eleger os administradores e os membros do conselho fiscal, quando for o caso;
- aprovar a correção da expressão monetária do capital social.

A **assembleia geral extraordinária** pode ser instalada a **qualquer tempo** para discussão de **assuntos não rotineiros**, por exemplo, a reforma do estatuto social (art. 135 da Lei n. 6.404/76).

PARA DIFERENCIAR

ASSEMBLEIA GERAL ORDINÁRIA	ASSEMBLEIA GERAL EXTRAORDINÁRIA
4 primeiros meses após o término do exercício	A qualquer tempo
Assuntos rotineiros	Assuntos incomuns

10.11.2 Conselho de administração

O conselho de administração é o órgão de deliberação colegiado responsável por (art. 142 da Lei n. 6.404/76):

- fixar a orientação geral dos negócios da companhia;
- eleger e destituir os diretores da companhia e fixar-lhes as atribuições, observado o que a respeito dispuser o estatuto;
- fiscalizar a gestão dos diretores, examinar, a qualquer tempo, os livros e papéis da companhia, solicitar informações sobre contratos celebrados ou em via de celebração, e quaisquer outros atos;
- convocar a assembleia geral quando julgar conveniente, ou quando a lei obriga, como no caso do art. 132 da Lei n. 6.404/76;
- manifestar-se sobre o relatório da administração e as contas da diretoria;
- manifestar-se previamente sobre atos ou contratos, quando o estatuto assim o exigir;
- deliberar, quando autorizado pelo estatuto, sobre a emissão de ações ou de bônus de subscrição;
- autorizar, se o estatuto não dispuser em contrário, a alienação de bens do ativo não circulante, a constituição de ônus reais e a prestação de garantias e obrigações de terceiros;
- escolher e destituir os auditores independentes, se houver.

O conselho de administração é composto por, **no mínimo, três conselheiros**, que necessariamente são pessoas físicas, com mandato nunca superior a 3 anos, eleitos pela assembleia geral. É também a esta assembleia geral que ele deve prestar contas.

É órgão **obrigatório nas companhias abertas, nas de capital autorizado e nas sociedades de economia mista** (arts. 138 a 142 da Lei n. 6.404/76). Nas companhias fechadas, a existência do conselho de administração, portanto, é facultativa.

Vale ressaltar que é possível a utilização do **voto múltiplo para a eleição dos membros do conselho de administração**, que deve ser pedida pelos acionistas que representem, no mínimo, um décimo do capital social com direito de voto, em até 48 horas antes da assembleia geral. O voto múltiplo significa que **serão atribuídos a cada ação tantos votos quantos forem os membros do conselho de administração**, permitindo que o acionista cumule seus votos em um candidato ou os distribua entre vários (art. 141 da Lei n. 6.404/76).

Na eleição dos administradores, também pode ser usado o direito de votar em separado pelos titulares de ações preferenciais, de acordo com o estatuto social, ou que representem ao menos 10% do capital social. Os acionistas minoritários também podem pedir o direito de votar em separado, se detiverem ao menos 15% do capital votante.

PARA FIXAR

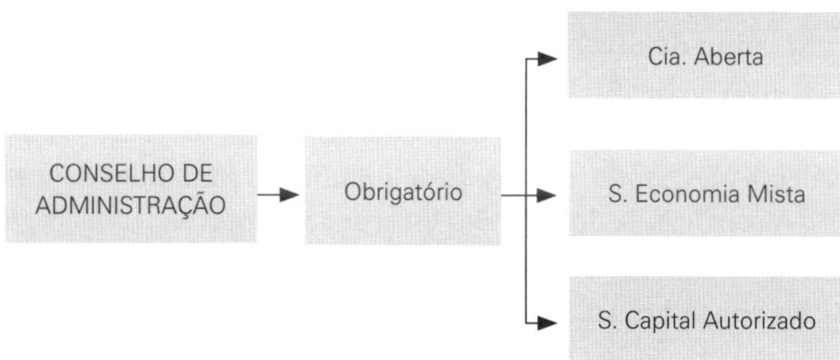

10.11.3 Diretoria

A diretoria é o órgão obrigatório da S.A., composto de no **mínimo 2 pessoas, necessariamente pessoas físicas, domiciliadas no Brasil**. O art. 144 da Lei n. 6.404/76 descreve as funções dos diretores, como de representação legal da S.A. e de execução das deliberações da assembleia geral e do conselho de administração. Não entendemos ser o caso de representação; na verdade, os **diretores tornam presente a vontade da S.A. e executam as decisões da companhia.**

Os diretores são eleitos pelo conselho de administração para um mandato não superior a 3 anos (art. 143, III, da Lei n. 6.404/76), conforme previsto no estatuto. Esses diretores são os executivos da S.A.

Relação trabalhista ou contratual

Uma questão importante para a área trabalhista é saber se o diretor tem com a S.A. uma relação trabalhista ou contratual. Quando o **diretor é eleito sem ter nenhuma**

relação empregatícia com a S.A., a rigor sua **relação é contratual**; por outro lado, se o **diretor era um empregado** que foi eleito, de acordo com a Súmula 269 do TST: "O empregado eleito para ocupar cargo de diretor tem **o respectivo contrato de trabalho suspenso**, não se computando o tempo de serviço desse período, **salvo se permanecer a subordinação jurídica inerente à relação de emprego**".

É evidente que em ambos os casos, se houver uma subordinação maior do que a simples prestação de contas e fixação das diretrizes por outro órgão, a Justiça do Trabalho pode entender que existe relação empregatícia.

10.11.4 Conselho fiscal

O conselho fiscal é o órgão colegiado (mínimo de três e máximo de cinco membros) destinado ao controle dos órgãos de administração, com a finalidade de proteger os interesses da companhia e de todos os acionistas.

Podem ser eleitas para o conselho fiscal **pessoas naturais, residentes no país, diplomadas em curso de nível universitário**, ou que tenham exercido por prazo mínimo de 3 (três) anos, cargo de administrador de empresa ou de conselheiro fiscal (art. 162 da Lei n. 6.404/76).

Sua existência é obrigatória, mas seu **funcionamento é facultativo** (arts. 161, § 2º, da Lei n. 6.404/76). A convocação do conselho fiscal dependerá da assembleia geral. Na sociedade de economia mista, o conselho fiscal tem existência e funcionamento obrigatório.

Compete ao conselho fiscal (art. 163 da Lei n. 6.404/76):

- fiscalizar, por qualquer de seus membros, os atos dos administradores e verificar o cumprimento dos seus deveres legais e estatutários;
- opinar sobre o relatório anual da administração, fazendo constar do seu parecer as informações complementares que julgar necessárias ou úteis à deliberação da assembleia geral;
- opinar sobre as propostas dos órgãos da administração, a serem submetidas à assembleia geral, relativas a modificação do capital social, emissão de debêntures ou bônus de subscrição, planos de investimento ou orçamentos de capital, distribuição de dividendos, transformação, incorporação, fusão ou cisão;
- denunciar, por qualquer de seus membros, aos órgãos de administração e, se estes não tomarem as providências necessárias para a proteção dos interesses da companhia, à assembleia geral, os erros, fraudes ou crimes que descobrirem, e sugerir providências úteis à companhia;
- convocar a assembleia geral ordinária, se os órgãos da administração retardarem por mais de 1 (um) mês essa convocação, e a extraordinária, sempre que ocorrerem motivos graves ou urgentes, incluindo na agenda das assembleias as matérias que considerarem necessárias;

- analisar, ao menos trimestralmente, o balancete e demais demonstrações financeiras elaboradas periodicamente pela companhia;
- examinar as demonstrações financeiras do exercício social e sobre elas opinar;
- exercer essas atribuições, durante a liquidação, tendo em vista as disposições especiais que a regulam.

Se a companhia tiver auditores independentes, o conselho fiscal, a pedido de qualquer de seus membros, poderá solicitar-lhes esclarecimentos ou informações, e a apuração de fatos específicos (art. 163, § 4º, da Lei n. 6.404/76).

Os membros do conselho fiscal deverão exercer suas funções no exclusivo interesse da companhia; considerar-se-á abusivo o exercício da função com o fim de causar dano à companhia, ou aos seus acionistas ou administradores, ou de obter, para si ou para outrem, vantagem a que não faz jus e de que resulte, ou possa resultar em prejuízo para a companhia, seus acionistas ou administradores (art. 165, § 1º, da Lei n. 6.404/76).

A **responsabilidade** dos membros do **conselho fiscal** por omissão no cumprimento de seus deveres é solidária, mas dela se exime o membro dissidente que fizer consignar sua divergência em ata da reunião do órgão e a comunicar aos órgãos da administração e à assembleia geral (art. 165, § 3º, da Lei n. 6.404/76).

10.12 Deveres e responsabilidade dos administradores, diretores e membros do conselho fiscal

a) Deveres dos administradores

Quando o legislador trata de requisitos, impedimentos, remuneração, deveres e responsabilidades dos administradores da S.A., aplicam-se as mesmas regras para diretores e membros do conselho fiscal (art. 145 da Lei n. 6.404/76).

Os administradores devem empregar, no exercício de suas funções, o **cuidado e a diligência** que todo homem ativo e probo costuma empregar na administração dos seus próprios negócios (art. 153 da Lei n. 6.404/76). Deve sempre zelar pelos fins e interesses da companhia, sendo-lhe vedado (arts. 154, § 2º, 155 e 156 da Lei n. 6.404/76):

- usar em benefício próprio ou de outrem, com ou sem prejuízo para a companhia, as oportunidades comerciais de que tenha conhecimento em razão do exercício de seu cargo. Ou seja, deve ser evitado o *insider trading*, que é a negociação realizada a partir de informações privilegiadas (art. 9º, § 1º, IV, e 27-D da Lei n. 6.385/76);
- omitir-se no exercício ou proteção de direitos da companhia ou, visando à obtenção de vantagens, para si ou para outrem, deixar de aproveitar oportunidades de negócio de interesse da companhia;
- adquirir, para revender com lucro, bem ou direito que sabe necessário à companhia, ou que esta tencione adquirir;

- intervir em qualquer operação social em que tiver interesse conflitante com o da companhia.

Outro dever do administrador é o de **prestar informação tanto aos acionistas como ao mercado de capitais** dos fatos relevantes que possam alterar o valor das ações no mercado, como a emissão de títulos e a participação da S.A. em outras sociedades.

Quanto ao mercado, o **administrador da companhia aberta** deve informar à CVM, às bolsas de valores ou entidades do mercado de balcão organizado nas quais os valores mobiliários de emissão da companhia estejam admitidos à negociação as modificações em suas posições acionárias na companhia (art. 157, § 6º, da Lei n. 6.404/76). Essas informações devem ser feita nos mesmos veículos onde se prestam as informações comuns da S.A.

Essa transparência de informação nas companhias abertas é chamada de princípio de *full disclosure* ou simplesmente *disclosure*, permitindo que, com o acesso à informação, os investidores tenham igualdade de condições nos negócios realizados.

PARA FIXAR

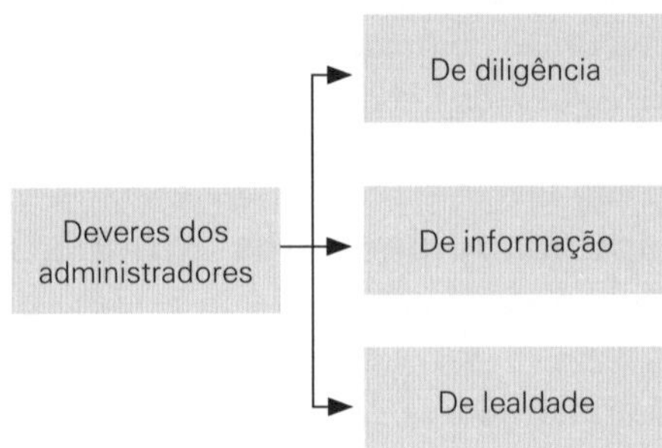

b) Responsabilidade

O administrador não é pessoalmente responsável pelas obrigações que contrair em nome da sociedade, mas responderá civilmente pelos prejuízos que causar quando agir com culpa ou dolo, ou ainda quando violar a lei ou o estatuto (art. 158, I e II, da Lei n. 6.404/76). Nesta última hipótese (art. 158, II, da Lei n. 6.404/76), para Tavares Borba[10], a responsabilidade seria subjetiva, mas com inversão do ônus da prova. Para Modesto Carvalhosa[11], a responsabilidade será objetiva. Já para Fábio Ulhoa[12], trata-se de responsabilidade subjetiva.

Em relação ao ato praticado por outro administrador, este é solidariamente responsável em se tratando de companhia fechada, mesmo que não tenha nenhuma atribuição relacionada ao ato praticado pelo outro administrador, a não ser que deixe consignada

10. BORBA, José Edwaldo Tavares. *Direito societário*, cit., p. 363.
11. CARVALHOSA, Modesto. *Comentários à Lei...*, cit., v. 3, p. 317.
12. COELHO, Fábio Ulhoa. *Curso de direito comercial*, cit., 15. ed., v. 2, p. 278.

em ata sua divergência (art. 158, § 1º, da Lei n. 6.404/76). Nas companhias abertas, só haverá a responsabilidade se o ato praticado por outro administrador estiver relacionado à atividade daquele administrador. Ou seja, em **caso de omissão, a regra é a solidariedade na S.A. fechada e a não solidariedade na S.A. aberta** (art. 158, §§ 1º, 3º e 4º, da Lei n. 6.404/76).

Compete à companhia, mediante prévia deliberação da assembleia geral, **a ação de reparação de danos (ação de responsabilidade) contra o administrador**. Se a companhia não ingressar com a ação em até 3 meses da deliberação, qualquer acionista pode ingressar com a ação.

Se a assembleia decidir não ingressar com a ação de reparação de danos, ela pode ser proposta por **acionistas que representem 5%, pelo menos, do capital social** (art. 159, § 4º, da Lei n. 6.404/76). Nesse caso, a S.A. só poderia ingressar com a ação de responsabilidade se houvesse prévia anulação da assembleia realizada. O pedido de anulação tem o prazo prescricional de 2 anos, enquanto o prazo para apurar a responsabilidade dos administradores é de 3 anos (arts. 286 e 287, II, *g*, da Lei n. 6.404/76).

PARA FIXAR

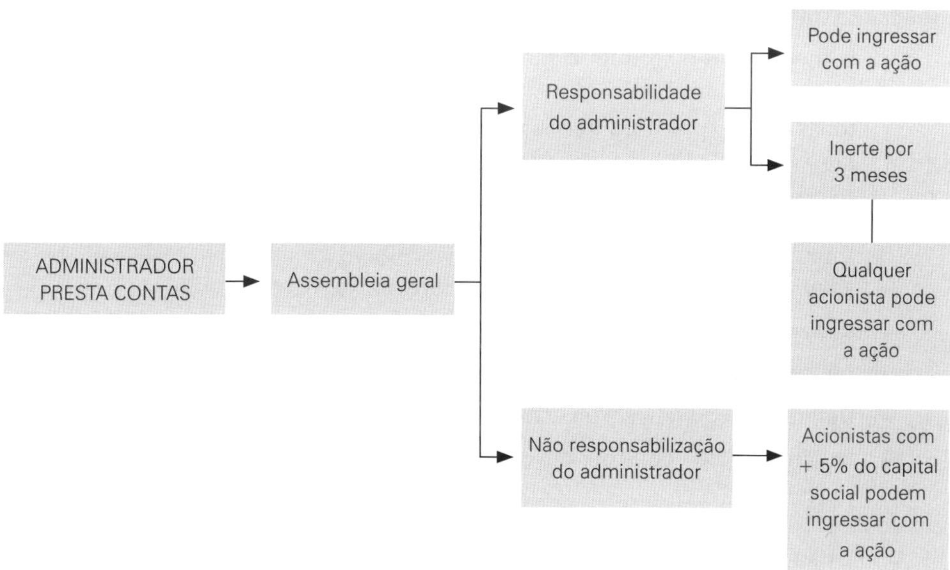

10.13 Governança corporativa

O termo *governança corporativa*, na visão de Arnold Wald[13], é inapropriado, pois não se trata da governança realizada por algum órgão da S.A.; o mais correto seria a

13. WALD, Arnoldo. O governo das empresas. *RDB* 15/53.

utilização de "governo das empresas", entretanto não há dúvida de que *governança corporativa* já está consagrado.

A governança corporativa teve início em 1978 pelo American Law Institute, e só em 1994 é que os EUA publicaram os Princípios da Governança Corporativa. Em 1992, a Inglaterra publicou o Relatório Cadbury sobre o tema, que foi revisado em 1998 com o nome de "**Código das Melhores Práticas de Governança Corporativa**".

No Brasil, o início da prática de governança corporativa ocorreu em 1999 com a criação do Instituto Brasileiro de Governança Corporativa e com a publicação do Código das Melhores Práticas de Governança Corporativa. Mas, sem dúvida, o marco mais expressivo é a criação do **Novo Mercado da Bovespa no ano 2000**, revisado em 2001.

De acordo com Arnaldo Wald[14], a governança corporativa é baseada em três pilares: transparência, integridade e prestação de contas. A **transparência** é evidenciada no dever dos administradores de prestar informações claras aos acionistas e ao mercado de capitais. A **integridade** leva em conta a equidade de tratamento que deve ser dado ao acionista majoritário e ao minoritário. A **prestação de contas** é o meio pelo qual a transparência e a integridade são efetivadas.

As recomendações mais importantes constantes nesse "Código" são:

- todas as S.A. precisam necessariamente ter conselho de administração com no mínimo 5 membros;
- os assuntos que serão discutidos nas assembleias devem vir especificados aos acionistas;
- a remuneração dos administradores e diretores deve ser divulgada;
- opção pela arbitragem na resolução de conflitos;
- prestação de contas de acordo com padrões internacionais;
- tratamento equitativo para acionistas majoritários e minoritários;
- na alienação de controle deve-se pagar o mesmo valor para os acionistas minoritários.

A S.A. **não é obrigada a adotar a governança corporativa**, ou simplesmente aderir ao Novo Mercado da Bovespa, já que não tem força de lei, mas, uma vez que a S.A. adote a governança corporativa, deve cumprir as regras de acordo com o grau de adesão. Alguns princípios adquiriram tanta força, que alteraram a Lei n. 6.404/76 pela Lei n. 10.303/2001. A adoção da governança corporativa acaba sendo um diferenciador no mercado, já que prestigia o direito dos acionistas minoritários e, portanto, **atrai a confiança dos investidores**.

---

14. Idem, p. 56.

10.14 Questões

01. **(FCC/TJ-SE/2015)** A Companhia Laticínios Saudáveis é uma sociedade anônima fechada cujo estatuto estabelece a divisão do capital social em duas classes de ações ordinárias e outras duas classes de ações preferenciais, uma destas com direito a voto e outra sem. Para a sociedade abrir o seu capital, de modo a se tornar uma companhia aberta,

a) todas as ações preferenciais deverão ser convertidas em ações ordinárias.

b) todas as classes de ações preferenciais deverão passar a ter direito a voto.

c) nenhuma classe de ações preferenciais poderá ter direito a voto.

d) as ações preferenciais deverão ser convertidas em ações de fruição.

e) as ações ordinárias deverão ser reunidas numa única classe.

02. **(FGV – Advogado Badesc/2010)** As alternativas a seguir apresentam espécies de debêntures, em função das garantias oferecidas pela sociedade emissora, à exceção de uma. Assinale-a.

a) as com garantia real.

b) as com garantia flutuante.

c) as com garantia pessoal.

d) quirografárias.

e) subquirografárias.

03. **(FGV – Advogado Badesc)** A sociedade anônima, no que se refere à subscrição do capital social, poderá ser constituída:

a) por subscrição particular, apenas.

b) por subscrição pública, apenas.

c) por subscrição mobiliária, apenas.

d) por subscrição mobiliária ou por subscrição pública.

e) por subscrição pública ou por subscrição particular.

04. **(FGV – Advogado Badesc)** O conselho de administração nas sociedades anônimas, de acordo com a Lei n. 6.404/1976, poderá ser:

a) facultativo nas sociedades de economia mista e nas sociedades de capital aberto.

b) facultativo nas sociedades de economia mista e obrigatório nas sociedades de capital aberto.

c) obrigatório nas sociedades de economia mista e facultativo nas sociedades de capital fechado.

d) obrigatório somente nas sociedades de economia mista.

e) facultativo somente nas sociedades de capital autorizado.

05. **(VUNESP/TJ-SP/2015)** Em relação às sociedades anônimas, é correto afirmar que:

a) a critério de seus fundadores, a sociedade anônima que tenha por objeto social atividade rural poderá ser inscrita no registro civil de pessoas jurídicas.

b) desde que não haja oposição de qualquer dos acionistas presentes, a assembleia geral da S/A fechada pode deliberar a distribuição de dividendos inferiores aos fixos ou mínimos estipulados para os acionistas preferencialistas.

c) o acordo de acionistas registrado na Companhia pode vincular o voto dos membros do conselho de administração eleitos pelos sócios que o tenham firmado.

d) a assembleia geral não pode suspender o exercício dos direitos de acionista em mora com obrigações impostas pelo estatuto, salvo se tal obrigação decorrer de expressa disposição legal.

06. (FCC/TJ-AL/2015) A Sociedade Anônima

a) tem como pressuposto essencial os valores mobiliários de sua emissão admitidos necessariamente à negociação em bolsa de valores ou no mercado de balcão.

b) é sempre empresária, mesmo que seu objeto seja atividade econômica civil, por exemplo, uma companhia constituída só por dentistas para a prestação de serviços de odontologia pelos próprios acionistas.

c) é a única modalidade de sociedade por ações prevista no direito brasileiro.

d) não admite a penhora de suas ações em execução promovida contra um acionista, em razão do interesse patrimonial dos demais acionistas.

e) é formada por ações, cujo preço de emissão confunde-se com seu valor nominal ou de negociação em bolsa de valores.

07. (CESPE/TJ-AM/2016) Com a finalidade de reduzir o montante de impostos devidos, o administrador de determinada sociedade anônima simulou a ocorrência de prejuízos à companhia. Após alguns anos de êxito, sua conduta foi descoberta e, devido ao recolhimento a menor, foi necessário complementar os impostos pagos, tendo incidido multa e havido outras despesas decorrentes de honorários de advogados, contadores e outros profissionais requeridos para a correção do equívoco. Ao final, os valores pagos para corrigir a falha superaram em muito o valor que deveria ter sido pago inicialmente, conforme a lei.

Com base nessa situação hipotética, assinale a opção correta.

a) O administrador não poderá ser responsabilizado pessoalmente por eventuais prejuízos causados a terceiros, pois agiu em nome da sociedade.

b) Os acionistas individualmente prejudicados não poderão propor ação contra o administrador, devendo-se subordinar à deliberação da assembleia geral.

c) É necessária a aplicação da teoria da desconsideração da personalidade jurídica da empresa para que se obtenha a responsabilização pessoal do administrador.

d) Se a referida simulação decorrer de exercício abusivo do poder de controle, o controlador poderá ser responsabilizado pelos prejuízos, desde que comprovado dolo na atuação.

e) Caberá à assembleia geral da companhia deliberar pelo ajuizamento, ou não, da ação de responsabilidade civil contra o administrador pelos prejuízos causados.

08. (FCC/TRT 15ª REGIÃO) A sociedade anônima tem o capital dividido em:

a) ações, obrigando-se cada sócio somente pelo preço de emissão das que subscrever ou adquirir.

b) ações, obrigando-se cada sócio somente pelo preço de mercado em bolsa das que subscrever ou adquirir.

c) ações, e a responsabilidade dos sócios é limitada ao preço de emissão das que subscreverem ou adquirirem, embora todos respondam solidariamente pela integralização do capital social

d) quotas, obrigando-se cada sócio somente pelo preço de emissão das que subscrever ou adquirir.

e) quotas ou ações, e a responsabilidade dos sócios é limitada ao preço de emissão das que subscreverem ou adquirirem, embora todos respondam solidariamente pela integralização do capital social.

09. (TRT 2R (SP)/2015) Sobre as sociedades anônimas, aponte a alternativa INCORRETA.

a) O administrador não é pessoalmente responsável pelas obrigações que contrair em nome da sociedade e em virtude de ato regular de gestão; responde, porém, civilmente, pelos prejuízos que causar, quando proceder: I – dentro de suas atribuições ou poderes, com culpa ou dolo; II – com violação da lei ou do estatuto.

b) Os administradores são solidariamente responsáveis pelos prejuízos causados em virtude do não cumprimento dos deveres impostos por lei para assegurar o funcionamento normal da companhia, ainda que, pelo estatuto, tais deveres não caibam a todos eles.

c) A responsabilidade dos membros do conselho fiscal por omissão no cumprimento de seus deveres é solidária, mas dela se exime o membro dissidente que fizer consignar sua divergência em ata da reunião do órgão e a comunicar aos órgãos da administração e à assembleia geral.

d) A cisão é a operação pela qual a companhia transfere parcelas do seu patrimônio para uma ou mais sociedades, constituídas para esse fim ou já existentes, extinguindo-se a companhia cindida, se houver versão de todo o seu patrimônio, ou dividindo-se o seu capital, se parcial a versão.

e) A constituição da sociedade de economia mista depende de prévia autorização legislativa, contudo, sempre que pessoa jurídica de direito público adquirir, por desapropriação, o controle de companhia em funcionamento, os acionistas não terão direito de pedir o reembolso das suas ações, principalmente, se a companhia já se achava sob o controle, direto ou indireto, de outra pessoa jurídica de direito público, ou no caso de concessionária de serviço público.

10. (FCC/TRT 6ª REGIÃO (PE)/2015) No que diz respeito à sociedade anônima,

a) o número e o valor nominal das ações somente poderão ser alterados nos casos de modificação do valor do capital social ou da sua expressão monetária, de desdobramento ou grupamento de ações, ou de cancelamento de ações autorizado pela lei.

b) as ações da companhia poderão ter valores nominais diferentes.

c) o estatuto fixará o número das ações em que se divide o capital social, sendo que, obrigatoriamente, as ações deverão ter valor nominal.

d) desde que aprovada pela Assembleia Geral, é permitida a emissão de ações por preço inferior ao seu valor nominal.

e) a responsabilidade dos titulares de ações ordinárias é limitada ao preço de emissão das ações subscritas ou adquiridas, mas todos os acionistas respondem solidariamente pela integralização do capital social, inclusive os titulares de ações preferenciais ou de fruição.

11. **(FCC/TRT 18ª REGIÃO (GO)/2014)** No tocante às sociedades anônimas é correto afirmar:

a) O administrador não é pessoalmente responsável pelas obrigações que contrair em nome da sociedade e em virtude de ato regular de gestão; responde, porém, civilmente, pelos prejuízos que causar, quando proceder, dentro de suas atribuições ou poderes, com culpa ou dolo, bem como com violação da lei ou do estatuto social.

b) A companhia ou sociedade anônima terá o capital dividido em ações, e a responsabilidade solidária dos sócios ou acionistas será limitada ao valor total do capital social integralizado.

c) Pode ser objeto da sociedade anônima qualquer empresa, de fim lucrativo ou não, desde que não contrário à lei, à ordem pública e aos bons costumes.

d) O estatuto fixará o número das ações em que se divide o capital social, estabelecendo obrigatoriamente seu valor nominal.

e) O estatuto social e a assembleia geral não podem privar o acionista de participar dos lucros sociais, embora possam privá-lo de participar do acervo da companhia, em caso de liquidação.

12. **(TRT 3ª REGIÃO/2012)** Leia as afirmativas abaixo e assinale a alternativa correta:

I. Os administradores agem na qualidade de órgãos da sociedade anônima e todos os atos que praticarem em decorrência dessa condição são de responsabilidade exclusiva da própria companhia, pois é ela que se fez presente por seus órgãos. Em outras palavras, o administrador não é pessoalmente responsável pelas obrigações que contrair em nome da sociedade e em virtude de ato regular de gestão.

II. O administrador da sociedade anônima só responde civilmente pelos prejuízos que causar à sociedade anônima nos seguintes casos: mesmo agindo dentro de suas atribuições ou poderes, vier a fazê-lo com culpa ou dolo; proceder com violação da lei ou do estatuto; agir nos estritos limites da lei ou do estatuto, mas se portar de forma imprudente, negligente ou com imperícia, ou ainda com manifesta intenção de causar prejuízo à sociedade. Nesses casos, estará ele obrigado a reparar o dano, se veio a causar prejuízo à sociedade anônima por ter agido contrariamente à lei ou ao estatuto, situação em que a existência de culpa ou dolo é presumida.

III. Em princípio, nas sociedades anônimas, não existe a responsabilidade solidária dos administradores, ou seja, um administrador não responde pelos atos ilícitos de outro, a não ser que seja conivente, negligente em descobrir estes ilícitos, ou então que os descubra e não tome nenhuma providência para impedir sua prática.

IV. Nas sociedades limitadas, a responsabilidade dos sócios limita-se aos valores de suas quotas, mas todos os sócios respondem solidariamente pela integralização do capital social. Assim, nas sociedades limitadas, a responsabilidade do sócio é maior que na sociedade anônima, em que o acionista responde tão somente pela integralização de suas próprias ações, não tendo qualquer responsabilidade solidária em relação aos demais acionistas.

V. Para a limitação da responsabilização dos sócios nas sociedades limitadas, há algumas exceções: (a) caso os sócios deliberem contrariamente ao contrato social ou em desconformidade com o ordenamento jurídico, responderão ilimitadamente pelas obrigações advindas da decisão; (b) para os créditos relativos às dívidas fiscais, ou da Previdência Social, haverá responsabilidade pessoal dos sócios; (c) quanto aos créditos trabalhistas surgidos de condenação na esfera da Justiça do Trabalho, frequentemente verifica-se a inclinação da jurisprudência em permitir a execução dos bens dos sócios, isso quando verificada a impossibilidade de os bens da sociedade suportarem o pagamento; (d) em todos os casos em que se verifique o abuso da personalidade jurídica, caracterizada pelo desvio de finalidade, ou pela confusão patrimonial que possa causar danos a terceiros.

a) Somente as afirmativas I, II e III estão corretas.
b) Somente as afirmativas III e IV e V estão corretas.
c) Somente as afirmativas I, III e V estão corretas.
d) Somente as afirmativas II, III e IV estão corretas.
e) Todas as alternativas estão corretas.

13. **(TJ-MG/FUNDEB/2014)** Considerando o regime jurídico das sociedades anônimas, analise as seguintes afirmativas.

I. Os acordos de acionistas deverão ser observados pela companhia, quando arquivados na sua sede, e serão oponíveis a terceiros depois de averbados no livro de registro e nos certificados de ações, se emitidos, independentemente de seu arquivamento na Junta Comercial.

II. Os negociantes de ações não integralizadas ficarão solidariamente responsáveis com os adquirentes pelo pagamento das prestações que faltarem para integralizar as ações transferidas, cabendo à companhia a faculdade de exigir de qualquer deles o pagamento total.

III. As deliberações da assembleia geral, seja nas companhias abertas ou nas companhias fechadas, serão sempre tomadas pela maioria absoluta de votos e, no caso de empate, poderão ser dirimidas pela arbitragem, por nova assembleia a ser convocada ou pelo Poder Judiciário.

IV. O direito de preferência do acionista para a subscrição de novas ações é personalíssimo e indisponível, não podendo ser limitado ou excluído pelo estatuto ou pela assembleia geral.

A partir da análise, conclui-se que estão CORRETAS.

a) III e IV apenas.
b) II e III apenas.
c) I e IV apenas.
d) I e II apenas.

14. **(FGV/SEFAZ-RJ/Auditor Fiscal da Receita Estadual/2011)** A Companhia CBA Tintas, sociedade anônima cujo capital social fixado no projeto do estatuto, no valor de R$ 100.000,00 (cem mil reais), foi dividido em oitenta ações ordinárias no valor total de R$ 80.000,00 (oitenta mil reais), a serem subscritas pelos sócios João e José, em partes iguais, e vinte ações preferenciais no valor total de R$ 20.000,00 (vinte mil reais), a serem subscritas pelo sócio Joaquim, é considerada regularmente constituída somente a partir:

a) do arquivamento dos documentos relativos à constituição no Registro Público de Empresas Mercantis e a sua subsequente publicação, em até trinta dias, em órgão oficial do local de sua sede.
b) da assembleia geral de constituição, desde que aprovada a proposta por votos de acionistas que representem, ao menos, metade do capital social.
c) do depósito realizado em estabelecimento bancário autorizado pela Comissão de Valores Mobiliários, da parte do capital realizado em dinheiro.

d) do arquivamento da ata da assembleia de constituição da companhia perante o Registro Público de Empresas Mercantis.

e) da realização, como entrada, de dez por cento, no mínimo, do preço de emissão das ações subscritas em dinheiro.

15. **(FCC/SEFIN-RO/Auditor Fiscal de Tributos Estaduais)** NÃO se inclui na competência do Conselho de Administração, dentre outras atribuições:

a) eleger e destituir os membros da diretoria.

b) convocar a Assembleia Geral.

c) fixar a orientação geral para os negócios sociais.

d) suspensão de direitos dos acionistas.

e) escolher e destituir os auditores independentes, se houver.

16. **(TRT 21ª REGIÃO/RN)** A responsabilidade dos sócios é:

a) limitada e subsidiária, em relação aos sócios comanditados, na sociedade em comandita simples;

b) solidária e ilimitada em relação às pessoas jurídicas que integrarem as sociedades em nome coletivo;

c) limitada ao preço de emissão das ações subscritas, nas sociedades anônimas;

d) limitada ao valor do capital social nas sociedades em nome coletivo;

e) todas as alternativas estão incorretas.

17. **(2017/CESPE/TRF – 5ª REGIÃO/Juiz Federal Substituto)** Conforme a Lei das Sociedades Anônimas, as competências privativas da assembleia geral incluem a

a) autorização para emissão de debêntures e para a contratação de empréstimos.

b) solicitação ao conselho de administração para que providencie em dez dias a eleição ou a destituição de liquidantes.

c) fixação de orientação geral dos negócios da companhia.

d) indicação de lista tríplice ao conselho de administração para eleição, a qualquer tempo, de administradores e fiscais da companhia.

e) deliberação sobre as demonstrações financeiras e contas apresentadas anualmente pelos administradores.

18. **(2017/MPE-SP/Promotor de Justiça Substituto)** Nas sociedades anônimas, a consequência da emissão de ações da companhia por preço inferior ao seu valor nominal é a

a) nulidade do ato ou operação, passível de retificação pelos infratores, se comunicada imediatamente à CVM – Comissão de Valores Mobiliários e à Bolsa de Valores.

b) anulabilidade do ato ou operação, porém passível de correção imediata pelos seus infratores, se acompanhada de indenização aos acionistas e ao mercado e de retificação perante a Junta Comercial do Estado.

c) anulabilidade do ato ou operação, com necessidade de recompra das ações para que sejam mantidas em tesouraria.

d) nulidade do ato ou operação e responsabilização dos infratores, sem prejuízo de eventual e adequada ação penal.

e) nulidade do ato ou operação e responsabilização dos acionistas e infratores e destituição da diretoria estatutária, com subsequente ação penal.

19. (2017/CONSULPLAN/TJ-MG/Titular de Serviços de Notas e de Registros) Considerando a Lei n. 6.404, de 15 de dezembro de 1976, que dispõe sobre as sociedades por ações, assinale a alternativa correta:

a) A constituição da companhia depende da subscrição, pelo menos por sete pessoas, de todas as ações em que se divide o capital social fixado no estatuto.
b) Nenhuma companhia poderá funcionar sem que sejam arquivados e publicados seus atos constitutivos.
c) A incorporação de imóveis para a formação do capital social exige escritura pública.
d) O subscritor não pode se fazer representar na assembleia geral de constituição por procurador com poderes especiais.

20. (2017/CONSULPLAN/TJ-MG/Titular de Serviços de Notas e de Registros) Valores Mobiliários são títulos de investimento que a sociedade anônima emite para a obtenção dos recursos de que necessita. Segundo a Lei n. 6.404/1976, a companhia poderá emitir os seguintes valores mobiliários, **EXCETO**:

a) *Warrants* autônomos
b) Ações
c) Debêntures
d) Bônus de subscrição

GABARITO

QUESTÃO	COMENTÁRIOS
01	A alternativa correta é a E, pois na S.A. aberta só existem ações ordinárias de uma classe (art. 16 da Lei n. 6.404/76).
02	A alternativa que não representa uma garantia conferida pela debênture é a C, tendo em vista que não existem debêntures com garantia pessoal (art. 58 da Lei n. 6.404/76).
03	A alternativa correta é a E, uma vez que a S.A. pode ser constituída por subscrição pública ou particular, conforme lecionam os arts. 82 e 88 da Lei das S.A.
04	A alternativa correta é a C, pois está em consonância com os art. 138, § 2º, e 239, ambos da Lei das S.A.
05	A alternativa correta é a C, pois na S.A. o acordo de acionista vincula os membros que fizeram o acordo (art. 118 da Lei n. 6.404/76).
06	A alternativa correta é a B, pois a S.A. é sempre uma sociedade empresária por definição legal (parágrafo único do art. 982 do CC).
07	A alternativa correta é a E, pois na S.A., quando o administrador age com culpa ou dolo, sua responsabilização é avaliada pela assembleia geral, que pode ou não ingressar com a ação de responsabilidade com ele (art. 159 da Lei n. 6.404/76).
08	A alternativa correta é a A, pois, na S.A., o acionista responde pelo preço de emissão das ações subscritas (art. 1º da Lei n. 6404/76).
09	A alternativa incorreta é a E, pois na sociedade de economia mista os acionistas terão direito de pedir o reembolso das suas ações, principalmente, se a companhia já se achava sob o controle, direto ou indireto, de outra pessoa jurídica de direito público, ou no caso de concessionária de serviço público.

10	A alternativa correta é a A, pois na S.A., o valor nominal pode ou não estar expresso na ação, mas sua modificação somente poderão ser realizada nos casos de modificação do valor do capital social ou da sua expressão monetária (arts. 11 e s. da Lei n. 6.404/76).
11	A alternativa correta é a A, pois o administrador, embora aja em nome da S.A., responderá por culpa ou dolo no exercício de sua função (arts. 153 e 154 da Lei n. 6.404/76).
12	A alternativa correta é a E; as afirmativas estão corretas nos termos dos arts. 1.080 do Código Civil de 2002 e 153 e s. da Lei das S.A.
13	A alternativa correta é a D, pois o item I encontra-se descrito no art. 118, *caput* e § 1º, da Lei n. 6.404/76, enquanto o item II cuida da responsabilidade dos alienantes, de acordo com o art. 108 da Lei n. 6.404/76.
14	A alternativa correta é a A, pois trata-se de publicação e transferência de bens, e de acordo com o art. 98 da Lei n. 6.404/76.
15	A alternativa correta é a D, de acordo com o art. 142 da Lei n. 6.404/76.
16	A alternativa correta é a C, de acordo com o art. 1º da Lei n. 6.404/76.
17	A alternativa correta é a A, pois é atribuição da Assembleia Geral aprovar as contas dos administradores (art. 121 da LSA).
18	A alternativa correta é a D; o valor de emissão, que é o valor fixado pela S.A., não pode ser inferior ao valor nominal (art. 14 da LSA).
19	A alternativa correta é a B, pois a S.A. só começará depois do arquivamento na Junta Comercial e publicação na imprensa oficial.
20	A alternativa correta é A, pois, embora a CVM possa aprovar novos títulos criados pela S.A., o *warrant* é um título de crédito vinculado à atividade de armazém geral, enquanto nas demais alternativas existem títulos emitidos pela S.A.

11

DISSOLUÇÃO DE SOCIEDADES

SUMÁRIO

Tanto nas sociedades regidas pelo Código Civil como nas sociedades anônimas, pode ocorrer a dissolução parcial ou total.

Na dissolução parcial a sociedade continua a existir, mas o vínculo existente entre um sócio e a sociedade deixa de existir, enquanto na dissolução total a sociedade deixa de existir.

11.1 Dissolução parcial

As hipóteses de **dissolução parcial das sociedades regidas pelo Código Civil** ocorre:

(i) no caso da **morte**, quando ocorre o ressarcimento dos herdeiros;

(ii) nas hipóteses de **retirada**; e

(iii) nas hipóteses de **exclusão**.

Nas **sociedades anônimas**, a dissolução parcial ocorre no exercício do **direito de retirada**.

11.1.1 Dissolução parcial por morte

De acordo com o art. 1.028 do Código Civil de 2002, "no caso de morte de sócio, liquidar-se-á sua quota, salvo:

I – se o contrato dispuser diferentemente;

II – se os sócios remanescentes optarem pela dissolução da sociedade;

III – se, por acordo com os herdeiros, regular-se a substituição do sócio falecido".

Em outras palavras, se os sócios remanescentes não optarem pela dissolução total e não acordarem com os herdeiros/espólio sobre a substituição do sócio falecido, ocorrerá a dissolução parcial da cota do sócio falecido.

A sociedade, após a alteração do quadro societário, deverá ressarcir os herdeiros/espólio de acordo com o valor patrimonial das cotas do falecido, a ser apurado em balanço especialmente realizado para esse fim, se não houver outra forma descrita no contrato (art. 1.031 do Código Civil de 2002).

Se os herdeiros/espólio não conseguirem a alteração contratual e o ressarcimento, precisarão ingressar com ação de dissolução parcial por morte cumulada com a apuração de haveres, pelo procedimento especial dos arts. 599 e s. do CPC.

Se a alteração contratual ocorrer, mas não houver ressarcimento, os herdeiros/espólio precisarão ingressar com ação de apuração de haveres, pelo mesmo procedimento especial dos arts. 599 e s. do CPC.

A responsabilidade dos herdeiros/espólio permanece por até 2 anos, contados da averbação da alteração contratual, até o limite do valor ressarcido (arts. 1.028 e 1.032 do Código Civil de 2002).

11.1.2 Dissolução parcial de retirada

O sócio pode se retirar de uma sociedade de forma motivada ou imotivada.

A forma motivada é cabível apenas na sociedade limitada e está prevista no art. 1.077 do Código Civil de 2002, da seguinte forma: "quando houver modificação do contrato, fusão da sociedade, incorporação de outra, ou dela por outra, terá o sócio que dissentiu o direito de retirar-se da sociedade, nos trinta dias subsequentes à reunião, aplicando-se, no silêncio do contrato social antes vigente, o disposto no art. 1.031".

Além disso, é possível a retirada imotivada do sócio, para as sociedades simples e para a sociedade limitada com aplicação subsidiaria das regras da sociedade simples, nos termos do art. 1.029 do Código Civil de 2002, ou seja, "além dos casos previstos na lei ou no contrato, qualquer sócio pode retirar-se da sociedade; se de prazo indeterminado, mediante notificação aos demais sócios, com antecedência mínima de sessenta dias; se de prazo determinado, provando judicialmente justa causa. Parágrafo único. Nos trinta dias subsequentes à notificação, podem os demais sócios optar pela dissolução da sociedade."

A retirada pode ser acolhida pelos demais sócios, com a alteração do contrato, averbação no órgão competente e respectivo ressarcimento do sócio que se retirou com base no valor patrimonial de sua cota, apurado em balanço especial, se não houver outra forma de ressarcimento (art. 1.031 do Código Civil de 2002).

Na sociedade anônima a retirada é permitida de forma motivada nos termos do art. 137 da LSA, estudado anteriormente.

Em caso de recusa por parte dos sócios/acionistas, cabe ao sócio que deseja se retirar ingressar com ação de dissolução parcial de retirada cumulada com apuração de haveres, com fundamento nos arts. 599 e s. do CPC.

Por outro lado, se a retirada for acolhida e o problema for apenas o ressarcimento, a ação que deve ser proposta é apenas a de apuração de haveres, que seguirá o mesmo procedimento especial dos arts. 599 e s. do CPC.

A responsabilidade pelas dívidas societárias se mantém por 2 anos contados da averbação da retirada (art. 1.032 do Código Civil de 2002).

11.1.3 Dissolução parcial de exclusão

Na sociedade limitada a exclusão pode ser extrajudicial ou judicial, enquanto que nas sociedades simples só é possível a exclusão judicial.

A exclusão extrajudicial só é possível se os requisitos previstos no art. 1.085 do Código Civil de 2002 estiverem presentes. São eles:

- a prática de falta grave;
- a previsão contratual prévia da possibilidade de exclusão por justa causa;
- a concordância de sócios com mais da metade do capital social.

Para que ela ocorra, será necessário conceder ao sócio que se pretende excluir a possibilidade de defesa em assembleia especialmente convocada para esse fim.

A partir da decisão pela exclusão, o contrato social deve ser alterado e averbado no órgão competente, e o sócio excluído deve ser ressarcido pelo valor patrimonial de suas cotas, apurados em balanço especial.

Se a exclusão extrajudicial não for possível na sociedade limitada ou em se tratando de sociedade simples, a exclusão deverá ser pedida judicialmente por meio de ação de dissolução parcial de exclusão cumulada de apuração de haveres, com fundamento nos arts. 599 e s. do CPC.

A exclusão judicial é possível em virtude de falta grave, de incapacidade superveniente do sócio ou de falência de sócio, nos termos do art. 1.030 do Código Civil de 2002.

Se a divergência for apenas em relação ao valor a ser ressarcido, a ação deve ser de apuração de haveres pelo mesmo procedimento especial, previsto nos arts. 599 e s. do CPC.

11.2 Dissolução total

Trataremos neste capítulo dos casos de dissolução total, que possuem hipóteses comuns para as sociedades regidas pelo Código Civil de 2002 e para as sociedades anônimas, com algumas peculiaridades.

Além das causas abaixo relacionadas, as sociedades também são dissolvidas totalmente no caso de incorporação (sociedade incorporada), fusão, cisão total (art. 219 da Lei n. 6.404/76).

PARA RECORDAR

11.2.1 Causas de dissolução total

A primeira observação é que a **dissolução não causa o fim da personalidade jurídica, e sim o fim da sociedade. Uma vez que ocorra uma causa de dissolução, será necessária a liquidação**, e só então poderemos afirmar que a personalidade jurídica chegou ao fim (art. 51 do Código Civil de 2002 e art. 207 da Lei n. 6.404/76). Vamos analisar primeiramente as causas de dissolução.

a) Término do prazo de duração

Algumas sociedades são constituídas por um **prazo determinado**, e como regra elas serão **dissolvidas quando terminar o prazo de duração**, a não ser que antes de terminar esse período ocorra uma alteração contratual, modificando o prazo para indeterminado, devidamente averbada na Junta Comercial.

Se não ocorrer essa alteração, a S.A. será dissolvida (art. 206, I, *c*, da Lei n. 6.404/76). No caso das **sociedades regidas pelo Código Civil de 2002**, a dissolução **só ocorrerá se houver a manifestação de algum sócio** (art. 1.033, I, do Código Civil de 2002). Se a sociedade, por outro lado, simplesmente continuar sua atividade e não houver a manifestação de nenhum sócio, então não ocorrerá a dissolução. A sociedade continuará a existir regularmente.

PARA FIXAR

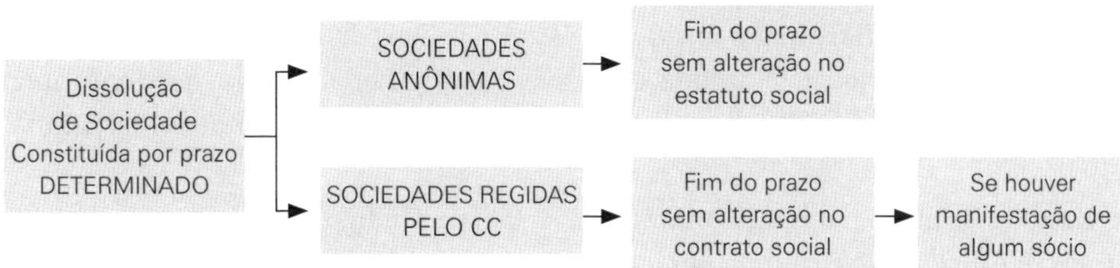

b) Vontade dos sócios

Tanto as sociedades regidas pelo Código Civil de 2002 como as sociedades anônimas podem ser dissolvidas pela vontade dos sócios, mas os quóruns são diferenciados.

Nas **sociedades anônimas**, para serem dissolvidas por vontade dos sócios, dependerá da convocação de **assembleia geral extraordinária** e da **concordância de metade das ações com direito de voto** (art. 136, X, da Lei n. 6.404/1976).

Nas sociedades regidas pelo Código Civil de 2002, aqui especialmente trataremos da sociedade limitada, que é a que mais nos interessa pela incidência nas provas e na prática, e também porque existe uma peculiaridade: na **sociedade limitada**, será necessária a convocação de reunião ou assembleia para a tomada de decisão. Além disso, será necessária **a aprovação de sócios que representem ¾ do capital social** (art. 1.076, I, do Código Civil de 2002).

Contudo, segundo o **princípio da preservação da empresa**, uma empresa dissolvida traz problemas para todos que direta ou indiretamente se relacionam com a empresa, como é o caso dos trabalhadores, fornecedores, fisco etc. **Se houver algum sócio interessado em continuar a atividade empresarial, poderá manter a atividade**, desde que pague os haveres dos sócios (art. 1.031 do Código Civil de 2002) que desejam a dissolução da sociedade.

c) Falência

Se houver a declaração da falência das sociedades regidas pelo Código Civil de 2002 e das sociedades anônimas, a sociedade será dissolvida (arts. 1.044 e 1.087 do Código Civil de 2002; art. 206, II, da Lei n. 6.404/76).

d) Unipessoalidade

Como vimos, a regra é a existência de pelo menos 2 sócios para a manutenção da sociedade. O legislador permitiu duas hipóteses para que a sociedades anônimas permaneçam com apenas um acionista, i) no caso da subsidiária integral, que estudamos no capítulo das S.A. (art. 251 da Lei n. 6.404/76), ii) e pelo período de um exercício (art. 206, I, *d*, da Lei n. 6.404/76). Ou seja, será causa de dissolução total **para as S.A.** a **permanência de apenas 1 acionista por mais de 1 ano, com exceção da subsidiária integral**.

Nas sociedades regidas pelo Código Civil, se restar apenas 1 sócio por até 180 dias não existe nada de irregular, mas se **a unipessoalidade permanecer por mais de 180 dias é causa de dissolução** (art. 1.033, IV, do Código Civil de 2002). Ressalte-se que, em se tratando de sociedade limitada, é possível que a sociedade permaneça com apenas 1 sócio por tempo indefinido. É o caso da Sociedade Unipessoal Limitada (art. 1.052, § 1º, do CC).

Ressalte-se que o parágrafo único do art. 1.033 do Código Civil de 2002 permite que **esse sócio que está sozinho na sociedade pode transformar sua sociedade em empresa individual**. Com a Lei n. 12.441/2011, também é possível a transformação de uma sociedade contratual na nova Empresa Individual de Responsabilidade Limitada (Eireli).

Outra ressalva que merece destaque é o caso da sociedade unipessoal de advocacia, que pode permanecer com apenas um sócio, sem tempo determinado de existência (arts. 16 e 17 da Lei n. 8.906/94).

PARA FIXAR

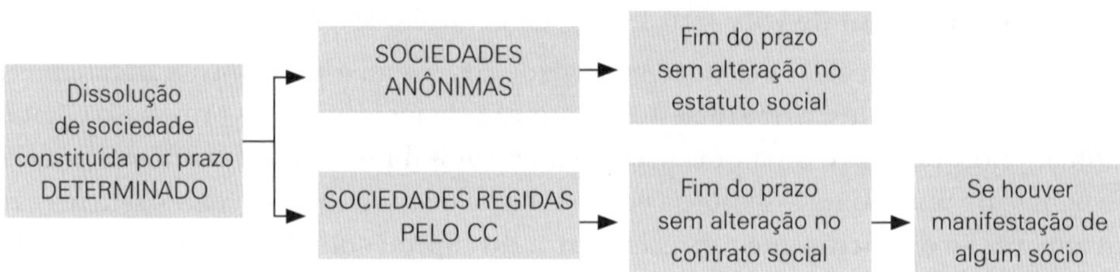

11.2.2 Extinção da autorização de funcionamento

Como vimos anteriormente, algumas sociedades dependem de autorização para funcionar, como é o caso das mineradoras, seguradoras, instituições financeiras, sociedades estrangeiras, entre outras.

Se, por alguma razão, a **sociedade perder essa autorização**, ela terá de ser dissolvida. A cessação da autorização está ligada a uma **infração de ordem pública ou à prática de atos contrários aos fins da sociedade** (art. 1.125 do Código Civil de 2002).

11.2.3 Inexequibilidade do objeto social

Nas sociedades anônimas, a inexequibilidade do objeto social significa que **o fim social não pode mais ser realizado**, o que poderia acontecer, por exemplo, com a falta de interesse do mercado no objeto realizado, pela impossibilidade de manter o investimento na realização do objeto social (art. 206, II, *b*, da Lei n. 6.404/76).

Nas sociedades regidas pelo Código Civil de 2002, a inexequibilidade do objeto social (art. 1.034, II, do Código Civil de 2002) tem a mesma definição, mas, **além** dos exemplos citados, que resultariam na **impossibilidade de realização do objeto social**, temos também, nas sociedades de pessoas, a **quebra da *affectio societatis***, que significaria o rompimento do vínculo de confiança entre os sócios.

A inexequibilidade de uma forma geral **precisa de decisão judicial**, para avaliar se existe ou não a motivação para a dissolução total. Ressalte-se que, nas sociedades regidas pelo CC, levar-se-á em conta se existe algum interessado na continuidade da atividade empresarial, o que não causaria a dissolução total, desde que os haveres sejam pagos aos demais sócios.

11.3 Liquidação

Como já citamos no início do capítulo, **a personalidade jurídica continua a existir** mesmo depois da dissolução da sociedade, não mais para a realização da atividade empresarial, mas **para resolver as pendências da sociedade**, num procedimento chamado liquidação. A liquidação poderá ser judicial ou extrajudicial, por iniciativa dos sócios.

A liquidação judicial é regida pelo CPC/39, nos arts. 655 e seguintes, em virtude do art. 1.218, VII, do CPC/73, que afirma que, enquanto não houver Leis Especiais, para alguns temas, entre eles a dissolução de sociedades, continua a ser regida pelo CPC/39. O Código de Processo Civil de 2015 não fez menção à liquidação judicial, mas seu art. 1.046, § 3º, dispõe que os processos mencionados no art. 1.218 da Lei n. 5.869, de 11-1-1973 (CPC/73), cujo procedimento ainda não tenha sido incorporado por lei submetem-se ao procedimento comum previsto no CPC/2015.

A liquidação extrajudicial será tratada nas sociedades regidas pelo do Código Civil de 2002, nos arts. 1.102 e seguintes, enquanto as sociedades anônimas serão regidas pelos arts. 208 e seguintes da Lei n. 6.404/76.

Todos os **atos realizados** pelos diretores e administradores **em nome da pessoa jurídica**, após a dissolução, **não serão de responsabilidade da pessoa jurídica e sim pessoal de quem exerceu esse ato**.

Após a dissolução, o primeiro passo da liquidação deve ser a **averbação na Junta Comercial da dissolução da sociedade** (art. 210, I, da Lei n. 6.404/76 e art. 51, § 1º, do Código Civil de 2002). Neste ato, o **nome da sociedade** também deve ser alterado, com a inclusão do termo **"em liquidação"**, para que continue retratando a veracidade do nome empresarial (arts. 212 da Lei n. 6.404/76 e 1.103, parágrafo único, do Código Civil de 2002).

A partir daí deve ser **nomeado um liquidante**, escolhido pela sociedade. No caso da dissolução judicial, quem escolherá o liquidante será o juiz. Na liquidação, a função do liquidante é realizar os atos pertinentes à liquidação.

O liquidante deve fazer a arrecadação dos bens, vendendo-os e pagando os credores. Se o ativo for superior ao passivo, sua atividade continuará após o pagamento dos credores, pois havendo sobra o valor deve ser dividido com os sócios/acionistas, de acordo com a proporção de suas cotas.

Se, por outro lado, o ativo for inferior ao passivo, deve-se pedir imediatamente a falência (arts. 210, VII, da Lei n. 6.404/76 e 1.103, VII, do Código Civil de 2002), a saída de pagar os credores possíveis e depois pedir a falência, na nossa opinião, viola o princípio da *par conditio creditorum*. Ou seja, a definição sobre os credores que receberão deve ficar sob a responsabilidade do juízo falimentar. O legislador permite que o liquidante pague aos credores de acordo com as preferências creditícias.

Com o término da liquidação, os credores insatisfeitos podem ajuizar ações contra os sócios/acionistas individualmente.

PARA VISUALIZAR

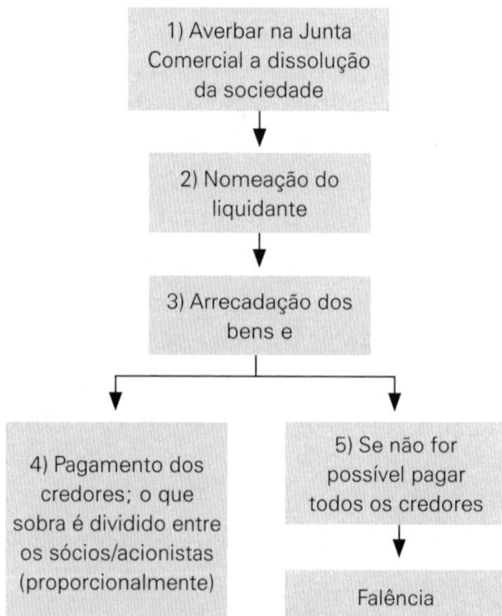

11.4 Questões

01. Uma sociedade limitada que há 30 anos atua na fabricação e comercialização de máquinas de escrever sofreu diminuição gradativa e significativa em suas vendas nos últimos 10 anos, de modo que atualmente o giro que ela faz não consegue manter as despesas mensais do empreendimento, haja vista o completo desinteresse do mercado nos produtos oferecidos por essa sociedade. Na situação hipotética apontada, está-se diante de uma possível situação de dissolução total de sociedade, com base:

a) No exaurimento do objeto social.

b) No distrato.

c) Na inexequibilidade do objeto social.

d) Extinção de autorização para funcionar.

02. No caso da ocorrência de dissolução total da sociedade:

a) Serão apurados os haveres de cada sócio, com base na situação patrimonial atual da sociedade, apurado em um balanço especialmente levantado, conforme aduz o art. 1.031 do CC.

b) Nomear-se-á um administrador judicial, o qual cuidará de liquidar o passivo da sociedade, bem como repartir o ativo restante com os sócios, recebendo cada um na proporção de suas cotas.

c) Nomear-se-á um liquidante, de modo que não haverá restrição da gestão própria aos negócios inadiáveis, não sendo vedadas novas operações.

d) Cumpre aos administradores providenciar imediatamente a investidura do liquidante, e restringir a gestão própria aos negócios inadiáveis, vedadas novas operações, pelas quais responderão solidária e ilimitadamente.

GABARITO

QUESTÃO	COMENTÁRIOS
01	A alternativa correta é a C, uma vez que o mercado não mais se interessa por esses produtos, nitidamente ocorrendo a inexequibilidade do objeto social (art. 1.034, II, do Código Civil de 2002).
02	A alternativa D está correta, pois transcreve a inteligência do art. 1.036 do Código Civil de 2002.

12

MODIFICAÇÕES NAS ESTRUTURAS DAS SOCIEDADES, PARTICIPAÇÕES SOCIETÁRIAS E PARTICIPAÇÃO DO CADE

SUMÁRIO

12.1 Modificação nas estruturas das sociedades

A Lei n. 6.404/76 sempre foi norma geral no que se refere às mudanças na estrutura societária, em especial nos arts. 220 e s., até que o Código Civil de 2002 tratou desses temas.

As modificações observadas nas estruturas societárias, além de alterarem as empresas envolvidas, são formas de reorganização das sociedades, que podem unir forças, melhorar sua forma de se relacionar com terceiros e com seus sócios/acionistas ou simplesmente se fortalecer no mercado.

O Enunciado n. 70 do CJF assim dispõe: "As disposições sobre incorporação, fusão e cisão previstas no Código Civil não se aplicam às sociedades anônimas. As disposições da Lei n. 6.404/76 sobre essa matéria aplicam-se, por analogia, às demais sociedades, naquilo em que o Código Civil for omisso".

Portanto, quanto às sociedades previstas no Código Civil, aplicaremos os arts. 1.113 e s. do Código Civil de 2002, e na omissão usaremos as regras da Lei n. 6.404/76, por analogia. Por outro lado, quanto às sociedades anônimas, aplicaremos as regras previstas na Lei n. 6.404/76.

Nesse sentido, o Enunciado n. 230 do Conselho de Justiça Federal, aprovado na III Jornada de Direito Civil, dispõe: "A fusão e a incorporação de sociedade anônima continuam reguladas pelas normas previstas na Lei n. 6.404/76, não revogadas pelo Código Civil (art. 1.089), quanto a esse tipo societário".

12.1.1 Transformação

A *transformação* é a operação pela qual a **sociedade passa, independentemente de dissolução e liquidação, de um tipo para outro** (art. 220 da Lei n. 6.404/76 e arts. 1.113 a 1.115 do Código Civil de 2002).

A personalidade jurídica continua a ser a mesma, e a **sociedade não é dissolvida, muito menos liquidada**. É apenas alterada a forma da sociedade a se relacionar com seus sócios/acionistas e com terceiros.

Para a transformação, **será necessária a aprovação unânime** de todos os sócios ou acionistas, inclusive os sem direito a voto[1], **salvo se ato constitutivo já contiver a previsão da transformação do tipo societário**. Nesse caso, será necessária a **concordância da maioria dos sócios/acionistas**, cabendo ao sócio/acionista que não concordar com a transformação o **direito de retirada, salvo se os sócios renunciaram, no contrato social, ao direito de retirada, no caso de transformação** (art. 221 da Lei n. 6.404/76 e art. 1.114 do Código Civil de 2002).

Portanto, para uma sociedade limitada, por exemplo, se transformar numa S.A., precisará, via de regra, da concordância de todos os sócios. Da mesma forma, a S.A. precisará da concordância de todos os acionistas para a transformação em sociedade limitada.

Também é possível a conversão de um empresário individual em uma sociedade empresária (art. 968, § 3º, do Código Civil de 2002). Da mesma forma, é possível que uma sociedade empresária se transforme em empresário individual ou em Eireli (art. 1.033, parágrafo único, do Código Civil de 2002). Quanto à figura dos credores da sociedade, não haverá nenhum problema, pois, de acordo com o legislador, as obrigações são mantidas com as mesmas condições e garantias anteriormente contratadas (art. 222 da Lei n. 6.404/76 e art. 1.115 do Código Civil de 2002).

Um detalhe relevante, de acordo com o legislador, é que a falência da sociedade transformada atingirá aos sócios que responderiam antes da falência, se for pedida pelos credores constituídos antes da transformação (art. 222 da Lei n. 6.404/76 e art. 1.115, parágrafo único, do Código Civil de 2002).

12.1.2 Incorporação

"A *incorporação* é a operação pela qual **uma ou mais sociedades são absorvidas por outra, que lhes sucede em todos os direitos e obrigações"**; ou seja, uma empresa adquire a outra, assumindo seu passivo e ativo (art. 227 da Lei n. 6.404/76 e arts. 1.116 a 1.118 do Código Civil de 2002).

---

1. CARVALHOSA, Modesto. *Comentários à Lei de Sociedades Anônimas*. São Paulo: Saraiva, 1997. v. 4, p. 190. Na visão de Fábio Ulhoa Coelho, a unanimidade seria necessária apenas em relação aos acionistas com direito de voto. *Curso de direito comercial*. São Paulo: Saraiva, 2011. v. 2, p. 512.

Na incorporação, a **sociedade incorporada deixará de existir** e a incorporadora assumirá o ativo e o passivo da incorporada (art. 1.118 do Código Civil de 2002 e art. 227, § 3º, da Lei n. 6.404/76).

Para que a incorporação aconteça numa S.A., de acordo com a Lei n. 6.404/76, é necessário seu **"protocolo"** e **"justificativa"** (arts. 224 e 225 da Lei n. 6.404/76). O protocolo tem natureza pré-contratual, na qual os administradores das sociedades envolvidas se comprometem a realizar a incorporação, enquanto a justificativa aponta as razões para a realização da incorporação.

As sociedades regidas pelo Código Civil exigem a **aprovação das bases da operação e do projeto de reforma** do ato constitutivo (art. 1.117 do Código Civil de 2002).

O **quórum de aprovação** para a sociedade incorporada depende da decisão da metade das ações que conferem o direito de voto no caso das S.A. (art. 136 da Lei n. 6.404/76) e 75% do capital social para as sociedades limitadas (art. 1.076, I, do Código Civil de 2002).

No caso de as S.A. terem debêntures emitidas, para que a incorporação ocorra, será necessária a **concordância dos debenturistas**. Não será necessária a concordância dos debenturistas na possibilidade de resgatar seus títulos em 6 meses (art. 231, § 1º, da Lei n. 6.404/76).

Na incorporação, o acionista dissidente da S.A. tem direito de retirada na sociedade incorporada. Na sociedade incorporadora, o acionista não terá direito de retirada (art. 137, II, da Lei n. 6.404/76). Na sociedade limitada, haverá o direito de retirada (art. 1.077 do Código Civil de 2002).

O credor constituído antes da incorporação tem o prazo de **60 dias** para requerer judicialmente a anulação da negociação, caso as empresas envolvidas sejam sociedades anônimas (art. 232 da Lei n. 6.404/76) e de **90 dias** se as empresas envolvidas forem as reguladas pelo Código Civil (art. 1.122 do Código Civil de 2002). A ação de anulação será prejudicada, se houver o pagamento do crédito.

PARA VISUALIZAR

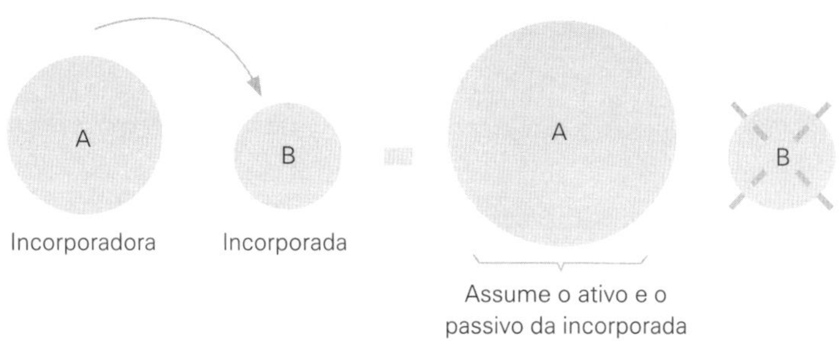

12.1.3 Fusão

A *fusão* é a operação pela qual **se unem duas ou mais sociedades para formar uma nova, que lhes sucederá nas obrigações e direitos** (art. 228 da Lei n. 6.404/76 e arts. 1.119 a 1.121 do Código Civil de 2002).

Cabe ressaltar que na fusão as **duas sociedades são extintas** e uma nova sociedade é criada.

Para que a fusão ocorra entre S.A., de acordo com a Lei n. 6.404/76, é necessário o **"protocolo"** e a **"justificativa"** (arts. 224 e 225 da Lei n. 6.404/76). O protocolo tem natureza pré-contratual, na qual os administradores das sociedades envolvidas se comprometem a realizar a fusão, enquanto a justificativa aponta as razões para a realização da fusão.

Para as sociedades regidas pelo Código Civil, exige-se **a aprovação do plano de distribuição do capital social e do projeto** do ato constitutivo (art. 1.120, § 1º, do Código Civil de 2002).

O **quórum de aprovação** das sociedades envolvidas na fusão depende da decisão da metade das ações que conferem o direito de voto no caso das S.A. (art. 136 da Lei n. 6.404/76) e de 75% do capital social para as sociedades limitadas (art. 1.076, I, do CC).

No caso de a S.A. ter debêntures emitidas, para que a incorporação ocorra, será necessária a **concordância dos debenturistas**, uma vez que houve a alteração de um dos sujeitos da obrigação constante na debênture. Não será necessária a concordância dos debenturistas caso eles possam resgatar seus títulos em 6 meses (art. 231, § 1º, da Lei n. 6.404/76).

Na fusão, o acionista dissidente da S.A. tem direito de retirada. Tanto na S.A. quanto na sociedade limitada, haverá o **direito de retirada** (art. 137 da Lei n. 6.404/76 e art. 1.077 do Código Civil de 2002).

O credor constituído antes da fusão tem **60 dias** para requerer judicialmente a anulação da negociação no caso de as empresas envolvidas forem sociedades anônimas (art. 232 da Lei n. 6.404/76) e de **90 dias** se as empresas envolvidas forem as reguladas pelo Código Civil (art. 1.122 do Código Civil de 2002). A ação de anulação será prejudicada se houver o pagamento do crédito.

PARA VISUALIZAR

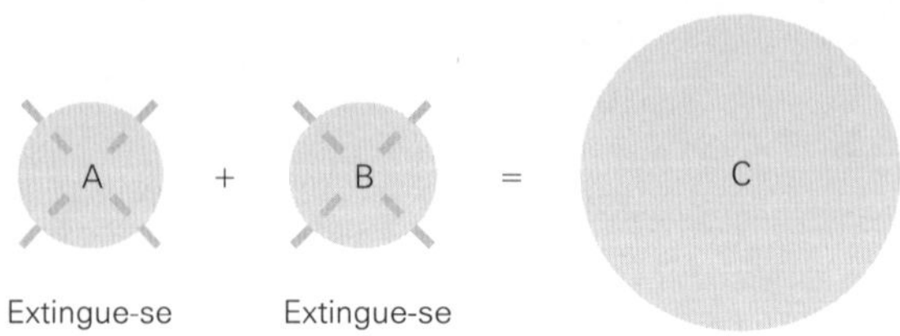

12.1.4 Cisão

A *cisão* é a operação na qual uma sociedade transfere parcelas de seu patrimônio para uma ou mais sociedades, constituídas para esse fim ou já existentes, extinguindo-se assim a companhia cindida, se a cisão for total. A cisão poderá ser total ou parcial, se parte da sociedade for negociada e parte permanecer como estava (art. 229 da Lei n. 6.404/76).

Tanto na cisão total como na cisão parcial, as sociedades que adquirem partes da sociedade cindida **sucedem nas obrigações assumidas na proporção do patrimônio** da sociedade cindida. O **credor constituído antes da cisão** tem o prazo de **90 dias** para requerer judicialmente a **anulação da negociação**, caso as empresas envolvidas sejam sociedades anônimas ou reguladas pelo Código Civil de 2002 (art. 1.122 do Código Civil de 2002 e art. 233, parágrafo único, da Lei n. 6.404/76).

No caso de a S.A. ter debêntures emitidas, para que a incorporação ocorra, será necessária a **concordância dos debenturistas**. Não será necessária a concordância dos debenturistas caso estes possam resgatar seus títulos dentro do prazo de 6 meses (art. 231, § 1º, da Lei n. 6.404/76).

Na cisão, não há o **direito de retirada** nas sociedades limitadas (art. 1.077 do Código Civil de 2002). Porém, nas S.A. o acionista dissidente possui o direito de retirada, em caso de cisão, cuja efetividade implica: *(a)* mudança do objeto social, salvo quando o patrimônio cindido for vertido para sociedade cuja atividade preponderante coincida com a decorrente do objeto social da sociedade cindida; *(b)* redução do dividendo obrigatório; ou (c) participação em grupo de sociedades (art. 137, III, da Lei n. 6.404/76).

12.2 Participações societárias

12.2.1 Sociedades filiadas ou coligadas

Para o **Código Civil de** 2002, as sociedades serão consideradas coligadas ou filiadas quando existir entre elas a participação de **10% ou mais do capital social**, sem que ocorra o controle societário (art. 1.099 do Código Civil de 2002).

Para a **Lei n. 6.404/76**, são coligadas as sociedades nas quais a investidora tenha o poder de participar das decisões financeiras, na fixação das diretrizes da sociedade investida, sem controlá-la. Presume-se a "influência significativa" quando a investidora for titular de **20% ou mais do capital votante**, sem controlar a investida (art. 243, §§ 4º e 5º, da Lei n. 6.404/76).

Como regra geral, não existe solidariedade entre as sociedades coligadas ou filiadas, e, de acordo com o art. 266 da Lei n. 6.404/76: "As relações entre as sociedades, a estrutura administrativa do grupo e a coordenação ou subordinação dos administradores das *sociedades filiadas* serão estabelecidas na convenção do grupo, mas cada sociedade conservará personalidade e patrimônios distintos". Entretanto, em algumas situações é possível a responsabilização solidária ou subsidiária:

a) **sanção à infração à ordem econômica**, de acordo com o art. 33 da Lei n. 12.529/2011: "Serão solidariamente responsáveis as empresas ou entidades integrantes de grupo econômico, de fato ou de direito, quando pelo menos uma delas praticar infração à ordem econômica";

b) **obrigações previdenciárias**, de acordo com o art. 30, IX, da Lei n. 8.212/91: "As empresas que integram grupo econômico de qualquer natureza respondem entre si, solidariamente, pelas obrigações decorrentes desta Lei";

c) **nas relações de consumo**, de acordo com o art. 28, § 4º, do CDC: "As sociedades coligadas só responderão por culpa".

PARA FIXAR

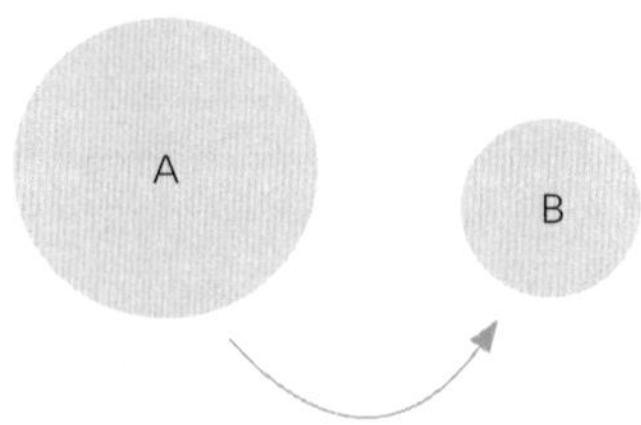

(CC) + 10% do capital social, sem controle
(S.A.) + 20% do capital volante, sem controle

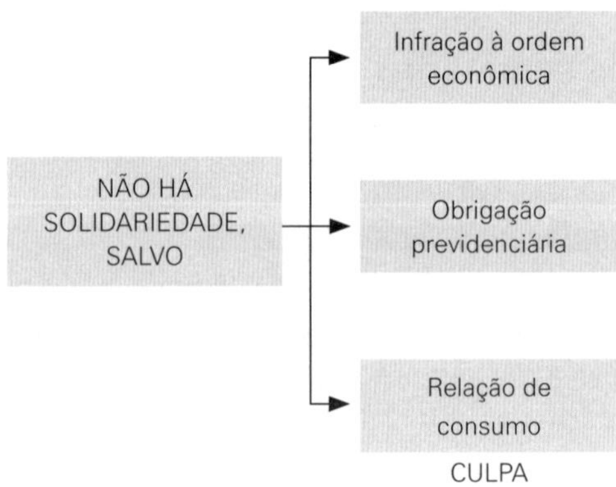

12.2.2 Simples participação

Na simples participação, ocorre o investimento de uma sociedade em outra, inclusive a possibilidade de exercer o direito de voto, porém sem nenhuma influência significativa na gestão da sociedade. De acordo com o art. 1.100 do Código Civil de 2002, "é de simples participação a sociedade de cujo capital outra sociedade **possua menos de dez por cento do capital com direito de voto**".

12.2.3 Sociedades controladoras

São sociedades controladoras aquelas que detêm a maioria dos votos da sociedade controlada, que assegurem a preponderância nas deliberações sociais e o poder de eleger a maioria dos administradores. Também pode ser chamada de incorporação por ações (art. 243, § 2º, da Lei n. 6.404/76 e art. 1.098 do Código Civil de 2002).

Como regra geral, não existe solidariedade entre sociedades controladas e controladoras, nos termos do art. 266 da Lei n. 6.404/76: "As relações entre as sociedades, a estrutura administrativa do grupo e a coordenação ou subordinação dos administradores das sociedades filiadas serão estabelecidas na convenção do grupo, mas cada sociedade conservará personalidade e patrimônios distintos". Entretanto, em algumas situações é possível a responsabilização solidária ou subsidiária:

a) **sanção à infração à ordem econômica**: de acordo com o art. 33 da Lei n. 12.529/2011, "Serão solidariamente responsáveis as empresas ou entidades integrantes de grupo econômico, de fato ou de direito, q**uando pelo menos uma delas praticar infração à ordem econômica**";
b) **obrigações previdenciárias**: segundo o texto do art. 30, IX, da Lei n. 8.212/91, "as empresas que integram grupo econômico de qualquer natureza respondem entre si, solidariamente, pelas obrigações decorrentes desta Lei";
c) **obrigações trabalhistas**: nos termos do art. 2º, § 2º, da CLT: "Sempre que uma ou mais empresas, tendo, embora, cada uma delas, personalidade jurídica própria, estiverem sob a direção, controle ou administração de outra, ou ainda quando, mesmo guardando cada uma sua autonomia, integrem grupo econômico, serão responsáveis solidariamente pelas obrigações decorrentes da relação de emprego";
d) **nas relações de consumo**: de acordo com o art. 28, § 2º, do CDC, "As sociedades integrantes dos grupos societários e as *sociedades controladas* são subsidiariamente responsáveis pelas obrigações decorrentes deste Código".

12.2.4 Grupo econômico

Os grupos econômicos podem ser de fato ou de direito.

No grupo econômico de fato existe uma relação entre sociedades controladas/controladoras e sociedades coligadas, porém não existe a constituição regular do grupo econômico. Na área trabalhista, o grupo econômico de fato é conhecido como **grupo econômico horizontal**.

Com a Reforma Trabalhista, não caracteriza grupo econômico a mera identidade de sócios, sendo necessárias, para a configuração do grupo, a demonstração do interesse integrado, a efetiva comunhão de interesses e a atuação conjunta das empresas dele integrantes (art. 2º, § 3º, da CLT).

No **grupo econômico de direito** existe uma **convenção** para a constituição do grupo econômico, e então ocorre o registro do grupo na Junta Comercial.

Quando um grupo econômico é constituído, podemos encontrar a figura da *holding*. A **holding** pode ser uma sociedade constituída puramente para participar das outras sociedades. Também pode ser chamada de *holding* a sociedade constituída para participar de outras sociedades e também exercer uma atividade econômica.

De qualquer forma, o grupo econômico não constitui uma nova personalidade jurídica, e cada sociedade responderá com seu patrimônio pelas obrigações assumidas, ou seja, não há solidariedade entre as sociedades que constituem o grupo econômico (art. 266 da Lei n. 6.404/76). Entretanto, em algumas situações é possível a responsabilização solidária ou subsidiária:

a) **sanção à infração à ordem econômica**, de acordo com o art. 33 da Lei n. 12.529/2011: "Serão solidariamente responsáveis as empresas ou entidades integrantes de grupo econômico, de fato ou de direito, quando pelo menos uma delas praticar infração à ordem econômica";

b) **obrigações previdenciárias**, de acordo com o art. 30, IX, da Lei n. 8.212/91: "As empresas que integram grupo econômico de qualquer natureza respondem entre si, solidariamente, pelas obrigações decorrentes desta Lei";

c) **obrigações trabalhistas**, de acordo com o art. 2º, § 2º, da CLT: "Sempre que uma ou mais empresas, tendo, embora, cada uma delas, personalidade jurídica própria, estiverem sob a direção, controle ou administração de outra, ou ainda quando, mesmo guardando cada uma sua autonomia, integrem grupo econômico, serão responsáveis solidariamente pelas obrigações decorrentes da relação de emprego". Ressalte-se, na área trabalhista, a OJ 411: "Sucessão trabalhista. Aquisição de empresa pertencente a grupo econômico. Responsabilidade solidária do sucessor por débitos trabalhistas de empresa não adquirida. Inexistência (*DEJT* divulgado em 22, 25 e 26-10-2010). O sucessor não responde solidariamente por débitos trabalhistas de empresa não adquirida, integrante do mesmo grupo econômico da empresa sucedida, quando, à época, a empresa devedora direta era solvente ou idônea economicamente, ressalvada a hipótese de má-fé ou fraude na sucessão";

d) **nas relações de consumo**, de acordo com o art. 28, § 2º, do CDC: "As sociedades integrantes dos *grupos societários* e as sociedades controladas, são subsidiariamente responsáveis pelas obrigações decorrentes deste Código".

PARA FIXAR

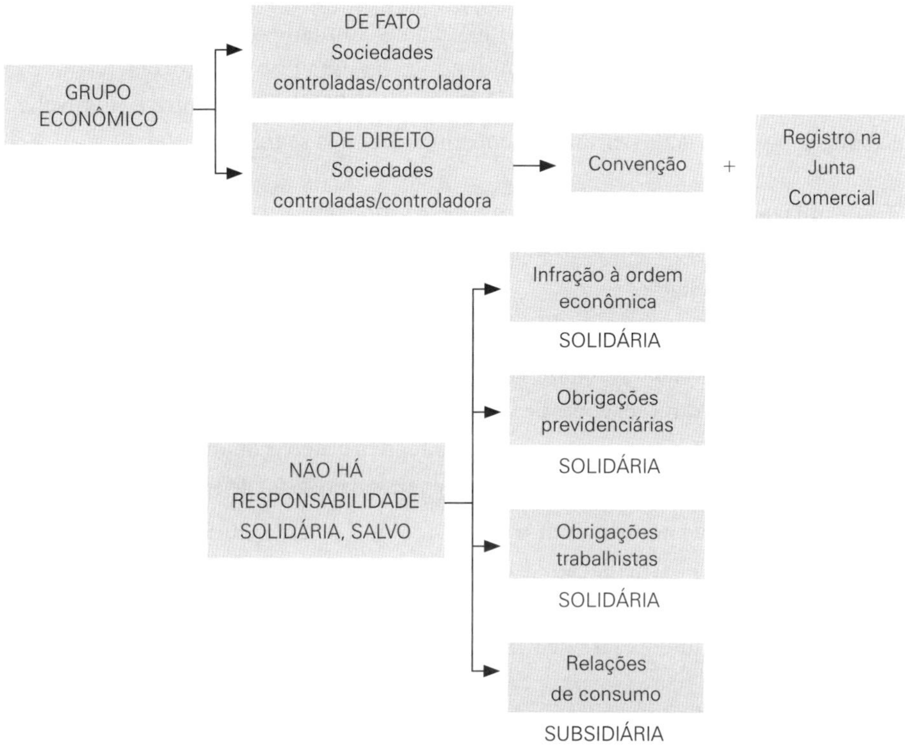

12.2.5 Consórcio

O *consórcio* entre sociedades ocorre quando duas ou mais sociedades combinam seus esforços e recursos para o desenvolvimento de um determinado empreendimento, sem existir solidariedade entre tais sociedades. O consórcio, por sua vez, não possui personalidade jurídica (art. 278, § 1º, da Lei n. 6.404/76).

Tal figura societária será constituída mediante contrato aprovado pelo órgão da sociedade competente para autorizar a alienação de bens do ativo não circulante, do qual constarão: a designação do consórcio, se houver; o empreendimento que constitua o objeto do consórcio; a duração, endereço e foro; a definição das obrigações e responsabilidade de cada sociedade consorciada, e das prestações específicas; normas sobre recebimento de receitas e partilha de resultados; normas sobre administração do consórcio, contabilização, representação das sociedades consorciadas e taxa de administração, se houver; forma de deliberação sobre assuntos de interesse comum, com o número de votos que cabe a cada consorciado; contribuição de cada consorciado para as despesas comuns, se houver. O contrato de consórcio e suas alterações serão arquivados na Junta

Comercial do lugar da sua sede, devendo a certidão do arquivamento ser publicada (art. 279, parágrafo único, da Lei n. 6.404/76).

Como regra geral, as empresas consorciadas somente se obrigam nas condições previstas no respectivo contrato, respondendo cada uma por suas obrigações, sem presunção de solidariedade (art. 278, § 1º, da Lei n. 6.404/76). Entretanto, é possível a responsabilização solidária das empresas consorciadas, nas seguintes situações:

a) **obrigações com consumidores**, de acordo com o art. 28, § 3º, do CDC: "As sociedades consorciadas são solidariamente responsáveis pelas obrigações decorrentes deste Código";

b) **obrigações trabalhistas**, de acordo com o art. 2º, § 2º, da CLT: "Sempre que uma ou mais empresas, tendo, embora, cada uma delas, personalidade jurídica própria, estiverem sob a direção, controle ou administração de outra, ou ainda quando, mesmo guardando cada uma sua autonomia, integrem grupo econômico, serão responsáveis solidariamente pelas obrigações decorrentes da relação de emprego.";

c) **licitações, de acordo com o art. 33, V, da Lei n. 8.666/93**: "Quando permitida na licitação a participação de empresas em *consórcio*, observar-se-ão as seguintes normas: V – responsabilidade solidária dos integrantes pelos atos praticados em consórcio, tanto na fase de licitação quanto na de execução do contrato".

PARA FIXAR

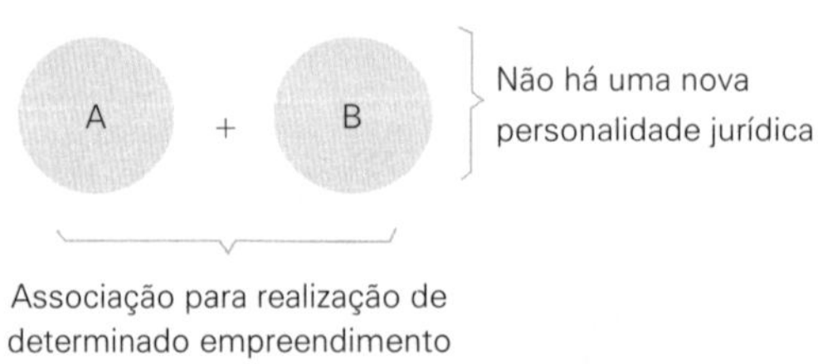

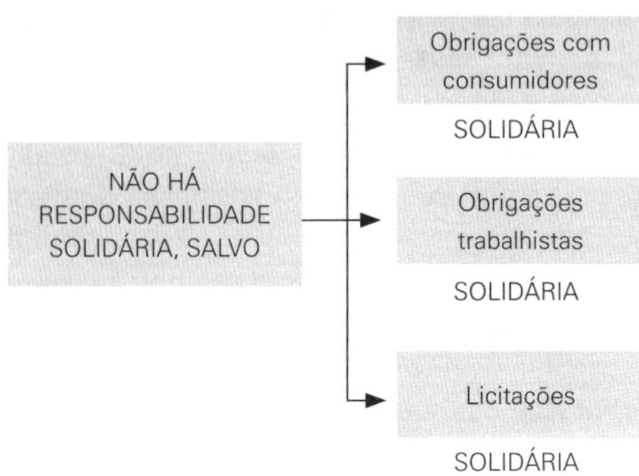

12.2.6 Joint venture

Na *joint venture*, duas ou mais sociedades se associam para realizar determinada atividade com objetivo lucrativo. As sociedades precisam ser independentes entre si. Não podem participar dessa associação sociedades coligadas, controladas ou participantes de qualquer forma de grupo econômico.

A associação dessas sociedades deve ter como objetivo uma determinada atividade. Podem ou não constituir uma sociedade ou simplesmente estabelecer regras de participação.

12.3 Defesa da concorrência

Quando se fala na modificação da estrutura das sociedades ou simplesmente da constituição de grupos de sociedades, existe a preocupação quanto às novas empresas se tornarem de tal modo fortes que possam impedir a livre concorrência do mercado.

Para preservar a livre concorrência, indicada constitucionalmente como um dos princípios da ordem econômica no art. 170, IV, da CF/88, foi criado um órgão responsável pela prevenção e a repressão às infrações contra a ordem econômica, o Cade – Conselho Administrativo de Defesa Econômica –, autarquia federal vinculada ao Ministério da Justiça.

A Lei n. 12.529, que foi sancionada em 1º-12-2011 e entrou em vigor em 180 dias, reformulou o Sistema Brasileiro de Defesa da Concorrência.

O Sistema Brasileiro de Defesa da Concorrência (SBDC) é formado pelo Conselho Administrativo de Defesa Econômica (Cade) e pela Secretaria de Acompanhamento Econômico do Ministério da Fazenda (Seae). A antiga Secretaria de Defesa Econômica (SDE) foi absorvida pelo Cade.

12.3.1 Composição

O Cade será composto por *(a)* Tribunal Administrativo de Defesa Econômica; *(b)* Superintendência-Geral; *(c)* Departamento de Estudos Econômicos.

O Plenário do *Tribunal Administrativo de Defesa Econômica* tem as seguintes atribuições: zelar pela observância da Lei n. 12.529/2011, seu regulamento e seu regimento interno; decidir sobre a existência de infração à ordem econômica e aplicar as penalidades previstas em lei; decidir os processos administrativos para imposição de sanções administrativas por infrações à ordem econômica instaurados pela Superintendência-Geral; ordenar providências que conduzam à cessação de infração à ordem econômica, dentro do prazo que determinar; aprovar os termos do compromisso de cessação de prática e do acordo em controle de concentrações, bem como determinar à Superintendência-Geral que fiscalize seu cumprimento; apreciar, em grau de recurso, as medidas preventivas adotadas pelo Conselheiro-Relator ou pela Superintendência-Geral; intimar os interessados de suas decisões; requisitar dos órgãos e entidades da administração pública federal e requerer às autoridades dos Estados, Municípios, do Distrito Federal e dos Territórios as medidas necessárias ao cumprimento desta Lei; contratar a realização de exames, vistorias e estudos, aprovando, em cada caso, os respectivos honorários profissionais e demais despesas de processo, que deverão ser pagas pela empresa, se vier a ser punida nos termos desta Lei; apreciar processos administrativos de atos de concentração econômica, na forma desta Lei, fixando, quando entender conveniente e oportuno, acordos em controle de atos de concentração; determinar à Superintendência-Geral que adote as medidas administrativas necessárias à execução e fiel cumprimento de suas decisões; requisitar serviços e pessoal de quaisquer órgãos e entidades do Poder Público Federal; requerer à Procuradoria Federal junto ao Cade a adoção de providências administrativas e judiciais; instruir o público sobre as formas de infração da ordem econômica; elaborar e aprovar regimento interno do Cade, dispondo sobre seu funcionamento, forma das deliberações, normas de procedimento e organização de seus serviços internos; propor a estrutura do quadro de pessoal do Cade, observado o disposto no inc. II do *caput* do art. 37 da CF/88; elaborar proposta orçamentária nos termos desta Lei; requisitar informações de quaisquer pessoas, órgãos, autoridades e entidades públicas ou privadas, respeitando e mantendo o sigilo legal quando for o caso, bem como determinar as diligências que se fizerem necessárias ao exercício das suas funções; e decidir pelo cumprimento das decisões, compromissos e acordos (art. 9º da Lei n. 12.529/2011).

Ao presidente do Tribunal compete: representar legalmente o Cade no Brasil ou no exterior, em juízo ou fora dele; presidir, com direito a voto, inclusive o de qualidade, as reuniões do Plenário; distribuir, por sorteio, os processos aos Conselheiros; convocar as sessões e determinar a organização da respectiva pauta; solicitar, a seu critério, que a Superintendência-Geral auxilie o Tribunal na tomada de providências extrajudiciais para o cumprimento das decisões do Tribunal; fiscalizar a Superintendência-Geral na tomada de providências para execução das decisões e julgados do Tribunal; assinar os compromissos e acordos aprovados pelo Plenário; submeter à aprovação do Plenário a proposta orçamentária e a lotação ideal do pessoal que prestará serviço ao Cade; orientar, coordenar e supervisionar as atividades administrativas do Cade; ordenar as despesas atinentes ao Cade, ressalvadas as despesas da unidade gestora da Superintendência-Geral; firmar contratos e convênios com órgãos ou entidades nacionais e submeter, previamente, ao Ministro de Estado da Justiça os que devam ser celebrados com organismos estrangeiros ou internacionais; e determinar à Procuradoria Federal junto ao Cade as providências judiciais determinadas pelo Tribunal (art. 10 da Lei n. 12.529/2011).

À Superintendência-Geral compete: zelar pelo cumprimento da Lei, monitorando e acompanhando as práticas de mercado; acompanhar, permanentemente, as atividades e práticas comerciais de pessoas físicas ou jurídicas que detiverem posição dominante em mercado relevante de bens ou serviços, para prevenir infrações da ordem econômica, podendo, para tanto, requisitar as informações e documentos necessários, mantendo o sigilo legal, quando for o caso; promover, em face de indícios de infração da ordem econômica, procedimento preparatório de inquérito administrativo e inquérito administrativo para apuração de infrações à ordem econômica; decidir pela insubsistência dos indícios, arquivando os autos do inquérito administrativo ou de seu procedimento preparatório; instaurar e instruir processo administrativo para imposição de sanções administrativas por infrações à ordem econômica, procedimento para apuração de ato de concentração, processo administrativo para análise de ato de concentração econômica e processo administrativo para imposição de sanções processuais incidentais instaurados para prevenção, apuração ou repressão de infrações à ordem econômica; no interesse da instrução dos tipos processuais referidos na Lei (requisitar informações e documentos, requisitar esclarecimentos orais de quaisquer pessoas, realizar inspeção na sede escritório, filial ou sucursal de empresa investigada, requerer ao Poder Judiciário, mandado de busca e apreensão, sendo inexigível a propositura de ação principal, requisitar vista e cópia de documentos e objetos constantes de inquéritos e processos administrativos, requerer vista e cópia de inquéritos policiais, ações judiciais de quaisquer natureza); recorrer de ofício ao Tribunal quando decidir pelo arquivamento de processo administrativo para imposição de sanções administrativas por infrações à ordem econômica remeter ao Tribunal, para julgamento, os processos administrativos que instaurar, quando entender configurada infração da ordem econômica; propor termo de compromisso de cessação de prática por infração à ordem econômica, submetendo-o à aprovação do Tribunal, e fiscalizar o seu cumprimento; sugerir ao Tribunal condições para a celebração de acordo em controle de concentrações e fiscalizar o seu cumprimento; adotar medidas preventivas que conduzam à cessação de prática que constitua infração da ordem econômica, fixando prazo para seu cumprimento e o valor da multa diária a ser aplicada, no caso de descumprimento; receber, instruir e aprovar ou impugnar perante o Tribunal os processos administrativos para análise de ato de concentração econômica; orientar os órgãos e entidades da administração pública quanto à adoção de medidas necessárias ao cumprimento da Lei; desenvolver estudos e pesquisas objetivando orientar a política de prevenção de infrações da ordem econômica; instruir o público sobre as diversas formas de infração da ordem econômica e os modos de sua prevenção e repressão; prestar ao Poder Judiciário, sempre que solicitado, todas as informações sobre o andamento das investigações, podendo, inclusive, fornecer cópias dos autos para instruir ações judiciais; e adotar as medidas administrativas necessárias à execução e ao cumprimento das decisões do Plenário (art. 13 da Lei n. 12.529/2011).

À *Secretaria de Acompanhamento Econômico* compete opinar, nos aspectos referentes à promoção da concorrência, sobre propostas de alterações de atos normativos de interesse geral dos agentes econômicos, de consumidores ou usuários dos serviços prestados submetidos a consulta pública pelas agências reguladoras e, quando entender pertinente, sobre os pedidos de revisão de tarifas e as minutas; opinar, quando considerar pertinente, sobre minutas de atos normativos elaborados por qualquer entidade pública ou privada submetidos à consulta pública, nos aspectos referentes à promoção da concorrência; opinar, quando considerar pertinente, sobre proposições legislativas em tramitação no Congresso Nacional, nos aspectos referentes à promoção da concorrência; elaborar estudos avaliando a situação concorrencial de setores específicos da atividade econômica nacional, de ofício ou quando solicitada pelo Cade, pela Câmara de Comércio Exterior ou pelo Departamento de Proteção e Defesa do Consumidor do Ministério da Justiça ou órgão que vier a sucedê-lo; elaborar estudos setoriais que sirvam de insumo para a participação do Ministério da Fazenda na formulação de políticas públicas setoriais nos fóruns em que este Ministério tem assento; propor a revisão de leis, regulamentos e outros atos normativos da administração pública federal, estadual, municipal e do Distrito Federal que afetem ou possam afetar a concorrência nos diversos setores econômicos do País; manifestar-se, de ofício ou quando solicitada, a respeito do impacto concorrencial de medidas em discussão no âmbito de fóruns negociadores relativos às atividades de alteração tarifária, ao acesso a mercados e à defesa comercial, ressalvadas as competências dos órgãos envolvidos; encaminhar ao órgão competente representação para que este, a seu critério, adote as medidas legais cabíveis, sempre que for identificado ato normativo que tenha caráter anticompetitivo (art. 19 da Lei n. 12.529/2011).

Junto ao Cade, haverá uma Procuradoria Federal Especializada, à qual compete prestar consultoria e assessoramento jurídico ao Cade; representar o Cade judicial e extrajudicialmente; promover a execução judicial das decisões e julgados do Cade; proceder à apuração da liquidez dos créditos do Cade, inscrevendo-os em dívida ativa para fins de cobrança administrativa ou judicial; tomar as medidas judiciais solicitadas pelo Tribunal ou pela Superintendência-Geral, necessárias à cessação de infrações da ordem econômica ou à obtenção de documentos para a instrução de processos administrativos de qualquer natureza; promover acordos judiciais nos processos relativos a infrações contra a ordem econômica, mediante autorização do Tribunal; emitir, sempre que solicitado expressamente por Conselheiro ou pelo Superintendente-Geral, parecer nos processos de competência do Cade, sem que tal determinação implique a suspensão do prazo de análise ou prejuízo à tramitação normal do processo; zelar pelo cumprimento desta Lei; e desincumbir-se das demais tarefas que lhe sejam atribuídas pelo regimento interno. Além disso, a Procuradoria Federal manterá o Presidente do Tribunal, os Conselheiros e o Superintendente-Geral informados sobre o andamento das ações e medidas judiciais (art. 15 da Lei n. 12.529/2011).

12.3.2 Infrações à ordem econômica

São consideradas infrações à ordem econômica:

- limitar, falsear ou de qualquer forma prejudicar a livre concorrência ou a livre-iniciativa;
- dominar mercado relevante de bens ou serviços;
- aumentar arbitrariamente os lucros; e
- exercer de forma abusiva posição dominante (art. 36 da Lei n. 12.529/2011).

12.3.2.1 Responsabilidade no caso de infração à ordem econômica

No caso de infração da ordem econômica, haverá a responsabilidade da empresa e a responsabilidade individual de seus dirigentes ou administradores, solidariamente, nos termos do art. 32 da Lei n. 12.529/2011. "Serão solidariamente responsáveis as empresas ou entidades integrantes de grupo econômico, de fato ou de direito, quando pelo menos uma delas praticar infração à ordem econômica", de acordo com o disposto no art. 33 da Lei n. 12.529/2011.

Cabe a desconsideração da personalidade jurídica quando houver da parte deste abuso de direito, excesso de poder, infração da lei, fato ou ato ilícito ou violação dos estatutos ou contrato social. Da mesma forma quando houver falência, estado de insolvência, encerramento ou inatividade da pessoa jurídica provocados por má administração, considerando o texto do art. 34 da Lei n. 12.529/2011.

12.3.2.2 Penalidades no caso de infração à ordem econômica

A prática de infração da ordem econômica sujeita os responsáveis às seguintes penas:

a) no caso de empresa, multa de 0,1% a 20% do valor do faturamento bruto da empresa, grupo ou conglomerado obtido, no último exercício anterior à instauração do processo administrativo, no ramo de atividade em que ocorreu a infração, não podendo ser menor do que a vantagem percebida;
b) no caso das demais pessoas físicas ou jurídicas de direito público ou privado, bem como quaisquer associações de entidades ou pessoas constituídas de fato ou de direito, ainda que temporariamente, com ou sem personalidade jurídica, que não exerçam atividade empresarial, não sendo possível utilizar-se o critério do valor do faturamento bruto; a multa será entre R$ 50.000,00 e R$ 2.000.000.000,00;
c) no caso de administrador, direta ou indiretamente responsável pela infração cometida, quando comprovada a sua culpa ou dolo, multa de 1% a 20% daquela aplicada à empresa ou às pessoas jurídicas ou entidades (art. 37 da Lei n. 12.529/2011).

12.3.3 Operações submetidas ao Cade

Serão submetidos ao Cade pelas partes envolvidas na operação os atos de concentração econômica em que, **cumulativamente**:

- pelo **menos um dos grupos envolvidos** na operação tenha registrado, no último balanço, faturamento bruto anual ou volume de negócios total no País, no ano anterior à operação, **no valor mínimo de R$ 400.000.000,00** e
- pelo **menos um** outro grupo envolvido na operação tenha registrado, no último balanço, faturamento bruto anual ou volume de negócios total no País, no ano anterior à operação, no valor mínimo de R$ 30.000.000,00 (art. 88, I e II, da Lei n. 12.529/2011).

A análise da operação será realizada em no máximo 240 dias, a contar do protocolo de petição ou de sua emenda, podendo ser prorrogado por no máximo 90 dias. **Essa análise deve ser realizada antes da consumação da operação.**

12.4 Questões

01. (CESPE/TRT 5ª REGIÃO (BA)/2013) No que concerne à transformação, incorporação, fusão e cisão, assinale a opção correta.

a) Na transformação, ocorre novação das obrigações anteriores, pela modificação do antigo devedor.

b) De acordo com o disposto no Código Civil, na incorporação há, em regra, sucessão universal, pela sociedade incorporadora, dos direitos e obrigações da sociedade incorporada, sendo possível, apenas quanto às obrigações, a exclusão contratual da responsabilidade da incorporadora.

c) Conforme o Código Civil, os credores podem requerer ao juízo falimentar a separação dos patrimônios da sociedade primitiva e da sociedade transformada, no caso de falência desta, em até 90 dias após a publicação da transformação.

d) Conforme previsão da Lei das Sociedades Anônimas, no caso de a cisão não resultar extinção da sociedade cindida, a responsabilidade das sociedades é solidária em relação a dívidas transferidas da sociedade primitiva, salvo pacto em contrário, hipótese em que se faculta aos credores notificarem as sociedades, dentro de determinado prazo, para manifestar interesse na manutenção da solidariedade.

e) De acordo com a Lei das Sociedades Anônimas, o protocolo que antecede a incorporação, a fusão e a cisão tem natureza jurídica de pré-contrato, podendo, portanto, ser especificamente executado no caso de descumprimento.

02. (FGV/2010 – Sefaz-RJ – Fiscal de Rendas) Com relação à proteção da ordem econômica e da concorrência, analise as afirmativas a seguir:

I. A discriminação de adquirentes ou fornecedores de bens ou serviços por meio da fixação diferenciada de preços, conduta prevista no art. 21, XII, da Lei n. 8.884/1994 (Lei n. 12.529/2011), não caracterizará infração da ordem econômica se essa conduta foi praticada sem a intenção de ou não tiver o efeito de prejudicar a livre concorrência, dominar mercado relevante, aumentar arbitrariamente os preços ou exercer de forma abusiva uma posição dominante.

II. O Conselho Administrativo de Defesa da Ordem Econômica – Cade, um dos órgãos de defesa da ordem econômica e da concorrência, tem atuação de natureza administrativa tanto repressiva como preventiva.

III. A livre-iniciativa é princípio garantido, no Brasil, em sede constitucional.

Assinale:

a) se somente as afirmativas I e II estiverem corretas.

b) se somente as afirmativas I e III estiverem corretas.

c) se somente as afirmativas II e III estiverem corretas.

d) se somente a afirmativa III estiver correta.

e) se todas as afirmativas estiverem corretas.

03. (TJ-DFT/2008 – TJ-DF – Juiz) Com relação ao acordo de leniência, Lei n. 12.529/2011, é correto afirmar (questão alterada):

a) A SDE poderá celebrar acordo de leniência, com a extinção da ação punitiva da administração pública ou a redução de um a dois terços da penalidade aplicável, sujeita à aprovação do Cade.

b) Serão estendidos os efeitos do acordo de leniência aos dirigentes e administradores da empresa habilitada, envolvidos na infração, desde que firmem o respectivo instrumento em conjunto com a empresa, respeitadas as condições legais.

c) Importará em confissão quanto à matéria de fato a proposta de acordo de leniência rejeitada pelo Cade.

d) A celebração de acordo de leniência suspende o oferecimento da denúncia.

04. (Cespe/2010 – MPE-ES – Promotor de Justiça) Assinale a opção correta no que concerne às operações societárias.

a) Se a sociedade anônima emitiu debêntures, a operação de fusão que envolva essa sociedade dependerá, em qualquer hipótese, da prévia aprovação dos debenturistas.

b) Quando a sociedade incorporadora possuir ativo inferior ao passivo, o credor da incorporada que tiver a garantia patrimonial de seu crédito reduzida, ainda que se sinta prejudicado, não terá legitimidade para pedir a anulação da operação.

c) Conforme entendimento do STJ, o decreto de falência da sucedida, ré no processo de execução, não tem o atributo de alterar a condição ou a responsabilidade direta da sociedade empresária sucessora, decorrente de decisão judicial transitada em julgado.

d) Na transformação, os direitos dos credores não são afetados, permanecendo com as mesmas garantias oferecidas pelo tipo societário anterior, salvo no que diz respeito à responsabilidade subsidiária ou solidária dos sócios.

e) Na cisão com extinção da companhia cindida, as sociedades que absorverem parcelas do seu patrimônio responderão subsidiariamente pelas obrigações da companhia extinta.

05. (FCC/TRT 6ª REGIÃO (PE)/ 2015) No que tange à transformação, à fusão, à incorporação e à cisão das sociedades anônimas,

a) fusão é a operação pela qual a companhia transfere parcelas do seu patrimônio para uma ou mais sociedades já existentes.

b) é vedada a transformação de sociedade anônima em sociedade limitada, mas admitida a transformação de sociedade limitada em sociedade anônima.

c) o ato de cisão parcial poderá estipular que as sociedades que absorverem parcelas do patrimônio da companhia cindida serão responsáveis apenas pelas obrigações que lhes forem transferidas, sem solidariedade entre si ou com a companhia cindida, resguardado aos credores da companhia cindida o direito de se oporem a essa estipulação na forma da lei.

d) havendo cisão total da companhia, com a extinção da companhia cindida, as sociedades que absorverem parcelas do seu patrimônio responderão pelas obrigações da companhia extinta limitadamente à parcela do patrimônio que absorveram.

e) a incorporação de sociedades resulta na criação de uma nova sociedade, com personalidade jurídica distinta das sociedades incorporada e incorporadora, que se extinguem no processo.

06. (TRT 2ª REGIÃO/2013) Consoante a lei, grupo econômico é aquele:

a) Constituído por uma ou mais empresas, bastando que exista controle diretivo por parte de uma delas.

b) Constituído por uma ou mais empresas, bastando que cada qual possua personalidade jurídica própria.

c) Constituído por uma ou mais empresas, bastando que cada qual possua personalidade jurídica própria, estiverem sob a direção, controle ou administração de outra.

d) Constituído por várias empresas vinculadas entre si, ainda que informalmente.

e) Nenhuma das anteriores.

07. (TJ-PR/2014) Sobre Mercado de Capitais, assinale a alternativa incorreta.

a) Os vários tipos de valores mobiliários são negociados no mercado de valores mobiliários somente em bolsa de valores, sendo que, no Brasil, há várias bolsas de valores, entre as quais a maior e mais importante é a Bovespa – Bolsa de Valores de São Paulo.

b) Mercado de Capitais é um sistema estruturado e controlado pelos órgãos competentes do governo federal para a captação dos recursos existentes na poupança popular e se divide em Mercado de Capitais Primário (as operações de subscrição de ações e outros valores mobiliários) e Mercado de Capitais Secundário (as de compra e venda).

c) A CVM – Comissão de Valores Mobiliários – é uma autarquia federal, encarregada de normatizar as operações com valores mobiliários, autorizar sua emissão e negociação, bem como fiscalizar as sociedades anônimas abertas e os agentes que operam no mercado de capitais. Tem por objeto o (bom) funcionamento do mercado de valores mobiliários.

d) Valores mobiliários são formas de captação de recursos para financiamento de empresas. Somente as sociedades anônimas podem emiti-los. Em geral, para os que adquirem os valores mobiliários, trata-se de uma forma de investimento. São exemplos de valores mobiliários: ações, debêntures, bônus de subscrição, partes beneficiárias etc.

08. (TJ-PR/2014) Assinale a alternativa incorreta.

a) A cisão, a incorporação e a fusão ou transformação de sociedade, nos termos da legislação vigente, constituem meios legais (legítimos) de recuperação judicial.

b) Substancialmente, a diferença entre a incorporação e a fusão está no fato de que a incorporação é a absorção de uma sociedade por outra e a fusão significa a união de sociedades.

c) No seguinte exemplo: a sociedade X e a sociedade Y deixam de existir para que seus respectivos patrimônios formem a sociedade Z, estamos diante do caso de uma incorporação, e a nova sociedade não precisa ser inscrita no registro de pessoas jurídicas.

d) Se o grupo compreende três ou mais sociedades, sua estrutura pode ter a disposição em cadeia, quando a sociedade de comando controla outra sociedade que, por sua vez, é controladora de uma terceira, ou em pirâmide, quando a sociedade de comando controla duas ou mais sociedades que, por sua vez, são controladoras de outras.

09. **(2017/IESES/TJ-RO/Titular de Serviços de Notas e de Registros)** O instituto civilista que autoriza que uma ou várias sociedades sejam absorvidas por outra, que lhes sucede em todos os direitos e obrigações, é chamado de:

a) Cisão.

b) Incorporação.

c) Transformação.

d) Fusão.

GABARITO

QUESTÃO	COMENTÁRIOS
01	A alternativa correta é a D, pois, de acordo com o art. 233 da Lei n. 6.404/76, no caso de a cisão não resultar na extinção da sociedade cindida, a responsabilidade das sociedades é solidária em relação a dívidas transferidas da sociedade primitiva, salvo pacto em contrário, hipótese em que se faculta aos credores notificar as sociedades, dentro de determinado prazo, para manifestar interesse na manutenção da solidariedade.
02	A alternativa correta é a E, pois todas as afirmativas estão corretas. A afirmativa I é verdadeira (art. 20 da Lei n. 12.529/2011); a afirmativa II é verdadeira (arts. 3º e s. da Lei n. 8.884/94); a afirmativa III é verdadeira (art. 1º, IV, da CF/88).
03	A alternativa correta é a B (art. 86, § 6º, da Lei n. 12.529/2011).
04	A alternativa correta é a C. Segue decisão do STJ: Rcl 2.227, 2ª Seção, rel. Min. Castro Filho, *DJ* 1º-8-2007: "*Processo civil. Reclamação. Autoridade de decisão desta corte. Vulneração. Inocorrência. Execução trabalhista. Penhora incidente sobre patrimônio de sociedade empresarial sucessora. Responsabilidade direta pela dívida. Questão com trânsito em julgado no âmbito da justiça trabalhista.* I – A empresa sucessora responde solidária e diretamente pelos créditos judicialmente deferidos em execução trabalhista movida contra a sucedida, diante da existência de decisão judicial proferida pela Justiça do Trabalho, com trânsito em julgado, reconhecendo configurado o instituto da sucessão de empregadores. II – O decreto de falência da sucedida, ré no processo de execução, não tem o condão de alterar a condição da sociedade empresária sucessora, bem como a responsabilidade direta desta, decorrente de decisão judicial transitada em julgado, razão pela qual o ato reclamado não vulnera a autoridade da decisão desta Corte, tida por descumprida. Reclamação improvida".
05	A alternativa correta é a D, pois, de acordo com o parágrafo único do art. 233 da Lei n. 6.404/76, o ato de cisão parcial poderá estipular que as sociedades que absorverem parcelas do patrimônio da companhia cindida serão responsáveis apenas pelas obrigações que lhes forem transferidas, sem solidariedade entre si ou com a companhia cindida, mas, nesse caso, qualquer credor anterior poderá se opor à estipulação, em relação ao seu crédito, desde que notifique a sociedade no prazo de 90 (noventa) dias a contar da data da publicação dos atos da cisão.
06	A alternativa correta é a C, pois a definição de grupo econômico para a área trabalhista estabelece que são sociedades com personalidades jurídicas distintas e com controle ou administração de outra. Essa definição na área trabalhista é do grupo econômico horizontal, o que no Direito Empresarial é a definição de grupo econômico de fato.

07	A alternativa incorreta é a A, pois os valores mobiliários podem ser negociados nas bolsas de valores ou no mercado de balcão. As demais estão corretas, de acordo com a Lei n. 12.529/2011.
08	A alternativa incorreta é a C, de acordo com o art. 227 da Lei n. 6.404/76 e os arts. 1.116 a 1.118 do Código Civil de 2002, uma vez que, se duas sociedades deixarem de existir, o procedimento ocorrido foi a fusão, e não a incorporação.
09	A alternativa correta é a B, pois a definição diz respeito à incorporação.

13

TÍTULOS DE CRÉDITO

SUMÁRIO

13.1 Legislação

O Título VIII do Livro I ("Do Direito das Obrigações"), da Parte Especial do Código Civil de 2002 trata dos títulos de crédito. Apesar dessa disposição, torna-se importante ressaltar que os **dispositivos do Código Civil** apenas serão utilizados **quando não houver um tratamento diverso na legislação especial**. Esse é o entendimento do art. 903 do Código Civil de 2002: "Salvo disposição diversa em lei especial, regem-se os títulos de crédito pelo disposto neste Código".

Nesse sentido o Enunciado n. 464 do Conselho de Justiça Federal, aprovado na V Jornada de Direito Civil, dispõe: "As disposições relativas aos títulos de crédito do Código Civil aplicam-se àqueles regulados por leis especiais no caso de omissão ou lacuna". Além do Código Civil de 2002, as principais leis para o nosso estudo serão: Dec. n. 57.663/66 e 2.044/1908 (letra de câmbio e nota promissória); Lei n. 5.474/68 (duplicatas); Lei n. 7.357/85 (cheques); Lei n. 10.931/2004 (cédula de crédito bancário).

Deste modo, o **Código Civil vigente não revogou as disposições da legislação especial** e será utilizado apenas quando não contrariar tal legislação. Além disso, como veremos a seguir, o **Código Civil será utilizado para os títulos atípicos**, que consistem em títulos que não possuem previsão em Leis especiais, inclusive os títulos que as partes criarem aos quais atribuírem a conotação de títulos de crédito.

Uma das legislações mais importantes para os títulos de credito é o Dec. n. 57.663/66, pois além de ser o instrumento que rege a nota promissória e a letra de câmbio, aplica-se de forma **subsidiária** em alguns títulos como, no caso da **duplicata, na cédula de crédito bancária, entre outras**. Neste contexto, o art. 25 da Lei n. 5.474/68 (Duplicata) indica a aplicação "no que couber" das disposições do Dec. n. 57.663/66. Da mesma forma, na **Cédula de Crédito Bancário**, o art. 44 da Lei n. 10.931/2004, indica a aplicação da legislação cambial (Dec. n. 57.663/66) no que não contrariar o disposto da lei específica.

13.2 Conceito e títulos típicos e atípicos

O Código Civil de 2002, reiterando o conceito de Vivante, define título de crédito como o documento necessário para o exercício do direito literal e autônomo nele contido (art. 887 do Código Civil de 2002).

O título de crédito traz em si a **existência de uma obrigação** em relação ao documento que o representa, e sua importância está contida na **facilidade de circulação** dessa obrigação, ao mesmo tempo que, com o cumprimento de determinadas formalidades, esse documento conterá a segurança necessária para sua transmissão.

Os títulos de créditos previstos em leis especiais, a exemplo do cheque, da duplicata, da nota promissória, da cédula de crédito bancário e da letra de câmbio, foram criados para suprir necessidades específicas. **Esses títulos, previstos em leis especiais, são denominados títulos típicos**. Mas seria impossível prever todos os títulos para atender às futuras necessidades do mercado.

Por causa disso, além dos títulos típicos, que são os previstos em leis especiais, é possível a criação de títulos que não estejam previstos em lei[1]. Tais títulos são chamados de **atípicos e serão regidos pelo Código Civil**.

A possibilidade de criação de títulos atípicos, inclusive pelas partes, com a qual concordamos, é defendida por Luiz Emygdio da Rosa Junior[2], Marlon Tomazette[3] e Newton de Lucca[4] e só se faz possível em decorrência da existência de um regramento geral para estes títulos no Código Civil.

Assim, de acordo com o art. 889 do Código Civil de 2002, os requisitos mínimos para as partes emitirem um título de crédito são: a data de emissão, direitos conferidos,

---

1. Para Waldírio Bulgarelli (*Títulos de crédito*. 14. ed. São Paulo: Atlas, 1998. p. 65) e Gladston Mamede (*Direito empresarial brasileiro*: títulos de crédito. 2. ed. São Paulo: Atlas, 2005. v. 3, p. 64), para a criação de títulos de crédito é necessária a existência prévia de lei especial.

2. ROSA JUNIOR, Luiz Emygidio. *Títulos de crédito*. 4. ed. Rio de Janeiro: Renovar, 2006. p. 35.

3. TOMAZETTE, Marlon. *Curso de direito empresarial:* títulos de crédito. 2. ed. São Paulo: Atlas, 2011. v. 2, p. 12.

4. LUCCA, Newton de. *Comentários ao novo Código Civil*. Rio de Janeiro: Forense, 2003. v. XII, p. 121.

a assinatura do emitente e necessariamente a identificação do credor. Ainda neste sentido, nos termos do art. 907 do Código Civil de 2002, considera-se nulo o título emitido cuja autorização em lei especial seja inexistente.

CUIDADO

A existência de um título de crédito não implica necessariamente a sua força executiva, afinal **a força executiva só pode ser atribuída por lei ou mediante previsão no art. 784 do CPC/2015 ou em lei especial.**

13.3 Características

São características dos títulos de crédito: bem móvel, obrigação *pro solvendo*, obrigação quesível, solidariedade e executividade

a) **Bem móvel**. O título de crédito obedece às regras relativas aos bens móveis, especialmente em relação à **facilidade de circulação do título de crédito**, como, por exemplo, o fato de alguém, por ter a posse do título, ter, como regra, a propriedade do título (art. 16 do Dec. n. 57.663/66 e art. 24 da Lei n. 7.357/85). Além disso, se o título de crédito for dado em **garantia**, **poderá recair penhor sobre este**, forma de garantia que pode recair sobre bens móveis.

b) **Obrigação *pro solvendo***. As obrigações podem ser *pro soluto* ou *pro solvendo*. Quando determinada obrigação é *pro soluto*, significa que, para sua emissão, a obrigação original, foi extinta. Por outro lado, **na obrigação *pro solvendo*, a obrigação original não foi extinta. Uma forma de tornar o título *pro soluto*, é colocar no seu verso que o título serve para quitar um contrato ou fatura, como, por exemplo, o que consta no parágrafo único do art. 28 da Lei n. 7.357/85.**

   No caso dos títulos de crédito, as obrigações são como regra *pro solvendo*, ou seja, a emissão do título de crédito **não extingue a obrigação original**, permanecendo a existência das duas: da obrigação original e do título de crédito. Por essa razão, inclusive, é que a **obrigação original pode continuar a ser cobrada, mesmo quando o título de crédito estiver prescrito, ou tenha se perdido**.

c) **Obrigação quesível.** As obrigações podem ser quesíveis ou portáveis. Nas obrigações portáveis, o devedor precisa tomar a iniciativa para efetuar o pagamento. Nas obrigações quesíveis, o credor deve tomar a iniciativa de cobrar o título do devedor, a fim de obter o pagamento. Como o título de crédito foi criado para a circulação, o devedor pode não saber quem é o legítimo credor e, desta forma, o **credor deve tomar a iniciativa para o recebimento**.

d) **Solidariedade**. Todos os envolvidos no título de crédito são solidariamente responsáveis pela solvência da obrigação (art. 47 do Dec. n. 57.663/66 e art. 51 da Lei n. 7.357/85). As regras desta solidariedade nos títulos de crédito são peculiares.

Em relação ao **credor**, não há problemas, já que ele **pode acionar todos os envolvidos**, a fim de satisfazer seu crédito, mas como cada relação obrigacional das pessoas envolvidas tem uma prestação diferente, as regras de solidariedade são diferenciadas.

O coobrigado que quitar a obrigação, embora possa cobrar seu valor integral (art. 49 do Dec. n. 57.663/66), só poderá cobrá-lo dos que forem constituídos anteriormente. Ou seja, o devedor principal, quando realizar o pagamento, não terá o direito de ingressar com a ação regressiva em relação aos demais.

Já os coobrigados (avalistas e endossantes) podem ingressar com a ação regressiva contra o devedor principal e contra os coobrigados que foram constituídos anteriormente, mas não contra os que foram constituídos posteriormente.

Outra peculiaridade, é que na solidariedade cambial o valor cobrado regressivamente é o valor total que foi pago, e não a cota ideal como no Direito Civil, com exceção dos avais simultâneos, que estudaremos a seguir.

PARA FIXAR

SOLIDARIEDADE CIVIL	SOLIDARIEDADE CAMBIAL
Todos os codevedores respondem pelo valor total da obrigação.	Todos os codevedores respondem pelo valor total da obrigação.
O devedor que pagar pode ingressar com ação regressiva contra os demais (art. 283 do CC).	O devedor que pagar pode ingressar com ação regressiva contra os que forem constituídos anteriormente.
Na ação regressiva só pode ser cobrado o valor excluindo-se a cota de quem pagou (art. 283 do CC).	Na ação regressiva cobra-se o valor integral da dívida.
	O devedor principal não pode ingressar com ação regressiva contra ninguém.

PARA EXEMPLIFICAR

Exemplo 1:

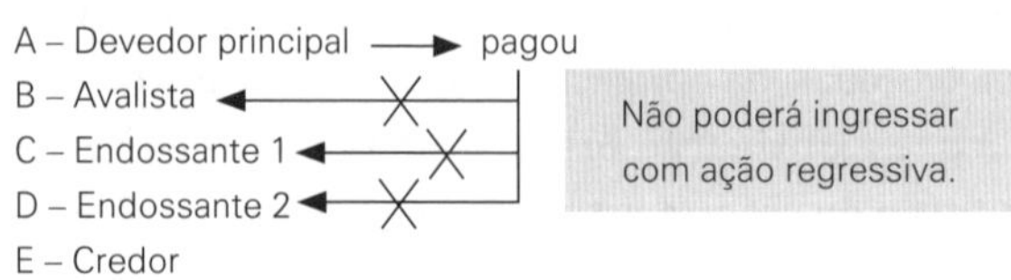

Exemplo 2:

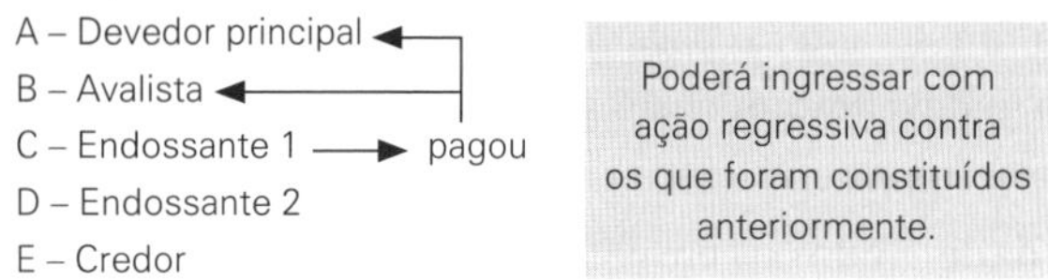

e) **Executividade**. O legislador escolheu alguns títulos, para atribuir força executiva, ou seja, a força em ser objeto de um processo de execução. Esses títulos estão **relacionados no art. 784 do CPC/2015 e em leis especiais, desde que essa lei atribua a força executiva (art. 784, XII do CPC)**. No caso dos títulos de crédito típicos, via de regra, possuem a força executiva, ou seja, não precisam de um processo de conhecimento para conquistar essa atribuição. Entretanto pode o título perder essa força executiva, como no caso do decurso do prazo para execução do título.

Nos **títulos de crédito criados pelas partes**, apesar de ser possível considerá-los títulos de crédito atípicos, estes **não podem ser considerados títulos executivos**, pois **só por força de lei** um título poderá adquirir força executiva.

Entretanto o próprio art. 784, III, do CPC/2015, ao reconhecer a existência de executividade num documento particular, assinado por duas testemunhas, estabelece que é possível que um título atípico seja um título executivo, devendo este conter a assinatura de duas testemunhas e um valor líquido, certo e exigível (art. 783 do CPC/2015).

13.4 Princípios

Do citado conceito, podemos verificar os seguintes princípios essenciais dos títulos de crédito:

a) **Cartularidade ou incorporação**

Apesar de cartularidade ser o termo mais conhecido, alguns doutrinadores, com os quais concordamos, utilizam o termo **incorporação**, uma vez que **o documento incorpora os direitos relativos à obrigação**[5].

A **cartularidade significa ser indispensável ter a posse do documento original** para o exercício do direito ao crédito. E que os títulos de crédito sejam representados principalmente por papéis, lembrando que a **incorporação** ampara não apenas os títulos representados por papéis, mas também eletrônicos, uma vez que no documento eletrônico estará incorporada a obrigação exigível.

A utilização dos termos *incorporação* ou *cartularidade* ensejam a ideia de que o direito de crédito só existe com a apresentação do respectivo documento, lembrando que *documento* aqui deve ter um sentido mais amplo. Não apenas de papel, mas qualquer forma de se registrar uma informação para o futuro. É consequência desse princípio que a posse do título de crédito pelo devedor presume a quitação da obrigação consignada no título.

Na prática, já é possível cobrar um título de crédito apresentando sua cópia, já que o risco de perdê-lo poderia acabar com o direito incorporado no título[6]. Também cons-

5. ROSA JUNIOR, Luiz Emygdio da. Op. cit. p. 35. Ver também: COSTA, Wille Duarte. *Títulos de crédito*. Belo Horizonte: Del Rey, 2003. p. 70.

6. Nesse sentido: STJ, REsp 330.086.

titui exceção da aplicação deste princípio a possibilidade da **emissão da triplicata**, quando a duplicata enviada para o aceite não for devolvida pelo devedor e, como veremos a seguir, precisará ser protestada por indicação para ter força executiva (art. 13, § 1º, da Lei n. 5.474/68).

Outra questão importante na aplicação desse princípio é em relação aos **títulos eletrônicos** previstos no art. 889, § 3º, do Código Civil de 2002, que são gerados pelas informações de um computador. Para a existência do título eletrônico, são indispensáveis a data de emissão, a indicação dos direitos que confere, a assinatura eletrônica, que será certificada eletronicamente e a identificação do credor, nos termos dos arts. 889 e 907 do Código Civil de 2002.

O fato é que os títulos eletrônicos são títulos de crédito, vez que representam determinada obrigação, independentemente da forma, mas não deixam de serem documentos, pois representam a vontade de uma forma permanente e podem ser usados como meios de prova.

No caso das **duplicatas virtuais**, a execução ocorrerá com a apresentação do **protesto por indicações**, de que trataremos adiante, e com o respectivo comprovante de entrega de mercadorias (art. 15, § 2º, da Lei n. 5.474/68).

O STJ se manifestou recentemente da seguinte maneira, explicando como as duplicatas virtuais são cobradas: "As **duplicatas virtuais** – emitidas por meio magnético ou de geração eletrônica – podem ser protestadas por indicação (art. 13 da Lei n. 5.474/68), não se exigindo, para o ajuizamento da execução judicial, a exibição do título. Logo, se o **boleto bancário**, que serviu de indicativo para o protesto retratar fielmente os elementos da duplicata virtual, estiver acompanhado do comprovante de entrega das mercadorias ou da prestação dos serviços e não tiver seu aceite justificadamente recusado pelo sacado, poderá suprir a ausência física do título cambiário eletrônico e, em princípio, constituir título executivo extrajudicial. Assim, a Turma do STJ negou provimento ao recurso no REsp 1.024.691-PR, j. em 22-3-2011, rel. Min. Nancy Andrighi" (Informativo 467 do STJ).

b) Literalidade

Literalidade significa que um título de crédito só poderá ser cobrado naquilo que se encontra **expressamente nele consignado**. Por essa razão, a quitação deve constar do próprio título, com exceção da duplicata, em que a quitação pode ser dada em documento separado (art. 9º, § 1º da Lei n. 5.474/68).

Uma questão a ser lembrada na literalidade é a possibilidade de o terceiro de boa-fé **completar um título** em branco ou incompleto, de acordo com o art. 891 do Código Civil de 2002 e a Súmula 387 do STF.

Independentemente do complemento feito pelo terceiro de boa-fé, o próprio legislador já prevê a solução quando não houver data de vencimento e local de emissão. Quando não houver previsão de data de vencimento no título, o título será considerado à vista. Da mesma forma, se não houver local de emissão, será considerado o domicílio do emitente (art. 889 do CC).

Além do conteúdo descrito no título, alguns direitos também serão aplicados, como no caso da **possibilidade da cobrança de correção monetária** a partir do vencimento do título, já que não seria a modificação do valor, mas a restauração do valor que poderia ter sido alterado pela inflação. No mesmo sentido, é possível a **cobrança de juros de mora**, diante da permissão em leis especiais (art. 48 do Dec. n. 57.663/66 e art. 52, II, da Lei n. 7.357/85). Se houver menção expressa no título, há possibilidade de cobrar os juros previstos no contrato que o originou[7].

c) Autonomia

A autonomia é o princípio que demonstra que cada relação jurídica existente no título de crédito é uma **relação nova**, independente das demais, de tal modo que o terceiro de boa-fé recebe um direito novo e desvinculado do anterior.

Importante ressaltar que, quando o título de crédito perde a força executiva, também perderá a autonomia, como regra, de tal modo que o credor terá que demonstrar o motivo para a cobrança do título (STJ, AgRg no AgIn 549924/MG, rel. Min. Nancy Andrighi).

Nesse sentido o STJ:

> "Recurso especial. Processo civil e direito empresarial. Contrato de fomento mercantil (*factoring*). Execução de título executivo extrajudicial. Notas promissórias emitidas em garantia de eventual responsabilidade da faturizada pela existência do crédito. Causa não passível de ser alegada pelo avalista. Obrigação cambial autônoma. Defesa própria do devedor principal. Ônus da prova imputável apenas a este. Artigo analisado: 333, II, CPC. 1. Embargos do devedor opostos 27/09/2007, do qual foi extraído o presente recurso especial, concluso ao Gabinete em 06/03/2012. 2. Discute-se, quando executadas notas promissórias dadas em garantia da existência de crédito cedido em contrato de *factoring*, se é ônus do devedor demonstrar a inocorrência dessa causa. 3. Sendo o embargado avalista das notas promissórias executadas, é-lhe vedado sustentar a inexistência da causa que pautou a emissão das notas promissórias executadas, dada a autonomia que emana do aval e a natureza de exceção pessoal dessa defesa. 4. Recurso especial conhecido em parte e, nesta parte, improvido" (Resp 1.305.637/PR, Min. Nancy Andrighi, *DJe* 2-10-2013, RB vol. 600, p. 49).

São subprincípios decorrentes da autonomia: a independência das relações jurídicas e a abstração.

A **independência** das relações jurídicas é na verdade a aplicação da autonomia, propriamente dita, o que significa que o vício que porventura tenha atingido uma das relações não será transmitido às demais relações. Ou seja, se uma delas for nula ou anulável, eivada de vício jurídico, não comprometerá a validade e a eficácia das demais obrigações constantes do mesmo título. No mesmo sentido, se uma das pessoas vinculadas à obrigação tiver a sua obrigação perdoada pelo credor, esse perdão não atingirá as outras pessoas envolvidas no título de crédito.

---

7. Nesse sentido, o REsp 167.707.

Da mesma forma, o vício ocorrido numa das relações não atinge o terceiro de boa-fé. Processualmente, essa independência é expressa pela **inoponibilidade das exceções pessoais a terceiros de boa-fé**, ou seja, o devedor não pode alegar matéria de defesa estranha à sua relação com exequente, salvo se o terceiro sabia do vício (art. 17 do Dec. n. 57.663/66).

PARA EXEMPLIFICAR

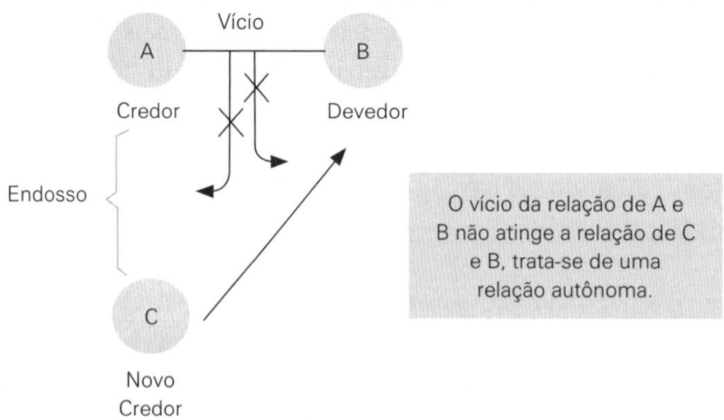

Quanto à **abstração**, significa que quando o título circula, ele **se desliga da relação original**, e por essa razão, na execução do título de crédito, não se discute a causa que o originou. Nesses termos, o art. 888 do Código Civil, assim prevê: "A omissão de qualquer requisito legal, que tire ao escrito a sua validade como título de crédito, não implica a invalidade do negócio jurídico que lhe deu origem".

No caso da duplicata essa desvinculação só ocorreria na circulação da duplicata aceita, pois do contrário não poderia vincular o devedor, diante da possibilidade da circulação de uma duplicata fria (ou seja, sem que tenha por origem uma nota fiscal ou fatura de compra e venda ou de prestação de serviços). Portanto, para que a abstração seja configurada na duplicata, é indispensável a assinatura do devedor, concordando com a obrigação, e a circulação do título. Caso o terceiro tenha conhecimento do vício, não se aplica para ele a abstração[8].

Veremos adiante que o STJ entende que "não possui autonomia a nota promissória vinculada a um contrato de abertura de crédito" (que será estudada a seguir no item pertinente), mas entendemos que na verdade o que se perdeu foi a abstração, já que não se trata da perda da independência das relações jurídicas e, sim, da independência em relação à causa, à origem.

8. De acordo com o STJ: "Se for comprovada a ciência, pelo terceiro adquirente, sobre a mácula no negócio jurídico que deu origem à emissão do cheque, as exceções pessoais do devedor passam a ser oponíveis ao portador, ainda que se trate de empresa de *factoring*". STJ, REsp 612.423, j. 1º-6-2006, rel. Min. Nancy Andrighi.

13.5 Classificação dos títulos de crédito

13.5.1 Quanto ao modelo

Esta classificação será observada, considerando se os títulos de crédito seguem ou não um padrão específico. Neste sentido, podem ser:

a) de **modelo livre**: não precisam estar em conformidade com um padrão previamente estabelecido na norma. São exemplos de títulos com modelo livre a nota promissória e a letra de câmbio.

b) de **modelo vinculado**: devem seguir um padrão previamente fixado no ordenamento, de tal modo que a produção dos efeitos típicos dos títulos de crédito está vinculada a esse padrão. São exemplos de títulos com modelo vinculado o cheque e a duplicata.

13.5.2 Quanto à estrutura

Com relação à estrutura, os títulos podem ser:

a) **ordem de pagamento**: tem origem a partir de três figuras intervenientes diferenciadas: aquele que dá a ordem, aquele que a paga e aquele que a recebe. São os casos da letra de câmbio, do cheque e da duplicata mercantil;

b) **promessa de pagamento:** tem origem a partir de duas figuras intervenientes: aquele que a paga e aquele que a recebe. É o caso da nota promissória e das cédulas de crédito.

13.5.3 Quanto às hipóteses de emissão

Os títulos de crédito, no que diz respeito à sua origem, podem ser:

a) **causais ou não abstratos**: são os títulos que só podem ser emitidos mediante a **existência de uma origem específica**, definida por lei, para criação do título. No título causal, o **título é profundamente ligado à sua causa**. É o caso da duplicata, que só pode ser emitida a partir de uma nota fiscal de compra e venda ou de prestação de serviços e da nota promissória vinculada a um contrato de abertura de crédito, conhecimento de depósito. Também é o caso da Cédula de crédito rural (art. 3º, Dec.-Lei n. 167/67) e da cédula de crédito bancário (art. 28, § 2º, II, da Lei n. 10.931/2004);

b) **não causais ou abstratos**: títulos que **podem ser criados a partir de qualquer causa**. Não estão vinculados a uma origem determinada. São os casos do cheque, da nota promissória e da letra de câmbio.

PARA FIXAR

CAUSAL → Tem uma origem predeterminada.

ABSTRATO → Não tem uma origem predeterminada.

13.5.4 Títulos próprios e impróprios

Nos **títulos de crédito próprios**, o título **representa o próprio direito**, não se trata apenas de um elemento de prova. Quem possui o título é titular do próprio direito. São exemplos de títulos próprios: **nota promissória** e **letra de câmbio**.

Nos **títulos impróprios, o título comprova um negócio jurídico existente**. Os títulos impróprios podem ser comprovantes de legitimação ou títulos de legitimação. Os **comprovantes de legitimação** podem ser transferidos, mas não representam por si o direito. São exemplos de comprovantes de legitimação ingressos e passagens de ônibus. Os **títulos de legitimação** são transferidos independentemente da comunicação do devedor. São exemplos de títulos de legitimação os vales-postais.

13.5.5 Quanto à circulação

Quanto à circulação, o título pode ser ao portador ou nominativo.

No título **ao portador**, não há a identificação do credor e será transmitido pela simples tradição. Entretanto, a Lei n. 8.021/90 proibiu a emissão de títulos ao portador. No mesmo sentido o Código Civil de 2002, no seu art. 907, determinou que o título ao portador emitido sem autorização de lei especial é nulo. A exceção é a permissão de **cheques ao portador, com valor igual ou inferior a R$ 100,00** (art. 69 da Lei n. 9.069/95). Nesse caso de exceção, o título ao portador, para ser transmitido, não depende de nenhuma solenidade, sendo necessária apenas a tradição do título.

Nos títulos atípicos, não é possível a emissão de títulos ao portador (art. 907 do Código Civil de 2002).

No **título nominativo**, que é a regra para os demais títulos e para o cheque no valor acima de R$ 100,00, existe a identificação do credor, e exatamente por isso a transmissão ocorre pela tradição e presença de um ato solene que permita a transferência.

Tais **atos solenes** de transmissão podem ser o **endosso ou a cessão civil de crédito**.

13.6 Endosso

Endosso é a forma de transmissão dos títulos de crédito nominativos[9]. Com o endosso, todos os direitos inerentes ao título são igualmente transmitidos para o endossatário. O proprietário do título faz o endosso (endossante) lançando sua assinatura no verso do documento, tornando-se, dessa forma, **garantidor solidário** do título, salvo cláusula em sentido contrário ("sem garantia").

Ressalte-se que para o Código Civil, que não se aplica aos títulos com lei especial, o endosso não gera a garantia do título (art. 914 do CC).

Trata-se de negócio jurídico unilateral, cuja eficácia é verificada com a constituição formal do endosso e com a saída do título das mãos do endossante e a posse pelo adquirente ou endossatário (**tradição**). No endosso, o devedor não precisa ser comunicado, já que o título de crédito traz na sua essência a circulação.

Uma vez o endosso realizado, **só pode ser total**. O endosso parcial, ou seja, aquele que limita o valor da obrigação consignada no título de crédito, é vedado (art. 12 do Dec. n. 57.663/66 e art. 912 do Código Civil de 2002).

O endosso pode se apresentar das seguintes formas:

a) **endosso em branco/incompleto**, no qual se verifica a assinatura do endossante, mas não há a identificação do beneficiário ou endossatário. No endosso em branco a circulação pode ocorrer pela simples tradição, desde que o último endossatário se identifique como credor[10];

b) **endosso em preto/completo**, no qual se verifica a assinatura do endossante seguida da identificação do beneficiário ou endossatário. O endosso em preto só pode circular por meio de um novo endosso em preto ou em branco.

O endosso realizado após o prazo do protesto do título ou após o protesto é chamado de **endosso tardio ou póstumo** e produz **efeitos de cessão civil de crédito**, ou seja, serve apenas para transmitir o título de crédito (art. 20 do Dec. n. 57.663/66, art. 27 da Lei n. 7.357/85, arts. 294 e 296 do Código Civil de 2002).

O endossante pode proibir um novo endosso, se expressamente indicar no título e, nesse caso, se o título for endossado novamente, o endossante que proibiu o novo endosso responderá normalmente em face de seu endossatário, mas não poderá ser atingido pelos novos endossatários (art. 15 do Dec. n. 57.663/66 e 21 da Lei n. 7.357/85).

---

9. Os títulos ao portador, quando permitidos, circulam pela simples tradição.

10. STJ, REsp 329.996, j. 4-10-2001.

13.6.1 Endosso e cessão civil de crédito

Formalmente, para que ocorra a transmissão por **endosso**, é necessária a assinatura do endossante no verso do título, seguida da **cláusula à ordem**. Em alguns títulos, entretanto, como no cheque e na letra de câmbio, a clausula "à ordem" não precisa estar expressa, já que consta do formulário do próprio título o termo "ou a sua ordem".

A **cessão civil de crédito**, por outro lado, se dá pela assinatura do cedente no verso do título, seguida da **cláusula não à ordem**. Essa clausula não é possível nos títulos atípicos (art. 890 do Código Civil de 2002).

Tal distinção é importante, pois, no endosso, o endossante, além de **transmitir** o título, também **garante** de forma **solidária** o título de crédito, salvo quando o endosso for realizado sem garantia (art. 15 do Dec. n. 57.663/66 e 21 da Lei n. 7.357/85). Nos títulos regidos pelo Código Civil vigente, ou seja, aqueles títulos para os quais não há lei especial, o endossante não garante o título de crédito (art. 914 do Código Civil de 2002).

Por outro lado, na **cessão civil de crédito**, o cedente apenas é responsável pela transmissão do título e pela veracidade do título, e não pela solvência do devedor (art. 296 do Código Civil de 2002).

ENDOSSO	CESSÃO CIVIL DE CRÉDITO
Arts. 11 a 20 do Dec. n. 57.663/66	Arts. 286 a 298 do Código Civil de 2002
Unilateral (depende da vontade do endossante).	Bilateral (depende da vontade do cedente e do cessionário).
Não depende da comunicação do devedor.	Depende da comunicação do devedor (art. 290 do Código Civil de 2002).
Endossante: garantidor solidário, salvo nos títulos atípicos (art. 914 do Código Civil de 2002) e quando houver limitação de garantia, expressamente informado no título (art. 15 do Dec. n. 57.663/66 e art. 21 da Lei n. 7.357/85).	Cedente: Não responde pela solvência do título de crédito (art. 296 do Código Civil de 2002).
Devedor não pode alegar contra o endossatário (3º de boa-fé) exceções pessoais (art. 17 do Dec. n. 57.663/66).	Devedor pode alegar exceções pessoais contra cessionário (art. 294 do Código Civil de 2002).
–	Endosso póstumo (art. 20 do Dec. n. 57.663/66 e art. 17 da Lei n. 7.357/85): produz efeitos de CCC (cessão civil de crédito).

13.6.2 Endosso impróprio

Outra modalidade de endosso é o endosso impróprio, que **não serve para transmitir** a titularidade do título, mas para legitimar o exercício dos direitos consignados no título, podendo se apresentar sob duas formas: endosso-mandato e endosso-caução.

13.6.2.1 Endosso-mandato

No endosso-mandato, o endossante-mandante **outorga poderes** ao endossatário-mandatário para que este realize a cobrança, proteste o título em caso de não pagamento e até mesmo dê quitação. Uma vez o pagamento realizado, o endossatário-mandatário deverá restituir o valor recebido ao endossante-mandante.

Para que se configure o endosso-mandato, é necessária a inserção de cláusulas como "**por procuração**" ou ainda "**valor a cobrar**", ou qualquer outra que contenha o mesmo sentido (art. 18 do Dec. n. 57.663/66). Nesse sentido, a Súmula 476 do STJ determina: "O endossatário de título de crédito por endosso-mandato só responde por danos decorrentes de protesto indevido se extrapolar os poderes de mandatário".

Nesse sentido o STJ:

> "Empresarial. Recurso especial. Agravo regimental. Endosso-mandato. Legitimidade passiva do endossatário. Jurisprudência do STJ firmada em regime do art. 543-C do CPC. Agravo regimental provido" (AgRg no REsp 825.968/RJ, Min. Paulo de Tarso Sanseverino, *DJe* 26-10-2012).

No endosso-mandato, o **endossante continua proprietário** e responsável pelos atos do endossatário. A relevância do endosso-mandato aparece principalmente em relação aos bancos, que, ao receberem o título dessa forma, não respondem perante o devedor pelo protesto indevido, a não ser que fique comprovada a sua culpa, o que pode ser observado no Informativo 309/2007 do STJ:

> "Nas instâncias ordinárias, o banco recorrente foi condenado à indenização dos danos morais causados pelo indevido envio de duplicata a protesto. Diante disso, a Turma aduziu que, em casos de endosso-mandato, a responsabilidade do mandatário que recebe a cártula com o fito de efetuar a cobrança e a remete a protesto surge quando há a identificação concreta de seu agir culposo, visto não ser possível lhe atribuir a ilicitude pelo estrito cumprimento das obrigações relativas à exigibilidade do pagamento. Firmou, todavia, que, no caso, há a responsabilidade do banco réu, pois o pagamento da duplicata fez-se perante aquela própria instituição bancária. Anotou que não acolhida pelo acórdão estadual recorrido a alegação de que é a sacadora, mediante comando eletrônico, quem dá a ordem da cobrança, além de se afigurar irrelevante tal postulação, posto que a imperfeição do sistema é fato alheio ao direito da sacada, cabendo ação regressiva do banco contra a sacadora" (STJ, REsp 297.430/MG, j. 6-2-2007, rel. Min. Aldir Passarinho Junior).

Outra questão relevante é que o devedor só poderá alegar como matéria de defesa **vícios em relação ao endossante-mandante**, afinal a relação jurídica do devedor continua sendo com o endossante (art. 18 do Dec. n. 57.663/66).

Por fim, o endossatário-mandatário não pode realizar um endosso puro, já que apenas tem a posse do título e não a propriedade.

De acordo com a Súmula 475 do STJ, "Responde pelos danos decorrentes de protesto indevido o endossatário que recebe por endosso translativo título de crédito contendo vício formal extrínseco ou intrínseco, ficando ressalvado seu direito de regresso contra os endossantes e avalistas."

13.6.2.2 Endosso-caução

No endosso-caução, o título é utilizado como garantia de uma obrigação assumida pelo endossante. Para que se configure o endosso-caução, é necessária a inserção no verso do título da cláusula "**valor em garantia**", ou qualquer outra que traga o mesmo sentido (art. 19 do Dec. n. 57.663/66).

O endossatário-pignoratício exercerá seus direitos de forma autônoma, assumindo os riscos por seus atos, e o devedor atingido **não poderá alegar** como matéria de defesa os **vícios** de sua relação com o **endossante-pignoratício** (art. 19 do Dec. n. 57.663/66).

ENDOSSO MANDATO	ENDOSSO CAUÇÃO
Art. 18 do Dec. n. 57.663/66	Art. 19 do Dec. n. 57.663/66
endossante-mandante = assume o risco	endossatário = assume o risco
No verso do título: "dou poderes a (...)"	No verso do título: "valor dado em garantia de (...)"

13.7 Aval

É **garantia pessoal** de pagamento do título dada por terceiro, típica do direito cambiário, que tem a finalidade de reforçar a certeza de pagamento assumida pelo devedor (art. 30 do Dec. n. 57.663/66 e art. 897 do Código Civil de 2002).

O aval é um instituto autônomo e prevalece mesmo que exista um vício na obrigação principal, salvo se houver um **vício de forma** (art. 32 do Dec. n. 57.663/66 e art. 31 da Lei n. 7.357/85).

O avalista, ao constituir o aval, responde da mesma maneira que o avalizado, que pode ser o devedor principal ou algum outro responsável solidariamente.

Se não houver informação sobre quem é o avalizado, presume-se que o **avalizado é o devedor** principal (art. 899 do Código Civil de 2002). Na **letra de câmbio**, entretanto, o **avalizado seria o sacador** (art. 31 do Dec. n. 57.663/66).

Portanto, se o avalista for o devedor principal, será tratado como devedor principal em relação à desnecessidade do protesto e na contagem do prazo prescricional. Por outro lado, se o avalizado for endossante ou outro avalista, será tratado como devedor indireto, portanto dependendo da necessidade do protesto para sua execução e na contagem do prazo prescricional, como veremos a seguir no tema de protesto e nas ações cambiais.

13.7.1 Constituição

O aval é constituído pela simples assinatura de terceiro na frente (anverso) do título de crédito. É importante ressaltar que se a assinatura na frente do título for do devedor principal, essa assinatura fará parte da emissão, como veremos a seguir.

O aval pode ser constituído no verso, desde que não existam motivos para se entender que se tratava de endosso[11], ou seja, desde que exista a indicação expressa de que se trata de aval.

O terceiro, para constituir o aval, precisa de **plena capacidade** e constituir por si ou por procurador, com poderes especiais, a obrigação. Se o procurador não tiver estes poderes, o procurador ficará pessoalmente responsável pelo aval constituído.

O aval pode ser em branco ou em preto. O aval em branco é aquele no qual não há a identificação do avalizado. Na letra de câmbio, se o aval for dado em branco, presume-se que ele foi dado em favor do devedor principal. No aval em preto, entretanto, o avalizado é identificado.

Não importa ao instituto do aval se ele é realizado antes ou depois do vencimento do título. Em ambos os casos, seus efeitos serão os mesmos (art. 900 do Código Civil de 2002).

13.7.2 Vênia conjugal

Como vimos anteriormente, o Código Civil de 2002 é aplicado quando houver a omissão das leis especiais que regem os títulos de crédito (art. 903 do Código Civil de 2002), por isso, até 2002, não se discutia sobre a necessidade da vênia conjugal.

O Código Civil, no seu art. 1.647, III, determinou a necessidade da vênia conjugal para a constituição do aval em qualquer título de crédito, **salvo** se o avalista for casado sob o regime de **separação total** de bens.

Entretanto, não se trata de omissão das Leis Especiais e sim da desnecessidade da vênia conjugal, portanto o disposto no Código Civil só será aplicável para os títulos atípicos.

Portanto, para cheque, nota promissória, letra de câmbio e duplicata, a necessidade da vênia conjugal não é aplicável[12].

---

11. STJ, REsp 493.861/MG, j. 4-9-2008, rel. Min. Aldir Passarinho Junior.

12. "Assim, a interpretação do art. 1.647, inciso III, do CCB que mais se concilia com o instituto cambiário do aval e, pois, às peculiaridades dos títulos de crédito é aquela em que as disposições contidas no referido dispositivo hão de se aplicar aos avais prestados nos títulos de crédito regidos pelo próprio Código Civil (atípicos), não se aplicando aos títulos de crédito nominados (típicos) regrados pelas leis especiais, que, atentas às características do direito cambiário, não preveem semelhante disposição, pelo contrário, estabelecem a sua independência

13.7.3 Aval parcial

Quando o aval é constituído, normalmente o avalista responde pela **totalidade da obrigação**, mas é possível em alguns títulos a limitação da responsabilidade do avalista.

Para concluir em quais títulos é possível o aval parcial, temos que analisar, como sempre, primeiramente a lei especial e, em caso de omissão, verificar se o Código Civil trata do assunto.

Assim, para a letra de câmbio e a nota promissória, o art. 30 do Dec. n. 57.663/66 descreve: "O pagamento de uma letra pode ser **no todo ou em parte** garantido por aval". Portanto, para a letra de câmbio e para a nota promissória, o aval pode ser total ou parcial.

No caso do cheque, temos o art. 29 da Lei n. 7.357/85, que prescreve: "O pagamento do cheque pode ser garantido, **no todo ou em parte**, por aval prestado por terceiro (...)". Para o cheque, portanto, o aval pode ser total ou parcial.

Da mesma forma, a cédula de crédito bancário não é especificamente regulada na Lei n. 10.931/2004, mas o art. 44 da mencionada lei afirma que se aplica subsidiariamente o Dec. n. 57.663/66. Portanto, na **cédula de crédito bancário o aval pode ser parcial ou total**.

No caso da duplicata, apesar de a Lei n. 5.474/68 não tratar do assunto, o art. 25 da mencionada lei determina que "aplicam-se à duplicata e à triplicata, no que couber, os dispositivos da legislação sobre emissão, circulação e pagamento das Letras de Câmbio", portanto, o Dec. n. 57.663/66 não deve ser aplicado em relação ao aval na duplicata, o que significa que prevalecerá a regra do Código Civil de 2002, ou seja **o aval na Duplicata só pode ser total**, por aplicação subsidiária do Código Civil.

Para os demais títulos, a legislação especial nada menciona, e, portanto, aplicaremos o Código Civil de 2002, que, no parágrafo único do art. 897, determina ser "vedado o aval parcial"; para esses títulos, o aval só pode ser total.

TÍTULOS	AVAL
Letra de câmbio	Total ou Parcial
Nota promissória	Total ou Parcial
Cheque	Total ou Parcial
Duplicata	Total
Cédula de crédito bancário	Total ou Parcial
Demais, se não houver regra especial (de acordo com o Código Civil)	Apenas Total

e autonomia em relação aos negócios subjacentes. Por fim, salienta-se que a presente modificação de entendimento resulta na pacificação do tema perante a Terceira e Quarta Turmas do Superior Tribunal de Justiça" (STJ-3ª T., REsp 1.526.560-MG, rel. Min. Paulo de Tarso Sanseverino, j. 16-3-2017. Informativo 604 do STJ).

13.7.4 Avais simultâneos ou sucessivos

Quando existir mais de um aval, os avais poderão ser simultâneos ou sucessivos.

Os avais simultâneos são aqueles dados por **mais de uma pessoa** simultaneamente, assumindo a responsabilidade **solidária** pelo pagamento do título. De acordo com a Súmula 189 do STF, quando os avais estão em branco são considerados simultâneos. A solidariedade entre eles é a solidariedade típica do Direito Civil, ou seja, um avalista que tenha efetuado o pagamento tem **direito de regresso** contra o outro apenas em relação a sua parte ideal. Cada avalista é responsável pela dívida inteira (art. 47 do Dec. n. 57.663/66) perante terceiros, mas apenas poderá cobrar regressivamente, o outro avalista, excluindo sua parte ideal.

Por exemplo: João e Augusto são avalistas simultâneos de Alfredo, de uma dívida no valor de R$ 10.000,00. Então, se o credor cobrar apenas de João, João será obrigado a pagar o valor integral, ou seja, de R$ 10.000,00. Este poderá cobrar regressivamente apenas R$ 5.000,00 de Augusto, ou cobrar R$ 10.000,00 de Alfredo.

Nos avais sucessivos, ocorre a avalização de outro aval, daí, o avalista que realizar o pagamento possui **direito de regresso** no **valor total** da obrigação adimplida em relação aos avalistas constituídos anteriormente.

PARA FIXAR

AVAIS SIMULTÂNEOS	AVAIS SUCESSIVOS
2 ou mais avalistas	2 ou mais avalistas
Não há data definindo se um aval foi feito antes do outro, presume-se que ocorreram no mesmo momento.	Há alguma indicação de que um aval foi constituído antes do outro.
São chamados de coavais.	São chamados de avalista do avalista.
Se o avalista pagar, poderá cobrar a parte ideal do outro avalista ou o valor total de quem foi constituído anteriormente.	Se o avalista pagar só cabe ação regressiva contra os que foram constituídos anteriormente.

Por exemplo: João e Augusto são avalistas sucessivos de Alfredo, de uma dívida no valor de R$ 10.000,00. Sendo João o primeiro avalista, e Augusto, o avalista seguinte. Caso o credor cobre apenas de Augusto, este será obrigado a pagar o valor integral, ou seja, de R$ 10.000,00. E poderá cobrar regressivamente o valor de R$ 10.000,00 de João e de Alfredo.

Note-se que, quando não houver informações sobre a ordem dos avais, ou as datas nas quais foram realizados, então eles serão simultâneos.

PARA EXEMPLIFICAR

AVAL SIMULTÂNEO	AVAL SUCESSIVO
A Devedor B C Avalistas simultâneos D Credor Valor da dívida = 100	A Devedor C Aval 1 B Aval 2 D Credor Valor da dívida = 100
Se B pagar, poderá cobrar de A o valor total, mas, de C, só a parte ideal (50)	Se B pagar, poderá cobrar de A e de C o valor total (100)

13.7.5 Aval e fiança

O aval e a fiança têm em comum a mesma definição, ou seja, nos dois casos, estaremos diante de garantias pessoais dadas por terceiro.

Apesar dessa semelhança, existem muitas diferenças. O aval, como instituto típico de garantia de títulos de crédito, não pode ser confundido com a **fiança**, que é uma **garantia acessória** de outro **contrato**.

Outra diferença entre os dois é que o aval é uma obrigação autônoma, enquanto a fiança sempre será acessória, o que significa que, no aval, os vícios obrigacionais da relação entre devedor e credor não podem ser alegados pelo avalista, e na fiança os vícios obrigacionais surgidos entre devedor e credor podem ser alegados pelo fiador (art. 837 do Código Civil de 2002).

Além disso, o aval é constituído pela simples assinatura do avalista, enquanto a fiança depende de cláusulas contratuais específicas (art. 818 do Código Civil de 2002).

Por fim, a responsabilidade do avalista é sempre solidária, enquanto a responsabilidade do **fiador é subsidiária**, salvo disposição expressa em contrário, no sentido de existir a solidariedade entre o fiador e o afiançado (arts. 827 e 828 do Código Civil de 2002).

AVAL	FIANÇA
Arts. 30 e s. do Dec. n. 57.663/66	Arts. 818 e s. do CC
Garantia pessoal dada por terceiro	Garantia pessoal dada por terceiro
Garante títulos de crédito.	Garante contratos.
Autônoma	Acessória

Solidária	Subsidiária, salvo disposição em contrário prevista contratualmente
Avalista casado não precisa da vênia conjugal nos títulos típicos.	Fiador casado precisa da vênia conjugal, salvo se for casado no regime de separação total de bens (art. 1.647, III, do Código Civil de 2002).

13.8 Apresentação

A apresentação é o ato de submeter uma ordem de pagamento ao reconhecimento do devedor principal, com a finalidade de obter o pagamento (arts. 34 e s. do Dec. n. 57.663/66).

Na **letra de câmbio a certo termo da vista**, que significa que o título deveria ser pago no período de tempo contado da apresentação, deve ser apresentado dentro do prazo determinado e, se não houver prazo estabelecido, como, por exemplo, na **letra de câmbio à vista**, o **prazo de apresentação será de 1 ano, contado da data de emissão**.

Na letra de câmbio e na nota promissória, a perda do prazo de apresentação traz como consequência a impossibilidade de acionar endossantes (art. 53 do Dec. n. 57.663/66). Do mesmo modo a não apresentação do cheque no prazo legal (30 dias da emissão para praças iguais ou 60 dias da emissão para praças diferentes) traz como consequência a impossibilidade de acionar endossantes (art. 47 da Lei n. 7.357/85).

13.9 Aceite

Para que o devedor esteja vinculado ao título de crédito, ele precisa **manifestar** de forma inequívoca **sua vontade**. Em alguns títulos de crédito, a assinatura do devedor faz parte da emissão, o que torna clara sua manifestação de vontade, como é o caso do cheque e da nota promissória. Em outros títulos, essa manifestação clara de vontade não acontece na emissão, daí a necessidade do aceite.

O aceite é o ato pelo qual o **devedor principal**, que não assinou o título no ato da emissão, **reconhece que deve**, mediante a assinatura no título, passando a ser considerado aceitante e titular da obrigação principal.

Na letra de câmbio, o devedor pode requerer o **prazo de respiro**, ou seja, que o credor volte depois de 24 horas para apresentar novamente a letra para o aceite (art. 24 do Dec. n. 57.663/66).

Não há sentido em falar do aceite no cheque e na nota promissória, pois nesses títulos a assinatura já fez parte da emissão do título (arts. 21 e s. do Dec. n. 57.663/66 e art. 6º da Lei n. 7.357/85).

O aceite não precisa ser datado, mas em alguns casos a data na qual o aceite foi dado é essencial, como no caso da letra de câmbio com vencimento a certo termo da vista, ou seja, de uma quantidade de dias contados da data do aceite (art. 25 do Dec. n. 57.663/66).

O aceite pode ser total ou parcial. Sua **falta ou recusa** é provada pelo **protesto** (art. 44 do Dec. n. 57.663/66).

O aceite pode ser parcial, e nesse caso a concordância do devedor é em relação apenas ao que foi aceito, podendo inclusive modificar o que consta no título. Para que o credor possa cobrar o que estiver fora do que foi aceito, será necessário o protesto (art. 26 do Decreto n. 57.663/66).

13.9.1 Efeito do aceite

O devedor principal não é obrigado a aceitar o título, mas, se houver a **recusa do aceite** na **letra de câmbio**, ocorrerá o vencimento antecipado da obrigação (art. 43 do Dec. n. 57.663/66).

Quando o aceite é **necessário** e não acontece, o devedor ainda não faz parte da relação cambial, e por essa razão o **protesto** será **indispensável**, para ocorrer a notificação pública da relação obrigacional (art. 57 do Dec. n. 57.663/66).

Na duplicata, o aceite pode ser expresso, quando o devedor assina a duplicata, ou presumido, quando o devedor assina o comprovante de entrega das mercadorias. No caso da **inexistência do aceite** ou no aceite **presumido**, o vencimento não será antecipado, mas haverá a necessidade do protesto para supri-lo (arts. 7º e 8º do Dec. n. 57.663/66). Nosso posicionamento, assim como o do STJ é que o aceite dado em outro documento que não no próprio título, não será considerado aceite[13].

---

13. Direito empresarial. Duplicata mercantil e aceite lançado em separado. O aceite lançado em separado da duplicata mercantil não imprime eficácia cambiária ao título. O aceite promovido na duplicata mercantil corresponde ao reconhecimento, pelo sacado (comprador), da legitimidade do ato de saque feito pelo sacador (vendedor), a desvincular o título do componente causal de sua emissão (compra e venda mercantil a prazo). Após o aceite, não é permitido ao sacado reclamar de vícios do negócio causal realizado, sobretudo porque os princípios da abstração e da autonomia passam a reger as relações, doravante cambiárias. Assim, na duplicata, quando o sacado promover o aceite no título, a dívida, que era somente obrigacional, passará também a ser cambiária, permitindo o acesso à via executiva, na medida em que nascerá um legítimo título executivo extrajudicial (art. 15, I, da Lei n. 5.474/1968). Em outras palavras, o aceite na duplicata mercantil transforma o comprador (relação de compra e venda mercantil a prazo) em devedor cambiário do sacador ou, ainda, do endossatário, caso o título tenha sido posto em circulação por meio do endosso. Cumpre ressaltar, ademais, que mesmo as duplicatas sem aceite podem possuir força executiva se protestadas e acompanhadas dos comprovantes de entrega de mercadorias, em não havendo recusa do aceite pelo sacado (art. 15, II, da Lei n. 5.474/1968). No que tange à forma do aceite, não há como afastar uma de suas características intrínsecas, que é o formalismo. Desse modo, esse ato deve ser formal e se aperfeiçoar na própria cártula, em observância ao que dispõe o art. 25 da Lei Uniforme de Genebra (Decreto n. 57.663/1966): "O aceite é escrito na própria letra. Exprime-se pela palavra 'aceite' ou qualquer outra palavra equivalente; o aceite é assinado pelo sacado. Vale como aceite a simples assinatura do sacado aposta na parte anterior da letra", incidindo o princípio da literalidade. Não pode, portanto, o aceite ser dado verbalmente ou em documento em separado. Inclusive, há entendimento doutrinário nesse sentido. De fato, os títulos de crédito possuem algumas exigências que são indispensáveis à boa manutenção das relações comerciais. A experiência já provou que não podem ser afastadas certas características, como o formalismo, a cartularidade e a literalidade, representando o aceite em separado perigo real às práticas cambiárias, ainda mais quando os papéis são postos em circulação. Logo, o

Como veremos a seguir, o protesto por falta de aceite, quando possível, só pode ser pedido até o vencimento do título.

Concluindo, na duplicata ou letra de câmbio sem aceite, será indispensável o protesto cambial, para que o credor promova a execução. Mas se os mesmos títulos tiverem o aceite, o protesto cambial não será essencial para a execução.

13.10 Protesto

Protesto é a apresentação pública do título ao devedor para atestar a falta de aceite, de pagamento ou de devolução do título de crédito ou simplesmente para provar a falta de pagamento de qualquer título que represente uma dívida. De acordo com o art. 1º da Lei n. 9.492/97, o protesto é "o ato formal e solene pelo qual se prova a inadimplência e o descumprimento da obrigação originada em títulos e outros documentos de dívida". Observe, portanto, que o protesto não é um instituto limitado aos títulos de crédito, já que é possível o protesto de documentos como contratos, e até mesmo sentenças que representem uma dívida.

13.10.1 Procedimento para o protesto

O título deve ser levado a protesto pelo interessado, normalmente o credor, ou no caso do endosso mandato, o endossatário-mandatário, a ser realizado no Tabelionato de protestos de títulos do **local de pagamento** do título. No caso de protesto de **cheque,** pode ser realizado no local do pagamento ou no domicílio do emitente (art. 6º da Lei n. 9.492/97).

Se, no local onde se pretende protestar o título, houver mais de um tabelionato, haverá a distribuição. Caso não exista, o pedido será direcionado ao competente tabelionato.

Após o recebimento e a verificação pelo tabelião da ausência de qualquer irregularidade (art. 9º da Lei n. 9.492/97), ocorrerá a **intimação do devedor** (art. 14 da Lei n. 9.492/97).

O tabelião não tem que verificar caducidade ou prescrição do título, mas apenas as formalidades do título e, ainda assim, se o título foi apresentado para protesto. Na apresentação eletrônica, portanto, a responsabilidade pela verificação das formalidades não é do tabelião e sim do apresentante, já que o tabelião não recebeu o título, mas apenas informações relativas a ele (arts. 8º e 9º da Lei n. 9.279/96).

A intimação do devedor, se não for pessoalmente realizada, deve ao menos comprovar o recebimento no endereço indicado. Entretanto, se o protesto for utilizado para fins falimentares, a Súmula 361 do STJ exige a identificação da pessoa que recebeu a intimação.

---

aceite lançado em separado à duplicata não possui nenhuma eficácia cambiária, mas o documento que o contém poderá servir como prova da existência do vínculo contratual subjacente ao título, amparando eventual ação monitória ou ordinária (art. 16 da Lei n. 5.474/1968) (REsp 1.334.464-RS, rel. Min. Ricardo Villas Bôas Cueva, j. 15-3-2016, *DJe* 28-3-2016).

A Lei n. 9.492/97 não estabelece prazo para o devedor realizar o pagamento ou impedir o protesto, mas determina que o prazo para o registro do protesto é de três dias úteis contados da protocolização do título (art. 12 da Lei n. 9.492/97), excluindo-se o dia da protocolização e incluindo-se o dia do vencimento. Na prática e por determinação de provimentos de alguns Tribunais, o prazo para o devedor realizar o pagamento ou impedir o protesto é de três dias úteis contados da intimação do devedor[14].

PARA FIXAR

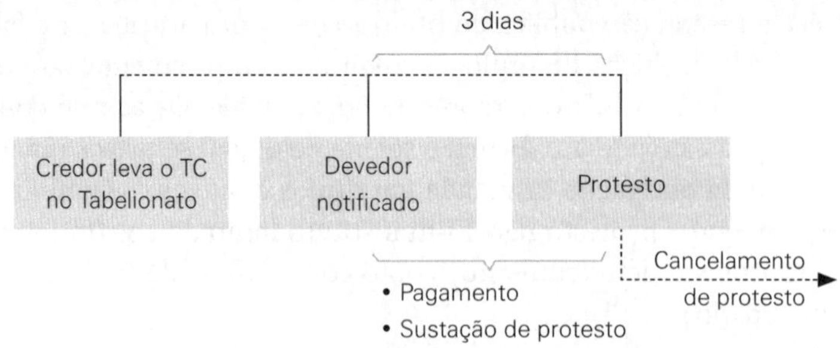

13.10.2 Espécies do protesto

São espécies de protesto: o protesto por falta de aceite, por falta de pagamento ou falta de devolução.

Nos cheques e nas notas promissórias o protesto só pode ser realizado por falta de pagamento.

Na letra de câmbio e na duplicata, é possível o protesto por **falta de pagamento**, por falta de **aceite** e por falta de **devolução (art. 21 da Lei n. 9.492/97)**. A falta de devolução ocorre quando o título é enviado para o devedor, e o mesmo não devolve o título. Diante da inexistência do título original, é possível a emissão de segunda via da duplicata e da letra de câmbio, para realizar o protesto e, se necessário, promover a ação cabível. A segunda via da duplicata é chamada de triplicata, e o protesto será realizado por indicações, já que o original não esta sendo verificado pelo Tabelião.

O protesto por **falta de aceite** deve ser feito **antes do vencimento do título de crédito**, e só será indispensável na **duplicata e na letra de câmbio sem aceite** (art. 44 do Dec. n. 57.663/66, art. 13 da Lei n. 5.474/68 e art. 21, § 1º, da Lei n. 9.492/97). Nesse caso, o protesto permite, na letra de câmbio, a cobrança antecipada do endossante e avalista (art. 43 do Dec. n. 57.663/66).

14. Como exemplos: no Distrito Federal, o art. 321 do Provimento Geral da Corregedoria do TJDFT. No Amapá, art. 408 do Provimento Geral da Corregedoria Geral do TJAP. No Rio Grande do Sul, art. 741 da Consolidação Normativa Notarial e Registral do TJRS, entre outras.

O protesto por **falta de devolução** pode ocorrer na **duplicata e na letra de câmbio**, quando o título é enviado para o devedor realizar o aceite, mas este fica com o título e não o devolve. Nesse caso, será protestada uma segunda via. É o caso do **protesto por indicações**.

O protesto por **falta de pagamento** pode ser realizado em **qualquer título de crédito**, como uma tentativa de recebimento. Só pode ser realizado **após o vencimento do título**.

13.10.3 Obrigatoriedade do protesto

O protesto é obrigatório como requisito para o credor mover a ação judicial pertinente, nos seguintes casos:

a) para **suprir o aceite nos títulos cujo aceite era necessário**, como é o caso da letra de câmbio e da duplicata (art. 44 do Dec. n. 57.663/66 e art. 15, II, da Lei n. 5.474/68);

b) no **pedido de falência por impontualidade** (art. 94 da Lei n. 11.101/2005). Nesse caso, a Lei de Falências trata da necessidade do protesto especial, mas o protesto ordinário (simples protesto)[15] é suficiente para o pedido de falência. Entretanto, o protesto deve ser realizado no local do principal estabelecimento do devedor, respeitando a regra de competência da Lei n. 11.101/2005[16];

c) na **execução contra os devedores indiretos**, como é o caso dos endossantes e seus avalistas, se não houver a cláusula "sem despesas "(art. 15, § 1º, da Lei n. 5.474/68 e art. 53 do Dec. n. 57.663/66). Nesse caso o protesto deve ser tempestivo, sob pena de não ser mais possível a execução contra os devedores indiretos, ou seja, a execução contra endossantes e seus avalistas não seria mais possível. No **cheque, o protesto não é indispensável** para cobrar endossante e avalista, já que bastaria a declaração do banco sacado da devolução do cheque, no prazo fixado no art. 33 da Lei n. 7.357/85, ou seja, de 30 dias da emissão, para praças iguais; e 60 dias, para praças diferentes. No caso da **cédula de crédito bancário**, de acordo com o art. 44 da Lei n. 10.931/2004, **não precisará do protesto** para que seja possível a execução contra o endossante.

13.10.4 Prazo para protesto

O prazo para protesto é fixado nas leis especiais, mas não se trata de prazo fatal, ou seja, é possível que o credor proteste o título depois do prazo fixado na lei, enquanto existir a obrigação.

---

15. REsp 1.052.495.
16. Art. 3º da Lei n. 11.101/2005.

O prazo para protestar a **letra de câmbio ou a duplicata por falta de aceite** é o prazo fixado para a apresentação da letra de câmbio. Se o vencimento é certo, o prazo para o protesto, em ambos os títulos, é até a data do vencimento.

O prazo para o protesto por **falta de pagamento** da letra de câmbio e da nota promissória é de dois dias úteis seguintes ao vencimento (art. 44 do Dec. n. 57.663/66)[17].

No **cheque,** o prazo para protesto é o prazo de apresentação, ou seja, 30 dias da emissão para praças iguais ou 60 dias da emissão para praças diferentes (art. 48 da Lei n. 7.357/85). É importante ressaltar, entretanto, que enquanto houver cabimento de algum meio de cobrança para o cheque, o protesto não será indevido e, portanto, não se pode falar em danos morais, pelo protesto realizado nesse período[18].

Na **duplicata,** o prazo é de 30 dias do vencimento do título (art. 13 da Lei n. 5.474/68).

Esses prazos **não impedem o protesto posterior**, mas produzem o efeito de **impedir a ação contra os devedores indiretos**, ou seja, endossantes e seus avalistas (art. 53 do Dec. n. 57.663/66; art. 13, § 4º, da Lei n. 5.474/68; art. 47, II, da Lei n. 7.357/85).

No caso do cheque, se não houver o protesto ou a apresentação no banco sacado, dentro do prazo do art. 33 da Lei n. 7.357/85, também não será possível acionar os devedores indiretos (art. 47, II, da Lei n. 7.357/85).

---

17. Existe divergência quanto a este prazo. Para Fábio Ulhoa Coelho e Fran Martins o prazo é de dois dias úteis (art. 44 do Dec. 57.663/66), mas para Waldirio Bulgarelli, Luiz Emygdio da Rosa Junior, Rubens Requião, o prazo é de um dia útil (art. 28 do Dec. 2.044/1908).

18. Cumpre ressaltar, inicialmente, que o apontamento de cheque a protesto mostra-se viável dentro do prazo da execução cambial – que é de 6 (seis) meses contados da expiração do prazo de apresentação –, desde que indicados os devedores principais (emitente e seus avalistas). Em relação aos coobrigados (endossantes e respectivos avalistas), o art. 48 da Lei n. 7.347/85 impõe que o aponte a protesto seja realizado no prazo para apresentação do título ao sacado. Não observados esses prazos, perde o portador o direito de sujeitar à ação cambial executiva os coobrigados. Nada obstante, permanece ao credor a faculdade de protestar o cheque, indicando o nome dos devedores principais (emitente e respectivos avalistas), enquanto o título se revestir dos requisitos da certeza, liquidez e exigibilidade, ou seja, enquanto não prescrita a ação cambiária executiva – orientação essa consolidada pelo STJ por ocasião do julgamento do recurso especial repetitivo n. 1.423.464-SC. Especificamente quanto ao protesto considerado "indevido", não se desconhece a existência de julgados deste Tribunal que afirmam que o dano moral, nessa situação, se caracteriza *in re ipsa*. Todavia, a jurisprudência desta Corte, de um modo geral, vem evoluindo para permitir que se observe o fato concreto e suas circunstâncias, afastando o caráter absoluto da presunção de existência de dano moral indenizável. No âmbito do protesto irregular de título de crédito, o reconhecimento do dano moral está inequivocamente atrelado à ideia do abalo do crédito causado pela publicidade do ato notarial, que, naturalmente, faz associar ao devedor a pecha de "mau pagador" perante a praça. Todavia, na hipótese em que o protesto é irregular por estar prescrita a pretensão executória do credor, havendo, porém, vias alternativas para a cobrança da dívida consubstanciada no título, não há se falar em abalo de crédito, na medida em que o emitente permanece na condição de devedor, estando, de fato, impontual no pagamento. Nesse contexto, enquanto remanescer ao credor a faculdade de cobrança da dívida – seja por meio do ajuizamento de ação cambial por locupletamento ilícito, de ação de cobrança fundada na relação causal, e ainda, de ação monitória – permanece o devedor na condição de inadimplente, razão pela qual não está caracterizado abalo de crédito apto a ensejar dano moral (REsp 1.677.772-RJ, rel. Min. Nancy Andrighi, por unanimidade, j. 14-11-2017, *DJe* 20-11-2017. Informativo 616 do STJ).

Outro efeito é que o endosso feito após estes prazos é chamado de **tardio ou póstumo,** perde os efeitos do endosso típico e produz efeitos de cessão civil de crédito, ou seja, não serve para garantir o título de crédito (art. 20 do Dec. n. 57.663/66 e art. 27 da Lei n. 7.357/85, art. 296 do Código Civil de 2002).

O protesto tempestivo interrompe o prazo prescricional dos títulos (art. 202, III, do CC). Quanto à interrupção do prazo prescricional, é relevante indicar que, embora a Súmula 153 do STF defina que o protesto cambiário não interrompe a prescrição, o Código Civil de 2002, no seu art. 202, III, inova ao estabelecer que o **protesto cambial é causa de interrupção da prescrição, em relação a quem foi protestado**. E levando-se em conta que o Código Civil é posterior à súmula e, conforme o art. 903 do referido Código, na omissão de leis especiais, aplica-se o Código Civil, este deve prevalecer em relação à súmula. Esta interrupção só acontece se o título ainda não prescreveu, e uma única vez.

O informativo 528 do STJ se posicionou sobre a prevalência do disposto art. 202, III, do Código Civil de 2002 em relação à Súmula 153 do STF.

	PRAZOS PARA O PROTESTO
Letra de câmbio	1 dia útil ou 2 dias úteis
Nota promissória	1 dia útil ou 2 dias úteis
Cheque	30 dias/emissão (praças iguais)
	60 dias/emissão (praças diferentes)
Duplicata	30 dias/vencimento

13.10.5 Meios de impedir o protesto

O devedor pode pagar o título no cartório, juntamente com os emolumentos, antes de o protesto ser realizado. O pagamento pode ser realizado em dinheiro, cheque administrativo, ou no caso da ME e da EPP, admite-se o cheque de emissão da própria empresa (art. 73 da LC n. 123/2006).

Além disso, o protesto indevido ou abusivo pode ser **sustado por meio de uma tutela provisória de urgência de natureza cautelar antecedente de sustação de protesto** (art. 17 da Lei n. 9.492/97 e art. 305 do CPC/2015), com a caução ou o depósito da quantia reclamada, cujo objetivo é impedir o protesto. Durante a sustação o título permanece no Tabelionato, e se a sustação for cassada, não será necessária uma nova intimação.

O interessado deve apresentar os requisitos processuais necessários, não deixando de emendar a inicial em até 30 dias para **conseguir a declaração de inexistência da relação jurídica** (art. 308 do CPC/2015).

Entretanto, se o **protesto já ocorreu**, o devedor deve **pleitear o seu cancelamento**, que pode ocorrer por defeito do protesto, por defeito do título reconhecido por sentença ou pelo pagamento do título protestado, com a anuência do credor (art. 26,

§ 3º, da Lei n. 9.492/97). O ônus do cancelamento é do devedor[19]. No caso de necessidade de uma ação, estaríamos tratando de uma ação declaratória de inexigibilidade cumulada com o cancelamento de protesto (arts. 318, do CPC, e 26 da Lei 9.279/96).

Para que o devedor cancele o protesto no Tabelionato, é possível que leve o original do Título (que lhe foi entregue pelo credor); ou leve a carta de anuência, ou apresente a decisão judicial que determinou o cancelamento.

Cuidado, pois o cancelamento do protesto não ocorre em virtude da prescrição do título. Esse também é o posicionamento do STJ[20].

---

19. Direito empresarial. Ônus do cancelamento de protesto. Recurso repetitivo (art. 543-C do CPC E RES. 8/2008-STJ). No regime próprio da Lei n. 9.492/1997, legitimamente protestado o título de crédito ou outro documento de dívida, salvo inequívoca pactuação em sentido contrário, incumbe ao devedor, após a quitação da dívida, providenciar o cancelamento do protesto. Com efeito, tendo em vista os critérios hermenêuticos da especialidade e da cronologia, a solução para o caso deve ser buscada, em primeira linha, no Diploma especial que cuida dos serviços de protesto (Lei n. 9.492/1997), e não no consumerista. Ademais, a interpretação sistemática do ordenamento jurídico também conduz à conclusão de que, ordinariamente, incumbe ao devedor, após a quitação do débito, proceder ao cancelamento. Observe-se que, tendo em vista que o protesto regular é efetuado por decorrência de descumprimento da obrigação – ou recusa do aceite –, o art. 325 do CC estabelece que as despesas com o pagamento e quitação presumem-se a cargo do devedor. Outrossim, não se pode ignorar que a quitação do débito estampado em título de crédito implica a devolução da cártula ao devedor (o art. 324 do CC, inclusive, dispõe que a entrega do título ao devedor firma a presunção de pagamento). Efetivamente, como o art. 26, *caput*, da Lei n. 9.492/1997 disciplina que o cancelamento do registro do protesto será solicitado mediante a apresentação do documento protestado – conforme o § 1º, apenas na impossibilidade de apresentação do original do título ou do documento de dívida protestado é que será exigida a declaração de anuência –, é possível inferir que o ônus do cancelamento é mesmo do devedor, pois seria temerária para com os interesses do devedor e eventuais coobrigados a interpretação de que a lei especial estivesse dispondo que, mesmo com a quitação da dívida, o título de crédito devesse permanecer em posse do credor. Nessa linha de intelecção, é bem de ver que a documentação exigida para o cancelamento do protesto – título de crédito ou outro documento de dívida protestado, ou declaração de anuência daquele que figurou no registro de protesto como credor – também permite concluir que, ordinariamente, não é o credor que providenciará o cancelamento do protesto. É bem de ver que o art. 19 da Lei n. 9.492/1997 estabelece que o pagamento do título ou do documento de dívida apresentado para protesto será feito diretamente no tabelionato competente, no valor igual ao declarado pelo apresentante, acrescido dos emolumentos e demais despesas – isto é, incumbe ao devedor que realizar o pagamento do débito antes do registro do protesto pagar emolumentos. Assim, não é razoável imaginar que, para o cancelamento após a quitação do débito, tivesse o credor da obrigação extinta que arcar com o respectivo montante, acrescido de tributos, que devem ser pagos por ocasião do requerimento de cancelamento. Dessa forma, conforme entendimento consolidado no STJ, no tocante ao cancelamento do protesto regularmente efetuado, não obstante o referido art. 26 da Lei de Protestos faça referência a "qualquer interessado", a melhor interpretação é a de que este é o devedor, de modo a pesar, ordinariamente, sobre sua pessoa o ônus do cancelamento. Ressalte-se que, ao estabelecer que o cancelamento do registro do protesto poderá ser solicitado por qualquer interessado, não se está a dizer que não possam as partes pactuar que o cancelamento do protesto incumbirá ao credor (que passará a ter essa obrigação, não por decorrência da lei de regência, mas contratual). Precedentes citados: AgRg no AREsp 493.196-RS, Terceira Turma, *DJe* 09-6-2014; e EDcl no Ag 1.414.906-SC, Quarta Turma, *DJe* 11-3-2013 (REsp 1.339.436-SP, rel. Min. Luis Felipe Salomão, j. 10-9-2014. Informativo 549).

20. Direito empresarial. Não cancelamento do protesto pela prescrição do título cambial. A prescrição da pretensão executória de título cambial não enseja o cancelamento automático de anterior protesto regularmente lavrado e registrado. Da leitura do art. 26 da Lei n. 9.492/1997, vê-se que o cancelamento do protes-

Resumindo: dentro do período de tempo em que o título está no cartório, é possível que o devedor suste o protesto por meio da medida provisória de urgência de natureza cautelar antecedente de sustação do protesto (art. 17 da Lei n. 9.492/97 e art. 305 do CPC/2015). Se o título foi protestado, só é possível o cancelamento do protesto (art. 26 da Lei n. 9.492/97), e de acordo com este artigo o cancelamento só é possível mediante medida judicial definitiva, ou seja, decisão transitada em julgado (art. 26, § 4º, e art. 34 da Lei n. 9.492/97).

PARA FIXAR

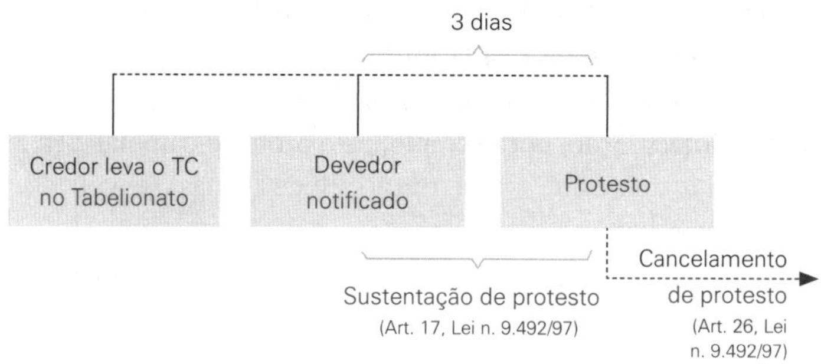

13.11 Ação cambial

A ação cambial é uma **ação de execução de um título de crédito** por meio da qual o credor tentará receber seu crédito de qualquer devedor cambial. O procedimento da ação executiva é definido nos arts. 824 e s. do CPC/2015.

O **prazo prescricional** para o ajuizamento da ação cambial, dos **títulos em geral, com exceção do cheque**, de que trataremos a seguir, é definido da seguinte forma:

---

to advém, normalmente, do pagamento do título. Por qualquer outra razão, somente poderá o devedor obter o cancelamento mediante decisão judicial favorável, caso o juiz, examinando as razões apresentadas, considere relevantes as circunstâncias do caso concreto. Nada na lei permite inferir que o cancelamento do protesto possa ser exigido por fato objetivo outro que não o pagamento. Assim, a prescrição do título, objetivamente considerada, não tem como consequência automática o cancelamento do protesto. Note-se que, de acordo com o art. 1º da Lei n. 9.492/1997, o "Protesto é o ato formal e solene pelo qual se prova a inadimplência e o descumprimento de obrigação originada em títulos e outros documentos de dívida". Portanto, o protesto não se prende imediatamente à exequibilidade do título ou de outro documento de dívida, mas sim à inadimplência e ao descumprimento da obrigação representada nestes papéis. Ora, a inadimplência e o descumprimento não desaparecem com a mera prescrição do título executivo não quitado. Ao contrário, permanecem, em princípio. Então, não pode ser o protesto cancelado simplesmente em função da inaptidão do título prescrito para ser objeto de ação de execução. Precedentes citados: REsp 671.486-PE, Terceira Turma, *DJ* de 25-4-2005; e REsp 369.470-SP, Terceira Turma, *DJe* 23-11-2009 (REsp 813.381-SP, rel. Min. Raul Araújo, j. 20-11-2014, *DJe* 20-5-2015. Informativo 562).

a) credor: em **3 anos, a contar do vencimento**, para o exercício do direito de crédito contra o **devedor principal e seu avalista**;
b) credor: em **1 ano, a contar do protesto**, para o exercício do direito de crédito contra o **endossante, seu avalista** e contra o sacador (letra de câmbio);
c) quem pagou: em **6 meses, a contar do pagamento ou do ajuizamento da ação cambial, para o exercício do direito de regresso** por qualquer dos coobrigados. Salvo, na **duplicata na qual o prazo para ação regressiva é de 1 ano** (art. 70 do Dec. n. 57.663/66 e art. 18 da Lei n. 5.474/68).

No caso do **cheque**, que veremos a seguir, **o prazo para a execução é de 6 meses contados do término do prazo de apresentação do título**.

Esses prazos podem ser interrompidos ou suspensos (arts. 198 e 202 do Código Civil de 2002). É causa de interrupção, por exemplo, pelo protesto cambial (art. 202, III, do Código Civil de 2002), mas atente que a interrupção atinge apenas o envolvido, em virtude da autonomia das obrigações.

Dentro desses prazos, a medida cabível para cobrar o título de crédito é a ação executiva, mas, **se esses prazos terminarem,** o credor ainda pode receber seu título contra o devedor principal, por meio da **ação de cobrança ou ação monitória**. Cuidado, se o título prescreveu, apenas o devedor principal pode ser acionado, e não mais os avalistas e os devedores indiretos (endossantes e seus avalistas).

O prazo da ação monitória é de 5 anos (art. 206, § 5º, I do CC). No caso do cheque e da nota promissória, temos inclusive a previsão dos 5 anos nas Súmulas 503 e 504 do STJ, com a peculiaridade de que no cheque o prazo é contado do dia seguinte **à data de emissão**, enquanto na nota promissória o prazo é contado do **dia seguinte ao vencimento**.

Na estrutura das ações monitórias e de execução existem peculiaridades, quando têm por objeto os títulos de crédito, como veremos a seguir:

AÇÃO MONITÓRIA	AÇÃO DE EXECUÇÃO
Arts. 700 e s. do CPC/2015	Arts. 824 e s. do CPC/2015
Competência: art. 100, IV, *d* do CPC/73; 53, III, *d* do CPC/2015 e no caso do Cheque também é competente o domicílio do emitente (art. 48 da Lei do Cheque).	Competência: art. 53, III, *d* do CPC/2015 e no caso do Cheque também é competente o domicílio do emitente (art. 48 da Lei do Cheque).
Cabimento: Título de crédito prescrito, nota promissória vinculada a contrato de abertura de crédito.	Cabimento: Título de crédito que ainda não prescreveu (art. 784, I, do CPC/2015).
Legitimidade Passiva: devedor	Legitimidade Passiva: devedor, avalista, endossante CUIDADO: os endossantes e seus avalistas só poderão ser atingidos se o protesto ocorreu dentro do prazo definido nas leis especiais.

13.12 Espécies de títulos de crédito

13.12.1 Letra de câmbio

13.12.1.1 Evolução histórica

A criação da letra de câmbio tem sua origem nas cidades italianas, no período das grandes feiras, nas quais os mercadores iam de cidade em cidade para negociar seus produtos. O problema era que cada cidade tinha sua própria moeda, portanto o que foi lucrado numa cidade não valia absolutamente nada em outra cidade, e daí surgiu a necessidade de fazer o câmbio das moedas com os banqueiros.

Para resolver a necessidade de câmbio e a insegurança de viajar com uma quantidade de dinheiro importante, criou-se a letra de câmbio. O banqueiro da cidade onde estava o mercador, e onde ele tinha conseguido o seu rendimento, emitia uma carta (*lettera*) dando a ordem ao banqueiro de outra cidade para pagar determinada quantia ao mercador.

Nessa situação, o banqueiro da cidade A era o sacador, o banqueiro da cidade B era o sacado, e o mercador era o beneficiário ou tomador.

13.12.1.2 Legislação aplicável no Brasil

No Brasil, a letra de câmbio foi regulada pelo Código Comercial de 1850, nos arts. 354 a 424, e posteriormente tal disciplina foi revogada pelo Dec. n. 2.044/1908.

Foi então, numa tentativa de uniformizar a legislação cambial internacionalmente, que foi elaborada a Lei Uniforme de Genebra (LUG), recepcionada pelo Dec. n. 57.663/66, com algumas reservas. Nos assuntos onde houve reservas, aplica-se o Dec. n. 2.044/1908. Por essa razão, continua em vigor, de acordo com Luiz Emygdio da Rosa Junior[21], os seguintes artigos: art. 1º, V; arts. 3º e 4º; art. 8º, § 1º; art. 10; art. 11, arts. 14, 19, 20, *caput*, §§ 1º, 2º; arts. 28, 36 e 39, § 1º; arts. 42, 43, primeira parte; arts. 48, 51, 54, *caput*, § 2º. Para os demais assuntos serão mantidos os artigos do Dec. n. 57.663/66.

Portanto, diante do conflito dessas normas, as questões serão resolvidas da seguinte forma[22]:

DEC. N. 2.044/1908	DEC. N. 57.663/66	PREVALECE
Assunto omisso	Assunto tratado	Dec. n. 57.663/66
Assunto tratado	Assunto omisso	Dec. n. 2.044/1908
Assunto tratado	Assunto tratado de forma diferente	Prevalece o Dec. n. 57.663/66
Assunto tratado	Assunto tratado de forma diferente, com reserva	Dec. n. 2.044/1908
Assunto omisso	Assunto omisso	Código Civil

21. ROSA JUNIOR, Luiz Emygdio da. Op. cit. p. 22-24.
22. Idem, p. 21.

13.12.1.3 Características da letra de câmbio

LETRA DE CÂMBIO

PAULO NETO NETO

N. 01 Vencimento de A VISTA de 19

Valor R$ 200,00

No Vencimento pagará(ão) V. Sa(s) por esta única via de Letra de Câmbio, à NETO DA SILVA DOS SANTOS

(DUZENTOS REAIS)

Na praça de SÃO PAULO

a apresentação desta cambial poderá ser feita até *** meses da data de saque

(Sacado) PAULO NETO NETO

Endereço: RUA DOIS Nº. 20 CEP 01010-100

Cidade: SÃO PAULO Estado: SP

Documentos:

CPF/CGC: 111.111.111-49

Outros Doc.: RG. 3.333.333

SÃO PAULO 29 DE JUNHO DE 1.999

NETO DA SILVA DOS SANTOS

A letra de câmbio é uma **ordem de pagamento** que o sacador (aquele que emite o título de crédito) dirige ao sacado, para que este pague a importância consignada a um terceiro, denominado tomador.

São figuras intervenientes da letra de câmbio:

a) **sacador**: aquele que dá a ordem de pagamento e emite a letra de câmbio; se não for o próprio credor, será considerado um garantidor;

b) **sacado**: o destinatário da ordem, aquele que deve realizar o pagamento ordenado;

c) **tomador**: o beneficiário da ordem de pagamento, credor da quantia mencionada no título, podendo ser um terceiro ou o próprio sacador.

São requisitos essenciais da letra de câmbio, nos termos do art. 1º do Dec. n. 57.663/66: (a) denominação *letra de câmbio*; (b) a ordem incondicional de pagamento de quantia determinada; (c) nome do sacado; (d) nome do tomador; (e) data do saque; (f) local e data do vencimento; (g) assinatura do sacador.

A manifestação de vontade deve ser feita pelo próprio sacador ou por representante com poderes especiais para assumir o título, sob pena de assumir pessoalmente a obrigação, se não tiver poderes para tanto (art. 8º do Dec. n. 57.663/66).

Se houver a assinatura falsa ou de incapaz, invalidar-se-á apenas esta relação, enquanto as demais, em virtude da autonomia, continuam valendo (art. 7º do Dec. n. 57.663/66).

Apesar da necessidade desses requisitos, o art. 891 do Código Civil de 2002 e a Súmula 387 do STF permitem a emissão de letra de câmbio incompleta, **podendo ser completada pelo credor de boa-fé antes do protesto.**

O **vencimento** da letra de câmbio pode ser **à vista, a certo termo da vista e, ainda, com dia certo**. O vencimento com dia certo tem uma data fixada pelo sacador para o pagamento do título. O vencimento à vista é aquele que ocorre no dia da apresentação do título ao sacado. O vencimento a certo termo da vista vence a partir de um determinado prazo contado da apresentação. E o vencimento a certo termo da data vence a partir de um determinado prazo da emissão.

Em se tratando de **letra de câmbio à vista, o prazo de apresentação é de um ano**, a contar da emissão do título.

Quando a **letra de câmbio é apresentada para o aceite**, o devedor deve decidir aceitar ou não o título e devolvê-lo imediatamente, a não ser que pleiteie junto ao tomador o **prazo de respiro**, que é de 24 horas, ou seja, desde que o credor volte em 24 horas para que o devedor reflita sobre o aceite (art. 24 do Dec. n. 57.663/66).

Se não houver a devolução do título, é possível o protesto por falta de devolução do título.

O sacado não está obrigado a aceitar a letra de câmbio. Porém, **recusando o aceite, o devedor provoca o vencimento antecipado do título**, possibilitando ao tomador o protesto imediato (art. 44 do Dec. n. 57.663/66).

Uma peculiaridade comum na maioria dos títulos, e também na letra de câmbio, é que o credor não pode recusar o pagamento parcial do título (art. 39 do Dec. n. 57.663/66).

13.12.2 Nota promissória

A nota promissória é uma **promessa incondicional de pagamento** que uma pessoa (sacador) faz a outra (sacado). Na nota promissória, não existe a figura daquele que dá a ordem. O próprio devedor é responsável pela emissão e pelo pagamento do título de crédito.

São figuras intervenientes da nota promissória:

- **a) sacador**, o emitente é aquele que se compromete de forma incondicionada a pagar a quantia determinada. É o devedor principal do título;
- **b) sacado**, o beneficiário do título, o credor.

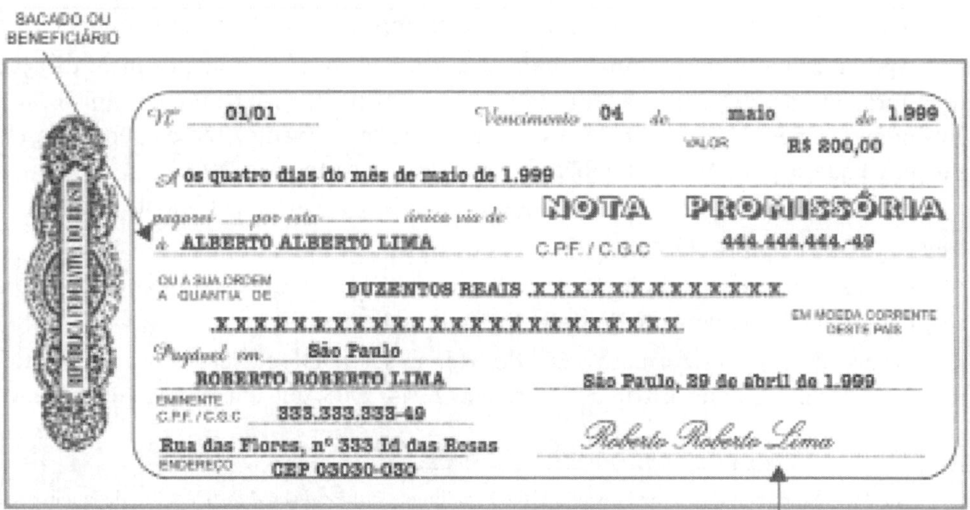

Fonte: Modelo extraído do catálogo de protestos do Cartório de Distribuição de Protestos de São Paulo

São **requisitos essenciais, nos termos do art. 75 do Dec. n. 57.663/66**: (a) expressão *nota promissória*; (b) promessa incondicional de pagar quantia determinada; (c) nome do beneficiário da promessa; (d) assinatura do emitente; (e) data e local do saque ou da emissão; (f) data e local do pagamento. Se faltar o local do saque, valerá o domicílio do emitente, da mesma forma, se não houver o local do pagamento, valerá o domicílio do emitente. Quanto à data de vencimento, se não houver a indicação, a nota promissória será considerada à vista (art. 76 do Dec. n. 57.663/66).

Por se tratar de uma promessa de pagamento que depende de assinatura do devedor para ser emitida, não há de se falar em aceite ou vencimento antecipado por recusa de aceite. A assinatura do devedor faz parte da emissão e é elemento constitutivo da emissão.

Se a nota promissória tiver vencimento a certo termo da **vista, o prazo de apresentação será de um ano.**

A nota promissória vinculada a um contrato, desde que conste expressamente da cártula da nota promissória, é um **título causal** ou não abstrato, perdendo a autonomia, já que o terceiro, ao receber essa nota promissória, saberá da vinculação ao contrato[23]. Como regra geral, esta nota promissória mantém a força executiva, por exemplo, quando vinculada a **um contrato de mútuo bancário[24], a não ser que o contrato a que se vincula seja ilíquido, como é o** caso do contrato de abertura de conta corrente, caso no qual o título não poderá ser objeto de um processo de execução[25].

Nesse sentido a Súmula 258 do STJ: "A nota promissória vinculada a contrato de abertura de crédito não goza de autonomia em razão da iliquidez do título que a originou". Entendemos, que em vez de ter perdido a autonomia, nesse caso, trata-se, mais precisamente de perda da abstração.

O credor da nota promissória tem o prazo de três anos para executar o devedor principal e seu avalista, e tem um ano, a partir do protesto, para executar os endossantes e seus avalistas. Dentro do prazo prescricional, a nota promissória conserva sua autonomia.

Após o prazo prescricional, ainda será possível cobrar a nota por meio da ação monitória ou ação de cobrança. Entretanto, diante da prescrição da nota promissória, a autonomia se perde, e a causa deve ser demonstrada. Portanto, não é apenas o meio executivo que se perdeu, mas também a autonomia da nota promissória.

Além disso, o único que pode ser atingido é o devedor principal, aquele vinculado à causa. Os coobrigados, portanto, não poderão ser cobrados.

O prazo para a ação monitória da nota promissória é de cinco anos contados do dia seguinte à data de vencimento do título (Súmula 504 do STJ).

De acordo com o Informativo 580 do STJ, na ação de locupletamento (enriquecimento ilícito) prevista no art. 48 do Decreto n. 2.044/1908, que tem o prazo de três anos

---

23. Esse é o entendimento de Luiz Emygdio F. da Rosa Junior. *Títulos de crédito*. 5. ed. Rio de Janeiro: Renovar, 2007. p. 508.
24. STJ, AgRg no REsp 777.912/RS, rel. Nancy Andrighi.
25. STJ, EDiv em REsp 262.623/RS, rel. Nancy Andrighi.

contados da prescrição da ação executiva, não é preciso provar a causa, apesar de o título ter perdido a abstração (REsp 1.323.468)[26].

13.12.3 Cheque

13.12.3.1 Legislação

Assim como na letra de câmbio, primeiro houve uma tentativa de uniformização legislativa, também em Genebra, que foi recepcionada pelo Dec. n. 57.595/66. No Brasil, foram feitas 24 reservas a este texto, sendo mais adequado criar uma nova legislação (Lei n. 7.357/85). Além dessa legislação, o Conselho Monetário Nacional pode emitir regras relacionadas ao cheque (art. 69 da Lei n. 7.357/85).

---

26. Direito empresarial. Desnecessidade de comprovação do negócio jurídico subjacente à nota promissória prescrita para a instrução da ação de locupletamento pautada no art. 48 do Decreto n. 2.044/1908. Independentemente da comprovação da relação jurídica subjacente, a simples apresentação de nota promissória prescrita é suficiente para embasar a ação de locupletamento pautada no art. 48 do Decreto n. 2.044/1908. Inicialmente, deve-se esclarecer que a ação de enriquecimento sem causa amparada prevista no art. 884 do CC não tem cabimento no caso em que a lei preveja outro meio especificamente estabelecido para o ressarcimento do prejuízo, haja vista o disposto no art. 886 do CC: "Não caberá a restituição por enriquecimento, se a lei conferir ao lesado outros meios para se ressarcir do prejuízo sofrido". Diante disso, no caso em que se busque o ressarcimento de prejuízo causado pelo não pagamento de nota promissória prescrita, não será cabível a ação de enriquecimento sem causa amparada a que se refere o art. 884 do CC, mas sim a ação de locupletamento pautada no art. 48 do Decreto n. 2.044/1908. Isso porque o referido art. 48 – conquanto disponha, em título do Decreto n. 2.044/1908 destinado à letra de câmbio, que "Sem embargo da desoneração da responsabilidade cambial, o sacador ou o aceitante fica obrigado a restituir ao portador, com os juros legais, a soma com a qual se locupletou à custa deste" – também é aplicável, com as adequações necessárias, à nota promissória, sendo o emitente da nota promissória equiparado ao aceitante da letra de câmbio. É o que determina o art. 56 deste mesmo diploma legal, segundo o qual "São aplicáveis à nota promissória, com as modificações necessárias, todos os dispositivos do Título I desta Lei, exceto os que se referem ao aceite e às duplicatas". Diante dessas considerações, cumpre analisar, no caso em análise, a necessidade de o autor da ação de locupletamento (art. 48 do Decreto n. 2.044/1908) fundada em nota promissória não paga e prescrita ter que fazer (ou não) prova da causa jurídica subjacente. Preliminarmente, conquanto exista controvérsia na doutrina acerca da natureza dessa ação de locupletamento, trata-se de uma ação de natureza cambiária, na medida em que amparada no título de crédito que perdeu sua força executiva (e não na relação jurídica que deu origem à sua emissão), além de estar prevista na legislação de regência de tais títulos. Nesse contexto, ressalta-se que, além de a prescrição da ação cambiária ser um dos elementos do suporte fático da regra jurídica insculpida no referido dispositivo, uma vez prescrita a ação executiva, dá-se o enriquecimento injustificado em razão do não pagamento e nascem a pretensão e a ação correspondente, conforme entendimento doutrinário. Além disso, nota-se, com base na dicção do aludido art. 48, que a ação de locupletamento é autorizada ao portador do título de crédito (que, alcançado pela prescrição, perdeu sua força executiva). Ora, se o portador do título é o legitimado para a propositura da demanda, é certo não ser necessária a demonstração da causa jurídica subjacente como condição para o ajuizamento dessa ação, uma vez que, se pensarmos na hipótese de título que tenha circulado, o portador não teria como fazer prova da relação jurídica subjacente. Dessa maneira, a posse, pelo portador, da nota promissória não paga e prescrita gera a presunção *juris tantum* de veracidade do locupletamento ilícito havido pelo não pagamento (em contrapartida ao empobrecimento do portador do título), nada obstante seja assegurada a amplitude de defesa ao réu. (REsp 1.323.468-DF, rel. Min. João Otávio de Noronha, j. 17-3-2016, *DJe* 28-3-2016).

13.12.3.2 Definição e requisitos

O cheque é uma **ordem de pagamento à vista (art. 32 da Lei n. 7.357/85)**, sacada **contra um banco** e com base em **suficiente provisão de fundos depositados pelo sacador** em mãos do sacado ou em conta corrente (art. 4º da Lei n. 7.357/85). Pode ser passado em favor próprio ou de terceiro.

Normalmente, o valor do cheque é expresso em moeda nacional, mas admite-se a emissão de cheques em moeda estrangeira. Nesse caso, o cheque será pago com o valor do câmbio do dia da apresentação (art. 42 da Lei n. 7.357/85).

A Súmula 370 do STJ inova, reconhecendo o que já há muito tempo é usado no dia a dia de empresários e consumidores, ao afirmar que "**caracteriza dano moral a apresentação antecipada de cheque pré-datado**". A súmula, entretanto, não mudou a natureza de ordem de pagamento à vista, já que apenas impõe consequência para quem desrespeitou a data combinada no cheque.

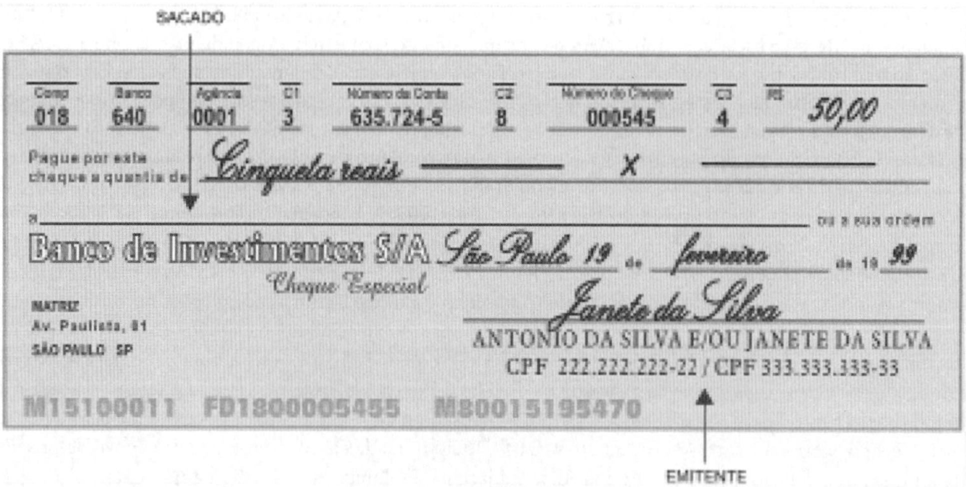

Trata-se de título de modelo vinculado, cuja emissão somente pode ser feita em documento padronizado (art. 1º da Lei n. 7.357/85). Possui independência, pois não se vincula a nenhum outro documento para sua existência. **Como regra, o cheque será nominativo**, mas o art. 69 da Lei n. 9.069/95 permite que **o cheque no valor de até R$ 100,00 seja emitido ao portador**, podendo, nesse caso ser transmitido pela simples tradição.

Se um cheque no valor acima de R$ 100,00 for depositado sem estar nominativo, o cheque voltará sem ser descontado, pela alínea 48 (Circular 2.444 do Bacen).

No caso do cheque nominativo, a transmissão será pela tradição e como regra pelo **endosso**, a não ser que esteja expresso no verso do título a clausula **"não à or-**

dem", e nesse caso, o título será transmitido pela **Cessão Civil de Crédito** (art. 17 da Lei n. 7.357/85).

No cheque é possível a realização do endosso-mandato (art. 26 da Lei n. 7.357/85), expressamente permitido na Lei do Cheque, e diante da omissão desta Lei, é igualmente possível o endosso-caução pela aplicação subsidiária do Código Civil (art. 918 do Código Civil de 2002).

São figuras intervenientes do cheque: (a) **sacador**, o devedor principal do cheque, ou seja, quem o emite; (b) **sacado**, o banco; (c) **beneficiário**, o credor do cheque.

São requisitos essenciais do cheque: (a) denominação cheque no próprio título; (b) ordem incondicional de pagar quantia determinada; (c) identificação do banco sacado; (d) local do pagamento; (e) data e local de emissão; (f) assinatura do sacador ou mandatário com poderes especiais, bem como sua identificação (RG, CPF). A assinatura do emitente é essencial, por esta razão não há sentido da necessidade de aceite.

A emissão de cheque sem provisão de fundos é crime tipificado no Código Penal, nos termos do art. 171, § 2º, VI.

13.12.3.3 Espécies de cheque

São modalidades de cheque:

a) **cheque cruzado**: cheque que apresenta **traços transversais** e, em virtude disso, será pago mediante **depósito em conta corrente** (art. 44 da Lei n. 7.357/85). O cruzamento pode ser especial ou geral. No cruzamento geral, haverá apenas as linhas transversais, mas no cruzamento especial, o nome do banco é identificado nas linhas;
b) **cheque visado**: cheque em que o **banco sacado declara a suficiência de fundos**, durante o prazo de apresentação (art. 7º da Lei n. 7.357/85);
c) **cheque administrativo**: **cheque do próprio banco sacado**, para a liquidação por ele mesmo (art. 9º, III, da Lei n. 7.357/85).

13.12.3.4 Prazo de apresentação

O prazo de apresentação é de 30 dias, contados da emissão, para a mesma praça, e 60 dias, contados da emissão para praças diferentes (art. 33 da Lei n. 7.357/85). Para que se saiba se são praças iguais ou diferentes, deve se levar em conta o local de emissão preenchido no momento da emissão e o local onde está alocada a agência pagadora. Se as agências se situarem na mesma cidade, estamos diante de praças iguais, em se tratando de cidades diferentes, estaremos diante de praças diferentes.

Se **não observado o prazo de apresentação** pelo portador, **perde-se o direito de crédito** (decadência) contra os **endossantes e respectivos avalistas** (art. 47, II, da Lei n. 7.357/85).

Perde, também, com relação ao emitente, se durante o prazo de apresentação havia fundos e estes deixaram de existir após o prazo, por fato não imputável ao correntista, como a intervenção ou liquidação extrajudicial do banco sacado (art. 47 da Lei do Cheque e Súmula 600 do STF).

O prazo de apresentação no cheque não é o prazo fatal de recebimento do cheque pelo Banco, portanto deve ser respeitado para:

- o início da contagem do prazo prescricional, pois como veremos a seguir o prazo de 6 meses começa a ser contado a partir da expiração do prazo de apresentação (art. 59 da Lei n. 7.357/85);
- cobrar endossantes e seus avalistas é indispensável que o cheque tenha sido apresentado no prazo de apresentação (art. 47, II, da Lei n. 7.357/85);
- cobrar o devedor principal, se ele provar que tinha fundos no período e deixou de ter por fato não imputável ao devedor (art. 47, § 3º, da Lei n. 7.357/85).

13.12.3.5 Sustação ou revogação

O pagamento do cheque pode ser sustado ou revogado. A **sustação** produz efeito imediato, podendo ser emitida pelo sacador (emitente) ou pelo portador legitimado (tomador-beneficiário), por relevantes razões de direito (furto, roubo, extravio ou apropriação indébita), desde que **dentro do prazo de apresentação.**

A **revogação** (contraordem), por outro lado, somente **depois de expirado o prazo de apresentação**, sendo que uma exclui a outra (arts. 35 e 36 da Lei do Cheque).

Os dois institutos servem para evitar o pagamento do cheque pelo banco sacado.

13.12.3.6 Protesto do cheque

Não é necessário protesto do **cheque** para que o título seja objeto de execução (art. 47, § 3º, da Lei n. 7.357/85). Também não é necessário o protesto do cheque para a execução de endossantes e avalistas, se houver a **declaração do banco sacado** de que o título foi apresentado em **tempo hábil**[27] e não foi pago (art. 47, § 4º, da Lei n. 7.357/85 – carimbo).

---

27. Apresentado dentro do prazo de 30 ou 60 dias (art. 33 da Lei n. 7.357/85).

Como dissemos anteriormente, o protesto pode ser utilizado com a finalidade de interromper o prazo prescricional do cheque, caso tal prazo não tenha expirado (art. 202, III, do Código Civil de 2002)[28].

Além disso, o protesto do cheque seria indispensável para usar o título como causa de um pedido de falência com fundamento na impontualidade, nesse caso o valor do título ou a soma dos títulos devem ser superior a 40 salários mínimos (art. 94, I, da Lei n. 11.101/2005).

13.12.3.7 Prazo prescricional

O **prazo prescricional para ação de execução** que tenha por objeto o cheque é de **6 meses, contados do término do prazo de apresentação** (art. 33 da Lei n. 7.357/85). O **mesmo prazo** será aplicado para a execução **contra o endossante e seus avalistas**, e para tanto, o cheque deve ser apresentado em tempo hábil e a recusa do pagamento deve ser comprovada pelo protesto ou por declaração do sacado, escrita e datada sobre o cheque (art. 59 da Lei n. 7.357/85).

Para alguns autores como Luiz Emygdio da Rosa Junior e Rubens Requião, uma vez que o cheque seja apresentado o prazo de apresentação teria expirado[29]. Para outros autores como Waldirio Bulgarelli, Fábio Ulhoa Coelho, Wille Duarte Costa e Marlon Tomazette[30], com os quais concordamos, a lei, ao **tratar do prazo prescricional, determina seu início após o término do prazo de apresentação**, portanto, mesmo que o cheque tenha sido efetivamente apresentado, o **prazo de 6 meses será contado após**

---

28. Direito empresarial. Protesto de cheque não prescrito. É legítimo o protesto de cheque efetuado contra o emitente depois do prazo de apresentação, desde que não escoado o prazo prescricional relativo à ação cambial de execução. De fato, o lapso prescricional para a execução de cheque é de 6 meses após o prazo de apresentação – que é de 30 dias, contados da emissão, se da mesma praça; ou de 60 dias, se de praça diversa, nos termos do art. 59 da Lei n. 7.357/1985. Por sua vez, o protesto é, em regra, facultativo, pois dele não necessita o credor para exigir em juízo a obrigação constante do título cambial. Nas circunstâncias, porém, em que o exercício do direito depende, por exigência legal, do protesto, será considerado necessário. Assim, a exigência de realização do protesto antes de expirado o prazo de apresentação prevista no art. 48 da Lei n. 7.357/1985 é dirigida apenas ao protesto necessário, isto é, contra os coobrigados, para o exercício do direito de regresso, e não em relação ao emitente do título. Portanto, nada impede o protesto facultativo do cheque, mesmo que apresentado depois do prazo mencionado no art. 48, c/c o art. 33, ambos da Lei n. 7.357/1985. Isso porque o protesto do título pode ser utilizado pelo credor com outras finalidades que não o ajuizamento da ação de execução do título executivo. Findo o prazo previsto no *caput* do art. 48 da Lei n. 7.357/1985, o credor tem a faculdade de cobrar seu crédito por outros meios, sendo legítima a realização do protesto (REsp 1.297.797-MG, rel. João Otávio de Noronha, j. 24-2-2015, *DJe* 27-2-2015. Informativo 556).

29. ROSA JUNIOR, Luiz Emygdio da. Op. cit. p. 652. Ver também: REQUIÃO, Rubens. *Curso de Direito Comercial*. 21. ed. São Paulo: Saraiva, 1998. v. 2, p. 481.

30. BULGARELLI, Waldirio. *Títulos de crédito* cit., p. 337; COELHO, Fábio Ulhoa. *Curso de direito comercial*. 15. ed. São Paulo: Saraiva, 2011. v. 1, p. 451; COSTA, Wille Duarte. *Títulos de crédito*. Belo Horizonte: Del Rey, 2003. p. 370 e TOMAZETTE, Marlon. *Curso de direito empresarial* cit., p. 237.

o término do prazo de 30 dias ou 60 dias contados da data de emissão.

Tal divergência também é mantida no STJ, já que o REsp 620.218 da 3ª Turma entende que o prazo prescricional é contado da data da apresentação do cheque. Já a 4ª Turma do STJ, no REsp 274.633, entende que o prazo de 6 meses deve ser contado do término do prazo de apresentação.

Em relação à contagem do prazo prescricional no cheque pré-datado ou pós-datado, o informativo 483 do STJ, assim nos informou:

> "*Cheque pós-datado. Prescrição. Ação executiva. Data consignada na cártula.* A Seção entendeu que a emissão de cheques pós-datados, ainda que seja prática costumeira, não encontra previsão legal, pois admitir que do acordo extracartular decorra a dilação do prazo prescricional importaria na alteração da natureza do cheque como ordem de pagamento à vista e na infringência do art. 192 do Código Civil de 2002, além de violação dos princípios da literalidade e abstração. Assim, para a contagem do prazo prescricional de cheque pós-datado, prevalece a data nele regularmente consignada, ou seja, aquela oposta no espaço reservado para a data de emissão. Precedentes citados: STJ, REsp 875.161-SC, *DJe* 22-8-2011, STJ e AgRg no Ag 1.159.272-DF, *DJe* 27-4-2010. STJ. J. 14-9-2011, REsp 1.068.513-DF, rel. Min. Nancy Andrighi".

Portanto, mesmo em se tratando de cheque pré-datado ou pós-datado, a contagem dos 6 meses vai levar em conta a data da emissão, com o respectivo prazo de apresentação, da mesma forma que seria feito se o cheque fosse emitido à vista.

Nesse sentido, o posicionamento do STJ é pela preservação da data futura escrita na data de emissão[31].

Para que o credor execute o devedor e o avalista, só é necessário apresentar o cheque. Para executar o endossante e o avalista do endossante, o cheque deve ter sido apresentado dentro do prazo de apresentação e constar do título a recusa de pagamento pelo protesto ou o carimbo de compensação do banco sacado, com o motivo da falta de pagamento. No cheque é possível a cobrança de correção monetária e juros (art. 52 da Lei do Cheque).

Após a prescrição do cheque, é possível a utilização da **ação de enriquecimento ilícito no prazo de 2 anos contados da prescrição da ação executiva** (art. 61 da Lei do Cheque). Nessa ação, o polo passivo é composto por quem se enriqueceu indevidamente, ou seja, o devedor e eventualmente avalista, caso tenha enriquecido indevidamente.

Também é possível que o credor cobre o cheque por meio de **ação de cobrança ou pela ação monitória** (Súmula 299 do STJ). No caso da utilização dessas ações, os

31. Recurso repetitivo, STJ, 2ª Seção, REsp 1.423.464-SC, rel. Min. Luis Felipe Salomão, j. 27-4-2016. Informativo 584 da STJ.

devedores indiretos não podem ser atingidos, e a causa pode ser questionada. Para alguns doutrinadores, o prazo para a propositura da ação monitória ou ação de cobrança será de 5 anos (art. 206, § 5º, I, do Código Civil de 2002).

Cuidado, ao utilizar a ação de cobrança ou a ação monitória pois, além de se ter perdido o meio executivo, o título de crédito perde a autonomia e os devedores indiretos não podem ser atingidos.

A ação de cobrança pode seguir pelo procedimento comum.

De acordo com o STJ:

> "**Direito processual civil. Ação Monitória fundada em cheque prescrito – Prescindibilidade de demonstração da origem do débito expresso na cártula – Recurso repetitivo (art. 543-C do CPC e Res. 8/2008 do STJ) – Em ação monitória fundada em cheque prescrito, ajuizada em face do emitente, é dispensável a menção ao negócio jurídico subjacente à emissão da cártula.** No procedimento monitório, a expedição do mandado de pagamento ou de entrega da coisa é feita em cognição sumária, tendo em vista a finalidade de propiciar celeridade à formação do título executivo judicial. Nesse contexto, há inversão da iniciativa do contraditório, cabendo ao demandado a faculdade de opor embargos à monitória, suscitando toda a matéria de defesa, visto que recai sobre ele o ônus probatório. Dessa forma, de acordo com a jurisprudência consolidada no STJ, o autor da ação monitória não precisa, na exordial, mencionar ou comprovar a relação causal que deu origem à emissão do cheque prescrito, o que não implica cerceamento de defesa do demandado, pois não impede o requerido de discutir a causa *debendi* nos embargos à monitória. Precedentes citados: AgRg no Ag 1.143.036-RS, *DJe* 31-5-2012, e Resp 222.937-SP, *DJ* 2-2-2004" (STJ, REsp 1094571/SP, j. 4-2-2013, rel. Min. Luis Felipe Salomão).

O prazo para a propositura da ação monitória é de 5 anos contados da data seguinte à data de emissão (Súmula 503 do STJ).

Nesse sentido o STJ:

> "Processual civil. Recurso especial representativo de controvérsia. Art. 543-C do CPC. Ação monitória aparelhada em cheque prescrito. Prazo quinquenal para ajuizamento da ação. Incidência da regra prevista no art. 206, § 5º, inciso I, do Código Civil. 1. Para fins do art. 543-C do Código de Processo Civil: "O prazo para ajuizamento de ação monitória em face do emitente de cheque sem força executiva é quinquenal, a contar do dia seguinte à data de emissão estampada na cártula". 2. Recurso especial provido Resp 1.101.412/SP, Min. Luis Felipe Salomão, *DJe* 3-2-2014)".

Na **área trabalhista**, esta questão volta a ser importante. Considerando um empregador que tenha dado um **cheque para o pagamento do salário e questiona-se** se a cobrança desse cheque deve ser feita na Justiça do Trabalho ou na Justiça Comum.

Dentro do prazo prescricional, o cheque é título não causal, e, portanto, a relação de trabalho não será discutida. Daí que o correto é a **execução na Justiça Comum**. **Após o prazo prescricional**, o cheque será cobrado por uma **ação monitória ou ação de cobrança**, e como o **cheque perdeu a autonomia**, a causa, que nesse caso é uma relação de trabalho, a competência é da **Justiça do Trabalho**[32].

De acordo com recente julgado, é possível ação monitória baseada em cheque prescrito há mais de dois anos sem demonstrar origem da dívida (STJ, REsp 926.312), mas nada impede que o devedor discuta a origem nos Embargos à Execução. Por outro lado, se a ação escolhida pelo credor for a ação de cobrança, deverá demons-trar origem da dívida, em se tratando de cheque prescrito há mais de dois anos (REsp 1.190.037).

Conforme o REsp 1.556.834, em análise de julgados repetitivos, o Ministro Luis Felipe Salomão definiu que na cobrança de um cheque considera-se a data de emissão para o computo da correção monetária, enquanto que os juros de mora serão computados da Primeira apresentação à instituição financeira sacada ou câmara de compensação (tema repetitivo 942).

PARA EXEMPLIFICAR

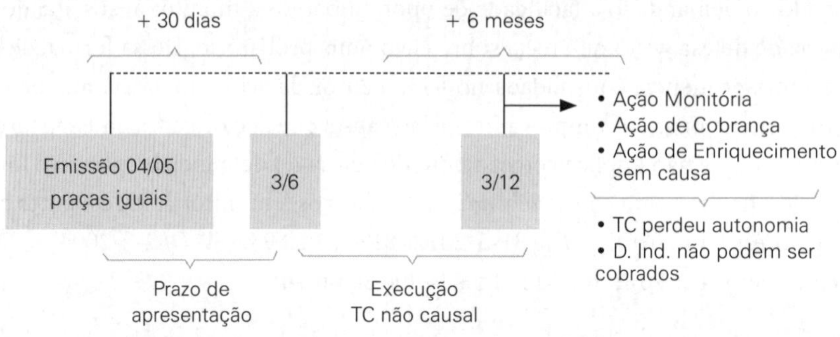

13.12.3.8 Cheque pré-datado

O cheque **pré-datado ou pós-datado** é o cheque com data preestabelecida quando o cheque foi emitido. A pré-datação pode ocorrer na lateral do título sob a expressão "bom para dia", ou na própria data de emissão, onde em vez de se redigir a data na qual o título foi realmente emitido, anota-se uma data futura.

Se o credor apresentar o cheque antes da data preestabelecida, o banco verificará se tinha fundos ou não e pagará o título (art. 32 da Lei n. 7.357/85). Antes mesmo da

32. Nesse sentido: MARTINS, Sérgio Pinto. Op. cit., p. 430; SOUTO MAIOR, Jorge Luiz. Op. cit., p. 40. Ver também: SCHIAVI, Mauro. Op. cit., p. 1253.

edição da Súmula 370 do STJ, que prevê consequências para o credor que apresenta o título antes da data, a pré-datação, já era pactuado entre as partes que deveria ser respeitada.

Em relação ao prazo prescricional do cheque pré-datado, recente julgado do STJ (REsp 1068513) entendeu que não pode ocorrer a dilação do prazo prescricional em razão da combinação das partes. Deste modo, em se tratando de cheque pré-datado, o prazo prescricional será contado da mesma forma, ou seja, 6 meses após o prazo de apresentação, 30 ou 60 dias contados da data de emissão[33].

O informativo 584 do STJ permite o cheque pré-datado desde que a pré-datação seja feita na data de emissão, e dessa forma haveria a postergação do prazo de apresentação. A pré-datação escrita em outro lugar não mudará o prazo de apresentação (REsp 1.124.709).

13.12.4 Duplicata

A duplicata é um título de **crédito causal** que tem **origem numa nota fiscal ou fatura de compra e venda ou de prestação de serviço**, e é regida pela Lei n. 5.474/68. Afirmar que a duplicata é causal, significa que para que o título seja emitido é indispensável a origem definida pelo legislador no art. 2º da Lei n. 5.474/68. Nesse sentido, o STJ já se manifestou pela nulidade da duplicata emitida a partir de um contrato de *leasing*, como pode ser observado no Informativo 18/1999:

> "A Turma conheceu em parte do recurso para determinar a sustação ou cancelamento dos protestos das duplicatas enviadas a cartório, por entender que o negócio de *leasing* não admite a emissão de duplicata, ainda que avençada, razão pela qual não pode tal título ser levado a protesto (REsp 202.068/SP, rel. Min. Ruy Rosado, j. 11-5-1999)".

Entretanto, a duplicata não se confunde com a sua origem, ou seja, é um verdadeiro título de crédito, que apesar de ter sua **autonomia limitada**, pode circular, pelo endosso ou pela cessão civil de crédito, mas para que a abstração[34] seja aplicada, é necessária a circulação e o aceite do devedor, em outras palavras, a concordância expressa do devedor.

---

33. *Cheque pós-datado. Prescrição. Ação executiva. Data consignada na cártula.* A Seção entendeu que a emissão de cheques pós-datados, ainda que seja prática costumeira, não encontra previsão legal, pois admitir que do acordo extracartular decorra a dilação do prazo prescricional importaria na alteração da natureza do cheque como ordem de pagamento à vista e na infringência do art. 192 do Código Civil de 2002, além de violação dos princípios da literalidade e abstração. Assim, para a contagem do prazo prescricional de cheque pós-datado, prevalece a data nele regularmente consignada, ou seja, aquela oposta no espaço reservado para a data de emissão. Precedentes citados: STJ, REsp 875.161/SC, *DJe* 22-8-2011; STJ; AgRg no Ag 1.159.272/DF, *DJe* 27-4-2010. STJ, REsp 1.068.513/DF, j. 14-9-2011, rel. Min. Nancy Andrighi.

34. Como explicamos anteriormente nos princípios.

Nesse sentido o STJ:

> "Agravo regimental. Agravo de instrumento. Direito empresarial. Duplicata. Endosso-translativo. Comunicação do emitente para não proceder ao protesto. Súmula STF/283. Protesto realizado pelo banco endossatário. Responsabilidade pela reparação dos prejuízos. Cabimento. Súmula STJ/83. I – Ausente impugnação a fundamentos do acórdão recorrido, aplica-se a Súmula 283 do Supremo Tribunal Federal. II – Consoante entendimento da Corte, o Banco que recebe duplicata mediante endosso-translativo, e, mesmo alertado para não efetivar protesto, assim o faz, responde pelos danos decorrentes do protesto indevido. Súmula STJ/83. Agravo Regimental improvido." (AgRg no AI 1.359.341/PR, Min. Sidnei Beneti, *DJe* 30-3-2011).

A duplicata representa, como regra, a emissão de uma única fatura, ou nota fiscal, entretanto o STJ pelo Informativo 581 do STJ, permitiu possibilidade de uma única duplicata representar várias parcelas de uma compra e venda que pode ou não ser representada por várias notas (REsp 1.356.541).

Desta fatura, o vendedor poderá extrair a duplicata (art. 2º da Lei da Duplicata), que deverá ser apresentada ao devedor dentro de 30 dias de sua emissão, e este deverá devolvê-la nos próximos 10 dias, com sua assinatura de aceite ou declaração escrita esclarecendo por que não a aceita (art. 7º da Lei da Duplicata).

São figuras intervenientes da duplicata: (a) sacador, o emitente do título, o empresário, credor da duplicata; (b) sacado, o devedor da duplicata.

São **requisitos essenciais da duplicata**: (a) denominação *duplicata*; (b) data de sua emissão e número de ordem; (c) número de fatura da qual foi extraída; (d) data do vencimento ou declaração de ser à vista; (e) nome e domicílio do credor e do devedor; (f) importância a ser paga; (g) local do pagamento; (h) declaração da concordância do devedor assinada (aceite); (i) a cláusula à ordem.

A duplicata é título de **modelo vinculado**, devendo ser lançada em impresso próprio do vendedor. A duplicata **é título de aceite necessário**, e independe da vontade do comprador. Por isso, o credor deve remeter a duplicata para que o devedor a aceite (art. 6º da Lei n. 5.474/68). **A falta de aceite do sacado na duplicata, sem justo motivo e por ele inadimplida, pode ser protestada e deve ser acompanhada do comprovante de entrega das mercadorias ou da prestação de serviços para que possa ser executada**. A **recusa** só é admitida pelo sacado quando:

a) **não receber a mercadoria ou esta vier avariada**, não sendo, neste caso, o **transporte** de responsabilidade do sacado;
b) **houver vícios**, diferenças na qualidade ou na quantidade da mercadoria, **divergência** no preço ou prazos ajustados, entre outros.

13.12.4.1 Execução da duplicata

Para promover a execução da **duplicata aceita**, é necessário apresentá-la, além da nota fiscal de compra e venda ou prestação de serviços, bem como a comprovação da entrega da mercadoria ou da prestação de serviços. Para promover a execução da duplicata não aceita, é preciso apresentar a duplicata, a nota fiscal, o comprovante de entrega de mercadorias ou da prestação do serviço e o instrumento de protesto[35].

Entretanto, se a execução é proposta contra endossante e avalistas, ou seja, qualquer pessoa que não o devedor principal, não é necessária a apresentação do comprovante de entrega das mercadorias, e nem da nota fiscal. Neste sentido, o STJ se posicionou no Informativo 75/2000:

> "a cobrança de **duplicata não aceita** e protestada só torna necessária a comprovação da entrega e recebimento da mercadoria em relação ao sacado (devedor do vendedor) e não quanto ao sacador, endossantes e respectivos avalistas. O endossatário de duplicata sem aceite, desacompanhada de prova de entrega da mercadoria, não pode executá-la contra o sacado, mas pode fazê-la contra o endossante e o avalista. Precedente citado: STJ, REsp 168.288/SP, *DJ* 24-5-1999." (STJ, REsp 250.568/MS, j. 19-10-2000, rel. Min. Antônio de Pádua Ribeiro).

Vide também a Súmula 248 do STJ: "Comprovada a prestação de serviços, a duplicata não aceita, mas protestada, é título hábil para instruir pedido de falência".

A **duplicata pode ser protestada por falta de aceite, devolução ou de pagamento**. A falta de devolução do título pelo devedor (retenção) permite que o credor emita a *triplicata* e possa realizar o protesto por indicações (art. 13 da Lei n. 5.474/68). O portador da duplicata que não efetuar o protesto no prazo de 30 dias a partir do vencimento perde o direito de crédito contra endossantes e avalistas.

Quanto ao **prazo prescricional** da execução da duplicata mercantil, determina o art. 18 da Lei n. 5.474/68 que será de 3 anos contados do vencimento do título, se a execução for contra o sacado e seus avalistas. Será de um ano, contado do protesto, o prazo para a ação contra os endossantes e os seus avalistas, e igualmente de um ano, a contar do pagamento, para a ação regressiva em face dos coobrigados.

Se a duplicata prescreveu, ainda seria possível cobrá-la por meio da ação monitória no prazo de 5 anos (art. 206, § 5º, I, do Código Civil de 2002).

---

35. No STJ, REsp 997.677, 4ª T., numa execução de duplicata sem aceite, mas com o comprovante de entrega de mercadorias e devidamente protestada, podia ser objeto de execução. De acordo com o rel. Min. Salomão: "a duplicata serve apenas para mostrar que houve uma venda a prazo. Se protestada, ela enseja ação executiva sempre que vier acompanhada de documentos que comprovem a efetiva prestação do serviço".

Se a duplicata não corresponder à efetiva compra e venda mercantil, não produzirá os efeitos cambiais e será considerada duplicata fria ou simulada, constituindo crime tipificado no art. 172 do CP.

PARA EXEMPLIFICAR

Exemplo 1:

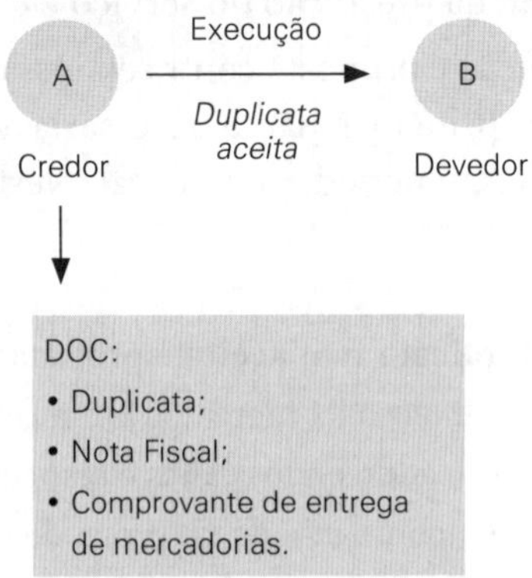

Exemplo 2:

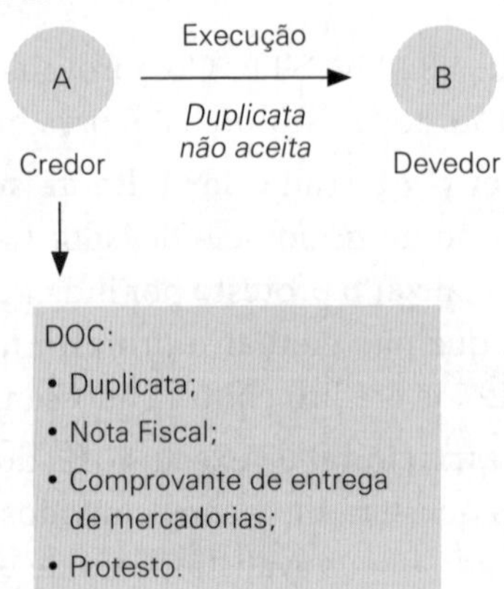

13.12.5 Duplicata escritural

A duplicata escritural foi criada pela Lei n. 13.775/2018, e aborda a forma de emissão da duplicata sob a forma eletrônica. Note-se que não se trata de uma título novo, e nem mesmo de uma modalidade de duplicata nova, apenas a emissão será feita a partir do lançamento num sistema eletrônico gerado por entidades autorizadas por órgão ou entidade da Administração federal direta ou indireta, que provavelmente será o BACEN (art. 3º da Lei n. 13.775/2018).

O lançamento será realizado pelo credor, o emitente da duplicata, e essa escrituração será feita pela Central Nacional de Registro de Títulos e Documentos. E todos os atos cambiais – comprovante de entrega das mercadorias, aceite, endosso, aval, garantias e quitação – serão feitos eletronicamente (art. 4º da Lei n. 13.775/2018).

Qualquer interessado poderá requerer o extrato do registro eletrônico da duplicata. Desse extrato deverão constar, no mínimo: a data da emissão e as informações referentes ao sistema eletrônico de escrituração no âmbito do qual a duplicata foi emitida; os elementos necessários à identificação da duplicata, nos termos do art. 2º da Lei n. 5.474, de 18 de julho de 1968; a cláusula de inegociabilidade; e as informações acerca dos ônus e gravames (art. 6º da Lei n. 13.775/2018).

A apresentação da duplicata escritural será efetuada por meio eletrônico, observados os prazos determinados pelo Bacen, ou, na ausência dessa determinação, o prazo de 2 (dois) dias úteis contados de sua emissão (art. 12 da Lei n. 13.775/2018).

As demais regras serão exatamente as mesmas da Lei n. 5.474/68, que trata das duplicatas (art. 12 da Lei n. 13.775/2018).

13.12.6 Conhecimento de depósito e warrant

São títulos emitidos por empresas de **armazéns gerais, que têm como ramo de atividade o depósito, guarda e conservação de mercadorias** e são entregues ao depositante, empresas que preferem guardar seus estoques com terceiros.

Os armazéns gerais ficam habilitados, no caso do **conhecimento de depósito**, a **negociar a mercadoria depositada** junto ao emitente, passando a circular o título em vez da mercadoria por ele apresentada. No caso do ***warrant***, permite-se a **circulação da quantia expressa na nota fiscal**. Trata-se de uma promessa de pagamento garantida pela mercadoria depositada (Dec. n. 1.102/1903).

13.12.7 Cédula de crédito bancário

A cédula de crédito bancário é prevista pelos arts. 26 e s. da Lei n. 10.931/2004, e é regida de forma subsidiária pelo Dec. n. 57.663/66, nos termos do art. 44 da Lei n. 10.931/2004. A cédula de crédito é uma **promessa de pagamento emitida em favor de uma instituição financeira, a partir de qualquer transação financeira**. Estes recursos não têm uma destinação específica para uso numa determinada atividade.

É um **título executivo extrajudicial**, e se tiver como origem um contrato de abertura de crédito, pode ser executado a partir do valor integral do limite, seguido de um extrato ou uma planilha para comprovar o saldo devedor.

Na cédula de crédito bancário não é necessário o protesto para que a cobrança seja realizada contra devedores indiretos (art. 41 da Lei n. 10.931/2004).

O STJ assim se posicionou no Informativo 495:

"Cédula de Crédito Bancário. Título executivo extrajudicial – Requisitos legais. A cédula de crédito bancário, de acordo com o novo diploma legal (Lei n. 10.931/2004), é título executivo extrajudicial, representativo de operações de crédito de qualquer natureza, que autoriza sua emissão para documentar a abertura de crédito em conta corrente, nas modalidades crédito rotativo ou cheque especial. Para tanto, a cártula deve vir acompanhada de claro demonstrativo acerca dos valores utilizados pelo cliente, consoante as exigências legais enumeradas nos incs. I e II do § 2º do art. 28 da lei mencionada – de modo a lhe conferir liquidez e exequibilidade. Com base nesse entendimento, a Turma deu provimento ao recurso para que, uma vez reconhecida a executividade do título em questão, o tribunal *a quo* prossiga no julgamento da apelação e análise às demais alegações trazidas no recurso" (STJ, REsp 1103523/PR, j. 10-4-2012, rel. Min. Luis Felipe Salomão).

13.12.8 Título de crédito comercial

O título de crédito comercial é regido pela Lei n. 6.840/80, e trata-se de **promessa de pagamento** emitida pela pessoa física ou pessoa jurídica, **em favor da instituição financeira**, para obter recursos, a fim de **viabilizar a atividade comercial**. Podem ser emitidos sob duas espécies: cédula de crédito comercial e nota de crédito comercial. A cédula de crédito comercial possui garantia real, enquanto a nota de crédito comercial não possui tal espécie de garantia.

13.12.9 Título de crédito rural

O título de crédito rural é regido pelo Dec.-Lei n. 167/67, e consiste em **promessa de pagamento** emitida por **pessoa física ou jurídica, inclusive as cooperativas rurais, em favor da instituição financeira**, para se obter recursos, a fim de **viabilizar a atividade rural**. Podem ser emitidos sob duas espécies: cédula de crédito rural e nota de crédito rural.

A cédula de crédito rural possui garantia real, e em virtude da garantia, pode ser hipotecária ou pignoratícia. Os bens que forem dados em garantia real, a princípio não podem ser penhorados, mas indubitavelmente podem ser atingidos por credores de natureza alimentar e credores tributários (art. 186 do CTN).

A nota de crédito rural não possui garantia real, mas é considerada crédito com privilégio especial.

13.12.10 Título de crédito industrial

O título de crédito industrial (regido pelo Dec.-Lei n. 413/69) é uma **promessa de pagamento** emitida por **pessoa física ou pessoa jurídica, em favor da instituição financeira**, para se obter recursos, a fim de **viabilizar a atividade industrial**.

Podem ser emitidos sob duas espécies: cédula de crédito industrial e nota de crédito industrial.

A cédula de crédito industrial possui garantia real e, em virtude da garantia, pode ser hipotecária ou pignoratícia. Os bens que foram dados em garantia real, a princípio não podem ser penhorados, mas evidentemente podem ser atingidos por credores de natureza alimentar e credores tributários (art. 186 do CTN).

A nota de crédito industrial não possui garantia real, mas é considerada crédito com privilégio especial.

13.12.11 Título de crédito à exportação

O título de crédito à exportação é regido pela Lei n. 6.313/75, e trata-se de **promessa de pagamento** emitida pela pessoa física ou pessoa jurídica, **em favor da instituição financeira**, para obter recursos, a fim de **viabilizar a atividade de exportação**. Podem ser emitidos sob duas espécies: cédula de crédito à exportação ou nota de crédito à exportação. A cédula de crédito comercial possui garantia real, enquanto a nota de crédito comercial não possui garantia real.

PARA DIFERENCIAR

	TÍTULO DE CRÉDITO RURAL	TÍTULO DE CRÉDITO COMERCIAL	TÍTULO DE CRÉDITO INDUSTRIAL	TÍTULO DE CRÉDITO À EXPORTAÇÃO
Legislação	Dec.-Lei n. 167/67	Lei n. 6.840/80	Dec.-Lei n. 413/69	Lei n. 6.313/75
Beneficiário	Inst. Financeira	Inst. Financeira	Inst. Financeira	Inst. Financeira
Emitente	PF ou PJ com atividade rural, inclusive a cooperativa.	PF ou PJ que exerce atividade comercial.	PF ou PJ que exerce atividade industrial.	PF ou PJ que exerce atividade de exportação.
Motivo	Financiamento	Financiamento	Financiamento	Financiamento
Espécies	Cédula de crédito rural (com garantia) Nota de crédito rural (sem garantia)	Cédula de crédito comercial (com garantia) Nota de crédito comercial (sem garantia)	Cédula de crédito industrial (com garantia) Nota de crédito industrial (sem garantia)	Cédula de crédito de exportação (com garantia) Nota de crédito de exportação (sem garantia)

13.12.12 Letra de arrendamento mercantil

A letra de arrendamento mercantil é uma **promessa de pagamento**, regida pela Lei n. 11.882/2008, **emitida pelas sociedades arrendadoras**.

De acordo com o art. 2º, § 1º, a letra de arrendamento mercantil é **nominativa, endossável, de livre negociação** e deverá conter: a denominação "letra de arrendamento mercantil"; o nome do emitente; o número de ordem, o local e a data de emissão; o valor nominal; a taxa de juros, fixa ou flutuante, admitida a capitalização; a descrição da garantia, real ou fidejussória, quando houver; a data de vencimento ou, se emitido para pagamento parcelado, a data de vencimento de cada parcela e o respectivo valor; o local de pagamento; e o nome da pessoa a quem deve ser pago.

CUIDADO

Quando endossada a letra de arrendamento mercantil, o endossante apenas transmite a obrigação, não garantindo o título.

13.13 Questões

01. (TJSP/JUIZ/2011) Leia as afirmativas sobre as Duplicatas.

I. Poderão ser extraídas da fatura no ato de sua emissão para circulação como efeito comercial, não sendo admitida qualquer outra espécie de título de crédito para documentar o saque do vendedor pela importância faturada ao comprador.

II. O foro competente para a cobrança judicial da duplicata ou da triplicata é o da praça de pagamento constante do título, ou outra de domicílio do comprador e, no caso de ação regressiva, a dos sacadores, dos endossantes e respectivos avalistas.

III. Quando o comprador tiver direito a qualquer rebate, a duplicata indicará exclusivamente o valor líquido que o comprador deverá reconhecer como obrigação de pagar.

IV. As empresas, individuais ou coletivas, fundações ou sociedades civis, que se dediquem à prestação de serviços, poderão, também, na forma da lei, emitir fatura e duplicata.

É correto apenas o que se afirma em:

a) I.

b) I, II e III.

c) I, II e IV.

d) II.

e) I e III.

02. (2017. TRF – 2ª Região) Considere as proposições e, ao final, marque a opção correta:

I. E viável o aval parcial aposto em cheque;

II. O Código Civil veda expressamente o aval parcial;

III. E viável o aval parcial aposto em nota promissória;

IV. A cláusula proibitiva do endosso, aposta em nota promissória, não impede a transferência do crédito.

a) Apenas a 1 é falsa.

b) Apenas a II é falsa.

c) Apenas a III é falsa.

d) Apenas a IV é falsa.

e) Todas são verdadeiras.

03. (2016. FUNCAB. PC-PA) A respeito de títulos de crédito, é correto afirmar que:

a) é permitido garantir o pagamento de título de crédito que contenha obrigação de pagar soma determinada por aval parcial.

b) a cláusula constitutiva de mandato, lançada no endosso, confere ao endossatário o exercício dos direitos inerentes ao título, salvo restrição expressamente estatuída.

c) é anulável o título ao portador emitido sem autorização de lei especial.

d) a responsabilidade do avalista subsiste ainda que nula a obrigação daquele a quem se equipara, mesmo nos casos em que a nulidade decorra de vício de forma.

e) o endosso posterior ao vencimento não produz os mesmos efeitos do anterior.

04 (2016. CESPE. PGE-AM) No que concerne ao direito empresarial em sentido amplo, julgue o item a seguir.

A doutrina relativa ao direito cambiário trata do princípio da abstração, um subprincípio derivado do princípio da autonomia, que destaca a ligação entre o título de crédito e o fato jurídico que deu origem à obrigação que ele representa.

( ) Certo

( ) Errado

05. (FGV – Fiscal da Receita Estadual – AP/2010) A respeito da **duplicata**, considere as afirmativas a seguir:

I. O protesto da duplicata pode ser motivado pela falta de pagamento e pela falta de aceite.

II. Duplicata é um título causal e somente pode ser emitida com causa em contrato de compra e venda mercantil ou de prestação de serviços.

III. Comprovada a prestação de serviços, a duplicata não aceita, mas protestada, é título hábil para instruir pedido de falência.

Assinale:

a) se somente a afirmativa I estiver correta.

b) se somente a afirmativa II está correta.

c) se somente as afirmativas I e II estiverem corretas.

d) se somente as afirmativas II e III estiverem corretas.

e) se todas as afirmativas estiverem corretas.

06. (TRT 23R (MT)/ 2014) Assinale a assertiva INCORRETA:

a) São características dos títulos de crédito a cartularidade, a literalidade, a autonomia, a independência e a abstração.

b) É perfeitamente possível a emissão de títulos de crédito contendo partes em branco, que devem ser obrigatoriamente preenchidas pelo portador antes da cobrança ou protesto.

c) Tem-se por não escrito no título de crédito cláusula que veda o endosso e a exclusão da responsabilidade pelo pagamento ou por despesas.

d) Chama-se título ao portador aquele que traz escrito o nome do beneficiário.

e) O aval deve ser dado no verso ou no anverso do próprio título, sendo vedado o aval parcial.

07. (FCC/TRT – 24ª REGIÃO (MS)/ 2014) O cheque

a) ao ser emitido, deve o emitente ter fundos disponíveis em poder do sacado e estar autorizado a, contratualmente sobre eles, emitir cheque; a infração a esses preceitos prejudica a validade do título como cheque.

b) admite aceite e aval.

c) pode conter, nele inserida, a estipulação de juros.

d) é sempre vinculado a uma causa do débito, a ser oposta tanto em relação ao emitente como a seus endossatários.

e) é emitido contra banco, ou instituição financeira que lhe seja equiparada, sob pena de não valer como cheque.

08. (FGV – Fiscal da Receita Estadual – AP/2010) A respeito do ***instituto do aval***, é correto afirmar que:

a) é o instituto jurídico que possibilita a garantia pessoal nos contratos empresariais.

b) o avalista que paga o valor determinado no título tem direito de regresso contra o devedor principal.

c) o avalista pode garantir apenas parte da obrigação estabelecida no título de crédito.

d) a responsabilidade do avalista é subsidiária em relação ao devedor principal.

e) é dado em instrumento contratual apartado do título de crédito a que se refere.

09. (TRT 2R (SP)/2014) Em relação aos títulos de crédito, observe as proposições abaixo e responda a alternativa que contenha proposituras corretas:

I. Um dos requisitos da letra de câmbio é a determinação de uma ordem de pagamento, que pode estar sujeita a uma condição suspensiva ou resolutiva.

II. A letra de câmbio, ou qualquer outro título de crédito, pode ser emitida e circular validamente, em branco ou incompleta.

III. No cheque, entre a indicação por extenso e em algarismos, a primeira prevalece em caso de divergência.

IV. O aceite da duplicata é obrigatório, mas não é irrecusável.

V. Quando dois ou mais cheques são apresentados simultaneamente, não havendo fundos suficientes para o pagamento, o sacado deve dar preferência aos de data de emissão mais antiga. Se coincidentes as datas de emissão, prevalece o de número superior.

Está correta a alternativa:

a) I, IV e V.

b) II, III e V.

c) I, II e IV.

d) II, III e IV.

e) I, III e V.

10. (2016. FAURGS.TJ-RS) Assinale a alternativa correta a respeito da disciplina dos Títulos de Crédito, prevista no Código Civil.

a) A omissão de qualquer requisito legal, que tire ao escrito a sua validade como título de crédito, acarreta a invalidade do negócio jurídico que lhe deu origem.

b) O pagamento de título de crédito pode ser garantido por aval total ou parcial.

c) O portador do título à ordem com série regular e ininterrupta de endossos é considerado legítimo possuidor, exceto se o último for em branco.

d) O devedor pode opor ao endossatário de endosso-mandato as exceções que tiver contra ele.

e) O endossante não responde pelo cumprimento da prestação constante do título, ressalvada cláusula expressa em contrário, constante do endosso.

11. (FCC/TRT – 6ª Região (PE)/2013) Em relação ao cheque é correto afirmar:

a) A pretensão de execução do cheque prescreve em seis meses, contados da data de emissão.

b) O pagamento do cheque pode ser garantido, no todo ou em parte, por aval.

c) O cheque admite aceite.

d) A morte do emitente invalida os efeitos do cheque.

e) Salvo estipulação em contrário, o endossante não garante o pagamento.

12 (IESES/TJ-PA/2016 – Cartório) Sobre o endosso na letra de câmbio pode-se afirmar:

I. É possível o endosso parcial da letra de câmbio, especificando a parcela.

II. Para a validade do endosso, é suficiente a simples assinatura do próprio punho do endossador ou do mandatário especial, no verso da letra.

III. É possível o endosso e com ele se transmite a propriedade da letra de câmbio.

IV. A cláusula "por procuração", lançada no endosso, indica o mandato com todos os poderes, salvo o caso de restrição, que deve ser expressa no mesmo endosso.

A sequência correta é:

a) Apenas as assertivas II, III e IV estão corretas.

b) Apenas a assertiva I está correta.

c) As assertivas I, II, III e IV estão corretas.

d) Apenas as assertivas I e II estão corretas.

13. (CESPE – 2013 – Serpro – Analista – Advocacia) Analise a questão:

No caso de cheque pós-datado apresentado antes da data de emissão ao sacado ou da data pactuada com o emitente, o prazo prescricional de seis meses para o exercício da pretensão à execução do cheque pelo respectivo portador será contado da data de sua emissão.

( ) certo

( ) errado

14. (FCC – 2012 – TRT-18ª Reg.) Em relação aos títulos de crédito, é correto afirmar:

a) A transferência do título não se relaciona com os direitos que lhe são inerentes.

b) O possuidor de título ao portador tem direito à prestação nele indicada, mediante a sua simples apresentação ao devedor, ainda que o título tenha entrado em circulação contra a vontade do emitente.

c) O título deve estar completo ao tempo da emissão; se preenchido posteriormente, não produzirá efeitos em nenhuma hipótese.

d) O título pode ser reivindicado do portador que o adquiriu, mesmo que tenha agido de boa-fé e em conformidade das normas que disciplinam a sua circulação.

e) O aval aposto em um título, posterior a seu vencimento, não produz quaisquer efeitos jurídicos.

15. (FCC – 2012 – TRT-20ª Reg.) Sendo o pagamento de uma letra de câmbio garantida por aval:

a) A obrigação do avalista se mantém, mesmo no caso de a obrigação que ele garantir ser nula por qualquer razão que não seja um vício de forma.

b) A obrigação do avalista não se mantém, se a obrigação por ele garantida for nula ou anulável.

c) A obrigação do avalista é acessória e ele pode opor ao credor as defesas pessoais, privativas do sacado e as que forem comuns a ele e ao sacado.

d) A obrigação do avalista é subsidiária, podendo invocar o benefício de ordem, salvo se a ele houver renunciado ou se tiver se obrigado solidariamente com o sacado.

e) Se o avalista pagar a letra, fica sub-rogado nos direitos emergentes da letra contra a pessoa a favor de quem foi dado o aval, mas não contra os obrigados para com esta em virtude da letra.

16. (FCC – 2012 – TRT-11ª Reg. AM) Em relação aos títulos de crédito, é correto afirmar que:

a) A duplicata é título autônomo e abstrato, sendo irrelevante perquirir-se o negócio subjacente que lhe deu origem.

b) A letra de câmbio pode ser objeto de aceite e de endosso, mas não de aval, que é restrito ao cheque.

c) O credor é obrigado a receber o pagamento antes do vencimento do título, se o devedor quiser pagá-lo, ficando este responsável pela validade correspondente.

d) A omissão de qualquer requisito legal, que tire ao escrito a sua validade como título de crédito, não implica a invalidade do negócio jurídico que lhe deu origem.

e) O emitente do cheque garante seu pagamento, salvo se declarar-se isento dessa garantia no próprio título.

17. (TJ-PR/2014) A respeito do cheque, é *correto* afirmar:

a) Cheque prescrito não pode, em hipótese alguma, ser protestado no cartório de protesto de títulos de crédito, sob pena de o apresentante responder civilmente por ato ilícito, podendo, assim, ser obrigado a reparar danos materiais e morais do emitente.

b) Cabe ao tabelião de protesto, devendo ele investigar a ocorrência da prescrição do cheque lhe apresentado a protesto, a fim de evitar a ocorrência de danos ao emitente e de responder, solidariamente, pela sua reparação.

c) Tendo em vista que o cheque é ordem de pagamento à vista, sendo considerada não escrita qualquer menção ou cláusula contratual em contrário (Lei n. 7.357, de 02 de setembro de 1985), nenhum dano sofrerá o emitente, caso o beneficiário apresente o cheque pré-datado (ou pós-datado, como preferem alguns) à cobrança antes da data nele prevista para pagamento.

d) De acordo com o Enunciado 503 da Súmula do STJ, o prazo para ajuizamento de ação monitória em face do emitente de cheque sem força executiva é quinquenal, a contar do dia seguinte à data de emissão estampada na cártula.

18. (TJ-SC – 2013/ Juiz) Sobre os princípios básicos dos títulos de crédito, analise as proposições abaixo e assinale a alternativa correta:

I. Pelo princípio da cartularidade, trazido na expressão "documento necessário ao exercício do direito", o título de crédito é representado por uma cártula, documento sem o qual não poderá o devedor ser cobrado.

II. Pelo princípio da literalidade o título tem sua existência regulada pelo teor de seu conteúdo, ou seja, em um escrito, e somente se leva em conta o que nele está estampado.

III. A abstração importa na circulação do título sem qualquer ligação com a causa que lhe deu gênese.

IV. O título de crédito é autônomo em virtude de que o seu possuidor, pouco importando se de boa-fé ou má-fé, exercita um direito próprio, o qual não pode sofrer empecilhos frente a adredes relações reinantes entre os anteriores possuidores e a parte devedora.

a) Somente as proposições I e IV estão corretas.

b) Somente as proposições II, III e IV estão corretas.

c) Somente as proposições II e III estão corretas.

d) Somente as proposições I, II e III estão corretas.

e) Todas as proposições estão corretas.

19. **(FCC/ 2012/ MPE-AL/ Promotor de Justiça)** A circulação dos títulos de crédito à ordem se dará

a) por endosso, que não pode ser cancelado e independentemente da tradição do título.

b) apenas por endosso em preto.

c) pela aposição de aval.

d) por endosso, completando-se a transferência com a tradição do título.

e) pela simples tradição, uma vez que o título se considera coisa móvel.

20. **(CESPE/2012/AGU Advogado)** *No que se refere aos títulos de crédito, julgue os itens subsequentes.* Considere que Ana emita letra de câmbio cuja ordem seja destinada a Bento e cujo beneficiário seja Caio. Nessa situação hipotética, se Bento aceitar parcialmente a letra de câmbio, ocorrerá o vencimento antecipado do título, sendo admissível, então, a Caio cobrar a totalidade do crédito da sacadora.

( ) certo

( ) errado

21. **(CESPE/2011/TJ-ES/Juiz)** A respeito dos títulos de crédito, assinale a opção correta:

a) Por expressa disposição legal, os devedores de um título de crédito são solidários, sendo cada um deles obrigado pelo montante integral da dívida.

b) Os títulos nominativos não à ordem identificam o titular do crédito e se transferem por endosso.

c) Às matérias relativas aos títulos de crédito aplica-se o Código Civil, mesmo quando este contiver comando diverso do que dispõe a lei especial.

d) Quanto ao conteúdo da obrigação que representa, o título de crédito não se distingue dos demais documentos representativos de direitos e obrigações, sendo possível, portanto, documentar, em um título de crédito, obrigações de dar, fazer ou não fazer.

e) De acordo com a doutrina, o princípio da literalidade tem consequências favoráveis e contrárias tanto para o credor quanto para o devedor, o qual não será obrigado a mais do que estiver mencionado no documento.

22. **(2016. VUNESP.TJ-RJ)** A cláusula "não à ordem"

a) inviabiliza o aceite.

b impede a circulação mediante endosso.

c) implica em aceite do cumprimento da obrigação assumida em Nota Promissória.

d) não é admitida na Letra de Câmbio.

e) inviabiliza o aval parcial

23. **(FCC/2011/MPE-CE/Promotor de Justiça)** Sobre o endosso da letra de câmbio e da nota promissória analise as afirmações abaixo:

I. No endosso pignoratício, os co-obrigados não podem invocar contra o portador as exceções fundadas sobre as relações pessoais deles com o endossante, a menos que o portador, ao receber a letra, tenha procedido conscientemente em detrimento do devedor.

II. O endosso, que pode ser parcial, deve ser puro e simples, não se admitindo subordiná-lo a condição.

III. O mandato que resulta de um endosso por procuração não se extingue por morte, ou sobrevinda incapacidade legal do mandatário.

IV. O endossante, salvo cláusula em contrário, não é garante da aceitação ou do pagamento da letra.

V. O endossante pode proibir novo endosso, e neste caso, não garante o pagamento às pessoas a quem a letra for posteriormente endossada.

Está correto o que se afirma em:

a) I, II e III.

b) I, III e V.

c) II, III e IV.

d) II, III e V.

e) II, IV e V.

24. **(FCC/2014/TJ-CE/Juiz)** Antônio emitiu um cheque nominativo a José contra o Banco Brasileiro S.A. No mesmo dia, José endossou o cheque a Ricardo, fazendo constar do título que não garantiria o seu pagamento e que a eficácia do endosso estava subordinada à condição de que Maria, irmã de Ricardo, lhe pagasse uma dívida que venceria dali a dez (10) dias. Vinte (20) dias depois da emissão do título e sem que Maria tivesse honrado a dívida para com José, Ricardo apresentou o cheque para pagamento, mas o título lhe foi devolvido porque João não mantinha fundos disponíveis em poder do sacado. Nesse caso,

a) Ricardo não poderá endossar o cheque a terceiro, pois o cheque só admite um único endosso.

b) o endosso em preto de cheque nominativo exonera o emitente do título de responsabilidade pelo seu pagamento.

c) por força de lei, o emitente do cheque deve ter fundos disponíveis em poder do sacado, e a infração desse preceito prejudica a validade do título como cheque.

d) José responderá perante Ricardo pelo pagamento do cheque, porque se reputa não escrita cláusula que isente o endossante de responsabilidade pelo pagamento do título.

e) a despeito do inadimplemento de Maria, Ricardo ostenta legitimidade para cobrar o pagamento do título porque se reputa não escrita qualquer condição a que o endosso seja subordinado.

25. (CESPE/2014/TJ-DF/Titular de Serviços de Notas e de Registros – Provimento) Assinale a opção correta acerca dos títulos de crédito, de acordo com a jurisprudência do STF e do STJ.

a) É permitido ao credor de contrato de mútuo garantido por nota promissória avalizada buscar a responsabilização do avalista pelos encargos contratuais, ainda que esses encargos não constem na nota promissória e o avalista não haja firmado o contrato de mútuo como devedor solidário.

b) Em razão da natureza do contrato de mandato, em nenhuma hipótese, o endossatário que receber o título de crédito com endosso-mandato será responsabilizado pelos danos decorrentes do protesto indevido da cártula.

c) O endossatário que receber por endosso translativo título de crédito formalmente viciado responderá pelos danos decorrentes do protesto indevido da cártula, podendo exercer seu direito de regresso contra os demais coobrigados no título.

d) Não se admite que o credor, ainda que de boa-fé, complete uma nota promissória emitida com omissões ou em branco antes do protesto, sob pena de desnaturação do título de crédito, uma vez que incumbe exclusivamente ao emitente da nota promissória o seu preenchimento.

e) O credor de cheque sem força executiva tem prazo de dez anos, contatos do dia seguinte ao do vencimento do título, para ajuizamento da ação monitória contra o emitente do documento.

26. (CESPE/2014/TJ-DF/Juiz) Com base no direito material civil, assinale a opção correta acerca dos títulos de crédito.

a) O pagamento de título de crédito que contenha obrigação de pagar soma determinada pode ser garantido por aval, ainda que parcial.

b) O possuidor de título ao portador, mediante sua simples apresentação ao devedor, tem direito à prestação nele indicada, ainda que o título tenha entrado em circulação contra a vontade do emitente.

c) O endosso posterior ao vencimento produz os mesmos efeitos do anterior, ao contrário do aval, que só é válido se for anterior.

d) O título de crédito deve estar completo ao tempo da emissão, sendo inválido preenchimento posterior.

e) No título de crédito, devem constar a data de seu vencimento, a indicação precisa dos direitos que ele confere e a assinatura do seu emitente.

27. (FCC/2012/TRT/18ª Reg. GO) Em relação aos títulos de crédito, é correto afirmar:

a) A transferência do título não se relaciona com os direitos que lhe são inerentes.

b) O possuidor de título ao portador tem direito à prestação nele indicada, mediante a sua simples apresentação ao devedor, ainda que o título tenha entrado em circulação contra a vontade do emitente.

c) O título deve estar completo ao tempo da emissão; se preenchido posteriormente, não produzirá efeitos em nenhuma hipótese.

d) O título pode ser reivindicado do portador que o adquiriu, mesmo que tenha agido de boa-fé e em conformidade das normas que disciplinam a sua circulação.

e) O aval aposto em um título, posterior a seu vencimento, não produz quaisquer efeitos jurídicos.

28. (FCC/ 2012/TRT/20ª Reg. SE) Sendo o pagamento de uma letra de câmbio garantida por aval:

a) a obrigação do avalista se mantém, mesmo no caso de a obrigação que ele garantir ser nula por qualquer razão que não seja um vício de forma.

b) a obrigação do avalista não se mantém se a obrigação por ele garantida for nula ou anulável.

c) a obrigação do avalista é acessória e ele pode opor ao credor as defesas pessoais, privativas do sacado e as que forem comuns a ele e ao sacado.

d) a obrigação do avalista é subsidiária, podendo invocar o benefício de ordem, salvo se a ele houver renunciado ou se tiver se obrigado solidariamente com o sacado.

e) se o avalista pagar a letra, fica sub-rogado nos direitos emergentes da letra contra a pessoa a favor de quem foi dado o aval, mas não contra os obrigados para com esta em virtude da letra.

29. (FCC/2012/TRT/11ª Reg. AM) Em relação aos títulos de crédito, é correto afirmar que:

a) a duplicata é título autônomo e abstrato, sendo irrelevante perquirir-se o negócio subjacente que lhe deu origem.

b) a letra de câmbio pode ser objeto de aceite e de endosso, mas não de aval, que é restrito ao cheque.

c) o credor é obrigado a receber o pagamento antes do vencimento do título, se o devedor quiser pagá-lo, ficando este responsável pela validade correspondente.

d) a omissão de qualquer requisito legal, que tire ao escrito a sua validade como título de crédito, não implica a invalidade do negócio jurídico que lhe deu origem.

e) o emitente do cheque garante seu pagamento, salvo se declarar-se isento dessa garantia no próprio título.

30. (TRT/23ª Reg.[MT] – 2011) Sobre a letra de câmbio é correto afirmar que:

a) deve ser emitida em modelo padronizado, sendo nula se emitida em qualquer papel, ainda que preenchidos os requisitos legais;

b) é inadmissível sua emissão em moeda estrangeira;

c) apresentada a letra ao sacado, este pode pedir nova apresentação no prazo de 10 (dez) dias, a fim de refletir sobre o lançamento ou não do aceite, o qual se denomina "prazo de respiro";

d) prescreve em 10 (dez) anos a pretensão de haver o seu pagamento, nesta condição;

e) se for emitida ou aceita com omissões, ou em branco, pode ser completada pelo credor de boa-fé antes da cobrança ou do protesto.

31. (FCC/2012/TRT/4ª Reg. RS) A duplicata é título de crédito:

a) causal e pode ser emitida em razão da prestação de serviços, por empresas individuais, devendo a fatura discriminar a natureza dos serviços prestados.

b) causal ou formal, segundo a natureza da dívida que representa, dispensando-se a emissão de fatura, quando não corresponder à venda de mercadorias.

c) formal e só pode ser emitida como representativa da obrigação de entrega de coisa fungível, cujo valor deve ser declarado, para o caso de sua liquidação financeira.

d) causal e apenas pode ser emitida em razão da venda de mercadorias por empresas de natureza mercantil, sendo necessária a emissão de fatura correspondente.

e) formal e pode ser emitida como representativa de qualquer dívida de dinheiro.

32. **(FUNDEP/TJ-MG/2014)** Com relação à nota promissória, analise as afirmativas, assinalando com (V) as verdadeiras e com (F) as falsas.

( ) O prazo para ajuizamento de ação monitória em face do emitente de nota promissória sem força executiva é quinquenal, a contar do dia seguinte ao vencimento do título.

( ) A ação cambial contra o endossador e o avalista da nota promissória prescreve em trinta e seis meses contados do dia em que ação pode ser proposta.

( ) O devedor somente poderá opor ao portador da nota promissória exceção fundada em direito pessoal, na nulidade de sua obrigação e na falta de requisito necessário ao exercício da ação cambial.

( ) Sendo a nota promissória rural, emitida por uma cooperativa em favor de seus cooperados, um título de crédito de natureza causal, a respectiva execução se encontra vinculada à eficácia do negócio jurídico subjacente.

Assinale a alternativa que apresenta sequência correta.

a) F V V F.
b) V F V V.
c) V V F F.
d) F F F V.

33. **(VUNESP/2012/TJ-RJ)** Com relação aos avais simultâneos:

a) o pagamento do título por um dos avalistas libera os demais avalistas de um possível direito de regresso em favor do que pagou.
b) assim como nos avais sucessivos, dependem da ordem cronológica para a atribuição da responsabilidade do avalista.
c) um avalista se torna avalista dos outros.
d) o pagamento do título por um dos avalistas não libera o devedor principal do direito de regresso em favor do que pagou.

34. **(IESES.TJ-PA/2016 – Titular de Serviços de Notas e de Registros – Remoção)** No tocante ao cheque pode-se afirmar:

I. Considera-se não escrita a estipulação de juros inserida no cheque.
II. As obrigações contraídas no cheque são autônomas e independentes.
III. Indicada a quantia mais de uma vez, quer por extenso, quer por algarismos, prevalece, no caso de divergência, a indicação da maior quantia.
IV. O emitente garante o pagamento, considerando-se não escrita a declaração pela qual se exima dessa garantia.

A sequência correta é:

a) Apenas as assertivas I, II e IV estão corretas.
b) Apenas a assertiva I está correta.
c) Apenas as assertivas I e III estão corretas.
d) As assertivas I, II, III e IV estão corretas.

35. **(CESPE/2012/DPE-ES/Defensor Público)** Em se tratando de protesto por falta de aceite, deverá este ser providenciado após o vencimento da obrigação e do decurso do prazo legal para aceite ou devolução.

( ) certo
( ) errado

36. (CESPE/2013/DPE-TO/Defensor Público) Assinale a opção correta acerca das normas relativas aos títulos de crédito e ao protesto de títulos e outros documentos da dívida.

a) O protesto de um título de crédito por falta de aceite somente poderá ser efetuado após o vencimento da obrigação e do decurso do prazo legal para o aceite ou a devolução.

b) Cabe ao devedor requerer o cancelamento do registro do protesto diretamente ao tabelionato de protesto de títulos, mediante apresentação do documento original protestado, e, na ausência do documento original, só se admite o cancelamento do registro do protesto por ordem judicial.

c) Caso um título de crédito tenha sido emitido sem a indicação do lugar da emissão e de pagamento e sem a indicação de vencimento, considera-se que o lugar da emissão e de pagamento seja o domicílio do emitente e que o pagamento do título deva ser feito à vista.

d) O avalista se obriga pelo avalizado, e sua responsabilidade subsiste ainda que nula a obrigação daquele a quem se equipara, mesmo que a nulidade decorra de vício de forma.

e) É vedado ao sacado, em qualquer caso, lançar e assinar, no verso do cheque não ao portador e ainda não endossado, visto, certificação ou outra declaração equivalente, datada e por quantia igual à indicada no título.

37. (VUNESP/2012/TJ-MG) É correto afirmar que o cancelamento do protesto, após quitação do débito,

a) é ônus do credor.

b) é ônus do devedor.

c) é ônus do tabelião de protestos, que deverá proceder de ofício.

d) dependerá sempre de intervenção do Poder Judiciário, mediante alvará ou mandado, conforme seja jurisdição voluntária ou contenciosa.

GABARITO

QUESTÃO	COMENTÁRIOS
01	A alternativa correta é B, vez que as afirmativas I, II e IV estão corretas. Senão vejamos: A afirmativa I está correta (art. 2º da Lei n. 5.474/68); A afirmativa II está correta (art. 17 da Lei n. 5.474/68); A afirmativa IV está correta (art. 20 da Lei n. 5.474/68).
02	A alternativa incorreta é a E, pois é possível o aval parcial no cheque, letra de câmbio e nota promissória, apesar da proibição existente no Código Civil. Da mesma forma, a cláusula proibitiva de novo endosso, não impede a circulação do título.
03	A alternativa incorreta é B, pois a cláusula constitutiva de mandato, lançada no endosso, confere ao endossatário o exercício dos direitos inerentes ao título, salvo restrição expressamente estatuída.
04	A frase é correta, pois explica corretamente o princípio da abstração.
05	A alternativa a ser assinalada é a E, uma vez que todas as assertivas se encontram corretas, senão vejamos: I (art. 13 da Lei n. 5.474/68); II (art. 1º da Lei n. 5.474/68); III (arts. 20 e s. da Lei n. 5.474/68).
06	A alternativa correta é a D, pois o título ao portador é aquele que não identifica o nome do beneficiário. Entendemos, entretanto, que essa questão deveria ter sido anulada, pois a alternativa E está igualmente incorreta, já que a vedação do aval parcial é apenas para o Código Civil.

07	A alternativa correta é a E, pois o cheque é um título formal que é emitido contra banco, ou instituição financeira que lhe seja equiparada, sob pena de não valer como cheque.
08	A alternativa correta é a B. De acordo com a regra da solidariedade cambial, quando um devedor indireto paga a obrigação, tem direito de ingressar a ação regressiva contra o devedor principal.
09	A propositura I está incorreta, pois a letra de câmbio não pode se sujeitar a uma condição. A propositura II está correta, pois a letra de câmbio pode ter o nome do beneficiário complementado a qualquer momento. A propositura III está correta, pois no cheque, entre a indicação por extenso e em algarismos, a primeira prevalece em caso de divergência. A propositura IV está correta, pois o aceite da duplicata é obrigatório, mas não é irrecusável. A propositura V está incorreta, pois essa regra não é aplicável. Portanto, a alternativa correta é a D.
10	A alternativa correta é a E, pois o endosso para o Código Civil, como regra não serve para garantir o título.
11	A alternativa correta é a B, pois o pagamento do cheque pode ser garantido, no todo ou em parte, por aval (art. 29 da Lei n. 7.357/85).
12	A alternativa correta é a A, pois as assertivas II, III, IV, de acordo com os arts. 11,12 e 19 do Decreto n. 57.663/66 estão corretos.
13	A frase está errada, pois o prazo prescricional de 6 meses é contado após o prazo de apresentação (art. 59 da Lei n. 7.357/85).
14	A alternativa correta é B, já que a circulação do título é inerente à própria natureza do título. A transferência do título transfere igualmente os direitos que constam nele. O título pode ser completado por 3º de boa-fé (art. 891 do Código Civil de 2002 e Súmula 387 do STF). O portador do título é o titular dos direitos inerentes ao título. O aval realizado antes ou depois do vencimento produz o mesmo efeito de apenas garantir o título.
15	A alternativa correta é A, pois a obrigação do avalista, por ser autônoma, se mantém, mesmo que a obrigação principal seja nula, salvo se houver vício de forma (art. 32 do Dec. n. 57.663/66). Além disso, o avalista de qualquer título pode cobrar dos coobrigados que foram constituídos anteriormente.
16	A alternativa correta é a D, já que a omissão pode ser suprida por 3º de boa-fé. (Art. 891 do CC e Súmula 387 do STF). A duplicata é um título causal. A letra de câmbio pode conter qualquer instituto cambial: aceite, aval, endosso. O credor não é obrigado a receber o pagamento antes da data fixada. E, por fim, o emitente do cheque sempre é responsável pela obrigação.
17	A alternativa correta é a D, conforme Súmula 503 do STJ.
18	A alternativa correta é a D, pois o item IV está incorreto, uma vez que somente o possuidor de boa-fé recebe um direito novo e desvinculado do anterior. As demais assertivas estão corretas de acordo com a definição doutrinária dos princípios.
19	A alternativa correta é a D, pois endosso é a forma de transmissão dos títulos de crédito nominativos, transmitindo os direitos neles transcritos (arts. 11 e s. do Dec. n. 57.663/66).
20	A afirmação está CERTA, conforme art. 44 do Dec. n. 57.663/66.
21	A alternativa correta é a E, já que o princípio da literalidade estabelece que um título de crédito só poderá ser cobrado naquilo que se encontra expressamente nele descrito.
22	A alternativa correta é a B, pois a cláusula não à ordem permite a circulação por cessão civil de crédito.
23	A alternativa correta é a B, pois os itens II e IV não estão corretos, conforme arts. 12 e 15 da "LUG" – Decreto n. 57.663/66.
24	A alternativa correta é a E, conforme art. 12 da "LUG" – Dec. n. 57.663/66.

25	A alternativa correta é a C, conforme Súmula 475 do STJ.
26	A alternativa correta é a B, pois o legítimo portador do título de crédito é considerado proprietário do título.
27	A alternativa correta é a B, conforme art. 905 do Código Civil de 2002.
28	A alternativa correta é a A, art. 32 da "LUG" – Decreto n. 57.663/66.
29	A alternativa correta é a D, conforme art. 888 do Código Civil de 2002, além disso a alternativa sustenta a classificação de que os títulos de crédito são títulos *pro solvendo*.
30	A alternativa correta é a E, de acordo com o art. 891 do Código Civil de 2002.
31	A alternativa correta é a A conforme arts. 1º e 2º da Lei n. 5.474/68.
32	A alternativa correta é a B, conforme arts. 70 e 77 do Dec. n. 57.663/66.
33	A alternativa correta é a D, conforme art. 899 do Código Civil de 2002, cabe o direito de regresso contra os devedores que foram constituídos anteriormente.
34	A alternativa correta é a A, pois a única frase errada é a III, já que indicada a quantia mais de uma vez, quer por extenso, quer por algarismos, prevalece, no caso de divergência, a quantia descrita por extenso.
35	A afirmação está ERRADA, conforme art. 13 do Lei n. 5.474/68.
36	A alternativa correta é a C, de acordo com o art. 889 do Código Civil de 2002.
37	A alternativa correta é a B, conforme art. 27 Lei n. 9.492/97.

14

CONTRATOS MERCANTIS

SUMÁRIO

Para regulamentar os contratos mercantis, utilizam-se as regras gerais dadas aos contratos regidos pelo Direito Civil.

Nesse sentido, indicaremos alguns princípios aplicados aos contratos em geral.

14.1 Princípios

14.1.1 Da autonomia da vontade

Talvez o princípio mais importante na relação contratual, seja o princípio da autonomia da vontade, uma vez que o conteúdo contratual depende **da liberdade que as partes têm em escolher com quem vão contratar, de escolher o objeto do contrato, bem como o conteúdo dessa relação**.

É claro que essa liberdade não é absoluta, já que encontra seu **limite na função social do contrato** (art. 421 do Código Civil de 2002), **ordem pública e bons costumes**. Portanto, as partes podem estabelecer entre si vínculo obrigacional respeitando as normas gerais estabelecidas pelo ordenamento.

Essa limitação é chamada pela doutrina de **dirigismo contratual**[1], que significa a intervenção do Estado nas relações contratuais, por meio das normas, das análises judi-

1. DINIZ, Maria Helena. *Curso de direito civil brasileiro*: teoria das obrigações contratuais e extracontratuais. 27. ed. São Paulo: Saraiva, 2011. v. 3, p. 44.

ciais dos contratos. A análise judicial dos contratos acontece, por exemplo, pela aplicação da cláusula *rebus sic stantibus*, que significa que, nos contratos de prestação continuada, a relação entre as partes deve se manter com o mesmo equilíbrio, ou seja, se um fato extraordinário e imprevisível tornar o contrato excessivamente oneroso para uma das partes, ele pode ser revisto (arts. 478 a 480 do Código Civil de 2002).

14.1.2 Do consensualismo[2]

Pelo princípio do consensualismo, o vínculo contratual **apenas será constituído pelo acordo de vontade existente entre as partes**. Como regra não existe uma forma especial, a não ser que a lei estabeleça uma forma solene específica.

Nos contratos reais, apesar de a manifestação de vontade ser essencial, é a entrega da coisa que torna o contrato perfeito.

14.1.3 Da força obrigatória do contrato

O princípio da força obrigatória do contrato significa que as cláusulas estabelecidas no contrato devem ser respeitadas pelas partes, também conhecida por cláusula *pacta sunt servanda*.

O contrato produz efeito de lei para as partes, tanto que, se unilateralmente o contrato for alterado, a parte prejudicada pode exigir judicialmente o seu cumprimento e a aplicação de uma penalidade pelo descumprimento.

É claro que ambas as partes podem rescindir o contrato, até mesmo pela aplicação da cláusula *rebus sic stantibus*, que, como dissemos anteriormente, tem por objetivo manter a relação de equilíbrio que existia entre as partes no momento da contratação.

14.1.4 Da boa-fé

O princípio da boa-fé significa que a interpretação do contrato deve levar em conta mais a **intenção** das pessoas envolvidas do que o que foi redigido como manifestação de vontade delas. Por essa razão é que as pessoas envolvidas no contrato devem manter uma **relação de confiança e lealdade** na realização de um contrato (art. 422 do Código Civil de 2002).

Passemos então a tratar das espécies de contratos mercantis.

14.2 Compra e venda mercantil

É o contrato consensual, isto é, que se dá por perfeito com o **acordo entre as partes sobre o preço e o objeto** (art. 482 do Código Civil de 2002), por meio do qual o vende-

---

2. Nomenclatura adotada por Maria Helena Diniz, *Curso de direito civil brasileiro*, cit., p. 47.

dor se obriga a transferir o domínio de certo objeto para o comprador, que lhe pagará determinado preço em dinheiro.

Para que a compra e venda seja mercantil, é indispensável que as pessoas envolvidas no contrato sejam consideradas empresárias.

Tanto o valor do bem adquirido como as despesas estão incluídas no preço, que algumas vezes podem ficar a cargo do comprador. Com relação às despesas, **é possível considerar as cláusulas (Incoterms 2000)** determinadas pela Câmara de Comércio Internacional. Entre elas, selecionamos algumas:

a) FCA (*Free Carrier*), que significa que caberão ao vendedor todas as despesas até a entrega das mercadorias na empresa transportadora indicada pelo comprador;

b) FAS (*Free Alongside Ship*), que significa que caberão ao vendedor as despesas do transporte até determinado porto indicado pelo comprador e, a partir dali, as demais despesas correrão por conta do comprador;

c) FOB (*Free on Board*), que significa que caberão ao vendedor as despesas do transporte até determinado navio indicado pelo comprador e, a partir dali, as demais despesas correrão por conta do comprador;

d) CIF (*Cost, insurance and freight paid*), que significa que o preço pago pelo comprador abrange o valor da mercadoria, o frete e o seguro.

Algumas cláusulas especiais podem existir num contrato de compra e venda. São elas:

14.2.1 Retrovenda

A existência da cláusula de retrovenda significa que o vendedor tem o direito de **recomprar o imóvel** vendido no período máximo de **3 anos** após a venda, desde que reembolse ao comprador o preço, juntamente com as despesas pelo comprador realizadas, bem como as benfeitorias, desde que autorizadas por escrito pelo vendedor (art. 505 do Código Civil de 2002).

Esse direito garantido ao vendedor não pode ser objeto de ato *inter vivos*, não podendo, portanto, ser negociável, mas passa aos seus herdeiros (art. 507 do Código Civil de 2002).

14.2.2 Venda a contento

A cláusula de venda a contento significa que a compra e venda só se dará por perfeita se o **comprador se contentar** com a coisa que foi entregue pelo vendedor. Trata-se, portanto, de uma condição suspensiva, já que a eficácia depende da aprovação do comprador (art. 509 do Código Civil de 2002).

O comprador deve manifestar sua aceitação dentro do prazo estabelecido no contrato, mas se não houver prazo definido, o vendedor pode intimar o comprador a fim de que manifeste a sua vontade (art. 512 do Código Civil de 2002).

14.2.3 Preempção

A preempção ou preferência obriga o comprador, quando quiser vender a coisa ou dá-la em pagamento, a **oferecer primeiro ao vendedor**, nas mesmas condições ofertadas ao terceiro.

Se o vendedor tomar conhecimento de que a coisa será vendida, deverá intimar o comprador, manifestando sua intenção de recomprar a coisa (art. 514 do Código Civil de 2002).

14.2.4 Reserva de domínio

A reserva de domínio significa que o vendedor conservará a **posse indireta e a propriedade do bem** até que o preço seja integralmente pago pelo comprador (art. 521 do Código Civil de 2002). A reserva de domínio pode ser prevista em contratos que tenham por objeto coisa móvel infungível (art. 523 do Código Civil de 2002).

Para que seja executada a reserva de domínio pelo vendedor, será necessário constituir o comprador em mora, sendo indispensável que o vendedor proteste o título ou interpele judicialmente o comprador (art. 525 do Código Civil de 2002).

14.2.5 Venda sobre documentos

A venda sobre documentos significa que a entrega do bem vendido será substituída pela entrega do documento que representa a mercadoria (art. 529 do Código Civil de 2002). A **entrega do documento** já confere o direito de o vendedor exigir o preço cobrado no local e na data da entrega dos documentos (art. 530 do Código Civil de 2002).

14.3 Locação comercial

É o contrato consensual pelo qual o locador se obriga a dar ao locatário o uso de uma coisa por determinado tempo e preço.

Em se tratando de locação comercial, é possível obter a **renovação compulsória da locação**, desde que o inquilino exerça tal direito, por meio da ação renovatória (arts. 51 e 52 da Lei n. 8.245/91). O direito assegurado pela Lei de Locações poderá ser exercido pelos cessionários ou sucessores da locação; no caso de sublocação total do imóvel, o direito a renovação somente poderá ser exercido pelo sublocatário (art. 51, § 1º, da Lei n. 8.245/91).

Tratamos da ação renovatória dentro do capítulo de Estabelecimento, na proteção do ponto comercial.

14.4 Mandato mercantil[3]

É o contrato consensual pelo qual uma pessoa (mandatário) pratica atos empresariais, normalmente a compra e venda de mercadorias, em nome e por conta de outra pessoa (mandante). É regido pelos arts. 653 e s. do Código Civil de 2002.

No mandato mercantil, o mandatário faz a aproximação entre o mandante e outro empresário que tenha interesse nos produtos oferecidos pelo mandante, e terá direito a uma remuneração quando o negócio acontece.

O **risco** pela entrega das mercadorias e pelos respectivos vícios cabe ao **mandante**, da mesma forma, se o comprador não pagar o preço combinado, a perda será do mandante. O comprador, portanto, diante de qualquer problema com a mercadoria adquirida, poderá acionar apenas o mandante.

A remuneração, quando prevista, ocorre pela realização da atividade, objeto do mandato (arts. 676 e 678 do Código Civil de 2002).

É importante ressaltar que não há relação de emprego entre o mandante e o mandatário, pois a subordinação é empresarial, já que os poderes, as instruções são previamente definidos (art. 654, § 1º do Código Civil de 2002). Além disso, o mandatário realiza apenas atos jurídicos (arts. 657 e 661 do Código Civil de 2002). Por fim, a relação existente não é apenas entre mandante e mandatário, mas também com o terceiro.

PARA VISUALIZAR E DIFERENCIAR[4]

MANDATO MERCANTIL	RELAÇÃO DE EMPREGO
Subordinação empresarial: os poderes são previamente definidos.	Subordinação Empregatícia
Realiza atos jurídicos.	Realiza atos materiais.
Onerosidade depende da contratação.	Onerosidade é essencial.
Relação: mandante, mandatário, terceiro	Relação: empregado e empregador
Representação: elemento essencial	Representação: eventual

14.5 Comissão mercantil[5]

É o contrato consensual pelo qual um empresário (comissário) realiza negócios mercantis, normalmente a aquisição ou venda de bens, **em nome próprio**, mas por conta de **outra pessoa** (comitente). É regido pelos arts. 693 e s. do Código Civil de 2002.

Por agir em nome próprio, o comissário é quem contrata com o comprador, assumindo a responsabilidade perante terceiros – o que o diferencia do mandato mercantil – e para tanto recebe uma comissão (art. 694 do CC). É claro que o risco quanto à insol-

3. Arts. 460 a 466 do Projeto de Lei do Senado n. 487/2013.

4. Tabela realizada a partir do texto de Maurício Godinho Delgado, no *Manual de Direito do trabalho*. 7. ed. São Paulo: LTr. p. 590.

5. Arts. 477 a 480 do Projeto de Lei do Senado n. 487/2013.

vência, à entrega da mercadoria e riscos dessa mercadoria continuam por conta do comitente, salvo se houver culpa do comissário (art. 697 do Código Civil de 2002).

Quando o comprador contrata, negocia diretamente com o comissário e, por vezes, o comprador nem sabe da existência do comitente, por isso eventual reparação de danos será cobrada do comissário que regressivamente cobrará do comitente (art. 694 do Código Civil de 2002). Essa proteção do comitente acontece porque, se ele participasse diretamente da negociação, certamente os valores envolvidos e as consequências por sua contratação seriam outras. A comissão é muito comum nas agências de publicidade e nas bolsas de valores.

Entretanto, **é possível a presença da cláusula *del credere***, que determina que o **risco relativo à insolvência de terceiro será assumido pelo comissário, tornando-se o comissário solidariamente responsável com o comprador pelo pagamento da obrigação** (art. 698 do Código Civil de 2002).

Com a existência da cláusula *del credere*, o comissário teria direito a uma comissão de valor maior em virtude do risco assumido. Reiteramos que mesmo nesse caso os riscos com a entrega das mercadorias e seus respectivos vícios continuam sendo do comitente (art. 698 do Código Civil de 2002).

No caso de falência do comitente, os créditos devidos ao comissário serão considerados créditos de privilégio geral (art. 707 do Código Civil de 2002).

PARA FIXAR E DIFERENCIAR

MANDATO MERCANTIL	COMISSÃO MERCANTIL
Arts. 653 e s. do Código Civil de 2002	Arts. 693 e s. do Código Civil de 2002
O mandatário age em nome do mandante.	O comissário age em nome próprio.
O terceiro tem direitos apenas em relação ao mandante.	O terceiro tem direitos apenas em relação ao comissário.
O negócio é realizado por conta e risco do mandante.	O negócio é realizado por conta do comissário, mas o risco é do comitente.
–	Pode existir a cláusula *del credere*, e nesse caso o comissário será solidariamente responsável ao comprador pelo pagamento da obrigação.

14.6 Representação comercial autônoma (contrato de agência)[6]

Segundo o art. 1º da Lei n. 4.886/65: "Exerce a representação comercial autônoma a pessoa jurídica ou a pessoa física, sem relação de emprego, que desempenha, em caráter não eventual por conta de uma ou mais pessoas, a mediação para a realização de negócios mercantis, agenciando propostas ou pedidos, para transmiti-los aos representados, praticando ou não atos relacionados com a execução dos negócios".

6. Arts. 489 a 492 do Projeto de Lei do Senado n. 487/2013.

Assim sendo, o contrato de representação é o contrato pelo qual uma pessoa (representante) obtém pedidos de compra e venda de mercadorias fabricadas ou comercializadas por outra pessoa (representado) dentro de uma região delimitada.

O contrato de representação comercial é regido pela Lei n. 4.886/65, alterada pela Lei n. 8.420/92, entretanto o Código Civil, nos arts. 710 e s., tratou do **contrato de agência**, que para alguns[7] é sinônimo do contrato de representação, como é o posicionamento de Humberto Theodoro Junior. Para Gladston Mamede, o contrato de representação foi alterado pelo contrato de agência.

Na nossa opinião, trata-se de um gênero de intermediação que permite a realização de qualquer negócio mercantil, enquanto na representação, só se realizam propostas de compra e venda.

O contrato de agência, de acordo com o art. 710 do Código Civil de 2002, é aquele em que "uma pessoa assume, em caráter não eventual e sem vínculos de dependência, a obrigação de promover, à conta de outra, mediante retribuição, a realização de certos negócios, em zona determinada, caracterizando-se a distribuição quando o agente tiver à sua disposição a coisa a ser negociada". A definição, portanto, é muito semelhante à que o legislador apontou para a representação comercial, sendo **a definição de agência mais abrangente**.

A atividade do representante é uma atividade autônoma, existindo apenas uma subordinação empresarial. Não há, portanto, **vínculo empregatício entre representado e representante**. O representado estabelece os critérios por meio dos quais o representante exercerá sua atividade, mas não estão presentes os requisitos da subordinação típica do vínculo empregatício. Se houver a presença desses requisitos, então estaremos diante de relação empregatícia, com a aparência de representação comercial.

Segundo Maurício Godinho Delgado[8], a representação não se confunde com a relação empregatícia, pois a subordinação da relação empregatícia tem "intensidade, continuidade de ordem e repetição da atividade". Além disso, existe "pessoalidade", já que o trabalho só pode ser prestado por aquele trabalhador.

Para pontuar as diferenças indicadas por Godinho:

REPRESENTAÇÃO COMERCIAL	RELAÇÃO EMPREGATÍCIA
Autonomia, apenas limitada pelas orientações contratuais do representado	Subordinação: intensidade, continuidade de ordem, repetição da atividade
Impessoalidade: pois os negócios podem ser realizados por outras pessoas (fungibilidade).	Pessoalidade: o trabalho só pode ser realizado por determinado trabalhador (infungibilidade).
Remuneração: depende do resultado da representação.	Remuneração: decorre do trabalho realizado, e não do resultado útil do trabalho.

O representante **atua em região delimitada**, que deve ser identificada no contrato. No caso de **omissão do contrato de representação, se presume a exclusividade ter-**

7. Maurício Godinho Delgado, op. cit., p. 558.

8. Idem, p. 596.

ritorial, de tal modo que o representado só possa negociar seus produtos naquela região se o fizer por intermédio do representante (art. 31 da Lei n. 4.886/65)[9]. Tal exclusividade se justifica pelo fato de o representado só ter se tornado conhecido pelo trabalho e dedicação do representante.

Para que a **exclusividade territorial** não exista isso deve estar expressamente descrito no contrato[10].

Por outro lado, a **exclusividade de representação**, que significa que o representante só pode obter pedidos de compra e venda para aquele representado, só existe no contrato se for expressa. Se não houver cláusula contratual determinando a exclusividade de representação, pode o representante exercer outras representações em ramos de atividade diferentes (parágrafo único dos arts. 31 e 41 da Lei n. 4.886/65).

O termo "representação" não é adequado, pois na verdade o representante não tem poderes de representação, tem apenas o poder de obter o pedido de compra e venda, que depende da aprovação do representado. Apenas com a aprovação expressa ou tácita do representado é que o negócio realmente será realizado entre o comprador e o representado.

O prazo para que o representado manifeste sua recusa pode ser fixado no contrato. Se o contrato não tratar desse assunto, **os prazos para a recusa do representado** são fixados da seguinte forma: 15 dias, se representante e representado forem domiciliados na mesma cidade; 30 dias, se forem domiciliados em cidades diferentes, mas no mesmo Estado; 60 dias, se forem domiciliados em Estados diferentes, mas no mesmo país; e 120 dias, se forem domiciliados em países diferentes (art. 33 da Lei n. 4.886/65).

O representante terá **direito à comissão**, se obtiver o pedido, se não houver a recusa do representado e, ainda, se o pagamento for realizado pelo comprador (art. 32 da Lei n. 4.886/65). Se o comprador não efetuar o pagamento o representante não receberá a comissão, a não que tivesse sido estabelecido outro critério, no contrato, para o recebimento da comissão (art. 27, *f*, da Lei n. 4.886/65).

Não é permitida no contrato de representação a cláusula *del credere*, ou seja, se o comprador não fizer o pagamento, o representante não será responsabilizado, já que o negócio só é firmado com a aprovação da proposta pelo representado. O risco, portanto, é todo do representado (art. 43 da Lei n. 4.886/65).

Só para lembrar e diferenciar:

---

9. Este é o posicionamento de Fábio Ulhoa Coelho, no *Curso de Direito Comercial*, 7. ed., São Paulo: Saraiva. v. 3, p. 116. Gladston Mamede entende que a exclusividade territorial depende de previsão no contrato, já que se aplicaria o Código Civil de 2002, quando delimita as regras do contrato de agência, que teria alterado as regras da representação comercial.

10. É possível presumir a existência de exclusividade em zona de atuação de representante comercial quando: (i) não houver previsão expressa em sentido contrário; e (ii) houver demonstração por outros meios da existência da exclusividade (REsp 1.634.077-SC, rel. Min. Nancy Andrighi, por unanimidade, j. 9-3-2017, *DJe* 21-3-2017. Informativo 601 do STJ).

COMISSÃO MERCANTIL	REPRESENTAÇÃO COMERCIAL
Pode ter a cláusula *del credere*, que significa, se existir, que se o comprador não pagar, o comissário é solidariamente responsável pelo pagamento.	Não pode ter a cláusula *del credere*, ou seja, o representante não pode ser responsabilizado pelo não pagamento do comprador.

As principais obrigações do representante são:

a) observar as instruções e as cotas de produtividade fixadas pelo representado (art. 29 da Lei n. 4.886/65);

b) prestar contas ao representado, não prejudicar, por dolo ou culpa, os interesses que lhe são confiados, não facilitar o exercício da profissão por quem estiver impedido ou proibido de exercê-la, não facilitar negócios ilícitos ou que prejudiquem a Fazenda Pública, sempre apresentar a carteira profissional (art. 19 da Lei n. 4.886/65);

c) respeitar a cláusula de exclusividade, se existente (arts. 31 e 41 da Lei n. 4.886/1965).

O primeiro contrato realizado entre representado e representante pode ser por prazo determinado ou indeterminado. Mas, se o contrato for por prazo determinado, quando prorrogado será sucedido necessariamente por um contrato por prazo indeterminado (art. 27, §§ 2º e 3º, da Lei n. 4.886/65).

As principais obrigações do representado são:

a) pagar a comissão pactuada ao representante (arts. 32 e 33 da Lei n. 4.886/65);

b) respeitar a exclusividade quanto à área delimitada no contrato (art. 31 da Lei n. 4.886/65).

As partes podem rescindir o contrato quando a parte contrária der causa a isso. Constituem motivos justos para rescisão do contrato de representação comercial, pelo representado: (a) a desídia do representante no cumprimento das obrigações decorrentes do contrato; (b) a prática de atos que importem em descrédito comercial do representado; (c) a falta de cumprimento de quaisquer obrigações inerentes ao contrato de representação comercial; (d) a condenação definitiva por crime considerado infamante; (e) força maior (art. 35 da Lei n. 4.886/65).

Constituem motivos justos para rescisão do contrato de representação comercial, pelo representante: (a) redução de esfera de atividade do representante em desacordo com as cláusulas do contrato; (b) a quebra, direta ou indireta, da exclusividade, se prevista no contrato; (c) a fixação abusiva de preços em relação à zona do representante, com o exclusivo escopo de impossibilitar-lhe ação regular; (d) o não pagamento de sua retribuição na época devida; (e) força maior (art. 36 da Lei n. 4.886/65).

Se a **rescisão** do contrato de representação ocorrer por **culpa do representado**[11] e o contrato de representação for por prazo **indeterminado,** o representante terá direito a:

---

11. **Não é devida a verba atinente ao aviso prévio – um terço das comissões auferidas pelo representante comercial nos três meses anteriores à resolução do contrato (art. 34 da Lei n. 4.886/65) –, quan-**

- **pré-aviso**, que é a comunicação com 30 dias de antecedência, ou o pagamento de 1/3 das comissões recebidas nos últimos 3 meses (art. 34 da Lei n. 4.886/65);
- **indenização de 1/12 da somatória das comissões recebidas** (art. 27, *j*, da Lei n. 4.886/65).

Porém, se o contrato for firmado por prazo **determinado**, o valor da indenização será o resultado da multiplicação da metade do número de meses contratados pela média mensal das comissões recebidas (art. 27, § 1º, da Lei n. 4.886/65).

Para fixar e visualizar como é calculada a indenização, se o contrato for rescindido por culpa do representado:

PRAZO DETERMINADO	PRAZO INDETERMINADO
Média de retribuição x metade dos meses faltantes	Pré-aviso (média da comissão nos últimos 3 meses ou a comunicação com 30 dias de antecedência) + 1/12 da soma das comissões recebidas

Apesar da Emenda Constitucional n. 45/2004, que ampliou, ao alterar o art. 114 da CF/88, a competência da Justiça do Trabalho para apreciar as causas relativas às relações de trabalho e não apenas as relações de emprego, o STJ manteve o entendimento, já trazido pelo art. 39 da Lei n. 4.886/65, que fixava a Justiça Comum para tratar das questões relativas à representação comercial. Nesse sentido, o Conflito de Competência 96.851 de 2009, abordou exatamente a nova atribuição de competência da Justiça do Trabalho, entendendo que apesar disso as **ações relativas à representação comercial devem ser apreciadas na Justiça Comum**.

O art. 39 da Lei n. 4.886/65 além de atribuir a competência para Justiça Comum, ainda fixou o **procedimento sumário**, de acordo com o art. 275, II, *h*, do CPC/1973, não importando o valor da causa, já que a motivação é em razão da matéria.

Com o advento do CPC/2015, o art. 1.063 dispõe que até a edição de lei específica, os juizados especiais cíveis, previstos na Lei n. 9.099/95, continuam competentes para o processo e julgamento das causas previstas no art. 275, II da CPC/1973.

O prazo para a cobrança dos valores devidos ao representante é de 5 anos (art. 44, parágrafo único, da Lei n. 4.886/65).

do o fim do contrato de representação comercial se der por justa causa. Segundo entendimento doutrinário, o aviso prévio é incompatível com a arguição de falta grave cometida pela outra parte. Assim, se cometida falta grave, a denúncia do contrato de **representação comercial** terá natureza abrupta, rompendo-se a avença tão logo a denúncia chegue ao conhecimento da parte faltosa. Precedentes citados: REsp 417.058-MG, Terceira Turma, DJ 10-3-2003; e REsp 1.085.903-RS, Terceira Turma, *DJe* 30-11-2008 (REsp 1.190.425-RJ, rel. Min. Luis Felipe Salomão, j. 2-9-2014. Informativo 546 do STJ).

14.7 Concessão mercantil[12]

É o contrato pelo qual o concessionário se obriga a comercializar, com ou sem exclusividade, os produtos fabricados pelo concedente. Apenas foi regulamentada a **concessão mercantil de veículos automotores terrestres** (Lei n. 6.729/79). Portanto, só é considerado um contrato típico, no caso de veículos automotores. Para outras mercadorias, a concessão mercantil será um contrato atípico.

Como a regra é que a concessão mercantil seja um contrato atípico, as partes têm liberdade para estabelecer contratualmente as regras que devem ser obedecidas. Mas, no caso da concessão mercantil de veículos automotores, esta liberdade é extremamente limitada pela Lei n. 6.729/79.

A Lei Ferrari, como é conhecida a Lei n. 6.729/79, se preocupa com o retorno do investimento realizado pelo concessionário, que constrói e desenvolve um ponto de venda de bens fabricados pelo concedente.

Nessa modalidade de concessão mercantil típica, o objeto é a **comercialização de veículos automotores, prestação de assistência técnica, além do uso da marca do concedente como identificação** (art. 3º da Lei n. 6.729/79).

Para proteger este investimento do concessionário no negócio é que existe uma **região de atuação determinada na qual o concessionário tem exclusividade** (art. 5º da Lei n. 6.729/79). Não pode, desse modo, um concessionário atuar além de seus limites na captação de clientes, mas não há nada que proíba que o consumidor seja atendido na concessionária que ele escolher, não importando a área de atuação (art. 5º, § 3º, da Lei n. 6.729/79).

Outra proteção garantida ao concessionário reside no fato de o pagamento do preço das mercadorias fornecidas pelo concedente não poder ser exigido, no todo ou em parte, antes do faturamento, salvo ajuste diverso entre o concedente e sua rede de distribuição (art. 11 da Lei n. 6.729/79).

Além disso, o preço de venda dos produtos a um concessionário será o mesmo praticado com outras concessionárias, ou seja, será dado um **tratamento isonômico aos concessionários** (art. 13 da Lei n. 6.729/79).

Por outro lado, o concessionário não pode negociar produtos de outro concedente, o que também é chamado de **exclusividade de distribuição**.

O contrato de concessão poderá ser inicialmente ajustado por prazo determinado, não inferior a cinco anos, e se tornará automaticamente de prazo indeterminado se nenhuma das partes manifestar à outra a intenção de não o prorrogar, antes de cento e oitenta dias do seu termo final e mediante notificação por escrito devidamente comprovada (art. 21 da Lei n. 6.729/79).

O concedente que não prorrogar o contrato por prazo determinado ficará obrigado perante o concessionário a: readquirir-lhe o estoque de veículos automotores e compo-

12. Arts. 493 a 499 do Projeto de Lei do Senado n. 487/2013.

nentes novos, estes em sua embalagem original, pelo preço de venda à rede de distribuição, vigente na data de reaquisição; comprar-lhe os equipamentos, máquinas, ferramental e instalações à concessão, pelo preço de mercado correspondente ao estado em que se encontrarem e cuja aquisição o concedente determinara ou dela tivera ciência por escrito sem lhe fazer oposição imediata e documentada, excluídos desta obrigação os imóveis do concessionário (art. 23 da Lei n. 6.729/79).

Se o concedente der causa à rescisão do contrato de prazo indeterminado, deverá reparar o concessionário: readquirindo-lhe o estoque de veículos automotores, implementos e componentes novos, pelo preço de venda ao consumidor, vigente na data da rescisão contratual; comprar-lhe os equipamentos, máquinas, ferramental e instalações à concessão, pelo preço de mercado correspondente ao estado em que se encontrarem e cuja aquisição o concedente determinara ou dela tivera ciência por escrito sem lhe fazer oposição imediata e documentada, excluídos desta obrigação os imóveis do concessionário; pagando-lhe perdas e danos, à razão de quatro por cento do faturamento projetado para um período correspondente à soma de uma parte fixa de dezoito meses e uma variável de três meses por quinquênio de vigência da concessão, devendo a projeção tomar por base o valor corrigido monetariamente do faturamento de bens e serviços concernentes a concessão, que o concessionário tiver realizado nos dois anos anteriores à rescisão; satisfazendo-lhe outras reparações que forem eventualmente ajustadas entre o produtor e sua rede de distribuição (art. 24 da Lei n. 6.729/79).

14.8 Franquia

O contrato de franquia parte da ideia de um empresário expandir sua atividade empresarial. É claro que esse crescimento poderia se dar pela constituição de filiais, ampliação da sede e até mesmo a venda pelo comercio eletrônico. A escolha pela franquia se dá pela expectativa de que outra pessoa vai investir e desenvolver essa atividade, marcada sob a supervisão do empresário e com o pagamento de uma contraprestação.

O contrato de franquia foi recentemente alterado para Lei n. 13.966/2019, que revogou a Lei n. 8.955/94, e é definido no art. 1º da Lei n. 13.966/2019 como "o sistema pelo qual um franqueador autoriza por meio de contrato um franqueado a usar marcas <u>e outros objetos de propriedade intelectual, sempre associados ao direito de produção ou distribuição exclusiva ou não exclusiva de produtos ou serviços e também ao direito de uso de métodos e sistemas de implantação e administração de negócio ou sistema operacional desenvolvido</u> ou detido pelo franqueador, mediante remuneração direta ou indireta, <u>sem que, no entanto, se caracterize relação de consumo ou vínculo empregatício, seja em relação ao franqueado ou a seus empregados, ainda que durante o período de treinamento</u>" (grifo nosso).

A novidade do novo texto legislativo é a preocupação com o uso da propriedade intelectual, os métodos de gestão do negócio e a expressa previsão da não existência do vínculo empregatício com o franqueador.

O franqueador tem, portanto, a obrigação de licenciar marca, patente e toda propriedade intelectual envolvida na realização do negócio; para tanto, receberá uma taxa a título de *royalties*.

O franqueador tem por obrigação a entrega de uma CIRCULAR DE OFERTA DE FRANQUIA, 10 dias da assinatura de qualquer contrato ou pagamento de qualquer taxa, salvo no caso de licitação ou pré-qualificação promovida por órgão ou entidades públicas, caso em que a Circular de Oferta de Franquia será dada à divulgação logo no início do processo de seleção, sob pena de anulação do negócio e o direito à devolução de todas as quantias já pagas ao franqueador, ou a terceiros por este indicados, a título de filiação ou de *royalties*, corrigidas monetariamente (art. 4º da Lei n. 13.966/2019).

Essa circular contém informações necessárias para que o possível franqueado tenha real conhecimento do negócio em que pretende investir. As informações que obrigatoriamente precisam constar da COF são (art. 2º da Lei n. 13.966/2019):

- histórico resumido do negócio franqueado;
- qualificação completa do franqueador e das empresas a que esteja ligado, relacionando-as também com os respectivos números de inscrição no Cadastro Nacional da Pessoa Jurídica – CNPJ;
- balanços e demonstrações financeiras da empresa franqueadora, relativos aos dois últimos exercícios;
- indicação das ações judiciais em que sejam parte o franqueador, as empresas controladoras, o subfranqueador e os titulares das marcas e demais direitos de propriedade intelectual, relativos à franquia que questionem o sistema ou que possam comprometer a operação da franquia no País;
- descrição detalhada da franquia, descrição geral do negócio e das atividades que serão desempenhadas pelo franqueado;
- perfil do franqueado ideal no que se refere à experiência anterior, a escolaridade e outras características que deve ter, obrigatória ou preferencialmente;
- requisitos quanto ao envolvimento direto do franqueado na operação e na administração do negócio;
- especificações quanto ao: total estimado do investimento inicial necessário à aquisição, à implantação e à entrada em operação da franquia; valor da taxa inicial de filiação ou taxa de franquia; e o valor estimado das instalações, dos equipamentos e do estoque inicial e suas condições de pagamento;
- informações claras quanto a taxas periódicas e outros valores a serem pagos pelo franqueado ao franqueador ou a terceiros por este indicados, detalhando as respectivas bases de cálculo e o que elas remuneram ou o fim a que se destinam, indicando, especificamente, o seguinte: remuneração periódica pelo uso do sistema, da marca, de outros direitos de propriedade intelectual do franqueador ou sobre

quais este detém direitos ou, ainda, pelo pagamento dos serviços prestados pelo franqueador ou franqueado; aluguel de equipamentos ou ponto comercial; taxa de publicidade ou semelhante; seguro mínimo; outros valores devidos ao franqueador ou a terceiros que a ele sejam ligados;

- relação completa de todos os franqueados, subfranqueados ou subfranqueadores da rede e, também, dos que se desligaram nos últimos 24 meses, com os respectivos nomes, endereços e telefones;
- informações relativas à política de atuação territorial, devendo ser especificado: se é garantida ao franqueado a exclusividade ou a preferência sobre determinado território de atuação e, neste caso, sob que condições; se há possibilidade de o franqueado realizar vendas ou prestar serviços fora de seu território ou realizar exportações; se há e quais são as regras de concorrência territorial entre unidades próprias e franqueadas;
- informações claras e detalhadas quanto à obrigação do franqueado de adquirir quaisquer bens, serviços ou insumos necessários à implantação, operação ou administração de sua franquia apenas de fornecedores indicados e aprovados pelo franqueador, oferecendo ao franqueado relação completa desses fornecedores;
- indicação do que é oferecido ao franqueado pelo franqueador e em quais condições, no que se refere a: suporte ao franqueado; supervisão de rede; serviços prestados ao franqueado; incorporação de inovações tecnológicas às franquias; treinamento do franqueado e seus funcionários, especificando duração, conteúdo e custos; manuais de franquia; auxílio na análise e escolha do ponto onde será instalada a franquia; leiaute e padrões arquitetônicos das instalações do franqueado, incluindo arranjo físico de equipamentos e instrumentos, memorial descritivo, composição e croqui;
- informações sobre a situação da marca franqueada e outros direitos de propriedade intelectual relacionados à franquia, cujo uso será autorizado em contrato pelo franqueador, incluindo a caracterização completa, com o número do registro ou do pedido protocolizado, com a classe e subclasse, nos órgãos competentes, e, no caso de cultivares, situação perante o Serviço Nacional de Proteção de Cultivares – SNPC;
- situação do franqueado, após a expiração do contrato de franquia, em relação a: *know-how* da tecnologia de produto, de processo ou de gestão, informações confidenciais, segredos de indústria, de comércio, finanças e negócios a que venha a ter acesso em função da franquia; e implantação de atividade concorrente à da franquia;
- modelo do contrato-padrão e, se for o caso, também do pré-contrato-padrão de franquia adotado pelo franqueador, com texto completo, inclusive dos respectivos anexos, condições e prazos de validade;
- indicação da existência ou não de regras de transferência ou sucessão e quais são elas;
- indicação do prazo contratual e das condições de renovação;

- indicação das situações em que são aplicadas penalidades, multas ou indenizações e respectivos valores, estabelecidos no contrato de franquia;
- informações sobre a existência de quotas mínimas de compra pelo franqueado junto ao franqueador, ou a terceiros por este designados, e sobre a possibilidade e as condições para a recusa dos produtos ou serviços exigidos pelo franqueador;
- indicação de existência de conselho ou associação de franqueados, com as atribuições, poderes e os mecanismos de representação perante o franqueador, detalhando as competências para gestão e fiscalização da aplicação dos recursos de fundos existentes;
- indicação das regras de limitação à concorrência entre o franqueador e os franqueados, e entre os franqueados, durante a vigência do contrato de franquia, detalhando abrangência territorial e o prazo de vigência da restrição, e das penalidades em caso de descumprimento;
- especificação precisa do prazo contratual e das condições de renovação, se houver;
- o local, dia e hora para recebimento da documentação proposta, bem como para início da abertura dos envelopes, quando se tratar de órgão ou entidades públicas.

Uma das grandes novidades não é a existência ou prazo da COF, e sim o detalhamento maior, que realmente informa as condições do negócio a ser contratado.

Uma última questão a ser ressaltada é que os contratos de franquia cujos efeitos se produzam exclusivamente no território nacional serão regidos pela legislação brasileira, enquanto, no caso de contratos internacionais de franquia, os contratantes poderão optar, no contrato, pelo foro de um de seus países de domicílio (art. 7º da Lei n. 13.966/2019).

PARA FIXAR
PRINCIPAIS NOVIDADES
– descrição dos bens de propriedade intelectual fornecidos ao franqueado;
– inexistência do vínculo empregatício com o franqueador;
– COF mais detalhada;
– se a produção de efeitos da franquia for no território nacional, a legislação a ser aplicada é a brasileira.

14.9 Contrato de transporte[13]

Pelo contrato de transporte alguém se obriga, mediante retribuição, a transportar, de um lugar para outro, pessoas ou coisas (art. 730 do CC). Durante o transporte o transportador se obriga a cumprir o contrato relativamente ao respectivo percurso, respondendo pelos danos nele causados a pessoas e coisas (art. 733 do CC).

13. Arts. 517 a 527 do Projeto de Lei do Senado n. 487/2013.

No transporte de coisas, se o transporte não puder ser feito ou sofrer longa interrupção, o transportador solicitará, imediatamente, instruções ao remetente, e zelará pela coisa, por cujo perecimento ou deterioração responderá, salvo força maior (art. 753 do CC).

14.10 Contratos bancários

São contratos nos quais uma das partes é um banco ou uma instituição financeira. As principais modalidades de contratos bancários típicos são:

a) Mútuo bancário[14]

É o contrato pelo qual a instituição financeira empresta determinada quantia em dinheiro ao mutuário, que se obriga a restituir o valor emprestado com os juros e os demais encargos contratados. O mútuo bancário não tem a limitação de juros dos arts. 406 e 591 do Código Civil de 2002; isso porque esta função foi delegada ao Conselho Monetário Nacional (CMN) que, a partir de 1990, deixou que o mercado regulasse a cobrança de juros (Súmula 596 do STF: "As disposições do Dec. 22.626/1933 não se aplicam às taxas de juros e aos outros encargos cobrados nas operações realizadas por instituições públicas ou privadas que integram o Sistema Financeiro Nacional"). Ressalte-se a Súmula 379 do STJ: "Nos contratos bancários não regidos por legislação específica, os juros moratórios poderão ser convencionados até o limite de 1% ao mês". E a Súmula 382 da STJ: "A estipulação de juros remuneratórios superiores a 12% ao ano, por si só, não indica abusividade".

b) Desconto bancário[15]

É o contrato pelo qual a instituição financeira antecipa o valor de um crédito contra terceiro ao cliente e, em virtude disso, desconta determinada taxa de juros. O devedor endossa os títulos de crédito como garantia do pagamento do contrato, de tal modo que, no desconto bancário, se o título não for pago, o Banco tem direito de regresso contra o devedor do desconto e contra o devedor do título.

Resumindo, para que exista o desconto, são necessários os seguintes elementos:

- adiantamento de determinada quantia em dinheiro;
- garantia de um título de crédito dado pelo devedor;
- endosso do título de crédito ao Banco.

O problema ocorrerá quando o título de crédito, dado como garantia, for uma duplicata fria, ou seja, um duplicata sem a causa exigida por lei, sem a nota fiscal ou fatura.

14. Arts. 529 do Projeto de Lei do Senado n. 487/2013.
15. Art. 529 do Projeto de Lei do Senado n. 487/2013.

Embora o ato fraudulento tenha sido praticado pelo devedor do banco, o banco responderá por perdas e danos ao protestar o título indevidamente. Esse é o sentido da Súmula 479 do STJ.

c) Abertura de crédito

É o contrato pelo qual a instituição financeira disponibiliza ao correntista determinada quantia em dinheiro (limite ou conta garantia) para que ele possa, se quiser, utilizar essa quantia. O contrato de abertura de crédito não pode ser cobrado por meio de processo de execução e sim de ação monitória. Nesse sentido, a Súmula 233 do STJ: "O contrato de abertura de crédito, ainda que acompanhado de extrato da conta-corrente, não é título executivo". E a Súmula 247 do STJ: "O contrato de abertura de crédito em conta-corrente, acompanhado do demonstrativo de débito, constitui documento hábil para o ajuizamento da ação monitória".

Para garantir o contrato de abertura de crédito é usada atualmente a cédula de crédito bancária da Lei n. 10.931/2004, que estudamos no capítulo de título de crédito.

Das operações passivas, nas quais a instituição financeira é devedora, a mais importante é o depósito bancário. Nele, o cliente entrega determinada quantia em dinheiro à instituição financeira, para que esta a guarde e a restitua quando for pleiteada pelo cliente. O depósito bancário difere do depósito irregular (art. 645 do Código Civil de 2002), pois, no bancário, o depositário pode usar o dinheiro do depositante como proprietário, pagando contas, investindo etc., apesar de ter de restituí-lo quando pleiteado.

14.11 Alienação fiduciária em garantia[16]

É o **contrato acessório**, normalmente **atrelado ao contrato de mútuo, no qual o mutuário-fiduciante aliena a propriedade de um bem ao mutuante-fiduciário**.

Na propriedade fiduciária há o desdobramento da posse, de tal modo que o credor-fiduciário terá apenas a propriedade fiduciária do bem e a posse indireta do bem em questão, enquanto o devedor-fiduciante terá a posse direta do bem (art. 1.361 do CC).

A alienação fiduciária pode recair sobre bens imóveis (arts. 22 a 33 da Lei n. 9.514/97) ou sobre bens móveis, inclusive no mercado financeiro e de capitais (art. 66-B da Lei n. 4.728/65). O Código Civil também regula a propriedade fiduciária nos arts. 1.361 e s., dentro do Direito das Coisas. Por fim, as normas processuais da alienação fiduciária são tratadas no Dec.-Lei n. 911/69, alterado pela Lei n. 13.043/2014.

Ou seja:

16. Arts. 561 a 564 do Projeto de Lei do Senado n. 487/2013.

ALIENAÇÃO FIDUCIÁRIA DE BENS MÓVEIS (CREDOR FIDUCIÁRIO = INSTITUIÇÃO FINANCEIRA)	ALIENAÇÃO FIDUCIÁRIA DE BENS MÓVEIS (CREDOR FIDUCIÁRIO = PESSOA FÍSICA OU JURÍDICA)	ALIENAÇÃO FIDUCIÁRIA DE BENS IMÓVEIS
Lei n. 4.728/65 Decreto-Lei n. 911/69	Código Civil de 2002 (arts. 1.361 a 1.368-A)	Lei n. 9.514/97

Tanto em relação aos bens imóveis como nos bens móveis, se o devedor não cumprir a obrigação, o bem pode ser apreendido pelo credor-fiduciário, que poderá vender o bem a fim de satisfazer seu crédito. É nula a cláusula que autoriza o credor fiduciário a ficar com a coisa alienada em garantia, se a dívida não for paga no vencimento (art. 1.365 do CC).

a) Alienação fiduciária de bem móvel

A alienação fiduciária de bem móvel é regulada pelo Decreto-Lei n. 911/69.

Na alienação fiduciária de bem móvel, quando o fiduciante estiver em mora, o fiduciário poderá ingressar com **ação de busca e apreensão**[17], com a concessão de liminar sem a oitiva do fiduciante.

A mora ocorrerá pelo vencimento do prazo para pagamento e poderá ser comprovada por carta registrada com aviso de recebimento (art. 2º, § 2º, do DL n. 911/69)[18].

Uma vez que a liminar seja concedida, o fiduciante será citado para em 15 dias apresentar sua contestação, e após este prazo o juiz deverá sentenciar de plano em 5 dias. Dessa sentença caberá apelação, que será recebida apenas no efeito devolutivo. É importante ressaltar que, após a concessão da liminar, o fiduciário pode vender de pronto o bem alienado, uma vez que a futura sentença provavelmente lhe dará a plena propriedade do bem.

Nesse sentido o STJ:

> "Alienação fiduciária em garantia. Recurso especial representativo de controvérsia. Art. 543-C do CPC. Ação de busca e apreensão. Decreto n. 911/1969. Alteração introduzida pela Lei n. 10.931/2004. Purgação da mora. Impossibilidade. Necessidade de pagamento da integralidade da dívida no prazo de 5 dias após a execução da liminar. 1. Para fins do art. 543-C do Código de Processo Civil: "Nos contratos firmados na vigência da Lei n. 10.931/2004, compete ao devedor, no prazo de 5 (cinco) dias após a execução da liminar na ação de busca e apreensão, pagar a integralidade da dívida – entendida esta como os valores apresentados e comprovados pelo credor na inicial –, sob pena de consolidação da propriedade do bem móvel objeto de alienação fiduciária". 2. Recurso especial provido." (REsp 1.418.593/MS, Min. Luis Felipe Salomão, *Dje* 27-5-2014).

---

17. Em se tratando de bens imóveis não caberá a busca e apreensão, mas apenas a consolidação da propriedade, a partir da intimação do devedor (art. 26 da Lei n. 9.514/1997).

18. Súmula 72 do STJ.

Se a venda do bem não for suficiente para saldar a dívida, o credor, de acordo com a Súmula 384 do STJ[19]**, pode ingressar com a ação monitória, para compor o saldo devedor**. Note que no Dec.-Lei a ação prevista é a execução, se o bem não foi encontrado, mas se o título foi usado para a busca e apreensão, o saldo devedor será cobrado por meio de monitoria. O credor, portanto, escolherá a utilização do título executivo para a busca e apreensão ou para a cobrança do valor.

Quanto à **possibilidade da prisão civil se o bem não for localizado com o fiduciante-devedor, foi afastada pelo STF**[20], entendendo que os tratados internacionais que têm por objeto os direitos humanos, prevalecem sobre a lei. Nesse sentido, o Pacto de San Jose da Costa Rica já previa a prisão civil como exceção possível apenas em relação ao não cumprimento da prestação alimentícia. Ressalte-se que a Súmula Vinculante 25, não permite a prisão civil para o depositário infiel[21].

No caso de falência do fiduciante, caberá ao fiduciário ingressar com pedido de restituição, cujo procedimento estudaremos no capítulo de Falência (arts. 7º do DL n. 911/69 e 85 e s. da Lei n. 11.101/2005).

a.1) Aplicação da teoria do adimplemento substancial

Quando um contrato é descumprido, o credor pode pedir a resolução do contrato ou exigir o cumprimento do contrato, como dispõe o art. 475 do CC: "A parte lesada pelo inadimplemento pode pedir a resolução do contrato, se não preferir exigir-lhe o cumprimento, cabendo, em qualquer dos casos, indenização por perdas e danos".

Entretanto a teoria do adimplemento substancial limita a aplicação desse dispositivo legal, de tal modo que, se ao descumprir o contrato, faltarem poucas parcelas para o cumprimento do contrato, o credor não poderá resolver o contrato, e sim apenas exigir o cumprimento. A resolução do contrato, nesse caso seria uma medida desproporcional violando a boa-fé objetiva.

Para o STJ, a aplicação da teoria do adimplemento substancial, depende da presença de 2 requisitos:

- o pagamento faltante deve ser de um valor mínimo comparado com o valor total do contrato;
- a eficácia do negócio deve ser mantida, preservando ao credor o direito de pleitear a quantia devida.

---

19. Súmula 384 do STJ: "Cabe ação monitória para haver saldo remanescente oriundo de venda extrajudicial de bem alienado fiduciariamente em garantia".

20. RE 466.343.

21. Súmula Vinculante 25: "É ilícita a prisão civil de depositário infiel, qualquer que seja a modalidade do depósito".

Quando a Lei n. 10.931/2004 alterou o DL n. 911/69, a purgação da mora, ou seja, o pagamento das parcelas vencidas não foi mais permitida. Então, o devedor é citado para pagar a integralidade da dívida.

Em virtude dessa alteração, o posicionamento do STJ[22] é pela não aplicação da teoria do adimplemento substancial, portanto, mesmo faltando poucas parcelas, a teoria não pode ser suscitada pelo devedor a fim de deixar de impedir a resolução contratual.

Assim, para o STJ: **Não se aplica a teoria do adimplemento substancial aos contratos de alienação fiduciária em garantia regidos pelo Decreto-Lei n. 911/69**[23].

b) Alienação fiduciária de bem imóvel

A alienação fiduciária de bem imóvel é regulada pela Lei n. 9.514/97.

A alienação fiduciária poderá ser contratada por pessoa física ou jurídica, não sendo privativa das entidades que operam no Sistema Financeiro Imobiliário[24]. A propriedade fiduciária de imóvel ocorrerá mediante registro, no competente Registro de Imóveis (art. 23 da Lei n. 9.514/97).

Com o pagamento da dívida e seus encargos, resolve-se a propriedade fiduciária do imóvel, com o cancelamento do registro da propriedade fiduciária no Registro de Imóveis. O devedor será intimado para purgar a mora, ou seja, para pagar as parcelas vencidas; se isso ocorrer, o contrato de alienação fiduciária será mantido.

Se a mora não for purgada, haverá a consolidação da propriedade depois de 30 dias da intimação do devedor (art. 26 da Lei n. 9.514/97).

Responde o fiduciante pelo pagamento dos impostos, taxas, contribuições condominiais e quaisquer outros encargos que recaiam ou venham a recair sobre o imóvel, durante a posse (art. 27, § 8º, da Lei n. 9.514/97).

PARA DIFERENCIAR E FIXAR

ALIENAÇÃO FIDUCIÁRIA	NÃO PAGAMENTO	NÃO PAGAMENTO E FALÊNCIA[25]
Bem móvel	Ação de busca e apreensão	Pedido de Restituição
Bem imóvel	Consolidação	Pedido de Restituição

22. REsp 1.622.555 do STJ (Informativo 599 do STJ).

23. REsp 1.416.593 (Informativo 540 do STJ).

24. DIREITO CIVIL. ALIENAÇÃO FIDUCIÁRIA DE IMÓVEL EM GARANTIA DE QUALQUER OPERAÇÃO DE CRÉDITO. É possível a constituição de alienação fiduciária de bem imóvel para garantia de operação de crédito não vinculada ao Sistema Financeiro Imobiliário (SFI). REsp 1.542.275-MS, rel. Min. Ricardo Villas Bôas Cueva, j. 24-11-2015, *DJe* 2-12-2015. Informativo 574 do STJ).

25. O cabimento do Pedido de Restituição do art. 85 da Lei n. 11.101/2005 será estudado com cuidado no capítulo sobre falência.

14.12 Arrendamento mercantil (*leasing*)

O contrato de arrendamento mercantil ou *leasing* (do verbo em inglês *to lease*, que significa alugar), é o contrato pelo qual uma pessoa jurídica (arrendadora) arrenda a uma pessoa física ou jurídica (arrendatária), por tempo determinado, um bem comprado pela primeira, de acordo com as indicações da segunda, cabendo à arrendatária a **opção de adquirir o bem** arrendado ao final do contrato, mediante **valor residual garantido** (VRG) e previamente fixado.

É exatamente por isso que o arrendamento mercantil é um **misto de locação com opção de compra** (Res. Bacen n. 2.309/96). A opção de compra, como vimos, ocorre no momento em que se paga o VRG, do contrário o bem é devolvido, e tornaria o *leasing* um contrato de locação.

O contrato de *leasing* é um contrato atípico, já que a Lei n. 6.099/74 trata apenas dos aspectos tributários do *leasing*. Por ser um contrato atípico, as regras aplicadas a esse contrato dependem do que foi previsto no contrato. A regulamentação, por ora, ocorre pelas Resoluções ns. 2.309/96 e 2.706/99 do Banco Central.

O *leasing* pode ainda ser de duas modalidades: financeiro ou operacional.

No ***leasing* financeiro**, o bem arrendado é de propriedade de terceiro e foi adquirido de acordo com as instruções do arrendatário. Além disso, as contraprestações e demais pagamentos previstos no contrato devem ser suficientes para que a arrendadora recupere o custo do bem arrendado durante o prazo contratual da operação e ainda obtenha retorno sobre os recursos investidos (Res. Bacen n. 2.309/96). Em virtude disso, no *leasing* financeiro o VRG é de pequeno valor.

No ***leasing* operacional**, o bem arrendado é de propriedade da arrendadora. Além disso, as contraprestações a serem pagas pela arrendatária contemplam o arrendamento do bem e os serviços inerentes a sua disposição, não podendo a soma das contraprestações ultrapassar 90% do prazo de vida útil econômica do bem (art. 6º da Res. Bacen n. 2.309/96, alterado pela Res. Bacen n. 2.465/98). Em virtude disso, no *leasing* operacional, o VRG tem valor expressivo.

Outra modalidade possível é o *leasing back*, ou *leasing* de retorno no qual a arrendadora adquire da própria arrendatária o bem objeto do arrendamento. O *leasing back* é usado, algumas vezes por empresas que precisam imobilizar seus bens a fim de obter capital de giro necessário para a manutenção de sua atividade.

PARA FIXAR E DIFERENCIAR

LEASING FINANCEIRO	*LEASING* OPERACIONAL
Bem arrendado de propriedade de terceiro	Bem arrendado de propriedade da arrendadora
Valor pago pelas prestações é suficiente para pagar o custo e o rendimento com a operação.	Valor pago pelas prestações não pode ultrapassar 75% do custo do bem.
VRG inexpressivo	VRG alto

Outra questão relevante é que, de acordo com o STJ, não descaracteriza o contrato de arrendamento mercantil que o VRG seja pago de uma forma diluída ou antecipada (Súmula 293 do STJ)[26].

Se o VRG for pago e o bem for retomado, a empresa arrendadora tem que devolver o valor do VRG, uma vez que só seria devido se a propriedade do bem ficar com o arrendatário. De acordo com a Súmula 564 do STJ: "No caso de reintegração de posse em arrendamento mercantil financeiro, quando a soma da importância antecipada a título de valor residual garantido (VRG) com o valor da venda do bem ultrapassar o total do VRG previsto contratualmente, o arrendatário terá direito de receber a respectiva diferença, cabendo, porém, se estipulado no contrato, o prévio desconto de outras despesas ou encargos pactuados".

Se o arrendatário deixar de pagar as prestações do arrendamento mercantil, o arrendador poderá recuperar o bem e vendê-lo para um terceiro a fim de cobrir suas despesas. A quantia arrecadada com esta venda é somada com o valor que foi pago ao longo do contrato pelo arrendatário a título de VRG antecipado ou diluído. Se a soma destas duas quantias for menor que o VRG total, o arrendador não terá que pagar nada ao arrendatário. Por outro lado, se o valor arrecadado pelo arrendador for maior que o VRG total, o arrendador deverá devolver a diferença para o arrendatário a fim de evitar enriquecimento sem causa, salvo se a arrendadora descontar do montante outras despesas que teve.

Ressalte-se a Súmula 369 do STJ: "No contrato de arrendamento mercantil (*leasing*), ainda que haja cláusula resolutiva expressa, é necessária a notificação prévia do arrendatário para constituí-lo em mora".

Por fim, no caso de recuperação de empresas da arrendatária, o arrendador não se submeterá à recuperação de empresas (art. 49, § 3º, da Lei n. 11.101/2005).

14.13 Faturização (*factoring*) ou fomento mercantil[27]

É um contrato atípico pelo qual o faturizador adquire direitos decorrentes do faturamento (compra e venda de mercadorias ou prestações de serviços) do faturizado. Nesse contrato o faturizador adquire os **títulos de crédito** do faturizado, e, na maioria das vezes, **antecipa** uma quantia para este empresário que precisa de recursos imediatos.

O contrato de *factoring* pode ser chamado de fomento mercantil ou **faturização, que é a terminologia usada por Fábio Konder Comparato**[28]. A *factoring* pode se apresentar sob duas modalidades distintas:

---

26. Súmula 293 do STJ: "A cobrança antecipada do valor residual garantido (VRG) não descaracteriza o contrato de arrendamento mercantil".

27. Arts. 554 a 560 do Projeto de Lei do Senado n. 487/2013.

28. COMPARATO, Fábio Konder. *Ensaios e Pareceres de Direito Empresarial*. Rio de Janeiro: Forense, 1978.

a) ***conventional factoring***, na qual o faturizador paga à vista pela cessão dos créditos do faturizado, descontando do valor pago, os juros de antecipação de recursos, proporcionalmente ao tempo que faltar para o seu vencimento (deságio). Este desconto se justificaria, pois o faturizador está assumindo o risco do negócio;

b) ***maturity factoring***, onde o faturizador apenas pagará o preço da cessão de créditos ao faturizado, após ter recebido o pagamento dos créditos pelos devedores. Nesse caso, a remuneração do faturizador é uma comissão, uma vez que não há juros pelo adiantamento dos pagamentos, não assumindo, portanto, o risco de inadimplência.

Embora o contrato de *factoring* se pareça com o desconto bancário, a principal diferença é que no desconto o empresário garante o título de crédito cedido, já na *factoring* o empresário não garante o pagamento dos títulos transferidos, pois realiza uma cessão civil de crédito (art. 296 do Código Civil de 2002)[29]. Entretanto, a cessão civil de crédito só não garante a solvência do título, se não houver cláusula expressa em sentido contrário. **No contrato de *factoring*, se existir a obrigação da garantia, expressamente prevista, ela prevalece**. Da mesma forma, já que o contrato é atípico, não há regra que proíba a constituição de endosso, na transmissão do título pelo faturizado. Daí que essa diferença não pode se manter em todos os contratos de *factoring*.

Outra questão importante, é que o contrato de *factoring* tem sua cobrança de juros limitada pelo Código Civil de 2002, nos arts. 406 e 591, por não serem realizados por instituições financeiras. Entretanto, não há limitação para a prestação de serviços de cobrança realizados.

14.14 Seguro empresarial

No contrato de seguro (art. 757 do Código Civil de 2002) a seguradora administra recursos para honrar sua obrigação de proteger o sinistro previsto na apólice do contrato, enquanto o segurado é quem paga o prêmio (estimativa do risco acrescido da taxa de carregamento composta pelas despesas e lucro da seguradora).

---

29. O sacado pode opor à faturizadora a qual pretende lhe cobrar duplicata recebida em operação de *factoring* exceções pessoais que seriam passíveis de contraposição ao sacador, ainda que o sacado tenha eventualmente aceitado o título de crédito. Na operação de *factoring*, em que há envolvimento mais profundo entre faturizada e faturizadora, não se opera um simples endosso, mas a negociação de um crédito cuja origem é – ou pelo menos deveria ser – objeto de análise pela faturizadora. Nesse contexto, a faturizadora não pode ser equiparada a um terceiro de boa-fé a quem o título pudesse ser transferido por endosso. De fato, na operação de *factoring*, há verdadeira cessão de crédito, e não mero endosso, ficando autorizada a discussão da *causa debendi*, na linha do que determina o art. 294 do CC, segundo o qual: "O devedor pode opor ao cessionário as exceções que lhe competirem, bem como as que, no momento em que veio a ter conhecimento da cessão, tinha contra o cedente". Provada a ausência de causa para a emissão das duplicatas, não há como a faturizadora exigir do sacado o pagamento respectivo. Cabe ressaltar, por oportuno, que a presunção favorável à existência de causa que resulta do aceite lançado nas duplicatas não se mostra absoluta e deve ceder quando apresentada exceção pessoal perante o credor originário ou seu faturizador. Precedente citado: REsp 612.423-DF, Terceira Turma, DJ 26/6/2006. REsp 1.439.749-RS, rel. Min. João Otávio de Noronha, j. 2-6-2015, *DJe* 15-6-2015. Informativo 564).

O seguro empresarial é contratado por um empresário para garantir a atividade empresarial, como, por exemplo, a proteção da atividade agrícola, transportes (art. 780 do Código Civil de 2002) e responsabilidade civil de diretores, administradores, ou profissionais liberais (art. 787 do Código Civil de 2002).

Para compreender melhor o contrato de seguros, precisamos entender alguns termos:

- prêmio: é o valor pago pelo segurado, no momento que o contrato de seguro é contratado;
- sinistro: é o evento previsto na apólice de seguro, pela qual o segurador garante, se vier a ocorrer.

O contrato de seguro é realizado mediante a realização da apólice, que é precedida por uma proposta que contém os elementos essenciais do interesse que será garantido e os respectivos riscos (art. 759 do CC).

Para ser garantido, diante do sinistro o segurado precisa pagar regularmente o prêmio (art. 763 do CC) e não poderá agravar intencionalmente o risco previsto no contrato (art. 768 do CC). Além disso, se o sinistro ocorrer, o evento deve ser comunicado imediatamente ao segurador, bem como qualquer agravação do risco, sob pena de perder a garantia (arts. 769 e 771 do CC).

O **sobresseguro** é a possibilidade de fazer mais de um seguro sobre o mesmo objeto e é ilícito no seguro de dano, pois permitiria o enriquecimento ilícito, no caso de sinistro (art. 782 do Código Civil de 2002). Ressalte-se que no seguro de pessoas é permitido o sobresseguro (art. 789 do Código Civil de 2002).

O cosseguro, por outro lado, é a possibilidade de realizar o seguro por mais de uma seguradora, sendo que que cada uma assume parte do risco (art. 761 do Código Civil de 2002).

No seguro de dano, que é nosso enfoque, uma vez pago ao segurado o valor garantido, a seguradora pode ingressar com ação contra terceiro a fim de obter ressarcimento pelo ocorrido (art. 786 do CC).

No caso de atraso no pagamento do seguro, de acordo com o art. 763 do Código Civil de 2002, o segurado perderia o direito à indenização, entretanto o STJ entende que a perda da indenização só ocorreria no caso de atraso prolongado.

14.15 Questões

01. (2017. CESPE.DPE-AC) O contrato de arrendamento mercantil

a) é um contrato de natureza acessória, pois fica vinculado à aquisição de bens para uma atividade empresarial de cunho mercantil desempenhada pelo arrendatário.

b) possibilita que, concluído o prazo contratual estipulado, o arrendatário adquira a coisa arrendada pelo pagamento de valor residual.

c) é um contrato especial de venda e compra a prazo por meio do qual a arrendadora assume a promessa de readquirir o objeto da transação, após a quitação do contrato, mediante pagamento do preço integral em parcela única.

d) é um instrumento jurídico destinado a atender exclusivamente à necessidade das pessoas jurídicas que exercem atividade mercantil, por meio da aquisição de equipamentos e veículos destinados a sua atividade empresarial.

e) possibilita que o bem arrendado possa ser alienado no curso do contrato sem a anuência da arrendadora, hipótese na qual o adquirente assumirá a condição de arrendatário.

02. **(FAURGS/TJ-RS/2016)** Assinale a alternativa INCORRETA acerca de contratos empresariais.

a) A ausência da entrega prévia da circular de oferta de franquia dá origem à pretensão de anulação do contrato pelo franqueado.

b) A aplicação da teoria do adimplemento substancial, nos contratos de alienação fiduciária em garantia, assegura ao devedor a possibilidade de purgar a mora, evitando a retomada do bem pelo credor.

c) A estipulação da cláusula *del credere*, nos contratos de comissão, transfere o risco do inadimplemento dos negócios celebrados ao comissário.

d) O faturizador é obrigado a honrar o pagamento do título para o faturizado, no contrato de faturização (*factoring*), quando estipulada a cláusula *pro soluto*.

e) O contrato de arrendamento mercantil, celebrado sob a forma de *leasing* operacional, exige a participação de instituição financeira.

03. **(CESPE/TJ-AM/2016)** Em relação aos contratos bancários, assinale a opção correta.

a) No contrato de abertura de crédito, é abusivo cobrar do cliente comissão pela simples disponibilização do montante, ainda que este não venha a ser utilizado.

b) O contrato de alienação fiduciária em garantia não pode ter por objeto bem que já integrava o patrimônio do devedor.

c) Denomina-se *leasing* o contrato de fomento mercantil.

d) O depósito bancário é contrato real.

e) O mútuo bancário é uma operação passiva dos bancos.

04. **(2017. CONSULPLAN TJ-MG)** De acordo com o Decreto-Lei n. 911, de 1º de outubro de 1969, que dispõe sobre a alienação fiduciária, assinale a alternativa correta:

a) A alienação fiduciária somente se prova por escrito e seu instrumento, público ou particular, qualquer que seja o seu valor, será obrigatoriamente arquivado, por cópia ou microfilme, no Tabelionato de Notas do domicílio do credor, sob pena de não valer contra terceiros.

b) É nula a cláusula que autoriza o proprietário fiduciário a ficar com a coisa alienada em garantia, se a dívida não for paga no seu vencimento.

c) A mora decorrerá do simples vencimento do prazo para pagamento e poderá ser comprovada por carta registrada expedida por intermédio do cartório de Títulos e Documentos ou pelo protesto do título, a critério do credor.

d) É vedada a apreciação de pedido de busca e apreensão em plantão judiciário.

05. **(FGV – Fiscal da Receita Estadual – AP)** A respeito dos contratos de arrendamento mercantil (*leasing*) é correto afirmar que:

a) ainda que haja cláusula resolutiva expressa no instrumento contratual, é necessária a notificação prévia do arrendatário para constituí-lo em mora.

b) a previsão de cláusula resolutiva expressa no instrumento contratual exclui a necessidade de notificação do arrendatário para constituí-lo em mora.

c) é nula de pleno direito a cláusula resolutiva expressa.

d) a cláusula que determina a obrigatoriedade da compra do bem pelo arrendatário ao final do prazo contratual é essencial para configurar contrato como de arrendamento mercantil.

e) apenas pessoas jurídicas podem figurar como partes neste tipo contratual.

06. **(VUNESP/TJ-RJ/2016)** Sobre o contrato de agência, é correto afirmar que

a) se aplicam ao contrato de agência, no que couberem, as regras concernentes à empreitada e à corretagem.

b) salvo estipulação diversa, todas as despesas com a agência correm a cargo do proponente.

c) salvo ajuste, o agente terá direito à remuneração correspondente aos negócios concluídos dentro de sua zona, ainda que sem a sua interferência.

d) salvo ajuste, o proponente pode constituir, ao mesmo tempo, mais de um agente, na mesma zona, com idêntica incumbência.

e) se dispensado por justa causa, o agente não terá direito a ser remunerado, ainda que por serviços úteis que eventualmente tenha prestado ao proponente.

07. **(FAURGS/TJ-RS/2015)** Assinale a alternativa que apresenta afirmação correta a respeito da disciplina sobre a alienação fiduciária na Lei n. 9.514/97.

a) Com a constituição da propriedade fiduciária, dá-se o desdobramento da posse, tornando-se o fiduciário possuidor direto e o fiduciante possuidor indireto da coisa imóvel.

b) A alienação fiduciária poderá ser contratada por pessoa física ou jurídica, sendo privativa das entidades que operam no Sistema de Financiamento Imobiliário.

c) Vencida e não paga a dívida, no todo ou em parte, e constituído em mora o fiduciante, consolida-se a propriedade do imóvel em nome do fiduciário.

d) Purgada a mora no Registro de Imóveis, resolve-se o contrato de alienação fiduciária.

08. **(VUNESP/TJ-SP/2015)** Assinale a alternativa correta sobre os contratos empresariais.

a) Existindo cláusula resolutiva expressa no contrato de arrendamento mercantil, a constituição em mora do arrendatário não exige notificação prévia.

b) É permitida na representação comercial a estipulação de cláusulas *del credere*.

c) A circular oferta de franquia pode ser entregue pelo franqueador ao franqueado após a assinatura do contrato e do pagamento das taxas pertinentes.

d) No contrato de locação comercial de imóvel urbano que tenha sido construído pelo locador para atender a especificações fixadas pelo locatário, as partes podem estipular a renúncia à revisão do locativo durante a vigência do contrato.

09. **(TRF – 4ª REGIÃO/2016)** Dadas as assertivas abaixo, assinale a alternativa correta. A propósito dos contratos empresariais:

I. Nos contratos de alienação fiduciária em garantia firmados na vigência da Lei n. 10.931/2004, compete ao devedor, no prazo de 5 (cinco) dias após a execução da liminar na ação de busca e apreensão, pagar a integralidade da dívida – entendida esta como os valores apresentados e comprovados pelo credor na inicial –, sob pena de consolidação da propriedade do bem móvel objeto de alienação fiduciária.

II. Nas ações de reintegração de posse motivadas por inadimplemento de arrendamento mercantil financeiro, quando o produto da soma do "valor residual garantido" quitado com o valor da venda do bem for maior que o total pactuado como "valor residual garantido" na contratação, será direito do arrendatário receber a diferença, cabendo, porém, se estipulado no contrato, o prévio desconto de outras despesas ou encargos contratuais.

III. A cobrança antecipada do "valor residual garantido" descaracteriza o contrato de arrendamento mercantil.

IV. Constitui prática comercial abusiva o envio de cartão de crédito sem prévia e expressa solicitação do consumidor, configurando-se ato ilícito indenizável e sujeito à aplicação de multa administrativa.

a) Estão corretas apenas as assertivas I, II e III.

b) Estão corretas apenas as assertivas I, II e IV.

c) Estão corretas apenas as assertivas I, III e IV.

d) Estão corretas apenas as assertivas II, III e IV.

e) Estão corretas todas as assertivas.

10. (TJ-MG/FUNDEB/2014) No que tange aos contratos garantidos por alienação fiduciária em garantia, assinale a alternativa CORRETA.

a) O devedor será constituído em mora quando notificado por intermédio do Cartório de Títulos e Documentos ou pelo protesto do título, a critério do credor.

b) No prazo de cinco dias após a execução da liminar de busca e apreensão, poderá o devedor fiduciante apresentar sua resposta, caso entenda ter havido pagamento a maior e desejar a restituição.

c) A alienação fiduciária de bem imóvel poderá ser contratada por pessoa física ou jurídica, não sendo privativa das instituições financeiras que operam no Sistema de Financiamento Imobiliário.

d) Por ser direta, a posse obtida pelo devedor fiduciante se revela legítima para conduzir à aquisição, por usucapião, do bem gravado com alienação fiduciária em garantia.

11. (TJ-MG/FUNDEB/2014) Assinale a alternativa INCORRETA.

a) A faculdade que tem o arrendatário de adquirir ou não o bem arrendado ao final do arrendamento é da própria essência do contrato de *leasing*. Desta forma, caso ele não opte pela aquisição do bem deverá devolvê-lo, encerrando o contrato, sendo-lhe vedado prorrogar o arrendamento por outro período.

b) Conforme jurisprudência dominante, o crédito garantido por cessão fiduciária não se submete ao processo de recuperação judicial, uma vez que possui a mesma natureza da propriedade fiduciária, podendo o credor valer-se da chamada "trava bancária".

c) O prazo prescricional para o exercício da pretensão de dissolução parcial de sociedade limitada, quando não regida pelas normas da sociedade anônima, é o geral, ou seja, de dez anos, nos termos do art. 205 do Código Civil de 2002.

d) O aval posterior ao vencimento do título produz os mesmos efeitos daquele anteriormente dado.

12. (2017. VUNESP.TJ-SP.) Na alienação fiduciária em garantia, regida pelo Decreto-Lei n. 911/1969,

a) a mora e a busca e apreensão do bem estão condicionadas à prévia notificação do devedor.

b) a mora se configura com o vencimento da obrigação, mas a busca e apreensão do bem está condicionada à prévia notificação do devedor.

c) a notificação do devedor é facultativa, mas necessária para a preservação de direitos de terceiros.

d) não há necessidade de prévia notificação do devedor para a busca e apreensão do bem, sendo esta decorrência imediata do inadimplemento.

GABARITO

QUESTÃO	COMENTÁRIOS
01	A alternativa correta é a B, pois o pagamento do VRG, deixa clara a opção de compra pelo arrendatário.
02	A alternativa correta é E, pois o contrato de arrendamento mercantil, celebrado sob a forma de *leasing* operacional, exige a participação de instituição financeira.
03	A alternativa correta é C, pois o depósito bancário é contrato real.
04	A alternativa incorreta é a B, pois na alienação fiduciária o bem apreendido deve ser vendido.
05	A alternativa A está correta, transcrevendo a inteligência da Súmula 369 do STJ (No contrato de arrendamento mercantil (*leasing*), ainda que haja cláusula resolutiva expressa, é necessária a notificação prévia do arrendatário para constituí-lo em mora).
06	A alternativa correta é C, pois, salvo ajuste, o agente terá direito à remuneração correspondente aos negócios concluídos dentro de sua zona, ainda que sem a sua interferência.
07	A alternativa correta é C, pois vencida e não paga a dívida, no todo ou em parte, e constituído em mora o fiduciante, consolida-se a propriedade do imóvel em nome do fiduciário.
08	A alternativa correta é D, pois no contrato de locação comercial de imóvel urbano que tenha sido construído pelo locador para atender a especificações fixadas pelo locatário, as partes podem estipular a renúncia à revisão do locativo durante a vigência do contrato.
09	A alternativa correta é B, pois as assertivas I, II e IV estão corretas.
10	A alternativa correta é a C, de acordo com o art. 22, § 1º, da Lei n. 9.514/97.
11	A alternativa incorreta é a A, de acordo com a Res. Bacen n. 2.309/96, art. 7º, V.
12	A alternativa correta é a A, pois, para qualquer medida mais onerosa, na alienação fiduciária, é indispensável a notificação prévia para a constituição em mora.

15

FALÊNCIA (LEI N. 11.101/2005)

SUMÁRIO

15.1 Evolução histórica

No Direito Romano, o devedor garantia o pagamento de suas obrigações com seus bens, sua liberdade e sua vida. Se o devedor não pudesse pagar as suas dívidas, então se tornaria escravo do credor que teria a plena disposição sobre a vida do devedor. Nesse momento, o objetivo era punir o devedor insolvente.

Na Lei das XII Tábuas, seguindo a mesma orientação, estava previsto que sendo muitos os credores "é permitido, depois do terceiro dia de feira, dividir o corpo do devedor em tantos pedaços quantos sejam os credores, não importando cortar mais ou menos e se os credores preferirem poderão vender o devedor a um estrangeiro, além do Tibre".

Na Idade Média, já podemos encontrar regras para resolver a situação dos devedores insolventes, recaindo a execução apenas sobre os bens do devedor, e de acordo com Manoel Justino Bezerra Filho, em vez do credor, era o Estado quem podia mover esta execução, mas a falência recaía tanto sobre o devedor comerciante como o não comerciante, já que não havia claramente esta distinção[1].

No Brasil, durante a aplicação das Ordenações do Reino, a banca do comerciante que não pagasse suas obrigações era quebrada, literalmente, o que impedia a continuação de sua atividade.

O Código Comercial de 1850, sob a influência do Código Francês de 1808, diploma em que o comerciante era definido pela prática dos atos de comércio, tratava, nos seus arts. 797 a 913, "das Quebras", e o objetivo ainda era a punição do devedor insolvente. Essas regras foram alteradas por vários Decretos e Leis, até que, em 21 de junho de 1945, foi promulgado o Dec.-Lei n. 7.661, que ficou em vigor até ser substituído pela Lei n. 11.101/2005, recentemente alterada pela Lei n. 14.112/2020.

O Dec.-Lei n. 7.661/45 tratava da concordata e da falência. A preocupação principal desse ordenamento eram os credores e não a sobrevivência e o restabelecimento da empresa. O importante era observar o princípio da *par conditio creditorum*, que significa dar aos credores de uma mesma categoria uma condição igualitária, ordenando-os de acordo com critérios legalmente fixados.

Na Lei n. 11.101/2005, além de se manter o respeito da *par conditio creditorum*, busca-se a preservação da empresa, por meio de sua recuperação, entendendo que a falência de uma empresa traz prejuízos não apenas ao empresário individual, Eireli ou sociedade empresária, e sim também aos empregados, credores diretos ou indiretos e toda a sociedade em geral. Portanto, a falência deve se destinar às empresas irrecuperáveis.

15.2 Aplicação da lei

A **Lei n. 11.101/2005** é aplicada para as falências e recuperações de empresa concedidas **a partir da entrada em vigor da lei**. Portanto, **as falências e concordatas concedidas sob a vigência do Dec.-Lei n. 7.661/45 continuariam a seguir** o procedimento previsto no Decreto **até que chegasse ao fim o procedimento** (art. 192 da Lei n. 11.101/2005).

Uma dúvida importante é se a falência decretada pela legislação anterior poderia ser transformada em concordata suspensiva. A concordata suspensiva era uma modalidade prevista para suspender os efeitos da falência decretada, e, com um abatimento de até 50%, o devedor poderia quitar as obrigações.

Não é possível, no entanto, **a concessão da concordata suspensiva**, pois a nova legislação veda expressamente tal procedimento (art. 192, § 1º, da Lei n. 11.101/2005). Portanto, apesar da falência ter sido declarada sob a legislação anterior, nem todos os instrumentos processuais foram permitidos.

---

1. BEZERRA FILHO, Manoel Justino. *Lei de recuperação de empresas e falências comentada*. 6. ed. São Paulo: Ed. RT, 2009. p. 12.

15.3 Conceito e natureza jurídica

A **falência** é uma **execução coletiva** que tem por finalidade liquidar o passivo (dívidas) a partir da realização (venda) do patrimônio da empresa, respeitando-se a *par conditio creditorum*.

Nesse processo são reunidos todos os credores[2], que serão pagos seguindo a ordem predeterminada na Lei n. 11.101/2005, de acordo com a natureza do crédito a que pertencem.

A natureza jurídica da falência é processual e material. Não há dúvidas sobre a natureza processual, já que é um processo de execução concursal, mas também tem natureza material, uma vez que gera efeitos aos contratos, aos bens e inclusive à pessoa do falido.

Para o requerimento da falência não é necessário provar a insolvência econômica do devedor, algo que o credor não teria como provar, já que não tem acesso aos livros de declarações do devedor. A insolvência só poderia ser verificada no andamento do processo falimentar.

O que é necessário é a "**insolvência jurídica**", ou seja, que um dos motivos legais previstos no art. 94 da Lei n. 11.101/2005 para o requerimento da falência esteja demonstrado na inicial. Nesse sentido, o STJ se posicionou:

> "Em pedido de falência requerido com fundamento na impontualidade injustificada (art. 94, I, da Lei n. 11.101/2005), é desnecessária a demonstração da insolvência econômica do devedor, independentemente de sua condição econômica. Os dois sistemas de execução por concurso universal existentes no direito pátrio – insolvência civil e falência –, entre outras diferenças, distanciam-se um do outro no tocante à concepção do que seja estado de insolvência, necessário em ambos. O processo de insolvência civil apoia-se no pressuposto da insolvência econômica, que consiste na presença de ativo deficitário para fazer frente ao passivo do devedor, nos termos do art. 748 do CPC: 'Dá-se a insolvência toda vez que as dívidas excederem à importância dos bens do devedor'. O sistema falimentar, ao contrário, não tem alicerce na insolvência econômica. O pressuposto para a instauração de processo de falência é a insolvência jurídica, que é caracterizada a partir de situações objetivamente apontadas pelo ordenamento jurídico. No direito brasileiro, caracteriza a insolvência jurídica, nos termos do art. 94 da Lei n. 11.101/2005, a impontualidade injustificada (inciso I), execução frustrada (inciso II) e a prática de atos de falência (inciso III). Nesse sentido, a insolvência que autoriza a decretação de falência é presumida, uma vez que a lei decanta a insolvência econômica de atos caracterizadores da insolvência jurídica, pois se presume que o empresário individual ou a sociedade empresária que se encontram em uma das situações apontadas pela norma estão em estado pré-falimentar. É bem por isso que se mostra possível a decretação de falência independentemente de comprovação da insolvência econômica" (REsp 1.433.652-RJ, rel. Min. Luis Felipe Salomão, j. 18-9-2014. Informativo 550).

---

2. Com exceção dos expressamente excluídos pelo legislador, como veremos adiante.

15.4 Sujeito passivo

Será atingido pela falência o devedor que exerce atividade empresarial; vale dizer, para sofrer falência é necessário que o devedor seja empresário individual, Eireli ou Sociedade Empresária (art. 1º da Lei n. 11.101/2005). A empresa individual de responsabilidade limitada – Eireli também pode sofrer falência, mas não foi citada pelo legislador no art. 1º, pois só foi criada em 2011. A definição de empresário individual, sociedade empresária e Eireli foi dada, como vimos anteriormente, pelo Código Civil nos arts. 966, 980-A e 982.

Quem exerce a **atividade rural**, como tratamos anteriormente, só será considerado empresário individual, Eireli ou sociedade empresária **se houver o registro** da atividade no **Registro Público de Empresas Mercantis (Junta Comercial)**, pois só então a atividade seria considerada empresarial (arts. 971 e 984 do Código Civil de 2002).

Partindo dessa regra estabelecida pela Lei n. 11.101/2005, ficam automaticamente excluídos do procedimento da falência aqueles que exercem uma atividade não empresarial, como é o caso dos profissionais intelectuais, que exercem atividade de natureza literária, artística ou científica (parágrafo único do art. 966 do Código Civil de 2002), a não ser que a atividade seja "elemento de empresa".

As **sociedades simples**, que são as sociedades compostas por profissionais intelectuais no exercício de atividade não empresarial, também não sofrem falência, como é o caso, por exemplo, da sociedade de advogados, dentistas, contadores.

Pela mesma razão, as cooperativas, por serem sociedades simples, também não sofrem falência (parágrafo único do art. 982 do Código Civil de 2002).

CUIDADO

A **sociedade comum**, que é a sociedade que ainda não foi registrada no Registro Público de Empresas Mercantis, **pode sofrer** falência (arts. 1º e 105, IV, da Lei n. 11.101/2005), já que o registro da atividade não é requisito para se sujeitar aos efeitos da falência.

PARA FIXAR

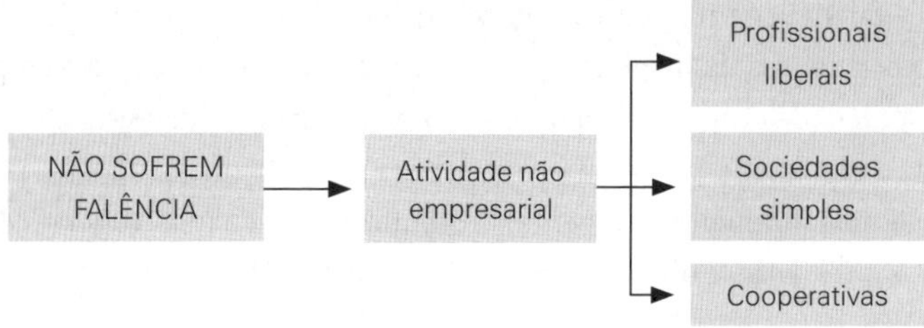

15.4.1 Exclusão da aplicação da lei

Como tratamos anteriormente, as atividades consideradas não empresariais não se sujeitam a falência.

Entretanto, algumas atividades empresariais não se sujeitam à Lei n. 11.101/2005, é o caso das **empresas públicas e das sociedades de economia mista** (art. 2º, I, da Lei n. 11.101/2005). As duas empresas fazem parte da Administração Pública indireta e, em caso de pendência obrigacional, são regidas pelas regras do Direito Administrativo.

Para as atividades empresariais descritas no inc. II do art. 2º da Lei n. 11.101/2005, a não aplicação da lei falimentar se dá em virtude da vigência de Leis Especiais que regulam essas atividades, como explicaremos a seguir.

a) Instituições financeiras

Na **definição de instituição financeira** se enquadram empresas que mantêm a atividade de coleta, custódia, intermediação ou aplicação de recursos financeiros próprios ou de terceiros, em moeda nacional ou estrangeira, sob a autorização do Banco Central ou por decreto do poder executivo federal, no caso de sociedades estrangeiras (art. 10, § 2º, da Lei n. 8.870/94 e arts. 17 e 18 da Lei n. 4.595/64). Ou seja, os bancos, as sociedades arrendadoras, as administradoras de consórcio são consideradas instituições financeiras.

As instituições financeiras, quando passam por uma crise financeira, se sujeitam à **intervenção**, à **liquidação extrajudicial** ou até mesmo à **falência**, previstas na Lei n. 6.024/74.

De acordo com a Lei n. 6.024/74, a **intervenção** ocorrerá (art. 2º):

- se a entidade sofrer prejuízo, decorrente da má administração, que sujeite a riscos os seus credores;
- se forem verificadas reiteradas infrações a dispositivos da legislação bancária não regularizadas após as determinações do Banco Central do Brasil, no uso das suas atribuições de fiscalização;
- se ocorrer um dos motivos previstos no art. 94 da Lei n. 11.101/2005, que seria o não pagamento de título executivo extrajudicial, com o valor acima de 40 salários mínimos; a inércia do devedor, quando, num processo de execução, deixa de pagar, depositar em juízo ou nomear bens à penhora ou ainda a prática de atos falimentares.

A declaração da **intervenção** realizada pelo **Banco Central** pode ocorrer de ofício pelo Banco Central, ou pelo pedido de algum administrador da instituição financeira, desde que tenha a permissão no estatuto social para tanto. Uma vez decretada a intervenção ela terá a duração de 6 meses, podendo ser prorrogada uma única vez por mais 6 meses (art. 4º da Lei n. 6.024/74).

A intervenção, uma vez decretada, produz os seguintes efeitos (art. 6º da Lei n. 6.024/74):

- suspensão da exigibilidade das obrigações vencidas;
- suspensão da fluência do prazo das obrigações vincendas anteriormente contraídas;
- inexigibilidade dos depósitos já existentes à data de sua decretação;
- as agências ficam fechadas;
- os administradores são afastados.

O Banco Central nomeará um interventor ou comitê interventor que analisará os livros e os balanços, além de inventariar todos os bens arrecadados.

Ao aceitar o encargo, o interventor deverá apresentar, no prazo de 60 dias, um **relatório**, que conterá o exame dos documentos arrecadados, sua análise da situação econômico-financeira da instituição, a indicação dos atos e omissões que causaram danos à instituição, além de propor as medidas convenientes para a instituição (art. 11 da Lei n. 6.024/74).

Com a apresentação do relatório o Banco Central poderá:

- determinar o encerramento da intervenção;
- conceder a prorrogação por mais 6 meses, respeitando a única possibilidade de prorrogação do art. 4º da Lei n. 6.024/74;
- decretar a liquidação extrajudicial, quando a avaliação do ativo for suficiente para quitar ao menos 50% dos créditos quirografários;
- autorizar o interventor a requerer a falência da instituição, quando o seu ativo não for suficiente para cobrir sequer metade do valor dos créditos quirografários, ou quando julgada inconveniente a liquidação extrajudicial, ou quando a complexidade dos negócios da instituição ou a gravidade dos fatos apurados aconselharem a medida (art. 12 da Lei n. 6.024/74).

A **liquidação extrajudicial** pode ser declarada pelo Banco Central como acolhimento do relatório que concluiu a intervenção, ou ainda quando (art. 15 da Lei n. 6.024/74):

- em razão de ocorrências que comprometam sua situação econômica ou financeira especialmente quando deixar de satisfazer, com pontualidade, seus compromissos ou quando se caracterizar qualquer dos motivos que autorizem a declaração de falência;
- quando a administração violar gravemente as normas legais e estatutárias que disciplinam a atividade da instituição bem como as determinações do Conselho Monetário Nacional ou do Banco Central do Brasil, no uso de suas atribuições legais;
- quando a instituição sofrer prejuízo que sujeite a risco anormal seus credores quirografários;
- quando, cassada a autorização para funcionar, a instituição não iniciar, nos 90 (noventa) dias seguintes, sua liquidação ordinária, ou quando, iniciada esta, veri-

ficar o Banco Central do Brasil que a morosidade de sua administração pode acarretar prejuízos para os credores;

- requerida pelos administradores, quando o estatuto permitir.

Ressalte-se que uma instituição financeira em crise também poderia sofrer o **RAET – Regime de Administração Especial Temporária**; a aplicação de tal instituto também ocorreria por decisão do Bacen (Dec.-Lei n. 2.321/87).

A principal diferença é que em vez de termos um Comitê Interventor (Intervenção) teríamos um Comitê Administrador, que vai tentar encontrar saídas possíveis para manter a instituição financeira funcionando, tais como a fusão, incorporação, cisão e transferência do controle acionário.

Para que a instituição financeira em crise se torne atrativa para possíveis negociações, o Bacen pode usar recursos da **Reserva Monetária** para sanear a instituição financeira. Se não for possível o saneamento da instituição, o Bacen pode decretar a liquidação extrajudicial.

A **liquidação extrajudicial** será executada por liquidante nomeado pelo Banco Central, com amplos poderes de administração e liquidação, especialmente os de verificação e classificação dos créditos, podendo nomear e demitir funcionários, fixando-lhes os vencimentos, outorgar e cassar mandatos, propor ações e representar a massa, além de poder onerar ou alienar bens com a expressa autorização do Banco Central (art. 16 da Lei n. 6.024/74).

A **liquidação extrajudicial** produzirá os seguintes efeitos (art. 18 da Lei n. 6.024/74):

- suspensão das ações e execuções iniciadas sobre direitos e interesses relativos ao acervo da instituição em liquidação, não podendo ser intentadas quaisquer outras, enquanto durar a liquidação;
- vencimento antecipado das obrigações da instituição;
- não atendimento das cláusulas penais dos contratos unilaterais vencidos em virtude da decretação da liquidação extrajudicial;
- não fluência de juros, mesmo que estipulados, contra a massa, enquanto não integralmente pago o passivo;
- interrupção da prescrição relativa a obrigações de responsabilidade da instituição;
- não reclamação de correção monetária de quaisquer divisas passivas, nem de penas pecuniárias por infração de leis penais ou administrativas.

A **liquidação extrajudicial chegará ao fim** se os interessados, apresentando as necessárias condições de garantia, julgadas a critério do Banco Central, tomarem para si o prosseguimento das atividades econômicas da empresa; por transformação em liquidação ordinária; com a aprovação das contas finais do liquidante e baixa no registro público competente; **se decretada a falência** da instituição (art. 19 da Lei n. 6.024/74).

PARA VISUALIZAR

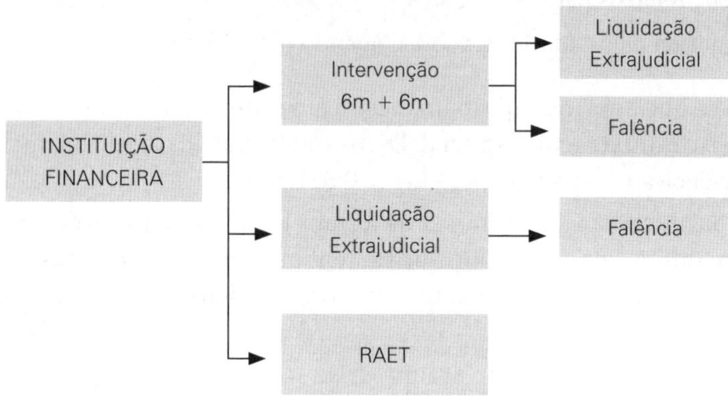

PARA FIXAR

As instituições financeiras, portanto, podem sofrer RAET, intervenção, liquidação extrajudicial e até mesmo falência.

CUIDADO: a instituição financeira em crise **não se submete à Recuperação de Empresas**.

b) Companhias de seguros, sociedades de previdência privada e as de capitalização

As seguradoras, de acordo com o Dec.-Lei n. 73/66 e as sociedades de capitalização, de acordo com Dec.-Lei n. 261/67 se sujeitam às normas e fiscalização da Susep – Superintendência de Seguros Privados. E, de acordo com esta legislação, elas podem sofrer liquidação extrajudicial, se for cassada a autorização de funcionamento.

A **falência pode ser decretada**, se declarada a liquidação extrajudicial, o ativo não for suficiente para o pagamento de pelo menos a metade dos credores quirografários, ou quando houver fundados indícios da ocorrência de crime falimentar (art. 26 do Dec.-Lei n. 73/66).

c) Operadoras de plano de assistência médica

De acordo com a Lei n. 9.656/98, as pessoas jurídicas de direito privado que realizem operações relativas aos planos de saúde estão sujeitas às normas e à fiscalização da ANS – Agência Nacional de Saúde.

Quando essas empresas passam por dificuldades financeiras podem sofrer **liquidação extrajudicial ou até mesmo falência** (arts. 23 e 24 da Lei n. 9.656/98).

As operadoras de planos de saúde podem sofrer falência, se a ANS autorizar o liquidante a requerê-la nos seguintes casos:

- o ativo da empresa em liquidação não for suficiente para o pagamento de pelo menos a metade dos créditos quirografários;

- o ativo realizável da empresa em liquidação não for suficiente, sequer, para o pagamento das despesas administrativas e operacionais inerentes ao regular processamento da liquidação extrajudicial;
- nas hipóteses de configuração de crimes falimentares (art. 23, § 1º, da Lei n. 9.656/98).

15.5 Competência e prevenção

O **juízo competente** é o do **local do principal estabelecimento** do devedor (art. 3º da Lei n. 11.101/2005). Se o devedor tiver mais de um estabelecimento, o juízo competente será o local onde o devedor centraliza suas atividades, mantém sua contabilidade, de onde emanam as principais decisões.

Nem sempre este local é a sede estabelecida no contrato social ou estatuto social[3], afinal o devedor poderia indicar um local como sede totalmente diferente desse principal estabelecimento com fim de dificultar a propositura do pedido de falência[4].

Se a empresa for estrangeira, ou seja, tiver sede em outro país, o local competente será o local da filial no Brasil onde está concentrado o maior volume de negócios (art. 3º da Lei n. 11.101/2005).

Esse é um critério de **competência absoluta**, apesar de ser territorial, que, aliás, também é o entendimento do STJ[5]. A justificativa é que a falência não se trata apenas de interesses privados, e sim do interesse de toda a sociedade, devido à diversidade dos credores e à diversidade de efeitos provocados pela falência de uma empresa.

A **prevenção** dentro de uma mesma comarca será definida pela primeira distribuição válida (art. 6º, § 8º, da Lei n. 11.101/2005). Nos termos exatos do § 8º do art. 6º, "a distribuição do pedido de falência ou de recuperação judicial ou a homologação de recuperação extrajudicial previne a jurisdição para qualquer outro pedido de falência, de recuperação judicial ou de homologação de recuperação extrajudicial relativo ao mesmo devedor".

Por se tratar de critério de competência absoluta, deve ser alegado na primeira oportunidade, ou seja, em preliminar de contestação (art. 337, II, do CPC). Mas como é questão de ordem pública, pode ser alegado em qualquer tempo e em qualquer grau de jurisdição (art. 64, § 1º, do CPC).

---

3. Pode ser observado no STJ, CC 32.988/RJ, j. 4-2-2002, onde o principal estabelecimento não é o que consta no estatuto, e sim onde se encontra o centro vital das principais atividades do devedor.

4. Como se pode observar no AgIn 542.416-4/6-00, TJSP em 25-6-2008, no qual a empresa mudou a sede alguns dias antes do pedido de recuperação, podendo caracterizar tentativa de fraudar a distribuição do pedido.

5. STJ, CC 37.736, rel. Min. Nancy Andrighi, *DJU* 16-8-2004. No mesmo sentido anteriormente, o STF também decidiu que o critério é de competência absoluta no RE 98.928-RJ, rel. Min. Rafael Mayer, publicada no *DJU* em 12-8-1983. O critério já era definido dessa forma na legislação anterior.

CUIDADO

No processo civil, o juízo competente será o da sede da empresa, enquanto a prevenção será definida pelo primeiro despacho, na mesma Comarca, ou pela primeira citação válida, em Comarcas diferentes.

15.6 Órgãos auxiliares do juízo

a) Administrador judicial

A figura do síndico, prevista na legislação anterior, foi substituída pelo administrador judicial, que deve ser um profissional idôneo, preferencialmente advogado, economista, administrador de empresas, contador ou uma pessoa jurídica especializada escolhida pelo Juiz (art. 21 da Lei n. 11.101/2005). Se for pessoa jurídica, deverá ser informada a pessoa física que ficará responsável pela administração da massa, que não poderá ser substituída sem a autorização judicial (art. 33 da Lei n. 11.101/2005).

O Juiz nomeará o administrador judicial na sentença que decreta falência (art. 99, IX, da Lei n. 11.101/2005). E, de acordo com Trajano Miranda Valverde, é um agente auxiliar da justiça, e não alguém escolhido para tutelar os interesses dos credores.

Os honorários do administrador serão fixados pelo juiz. Entretanto, a remuneração não poderá exceder 5% do valor da venda dos bens na falência, valor este que será pago pela massa (art. 24, § 1º, da Lei n. 11.101/2005). Se a empresa falida for ME ou EPP, o valor máximo da remuneração do administrador será de 2% do valor da venda dos bens (art. 24, § 5º, da Lei n. 11.101/2005).

Na falência, os **honorários do administrador** são considerados créditos extraconcursais (art. 84, I, da Lei n. 11.101/2005) e serão pagos em duas parcelas: 60% do valor será pago quando forem pagos os créditos extraconcursais, e 40% ao final do processo falimentar, quando forem aprovadas as contas do administrador (art. 24, § 2º, da Lei n. 11.101/2005).

As atribuições do administrador na falência são:

- enviar correspondências aos credores;
- prestar informações;
- elaborar a relação dos credores e consolidar a respectiva classificação;
- convocar a assembleia geral de credores;
- contratar profissionais especializados, mediante autorização judicial, para auxiliá-lo na continuação da atividade empresarial;
- dar extrato dos livros do devedor e exigir informações dos credores;
- examinar a escrituração do devedor;
- representar a massa falida;
- receber e abrir correspondências do devedor;
- apresentar relatórios sobre a responsabilidade civil e penal do devedor (40 dias após a assinatura do termo de compromisso);
- arrecadar os bens e os documentos;
- avaliar os bens, ou contratar avaliadores especiais;
- requerer a venda antecipada de bens;

- prestar contas;
- requerer todas as diligências que forem necessárias;
- informar sobre a disponibilização dos livros do falido;
- relacionar os processos e assumir a representação judicial da massa falida;
- praticar todos os atos necessários à realização do ativo;
- praticar todos os atos conservatórios de direitos e ações;
- diligenciar a cobrança de dívidas;
- entregar ao substituto, se existir, todos os documentos e bens da massa.

Ressalte-se que a Lei n. 14.112/2020 não alterou os dispositivos sobre o administrador judicial.

IMPORTANTE

Para que o administrador possa **transigir sobre obrigações e conceder abatimentos** será necessária a autorização judicial, depois de ouvidos o Comitê de Credores (órgão que veremos a seguir) e o devedor (art. 22, § 3º, da Lei n. 11.101/2005), mas, para **contratar pessoas** para ajudá-lo na administração, precisa apenas da autorização judicial (arts. 22, I, h, e III, h, da Lei n. 11.101/2005).

b) Assembleia de credores

A assembleia de credores é o órgão que delibera sobre as questões de interesse dos credores. É composta pelas seguintes classes:

- titulares de créditos derivados da legislação trabalhista ou de acidentes de trabalho;
- titulares de créditos com garantias reais;
- titulares de créditos quirografários, de privilégios especiais, gerais e subordinados;
- ME ou EPP **(art. 41 da Lei n. 11.101/2005)**.

Normalmente, o **voto do credor** na assembleia é **proporcional ao valor do crédito** (art. 38 da Lei n. 11.101/2005).

Nas deliberações comuns do processo falimentar, a aprovação da assembleia ocorre com a concordância de mais da metade dos créditos presentes (art. 42 da Lei n. 11.101/2005). Entretanto, para a **realização alternativa** do ativo, o quórum de aprovação será de 2/3 dos créditos presentes na assembleia (art. 46 da Lei n. 11.101/2005).

A venda antecipada dos bens, por exemplo, pode se justificar pelo custo da manutenção dos bens, ou por interesse de terceiro; neste caso, o administrador judicial consultará os credores para que seja aprovada ou não a **venda antecipada** dos bens.

PARA DIFERENCIAR E FIXAR

ASSUNTO	QUÓRUM
Temas gerais	+ 1/2 dos créditos presentes
Realização alternativa do ativo	2/3 dos créditos presentes

A assembleia geral será **presidida** pelo administrador judicial e **convocada** pelo juiz, de ofício, ou a partir de credores que representem 25% dos créditos de determinada categoria, a pedido do administrador judicial e até mesmo do Comitê de Credores.

A assembleia geral de credores será convocada pelo juiz por meio de edital publicado no Diário Oficial eletrônico e disponibilizado no sítio eletrônico do administrador judicial, com antecedência mínima de 15 dias (art. 36 da Lei n. 11.101/2005, alterado pela Lei n. 14.112/2020).

O quórum para instalação da assembleia é da maioria dos créditos de cada categoria, computados pelo valor, e não pelo número de credores (art. 36 da Lei n. 11.101/2005).

As atribuições da assembleia geral de credores são:

- constituir o Comitê de Credores, bem como escolher seus membros e sua substituição;
- adotar outras modalidades de realização do ativo, na forma do art. 145 da Lei n. 11.101/2005;
- deliberar sobre qualquer outra matéria que possa afetar os interesses dos **credores** (art. 35, I, da Lei n. 11.101/2005).

c) Comitê de Credores

O Comitê de Credores é um órgão facultativo, composto de no máximo quatro representantes:

- um representante da classe dos trabalhadores, com dois suplentes;
- um representante da classe dos credores de direitos reais e de privilégios especiais, com dois suplentes;
- um representante dos credores quirografários e de privilégios gerais, com dois suplentes;
- um representante indicado pela classe de credores representantes de ME e EPP, com dois suplentes (art. 26, IV, da Lei n. 11.101/2005).

Apesar desta indicação para a composição do comitê, ele pode funcionar mesmo com número inferior.

Os membros do Comitê de Credores não poderão ser custeados pela massa falida ou pelo devedor, apenas as despesas, se aprovadas judicialmente, é que serão pagas **pela massa (art. 29 da Lei n. 11.101/2005)**.

As atribuições do Comitê de Credores na falência são: fiscalizar as atividades do administrador e examinar suas contas, comunicar ao juiz se houver violação dos direitos dos credores, requerer ao juiz a convocação da assembleia geral, zelar pelo bom andamento do processo e pelo cumprimento da lei, apurar e emitir parecer sobre quaisquer reclamações dos interessados (art. 27 da Lei n. 11.101/2005).

Se não houver o comitê, as respectivas atribuições serão assumidas pelo administrador ou pelo juiz **(art. 28 da Lei n. 11.101/2005)**.

d) Ministério Público

O art. 4º da Lei n. 11.101/2005, que abordava as atribuições do Ministério Público, foi vetado pelo presidente da República, portanto na atual legislação, apesar da diminuição de sua atribuição, mantém a seguintes prerrogativas:

- impugnar a relação de credores (art. 8º da Lei n. 11.101/2005);
- pedir retificação do quadro geral de credores (art. 19 da Lei n. 11.101/2005);
- interpor recurso da sentença que decreta a falência ou que decreta a improcedência da falência (art. 100 da Lei n. 11.101/2005);
- propor a ação revocatória (art. 133 da Lei n. 11.101/2005);
- se manifestar, após a intimação na alienação do ativo, sob pena de nulidade (art. 142, § 7º, da Lei n. 11.101/2005).

15.7 Causas da falência

A falência pode ser requerida em virtude dos motivos indicados no art. 94 da Lei n. 11.101/2005. São eles: a impontualidade, a execução frustrada e os atos de falência, que passaremos a estudar a seguir.

15.7.1 Impontualidade

A impontualidade ocorre quando o devedor não paga no vencimento a **obrigação líquida materializada num título executivo**[6], desde que o valor ultrapasse 40 salários mínimos (art. 94, I, da Lei n. 11.101/2005). Esse valor mínimo serve para se evitar que a falência seja usada como uma forma de cobrança. Entretanto, é importante ressaltar que não é requisito prévio que a execução seja proposta para apenas posteriormente requerer a falência (informativo 547 do STJ)[7].

Esse critério de valor mínimo foi mantido pelo STJ, inclusive para pedidos de falência baseados na lei anterior, quando não havia valor mínimo fixado na lei, baseado no argumento de que um valor insignificante não pode provocar a quebra de uma empresa (REsp 943.595; REsp 805.624; REsp 598.881; REsp 870.509; REsp 959.695).

A lei permite o litisconsórcio ativo, e até mesmo a reunião de vários títulos, para a formação desse valor mínimo necessário para o pedido de falência (art. 94, § 1º, da Lei n. 11.101/2005).

---

6. "Direito empresarial. Instrução do pedido de falência com duplicatas virtuais. A duplicata virtual protestada por indicação é título executivo apto a instruir pedido de falência com base na impontualidade do devedor. Isso porque o art. 94, I, da Lei de Falências (Lei n. 11.101/2005) não estabelece nenhuma restrição quanto à cartularidade do título executivo que embasa um pedido de falência" (REsp 1.354.776/MG, rel. Min. Paulo de Tarso Sanseverino, j. 26-8-2014. Informativo 547).

7. "É desnecessário o prévio ajuizamento de execução forçada para se requerer falência com fundamento na impontualidade do devedor. Isso porque o art. 94, I e II, da Lei de Falências (Lei n. 11.101/2005) prevê a impontualidade e a execução frustrada como hipóteses autônomas de falência, não condicionando a primeira à segunda. Precedentes citados: REsp 1.079.229/SP, 4ª T., DJe 12-6-2014; e AgRg no Ag 1.073.663/PR, 4ª T., DJe 10-2-2011" (REsp 1.354.776/MG, rel. Min. Paulo de Tarso Sanseverino, j. 26-8-2014).

Para que os títulos executivos sejam usados como causa de um pedido de falência baseada na impontualidade, **é indispensável o protesto**. O protesto é necessário tanto para os títulos executivos judiciais[8] como para os extrajudiciais.

De acordo com o § 3º do art. 94 da Lei n. 11.101/2005, o protesto deve ser **realizado para fins falimentares**. Entretanto, o STJ já entendeu que o **protesto ordinário** seria suficiente para a decretação da falência (REsp 7.151-0; REsp 203.791; REsp 74.847). O protesto para suprir o requisito do pedido de falência pelo art. 94, I, da Lei n. 11.101/2005 precisa ocorrer dentro do prazo prescricional[9].

Além disso, no protesto usado como causa de falência, de acordo com Súmula 361: "A notificação do protesto, para **requerimento de falência da empresa devedora**, exige a identificação da pessoa que a recebeu".

8. O AgIn 529.378.4/6-00 do TJSP entendeu que o credor trabalhista poderia protestar a sentença trabalhista para usá-la como causa de um pedido de falência.

9. "**Direito empresarial. Prazo de realização de protesto para fins falimentares. O protesto tirado contra o emitente do cheque é obrigatório para o fim de comprovar a impontualidade injustificada do devedor no procedimento de falência (art. 94, I, da Lei n. 11.101/2005) e deve ser realizado em até seis meses contados do término do prazo de apresentação (prazo prescricional da ação cambial)**. Do ponto de vista cambial, a execução do cheque pode ser direcionada contra o emitente, os endossantes ou os respectivos avalistas (art. 47 da Lei n. 7.357/1985). Nesse contexto, a distinção entre a pretensão dirigida contra o emitente e aquela dirigida contra o endossante conduz a outra diferenciação, que deve ser estabelecida entre o protesto facultativo e o obrigatório. Dessa forma, no caso da pretensão dirigida contra o emitente, o protesto (ou a apresentação) do cheque é ato meramente facultativo do credor, que pode optar por executar diretamente o título, desde que o faça no prazo de prescrição de seis meses, contados da expiração do prazo de apresentação (art. 59 da Lei do Cheque e Súmula 600 do STF). Já na hipótese de pretensão dirigida contra o endossante, o protesto (ou apresentação) é obrigatório, sob pena de perda de eficácia executiva do título contra o coobrigado. Essa diferenciação entre o protesto cambial facultativo e o obrigatório foi analisada por este Tribunal Superior, quando do julgamento do REsp 1.297.797-MG (Terceira Turma, DJe 27/2/2015), ocasião em que se firmou, quanto ao prazo de realização de protesto, o seguinte: 'A exigência de realização do protesto antes de expirado o prazo de apresentação do cheque é dirigida apenas ao protesto obrigatório à propositura da execução do título, nos termos dos arts. 47 e 48 da Lei n. 7.357/85'. Salientado isso, tem-se que, do ponto de vista falimentar, o protesto é medida obrigatória para comprovar a impontualidade do devedor (art. 94, I, da Lei n. 11.101/2005). Sobre a distinção entre o protesto cambial e o protesto falimentar, parte da doutrina ensina que: 'Conforme sua finalidade, o protesto extrajudicial se subdivide em: cambial e falimentar (também denominado de protesto especial). Aquele é o modo pelo qual o portador de um título de crédito comprova a sua apresentação ao devedor (por exemplo, para aceite ou pagamento). Constitui uma faculdade do credor, um ônus do qual ele deve desincumbir-se para assegurar seu direito de ação contra os coobrigados no título, como endossantes e avalistas, mas é dispensável para cobrar o crédito do devedor principal. Por outro lado, o protesto para fins falimentares é obrigatório e visa a comprovar a impontualidade injustificada do devedor empresário, tornando o título hábil a instruir o pedido de falência [...]. Cabe esclarecer, entretanto, que tal distinção é meramente acadêmica, uma vez que o protesto é único e comprova o mesmo fato: a apresentação formal de um título, independentemente da finalidade visada pelo credor (se pedido de falência ou garantia do direito de ação contra coobrigados)'. À luz das distinções acima delineadas, verifica-se que um protesto cambial facultativo é obrigatório do ponto de vista falimentar, de modo que pode ser realizado, para este último fim, até a data de prescrição do cheque" (REsp 1.249.866-SC, rel. Min. Paulo de Tarso Sanseverino, j. 6-10-2015, DJe 27-10-2015).

15.7.2 Execução frustrada

A execução frustrada era considerada um dos atos de falência na legislação anterior. Na atual legislação, segundo o **art. 94, II, da Lei n. 11.101/2005**, se o executado por quantia certa **não pagar, nem depositar e nem nomear bens à penhora** dentro do prazo legal, no processo de execução ou na fase do cumprimento da sentença[10] por si só, já é causa para a decretação da falência.

Tal situação será demonstrada pela apresentação de certidão expedida pelo juízo em que a execução ou o cumprimento de sentença são processados, provando a tripla omissão **(art. 94, § 4º, da Lei n. 11.101/2005)**.

Nesse caso, não há valor mínimo estabelecido na lei, bastando a tripla omissão (não pagar, não depositar em juízo e não nomear bens a penhora) do devedor no cumprimento da sentença ou do processo de execução (TJSP, Ap 453.675-4/3-00, j. 9-8-2006, e Ap. 563.856-4/7-00, j. 7-5-2008).

15.7.3 Atos de falência

Os atos de falência são atitudes suspeitas praticadas pelo devedor que permitem ao credor o requerimento da falência. O inc. III do art. 94 da Lei n. 11.101/2005 trata exemplificativamente de algumas dessas condutas. São elas:

- liquidação antecipada de bens, que dá a ideia de que o devedor está se livrando de forma precipitada de seus bens;
- venda de bens com a utilização de meios fraudulentos;
- uso de mecanismos com o objetivo de retardar pagamentos;
- transferência do estabelecimento comercial sem a concordância dos credores, sem ficar com bens suficientes para saldar as dívidas, que nada mais é do que o descumprimento da formalidade imposta pelo art. 1.145 do Código Civil de 2002, para a realização do trespasse;
- ausentar-se do estabelecimento, ou tentar se ocultar, sem deixar representante habilitado e com recursos suficientes para pagar os credores;
- deixar de cumprir o que foi estabelecido na recuperação judicial;
- simular a transferência de seu principal estabelecimento para burlar os credores;
- dissolução irregular, desde que fique evidenciada a má-fé[11];

---

10. No cumprimento de sentença, a inércia é verificada após o prazo de 15 dias do art. 475-J do CPC, já que não há citação (EI 588.071-4/9-01, TJSP de 27-10-2009).

11. "Direito empresarial. Interpretação do art. 94, III, 'f', da lei de falências. A mudança de domicílio da sociedade em recuperação judicial, devidamente informada em juízo, ainda que sem comunicação aos credores e sem data estabelecida para a instalação do novo estabelecimento empresarial, não é causa, por si só, para a

- dar ou reforçar garantia dada a credor, sem que tenha meios de saldar seu passivo.

O problema dos atos de falência é que a atitude suspeita pode ser justificada pelo devedor, evitando a decretação de falência.

PARA FIXAR

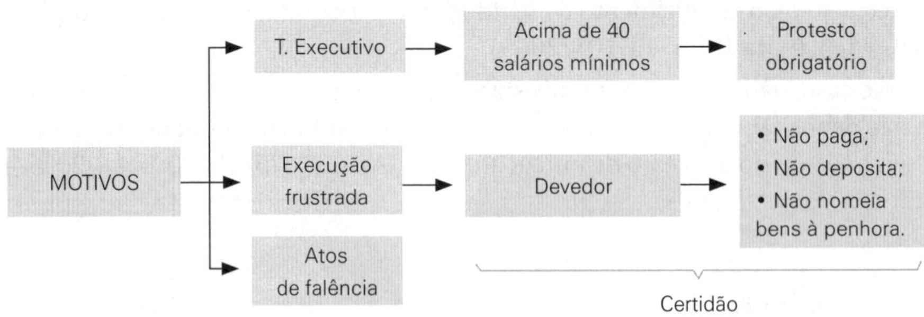

15.8 Legitimidade ativa

Possuem legitimidade para requerer a falência, de acordo com o art. 97 da Lei n. 11.101/2005:

- o próprio devedor, na hipótese da autofalência;

---

decretação de ofício da falência. Nos termos do art. 94, III, 'f', da Lei n. 11.101/2005, decreta-se a falência do devedor que se ausenta sem deixar representante habilitado e com recursos suficientes para pagar os credores, abandona estabelecimento ou tenta ocultar-se de seu domicílio, do local de sua sede ou de seu principal estabelecimento. De fato, a fuga e a ocultação do devedor ou o abandono do estabelecimento empresarial, com o fim de furtar-se de suas obrigações, não podem ser condutas que obtenham a condescendência do Poder Judiciário. De outro lado, conforme a doutrina, a mudança do domicílio comercial desacompanhada de comunicação aos credores não é suficiente, por si só, para caracterização do abandono. Desse modo, embora a ocultação, ou a sua tentativa, pressuponha a ideia de que o comerciante, fatalmente, deixará de cumprir as suas obrigações, a mudança do domicílio comercial, mesmo que sem aviso aos credores, ainda não é motivo bastante para caracterização da fuga. Isso porque é necessário provar que a mudança foi furtiva e realizada com o objetivo de fraudá-los. É a má-fé, portanto, indubitavelmente, que norteia a decretação da falência ante a ocultação dolosa do devedor, ou seja, com o fim de descumprir suas obrigações empresariais. Aquela, contudo e como se sabe, há de ser provada, enquanto a boa-fé é presumida, magistério que se colhe de vetusto brocardo jurídico. Dessa forma, a simples alteração de endereço não é causa suficiente para o decreto de quebra, havendo que se perquirir se houve, de fato, abandono ou ocultação pelo devedor, o que deverá se dar sob o crivo do contraditório e da ampla defesa, de modo que a sociedade empresária em recuperação deverá ser intimada para, em se constatando que não mais exerce sua empresa em seu antigo endereço, informar ao juízo acerca do ocorrido e fazer prova de que não houve tentativa de furtar-se ao cumprimento de suas obrigações" (REsp 1.366.845-MG, rel. Min. Maria Isabel Gallotti, j. 18-6-2015, DJe 25-6-2015. Informativo 564).

- o cônjuge sobrevivente, qualquer herdeiro do credor ou o inventariante;
- o cotista ou acionista do devedor;
- qualquer credor, **mas se exercer atividade empresarial** deve ser regularmente registrado na Junta Comercial.

Portanto, podemos afirmar que a sociedade em comum, a sociedade em conta de participação e o empresário irregular não podem requerer a falência do seu devedor, exatamente por não possuírem o registro na Junta Comercial.

15.9 Credores

15.9.1 Créditos excluídos

Uma vez declarada a falência, todas as ações em andamento são atraídas para o juízo universal. Nos termos do art. 76 da Lei n. 11.101/2005: "O juízo da falência é indivisível e competente para conhecer todas as ações sobre bens, interesses e negócios do falido, ressalvadas as causas trabalhistas, fiscais e aquelas não reguladas nesta Lei em que o falido figurar como autor ou litisconsorte ativo".

Entretanto, algumas obrigações não serão exigíveis do devedor na falência. São elas: as obrigações a título gratuito, as despesas que os credores fizeram para tomar parte na recuperação judicial ou na falência, salvas as custas judiciais decorrentes do litígio e as obrigações ilíquidas (art. 5º da Lei n. 11.101/2005).

a) Obrigações a título gratuito

São as obrigações assumidas pelo devedor, sem nenhuma contraprestação. É o caso das promessas de doação e favores prometidos.

Da mesma forma, são consideradas obrigações a título gratuito as garantias prestadas pelo devedor em favor de terceiros, sem que exista benefício econômico para o devedor, como é o caso do aval, da fiança, hipoteca, penhor etc. (art. 5º, I, da Lei n. 11.101/2005).

b) Despesas que os credores fizeram para tomar parte na recuperação judicial ou na falência, salvas as custas judiciais decorrentes do litígio

Estes créditos derivam dos gastos que os credores tiveram enquanto tentavam receber do seu devedor. De uma forma geral, estas despesas não podem ser habilitadas num processo falimentar, a não ser que se trate das custas judiciais.

No conceito de custas estão incluídos os honorários advocatícios fixados pelo Juiz à massa falida, quando é a parte vencida de um processo, e que serão pagos como créditos extraconcursais (arts. 5º, II, e 84 da Lei n. 11.101/2005).

c) Ações que demandarem quantia ilíquida

Ações que demandarem quantia ilíquida são as ações em andamento, nas quais se busca ainda a certeza de um direito, como ocorre nas reclamações trabalhistas, ação de cobrança, e até mesmo indenização por danos morais[12]. Essas ações em andamento não se submetem ao Juízo Universal da Falência[13].

As obrigações ilíquidas permanecem no seu juízo de origem[14] (art. 6º, § 1º, da Lei n. 11.101/2005), sendo indispensável a participação do administrador judicial no processo, a partir da decretação da falência, para defender os interesses da massa (art. 22, III, c, da Lei n. 11.101/2005).

O juiz da Vara especializada poderá "determinar" a reserva do valor que entender devido pela massa (art. 6º, § 3º, da Lei n. 11.101/2005), oficiando o juiz da falência. A reserva, de fato, só será efetivada quando e se o juiz da falência determinar a reserva de valor.

A reserva de valor serve para garantir o futuro pagamento, quando o crédito se tornar líquido e certo. Nesse momento, bastará incluir o crédito no Quadro Geral de Credores. Se o valor posteriormente for excessivo ao que realmente foi estabelecido em sentença, a quantia será destinada ao pagamento dos demais credores (art. 149, § 1º, da Lei n. 11.101/2005).

15.9.3 Créditos extraconcursais

O Direito Falimentar divide os créditos em dois grandes grupos: créditos concursais e extraconcursais. Os créditos concursais são aqueles que deram origem à situação falimentar, que surgiram antes da decretação da falência, enquanto os extraconcursais

---

12. "A ação na qual se busca indenização por danos morais – caso dos autos – é tida por 'demanda ilíquida', pois cabe ao magistrado avaliar a existência do evento danoso, bem como determinar a extensão e o valor da reparação para o caso concreto. 4. Tratando-se, portanto, de demanda cujos pedidos são ilíquidos, a ação de conhecimento deverá prosseguir perante o juízo na qual foi proposta, após o qual, sendo determinado o valor do crédito, deverá ser habilitado no quadro geral de credores da sociedade em recuperação judicial. Interpretação do § 1º do art. 6º da Lei n. 11.101/2005" (REsp 1.447.918/SP).

13. Nesse sentido: "A decretação da falência, a despeito de instaurar o juízo universal falimentar, não acarreta a suspensão nem a atração das ações que demandam quantia ilíquida: se elas já tinham sido ajuizadas antes, continuam tramitando no juízo onde foram propostas; se forem ajuizadas depois, serão distribuídas normalmente segundo as regras gerais de competência. Em ambos os casos, as ações tramitarão no juízo respectivo até a eventual definição de crédito líquido" (AgRg no REsp 1.471.615/SP).

14. Nesse sentido, "A competência para processar e julgar demandas cíveis com pedidos ilíquidos contra massa falida, quando em litisconsórcio passivo com pessoa jurídica de direito público, é do juízo cível no qual for proposta a ação de conhecimento, competente para julgar ações contra a Fazenda Pública, de acordo as respectivas normas de organização judiciária" (STJ, 1ª Seção, REsp 1.643.856-SP, rel. Min. Og Fernandes, j. 13-12-2017. Informativo 617 do STJ).

surgiram com a declaração da falência, ou seja, são gastos provenientes da declaração da falência.

Os créditos extraconcursais, portanto, são os **originados depois da decretação da falência**, e serão pagos ao final do processo falimentar antes dos créditos concursais (art. 84 da Lei n. 11.101/2005, alterado pela Lei n. 14.112/2020), na seguinte ordem:

a) Os créditos trabalhistas de natureza estritamente salarial, que são os vencidos nos 3 meses anteriores à decretação da falência, até o limite de 5 salários mínimos por trabalhador (art. 151 da Lei n. 11.101/2005) e as despesas cujo pagamento antecipado seja indispensável à administração da falência, inclusive na hipótese de continuação provisória das atividades (art. 150 da Lei n. 11.101/2005), que serão pagas assim que exista dinheiro em caixa;
b) o valor efetivamente entregue ao devedor em recuperação judicial pelo financiador, em conformidade com o disposto na Seção IV-A do Capítulo III da Lei n. 11.101/2005;
c) os créditos em dinheiro objeto de restituição, conforme previsto no art. 86 da Lei n. 11.101/2005;
d) as remunerações devidas ao administrador judicial e aos seus auxiliares, os reembolsos devidos a membros do Comitê de Credores, e os créditos derivados da legislação trabalhista ou decorrentes de acidentes de trabalho relativos a serviços prestados após a decretação da falência;
e) as obrigações resultantes de atos jurídicos válidos praticados durante a recuperação judicial, nos termos do art. 67 da Lei n. 11.101/2005, ou após a decretação da falência;
f) as quantias fornecidas à massa falida pelos credores;
g) as despesas com arrecadação, administração, realização do ativo, distribuição do seu produto e custas do processo de falência;
h) as custas judiciais relativas às ações e às execuções em que a massa falida tenha sido vencida;
i) os tributos relativos a fatos geradores ocorridos após a decretação da falência, respeitada a ordem estabelecida no art. 83 da Lei n. 11.101/2005.

PARA RESUMIR E FIXAR

Os créditos serão extraconcursais se surgirem após a decretação da falência, além dos créditos em dinheiro objeto de restituição e a restituição de crédito de natureza estritamente salarial.

15.9.4 Créditos concursais

Os **créditos concursais** são os originados antes da decretação da falência, e serão pagos ao final da falência, depois do **pagamento dos créditos** extraconcursais, obedecendo à seguinte ordem **determinada pelo art. 83 da Lei n. 11.101/2005**, alterada pela Lei n. 14.112/2020:

a) **Créditos trabalhistas limitados a 150 salários mínimos por credor e créditos surgidos de acidentes de trabalho.** A limitação do valor do crédito trabalhista foi pensada para evitar indenizações trabalhistas simuladas que acabavam com todo o valor obtido na massa[15]. Se o crédito trabalhista tiver um valor superior a 150 salários mínimos, o montante que ultrapassar esse valor será considerado crédito quirografário.

   É importante ressaltar que o crédito derivado de **acidentes de trabalho** não tem limitação de valor. Além disso, os **créditos trabalhistas cedidos a terceiros** serão considerados quirografários, a fim de se evitar que o crédito trabalhista vire objeto de especulação (art. 83, § 4º, da Lei n. 11.101/2005).

   De acordo com o informativo 540 do STJ, os honorários advocatícios, que antes eram pagos com os créditos de privilégio geral, agora são pagos com os créditos trabalhistas e sujeitos à **mesma limitação de 150 salários mínimos**[16].

b) **Créditos com garantia real até o limite do valor do bem gravado.** São considerados créditos com garantia real o penhor, a hipoteca, anticrese (art. 1.419 do CC). Se o valor da dívida for superior ao valor do bem dado em garantia, a quantia que será habilitada como crédito com garantia real é até o valor do bem. A quantia acima do valor do bem é considerada crédito quirografário.

15. Esta limitação foi considerada pelo STF na ADIn 3.934/DF.

16. **Direito Processual Civil e Empresarial. Classificação de crédito referente a honorários advocatícios no processo de falência. Recurso repetitivo (ART. 543-C DO CPC E RES. 8/2008-STJ). Os créditos resultantes de honorários advocatícios, sucumbenciais ou contratuais, têm natureza alimentar e equiparam-se aos trabalhistas para efeito de habilitação em falência, seja pela regência do Decreto-Lei n. 7.661/1945, seja pela forma prevista na Lei n. 11.101/2005, observado o limite de valor previsto no art. 83, I, do referido diploma legal**. A questão deve ser entendida a partir da interpretação do art. 24 da Lei n. 8.906/1994 (EOAB), combinado com o art. 102 do Dec.-Lei n. 7.661/1945, dispositivo este cuja regra foi essencialmente mantida pelo art. 83 da Lei n. 11.101/2005 no que concerne à posição dos créditos trabalhistas e daqueles com privilégio geral e especial. Da interpretação desses dispositivos, entende-se que os créditos decorrentes de honorários advocatícios, contratuais ou sucumbenciais equiparam-se a créditos trabalhistas para a habilitação em processo falimentar. Vale destacar que, por força da equiparação, haverá o limite de valor para o recebimento – tal como ocorre com os credores trabalhistas –, na forma preconizada pelo art. 83, I, da Lei de Recuperação Judicial e Falência. Esse fator inibe qualquer possibilidade de o crédito de honorários obter mais privilégio que o trabalhista, afastando também suposta alegação de prejuízo aos direitos dos obreiros. Precedentes citados do STJ: REsp 988.126/SP, 3ª T., DJe 6-5-2010; e REsp 793.245/MG, 3ª T., DJ 16-4-2007 (REsp 1.152.218/RS, rel. Min. Luis Felipe Salomão, j. 7-5-2014).

c) **Créditos tributários, exceto as multas tributárias**[17]**.** Os créditos tributários serão pagos no terceiro lugar dos créditos concursais (art. 186 do CTN). Mesmo que exista uma execução fiscal em andamento, o credor tributário terá que respeitar esta ordem de credores.

d) **Créditos quirografários.** A maioria dos contratos está nessa categoria. Além disso, são quirografários os créditos trabalhistas que excederem o limite de 150 salários mínimos e também os saldos dos créditos não cobertos pelo produto da alienação dos bens vinculados ao seu pagamento. Também serão quirografários os créditos com privilégio geral e especial, são eles: os previstos no art. 964 do Código Civil de 2002, créditos sobre a coisa arrecadada e liquidada, o credor de custas e despesas judiciais feitas com a arrecadação e liquidação; créditos sobre a coisa salvada, o credor por despesas de salvamento; créditos sobre a coisa beneficiada, o credor por benfeitorias necessárias ou úteis; créditos sobre os prédios rústicos ou urbanos, fábricas, oficinas, ou quaisquer outras construções, o credor de materiais, dinheiro, ou serviços para a sua edificação, reconstrução, ou melhoramento; sobre os frutos agrícolas, o credor por sementes, instrumentos e serviços à cultura, ou à colheita; sobre as alfaias e utensílios de uso doméstico, nos prédios rústicos ou urbanos, o credor de aluguéis, quanto às prestações do ano corrente e do anterior; sobre os exemplares da obra existente na massa do editor, o autor dela, ou seus legítimos representantes, pelo crédito fundado contra aquele no contrato da edição; sobre o produto da colheita, para a qual houver concorrido com o seu trabalho, e precipuamente a quaisquer outros créditos, ainda que reais, o trabalhador agrícola, quanto à dívida dos seus salários e também os credores que possuem o direito de retenção sobre a coisa dada em garantia, bem como os créditos em favor de ME e EPP (art. 83, IV, *d*, da Lei n. 11.101/2005). E são créditos com privilégio geral: o crédito por despesa de seu funeral, feito segundo a condição do morto e o costume do lugar; o crédito por custas judiciais, ou por despesas com a arrecadação e liquidação da massa; o crédito por despesas com o luto do cônjuge sobrevivo e dos filhos do devedor falecido, se foram moderadas; o crédito por despesas com a doença de que faleceu o devedor, no semestre anterior à sua morte; o crédito pelos gastos necessários à mantença do devedor falecido e sua família, no trimestre anterior ao falecimento; o crédito pelos impostos devidos à Fazenda Pública, no ano corrente e no anterior; o crédito pelos salários dos empregados do serviço doméstico do devedor, nos seus derradeiros seis meses de vida.

Também são créditos com privilégio geral os créditos quirografários sujeitos à recuperação judicial pertencentes a fornecedores de bens ou serviços que conti-

17. De acordo com a Súmula 400 do STJ: "O encargo de 20% previsto no Dec.-Lei n. 1.025/1969 é exigível na execução fiscal proposta contra a massa falida".

nuarem a provê-los normalmente após o pedido de recuperação judicial, no caso de a empresa em recuperação ter sua falência decretada, no limite do valor dos bens ou serviços fornecidos durante o período da recuperação (parágrafo único do art. 67 da Lei n. 11.101/2005)[18].

---

18 "Direito empresarial. Abrangência de expressão dos arts. 67, *caput*, e 84, V, da Lei n. 11.101/2005. Nos termos dos arts. 67, *caput*, e 84, V, da Lei n. 11.101/2005, em caso de decretação de falência, serão considerados extraconcursais os créditos decorrentes de obrigações contraídas pelo devedor entre a data em que se defere o processamento da recuperação judicial e a data da decretação da falência, inclusive aqueles relativos a despesas com fornecedores de bens ou serviços e contratos de mútuo. Isso porque a expressão 'durante a recuperação judicial' gravada nos arts. 67, *caput*, e 84, V, da Lei n. 11.101/2005 abrange o período compreendido entre a data em que se defere o processamento da recuperação judicial e a decretação da falência. De fato, pode-se questionar se o termo inicial do benefício de que tratam os referidos artigos dá-se: (a) com o ajuizamento do pedido de recuperação (art. 51 da LF); (b) a partir da decisão que defere o seu processamento (art. 52 da LF); ou (c) da decisão que a concede (art. 58 da LF). É bem verdade que a redação do *caput* do art. 67 e do inciso V do art. 84 da LF não se reveste de clareza e precisão. Nesse contexto, é dever constitucional do STJ atribuir à lei federal sua mais adequada interpretação, para tanto se valendo dos recursos que orientam o processo hermenêutico, destacando-se, no caso presente, os métodos lógico e sistemático, não se olvidando que 'na aplicação da lei, o juiz atenderá aos fins sociais a que ela se dirige e às exigências do bem comum', conforme determina o art. 5ª da LINDB, que indica a fórmula teleológica. No campo da teleologia, há de se ter por indubitável que o intento da Lei de Falências é conferir primazia à recuperação da empresa, como orienta seu art. 47, segundo o qual 'a recuperação judicial tem por objetivo viabilizar a superação da situação de crise econômico-financeira do devedor, a fim de permitir a manutenção da fonte produtora, do emprego dos trabalhadores e dos interesses dos credores, promovendo, assim, a preservação da empresa, sua função social e o estímulo à atividade econômica'. Nessa conjuntura, é certo que a adoção do entendimento de que o termo inicial do benefício legal em análise seria (c) a decisão que concede a recuperação judicial (art. 58) reduziria as vulnerabilidades de outros credores nas hipóteses de ocorrência de fraudes, sendo autêntica a preocupação com o risco de, por força de uma interpretação mais abrangente da expressão utilizada no texto legal, esse instituto possa servir, eventualmente, à prática de ardis ou procedimentos inspirados por motivações menos nobres. Apesar disso, o direito positivo e, sobretudo, a própria Lei de Recuperação e Falências cuidam de proteger os credores das ilegalidades que venham a ser praticadas pela empresa recuperanda se no intento de lhes causar prejuízo. Não há dúvida de que, comprovado o escopo fraudulento, deverá o magistrado declarar a ineficácia do privilégio legal, sem prejuízo das demais sanções previstas na lei. Tanto é assim que, para os fins do art. 84, V, só serão qualificadas como extraconcursais as 'obrigações resultantes de atos jurídicos válidos'. Além disso, na decisão que defere o processamento do pedido de recuperação, o magistrado, de pronto, designa um administrador judicial, a quem compete, dentre outros deveres, 'exigir dos credores, do devedor ou seus administradores quaisquer informações' (art. 22, I, 'd'). Por conseguinte, desde a (b) decisão que defere o processamento da recuperação judicial (art. 52), cuidou o legislador de pôr a empresa recuperanda sob fiscalização, evidenciando a preocupação com sua manutenção e visando a evitar a utilização do instituto para a prática de ilegalidades. A disposição é sintomática e denota que esse momento processual guarda relevância, não se traduzindo simples despacho protocolar, mas efetiva avaliação, ainda que superficial, acerca das atuais condições da empresa e dos requisitos para o deferimento da recuperação. Afinal, o administrador judicial não é um adorno ou mero coadjuvante no processo, cabendo-lhe até mesmo requerer a falência do devedor no caso de descumprimento das obrigações assumidas no plano de recuperação (art. 22, II, 'b'). O citado art. 52 apresenta, ainda, outras disposições que bem demonstram a profundidade da (b) decisão que defere seu processamento e a preocupação do legislador com o risco de fraude, merecendo destaque os incisos IV e V, que determinam, respectivamente, a obrigação de o devedor apresentar contas mensais enquanto perdurar a recuperação judicial, sob pena de destituição de seus administradores, bem

e) **Multas contratuais, penas pecuniárias, incluindo as multas tributárias.**

f) **Créditos subordinados.** São créditos subordinados os assim previstos em lei ou em contrato, como, por exemplo, as debêntures, que não possuem garantia (art. 58, § 4º, da Lei n. 6.404/76). Também são subordinados o pró-labore dos sócios e os honorários dos administradores sem vínculo empregatício.

---

como a intimação do Ministério Público, da Fazenda Pública Federal e de todos os estados e municípios em que tiver estabelecimento, para que possam resguardar seus interesses e exercer fiscalização sobre os atos do recuperando. Além do mais, o parágrafo único do art. 67 determina que os 'créditos quirografários sujeitos à recuperação judicial pertencentes a fornecedores de bens ou serviços que continuarem a provê-los normalmente após o pedido de recuperação judicial terão privilégio geral de recebimento em caso de decretação de falência, no limite do valor dos bens ou serviços fornecidos durante o período da recuperação'. De fato, a leitura desse dispositivo – em especial, do trecho 'após o pedido de recuperação judicial' – induz-nos a concluir que benefício não valerá tão logo (a) seja ajuizado o pedido de recuperação (art. 51), senão em momento posterior, que tanto poderá ser tanto (b) a partir da decisão que defere o processamento da recuperação (art. 52) quanto (c) da decisão que a concede (art. 58). Todavia, o mencionado parágrafo único do art. 67 da LF contém uma sutil indicação de que a classificação dos créditos dos fornecedores como extraconcursais não poderia ser remetida somente para quando (c) concedida a recuperação. Com efeito, reza o referido dispositivo que o credor-fornecedor, titular de créditos quirografários vinculados à recuperação judicial (segundo o art. 49, sujeitam-se à recuperação os créditos existentes na data do pedido, ainda que não vencidos), que continuar a prover o devedor de bens e serviços após o pedido de recuperação judicial, terá seus créditos (os anteriores ao pedido, reitere-se) alçados à categoria dos que têm privilégio geral (art. 83, V), até o limite dos bens ou serviços fornecidos durante o período da recuperação. Ou seja, em prevalecendo a interpretação de que a regra do parágrafo do art. 67 só tem incidência para créditos constituídos após a (c) decisão que concede a recuperação (art. 58), o resultado prático seria de que os valores decorrentes de operações praticadas no lapso temporal que vai do pedido até a decisão concessória não gozariam do mesmo privilégio que aqueles relativos a operações anteriores, o que se mostra discrepante do objetivo da lei. Ora, os momentos que sucedem o requerimento de recuperação são os mais delicados para a empresa. Registre-se que, quando deferido o processamento, há a obrigação de se publicar edital noticiando o pedido (art. 52, § 1º), o que torna oficialmente públicas as dificuldades pelas quais passa a devedora, induzindo os credores à natural postura da autodefesa. Decerto que optarão pela solução de continuidade do fornecimento de bens e serviços, ante a relevante incerteza quanto à viabilidade da pessoa jurídica requerente. Nessas condições, devem ser recompensados os que acreditaram e contribuíram para a reabilitação, mesmo com o resultado infrutífero do esforço, em razão da decretação da falência. Ademais, quando (c) deferida a recuperação, os credores têm mais transparentes as condições da empresa, conhecendo de modo exato qual é o plano que visa a reerguê-la. Pode-se fiscalizá-lo com mais rigor. Antes disso, porém – e, em especial, desde o (b) deferimento até a (c) concessão –, verifica-se o momento de maior risco. Se não houver estímulo aos fornecedores, nada mais será provido à empresa, exacerbando o risco da falência. Sendo assim, forçoso concluir que os efeitos da recuperação judicial não se efetivam somente após o momento em que (c) formalmente concedida pelo juiz (art. 58). A par das consequências que são expressamente atribuídas à (b) decisão que defere o processamento (art. 52), outros dispositivos da lei indicam que a expressão 'durante a recuperação judicial' não se limita aos momentos que sucedem a decisão concessiva. Nesse sentido, o art. 49 dispõe que 'estão sujeitos à recuperação judicial todos os créditos existentes na data do pedido, ainda que não vencidos', inspirando-nos à conclusão de que os créditos posteriores a esse momento devem, efetivamente, receber tratamento diferenciado. Do mesmo modo, o art. 64 prevê que o devedor é mantido sob fiscalização do comitê de credores e do administrador judicial 'durante o procedimento de recuperação judicial', fiscalização, aliás, que pode e deve ser exercida tão logo deferido o processamento da recuperação (art. 52, I e § 2º). Precedente citado: REsp 1.398.092-SC, Terceira Turma, DJe 19-5-2014" (REsp 1.399.853-SC, rel. originária Min. Maria Isabel Gallotti, rel. para acórdão Min. Antonio Carlos Ferreira, j. 10-2-2015, DJe 13-3-2015. Informativo 557).

g) Os juros vencidos após a decretação da falência, conforme previsto no art. 124 da Lei n. 11.101/2005.

COMPARANDO

ANTES DA LEI N. 14.112/2020	COM A ALTERAÇÃO DA LEI N. 14.112/2020
• créditos derivados da legislação trabalhista, limitados a 150 salários mínimos por credor, e aqueles decorrentes de acidentes de trabalho;	• créditos derivados da legislação trabalhista, limitados a 150 salários mínimos por credor, e aqueles decorrentes de acidentes de trabalho;
• créditos gravados com direito real de garantia até o limite do valor do bem gravado;	• créditos gravados com direito real de garantia até o limite do valor do bem gravado;
• créditos tributários, independentemente da sua natureza e do tempo de constituição, exceto os créditos extraconcursais e as multas tributárias;	• créditos tributários, independentemente da sua natureza e do tempo de constituição, exceto os créditos extraconcursais e as multas tributárias;
• créditos com privilégio especial;	• créditos quirografários;
• créditos com privilégio geral;	• multas;
• créditos quirografários;	• créditos subordinados;
• multas;	• juros vencidos após a decretação da falência.
• créditos subordinados.	

É necessária atenção especial para os créditos titularizados de ME e EPP, que não mais recebem tratamento especial, e serão pagos junto com os créditos quirografários. Outra alteração importante diz respeito ao crédito trabalhista negociado para terceiro, que se mantém como trabalhista.

Por fim, os juros ocorridos após a decretação da falência sempre foram pagos após os pagamentos de todos os credores, mas estavam apenas descritos no art. 124 da Lei n. 11.101/2005.

15.10 Procedimento falimentar

15.10.1 Petição inicial

A petição inicial da falência será redigida de acordo com as regras do art. 319 do CPC. Nela constarão as partes, normalmente um credor ou vários credores no polo ativo (art. 97 da Lei n. 11.101/2005), embora seja possível que o próprio devedor peça a sua falência, que é o caso da autofalência (art. 105 da Lei n. 11.101/2005).

Num pedido comum de falência o devedor estaria no polo passivo (art. 1ª da Lei n. 11.101/2005).

Na peça também deve ficar claro o motivo pelo qual se pede a falência, baseado em um dos incisos do art. 94 da Lei n. 11.101/2005, juntamente com os respectivos documentos comprobatórios.

15.10.2 Contestação, depósito elisivo, pedido de recuperação judicial

Após a citação, o devedor tem **10 dias** para apresentar a sua contestação (art. 98 da Lei n. 11.101/2005), para realizar o depósito elisivo (parágrafo único do art. 98 da Lei n. 11.101/2005) ou pedir a recuperação judicial (art. 95 da Lei n. 11.101/2005).

Na **contestação**, o devedor pode alegar toda a matéria de defesa. Se a falência foi requerida com fundamento na impontualidade de um título executivo, poderá ser alegada a falsidade do título, a prescrição, a nulidade da obrigação ou do título, pagamento da dívida, vício no protesto, cessação das atividades empresariais há mais de 2 anos antes da falência, qualquer fato que suspenda ou extinga a obrigação, apresentação de plano de recuperação judicial, nos termos do art. 96 da Lei n. 11.101/2005.

O **pedido de recuperação judicial** servirá para evitar a falência, mas o devedor terá que demonstrar os requisitos para requerer a recuperação (art. 48 da Lei n. 11.101/2005, alterada pela Lei n. 14.112/2020), que veremos no próximo capítulo. Uma vez requerida a recuperação judicial, existem três posicionamentos:

- a falência deveria ser suspensa (Sérgio Campinho);
- a falência deveria ser extinta sem julgamento de mérito (Gladston Mamede);
- a falência deveria ser suspensa depois da decisão que defere o processamento da Recuperação Judicial (Fábio Ulhoa).

Dos três posicionamentos, concordamos com a posição de Fábio Ulhoa, já que na decisão que defere o processamento da recuperação é que os requisitos necessários para a recuperação são apreciados (art. 52 da Lei n. 11.101/2005).

O **depósito elisivo** é o pagamento realizado pelo devedor, que, de acordo com o parágrafo único do art. 98 da Lei n. 11.101/2005, só é cabível caso o pedido de falência seja baseado nos incisos I e II do art. 94 da Lei n. 11.101/2005, ou seja, quando de fato há uma obrigação que não foi paga. O **valor depositado**, de acordo com o mesmo artigo e com a Súmula 29 do STJ, deve corresponder ao total do crédito, acrescido de correção monetária, juros e honorários advocatícios. A realização do depósito elisivo não caracteriza a má-fé de quem requereu a falência[19].

---

19. "Direito empresarial. Hipótese em que não se caracteriza uso abusivo da via falimentar. Diante de depósito elisivo de falência requerida com fundamento na impontualidade injustificada do devedor (art. 94, I, da Lei n. 11.101/2005), admite-se, embora afastada a decretação de falência, a conversão do processo falimentar em verdadeiro rito de cobrança para apurar questões alusivas à existência e à exigibilidade da dívida cobrada, sem que isso configure utilização abusiva da via falimentar como sucedâneo de ação de cobrança/execução. Com efeito, o referido uso abusivo da via falimentar tem sido uma preocupação tanto da lei quanto da jurisprudência, ainda na vigência do Decreto-Lei n. 7.661/1945 (antiga Lei de Falências). De um modo geral, entendia-se que 'o processo de falência não deve ser desvirtuado para servir de instrumento de coação para a cobrança de dívidas. Considerando os graves resultados que decorrem da quebra da empresa, o seu requerimento merece ser examinado com rigor formal, e afasta-

A apresentação do depósito elisivo não afasta a apreciação do juiz a respeito do pedido de falência.

15.10.3 Sentença

A sentença pode decretar a falência ou decretar a improcedência da falência.

A sentença que decretar a falência, entre outras coisas, fixará, de acordo com o art. 99 da Lei n. 11.101/2005, alterada pela Lei n. 14.112/2020:

- o **termo legal**, que consiste em período de no máximo 90 dias anteriores ao pedido de falência, do pedido de recuperação judicial, ou do primeiro protesto por falta de pagamento. O termo legal serve para que alguns atos, realizados pelo devedor nesse período, sejam declarados ineficazes pelo juiz. A ineficácia atinge o pagamento antecipado, o pagamento de forma diferente da contratada e a concessão de garantia real (arts. 99, II, e 129 da Lei n. 11.101/2005);
- o prazo de 5 dias para que o falido apresente a relação dos credores;
- a determinação da publicação de edital para a habilitação dos credores;
- a suspensão de todas as ações ou execuções contra o falido;
- a nomeação do administrador judicial;

---

do sempre que a pretensão do credor seja tão somente a satisfação do seu crédito' (REsp 136.565-RS, Quarta Turma, *DJ* 14-6-1999). Nesse particular, é de se ter em mente que, diferentemente da Lei n. 11.101/2005 (art. 94, I), o sistema disciplinado pelo Decreto-Lei n. 7.661/1945 não estabelecia valor mínimo para que o credor ajuizasse pedido de falência do devedor com base na impontualidade injustificada. Tal circunstância propiciava pedidos de falência apoiados em valores de somenos importância, sugestivos, deveras, de mera substituição do processo de execução/cobrança pelo falimentar. No sistema antigo, por não haver parâmetro legal seguro para abortar essas empreitadas, ficou a cargo da jurisprudência obstar o abuso no exercício do direito de pleitear a quebra do devedor. Porém, a anomia anterior quanto a critérios de aferição do abuso foi colmatada com a edição da Lei de Falências atual, tendo esta previsto o valor de 40 salários mínimos como piso a justificar o pedido de falência com fulcro na impontualidade injustificada. Com efeito, a questão do abuso ou da substituição da cobrança por falência há de ser vista sob o enfoque da nova Lei de Falências. Os pedidos de falência por impontualidade de dívidas aquém desse piso são legalmente considerados abusivos, e a própria lei encarrega-se de embaraçar o atalhamento processual, pois elevou tal requisito à condição de procedibilidade da falência (art. 94, I). Porém, superando-se esse valor, a ponderação legal já foi realizada segundo a ótica e prudência do legislador. Assim, não cabe ao Judiciário obstar pedidos de falência que observaram os critérios estabelecidos pela lei, a partir dos quais o legislador separou as situações já de longa data conhecidas, de uso controlado e abusivo da via falimentar. Portanto, tendo o pedido de falência sido aparelhado em impontualidade injustificada de títulos que superam o piso legal de 40 salários mínimos (art. 94, I, da Lei n. 11.101/2005), por absoluta presunção legal, fica afastada a alegação de atalhamento do processo de execução pela via falimentar, devendo a ação prosseguir, mesmo que seja sob o rito de mera cobrança, tendo em vista o depósito elisivo efetuado com o propósito de afastar a possibilidade de decretação da quebra (art. 98, parágrafo único). Precedente citado: REsp 604.435-SP, Terceira Turma, *DJ* 1º-2-2006" (REsp 1.433.652-RJ, rel. Min. Luis Felipe Salomão, j. 18-9-2014. Informativo 550).

- a determinação, quando entender conveniente, da convocação da Assembleia Geral de credores, a fim de constituir o Comitê de Credores (art. 99 da Lei n. 11.101/2005);
- a intimação do representante do Ministério Público;
- a ordem ao Registro Público de Empresas e à Secretaria Especial da Receita Federal do Brasil para que procedam à anotação da falência no registro do devedor, para que dele constem a expressão "falido", a data da decretação da falência e a inabilitação do art. 102 da Lei n. 11.101/2005.

Dependendo do conteúdo da sentença caberá um recurso diferente. Se a **decisão decretar a falência, caberá o agravo**, e se a **decisão declarar a improcedência do pedido de falência cabe apelação** (art. 100 da Lei n. 11.101/2005).

Os recursos cabíveis seguirão o procedimento previsto no CPC.

Uma vez que a falência tenha sido decretada, ocorrerá:

- suspensão do curso da prescrição das obrigações do devedor sujeitas ao regime da Lei n. 11.101/2005;
- suspensão das execuções ajuizadas contra o devedor, inclusive daquelas dos credores particulares do sócio solidário, relativas a créditos ou obrigações sujeitos à ou à falência;
- proibição de qualquer forma de retenção, arresto, penhora, sequestro, busca e apreensão e constrição judicial ou extrajudicial sobre os bens do devedor, oriunda de demandas judiciais ou extrajudiciais cujos créditos ou obrigações sujeitem-se à falência (art. 6º da Lei n. 11.101/2005, alterada pela Lei n. 14.112/2020).

15.10.4 Habilitação dos credores

O edital que será publicado na sequência da sentença conterá o teor integral da sentença e a lista de credores apresentada pelo devedor.

A partir da publicação do edital, os credores que não foram relacionados terão **15 dias para se habilitarem ou apresentarem sua divergência** (art. 7º, § 1º, da Lei n. 11.101/2005). Essa habilitação/divergência é feita **em face do administrador judicial** e conterá as seguintes informações:

- o nome, o endereço do credor e o endereço em que receberá comunicação de qualquer ato do processo;
- o valor do crédito, atualizado até a data da decretação da falência ou do pedido de recuperação judicial, sua origem e classificação;
- os documentos comprobatórios do crédito e a indicação das demais provas a serem produzidas;
- a indicação da garantia prestada pelo devedor, se houver, e o respectivo instrumento;
- a especificação do objeto da garantia que estiver na posse do credor.

Os títulos e documentos que legitimam os créditos deverão ser exibidos no original ou por cópias autenticadas se estiverem juntados em outro processo (art. 9º da Lei n. 11.101/2005).

15.10.5 Verificação dos créditos

Após a habilitação dos credores, no prazo de 45 dias, o administrador deverá publicar um novo edital, que conterá a relação dos credores (quadro geral de credores), levando em conta a relação apresentada pelo falido e as novas habilitações/divergências.

A partir da publicação do quadro de credores, os credores terão 10 dias para **impugnar** os créditos relacionados. A impugnação poderá ser feita por qualquer credor, pelo Comitê de Credores ou até mesmo pelo Ministério Público (art. 8º da Lei n. 11.101/2005).

A impugnação será autuada em separado e da **decisão que resolve a impugnação** cabe o **recurso de agravo** (arts. 8º, 13 e 17 da Lei n. 11.101/2005).

Apenas depois de apreciar cada impugnação realizada, o juiz homologará o quadro de credores no prazo de 5 dias, contados da sentença que julgou as impugnações (art. 18, parágrafo único, da Lei n. 11.101/2005).

Após a homologação do quadro de credores, ainda é possível sua alteração por meio da ação de retificação do quadro de credores, que seguirá pelo procedimento comum, se houver algum vício relacionado a alguma habilitação, observado após a homologação do referido quadro (art. 19 da Lei n. 11.101/2005).

15.10.6 Habilitação retardatária

Após o prazo definido pelo art. 7º, § 1º, da Lei n. 11.101/2005, a habilitação ainda pode ocorrer, mas será considerada **retardatária.** O credor habilitado retardatariamente não terá direito a voto nas deliberações da Assembleia Geral (exceto os trabalhistas), perderá os direitos a rateios eventualmente realizados, ficará sujeito ao pagamento de custas, **não poderá computar os juros e acessórios ocorridos após o prazo de habilitação.**

Dependendo de quando se habilitar, a forma processual pode ser por **simples impugnação**, se o pedido for feito até a homologação do quadro geral de credores (art. 10, § 5º, da Lei n. 11.101/2005), ou por **uma ação de conhecimento do procedimento comum** (ação de habilitação retardatária e retificação do quadro de credores), se for feito após a homologação do quadro geral de credores (art. 10, § 6º, da Lei n. 11.101/2005).

Na habilitação retardatária caberá pedir a reserva de valor (art. 10, § 4º, da Lei n. 11.101/2005).

O prazo decadencial para a habilitação retardatária e reserva de valor é de no máximo 3 anos contados da data de publicação da sentença que decretar a falência (art. 10, § 10º, da Lei n. 11.101/2005, alterada pela Lei n. 14.112/2020).

15.10.7 Realização do ativo e encerramento da falência

Como regra, após a arrecadação dos bens, ocorrerá a realização do ativo, entretanto é possível a venda antecipada dos bens, por exemplo, para evitar o perecimento, desde que ocorra a concordância de credores que representem 2/3 dos créditos (art. 46 da Lei n. 11.101/2005).

Os bens serão vendidos da melhor forma possível, respeitando a seguinte ordem, determinada pelo art. 140 da Lei n. 11.101/2005:

a) alienação da empresa, com a venda de seus estabelecimentos em bloco;

b) alienação das unidades produtivas da empresa de forma isolada;

c) alienação dos bens agrupados por unidade produtiva;

d) alienação dos bens individualizados.

Na alienação conjunta ou separada de ativos, inclusive da sede ou de suas filiais, todos os credores, observada a ordem de preferência definida no art. 83 desta Lei, sub-rogam-se no produto da realização do ativo (art. 141 da Lei n. 11.101/2005).

Além disso, determina o art. 141, II, § 1º, da Lei n. 11.101/2005 que o **objeto da alienação estará livre de qualquer ônus** e não haverá sucessão do arrematante nas obrigações do devedor, **inclusive as de natureza tributária, as derivadas da legislação do trabalho e as decorrentes de acidentes de trabalho**, a não ser que o arrematante seja o sócio da sociedade falida, ou sociedade controlada pelo falido; o parente, em linha reta ou colateral até o 4º grau, consanguíneo ou afim, do falido ou de sócio da sociedade falida; ou identificado como agente do falido com o objetivo de fraudar a sucessão.

A alienação ocorrerá por leilão eletrônico, presencial ou híbrido; processo competitivo organizado promovido por agente especializado e de reputação ilibada, cujo procedimento deverá ser detalhado em relatório anexo ao plano de realização do ativo ou ao plano de recuperação judicial (art. 142 da Lei n. 11.101/2005, alterado pela Lei n. 14.112/2020).

A alienação dar-se-á independentemente de a conjuntura do mercado no momento da venda ser favorável ou desfavorável, dado o caráter forçado da venda; independerá da consolidação do quadro geral de credores; poderá contar com serviços de terceiros como consultores, corretores e leiloeiros; deverá ocorrer no prazo máximo de 180 dias, contado da data da lavratura do auto de arrecadação, no caso de falência; não estará sujeita à aplicação do conceito de preço vil (art. 142 da Lei n. 11.101/2005, alterado pela Lei n. 14.112/2020).

Com o término da realização do ativo, o administrador providenciará um relatório descrevendo os valores eventualmente recebidos (art. 148 da Lei n. 11.101/2005).

Os credores serão pagos de acordo com a classificação de seus créditos, e, se houver saldo remanescente, será devolvido ao falido (art. 153 da Lei n. 11.101/2005).

15.10.8 Encerramento da falência

Realizado o ativo e distribuído o resultado da negociação entre os credores, o administrador prestará suas contas no prazo de 30 dias, que serão julgadas pelo juiz por sentença, de acordo com o art. 154 da Lei n. 11.101/2005.

Segundo o disposto no art. 155 da Lei n. 11.101/2005, após o julgamento das contas, o administrador apresentará o relatório final, no prazo de 10 dias, indicando a realização do ativo, a distribuição do resultado da sua realização, o valor do passivo e dos pagamentos feitos aos credores e as responsabilidades que o falido ainda terá.

Com a apresentação do relatório final, o juiz encerrará a falência por sentença (art. 156 da Lei n. 11.101/2005), da qual caberá o recurso de apelação.

15.11 Os efeitos da falência para a pessoa do falido

A partir da decretação da falência, o falido não pode exercer qualquer atividade empresarial nem administrar seus bens ou deles dispor, até que seja habilitado novamente pelo juízo da falência, podendo apenas fiscalizar a administração da falência, de acordo com os arts. 102 e 103 da Lei n. 11.101/2005.

De acordo com o art. 104 da Lei n. 11.101/2005, alterada pela Lei n. 14.112/2020, o falido terá os seguintes deveres:

- assinar nos autos, desde que intimado da decisão, termo de comparecimento, com a indicação do nome, da nacionalidade, do estado civil e do endereço completo do domicílio, e declarar, para constar do referido termo, diretamente ao administrador judicial, em dia, local e hora por ele designados, por prazo não superior a 15 dias após a decretação da falência, o disposto nas alíneas *a* a *g* do inciso I do art. 104 da Lei n. 11.101/2005;
- entregar ao administrador judicial os seus livros obrigatórios e os demais instrumentos de escrituração pertinentes, que os encerrará por termo;
- não se ausentar do lugar onde se processa a falência sem motivo justo e comunicação expressa ao juiz, e sem deixar procurador bastante, sob as penas cominadas na lei;
- comparecer a todos os atos da falência, podendo ser representado por procurador, quando não for indispensável sua presença;
- entregar ao administrador judicial, para arrecadação, todos os bens, papéis, documentos e senhas de acesso a sistemas contábeis, financeiros e bancários, bem como indicar aqueles que porventura estejam em poder de terceiros;
- auxiliar o administrador judicial com zelo e presteza;

- examinar as habilitações de crédito apresentadas;
- assistir ao levantamento, à verificação do balanço e ao exame dos livros;
- manifestar-se sempre que for determinado pelo juiz;
- apresentar ao administrador judicial a relação de seus credores, em arquivo eletrônico, no dia em que prestar as declarações referidas no inciso I do *caput* do art. 104 da Lei n. 11.101/2005;
- examinar e dar parecer sobre as contas do administrador judicial.

15.12 Os efeitos da falência sobre as obrigações do devedor

Com a decretação da falência ficam suspensos:

- o exercício de direito de retenção sobre os bens que serão objetos de arrecadação;
- o direito de retirada ou de recebimento do valor de suas cotas ou ações por parte do sócio de uma sociedade falida (art. 116 da Lei n. 11.101/2005).

Por outro lado, os **contratos bilaterais não serão resolvidos pela falência**, uma vez que o administrador pode optar por continuá-los, se puder reduzir ou evitar o aumento do passivo da massa falida, com a autorização do Comitê de Credores (art. 117 da Lei n. 11.101/2005). Da mesma forma, determina o art. 118 que o contrato unilateral pode ser mantido pelo administrador judicial.

O mandato, por outro lado, terá seus efeitos cessados com a decretação da falência, da mesma forma, as contas correntes serão encerradas (art. 120 e 121 da Lei n. 11.101/2005).

O vendedor não pode obstar a entrega das coisas expedidas ao devedor e ainda em trânsito, se o comprador, antes do requerimento da falência, as tiver revendido, sem fraude, à vista das faturas e conhecimentos de transporte, entregues ou remetidos pelo vendedor. Também se o devedor vendeu coisas compostas e o administrador judicial resolver não continuar a execução do contrato, poderá o comprador pôr à disposição da massa falida as coisas já recebidas, pedindo perdas e danos. Não tendo o devedor entregue coisa móvel ou prestado serviço que vendera ou contratara a prestações, e resolvendo o administrador judicial não executar o contrato, o crédito relativo ao valor pago será habilitado na classe própria. O administrador judicial, ouvido o Comitê, restituirá a coisa móvel comprada pelo devedor com reserva de domínio do vendedor se resolver não continuar a execução do contrato, exigindo a devolução, nos termos do contrato, dos valores pagos (art. 119 da Lei n. 11.101/2005).

Tratando-se de coisas vendidas a termo, que tenham cotação em bolsa ou mercado, e não se executando o contrato pela efetiva entrega daquelas e pagamento do preço, prestar-se-á a diferença entre a cotação do dia do contrato e a da época da liquidação em bolsa ou mercado.

Na promessa de compra e venda de imóveis, aplicar-se-á a legislação respectiva.

A **falência do locador** não resolve o contrato de locação e, na **falência do locatário**, o administrador judicial pode, a qualquer tempo, denunciar o contrato.

Caso haja acordo para compensação e liquidação de obrigações no âmbito do sistema financeiro nacional, nos termos da legislação vigente, a parte não falida poderá considerar o contrato vencido antecipadamente, hipótese em que será liquidado na forma estabelecida em regulamento, admitindo-se a compensação de eventual crédito que venha a ser apurado em favor do falido com créditos detidos pelo contratante.

Os patrimônios de afetação, constituídos para cumprimento de destinação específica, obedecerão ao disposto na legislação respectiva, permanecendo seus bens, direitos e obrigações separados dos do falido até o advento do respectivo termo ou até o cumprimento de sua finalidade, ocasião em que o administrador judicial arrecadará o saldo a favor da massa falida ou inscreverá na classe própria o crédito que contra ela remanescer (art. 119, IX, da Lei n. 11.101/2005).

15.13 Ineficácia e revogação dos atos praticados antes da falência

Alguns atos quando realizados exatamente de acordo com a descrição legal são ineficazes de forma objetiva, já que não importa a intenção das pessoas envolvidas. Por outro lado, quando a intenção de lesar credores é critério para a revogação, é necessária a propositura da ação revocatória.

a) Atos objetivamente ineficazes

São ineficazes em relação à massa falida, independentemente do conhecimento do terceiro a respeito da situação financeira do devedor, ou mesmo da intenção do devedor em fraudar credores, as hipóteses descritas no do art. 129 da Lei n. 11.101/2005:

- **a)** Dentro do **termo legal (art. 99, II, da Lei n. 11.101/2005)**: o pagamento de dívidas não vencidas, o pagamento de dívidas vencidas e exigíveis, de forma diversa da prevista pelo contrato, a constituição de direito real de garantia;
- **b)** Nos **dois anos que antecedem a falência**: a prática de atos a título gratuito, a renúncia a herança ou a legado;
- **c)** O **trespasse, sem o consentimento dos credores** e sem que o devedor possua bens suficientes para saldar as dívidas, salvo se, no prazo de 30 dias, houver a concordância tácita ou expressa ou o pagamento antecipado (art. 1.145 do CC);
- **d)** Os registros de direitos reais e de transferência de propriedade entre vivos, por título oneroso ou gratuito, ou a averbação relativa a imóveis, realizados **após a decretação da falência**, salvo se tiver havido prenotação anterior.

Embora não esteja descrito no art. 129 da Lei n. 11.101/2005, e inclusive seja indicada a ação revocatória como instrumento adequado, entendemos que quando o reembolso é pago ao acionista que exerceu seu direito de retirada, como prejuízo ao capital social, seria o caso de um ato objetivamente ineficaz (art. 45, § 8º, da Lei n. 6.404/76).

Isso porque, na descrição legal do art. 45, § 8º, da Lei n. 6.404/76, não há previsão de "intenção" como se vê:

> "Se, quando ocorrer a falência, já se houver efetuado, à conta do capital social, o reembolso dos ex-acionistas, estes não tiverem sido substituídos, e a massa não bastar para o pagamento dos créditos mais antigos, caberá ação revocatória para restituição do reembolso pago com redução do capital social, até a concorrência do que remanescer dessa parte do passivo. A restituição será havida, na mesma proporção, de todos os acionistas cujas ações tenham sido reembolsadas".

A ineficácia deverá ser **declarada de ofício pelo juiz, alegada pelas partes, pleiteada em ação própria, numa ação declaratória de ineficácia ou incidentalmente**, no curso do processo.

PARA FIXAR

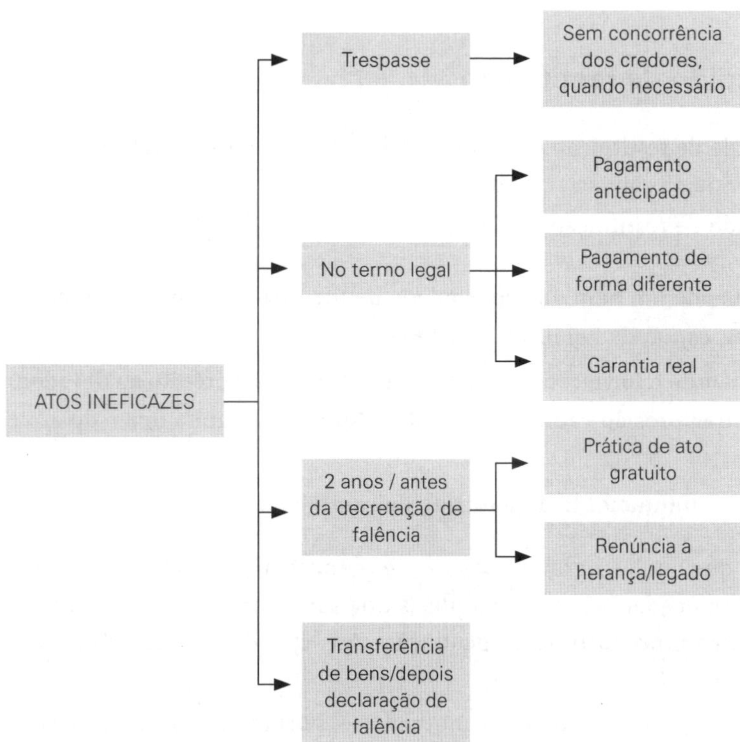

b) Ação revocatória

São objetos da **ação revocatória** os atos praticados com a **intenção de prejudicar credores**, com **a concordância do terceiro** e que tenham trazido efetivamente um **prejuízo para a massa falida** (art. 130 da Lei n. 11.101/2005).

A ação revocatória pode ser proposta pelo administrador judicial, por qualquer credor ou pelo Ministério Público, em até **3 anos contados da decretação da falência** (art. 132 da Lei n. 11.101/2005). De acordo com o art. 133 da Lei n. 11.101/2005, no **polo passivo** da ação revocatória, estarão todos os que figuraram no ato ou que por efeito dele foram pagos, garantidos ou beneficiados, além de os terceiros adquirentes se tiveram conhecimento, ao se criar o direito, da intenção do devedor de prejudicar os credores, bem como seus respectivos herdeiros ou legatários.

A ação prosseguirá pelo **procedimento comum**, e uma vez declarada procedente a ação revocatória, os bens que foram negociados serão restituídos para a massa.

No andamento da ação revocatória, o juiz, a pedido do autor, pode determinar o **sequestro dos bens** do devedor que estejam em poder de terceiros, de acordo com o art. 137 da Lei n. 11.101/2005.

Segundo o art. 135, parágrafo único, da Lei n. 11.101/2005, da sentença que declarou a procedência **caberá o recurso de apelação.**

15.14 Pedido de restituição

O pedido de restituição é um instrumento utilizado para a retomada de bens de sua propriedade que foram arrecadados pela massa.

O pedido de restituição é cabível:

- quando um **bem de propriedade de terceiro for arrecadado pela massa (art. 85, *caput*, da Lei n. 11.101/2005);**
- **quando o fornecedor entrega a coisa vendida a crédito ao devedor nos 15 dias anteriores ao requerimento da falência** (parágrafo único do art. 85 da Lei n. 11.101/2005);
- **no adiantamento do contrato de câmbio** (art. 86, II, da Lei n. 11.101/2005).

Assim que o juiz decretar a falência e nomear o administrador judicial, todos os bens serão arrecadados, mesmo aqueles que são de propriedade de terceiro, descritos dessa forma no auto de arrecadação, nos termos do art. 110, § 2º, IV, da Lei n. 11.101/2005.

O terceiro proprietário não é um credor e, portanto, não concorre com os demais credores, e por tal motivo justifica-se sua prioridade em relação aos credores. É o caso, por exemplo, do credor de alienação fiduciária, o credor de arrendamento mercantil.

O cabimento do pedido de restituição **depende de a coisa estar na posse do devedor no momento da declaração da falência**, se o bem tivesse sido vendido fraudulentamente a terceiro, não teria sentido pedir a restituição, e sim buscar a revogação do negócio realizado.

O pedido de restituição deverá conter a descrição da coisa, juntamente com os documentos comprobatórios e será autuado em separado. A partir do recebimento, o juiz determinará a intimação do devedor, do Comitê de Credores e do administrador judicial para se manifestarem em 5 dias (art. 87, § 1º, da Lei n. 11.101/2005).

Da sentença que julgar o pedido de restituição caberá a apelação sem efeito suspensivo (art. 90 da Lei n. 11.101/2005).

O bem objeto do pedido de restituição ficará indisponível até o trânsito em julgado da decisão, a não ser que se trate de bens perecíveis, que poderão ser vendidos e o proprietário terá direito à restituição da quantia.

Ressalte-se que **se o bem não mais existir, o requerente terá direito ao valor da avaliação do bem** (art. 86, I, da Lei n. 11.101/2005), com exceção ao credor fiduciário, que só terá o direito ao bem propriamente dito, e caso não seja possível a restituição, precisará se habilitar na falência.

O contrato de câmbio surge quando um empresário ao exportar bens, precisa de uma instituição financeira para fazer o câmbio da moeda estrangeira. Se nesse caso, o empresário pedir um adiantamento dessa quantia, estaremos diante do adiantamento de contrato de câmbio, e é cabível o pedido de restituição no caso falência da empresa que fez o contrato.

Não se pode esquecer de que os créditos trabalhistas de natureza estritamente salarial vencidos nos 3 (três) meses anteriores à decretação da falência, até o limite de 5 (cinco) salários mínimos por trabalhador, serão pagos tão logo haja disponibilidade em caixa (art. 151 da Lei n. 11.101/2005), e necessariamente antes da restituição das quantias mencionadas no art. 86 da Lei n. 11.101/2005.

PARA FIXAR

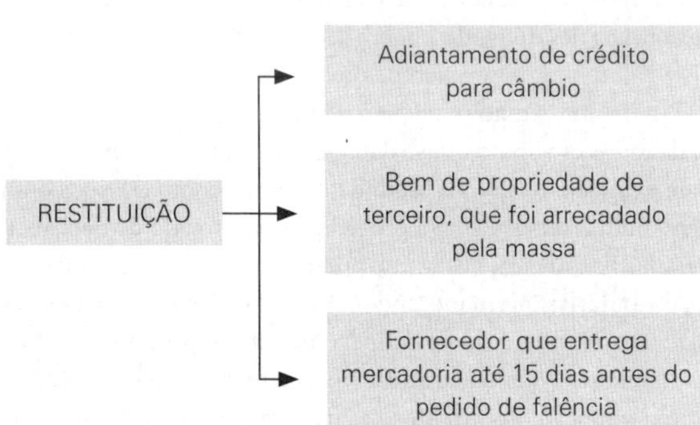

15.15 Extinção das obrigações do falido

As obrigações do falido não serão extintas com o encerramento da falência. Será necessário um pedido de extinção das obrigações, que pode ocorrer nas seguintes situações[20]:

- o pagamento, após realizado todo o ativo, de mais de 25% dos créditos quirografários, facultado ao falido o depósito da quantia necessária para atingir a referida porcentagem se para isso não tiver sido suficiente a integral liquidação do ativo;
- o decurso do prazo de 3 anos, contado da decretação da falência, ressalvada a utilização dos bens arrecadados anteriormente, que serão destinados à liquidação para a satisfação dos credores habilitados ou com pedido de reserva realizado;
- o encerramento da falência nos termos dos arts. 114-A (se não forem encontrados bens para serem arrecadados, ou se os arrecadados forem insuficientes para as despesas do processo) ou 156 da Lei n. 11.101/2005 (art. 158 da Lei n. 11.101/2005, alterada pela Lei n. 14.112/2020).

O falido deverá requerer ao juízo da falência a **declaração da extinção de suas obrigações** (arts. 159 e 160 da Lei n. 11.101/2005), demonstrando uma das hipóteses do art. 158 da Lei n. 11.101/2005.

---

20. "**Falido. O reconhecimento da extinção das obrigações não tributárias do falido nos termos do art. 135 do Decreto-Lei n. 7.661/1945 (art. 158 da Lei n. 11.101/2005) não depende de prova da quitação de tributos.** Inicialmente, destaca-se que, tanto no regramento anterior (Decreto-Lei n. 7.661/1945) quanto na atual Lei de Falências (Lei n. 11.101/2005), a questão é tratada da mesma forma. Nesse passo, se o art. 187 do CTN – mesmo com a redação anterior à LC 118/2005 – é taxativo ao dispor que a cobrança judicial do crédito tributário não é sujeita a concurso de credores ou habilitação em falência, e se o mesmo CTN não arrola a falência como uma das causas de suspensão da prescrição do crédito tributário (art. 151), não há mesmo como se deixar de inferir que o crédito fiscal não se sujeita aos efeitos da falência. Tem-se, então, que o pedido de extinção das obrigações do falido poderá ser deferido: a) com maior abrangência, quando satisfeitos os requisitos da Lei Falimentar e também os do art. 191 do CTN, mediante a 'prova de quitação de todos os tributos'; ou b) em menor extensão, quando atendidos apenas os requisitos da Lei Falimentar, mas sem a prova de quitação de todos os tributos, caso em que as obrigações tributárias não serão alcançadas pelo deferimento do pedido de extinção. Assim, na segunda hipótese, como o Fisco continua com seu direito independente do juízo falimentar, a solução será a procedência do pedido de declaração de extinção das obrigações do falido consideradas na falência, desde que preenchidos os requisitos da Lei Falimentar, sem alcançar, porém, as obrigações tributárias, permanecendo a Fazenda Pública com a possibilidade de cobrança de eventual crédito fiscal. De fato, a declaração de extinção das obrigações do falido poderá referir-se somente às obrigações que foram habilitadas ou consideradas no processo falimentar, não tendo, por isso, o falido, a necessidade de apresentar a quitação dos créditos fiscais para conseguir o reconhecimento da extinção daquelas suas obrigações, em menor extensão" (**REsp 834.932-MG, rel. Min. Raul Araújo, j. 25-8-2015, *DJe* 29-10-2015**).

A extinção das obrigações depende de requerimento expresso do falido por meio de petição simples, se a falência ainda não foi encerrada, ou por meio de uma ação autônoma, se a ação já estiver encerrada.

15.16 Questões

01. (TRT-1ª Região – Juiz Substituto) As empresas Alfa S.A. e Delta Ltda. possuem relações comerciais de trato sucessivo em que a primeira fornece à segunda produtos derivados do leite e cortes de carnes nobres para venda ao consumidor final. Os produtos são entregues semanalmente no estabelecimento da compradora, sob comprovante de recebimento da mercadoria na quantidade e qualidade indicadas na nota fiscal-fatura. Ao fim de cada mês, sacam-se duplicatas mercantis para cada fatura, que, após o aceite, são devolvidas ao sacador, sendo os títulos liquidados no prazo de dez dias, contados da data do aceite. Com base nessa situação hipotética, assinale a opção correta.

a) Em caso de não pagamento do título já aceito na data aprazada, o sacador somente poderá ajuizar a execução se promover protesto por falta de pagamento da cártula.

b) Em razão da incidência do Código de Defesa do Consumidor na relação entre as empresas, o sacado não estará obrigado ao pagamento do título já aceito na hipótese de verificar-se que os produtos foram fornecidos em quantidade e qualidade inferior à descrição da fatura.

c) Em caso de falência da Delta Ltda., o fornecedor poderá requerer a restituição das mercadorias ainda não alienadas, vendidas a crédito e entregues nos 15 dias anteriores ao requerimento da falência, antes mesmo do pagamento dos credores trabalhistas.

d) A Alfa S.A. não poderá ser responsabilizada por vícios nos produtos que os tornem impróprios ao consumo pelos consumidores finais, uma vez que não possui, com os consumidores, relação jurídica.

e) Na hipótese de ser prestado aval em favor do aceitante, a exigência da obrigação do avalista somente poderá ser exigida subsidiária e sucessivamente à do avalizado.

02. (2015.CESPE.AGU) Julgue o item a seguir, relativo à regularidade, ou não, de sociedades empresárias e às possíveis consequências devidas a situações de irregularidade.

A sociedade empresária irregular não tem legitimidade ativa para pleitear a falência de outro comerciante, mas pode requerer recuperação judicial, devido ao princípio da preservação da empresa

( ) Certo

( ) Errado

03. (2016.FAURGS.TJ-RS) Considere as afirmações abaixo.

I. A rejeição do plano de recuperação judicial por uma das classes de credores impede sua aprovação pelo juiz, tornando obrigatória a decretação da falência.

II. A função do administrador judicial na falência e na recuperação de empresa, que poderá ser exercida por pessoa jurídica, é indelegável, embora admitida a contratação de auxiliares.

III. Os créditos do titular de propriedade fiduciária, na falência, são considerados extraconcursais, tendo precedência em relação aos demais.

Quais estão corretas?

a) Apenas I.

b) Apenas II.

c) Apenas III.

d) Apenas I e II.

e) Apenas I e III.

04. (2017. CESPE. TJ-PR) Uma sociedade limitada, cujo único sócio administrador era João Rios, sofreu algumas condenações judiciais ao pagamento de dívidas e, em uma execução, não pagou, não depositou e não nomeou bens à penhora. A pedido de um credor, foi decretada a falência da sociedade.

Nessa situação hipotética,

a) com a decretação da falência, João Rios perdeu o direito de administrar e dispor de seus bens e não poderá viajar sem prévia comunicação ao juiz.

b) a decretação da falência fundamentou-se no fato de que o passivo da sociedade era maior que seu ativo.

c) são quirografários os créditos decorrentes das condenações judiciais, tanto os principais quanto os de honorários advocatícios.

d) como efeito da decretação da falência, haverá a inabilitação empresarial de todos os sócios.

05. (FGV – Auditor – PM de Angra dos Reis – RJ/2010) No processo falimentar da empresa Rios de Dinheiro, habilitaram-se como credores da massa falida: Joana Silva, credora trabalhista com crédito de 250 salários mínimos; Paps e Tintas Ltda.; e o Município de Angra dos Reis, com créditos tributários referentes ao ISS. A classificação dos créditos, neste caso específico, obedece à seguinte ordem ditada pela Lei n. 11.101/2005, que regula a recuperação judicial, a extrajudicial e a falência do empresário e da sociedade empresária:

	1º LUGAR	2º LUGAR	3º LUGAR	4º LUGAR
a)	Joana Silva (com a integralidade dos 250 salários mínimos devidos)	Município de Angra dos Reis	Paps e Tintas Ltda.	
b)	Município de Angra dos Reis	Joana Silva (com a integralidade dos 250 salários mínimos devidos)	Paps e Tintas Ltda.	
c)	Município de Angra dos Reis	Joana Silva (com somente 150 salários mínimos devidos)	Paps e Tintas Ltda.	Joana Silva (com 100 salários mínimos restantes)

d)	Joana Silva (com somente 150 salários mínimos devidos)	Município de Angra dos Reis	Joana Silva (com 100 salários mínimos restantes)	Paps e Tintas Ltda.
e)	Joana Silva (com somente 150 salários mínimos devidos)	Município de Angra dos Reis	Paps e Tintas Ltda.	Joana Silva (com 100 salários mínimos restantes)

06. (2016. MPE-PR) Em relação ao regime jurídico dos atos praticados pelo devedor antes da falência, assinale a alternativa **correta**:

a) A legitimidade para propor a ação revocatória é exclusiva do administrador judicial e dos credores;

b) A declaração de ineficácia do ato de pagamento de dívida não vencida realizado pelo devedor dentro do termo legal da falência, por qualquer meio extintivo do direito de crédito, ainda que pelo desconto do próprio título, condiciona-se à demonstração da intenção, do devedor, de fraudes credores;

c) O pagamento de dívidas vencidas e exigíveis realizado dentro do termo legal, por qualquer forma que não seja a prevista pelo contrato, é ineficaz em relação à massa falida, ainda que tenha sido previsto e realizado na forma definida no plano de recuperação judicial;

d) São revogáveis os atos praticados com a intenção de prejudicar credores, provando-se o conluio fraudulento entre o devedor e o terceiro que com ele contratar e o efetivo prejuízo sofrido pela massa falida;

e) A sentença que julgar procedente a ação revocatória determinará o retorno dos bens à massa falida em espécie, com todos os acessórios, ou o valor pelo qual foram alienados, acrescidos das perdas e danos.

07. (4.2015. FCC.DPE-MA) Sobre direito falimentar, é correto afirmar:

a) A *vis attractiva* do juízo universal da falência abrange todas as ações sobre bens, interesses e negócios do falido, ressalvadas as causas trabalhistas.

b) Na classificação dos créditos da falência, os créditos tributários, independentemente de sua natureza e constituição, excetuadas as multas tributárias, preferem a todos os demais.

c) A recuperação extrajudicial depende da aprovação de todos os credores de cada espécie de crédito abrangido pelo plano de recuperação.

d) Não pode requerer recuperação judicial o devedor que exerça suas atividades há menos de 2 (dois) anos

e) A fim de preservar e otimizar a utilização produtiva dos bens, ativos e recursos produtivos da empresa, inclusive os intangíveis, pode o juiz determinar a manutenção do devedor no exercício de suas atividades quando decretar a falência.

08. (2016. FUNCAB. PC-PA) Sobre o instituto da recuperação judicial, assinale a alternativa correta.

a) Não são exigíveis do devedor as despesas que os credores fizerem para tomar parte na recuperação judicial ou na falência, salvo as custas judiciais decorrentes de litígio com o devedor.

b) Os credores do devedor em recuperação judicial não conservam seus direitos e privilégios contra os coobrigados, fiadores e obrigados de regresso.

c) Poderá requerer recuperação judicial o devedor que, no momento do pedido, exerça regularmente suas atividades há mais de 5 (cinco) anos e que não tenha, há menos de 2 (dois) anos, obtido concessão de recuperação judicial.

d) Estão sujeitos à recuperação judicial todos os créditos existentes e vencidos na data do pedido da recuperação.

e) O prazo de suspensão do curso da prescrição e de todas as ações e execuções em face do devedor, inclusive aquelas dos credores particulares do sócio solidário, é automaticamente prorrogável por mais 180 dias.

09. **(2017. CESPE MPE-RR)** Foi decretada a falência de determinada sociedade limitada. No curso do processo, o MP foi intimado e se manifestou nos autos. A falida insurgiu-se contra a intimação do MP e sua posterior manifestação, argumentando ser incabível a primeira e nula a segunda.

Nessa situação hipotética, conforme as disposições da Lei n. 11.101/2005 e a jurisprudência do STJ,

a) se, intimado da decretação da falência, o MP não se manifestasse, tornar-se-ia dispensável a sua intimação para atos posteriores.

b) havendo determinação para a alienação de bens do ativo, a intimação pessoal do MP será obrigatória.

c) se fosse considerada incabível a intimação, a manifestação do MP poderia anular o processo falimentar ou as ações conexas, independentemente da demonstração de prejuízo.

d) não se pode falar em nulidade: o MP é intimado como *custos legis* para todos os atos do processo falimentar e ações conexas e se manifesta caso haja interesse público.

10. **(FAURGS/TJ-RS/2016)** Considere as afirmações abaixo.

I. A decretação de regime de administração especial temporária não afeta o curso regular das atividades da instituição financeira, ao contrário do que ocorre no caso de intervenção.

II. Dentre os efeitos da falência em relação à pessoa do falido, estão restrições à disponibilidade de seus bens, bem como a sua liberdade de locomoção.

III. Submetida a sociedade empresária à recuperação judicial, não se distinguem os efeitos a que estão submetidos os credores anteriores e posteriores ao pedido de recuperação.

Quais estão corretas?

a) Apenas I.

b) Apenas II.

c) Apenas I e II.

d) Apenas I e III.

e) Apenas II e III.

11. **(CESPE/TJ-DFT/2016)** Acerca de falência, assinale a opção correta.

a) Segundo a jurisprudência do STJ, os honorários advocatícios, na falência, são créditos quirografários qualquer que seja o seu valor.

b) O encerramento da falência tem por efeito a extinção de todas as obrigações do falido não satisfeitas no processo.

c) De acordo com a legislação brasileira, a situação falimentar do empresário se revela quando as dívidas excedem a importância de seu patrimônio.

d) Um empresário deverá comprovar a regularidade do exercício da atividade empresarial, mediante a apresentação de certidão da junta comercial, para requerer a falência de outro empresário.

e) O MP terá legitimidade para propor ação para anular atos praticados pelo falido em fraude a credores caso, no prazo de três anos da decretação da falência, os credores ou o administrador não a proponham.

12. **(FCC/TJ-SC/2015)** "FRANGO SAUDÁVEL S.A.", empresa produtora e exportadora de frangos, com sede em Florianópolis, concentra sua atividade econômica em Blumenau, onde se situa o seu principal estabelecimento. No entanto, todos os seus fornecedores e credores têm domicílio em Itajaí. Nesse caso, a competência para decretar a falência da empresa será do juízo de:

a) Florianópolis ou Itajaí, definindo-se por prevenção.

b) Blumenau.

c) Florianópolis.

d) Itajaí.

e) Florianópolis ou Blumenau, definindo-se por prevenção.

13. **(VUNESP/TJ-RJ/2016)** Assinale a assertiva correta acerca da ineficácia e da revogação dos atos praticados antes da falência.

a) Da sentença que julgar procedente a ação revocatória cabe agravo na modalidade de instrumento, da que julgá-la improcedente cabe apelação.

b) Tratando-se de ato revogável, a ação revocatória deverá ser proposta no prazo de 3 anos contado da decretação da falência pelo administrador judicial, pelo Ministério Público ou por qualquer credor.

c) Os atos praticados com a intenção de prejudicar credores, desde que provado o conluio fraudulento entre o devedor e o terceiro que com ele contratar, são revogáveis de per si, sem necessidade da produção de qualquer outra prova.

d) Os registros de direitos reais e de transferência de propriedade entre vivos, por título oneroso ou gratuito, ou averbação relativa a imóveis realizados após a decretação da falência, não geram efeitos em relação à massa falida, independentemente de prenotação anterior.

e) A sentença que julgar procedente a ação revocatória determinará o retorno dos bens à massa falida em espécie, com todos os acessórios, ou o valor de mercado, mas não dará direito a acréscimo a título de perdas e danos.

14. **(TJ-PR – 2010 – Juiz)** Sobre a figura do administrador judicial, assinale a afirmativa CORRETA:

I. O administrador judicial será profissional idôneo, preferencialmente advogado, economista, administrador de empresas ou contador, sendo admissível que a função do administrador judicial seja exercida por pessoa jurídica especializada.

II. O juiz fixará o valor e a forma de pagamento da remuneração do administrador judicial, observados a capacidade de pagamento do devedor, o grau de complexidade do trabalho e os valores praticados no mercado para o desempenho de atividades semelhantes, sendo que, em qualquer hipótese, o total pago ao administrador judicial não excederá 6% (seis por cento) do valor devido aos credores submetidos à recuperação judicial ou do valor de venda dos bens na falência.

III. O juiz fixará o valor e a forma de pagamento da remuneração do administrador judicial, observados a capacidade de pagamento do devedor, o grau de complexidade do trabalho e os valores praticados no mercado para o desempenho de atividades semelhantes, sendo que será reservado 40% (quarenta por cento) do montante devido ao administrador judicial para pagamento após o julgamento das contas e da apresentação do relatório final da falência.

IV. O administrador judicial substituído será remunerado proporcionalmente ao trabalho realizado, salvo se renunciar sem relevante razão ou for destituído de suas funções por desídia, culpa, dolo ou descumprimento das obrigações fixadas na Lei n. 11.101/2005, hipóteses em que não terá direito à remuneração.

a) Apenas as afirmativas I, II, III e IV estão corretas.

b) Apenas as afirmativas I, III e IV estão corretas.

c) Apenas as afirmativas I, II e IV estão corretas.

d) Apenas as afirmativas II e III estão corretas.

15. (TJ-PR – 2010 – Juiz) Sobre os efeitos da decretação da falência quanto às obrigações do devedor, assinale a afirmativa CORRETA:

a) Os contratos bilaterais se resolvem pela falência e não podem ser cumpridos pelo administrador judicial.

b) O contratante pode interpelar o administrador judicial, no prazo de até 90 (noventa) dias, contado da assinatura do termo de sua nomeação, para que, dentro de 30 (trinta) dias, declare se cumpre ou não o contrato.

c) A falência do locador resolve o contrato de locação e, na falência do locatário, o administrador judicial pode, a qualquer tempo, denunciar o contrato.

d) O administrador judicial, mediante autorização do Comitê, poderá dar cumprimento a contrato unilateral se esse fato reduzir ou evitar o aumento do passivo da massa falida ou for necessário à manutenção e preservação de seus ativos, realizando o pagamento da prestação pela qual está obrigada.

16. (FCC/TRT – 1ª REGIÃO (RJ)/ 2015) Ao Comitê de Credores compete, nos casos de falência, entre as atribuições que a lei lhe impõe,

a) avaliar os bens arrecadados.

b) arrecadar os bens e documentos do devedor e elaborar o auto de arrecadação.

c) examinar a escrituração do devedor.

d) fiscalizar a administração das atividades do devedor, apresentando, a cada 40 dias, relatório de sua situação.

e) comunicar ao juiz, caso detecte violação dos direitos ou prejuízo aos interesses dos credores.

17. **(TRT-21R (RN)/2015)** Sobre a dinâmica da recuperação de empresas e falências, considere os itens abaixo e assinale a alternativa **correta**:

I. É competente, para homologar o plano de recuperação extrajudicial, deferir a recuperação judicial ou decretar a falência, o juízo do local do principal estabelecimento do devedor ou da filial de empresa que tenha sede fora do Brasil.

II. O plano de recuperação judicial é documento que deve obrigatoriamente acompanhar a petição inicial da recuperação judicial, podendo ser emendado pela parte autora, mediante requerimento fundamentado ao juízo, no prazo improrrogável de 180 (cento e oitenta) dias.

III. No âmbito da falência, os créditos trabalhistas que excederem o limite de 150 (cento e cinquenta) salários mínimos serão considerados créditos subordinados com preferência geral.

IV. O plano de recuperação judicial não poderá prever prazo superior a 1 (um) ano para pagamento dos créditos derivados da legislação do trabalho ou decorrentes de acidentes de trabalho vencidos até a data do pedido de recuperação judicial.

a) todas as assertivas estão corretas.

b) apenas as assertivas I e II estão corretas.

c) apenas as assertivas II e III estão corretas.

d) apenas as assertivas III e IV estão corretas.

e) apenas as assertivas I e IV estão corretas.

18. **(TRT – 22ª Região (PI)/ 2013) A respeito da falência, é INCORRETO afirmar:**

a) as obrigações a título gratuito não são exigíveis do devedor.

b) o juiz competente poderá determinar a reserva da importância que estimar devida e, uma vez reconhecido líquido o direito, será o crédito incluído na classe própria.

c) a verificação dos créditos será realizada pelo administrador judicial, com base nos livros contábeis e documentos comerciais e fiscais do devedor e nos documentos que lhe forem apresentados pelos credores, podendo contar com o auxílio de profissionais ou empresas especializadas.

d) os créditos tributários, independentemente da sua natureza e tempo de constituição, excetuadas as multas tributárias, terão preferência sobre os créditos com garantia real, independentemente do limite do valor do bem gravado.

e) o proprietário de bem arrecadado no processo de falência ou que se encontre em poder do devedor na data da decretação da falência poderá pedir sua restituição.

19. **(2017 FCC.TJ-SC)** Na falência, são ineficazes

I. os atos praticados com a intenção de prejudicar credores, provando-se o conluio fraudulento entre o devedor e o terceiro que com ele contratar e o prejuízo sofrido pela massa falida.

II. os pagamentos de dívidas não vencidas realizados pelo devedor dentro do termo legal, por qualquer meio extintivo do direito de crédito, ainda que pelo desconto do próprio título.

III. os registros de direitos reais e de transferência de propriedade entre vivos por título oneroso ou gratuito, ou a averbação relativa a imóveis realizados após a decretação da falência, mesmo se tiver havido prenotação anterior.

IV. os pagamentos de dívidas vencidas e exigíveis realizado dentro do termo legal, por outra forma que não seja a prevista pelo contrato.

V. a prática de atos a título gratuito ou a renúncia à herança ou legado, até 2 (dois) anos antes da decretação da falência.

Está correto o que se afirma APENAS em

a) II, IV e V.
b) I, III e V.
c) II, III e IV.
d) I, IV e V.
e) III, IV e V.

20. **(MPE-SC – Promotor de Justiça – 2013)** Conforme dispõe a Lei n. 11.101/2005, a decretação da falência ou o deferimento do processamento da recuperação judicial suspende o curso da prescrição e de todas as ações e execuções em face do devedor, inclusive aquelas dos credores particulares do sócio solidário.

( ) Certo
( ) Errado

21. **(MPE-SC – Promotor de Justiça – 2013)** As empresas operadoras de plano de assistência à saúde podem apresentar plano de recuperação judicial a ser homologado pelo juízo competente, desde que preencham os requisitos previstos na Lei n. 11.101/2005, que regula a recuperação judicial, a extrajudicial e falência.

( ) Certo
( ) Errado

22. **(MPT – 2013)** Assinale a alternativa CORRETA:

a) A decretação da falência não impede o devedor de requerer a recuperação judicial.
b) O sindicato não está sujeito à falência, nem à recuperação judicial ou extrajudicial, mas está sujeito à insolvência civil.
c) A sentença que decreta a falência põe fim ao processo de execução concursal do empresário falido.
d) Há incidência de juros moratórios após a decretação da falência quanto aos créditos trabalhistas, sobre o crédito que não exceda o limite de 150 salários mínimos.
e) Não respondida.

23. **(CESPE – 2012 – DPE-ES)** Os atos praticados pelo devedor antes e após a decretação da falência serão anulados por fraude contra credores; logo, a situação de direito volta a ser a existente antes do ato anulado, produzindo o mesmo efeito da nulidade: uma verdadeira desconstituição definitiva do ato.

( ) Certo
( ) Errado

24. **(TJ-PR/2011)** Considerando o disposto na legislação falimentar e o contido nas assertivas a seguir, selecione a única alternativa CORRETA:

I. O bem do falido objeto de alienação no processo de falência arrematado por terceiro estranho ao processo de falência e aos sócios da sociedade falida ou controlada pelo falido estará livre de qualquer ônus e não haverá sucessão do arrematante nas obrigações do devedor, inclusive as de natureza tributária, as derivadas da legislação do trabalho e as decorrentes de acidentes de trabalho.

II. O prazo para apresentação de impugnação contra alienação de bens do falido no processo falimentar por quaisquer credores, pelo devedor ou pelo Ministério Público, é de 5 (cinco) dias, contados da arrematação.

III. Ao juiz é permitido homologar qualquer modalidade de realização do ativo do falido, desde que aprovada pela assembleia geral de credores, inclusive com a constituição de sociedade de credores ou dos empregados do próprio devedor, com a participação, se necessária, dos atuais sócios ou de terceiros.

IV. Serão considerados créditos quirografários os saldos dos créditos com garantia real não cobertos pelo produto da alienação dos bens vinculados ao seu pagamento e os saldos dos créditos derivados da legislação do trabalho que excederem o limite de 150 salários mínimos por credor.

a) Somente as assertivas I, II e IV são verdadeiras.
b) Somente as alternativas I, III e IV são verdadeiras.
c) Somente as assertivas I e II são verdadeiras.
d) Todas as assertivas são verdadeiras.

25. **(FCC/2012/TJ-GO/Juiz)** Em relação à recuperação judicial ou falência,

a) a decretação da falência ou o deferimento do processamento da recuperação judicial suspende o curso da prescrição e de todas as ações e execuções em face do devedor, inclusive aquelas dos credores particulares do sócio solidário.
b) em seu curso, não são exigíveis do devedor as obrigações a título oneroso, nem custas judiciais.
c) estão sujeitos à recuperação judicial todos os créditos existentes na data do pedido, desde que vencidos.
d) no curso da recuperação judicial, os credores do devedor perdem seus direitos e privilégios contra os coobrigados, fiadores e obrigados de regresso.
e) o juízo da falência é competente para conhecer de toda e qualquer ação sobre bens, interesses e negócios do falido, inclusive as demandas trabalhistas e fiscais.

26. **(2017 CONSULPLAN TJ-MG)** No que tange à falência, marque a opção correta:

a) Caso não existam títulos protestados contra o réu, não é possível a decretação de falência.
b) Caso o réu faça o depósito elisivo, nos termos da lei e nos valores corretos, o processo falimentar irá continuar. Entretanto, não poderá ser decretada a falência ao final.
c) Caso o autor faça o pedido falimentar de maneira vil, sabendo que o réu não se encontra insolvente, o réu poderá pleitear uma indenização. Entretanto, esta requer processo separado autônomo, cuja competência não é necessariamente do juiz da falência.
d) O prazo legal para a defesa em um processo falimentar segue a regra geral do CPC, sendo de 15 dias úteis.

27. **(PUC-PR/2011/TJ-RO/Juiz)** Em relação à falência do empresário e sociedades empresárias, assinale a única alternativa CORRETA.

a) A defesa daquele que é citado em um pedido de falência é denominada de contestação, e o prazo em que deve ser apresentada é de 15 dias, contados da juntada aos autos do mandado de citação.

b) O recurso cabível contra a decisão que decreta a falência é o recurso de apelação. Já contra a decisão que julga a improcedência de pedido de falência, o recurso cabível é o de agravo de instrumento.

c) O recurso cabível da decisão que julga a impugnação de crédito é o de apelação, que deve ser interposta no prazo de 15 (quinze) dias.

d) É competente para decretar a falência o juízo do local do principal estabelecimento do devedor que tem estabelecimentos em várias localidades do país.

e) A sociedade empresária ou empresário irregulares não podem requerer falência. Essa é uma sanção legal pelo descumprimento aos deveres inerentes aos empresários/ sociedades empresárias, e um benefício aos empresários e sociedades empresárias em situação regular.

28. **(CESPE/TJ-SE/Juiz)** Assinale a opção correta acerca do direito falimentar.

a) Os bens arrecadados no curso do processo falimentar que sejam de conservação dispendiosa poderão ser vendidos antecipadamente.

b) Na classificação dos créditos falimentares, os créditos tributários constituídos antes da decretação da falência terão preferência sobre os créditos com garantia real.

c) Consideram-se extraconcursais os créditos trabalhistas relativos a serviços prestados após a propositura da ação falimentar.

d) É ilícita a decretação da falência daquele que, executado por quantia líquida, não paga, não deposita e não nomeia à penhora bens suficientes dentro do prazo legal, se provar que cessou suas atividades empresariais mais de 5 anos antes do pedido de falência.

e) Após a decretação da falência, os sócios têm a faculdade de exercer o direito de retirada, não recebendo, contudo, o valor de suas quotas por parte da sociedade falida.

29. **(CESPE/2013/TJ-RR/Titular de Serviços de Notas e de Registros)** Com relação à recuperação judicial, à extrajudicial e à falência do empresário e da sociedade empresária, assinale a opção correta.

a) Compete ao juízo falimentar deixar de conceder, com fundamento na análise econômico-financeira do plano de recuperação aprovado pelos credores, a recuperação judicial ou a sua homologação extrajudicial.

b) A responsabilidade pessoal dos sócios de responsabilidade limitada, dos controladores e dos administradores da sociedade falida, estabelecida nas respectivas leis, será apurada no próprio juízo da falência, independentemente da realização do ativo e da prova da sua insuficiência para cobrir o passivo, aplicando-se aos casos de desconsideração da personalidade jurídica.

c) O deferimento do processamento da recuperação judicial enseja o cancelamento da negativação do nome do devedor nos órgãos de proteção ao crédito e nos tabelionatos de protestos.

d) A extensão dos efeitos da falência a outras pessoas jurídicas e físicas confere legitimidade à massa falida para figurar nos polos ativo e passivo das ações nas quais figurem os atingidos pela falência.

e) A decretação da falência ou o deferimento do processamento da recuperação judicial suspende o curso da prescrição e de todas as ações e execuções em face do devedor e dos seus coobrigados.

30. **(Vunesp – Juiz– 2014)** Com relação à Lei n. 11.101, de 9-2-2005 (Lei de Falências e Recuperação de Empresas), assinale a opção incorreta.

a) O crédito fiscal tem preferência sobre os titulares de garantia real.

b) Só é cabível o pedido de falência se o valor da dívida em atraso for superior ao mínimo estabelecido em lei (40 salários mínimos).

c) A simples apresentação de plano de recuperação, no prazo da contestação, impede a decretação da falência com base na impontualidade injustificada.

d) O próprio falido ou o administrador judicial deve apresentar a lista de seus credores.

GABARITO

QUESTÃO	COMENTÁRIOS
01	A alternativa correta é a C, uma vez que na situação descrita acima se aplica o pedido de restituição previsto no art. 85, parágrafo único, da Lei n. 11.101/2005.
02	Errado, Para requerer a recuperação é necessário que a atividade seja regular (art. 48 da Lei n. 11.101/2005).
03	A alternativa B está correta, pois o administrador judicial tem uma função indelegável, mas pode contratar auxiliares (art. 24 da Lei n. 11.101/2005).
04	A alternativa correta é a A, pois o falido perde a administração dos bens (art. 102 da Lei n. 11.101/2005).
05	A alternativa correta é a E, uma vez que obedece perfeitamente à classificação dos créditos prevista nos arts. 83 e 84, ambos da Lei n. 11.101/2005.
06	A alternativa correta é a D, pois cabe a ação revocatória quando houver prejuízo à massa e o conluio fraudulento entre o devedor e o terceiro (arts. 130 e s. da Lei n. 11.101/2005).
07	A alternativa correta é a D, pois o prazo mínimo de atividade regular é de 2 anos para pedir a recuperação (art. 48 da Lei n. 11.101/2005).
08	A alternativa correta é a A, pois não são exigíveis do devedor as despesas que os credores fizerem para tomar parte na recuperação judicial ou na falência, salvo as custas judiciais decorrentes de litígio com o devedor (art. 5º da Lei n. 11.101/2005).
09	A alternativa correta é a B, pois havendo determinação para a alienação de bens do ativo, a intimação pessoal do MP será obrigatória.
10	A alternativa correta é a C, pois tanto a assertiva I, como a II estão corretas. A decretação de regime de administração especial temporária não afeta o curso regular das atividades da instituição financeira, ao contrário do que ocorre no caso de intervenção. E dentre os efeitos da falência em relação à pessoa do falido, estão restrições à disponibilidade de seus bens, bem como a sua liberdade de locomoção.
11	A alternativa correta é a D, pois para requerer falência de seu devedor é necessário que o empresário exerça sua atividade de forma regular (art. 97 da Lei n. 11.101/2005).
12	A alternativa correta é a B, pois o juízo competente é o do principal estabelecimento do devedor (art. 3º da Lei n. 11.101/2005).
13	A alternativa correta é a B, pois tratando-se de ato revogável, a ação revocatória deverá ser proposta no prazo de 3 anos contado da decretação da falência pelo administrador judicial, pelo Ministério Público ou por qualquer credor (arts. 130 e s. da Lei n. 11.101/2005).

14	A alternativa correta é a D. A afirmativa "I" está correta, pois se encontra de acordo com o art. 21 da Lei n. 11.101/2005. A afirmativa "II" não procede, pois a lei fala em 5%, consoante aduz art. 24, § 1º, da Lei n. 11.101/2005. A afirmativa "III" está correta, eis que prevista no art. 24, *caput* e § 2º, da Lei n. 11.101/2005. A afirmativa IV está correta, eis que transcreve a inteligência do art. 24, § 3º, da Lei n. 11.101/2005.
15	A alternativa A não procede, pois está em desacordo com o art. 117 da Lei n. 11.101/2005. A alternativa B está incorreta, pois a lei fala em 10 dias, conforme estipula art. 117, § 1º, da Lei n. 11.101/2005. A alternativa C está incorreta, pois vai de encontro com o estipulado no art. 119, VII, da Lei n. 11.101/2005. A alternativa D está correta, uma vez que transcreve a inteligência do art. 118 da Lei n. 11.101/2005.
16	A alternativa correta é a E, pois entre as funções do Comitê de Credores está a de comunicar ao juiz, caso detecte violação dos direitos ou prejuízo aos interesses dos credores (arts. 26 e s. da Lei n. 11.101/2005).
17	A alternativa correta é a E, pois as assertivas I e IV estão corretas, já que é competente, para homologar o plano de recuperação extrajudicial, deferir a recuperação judicial ou decretar a falência, o juízo do local do principal estabelecimento do devedor ou da filial de empresa que tenha sede fora do Brasil (art. 3º da Lei n. 11.101/2005) e o plano de recuperação judicial não poderá prever prazo superior a 1 (um) ano para pagamento dos créditos derivados da legislação do trabalho ou decorrentes de acidentes de trabalho vencidos até a data do pedido de recuperação judicial (art. 54 da Lei n. 11.101/2005).
18	A alternativa incorreta é a D, pois os créditos tributários, excetuadas as multas tributárias, não terão preferência sobre os créditos com garantia real. Apenas os constituídos após a decretação da falência serão extraconcursais (arts. 83 e 84 da Lei n. 11.101/2005).
19	A alternativa correta é a A, pois as frases II, IV e V estão corretas de acordo com o art. 129 da Lei n. 11.101/2005. A assertiva I está incorreta, pois se trata de ação revocatória. A assertiva III está incorreta, pois a prenotação anterior valida o negócio realizado.
20	A frase está errada, pois apesar de estar de acordo com o art. 6º, *caput*, da Lei n. 11.101/2005, o § 1º e o § 7º fazem ressalvas a essa regra, quando afirmam que não serão suspensas as execuções fiscais (na recuperação judicial) e as obrigações ilíquidas.
21	A frase está errada, pois as operadoras de planos de saúde não se submetem à Lei de Falências, de acordo com o art. 2º, II, da Lei n. 11.101/2005. Por serem regidas por Lei Especial, não há a previsão de recuperação de empresas.
22	A alternativa correta é a B, de acordo com o art. 2º da Lei n. 11.101/2005. Na visão de Amauri Mascaro Nascimento sindicatos são entes de direito privado, que representam particulares, são criados exclusivamente por iniciativa destes, para a representação e defesa dos seus interesses. Trata-se de sujeito coletivo porque é uma organização destinada a representar interesses de um grupo, na esfera das relações trabalhistas, tem direitos, deveres, responsabilidades, patrimônio, filiados, estatutos, tudo como uma pessoa jurídica.
23	A afirmação está ERRADA, pois os atos descritos no art. 129 da Lei n. 11.101/2005 são declarados ineficazes.
24	A alternativa correta é a B. A assertiva "II" está errada, pois, de acordo com o art. 143 da Lei n. 11.101/2005, o prazo para apresentação de impugnação é de 48 horas da arrematação, sendo que os autos serão conclusos ao juiz para que decida sobre o feito no prazo de 5 (cinco) dias. As demais estão corretas.

25	A alternativa correta é a A pois está de acordo com o art. 6º da Lei n. 11.101/2005.
26	A alternativa correta é a B, pois o depósito elisivo não extingue de plano a falência, mas impede sua decretação (art. 98 da Lei n. 11.101/2005).
27	A alternativa correta é a D, de acordo com art. 3º da Lei n. 11.101/2005. Cuidado que o prazo para a contestação é de 10 dias, além disso o recurso cabível é o agravo e é possível a autofalência do empresário irregular.
28	A alternativa correta é a A, de acordo com o art. 22, III, *j*, e art. 113 da Lei n. 11.101/2005. O administrador judicial poderá requerer ao juiz, após ouvido o Comitê de Credores, a venda dos bens de conservação dispendiosa.
29	A alternativa correta é a D, de acordo com o art. 76 da Lei n. 11.101/2005, sendo que o administrador judicial representará a massa falida.
30	A alternativa correta é a A, pois está de acordo com a classificação do art. 83 da Lei n. 11.101/2005.

16

DA RECUPERAÇÃO DE EMPRESAS (LEI N. 11.101/2005)

SUMÁRIO

16.1 Concordata e recuperação de empresas

No capítulo anterior, tratamos da evolução da legislação que tratava da crise e da insolvência de quem exerce atividade empresarial.

O Dec.-Lei n. 7.661/45 tratava da concordata e da falência. A preocupação principal desse ordenamento eram os credores, e não a sobrevivência e o restabelecimento da empresa. O importante era observar o princípio da *par conditio creditorum*, que significa dar aos credores de uma mesma categoria uma condição igualitária, ordenando-os de acordo com critérios legalmente fixados.

Na **Lei n. 11.101/2005**, além de se manter o respeito da *par conditio creditorum*, bus-ca-se a preservação da empresa, por meio de sua recuperação, entendendo que a falência de uma empresa traz prejuízos não apenas ao empresário individual, Eireli ou sociedade empresária, mas também preservar empregos e relações com credores diretos e indiretos.

O Dec.-Lei n. 7.661/45 previa a figura da concordata. O antigo procedimento da **concordata** não tinha natureza ou características contratuais, pois a vontade dos credores não era considerada para a concessão da concordata. O juiz levava em conta a presença de requisitos definidos em lei para a concessão da concordata, por essa razão, Sergio Campinho, dava a natureza da antiga concordata como um "**favor legal**"[1].

1. CAMPINHO, Sergio. *Falência e recuperação de empresa*: o novo regime da insolvência empresarial. 3. ed. Rio de Janeiro: Renovar, 2008. p. 11.

No texto da Lei n. 11.101/2005, a concordata deixa de existir e dá lugar ao instituto da recuperação de empresas. A **recuperação de empresas** tem a natureza definida de acordo com o mesmo autor, de **contrato judicial**[2], onde a decisão do juiz é restrita ao acordo entre credores e devedor. A concordância da maioria dos credores[3] em relação à proposta apresentada pelo devedor é que será objeto de homologação judicial.

A atual legislação é aplicada para todas as recuperações que forem requeridas após a vigência do atual ordenamento. Entretanto, para as **concordatas requeridas sob a aplicação da lei anterior** (Dec.-Lei n. 7.661/45), o procedimento seguirá de acordo com aquela legislação, até o seu término, **podendo o devedor**, caso preencha os requisitos a seguir indicados, mediante concordância dos credores, **pleitear a conversão da concordata em recuperação judicial** (art. 192, § 2º, da Lei n. 11.101/2005).

16.2 Conceito

A recuperação de empresas tem o objetivo de contribuir para que a empresa que passa por uma crise econômico-financeira tenha condições de superá-la. A intenção do legislador foi **preservar não só a empresa em crise, mas também a relação empregatícia e toda a cadeia de fornecedores que dela dependa**. Para tanto, é indispensável que a empresa demonstre os requisitos estabelecidos na Lei n. 11.101/2005, bem como a aprovação dos credores da proposta de pagamento de suas obrigações.

A recuperação de empresas tem por objetivo "viabilizar a superação da situação de crise econômico-financeira do devedor, a fim de permitir a **manutenção da fonte produtora, do emprego dos trabalhadores e dos interesses dos credores**, promovendo, assim, a preservação da empresa, sua função social e o estímulo à atividade econômica" (art. 47 da Lei n. 11.101/2005).

16.3 Espécies

A recuperação de empresas pode ser **judicial ou extrajudicial**. Na recuperação judicial, tanto a proposta como a concordância dos credores ocorrem no judiciário.

Na recuperação extrajudicial, a proposta do devedor e a concordância dos credores ocorrem fora do judiciário e, mesmo que a proposta seja homologada judicialmente, não se transformará em recuperação judicial, já que o acordo não foi obtido com a fiscalização do judiciário.

---

2. Idem, p. 12.

3. Verificaremos os quóruns de aprovação no momento oportuno, mas para verificação do leitor estão nos arts. 58 e 45 da Lei n. 11.101/2005.

16.4 Órgãos

a) Administrador judicial

A figura do comissário (prevista no Dec.-Lei n. 7.661/1945) foi substituída pelo **administrador** judicial, que deve ser um profissional idôneo, **preferencialmente** advogado, economista, administrador de empresas, contador ou uma pessoa jurídica especializada (art. 21 da Lei n. 11.101/2005). Se for pessoa jurídica, deverá ser informada a pessoa física que ficará responsável pela gestão da recuperação, que não poderá ser substituída sem a autorização judicial (arts. 21, parágrafo único, e 33 da Lei n. 11.101/2005).

Os honorários do administrador serão fixados pelo juiz, sendo que a **remuneração não poderá exceder 5%** do valor dos créditos sujeitos à recuperação, valor esse que será pago pela empresa em recuperação (art. 24, § 1º, da Lei n. 11.101/2005). A LC n. 147, de 7 de agosto de 2014, delimitou o teto máximo dos honorários do administrador para microempresas e empresas de pequeno porte em recuperação, acrescentando o § 5º ao art. 24 da Lei n. 11.101/2005, pelo qual a remuneração do administrador judicial fica reduzida a no máximo 2% (dois por cento) do valor dos créditos sujeitos à recuperação.

O administrador terá como **funções** na recuperação judicial (art. 22, I e II, da Lei n. 11.101/2005):

- enviar correspondência aos credores constantes na relação de que trata o inc. III do *caput* do art. 51, comunicando a data do pedido de recuperação judicial;
- fornecer, com presteza, todas as informações pedidas pelos credores interessados;
- dar extratos dos livros do devedor, que merecerão fé de ofício, a fim de servirem de fundamento nas habilitações e impugnações de créditos;
- exigir dos credores, do devedor ou seus administradores quaisquer informações;
- elaborar a relação de credores de que trata o § 2º do art. 7º desta Lei;
- consolidar o quadro geral de credores nos termos do art. 18 desta Lei;
- requerer ao juiz convocação da assembleia geral de credores nos casos previstos nesta Lei ou quando entender necessária sua ouvida para a tomada de decisões;
- contratar, mediante autorização judicial, profissionais ou empresas especializadas para, quando necessário, auxiliá-lo no exercício de suas funções;
- manifestar-se nos casos previstos nesta Lei (inc. I do art. 22 da Lei n. 11.101/2005);
- fiscalizar as atividades do devedor e o cumprimento do plano de recuperação judicial;
- requerer a falência no caso de descumprimento de obrigação assumida no plano de recuperação;
- apresentar ao juiz, para juntada aos autos, relatório mensal das atividades do devedor;
- apresentar o relatório sobre a execução do plano de recuperação, de que trata o inc. III do *caput* do art. 63 desta Lei (inc. II do art. 22 da Lei n. 11.101/2005).

É importante observar que **o devedor, seus administradores ou diretores continuarão na gestão dos seus bens, mas são fiscalizados e auxiliados pelo administrador judicial.**

b) Comitê de Credores

O Comitê de Credores é um **órgão facultativo**, composto de no máximo quatro representantes: um representante da classe dos trabalhadores, um representante da classe dos credores de direitos reais e de privilégios especiais, e um representante dos credores quirografários e de privilégios gerais, além de um representante da nova categoria acrescentada em 2014. A LC 147/2014 acrescentou o inc. IV ao art. 26 da Lei n. 11.101/2005 estabelecendo que o Comitê de Credores deverá ser composto por "1 (um) representante indicado pela classe de credores representantes de microempresas e empresas de pequeno porte, com 2 (dois) suplentes". Apesar desta indicação para a composição do comitê, ele pode funcionar mesmo com número inferior (art. 26 da Lei n. 11.101/2005. Os membros do Comitê de Credores não poderão ser custeados pelo devedor (art. 29 da Lei n. 11.101/2005).

O Comitê de Credores, quando for constituído, tem as seguintes funções (art. 27, I e II, da Lei n. 11.101/2005):

- fiscalizar as atividades e examinar as contas do administrador judicial;
- zelar pelo bom andamento do processo e pelo cumprimento da lei;
- comunicar ao juiz, caso detecte violação dos direitos ou prejuízo aos interesses dos credores;
- apurar e emitir parecer sobre quaisquer reclamações dos interessados;
- requerer ao juiz a convocação da assembleia geral de credores (inc. I do art. 27 da Lei n. 11.101/2005);
- fiscalizar a administração das atividades do devedor, apresentando, a cada 30 (trinta) dias, relatório de sua situação;
- fiscalizar a execução do plano de recuperação judicial;
- submeter à autorização do juiz, quando ocorrer o afastamento do devedor nas hipóteses previstas nesta Lei, a alienação de bens do ativo permanente, a constituição de ônus reais e outras garantias, bem como atos de endividamento necessários à continuação da atividade empresarial durante o período que antecede a aprovação do plano de recuperação judicial (inc. II do art. 27 da Lei n. 11.101/2005).

c) Assembleia geral de credores

A assembleia de credores é o órgão que delibera sobre as questões de interesse dos credores. É composta pelas seguintes classes:

- titulares de créditos derivados da legislação trabalhista ou de acidentes de trabalho;
- titulares de créditos com garantias reais;
- titulares de créditos quirografários, de privilégios especiais, gerais e subordinados;

- titulares de créditos enquadrados como microempresa ou empresa de pequeno porte (art. 41 da Lei n. 11.101/2005).

Normalmente o voto do credor na assembleia é proporcional ao valor do crédito (art. 38 da Lei n. 11.101/2005), com exceção da assembleia que decide sobre o plano de recuperação de empresas.

O quórum para aprovação do plano de recuperação de empresas é, cumulativamente:

- a concordância da maioria dos credores trabalhistas e créditos pertencentes a microempresas e empresas de pequeno porte presentes na assembleia; e
- com a concordância da maioria dos credores presentes (pertencentes às classes dos credores com garantia real e dos credores quirografários, com privilégio geral, especial e subordinados, créditos pertencentes a microempresas e empresas de pequeno porte – classes II, III) e que representem mais da metade dos créditos presentes na assembleia (arts. 41 e 45 da Lei n. 11.101/2005).

Note que nesse caso, cada classe vota separadamente, e é necessária a aprovação de cada classe.

A assembleia geral de credores tem por função:

- aprovar, rejeitar ou modificar o plano de recuperação judicial apresentado pelo devedor;
- constituir o Comitê de Credores, bem como escolher seus membros e sua substituição;
- deliberar sobre o pedido de desistência do devedor, nos termos do § 4º do art. 52 da Lei n. 11.101/2005;
- indicar o nome do gestor judicial, quando do afastamento do devedor;
- além de tratar de qualquer outra matéria que possa afetar os interesses dos credores (art. 35 da Lei n. 11.101/2005).

ATENÇÃO

Para esses assuntos, **que não sejam a aprovação do plano de recuperação judicial**, o quórum é o mesmo usado na falência, ou seja, o voto do credor será proporcional ao valor de seu crédito, e se houver votos favoráveis de credores que representem mais da metade do valor total dos créditos presentes à assembleia geral (arts. 38 e 41 da Lei n. 11.101/2005).

A assembleia será convocada pelo juiz e presidida pelo administrador judicial, que designará 1 secretário dentre os credores presentes. A assembleia será instalada em 1ª convocação, com a presença de credores titulares de mais da metade dos créditos de cada classe, computados pelo valor, e, em 2ª convocação, com qualquer número (art. 37 da Lei n. 11.101/2005).

Qualquer deliberação a ser realizada por meio de assembleia geral de credores poderá ser substituída, com idênticos efeitos, por:

- termo de adesão firmado por tantos credores quantos satisfaçam o quórum de aprovação específico, nos termos estabelecidos no art. 45-A da Lei n. 11.101/2005;
- votação realizada por meio de sistema eletrônico que reproduza as condições de tomada de voto da assembleia geral de credores; ou
- outro mecanismo reputado suficientemente seguro pelo juiz (art. 39 da Lei n. 11.101/2005, alterada pela Lei n. 14.112/2020).

16.5 Recuperação judicial

16.5.1 Legitimidade para requerer a recuperação judicial

Pode requerer a recuperação o devedor que apresente os requisitos que veremos a seguir, mas é essencial que **exerça a atividade empresarial**, portanto quem exerce atividade não empresarial não tem direito à recuperação de empresas.

Além disso, algumas empresas são excluídas da recuperação. É o caso das instituições financeiras (Lei n. 6.024/74), seguradoras (Dec.-Lei n. 73/66), operadoras de previdência privada e operadoras de planos de saúde (Lei n. 9.656/98).

16.5.2 Requisitos

Para que o devedor possa requerer a recuperação judicial, precisará demonstrar os seguintes requisitos, previstos no art. 48 da Lei n. 11.101/2005:

a) Exercer atividade empresarial de forma regular há mais de dois anos

De acordo com este requisito, o devedor necessariamente precisa exercer atividade empresarial, ou seja, os profissionais liberais, as sociedades simples e as cooperativas não poderão ser beneficiadas pela recuperação de empresas, já que não exercem atividade empresarial.

Além disso, a atividade empresarial precisa ser regular, o que significa que a atividade deve ter sido registrada na Junta Comercial, ou seja, o empresário irregular, a sociedade comum e a sociedade em conta de participação não poderão pleitear a recuperação judicial.

Outra questão relevante sobre este requisito é que o devedor precisa demonstrar a regularidade da atividade pelo prazo mínimo de 2 anos, o que significa que além dos registros, os livros autenticados desse período demonstrarão a continuação da atividade.

Merece atenção especial o produtor rural, que não tinha a obrigação de se registrar na Junta nos termos do art. 971 do CC; para ele, a atividade seria regular mesmo sem o registro, portanto não seria correto exigir desse produtor o prazo de 2 anos de registro regular na Junta comercial.

O registro na Junta torna sua atividade empresarial, apenas.

Por isso, o posicionamento atual é que o prazo de 2 anos de atividade regular será provado pelo cálculo do período de exercício de atividade rural por pessoa física e será feito com base no Livro Caixa Digital do Produtor Rural (LCDPR), ou por meio de obrigação legal de registros contábeis que venha a substituir o LCDPR, e pela Declaração do Imposto sobre a Renda da Pessoa Física (DIRPF) e balanço patrimonial, todos entregues tempestivamente (art. 48, § 3º, da Lei n. 11.101/2005, alterado pela Lei n. 14.112/2020).

Nesse sentido, já se posicionou o STJ: "Para cumprir os 2 anos exigidos por lei, o produtor rural pode aproveitar o período anterior ao registro, pois já naquela época ele estava exercendo regularmente atividade empresarial (STJ, REsp 1.800.032-MT, 4ª Turma, rel. Min. Marco Buzzi, rel. p/ acórdão Min. Raul Araújo, j. 5-11-2019. Inf. 664).

PARA RELEMBRAR

b) Não ter sofrido falência, mas se tiver ocorrido, que possua declaração da extinção das obrigações, conforme disposto nos arts. 158 e 159 da Lei n. 11.101/2005, com a alteração da Lei n. 14.112/2020

O mais importante desse requisito é saber que, uma vez que a falência seja decretada, não é possível sua conversão em recuperação judicial, como acontecia na concordata suspensiva, da legislação anterior.

A recuperação serve para evitar que algum credor possa requerer a falência do devedor, mas, se a falência foi requerida, a última oportunidade para o devedor pedir a recuperação será no prazo da contestação, como vimos no capítulo anterior (art. 95 da Lei n. 11.101/2005).

c) **Não ter obtido a concessão da recuperação judicial nos últimos 5 anos**

A LC 147/2014 diminuiu o prazo do plano especial descrito no art. 48, III, da Lei n. 11.101/2005. Por essa razão, o prazo de 5 anos será usado para qualquer modalidade de recuperação judicial.

d) **Não ter sido condenado, o empresário individual, o sócio controlador ou o administrador, em crime falimentar**

Este requisito não é indispensável, na nossa visão, já que bastaria afastar a pessoa condenada ao crime falimentar da administração da empresa em recuperação. Aliás, o objetivo da preservação da empresa é o cuidado não apenas com o titular da atividade empresarial, mas de todos que direta ou indiretamente se relacionam com a empresa: credores, empregados etc. Portanto, se a empresa tem condições de se recuperar e os demais requisitos foram cumpridos, a recuperação deveria ser concedida.

16.5.3 Créditos atingidos e excluídos

Sujeitam-se a recuperação judicial os **créditos existentes até a data do pedido**, ainda que não vencidos. Portanto, se o contrato foi firmado após o pedido da recuperação, automaticamente, o crédito não será atingido pela recuperação.

Alguns créditos, apesar de terem sido contratados antes do pedido da recuperação, não serão atingidos pelo Plano, o que significa dizer que ou serão pagos normalmente, ou seus credores terão as ferramentas processuais para cobrar seus créditos. **São eles**:

a) **Credor titular da posição de proprietário fiduciário de bens móveis** ou imóveis; o credor de contrato de arrendamento mercantil; o proprietário ou promitente vendedor de imóvel cujos respectivos contratos contenham cláusula de irrevogabilidade ou irretratabilidade, inclusive em incorporações imobiliárias; o proprietário em contrato de venda com reserva de domínio.

Da mesma forma, estão excluídos os credores de **créditos cedidos fiduciariamente**, ou seja, quando os créditos recebíveis da empresa devedora são dados como garantia fiduciária, normalmente a bancos, o que permite a estes não se sujeitarem ao plano de recuperação. Nesses casos, a empresa devedora não recebe o crédito, já que os valores pagos ficarão numa conta especialmente criada para servir de garantia. São as chamadas "**travas bancárias**". A respeito dessas travas, várias empresas devedoras alegam a ilegalidade dessas travas; entretanto, o STJ já se posicionou a esse respeito:

Direito empresarial. Sujeição dos créditos cedidos fiduciariamente aos efeitos da recuperação judicial. Não estão sujeitos aos efeitos da recuperação judicial os créditos representados por títulos cedidos fiduciariamente como garantia de contrato de abertura de crédito na forma do art. 66-B, § 3º, da

Lei n. 4.728/65. A Lei n. 11.101/2005 estabelece, como regra geral, que estão sujeitos à recuperação judicial todos os créditos existentes na data do pedido, ainda que não vencidos (art. 49, *caput*). Todavia, há alguns créditos que, embora anteriores ao pedido de recuperação judicial, não se sujeitam aos seus efeitos. Segundo o § 3º do art. 49 da Lei n. 11.101/2005, o credor titular da posição de proprietário fiduciário de bens móveis não se submete aos efeitos da recuperação judicial. Ademais, de acordo com o art. 83 do Código Civil de 2002, consideram-se móveis, para os efeitos legais, os direitos pessoais de caráter patrimonial e as respectivas ações. O § 3º do art. 49 da Lei n. 11.101/2005, após estabelecer a regra de que o credor titular da posição de proprietário fiduciário de bens móveis ou imóveis "não se submeterá aos efeitos da recuperação judicial", estabelece que "prevalecerão os direitos de propriedade sobre a coisa e as condições contratuais, observada a legislação respectiva, não se permitindo, contudo, durante o prazo de suspensão a que se refere o § 4º do art. 6º desta Lei, a venda ou a retirada do estabelecimento do devedor dos bens de capital essenciais a sua atividade empresarial". Isso, contudo, não permite inferir que, não sendo o título de crédito "coisa corpórea", à respectiva cessão fiduciária não se aplicaria a regra da exclusão do titular de direito fiduciário do regime de recuperação. Com efeito, a explicitação contida na oração "prevalecerão os direitos de propriedade sobre a coisa" tem como escopo deixar claro que, no caso de bens corpóreos, estes poderão ser retomados pelo credor para a execução da garantia, salvo em se tratando de bens de capital essenciais à atividade empresarial, hipótese em que a lei concede o prazo de cento e oitenta dias durante o qual é vedada a sua retirada do estabelecimento do devedor. Assim, tratando-se de credor titular da posição de proprietário fiduciário de bens móveis ou imóveis, de arrendador mercantil, de proprietário ou promitente vendedor de imóvel cujos respectivos contratos contenham cláusulas de irrevogabilidade ou irretratabilidade, inclusive em incorporações imobiliárias, ou de proprietário em contrato de venda com reserva de domínio, seu crédito não se submeterá aos efeitos da recuperação judicial e prevalecerão os direitos de propriedade sobre a coisa e as condições contratuais, observada a legislação respectiva, não se permitindo, contudo, durante o prazo de suspensão a que se refere o § 4º do art. 6º desta Lei, a venda ou a retirada do estabelecimento do devedor dos bens de capital essenciais a sua atividade empresarial. Portanto, em face da regra do art. 49, § 3º, da Lei n. 11.101/2005, devem ser excluídos dos efeitos da recuperação judicial os créditos que possuem garantia de cessão fiduciária" (REsp 1.263.500/ES, j. 5-2-2013, rel. Min. Maria Isabel Gallotti)[4].

---

4. "DIREITO EMPRESARIAL. NÃO SUBMISSÃO DE CRÉDITO GARANTIDO POR ALIENAÇÃO FIDUCIÁRIA AOS EFEITOS DE RECUPERAÇÃO JUDICIAL. Não se submetem aos efeitos da recuperação judicial os créditos garantidos por alienação fiduciária de bem não essencial à atividade empresarial. O art. 49, *caput*, da Lei n. 11.101/2005 estabelece que 'estão sujeitos à recuperação judicial todos os créditos existentes na data do pedido, ainda que não vencidos'. Por sua vez, o § 3º do mesmo artigo prevê hipóteses em que os créditos não se submeterão aos efeitos da recuperação judicial, entre eles, os créditos garantidos por alienação fiduciária. A jurisprudência do STJ, no entanto, tendo por base a limitação prevista na parte final do § 3º do art. 49 – que impede a venda ou a re-

b) Crédito decorrente de **adiantamento a contrato de câmbio** para exportação, que já explicamos no capítulo anterior (art. 49, § 3º, e 86, II da Lei n. 11.101/2005);

c) **Crédito tributário** (art. 187 do CTN). A empresa em recuperação tem direito ao parcelamento nos termos do art. 155-A, §§ 3º e 4º do CTN;

d) Crédito relativo à dívida constituída nos 3 últimos anos anteriores ao pedido de recuperação judicial, que tenha sido contraída com a finalidade de aquisição de propriedades rurais, bem como as respectivas garantias (art. 49, § 9º, da Lei n. 11.101/2005, alterada pela Lei n. 14.112/2020);

e) Renegociação de dívida com instituição financeira nos termos de ato do poder executivo.

PARA COMPARAR E FIXAR

CREDORES EXCLUÍDOS – ART. 49	CREDORES EXCLUÍDOS – ART. 49
Antes da alteração da Lei n. 14.112/2020	**Após a alteração da Lei n. 14.112/2020**
+ credor/proprietário	+ credor/proprietário
+ credor tributário	+ credor tributário
+ credor de adiantamento de crédito para câmbio	+ credor de adiantamento de crédito para câmbio
	+ crédito relativo à dívida constituída nos 3 anos anteriores ao pedido de recuperação judicial para aquisição de propriedades rurais
	+ renegociação de dívida com instituição financeira nos termos de ato do poder executivo

ATENÇÃO

Os credores que não são atingidos pela recuperação não são de forma alguma prejudicados, pois afinal receberão normalmente (ou poderão recuperar seus bens, no caso do credor que possui a propriedade do bem), sob pena de ingressarem as medidas oportunas, ou até mesmo pedirem a falência da empresa em recuperação.

16.5.4 Juízo competente

O juízo competente para que o devedor ingresse com seu pedido de recuperação judicial é o **local do principal estabelecimento do devedor**, e como estudamos ante-

---

tirada do estabelecimento do devedor dos bens de capital essenciais à sua atividade empresarial – e inspirada no princípio da preservação da empresa, tem estabelecido hipóteses em que se abre exceção à regra da não submissão do crédito garantido por alienação fiduciária ao procedimento da recuperação judicial. De acordo com a linha seguida pelo STJ, a exceção somente é aplicada a casos que revelam peculiaridades que recomendem tratamento diferenciado visando à preservação da atividade empresarial, como, por exemplo, no caso em que o bem dado em alienação fiduciária componha o estoque da sociedade, ou no caso de o bem alienado ser o imóvel no qual se situa a sede da empresa. Em suma, justifica-se a exceção quando se verificar, pelos elementos constantes dos autos, que a retirada dos bens prejudique de alguma forma a atividade produtiva da sociedade. Caso contrário, isto é, inexistente qualquer peculiaridade que justifique excepcionar a regra legal do art. 49, § 3º, deve prevalecer a regra de não submissão, excluindo-se dos efeitos da recuperação judicial os créditos de titularidade da interessada que possuem garantia de alienação fiduciária" (CC 131.656-PE, 2ª Seção, rel. Min. Maria Isabel Gallotti, j. 8-10-2014. Inf. 550).

riormente, não é necessariamente a sede do devedor, e sim a sede dos negócios realizados pelo devedor (art. 3º da Lei n. 11.101/2005).

Se houver a **desconsideração declarada pelo juízo trabalhista**, com o objetivo de atingir os bens dos sócios, **pode permanecer no Juízo trabalhista**, apesar da tramitação da recuperação judicial. Nesse sentido, o STJ:

> "Reiterou seu entendimento de que não há conflito de competência quando a justiça trabalhista desconsidera a personalidade jurídica da empresa devedora cuja recuperação judicial tramita na justiça comum. Tal regra deve ser excepcionada somente quando o juízo universal estender aos mesmos bens e pessoas os efeitos da recuperação, quando cabível"[5].

Outra ação que não será atraída pelo juízo da recuperação de empresas seria a ação de despejo da empresa em recuperação. Nesse sentido, o STJ:

> "Não se submete à competência do juízo universal da recuperação judicial a ação de despejo movida, com base na Lei n. 8.245/91 (Lei do Inquilinato), pelo proprietário locador para obter, unicamente, a retomada da posse direta do imóvel locado à sociedade empresária em recuperação. A Lei da Recuperação Judicial (Lei n. 11.101/2005) não prevê exceção que ampare o locatário que tenha obtido o deferimento de recuperação judicial, estabelecendo, ao contrário, que o credor proprietário de bem imóvel, quanto à retomada do bem, não se submete aos efeitos da recuperação judicial (art. 49, § 3º, da Lei n. 11.101/2005). Na espécie, tratando-se de credor titular da posição de proprietário, prevalecem os direitos de propriedade sobre a coisa, sendo inaplicável à hipótese de despejo a exceção prevista no § 3º, *in fine*, do art. 49 da Lei n. 11.101/2005 – que não permite, durante o prazo de suspensão a que se refere o § 4º do art. 6º da referida lei, a venda ou a retirada do estabelecimento do devedor dos bens de capital essenciais a sua atividade empresarial –, pois, no despejo, regido por legislação especial, tem-se a retomada do imóvel locado, e não se trata de venda ou mera retirada do estabelecimento do devedor de bem essencial a sua atividade empresarial. Nesse sentido, a melhor interpretação a ser conferida aos arts. 6º e 49 da Lei n. 11.101/2005 é a de que, em regra, apenas os credores de quantia líquida se submetem ao juízo da recuperação, com exclusão, dentre outros, do titular do direito de propriedade. Portanto, conclui-se que a efetivação da ordem do despejo não se submete à competência do Juízo universal da recuperação, não se confundindo com eventual execução de valores devidos pelo locatário relativos a aluguéis e consectários, legais e processuais, ainda que tal pretensão esteja cumulada na ação de despejo. Precedente citado: AgRg no CC 103.012-GO, 2ª Seção, rel. Min. Luis Felipe Salomão, *DJe* 24-6-2010. CC 123.116-SP, 2ª Seção, rel. Min. Raul Araújo, j. 14-8-2014".

---

5. AgRg no CC 99.582, rel. Min. Aldir Passarinho Jr., 26-8-2009. 2ª Seção (Inf. 404 STJ).

16.5.5 Procedimento

16.5.5.1 Petição inicial

O devedor deverá ingressar com o pedido de recuperação judicial por meio de uma petição contendo a exposição da sua situação patrimonial, explicando a **crise econômico-financeira**, juntando os seguintes documentos:

- a exposição das causas concretas da situação patrimonial do devedor e das razões da crise econômico-financeira;
- as demonstrações contábeis relativas aos 3 últimos exercícios sociais e as levantadas especialmente para instruir o pedido, confeccionadas com estrita observância da legislação societária aplicável e compostas obrigatoriamente de: balanço patrimonial; demonstração de resultados acumulados; demonstração do resultado desde o último exercício social; relatório gerencial de fluxo de caixa e de sua projeção; descrição das sociedades de grupo societário, de fato ou de direito;
- a relação nominal completa dos credores, sujeitos ou não à recuperação judicial, inclusive aqueles por obrigação de fazer ou de dar, com a indicação do endereço físico e eletrônico de cada um, a natureza, e o valor atualizado do crédito, com a discriminação de sua origem, e o regime dos vencimentos;
- a relação integral dos empregados, em que constem as respectivas funções, salários, indenizações e outras parcelas a que têm direito, com o correspondente mês de competência, e a discriminação dos valores pendentes de pagamento;
- certidão de regularidade do devedor no Registro Público de Empresas, o ato constitutivo atualizado e as atas de nomeação dos atuais administradores;
- a relação dos bens particulares dos sócios controladores e dos administradores do devedor;
- os extratos atualizados das contas bancárias do devedor e de suas eventuais aplicações financeiras de qualquer modalidade, inclusive em fundos de investimento ou em bolsas de valores, emitidos pelas respectivas instituições financeiras;
- certidões dos cartórios de protestos situados na comarca do domicílio ou sede do devedor e naquelas onde possui filial;
- a relação, subscrita pelo devedor, de todas as ações judiciais e procedimentos arbitrais em que este figure como parte, inclusive as de natureza trabalhista, com a estimativa dos respectivos valores demandados;
- o relatório detalhado do passivo fiscal;
- relação de bens e direitos integrantes do ativo não circulante, incluídos aqueles não sujeitos à recuperação judicial, acompanhada dos negócios jurídicos celebrados com os credores de que trata o § 3º do art. 49 da Lei n. 11.101/2005, que são os credores proprietários (art. 51 da Lei n. 11.101/2005, com alteração da Lei n. 14.112/2020).

Esses documentos servem para mostrar a situação real da empresa que está requerendo a recuperação e são importantes para posteriormente se verificar a viabilidade da proposta de recuperação que ainda será apresentada.

Na petição inicial, também devem estar demonstrados os requisitos do art. 48 da Lei n. 11.101/2005, que já estudamos na legitimidade para requerer a recuperação.

Além disso, o valor da causa corresponderá ao montante total dos créditos sujeitos à recuperação judicial (art. 51, § 5º, da Lei n. 11.101/2005, com alteração da Lei n. 14.112/2020).

16.5.5.2 Deferimento do processamento da recuperação judicial

Após a verificação dos documentos, o juiz deferirá o processamento da recuperação judicial e **nomeará o administrador judicial**, ordenando a **suspensão de todas as ações e execuções contra o devedor**, com exceção das ações que demandarem quantia ilíquida, as ações trabalhistas e as execuções tributárias, determinará ao devedor a apresentação de contas demonstrativas mensais, bem como determinará a dispensa da apresentação de certidões negativas para que o devedor exerça suas atividades, ordenará a intimação eletrônica do Ministério Público e das Fazendas Públicas federal e de todos os Estados, Distrito Federal e Municípios em que o devedor tiver estabelecimento, a fim de que tomem conhecimento da recuperação judicial e informem eventuais créditos perante o devedor, para divulgação aos demais interessados (art. 52 da Lei n. 11.101/2005, alterada pela Lei n. 14.112/2020).

Da **decisão que defere o processamento da Recuperação Judicial cabe o agravo de instrumento**, que é o recurso cabível para decisões interlocutórias. Nesse mesmo sentido o enunciado 52 da I Jornada de Direito Comercial do CJF: "a decisão que defere o processamento da recuperação judicial desafia agravo de instrumento".

É incomum o indeferimento do processamento da recuperação, pois se o problema for a falta de documentos o ideal é que o juiz conceda um prazo de 10 dias para os documentos sejam juntados. Mesmo assim, se a decisão indeferir o processamento da recuperação, caberá o recurso de apelação (art. 1.009 do CPC/2015).

O **devedor terá um prazo de 60 dias**, contados do deferimento do processamento da recuperação judicial, para **apresentar o plano de recuperação**, bem como a avaliação completa do ativo e do passivo (art. 53 da Lei n. 11.101/2005).

Quando o juiz defere o processamento da recuperação judicial, o **devedor não poderá desistir da recuperação**, a não ser que obtenha a aprovação da assembleia geral de credores (art. 52, § 4º, da Lei n. 11.101/2005).

A partir dessa decisão, o juiz ordenará a expedição de edital contendo o resumo do pedido do devedor e da decisão que defere o processamento da recuperação, a relação dos credores, bem como a respectiva classificação e valores, abrindo-se o prazo para habilitação ou oposição em relação aos dados do edital (art. 52 da Lei n. 11.101/2005).

Essa decisão marca a diferença entre os créditos existentes e os que serão constituídos durante a recuperação. Essa distinção é importante, pois, se houver convolação da recuperação em falência, os créditos constituídos durante a recuperação terão um tratamento diferenciado[6].

a) Suspensão das ações em andamento e prazos prescricionais

Quando o juiz defere o processamento da recuperação judicial, ocorrem os seguintes efeitos:

- suspensão do curso da prescrição das obrigações do devedor sujeitas ao regime da Lei n. 11.101/2005;
- suspensão das execuções ajuizadas contra o devedor, inclusive daquelas dos credores particulares do sócio solidário, relativas a créditos ou obrigações sujeitos à recuperação judicial ou à falência;
- proibição de qualquer forma de retenção, arresto, penhora, sequestro, busca e apreensão e constrição judicial ou extrajudicial sobre os bens do devedor, oriunda de demandas judiciais ou extrajudiciais cujos créditos ou obrigações sujeitem-se à recuperação judicial ou à falência (art. 6º, I, II, III, da Lei n. 11.101/2005, alterada pela Lei n. 14.112/2020).

A suspensão perdurará pelo prazo de 180 dias (*stay period*), contado do deferimento do processamento da recuperação, prorrogável por igual período, uma única vez, em caráter excepcional, desde que o devedor não haja concorrido com a superação do lapso temporal (art. 6º, § 4º, da Lei n. 11.101/2005, alterada pela Lei n. 14.112/2020).

O STJ tinha entendido, antes da alteração trazida pela Lei n. 14.112/2020, que, em caráter de exceção, seria possível a prorrogação do prazo de 180 dias. Nesse sentido, ponderou o Min. Luis Felipe Salomão no CComp 112.799/DF, j. 14-3-2011, do STJ: "Anote-se que esse prazo tem sua razão de ser no fato de a sociedade necessitar de um período de defesa para reorganizar-se sem ataques a seu patrimônio com o fim de apresentar o plano de recuperação, nada vedando sua ampliação pelo juízo diante das especificidades de cada caso". Esse posicionamento nos parecia mais acertado em vez do que prescreveu o legislador.

A informação sobre a suspensão é de responsabilidade da empresa em recuperação, nas ações em que tramitam as **ações e execuções** em andamento. A suspensão não

---

6. Nesse sentido o STJ: "Direito falimentar e recuperação judicial. Recurso especial. Créditos relativos a negócios jurídicos formalizados após o momento em que deferido o processamento da recuperação (LF, art. 52). Natureza extraconcursal (LF, arts. 67, *caput*, e 84, V). Princípio da preservação da empresa (LF, art. 47). Prevalência. Recurso improvido. 1. Inexiste afronta ao art. 535 do CPC quando o acórdão recorrido analisou todas as questões pertinentes para a solução da lide, pronunciando-se, de forma clara e suficiente, sobre a controvérsia estabelecida nos autos. 2. A expressão 'durante a recuperação judicial', gravada nos arts. 67, *caput*, e 84, V, da Lei de Falências e de Recuperação de Empresas, abrange o período compreendido entre a data em que se defere o processamento da recuperação judicial e a decretação da falência, interpretação que melhor harmoniza a norma legal com as demais disposições da lei de regência e, em especial, o princípio da preservação da empresa (LF, art. 47). 3. Recurso especial a que se dá provimento" (STJ, REsp 1.399.853-SC, 4ª T., rel. Min. Maria Isabel Gallotti, *DJe* 13-3-2015).

significa que as ações serão atraídas ao juízo que está **apreciando a recuperação** de empresas, elas permanecerão no juízo de origem, para prosseguir após a suspensão.

As ações de obrigações ilíquidas, tais como as reclamações trabalhistas, indenização não serão suspensas e permanecerão em andamento em seu juízo de origem (art. 52 e art. 6º, §§ 1º, 2º e 7º, da Lei n. 11.101/2005).

Durante o período de 180 dias de suspensão, denominado ***stay period***, os credores que possuem o direito de propriedade, previsto no art. 49, § 3º, da Lei n. 11.101/2005, não poderão arrecadar seus bens (art. 199, § 1º, da Lei n. 11.101/2005).

Outra questão relevante é que a suspensão não atinge os devedores solidários (**garantidores**), como, por exemplo, os avalistas e fiadores da empresa em recuperação, já que as garantias serão mantidas na recuperação, portanto as execuções contra garantidores prosseguirão normalmente (Súmula 581 do STJ e art. 49, § 1º, da Lei n. 11.101/2005).

Em relação às **execuções tributárias**, a previsão legal é que elas não seriam suspensas, porém a Segunda Turma do STJ tem entendido que a não suspensão das execuções tributárias se contrapõe com a preservação da empresa pretendida na recuperação, de tal modo que o correto seria suspender também as execuções tributárias[7]. Entretanto, outras turmas têm o entendimento contrário, ou seja, de que as execuções tributárias devem prosseguir nos termos da Lei (art. 6º, § 7º, da Lei n. 11.101/2005)[8].

O que já era um consenso para o STJ, mas agora está definido pelo legislador é que, mesmo prosseguindo, os atos de constrição de bens essenciais à manutenção devem se submeter ao juízo da recuperação (art. 6º, §§ 7º-A e 7º-B, da Lei n. 11.101/2005, alterada pela Lei n. 14.112/2020)[9].

Outra questão importante: é possível que o juízo da recuperação judicial, mesmo antes do deferimento do processamento da recuperação judicial, conceda a tutela de urgência e antecipe o início do *stay period*, nos termos do art. 6º, § 12, da Lei n. 11.101/2005, alterada pela Lei n. 14.112/2020. Nesse sentido, o STJ já se posicionou pela legalidade dessa antecipação, da seguinte maneira: "Compete ao juízo da recuperação judicial o julgamento de tutela de urgência que tem por objetivo antecipar o início do *stay period* ou suspender os atos expropriatórios determinados em outros juízos, antes mesmo de deferido o processamento da recuperação (STJ, CC 168.000-AL, rel. Min. Ricardo Villas Bôas Cueva, 2ª Seção, j. 11-12-2019. Inf. 663).

---

7. A e. 2ª Seção desta a. Corte, ao sopesar a dificuldade ou mesmo total inviabilização da implementação do plano de recuperação judicial, decorrente da continuidade das execuções individuais, concluiu que, "aprovado e homologado o plano de recuperação judicial, os créditos deverão ser executados de acordo com as condições ali estipuladas" (CC 115.275, rel. Min. Luis Felipe Salomão).

8. "As execuções fiscais não são suspensas pelo deferimento da recuperação judicial, contudo, após o deferimento do pedido de recuperação e aprovação do respectivo plano, pela Assembleia Geral de Credores, é vedada a prática de atos que comprometam o patrimônio da devedora, pelo Juízo onde se processam as execuções" (CC 114.657, rel. Min. Sidnei Beneti).

9. Nos termos da jurisprudência pacífica do STJ, embora o deferimento do processamento da recuperação judicial não tenha, por si só, o condão de suspender as execuções fiscais, nos termos do art. 6º, § 7º, da Lei n. 11.101/2005, os atos judiciais que reduzam o patrimônio da empresa em recuperação judicial devem ser obstados enquanto mantida essa condição" (REsp 1.519.409, rel. Min. Humberto Martins).

16.5.5.3 Habilitação dos credores

O edital será publicado na sequência do deferimento do processamento da recuperação judicial, contendo a relação de credores apresentada pelo devedor.

A partir da publicação do edital, os credores que não foram relacionados terão **15 dias para se habilitarem ou apresentarem suas divergências** (art. 7º, § 1º da Lei n. 11.101/2005).

Essa habilitação/divergência é feita em face do administrador judicial e conterá as seguintes informações:

- o nome, o endereço do credor e o endereço em que receberá comunicação de qualquer ato do processo;
- o valor do crédito, atualizado até a data da decretação da falência ou do pedido de recuperação judicial, sua origem e classificação;
- os documentos comprobatórios do crédito e a indicação das demais provas a serem produzidas;
- a indicação da garantia prestada pelo devedor, se houver, e o respectivo instrumento;
- a especificação do objeto da garantia que estiver na posse do credor.

Os títulos e documentos que legitimam os créditos deverão ser exibidos no original ou por cópias autenticadas se estiverem juntados em outro processo (art. 9º da Lei n. 11.101/2005).

Após a habilitação, no prazo de 45 dias, o administrador deverá publicar um novo edital, que conterá a relação dos credores (**quadro geral de credores**), art. 7º, § 2º, da Lei n. 11.101/2005.

Os credores terão 10 dias para **impugnar** os créditos relacionados. A impugnação poderá ser feita por qualquer credor, pelo Comitê de Credores ou até mesmo pelo Ministério Público (art. 8º da Lei n. 11.101/2005).

A impugnação será autuada em separado e da **decisão que resolve a impugnação** cabe o **recurso de agravo** (arts. 8º, parágrafo único e 17 da Lei n. 11.101/2005).

Apenas depois de apreciar cada impugnação realizada, o **juiz homologará o quadro de credores** no prazo de 5 dias, contados da sentença que julgou as impugnações (art. 18, parágrafo único, da Lei n. 11.101/2005).

Após a homologação do quadro de credores, ainda será possível, até mesmo após sua homologação, ingressar com a **ação de retificação do referido quadro**, que poderá ser proposta por qualquer credor e também pelo MP, se houver algum vício descoberto após a homologação do quadro de credores (art. 19 da Lei n. 11.101/2005)[10].

10. "Direito Empresarial. Retificação do Quadro Geral de Credores Após Homologação do Plano de Recuperação Judicial. Ainda que o plano de recuperação judicial já tenha sido homologado, é possível a retificação do quadro

Após o prazo definido pelo art. 7º, § 1º e art. 10, ambos da Lei n. 11.101/2005, a habilitação ainda pode ocorrer, mas será considerada **retardatária.** O credor habilitado retardatariamente não terá direito a voto nas deliberações da Assembleia Geral (exceto os trabalhistas), perderá os direitos a rateios eventualmente realizados, ficará sujeito ao pagamento de custas, **não poderá computar os juros e acessórios ocorridos após o prazo de habilitação.**

Dependendo de quando se habilitar, a forma processual pode ser por **simples impugnação,** se o pedido for feito até a homologação do quadro geral de credores (art. 10, § 5º, da Lei n. 11.101/2005), ou por **uma ação de conhecimento do procedimento comum** (ação de habilitação retardatária e retificação do quadro de credores), se for feito após a homologação do quadro geral de credores (art. 10, § 6º, da Lei n. 11.101/2005).

Na habilitação retardatária caberá pedir a reserva de valor (art. 10, § 4º, da Lei n. 11.101/2005).

É importante ressaltar que a recuperação judicial poderá ser encerrada ainda que não tenha havido a consolidação definitiva do quadro geral de credores, hipótese em que as ações incidentais de habilitação e de impugnação retardatárias serão redistribuídas ao juízo da recuperação judicial como ações autônomas e observarão o rito comum (art. 10, § 9º, da Lei n. 11.101/2005, alterada pela Lei n. 14.112/2020).

O prazo máximo para proceder a habilitação retardatária ou requerer a reserva de valor é de 3 anos, contados da data de publicação da sentença que decretar a falên-

---

geral de credores fundada em julgamento de impugnação. No âmbito da recuperação judicial, existem duas fases distintas e paralelas, quais sejam: (a) a verificação e a habilitação de créditos, previstas na Seção II da Lei n. 11.101/2005, arts. 7º ao 20; e (b) a fase de apresentação e deliberação do plano de recuperação judicial, com assento nas Seções III e IV, arts. 53 ao 69. Assim, uma vez deferido o processamento da recuperação judicial (art. 52), o juiz determina a expedição de edital com a relação nominal de credores e respectivos créditos e, a partir de então, a um só tempo, iniciam-se a fase de verificação e habilitação de créditos (art. 52, § 1) e o prazo improrrogável de 60 dias para a apresentação do plano de recuperação judicial, sob pena de convolação em falência (art. 53). Por serem fases que ocorrem de maneira paralela, é possível que a aprovação do plano de recuperação judicial ocorra antes da pacificação dos créditos, ou seja, é possível que o plano de recuperação judicial seja aprovado antes do julgamento de impugnação de crédito e, consequentemente, antes da consolidação do quadro geral de credores. Dessa maneira, a existência do plano de recuperação judicial já homologado não pode ser um entrave à consolidação do quadro geral de credores. De fato, a retificação do quadro geral de credores após o julgamento da impugnação é consequência lógica e previsível, própria da fase de verificação e habilitação dos créditos. Salienta-se, inclusive, que esse julgamento é requisito indispensável para a consolidação do quadro geral de credores, sendo completamente desinfluente para a higidez do plano de recuperação judicial já aprovado o fato de o julgamento se concretizar após sua homologação. Com efeito, tal circunstância coaduna-se com a sistemática prevista na Lei de Recuperação Judicial, pois as questões passíveis de serem objeto de impugnação judicial contra a relação de credores, que são expressamente previstas no art. 8º, somente se consolidam (art. 18) após o julgamento da citada impugnação, de modo que se admite a retificação do quadro geral de credores no tocante à ausência, legitimidade, importância ou classificação de crédito, mesmo após a aprovação do plano de recuperação judicial. Ademais, interpretação em sentido contrário tornaria praticamente inócuas as impugnações judiciais contra a relação de credores, pois, no plano fático, muitas vezes não é possível harmonizar as demandas de uma empresa em recuperação judicial, cujo plano de reestruturação é, sem dúvida, a principal peça para a viabilização da atividade econômica, com a tramitação judicial do procedimento de verificação e habilitação de créditos. Além disso, o fator 'tempo' ou a duração do processo não pode prejudicar o credor que, na forma da lei, busca a declaração do seu crédito" (STJ, REsp 1.371.427-RJ, 3ª T., rel. Min. Ricardo Villas Bôas Cueva, j. 6-8-2015, *DJe* 24-8-2015. Inf. 567).

cia, sob pena de decadência (art. 10, § 10, da Lei n. 11.101/2005, alterada pela Lei n. 14.112/2020).

16.5.5.4 Proposta do devedor

Ao mesmo tempo que a habilitação e a verificação dos créditos estão ocorrendo, começa a correr o prazo para apresentação da proposta pelo devedor. A partir do deferimento do processamento da recuperação judicial, **o devedor terá 60 dias para apresentar sua proposta de recuperação** (art. 53 da Lei n. 11.101/2005). Esse prazo não pode ser prorrogado e **se não for cumprido é motivo para que o juiz convole a recuperação em falência** (art. 73, II, da Lei n. 11.101/2005).

A proposta deverá conter: a discriminação pormenorizada dos meios de recuperação a ser empregados, conforme o art. 50 desta Lei, e seu resumo; a demonstração de sua viabilidade econômica; e o laudo econômico-financeiro e de avaliação dos bens e ativos do devedor, subscrito por profissional legalmente habilitado ou empresa especializada (art. 53 da Lei n. 11.101/2005).

a) Meios de recuperação judicial

O devedor pode apresentar qualquer proposta, desde que os credores a aprovem. São meios de recuperação judicial, entre outros (art. 50 da Lei n. 11.101/2005, alterada pela Lei n. 14.112/2020):

- concessão de prazos e condições especiais para pagamento das obrigações;
- cisão, fusão, incorporação, transformação, cessão de cotas ou ações;
- alteração do controle societário;
- substituição total ou parcial dos administradores ou modificação dos seus órgãos administrativos;
- aumento de capital social;
- trespasse ou arrendamento do estabelecimento;
- redução salarial, compensação de horários e redução de jornada, mediante acordo ou convenção coletiva;
- dação em pagamento ou novação das dívidas;
- venda parcial de bens;
- emissão de valores mobiliários;
- usufruto da empresa;
- conversão de dívida em capital social;
- venda integral da devedora, desde que garantidas aos credores não submetidos ou não aderentes condições, no mínimo, equivalentes àquelas que teriam na falência, hipótese em que será, para todos os fins, considerada unidade produtiva isolada.

Normalmente a empresa para se recuperar precisará cumular mais de um modo de recuperação.

Apesar de o art. 50 apenas exemplificar as possíveis propostas que podem ser utilizadas pelo devedor, existem **algumas limitações** que devem ser respeitadas pelo plano de recuperação (arts. 50 e 54 da Lei n. 11.101/2005). São elas:

- não é possível a previsão de pagamento no prazo superior a 1 ano para os créditos trabalhistas e os provenientes de acidentes de trabalho; atenção, que o prazo estabelecido poderá ser estendido em até 2 anos, se o plano de recuperação judicial atender aos seguintes requisitos, cumulativamente:
  - apresentação de garantias julgadas suficientes pelo juiz;
  - aprovação pelos credores titulares de créditos derivados da legislação trabalhista ou decorrentes de acidentes de trabalho, na forma do § 2º do art. 45 da Lei n. 11.101/2005, ou seja, pela maioria dos credores presentes; e
  - garantia da integralidade do pagamento dos créditos trabalhistas (art. 54 da Lei n. 11.101/2005, alterada pela Lei n. 14.112/2020).
- não é possível a previsão de pagamento no prazo superior a 30 dias para os créditos trabalhistas de natureza estritamente salarial, com valor de até 5 salários mínimos, vencidos nos 3 meses anteriores ao pedido de recuperação judicial[11].

11. "*Competência. Recuperação judicial. Verbas trabalhistas.* Trata-se de conflito de competência em que o cerne da controvérsia é saber se, no caso, aplica-se a regra geral de que compete ao juízo da recuperação judicial decidir sobre o patrimônio da empresa, ou uma de suas exceções que autorizam a atuação do juiz do trabalho. Na espécie, há um plano de recuperação devidamente aprovado pelas três classes de credores de que fala o art. 26 da Lei n. 11.101/2005 (nova Lei de Recuperação Judicial e Falência), prevendo, de maneira expressa, a liquidação dos débitos trabalhistas no prazo de um ano, conforme disciplinado pelo art. 54 da mesma lei, mas não há informação de que o adimplemento dos débitos trabalhistas tenha sido realizado dentro desse prazo. O Min. Relator entendeu que a questão pode ser dirimida pela Justiça do Trabalho. Contudo, para a Min. Nancy Andrighi, acompanhada pela maioria dos membros da Seção, se o devedor assumiu, de modo expresso, no plano de recuperação, o dever de adimplir em um ano os débitos trabalhistas, o alegado descumprimento desse dever, ao menos em princípio, não deve autorizar automaticamente a continuação do processo executivo na Justiça do Trabalho. Em vez disso, a questão deve ser levada ao conhecimento do juízo da recuperação, a quem compete, com exclusividade, apurar se o descumprimento ocorreu e fixar as consequências desse descumprimento, podendo chegar à falência do devedor. Observou que a execução dos créditos, nessas hipóteses, deve ser universal e não individual, respeitando-se as regras de pagamento disciplinadas na citada lei em respeito ao princípio *par conditio creditorum*. Em outras palavras, todas as questões atinentes ao cumprimento do plano de recuperação aprovado devem ser submetidas ao juízo da recuperação judicial. Assim, ao prosseguir o julgamento, por maioria, a Seção julgou procedente o conflito, atribuindo ao juízo da recuperação judicial a incumbência de apurar se o pagamento do débito trabalhista foi realizado nos termos do plano de recuperação judicial e, em caso negativo, adotar a providência que reputar adequada. Para o crédito em tela, que aparentemente não consta do plano apresentado, atribuiu-se igualmente ao juízo da recuperação judicial a competência de verificar a questão, dando a solução que entender pertinente. Precedentes citados: AgRg no CC 97.732/RJ, *DJe* 05-11-2010; CC 111.645/SP, *DJe* 08-10-2010; CC 95.870/MT, *DJe* 10-11-2010; EDcl no AgRg no CC 110.250/DF, *DJe* 19-11-2010, e AgRg no CC 112.673/DF, *DJe* 03-11-2010 (STJ, CComp 112.716/GO, rel. originário Min. Paulo de Tarso Sanseverino, j. 9-2-2011, rel. para acórdão Min. Nancy Andrighi. Informativo 462 do STJ).

- na alienação de bem objeto de garantia real, a supressão da garantia ou sua substituição somente serão admitidas mediante aprovação expressa do credor titular da respectiva garantia;
- nos créditos em moeda estrangeira, a variação cambial será conservada como parâmetro de indexação da correspondente obrigação e só poderá ser afastada se o credor titular do respectivo crédito aprovar expressamente previsão diversa no plano de recuperação judicial.

PARA COMPARAR E FIXAR

LIMITES	LIMITES
Antes da alteração da Lei n. 14.112/2020	**Após a alteração da Lei n. 14.112/2020**
• não é possível a previsão de pagamento no prazo superior a 30 dias para os créditos trabalhistas de natureza estritamente salarial, com valor de até 5 salários mínimos, vencidos nos 3 meses anteriores ao pedido de recuperação judicial	• não é possível a previsão de pagamento no prazo superior a 30 dias para os créditos trabalhistas de natureza estritamente salarial, com valor de até 5 salários mínimos, vencidos nos 3 meses anteriores ao pedido de recuperação judicial
• não é possível a previsão de pagamento no prazo superior a 1 ano para os créditos trabalhistas e os provenientes de acidentes de trabalho	• não é possível a previsão de pagamento no prazo superior a 1 ano para os créditos trabalhistas e os provenientes de acidentes de trabalho. Atenção, que **o prazo estabelecido poderá ser estendido em até 2 anos**, se o plano de recuperação judicial atender determinados requisitos
• na alienação de bem objeto de garantia real, a supressão da garantia ou sua substituição somente serão admitidas mediante aprovação expressa do credor titular da respectiva garantia	• na alienação de bem objeto de garantia real, a supressão da garantia ou sua substituição somente serão admitidas mediante aprovação expressa do credor titular da respectiva garantia
• nos créditos em moeda estrangeira, a variação cambial será conservada como parâmetro de indexação da correspondente obrigação e só poderá ser afastada se o credor titular do respectivo crédito aprovar expressamente previsão diversa no plano de recuperação judicial	• nos créditos em moeda estrangeira, a variação cambial será conservada como parâmetro de indexação da correspondente obrigação e só poderá ser afastada se o credor titular do respectivo crédito aprovar expressamente previsão diversa no plano de recuperação judicial

b) Sucessão trabalhista na venda de unidades produtivas

Uma questão relevante e que foi muito discutida na área trabalhista é se quando existe a venda de uma unidade produtiva da empresa em recuperação, o adquirente responde pelos encargos trabalhistas da unidade.

De acordo com o parágrafo único do art. 60 da Lei n. 11.101/2005: "o objeto da alienação estará **livre de qualquer ônus** e não haverá sucessão do arrematante nas obrigações do devedor, inclusive as de natureza tributária, observado o disposto no § 1º do art. 141 desta Lei", ou seja para o legislador não restava dúvidas, o adquirente não assume nenhum encargo, inclusive o trabalhista.

Entretanto, longe de ser pacífico, existem alguns posicionamentos favoráveis à sucessão trabalhista na compra de unidades na recuperação:

- A 33ª Vara trabalhista do Rio de Janeiro, na ação civil pública movida pelo Sindicato dos Aeroviários, reconheceu a sucessão da arrematante, nos encargos trabalhistas, da Varig Log no processo de recuperação judicial da Varig.

- No projeto da Lei n. 11.101/2005, quando estava no Senado para sua aprovação, havia a Emenda 12, que propunha a exclusão expressa, na recuperação judicial, dos "encargos trabalhistas" no art. 60, mas foi rejeitada, pois o valor seria entregue ao empresário ou sociedade empresária sem uma destinação predeterminada.

Por outro lado, se mostraram contra a sucessão trabalhista na recuperação judicial: Amauri Mascaro Nascimento (LTR 69-08/903), Amador Paes de Almeida (LTR 71-04/442).

A questão foi resolvida pelo STF no Informativo 548, de maio de 2009, quando **manteve a constitucionalidade da isenção** de ônus para quem adquire estabelecimento dentro de um procedimento de falência ou de recuperação judicial (ADI 3.934/DF, rel. Min. Ricardo Lewandowski, j. 27-5-2009). Assim relatou: "a exclusão da sucessão tornaria mais interessante a compra da empresa e tenderia a estimular maiores ofertas pelos interessados na aquisição, o que aumentaria a garantia dos trabalhadores, em razão de o valor pago ficar à disposição do juízo da falência e ser utilizado para pagar prioritariamente os créditos trabalhistas. Além do mais, a venda em bloco da empresa possibilitaria a continuação da atividade empresarial preservando empregos".

16.5.5.5 Objeção dos credores

Após a apresentação da proposta do devedor, qualquer **credor pode se opor ao plano de recuperação judicial no prazo de 30 dias** (art. 55 da Lei n. 11.101/2005).

Se não houver objeção à proposta apresentada pelo devedor, o juiz homologará a proposta da recuperação judicial (art. 58 da Lei n. 11.101/2005). Mas se houver alguma objeção, o juiz convocará a assembleia geral de credores para deliberar sobre o plano (art. 56 da Lei n. 11.101/2005).

A assembleia geral de credores aprovará a proposta, com o quórum estabelecido no art. 45 da Lei n. 11.101/2005, ou seja, cumulativamente:

- com a concordância da maioria dos credores trabalhistas, decorrentes de acidente de trabalho presentes na Assembleia e maioria dos titulares de créditos enquadrados como microempresa ou empresa de pequeno porte;
- com a concordância da maioria dos credores presentes (pertencentes às classes dos credores com garantia real e dos credores quirografários, com privilégio geral, especial e subordinados), e que representem mais da metade dos créditos presentes na Assembleia (arts. 41 e 45 da Lei n. 11.101/2005).

16.5.5.6 Decisão que homologa a recuperação judicial e o *cram down*

Se a assembleia geral de credores aprovar a proposta de recuperação, **o juiz homologará a recuperação**, não cabendo ao juiz analisar a situação financeira do devedor. Nesse sentido, o STJ:

> "Cumpridas as exigências legais, o juiz deve conceder a recuperação judicial do devedor cujo plano tenha sido aprovado em assembleia (art. 58, *caput*, da Lei n.

11.101/2005), não lhe sendo dado se imiscuir no aspecto da viabilidade econômica da empresa. De fato, um vértice sobre o qual se apoia a referida lei é, realmente, a viabilidade econômica da empresa, exigindo-se expressamente que o plano de recuperação contenha demonstrativo nesse sentido (art. 53, II).

No entanto, se é verdade que a intervenção judicial no quadrante mercadológico de uma empresa em crise visa tutelar interesses públicos relacionados à sua função social e à manutenção da fonte produtiva e dos postos de trabalho, não é menos certo que a recuperação judicial, com a aprovação do plano, desenvolve-se essencialmente por uma nova relação negocial estabelecida entre o devedor e os credores reunidos em assembleia. Realmente, existe previsão legal para o magistrado conceder, *manu militari*, a recuperação judicial contra decisão assemblear – *cram down* (art. 58, § 1º) –, mas não o inverso, porquanto isso geraria exatamente o fechamento da empresa, com a decretação da falência (art. 56, § 4º), solução que se posiciona exatamente na contramão do propósito declarado da lei. Ademais, o magistrado não é a pessoa mais indicada para aferir a viabilidade econômica de planos de recuperação judicial, sobretudo daqueles que já passaram pelo crivo positivo dos credores em assembleia, haja vista que as projeções de sucesso da empreitada e os diversos graus de tolerância obrigacional recíproca estabelecida entre credores e devedor não são questões propriamente jurídicas, devendo, pois, acomodar-se na seara negocial da recuperação judicial. Assim, o magistrado deve exercer o controle de legalidade do plano de recuperação – no que se insere o repúdio à fraude e ao abuso de direito –, mas não o controle de sua viabilidade econômica. Nesse sentido, na I Jornada de Direito Comercial CJF/STJ, foram aprovados os Enunciados 44 e 46, que refletem com precisão esse entendimento: 44: "A homologação de plano de recuperação judicial aprovado pelos credores está sujeita ao controle de legalidade"; e 46: "Não compete ao juiz deixar de conceder a recuperação judicial ou de homologar a extrajudicial com fundamento na análise econômico-financeira do plano de recuperação aprovado pelos credores" (STJ, REsp 1.319.311-SP, rel. Min. Luis Felipe Salomão, j. 9-9-2014).

Mas se a assembleia rejeitar a recuperação e houver o quórum estabelecido no art. 58, § 1º, o juiz pode conceder a recuperação.

Essa concessão a partir do não preenchimento do quórum do art. 45 é denominada *Cram Down*; nesse caso, o juiz pode, dentro de certos limites, conceder a recuperação.

O quórum para que o juiz conceda a recuperação, apesar da não aprovação da assembleia geral de credores, é constituído, cumulativamente, por:

- o voto favorável de credores que representem mais da metade do valor de todos os créditos presentes à assembleia, independentemente de classes;
- a aprovação de 3 das classes de credores ou, caso haja somente 3 classes com credores votantes, a aprovação de pelo menos 2 das classes ou, caso haja somente 2 classes com credores votantes, a aprovação de pelo menos 1 delas, sempre nos termos do art. 45 da Lei n. 11.101/2005;

- na classe que o houver rejeitado, o voto favorável de mais de 1/3 dos credores, computados na forma dos §§ 1º e 2º do art. 45 da Lei n. 11.101/2005.

A ideia do legislador era instituir no Brasil o instituto do *cram down*, que ao pé da letra quer dizer "goela abaixo", entretanto esse instituto deveria ser utilizado quando o juiz entendesse pelo cabimento da recuperação para proteger algum interesse social, mas da forma complexa descrita na lei, dificilmente o juiz conseguiria os requisitos para o exercício do *cram down*.

Atente-se para o REsp 1.337.989, no qual o Ministro Luis Felipe Salomão considerou lícita a concessão do Cram Down, sem que os requisitos do art. 58, § 1º, estivessem presentes. No caso em tela, os dois primeiros requisitos estavam presentes, mas no terceiro requisito, na classe que havia rejeitado (garantia real), não houve a concordância de **+ de 1/3 dos credores** presentes, e sim a concordância de **1/3 dos credores**. Esse credor que concordou representava quase 96% dos créditos dessa categoria. Portanto, entendeu o ministro que, no caso concreto, a preservação da empresa deveria prevalecer sobre os requisitos do art. 58, § 1º, pois realmente havia a concordância da maioria dos credores, e deveria ser evitado o "abuso da minoria" sobre o interesse da sociedade na superação do regime de crise empresarial.

Caso a assembleia não aprove a proposta de recuperação e nem haja o quórum mínimo supramencionado, o administrador judicial submeterá, no ato, à votação da assembleia geral de credores a concessão de prazo de 30 dias para que seja apresentado plano de recuperação judicial pelos credores.

A concessão desse prazo deverá ser aprovada por credores que representem mais da metade dos créditos presentes à assembleia geral de credores.

O plano de recuperação judicial proposto pelos credores somente será posto em votação caso satisfeitas, cumulativamente, as seguintes condições:

- não preenchimento dos requisitos previstos no § 1º do art. 58 da Lei n. 11.101/2005, que permitem o *cram down*;
- preenchimento dos requisitos previstos nos incisos I, II e III do *caput* do art. 53 da Lei n. 11.101/2005, que descrevem a proposta que foi apresentada pelo devedor;
- apoio por escrito de credores que representem, alternativamente: mais de 25% dos créditos totais sujeitos à recuperação judicial; ou mais de 35% dos créditos dos credores presentes à assembleia geral;
- não imputação de obrigações novas, não previstas em lei ou em contratos anteriormente celebrados, aos sócios do devedor;
- previsão de isenção das garantias pessoais prestadas por pessoas naturais em relação aos créditos a serem novados e que sejam de titularidade dos credores que aprovaram por escrito ou daqueles que votarem favoravelmente ao plano de recuperação judicial apresentado pelos credores, não permitidas ressalvas de voto; e
- não imposição ao devedor ou aos seus sócios de sacrifício maior do que aquele que decorreria da liquidação na falência (art. 56 da Lei n. 11.101/2005, alterada pela Lei n. 14.112/2020).

Se ainda assim não houver a aprovação do plano de recuperação, o juiz não homologará a recuperação e convolará a recuperação em falência (art. 73 da Lei n. 11.101/2005).

Contra a decisão que conceder a recuperação cabe agravo de instrumento (art. 59, § 2º, da Lei n. 11.101/2005). E da decisão que decretar a falência caberá o agravo de instrumento (art. 100 da Lei n. 11.101/2005).

16.5.5.7 Encerramento da recuperação judicial

Depois que as obrigações foram cumpridas na recuperação judicial, no prazo máximo de 2 anos, contados da concessão da recuperação judicial, o juiz encerrará a recuperação judicial, independentemente do eventual período de carência (art. 61, *caput,* da Lei n. 11.101/2005).

Ressalte-se que antes dessa alteração o entendimento de alguns tribunais era de que o prazo de 2 anos deveria ser contado após o término do período de carência[12].

Caso não sejam cumpridas as obrigações durante o prazo de 2 anos, haverá a convolação da recuperação em falência (art. 61, § 1º, da Lei n. 11.101/2005).

Se, por outro lado, a obrigação for descumprida após o período de dois anos, caberá ao credor **executar sua obrigação** ou **requerer a falência** do devedor, de acordo com o disposto no art. 62 da Lei n. 11.101/2005.

De acordo com o texto do art. 63 da Lei n. 11.101/2005, alterada pela Lei n. 14.112/2020, quando o juiz declara o encerramento da recuperação judicial, determinará:

- o pagamento do saldo de honorários ao administrador judicial, somente podendo efetuar a quitação dessas obrigações mediante prestação de contas, no prazo de 30 dias, e aprovação do relatório que trata da execução da recuperação judicial;
- a apuração do saldo das custas judiciais a serem recolhidas;
- a apresentação de relatório circunstanciado do administrador judicial, no prazo máximo de 15 dias, versando sobre a execução do plano de recuperação pelo devedor;
- a dissolução do Comitê de Credores e a exoneração do administrador judicial;
- a comunicação ao Registro Público de Empresas e à Secretaria Especial da Receita Federal do Brasil do Ministério da Economia para as providências cabíveis.

O encerramento da recuperação judicial não dependerá da consolidação do quadro geral de credores (art. 63 da Lei n. 11.101/2005, alterada pela Lei n. 14.112/2020).

12. Enunciado n. II do TJSP assim determinava: "O prazo de dois anos de supervisão judicial, previsto no art. 61, *caput,* da Lei n. 11.101/2005, tem início após o transcurso do prazo de carência fixado".

PARA FIXAR

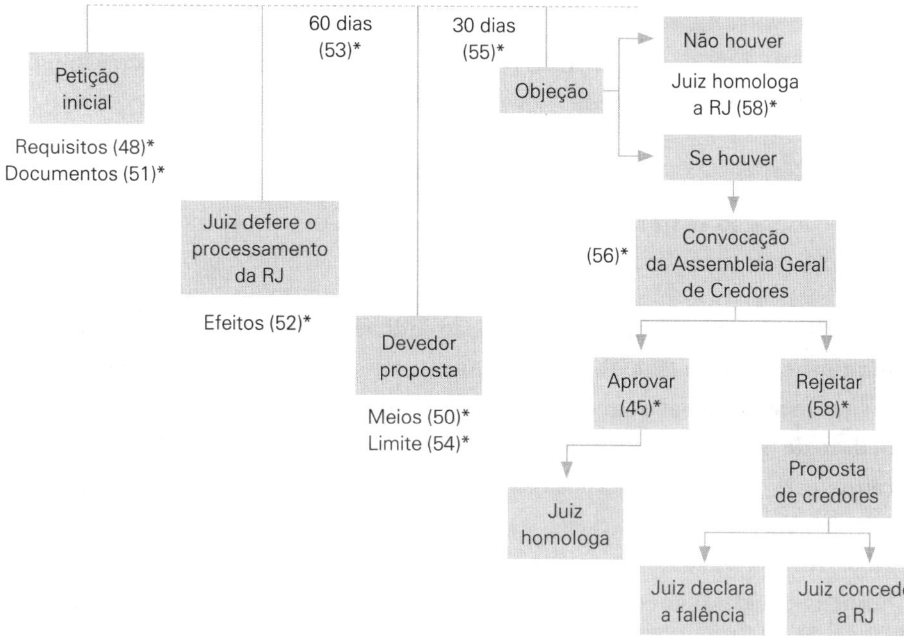

16.5.6 Efeitos da concessão da recuperação judicial

a) Novação

O plano de recuperação judicial constitui **novação** dos créditos anteriores ao pedido, mas **não libera as garantias admitidas anteriormente, de acordo com o texto do** art. 59 da Lei n. 11.101/2005[13].

13. "Direito empresarial e processual civil. Repercussão da homologação de plano de recuperação judicial. A homologação do plano de recuperação judicial da devedora principal não implica extinção de execução de título extrajudicial ajuizada em face de sócio coobrigado. Com efeito, a novação disciplinada na Lei n. 11.101/2005 é muito diversa da novação prevista na lei civil. Se a novação civil faz, como regra, extinguir as garantias da dívida, inclusive as reais prestadas por terceiros estranhos ao pacto (art. 364 do CC), a novação decorrente do plano de recuperação judicial traz, como regra, a manutenção das garantias (art. 59, *caput*, da Lei n. 11.101/2005), sobretudo as reais, que só serão suprimidas ou substituídas 'mediante aprovação expressa do credor titular da respectiva garantia' por ocasião da alienação do bem gravado (art. 50, § 1º, da Lei n. 11.101/2005). Além disso, a novação específica da recuperação judicial desfaz-se na hipótese de falência, quando então os 'credores terão reconstituídos seus direitos e garantias nas condições originalmente contratadas' (art. 61, § 2º, da Lei n. 11.101/2005). O plano de recuperação judicial opera, portanto, uma novação *sui generis* e sempre sujeita a uma condição resolutiva, que é o eventual descumprimento do que ficou acertado no plano. Dessa forma, embora o plano de re-

Os credores do devedor em recuperação **manterão** as mesmas **garantias** e direitos **contra coobrigados, fiadores, avalistas e obrigados de regresso** (art. 49, § 1º, da Lei n. 11.101/2005)[14]. Aliás, o credor poderá continuar a cobrança contra os devedores solidários. Nesse sentido, a Súmula 581 da STJ, que assim determina: "A recuperação judicial do devedor principal não impede o prosseguimento das ações e execuções ajuizadas contra terceiros devedores solidários ou coobrigados em geral, por garantia cambial, real ou fidejussória".

Se a recuperação se transformar em falência, os créditos voltam a ter as características que possuíam antes da recuperação. Nesse sentido, o STJ se posicionou:

> "**Direito empresarial. Recuperação judicial. Novação de dívida trabalhista ilíquida. O crédito trabalhista só estará sujeito à novação imposta pelo plano de recuperação judicial quando já estiver consolidado ao tempo da propositura do pedido de recuperação.** Conforme art. 59 da Lei n. 11.101/2005, o plano de recuperação judicial implica novação dos créditos anteriores ao pedido. De acordo com o art. 6º, § 1º, da referida lei, estão excluídas da *vis attractiva* do juízo falimentar e do efeito suspensivo dos pedidos de falência e recuperação as ações nas quais se demandem quantias ilíquidas (não consolidadas). O § 2º desse mesmo artigo acrescenta que as ações

---

cuperação judicial opere novação das dívidas a ele submetidas, as garantias reais ou fidejussórias são, em regra, preservadas, circunstância que possibilita ao credor exercer seus direitos contra terceiros garantidores e impõe a manutenção das ações e execuções aforadas em face de fiadores, avalistas ou coobrigados em geral. Ressalte-se, ainda, que não haveria lógica no sistema se a conservação dos direitos e privilégios dos credores contra coobrigados, fiadores e obrigados de regresso (art. 49, § 1º, da Lei n. 11.101/2005) dissesse respeito apenas ao interregno temporal entre o deferimento da recuperação e a aprovação do plano, cessando esses direitos após a concessão definitiva com a homologação judicial" (STJ, REsp 1.326.888-RS, 4ª T., rel. Min. Luis Felipe Salomão, j. 8-4-2014. Inf. 540).

14. Nesse sentido, o STJ, entendeu "*In casu*, a recorrida ajuizou uma execução por título extrajudicial em desfavor dos recorrentes. Com o deferimento do processamento do pedido de recuperação judicial da executada (pessoa jurídica), foi determinada a suspensão da execução com relação a ela, autorizando-se o regular prosseguimento contra os executados avalistas. Portanto, a controvérsia no REsp dizia respeito à extensão da suspensão do curso da execução aos sócios avalistas, devedores solidários da pessoa jurídica, em razão do deferimento do processamento da recuperação judicial. A Turma entendeu, entre outras questões, que, conforme o art. 6º da Lei n. 11.101/2005 (nova Lei de Falência), existindo ações e execuções movidas contra a falida ou a recuperanda por credores particulares de seus sócios solidários, tais demandas devem ser suspensas. Porém, não significa que eventuais coobrigados solidários em um título cambial possam beneficiar-se com a suspensão da execução contra eles promovida. Registrou-se que, em razão da autonomia das obrigações assumidas no título de crédito exequendo, não prospera a tese de que o disposto no referido dispositivo legal abarque as execuções movidas em prejuízo dos devedores solidários. De fato, quem está em recuperação judicial é a pessoa jurídica, devedora principal, não seus sócios ou coobrigados. De forma que, no caso, a situação ou *status* da empresa aérea (recuperanda) não configura impedimento, em princípio, ao prosseguimento da execução movida em desfavor de seus sócios. Assim, ao prosseguir o julgamento, o recurso foi parcialmente conhecido, mas foi-lhe negado provimento. Precedentes citados: STJ, REsp 883.859/SC, *DJe* 23-3-2009 e STJ, REsp 642.456/MT, *DJ* 16-4-2007" (STJ, REsp 1.095.352/SP, j. 9-11-2010, rel. Min. Massami Uyeda – Inf. 455).

de natureza trabalhista serão processadas perante a justiça especializada até a apuração do respectivo crédito, que será inscrito no quadro geral de credores pelo valor determinado em sentença. Dessa forma, na sistemática introduzida pela Lei de Falências, se ao tempo do pedido de recuperação o valor ainda estiver sendo apurado em ação trabalhista, esta seguirá o seu curso normal e o valor que nela se apurar será incluído nominalmente no quadro geral de credores, não havendo novação (REsp 1.321.288-MT, j. 27-11-2012, rel. Min. Sidnei Beneti)".

b) Administração dos bens

Mesmo com a homologação do plano de recuperação judicial, o devedor permanecerá na administração dos bens da empresa. Contudo, após a distribuição do referido pedido, o devedor não poderá alienar ou onerar bens ou direitos do ativo permanente, a não ser que o juiz reconheça a utilidade da negociação e depois da manifestação do Comitê de Credores, contando com a presença e a fiscalização constante do administrador judicial, de acordo com o art. 66 da Lei n. 11.101/2005.

Contudo, o devedor e seus administradores serão afastados, se ocorrer alguma das seguintes situações previstas pelo art. 64 da Lei n. 11.101/2005:

- houver sido condenado em sentença penal transitada em julgado por crime cometido em recuperação judicial ou falência anteriores ou por crime contra o patrimônio, a economia popular ou a ordem econômica, previstos na legislação vigente;
- houver indícios veementes de ter cometido crime previsto nesta Lei;
- houver agido com dolo, simulação ou fraude contra os interesses de seus credores;
- houver praticado qualquer das seguintes condutas: (a) efetuar gastos pessoais manifestamente excessivos em relação a sua situação patrimonial; (b) efetuar despesas injustificáveis por sua natureza ou vulto, em relação ao capital ou gênero do negócio, ao movimento das operações e a outras circunstâncias análogas; (c) descapitalizar injustificadamente a empresa ou realizar operações prejudiciais ao seu funcionamento regular; (d) simular ou omitir créditos ao apresentar a relação de que trata o inc. III do *caput* do art. 51 desta Lei, sem relevante razão de direito ou amparo de decisão judicial;
- negar-se a prestar informações solicitadas pelo administrador judicial ou pelos demais membros do Comitê;
- tiver seu **afastamento** previsto no plano de recuperação judicial.

No caso de afastamento dos diretores ou administradores da empresa em Recuperação, será nomeado pelos credores um gestor.

Ressalte-se, portanto, que o administrador judicial fica com a função de fiscalização, e não de gerência da empresa em Recuperação.

c) Créditos da recuperação, se houver a convolação em falência

Outro efeito importante é o tratamento dado pelo legislador para os credores que contratarem com a empresa em Recuperação Judicial, já que a maior preocupação dos credores é a possível quebra da empresa. Portanto, o legislador definiu que créditos decorrentes de obrigações contraídas pelo devedor durante a recuperação judicial serão considerados **créditos extraconcursais** no caso de falência, ou seja, serão pagos antes dos créditos concursais (art. 67 da Lei n. 11.101/2005)[15].

Note-se, portanto, que ao mesmo tempo que esse tratamento diferenciado facilita o acesso ao crédito da empresa em recuperação, de outro lado, pode aprofundar a crise da empresa, trazendo risco inclusive a credores que gozavam de vantagem no quadro de credores, como era o caso dos credores trabalhistas, já que serão pagos antes dos credores concursais.

Além disso, o plano de recuperação judicial poderá prever tratamento diferenciado aos créditos sujeitos à recuperação judicial pertencentes a fornecedores de bens ou serviços que continuarem a provê-los normalmente após o pedido de recuperação judicial, desde que tais bens ou serviços sejam necessários para a manutenção das atividades e que o tratamento diferenciado seja adequado e razoável no que concerne à relação comercial futura (art. 67, parágrafo único, da Lei n. 11.101/2005, alterada pela Lei n. 14.112/2020).

---

15. "Direito empresarial. Créditos extraconcursais e deferimento do processamento de recuperação judicial. São extraconcursais os créditos originários de negócios jurídicos realizados após a data em que foi deferido o pedido de processamento de recuperação judicial. Inicialmente, impõe-se assentar como premissa que o ato deflagrador da propagação dos principais efeitos da recuperação judicial é a decisão que defere o pedido de seu processamento. Importa ressaltar, ainda, que o ato que defere o pedido de processamento da recuperação é responsável por conferir publicidade à situação de crise econômico-financeira da sociedade, a qual, sob a perspectiva de fornecedores e de clientes, potencializa o risco de se manter relações jurídicas com a pessoa em recuperação. Esse incremento de risco associa-se aos negócios a serem realizados com o devedor em crise, fragilizando a atividade produtiva em razão da elevação dos custos e do afastamento de fornecedores, ocasionando, assim, perda de competitividade. Por vislumbrar a formação desse quadro e com o escopo de assegurar mecanismos de proteção àqueles que negociarem com a sociedade em crise durante o período de recuperação judicial, o art. 67 da Lei n. 11.101/2005 estatuiu que 'os créditos decorrentes de obrigações contraídas pelo devedor durante a recuperação judicial [...] serão considerados extraconcursais [...] em caso de decretação de falência'. Em semelhante perspectiva, o art. 84, V, do mesmo diploma legal dispõe que 'serão considerados créditos extraconcursais [...] os relativos a [...] obrigações resultantes de atos jurídicos válidos praticados durante a recuperação judicial'. Desse modo, afigura-se razoável concluir que conferir precedência na ordem de pagamentos na hipótese de quebra do devedor foi a maneira encontrada pelo legislador para compensar aqueles que participem ativamente do processo de soerguimento da empresa. Não se pode perder de vista que viabilizar a superação da situação de crise econômico-financeira da sociedade devedora – objetivo do instituto da recuperação judicial – é pré-condição necessária para promoção do princípio maior da Lei n. 11.101/2005 consagrado em seu art. 47: o de preservação da empresa e de sua função social. Nessa medida, a interpretação sistemática das normas insertas na Lei n. 11.101/2005 (arts. 52, 47, 67 e 84) autorizam a conclusão de que a sociedade empresária deve ser considerada 'em recuperação judicial' a partir do momento em que obtém o deferimento do pedido de seu processamento" (STJ, REsp 1.398.092-SC, 3ª T., rel. Min. Nancy Andrighi, j. 6-5-2014. Inf. 543. No mesmo sentido, STJ, 4ª Turma, REsp 1.399.853-SC, rel. originária Min. Maria Isabel Gallotti, rel. para acórdão Min. Antonio Carlos Ferreira, j. 10-2-2015. Informativo 557 do STJ).

d) Venda de bens do ativo

Em relação à venda de bens do ativo, após a distribuição do pedido de recuperação judicial, o devedor não poderá alienar ou onerar bens ou direitos de seu ativo não circulante, inclusive para os fins previstos no art. 67 da Lei n. 11.101/2005, ou seja, dos novos contratos durante a recuperação judicial, salvo mediante autorização do juiz, depois de ouvido o Comitê de Credores, se houver, com exceção daqueles previamente autorizados no plano de recuperação judicial (art. 66 da Lei n. 11.101/2005, alterada pela Lei n. 14.112/2020).

Autorizada a alienação pelo juiz, observar-se-ão as seguintes formalidades:

- nos 5 dias subsequentes à data da publicação da decisão, credores que corresponderem a mais de 15% do valor total de créditos sujeitos à recuperação judicial, comprovada a prestação da caução equivalente ao valor total da alienação, poderão manifestar ao administrador judicial, fundamentadamente, o interesse na realização da assembleia geral de credores para deliberar sobre a realização da venda;
- nas 48 horas posteriores ao final do prazo anterior, o administrador judicial apresentará ao juiz relatório das manifestações recebidas e, somente na hipótese de cumpridos os requisitos estabelecidos, requererá a convocação de assembleia geral de credores, que será realizada da forma mais célere, eficiente e menos onerosa, preferencialmente por intermédio das manifestações por escrito dos credores, previstas no art. 39 da Lei n. 11.101/2005 (art. 66 da Lei n. 11.101/2005, alterada pela Lei n. 14.112/2020).

As despesas com a convocação e a realização da assembleia geral correrão por conta dos credores referidos proporcionalmente ao valor total de seus créditos.

Outra novidade é que a alienação de bens ou a garantia outorgada pelo devedor a adquirente ou a financiador de boa-fé, desde que realizada mediante autorização judicial expressa ou prevista em plano de recuperação judicial ou extrajudicial aprovado, não poderá ser anulada ou tornada ineficaz após a consumação do negócio jurídico com o recebimento dos recursos correspondentes pelo devedor. Ou seja, afasta-se a ineficácia prevista pelo art. 129 da Lei n. 11.101/2005 (art. 66-A da Lei n. 11.101/2005, alterada pela Lei n. 14.112/2020).

A nova legislação acrescentou formalidades à venda de bens do ativo não circulante, que antes não eram exigidas.

e) Não pagamento do plano de recuperação

Quando a empresa em recuperação deixa de cumprir o plano, é importante verificar em qual momento isso ocorreu. Se o não pagamento ocorreu **dentro do prazo de 2 anos** da concessão, o juiz de ofício deve convolar a Recuperação em Falência.

Mas se o não pagamento ocorrer **após os 2 anos** da concessão, ou seja, depois do encerramento da recuperação, o credor prejudicado vai escolher qual ferramenta usar:

se vai ingressar com uma ação de execução ou com um pedido de falência (arts. 61 e 62 da Lei n. 11.101/2005).

16.5.7. Financiamento do devedor e do grupo devedor durante a recuperação judicial (DIP)

O instituto que vamos tratar agora aborda o *debtor-in-possession (DIP) financing* já regulado na legislação falimentar dos EUA[16], que é uma modalidade de novo financiamento para uma empresa que está em recuperação judicial, ou seja, que já possui um plano aprovado ou em andamento, para o pagamento de suas dívidas, para suprir a falta de caixa presente na empresa para financiar despesas operacionais como pagamento de fornecedores, salários, despesas administrativas etc.

Esse instituto permitiria que a empresa em recuperação não apenas tivesse acesso a linhas de crédito, mas haveria regulamentação para esse acesso.

Embora a possibilidade de financiamento já fosse permitida antes da alteração trazida pela Lei n. 14.112/2020, não havia a descrição das formalidades que deveriam ser seguidas, apenas um tratamento favorecido no caso de convolação em falência; por essa razão, entendemos que só agora o instituto DIP, como foi pensado na legislação americana, é previsto na legislação brasileira.

O art. 69-A da Lei n. 11.101/2005, alterada pela Lei n. 14.112/2020, aborda o tema, descrevendo que, durante a recuperação judicial, o juiz poderá, depois de ouvido o Comitê de Credores, autorizar a celebração de contratos de financiamento com o devedor, garantidos pela oneração ou pela alienação fiduciária de bens e direitos, seus ou de terceiros, pertencentes ao ativo não circulante, para financiar as suas atividades e as despesas de reestruturação ou de preservação do valor de ativos.

A natureza da contratação do financiamento mantém sua natureza extraconcursal, nos termos do art. 84 da Lei n. 11.101/2005, se houver a convolação em falência.

O juiz poderá ainda autorizar a constituição de garantia subordinada sobre um ou mais ativos do devedor em favor do financiador de devedor em recuperação judicial, dispensando a anuência do detentor da garantia original, ficando limitada ao eventual excesso resultante da alienação do ativo objeto da garantia original (arts. 69-B e 69-C da Lei n. 11.101/2005, alterada pela Lei n. 14.112/2020).

Caso a recuperação judicial seja convolada em falência antes da liberação integral dos recursos, o contrato de financiamento será considerado automaticamente rescindido, e as garantias constituídas e as preferências serão conservadas até o limite dos valores efetivamente entregues ao devedor antes da data da sentença que convolar a recuperação judicial em falência (art. 69-D da Lei n. 11.101/2005, alterada pela Lei n. 14.112/2020).

---

16. Regulado na Seção 364 (c) e (d) do *Bankruptcy Code* (Lei das Falências dos EUA).

16.5.8 Convolação da recuperação judicial em falência

O art. 73 da Lei n. 11.101/2005, alterada pela Lei n. 14.112/2020, prevê que o juiz pode converter a recuperação judicial em falência pelas seguintes razões:

a) por deliberação da assembleia geral de credores;

b) pela não apresentação do plano de recuperação no prazo de 60 dias, contados da publicação da decisão que deferiu o processamento da recuperação judicial;

c) quando houver sido rejeitado o plano de recuperação judicial pela assembleia dos credores, depois de todas as possibilidades previstas nos arts. 56 e 58-A da Lei n. 11.101/2005, alterada pela Lei n. 14.112/2020;

d) por descumprimento de qualquer obrigação assumida no plano de recuperação, dentro do prazo de 2 anos da concessão;

e) por descumprimento dos parcelamentos referidos no art. 68 da Lei n. 11.101/2005 (DIP).

Na convolação da recuperação judicial em falência, todos os atos de administração, endividamento, oneração ou alienação realizados no curso da recuperação judicial são considerados válidos para a falência (art. 74 da Lei n. 11.101/2005).

Da mesma forma, todos os créditos habilitados na recuperação judicial considerar-se-ão habilitados no juízo universal (art. 80 da Lei n. 11.101/2005).

16.5.9 Plano especial

O plano especial de recuperação judicial respeita todos os requisitos da recuperação judicial ordinária, com algumas peculiaridades.

Em primeiro lugar, são legitimadas para requerer o plano especial as **microempresas e empresas de pequeno porte** (art. 70 da Lei n. 11.101/2005).

A definição da microempresa e empresa de pequeno porte é dada no texto do art. 3º, I, da LC n. 123/2006, ou seja, a **microempresa** é aquela que tem **faturamento bruto anual de até R$ 360.000,00**, e a **empresa de pequeno porte** é a que possui **faturamento bruto anual acima de R$ 360.000,00 e até R$ 4.800.000,00. Ressalte-se que o MEI, que é espécie de ME, é aquela cujo faturamento bruto é de até R$ 81.000,00 (art. 18-A da LC n. 123/2006).**

Além das MEs e EPPs, o produtor rural poderá apresentar plano especial de recuperação judicial, desde que o valor da causa não exceda a R$ 4.800.000,00 (art. 70-A da Lei n. 11.101/2005, alterada pela Lei n. 14.112/2020).

Os **créditos abrangidos** pelo plano especial são todos os créditos existentes na data do pedido, ainda que não vencidos, excetuados os decorrentes de repasse de recursos oficiais, os fiscais, os credores proprietários e o adiantamento do crédito para câmbio (art. 72, parágrafo único, com a alteração da LC n. 147/2014).

Além disso, a proposta está previamente definida pelo legislador, o que significa que os créditos serão **parcelados em até 36 parcelas mensais**, corrigidas monetariamente e acrescidas de **juros da taxa Selic**, sendo que **a primeira parcela** deverá ser paga no máximo **em 180 dias contados da distribuição** do pedido de recuperação judicial.

O plano especial pode ser deferido pelo juiz sem que ocorra a necessidade de convocar a assembleia geral de credores (art. 72 da Lei n. 11.101/2005).

O juiz também julgará improcedente o pedido de recuperação judicial e decretará a falência do devedor se houver objeções, nos termos do art. 55, de credores titulares de mais da metade de qualquer uma das classes de créditos previstos no art. 83, computados na forma do art. 45, todos desta Lei (parágrafo único do art. 72 da Lei n. 11.101/2005 com a redação da LC 147/2014).

O aumento de despesas e a contratação de empregados pelo devedor depende de decisão judicial, depois de ouvir o administrador judicial e o Comitê de Credores (art. 71, IV, da Lei n. 11.101/2005).

PARA FIXAR	
PLANO ESPECIAL	• QUEM PODE PEDIR: ME, EPP E PRODUTOR RURAL, CUJO VALOR DA CAUSA NÃO ULTRAPASSE R$ 4.800.000,00.

16.6 Da recuperação extrajudicial (Lei n. 11.101/2005)

16.6.1 Requisitos

Deve o devedor preencher os mesmos requisitos exigidos para a recuperação judicial, ou seja, nos termos do art. 48 da Lei n. 11.101/2005:

- Exercer atividade empresarial de forma regular há mais de dois anos, lembrando que, de acordo com este requisito, o devedor necessariamente precisa exercer atividade empresarial, ou seja, os profissionais liberais, as sociedades simples e as cooperativas não poderão ser beneficiadas pela recuperação de empresas, já que não exercem atividade empresarial. Além disso, a atividade empresarial precisa ser regular, que significa que a atividade deve ter sido registrada na Junta Comercial.
- Não ter sofrido falência, mas se tiver ocorrido, que possua declaração da extinção das obrigações (art. 158 da Lei n. 11.101/2005).
- Não ter obtido a concessão da recuperação judicial nos últimos 5 anos (art. 48, II, da Lei n. 11.101/2005).
- Não ter sido condenado, o empresário individual, o sócio controlador ou o administrador, em crime falimentar (arts. 48, IV, e 161 da Lei n. 11.101/2005).

Note que esses requisitos apenas serão verificados se houver a homologação judicial da proposta, do contrário não existe tal verificação.

16.6.2 Créditos não atingidos

O plano de recuperação extrajudicial não atingirá os créditos:

- **Credor titular da posição de proprietário** fiduciário de bens móveis ou imóveis; o credor de contrato de arrendamento mercantil; o proprietário ou promitente vendedor de imóvel cujos respectivos contratos contenham cláusula de irrevogabilidade ou irretratabilidade, inclusive em incorporações imobiliárias; o proprietário em contrato de venda com reserva de domínio (art. 49, § 3º, da Lei n. 11.101/2005);
- Crédito decorrente de **adiantamento a contrato de câmbio** para exportação, que já explicamos no capítulo anterior (art. 86, II, da Lei n. 11.101/2005);
- **Crédito tributário** (art. 187 do CTN). A empresa em recuperação tem direito ao parcelamento nos termos do art. 155-A, §§ 3º e 4º, do CTN.
- Créditos de **natureza trabalhista** e decorrentes de **acidente de trabalho**, salvo se houver a negociação coletiva com o sindicato da respectiva categoria profissional (art. 161, § 1º, da Lei n. 11.101/2005, alterada pela Lei n. 14.112/2020).

16.6.3 Plano de recuperação extrajudicial

O plano de recuperação extrajudicial não pode contemplar o pagamento antecipado das dívidas e nem um tratamento desfavorável a alguns credores. Além disso, possui os seguintes limites:

- Na alienação de bem objeto de garantia real, a supressão da garantia ou sua substituição somente serão admitidas mediante aprovação expressa do credor titular da respectiva garantia;
- Nos créditos em moeda estrangeira, a variação cambial será conservada como parâmetro de indexação da correspondente obrigação e só poderá ser afastada se o credor titular do respectivo crédito aprovar expressamente previsão diversa no plano de recuperação judicial (art. 161 da Lei n. 11.101/2005).

Uma vez que o plano esteja concluído, ele **deve ser submetido à homologação judicial** se houve a concordância de credores que representem mais da metade dos créditos de cada espécie abrangidos pelo plano de recuperação extrajudicial (art. 163 da Lei n. 11.101/2005, com a alteração da Lei n. 14.112/2020). A homologação nesse caso é a única forma de atingir os credores que não aprovaram o crédito.

Por outro lado, se todos os credores atingidos concordaram com a recuperação, a homologação judicial será apenas **facultativa.** A utilidade da homologação da proposta, nesse caso, não é atingir os credores, e sim impedir a desistência de algum credor que assinou a proposta. Para isso precisaria da concordância de todos os demais credores.

PARA FIXAR

HOMOLOGAÇÃO OBRIGATÓRIA	HOMOLOGAÇÃO FACULTATIVA
Concordância de credores que representem mais da metade dos créditos de cada espécie abrangidos pelo plano de recuperação extrajudicial.	Concordância de todos os credores atingidos.

A recuperação extrajudicial não será possível se já estiver em andamento uma recuperação judicial, ou ainda se, nos últimos 2 anos, já houve a homologação de outro plano de recuperação extrajudicial (art. 161, § 3º, da Lei n. 11.101/2005).

A homologação do plano de recuperação extrajudicial não acarretará a suspensão de direitos, ações ou execuções, e nem impedirá a decretação da falência a pedido dos credores não subordinados ao plano.

Da sentença que homologa a recuperação extrajudicial cabe apelação, que será recebida apenas no efeito devolutivo (art. 164, § 7º, da Lei n. 11.101/2005).

16.6.4 Homologação da recuperação extrajudicial

Segundo o art. 163, § 6º, da Lei n. 11.101/2005, a homologação judicial facultativa ou obrigatória seguirá o mesmo procedimento, ou seja, na petição inicial, o devedor apresentará a proposta devidamente assinada por todos ou por credores que representem pelo menos 1/3 de todos os créditos de cada espécie abrangidos pelo plano de recuperação extrajudicial e com o compromisso de, no prazo improrrogável de 90 dias, contado da data do pedido, atingir o quórum de mais da metade dos créditos atingidos em cada espécie, por meio de adesão expressa, facultada a conversão do procedimento em recuperação judicial a pedido do devedor (art. 163, § 7º, da Lei n. 11.101/2005, com a alteração da Lei n. 14.112/2020), juntamente com os requisitos dos arts. 48 e 161 da Lei n. 11.101/2005. Também deverá apresentar juntamente com a exposição de sua situação patrimonial as demonstrações contábeis relativas ao último exercício social e as levantadas especialmente para instruir o pedido, os documentos que comprovem os poderes dos subscritores para novar ou transigir, relação nominal completa dos credores, com a indicação do endereço de cada um, a natureza, a classificação e o valor atualizado do crédito, discriminando sua origem, o regime dos respectivos vencimentos e a indicação dos registros contábeis de cada transação pendente.

De acordo com o disposto no art. 164 da Lei n. 11.101/2005, assim que o juiz receber a inicial, ordenará a publicação de edital eletrônico com vistas a convocar os credores do devedor para apresentação de suas impugnações ao plano de recuperação extrajudicial. No prazo do edital, o devedor deverá comprovar o envio de carta a todos os credores sujeitos ao plano, domiciliados no Brasil, informando a distribuição do pedido, as condições do plano e prazo para impugnação (art. 164 da Lei n. 11.101/2005, com a alteração da Lei n. 14.112/2020).

Os credores poderão apresentar suas impugnações, podendo alegar apenas mais da metade dos créditos, no caso da homologação obrigatória, a prática de qualquer dos atos previstos no inc. III do art. 94 ou do art. 130 da Lei n. 11.101/2005, ou descumprimento de requisito previsto nesta Lei (art. 164, § 3º, da Lei n. 11.101/2005). Note que a impugnação não pode tratar da proposta em si.

Quando houver a apresentação de alguma impugnação o devedor terá 5 dias para se manifestar.

Caso os requisitos estejam presentes, e o juiz verifique que não houve simulação de créditos ou algum vício na concordância dos credores, então homologará a proposta de recuperação extrajudicial, nos termos do art. 164, § 5º, da Lei n. 11.101/2005.

Comprovado o quórum do § 7º do art. 163 da Lei n. 11.101/2005, o juiz pode ratificar a suspensão das execuções e dos prazos prescricionais, previstos pelo art 6º da referida lei, exclusivamente em relação às espécies de crédito por ele abrangidas (art. 163, § 8º, da Lei n. 11.101/2005, com a alteração da Lei n. 14.112/2020).

O recurso cabível da decisão que indefere ou defere o pedido de homologação é a apelação, que será recebida apenas no efeito devolutivo, conforme o disposto no art. 164, § 7º, da Lei n. 11.101/2005.

16.7 Questões

01. **(2017. VUNESP.TJ-SP)** Quais dos créditos indicados a seguir **não** têm natureza extraconcursal na recuperação judicial?

a) Aqueles derivados de contrato de câmbio.

b) Honorários de advogados decorrentes de serviços prestados à sociedade após o deferimento da recuperação.

c) Obrigações garantidas por penhor mercantil.

d) Bens alienados fiduciariamente não essenciais à realização da atividade empresarial da sociedade.

02. **(2016. FUNCAB. PC-PA)** Sobre o instituto da recuperação judicial, assinale a alternativa correta.

a) Não são exigíveis do devedor as despesas que os credores fizerem para tomar parte na recuperação judicial ou na falência, salvo as custas judiciais decorrentes de litígio com o devedor.

b) Os credores do devedor em recuperação judicial não conservam seus direitos e privilégios contra os coobrigados, fiadores e obrigados de regresso.

c) Poderá requerer recuperação judicial o devedor que, no momento do pedido, exerça regularmente suas atividades há mais de 5 (cinco) anos e que não tenha, há menos de 2 (dois) anos, obtido concessão de recuperação judicial.

d) Estão sujeitos à recuperação judicial todos os créditos existentes e vencidos na data do pedido da recuperação.

e) O prazo de suspensão do curso da prescrição e de todas as ações e execuções em face do devedor, inclusive aquelas dos credores particulares do sócio solidário, é automaticamente prorrogável por mais 180 dias.

03. (CESPE/TJ-AM/2016) Considerando que determinado juiz tenha concedido a recuperação judicial a um devedor, após a aprovação do plano de recuperação em assembleia geral de credores, assinale a opção correta.

a) O juiz é competente para decidir sobre a constrição de bens do devedor, mesmo que não tenham sido abrangidos pelo plano de recuperação da empresa.

b) As execuções individuais ajuizadas contra o próprio devedor devem ser extintas, diante da novação resultante da concessão da recuperação judicial.

c) Um dos efeitos da referida decisão judicial é interromper a prescrição de todas as ações e execuções em face do devedor.

d) Se, decorridos mais de dois anos da referida decisão judicial, o devedor inadimplir obrigação prevista no plano, o juiz deverá convolar a recuperação em falência.

e) É correto afirmar que o devedor beneficiado pela decisão nunca faliu antes.

04. (CESPE/TJ-DFT/2016) Acerca da recuperação judicial, assinale a opção correta.

a) O juiz, mesmo tendo ultrapassado o prazo de dois anos da homologação do plano de recuperação judicial, deve, de ofício, decretar a falência do devedor, caso ele não o cumpra.

b) A ação de despejo proposta contra empresário que tem deferido o processamento da recuperação judicial deve ser suspensa pelo prazo de cento e oitenta dias.

c) A execução fiscal, deferido o processamento da recuperação judicial, não se suspende, mas serão da competência do juízo da recuperação os atos de alienação do patrimônio da sociedade.

d) O MP assumirá a legitimidade para impugnar o plano de recuperação judicial, caso nenhum credor o faça.

e) Se a assembleia geral de credores rejeitar o plano de recuperação judicial, o juiz deverá determinar o arquivamento do processo, ficando vedado ao devedor fazer novo requerimento pelo prazo de dois anos.

05. (FCC/TJ-SE/2015) A empresa Logística XPTO Ltda. ajuizou pedido de recuperação judicial. Na mesma decisão em que foi deferido o processamento do pedido, o juiz mandou publicar edital contendo a relação nominal dos credores, com a discriminação do valor atualizado e da classificação dos créditos, conforme relação apresentada pelo próprio devedor com a petição inicial. Publicado esse edital, previsto no art. 52, § 1º, da Lei n. 11.101/2005, os credores terão o prazo de:

a) 45 dias para apresentar suas habilitações ou suas divergências quanto aos créditos nele relacionados, devendo fazê-lo ao administrador judicial.

b) 15 dias para apresentar suas habilitações ou suas divergências quanto aos créditos nele relacionados, devendo fazê-lo ao administrador judicial.

c) 15 dias para apresentar suas habilitações ou suas divergências quanto aos créditos nele relacionados, devendo fazê-lo ao juiz.

d) 45 dias para apresentar suas habilitações ou suas divergências quanto aos créditos nele relacionados, devendo fazê-lo ao juiz.

e) 30 dias para apresentar suas habilitações ou suas divergências quanto aos créditos nele relacionados, devendo fazê-lo ao Comitê de Credores, se houver, ou, na sua falta, ao administrador judicial.

06. (CESPE/AGU/2015) Julgue o item a seguir com base no entendimento atual do STJ acerca de direito empresarial.

A novação decorrente da concessão da recuperação judicial após aprovado o plano em assembleia enseja a suspensão das execuções individuais ajuizadas contra a própria devedora.

07. (MPE-SP/2015) Sobre os efeitos da concessão da recuperação judicial, assinale a alternativa que contém afirmação incorreta.

a) Os credores anteriores ao pedido de recuperação judicial que se opuseram e votaram pela rejeição, na Assembleia Geral, também ficam sujeitos aos efeitos do plano de recuperação aprovado em juízo.

b) Opera-se a novação com relação aos créditos anteriores ao pedido de recuperação judicial, mas os credores conservam intactos seus direitos contra coobrigados, fiadores e obrigados de regresso.

c) Estão sujeitos à recuperação judicial o proprietário fiduciário e o arrendador mercantil.

d) O crédito advindo de adiantamento de contrato de câmbio não está sujeito aos efeitos da recuperação judicial.

e) O juiz determinará ao Registro Público de Empresas a anotação da recuperação judicial no registro competente.

08. (CONSULPLAN/TJ-MG/2016) De acordo com a Lei n. 11.101/2005, não pode ser incluído no plano de recuperação extrajudicial o crédito

a) trabalhista.

b) quirografário.

c) com garantia real.

d) subordinado.

09. (CONSULPLAN/TJ-MG/2016) Assinale a afirmação correta acerca da disciplina da recuperação judicial, extrajudicial e da falência do empresário e da sociedade empresária, levando-se em consideração os ditames da Lei n. 11.101/05:

a) O plano de recuperação judicial da microempresa e da empresa de pequeno porte abrange apenas créditos derivados da legislação do trabalho, créditos com garantia real e tributários.

b) A despesa relativa à remuneração do administrador judicial e de seus auxiliares será arcada pelo Comitê de Credores.

c) A recuperação judicial tem por objetivo viabilizar a superação da situação de crise econômico-financeira do devedor, a fim de permitir a manutenção da fonte produtora, do emprego dos trabalhadores e dos interesses dos credores, promovendo, assim, a preservação da empresa, sua função social e o estímulo à atividade econômica.

d) A decretação da falência do espólio não suspende o processo de inventário, cabendo ao administrador judicial a realização de atos pendentes em relação aos direitos e obrigações da massa falida.

10. **(2016.TRF – 4ª REGIÃO)** Assinale a alternativa correta.

Acerca da recuperação judicial no direito brasileiro:

a) A recuperação judicial do devedor principal não impede o prosseguimento das execuções nem induz suspensão ou extinção de ações ajuizadas contra terceiros devedores solidários ou coobrigados em geral, por garantia cambial, real ou fidejussória.

b) A regra da soberania da assembleia geral de credores pode ser excepcionada por decisão judicial proferida liminarmente, para sua suspensão ou adiamento, em razão de pendência de discussão acerca da existência, da quantificação ou da classificação de créditos.

c) Microempresas e empresas de pequeno porte não podem apresentar plano de recuperação judicial, pois são sujeitas a regime jurídico especial e protetivo.

d) Microempresas e empresas de pequeno porte podem apresentar plano especial de recuperação judicial, o qual, entre outras condições, preverá pagamento em até 48 (quarenta e oito) parcelas mensais, iguais e sucessivas, as quais não poderão ser acrescidas de juros, tampouco conter proposta de abatimento do valor das dívidas.

e) Pode requerer recuperação judicial o devedor que, no momento do pedido, exerça regularmente suas atividades há mais de um ano e atenda aos demais requisitos legais.

11. **(TJPR 2010 – Juiz Substituto)** Sobre o plano de recuperação judicial, assinale a afirmativa CORRETA:

a) O plano de recuperação judicial deverá ser apresentado pelo devedor em juízo no prazo improrrogável de 90 (noventa) dias.

b) O plano de recuperação judicial não poderá prever prazo superior a 180 (cento e oitenta) dias para pagamento dos créditos derivados da relação de trabalho ou decorrentes de acidente de trabalho.

c) O plano de recuperação judicial não poderá prever prazo superior a 30 (trinta) dias para o pagamento, até o limite de 5 (cinco) salários mínimos por trabalhador, dos créditos de natureza estritamente salarial vencidos nos 3 (três) meses anteriores ao pedido de recuperação judicial.

d) Rejeitado o plano de recuperação pela assembleia geral de credores, o juiz determinará que o devedor apresente novo plano de recuperação judicial ou alteração do plano apresentado, devendo decretar a falência do devedor se tais procedimentos não forem cumpridos pelo devedor.

12. **(Ministério Público – Paraíba – 2010 – Promotor de Justiça)** Dentre as alternativas abaixo, assinale aquela que contenha a indicação de créditos abrangidos pela recuperação extrajudicial:

a) Créditos trabalhistas e decorrentes de acidente de trabalho.

b) Créditos garantidos com arrendamento mercantil.

c) Créditos tributários.

d) Créditos garantidos com alienação fiduciária.

e) Créditos com garantia real, até o limite do valor do bem gravado.

13. **(TRF – 4ª REGIÃO/2016)** Assinale a alternativa correta.

Acerca da recuperação judicial no direito brasileiro:

a) A recuperação judicial do devedor principal não impede o prosseguimento das execuções nem induz suspensão ou extinção de ações ajuizadas contra terceiros devedores solidários ou coobrigados em geral, por garantia cambial, real ou fidejussória.

b) A regra da soberania da assembleia geral de credores pode ser excepcionada por decisão judicial proferida liminarmente, para sua suspensão ou adiamento, em razão de pendência de discussão acerca da existência, da quantificação ou da classificação de créditos.

c) Microempresas e empresas de pequeno porte não podem apresentar plano de recuperação judicial, pois são sujeitas a regime jurídico especial e protetivo.

d) Microempresas e empresas de pequeno porte podem apresentar plano especial de recuperação judicial, o qual, entre outras condições, preverá pagamento em até 48 (quarenta e oito) parcelas mensais, iguais e sucessivas, as quais não poderão ser acrescidas de juros, tampouco conter proposta de abatimento do valor das dívidas.

e) Pode requerer recuperação judicial o devedor que, no momento do pedido, exerça regularmente suas atividades há mais de um ano e atenda aos demais requisitos legais.

14. (UEPA/PGE-PA/2015) Sobre a falência e recuperação judicial, julgue as afirmativas abaixo e assinale a alternativa correta.

I. Os honorários de advogado resultantes de trabalhos prestados à massa falida, após o decreto de falência, são considerados créditos extraconcursais.

II. De acordo com a Segunda Seção do Superior Tribunal de Justiça, o juízo da recuperação judicial é universal e competente para decidir sobre a constrição de bens não abrangidos pelo plano de recuperação da empresa.

III. A recuperação judicial do devedor principal não impede o prosseguimento das execuções nem induz suspensão ou extinção de ações ajuizadas contra terceiros devedores solidários ou coobrigados em geral, por garantia cambial, real ou fidejussória.

IV. Em respeito à teoria da aparência, a notificação de protesto para fins falimentares não exige a identificação da pessoa que a recebeu.

A alternativa que contém todas as afirmativas corretas é:

a) III e IV.

b) II e IV.

c) II e III.

d) I e III.

e) I e IV.

15. (UFPA – 2012 – PGE-PA) Sobre a recuperação judicial e falência de sociedades empresárias, analise as assertivas a seguir:

I. A recuperação judicial constitui mecanismo legal destinado a preservar a função social da empresa, possibilitando o saneamento de situações capazes de inviabilizar a continuidade das atividades da unidade empresarial, sendo aplicável às sociedades empresárias que atuam no mercado há mais de dois anos, incluindo as sociedades de economia mista.

II. O plano de recuperação judicial será apresentado pelo devedor em juízo no prazo improrrogável de 60 (sessenta) dias da publicação da decisão que deferir o processamento da recuperação judicial, sob pena de convolação em falência.

III. No âmbito da recuperação judicial, a nomeação do administrador judicial ocasiona o afastamento automático dos gestores da sociedade em recuperação, passando as suas atividades empresariais a serem desempenhadas a partir das determinações do profissional idôneo nomeado pelo juízo.

IV. Tendo sido apresentadas objeções ao plano de recuperação, a não aprovação do mesmo plano pelo Comitê de Credores proporciona a convolação da recuperação judicial em falência.

De acordo com as assertivas apresentadas, assinale a alternativa correta:

a) todas as proposições estão corretas.

b) apenas uma das proposições está correta.

c) apenas duas proposições estão corretas.

d) apenas três proposições estão corretas.

e) todas as proposições estão incorretas.

16. **(CESPE – 2013 – TRT – 5ª Região – Juiz do Trabalho)** João, engenheiro civil, iniciou sua carreira profissional fazendo projetos de reformas de apartamentos. Dois anos depois, combinou com Joaquim e Rivaldo, mestre de obras e pedreiro, respectivamente, que eles executariam os projetos para os quais ele fosse contratado, sendo pagos diretamente por quem contratasse os serviços. João, então adquiriu ferramentas e máquinas que seriam usadas por Joaquim e Rivaldo na execução dos projetos e locou um imóvel para receber os clientes e guardar o maquinário. Na única vez que esteve na Junta Comercial de seu município, João procurava o endereço da sociedade comercial para quem executava um trabalho e cujo cheque, entregue a ele em pagamento, não havia sido pago pelo banco por falta de fundos. A situação econômico-financeira de João não estava boa, não tendo ele pagado a duplicata extraída do vendedor da betoneira.

Com base nessa situação hipotética, assinale a opção correta.

a) João não tem direito de requerer recuperação judicial.

b) João pode requerer a falência da sociedade que lhe passou o cheque em pagamento.

c) João deveria ter registrado sua atividade na junta comercial antes de começar a fazer projetos de engenharia.

d) João, Joaquim e Rivaldo celebraram uma sociedade em conta de participação.

e) Em eventual processo de falência iniciado pela sacadora da duplicata, João poderá alegar, em sua defesa, não ser parte legítima para nele figurar, já que não é registrado como empresário.

17. **(CESPE/2012/TJ-AC) Assinale a opção correta com referência à recuperação judicial**.

a) Cumpridas as exigências legais, prossegue-se no procedimento de recuperação, e, caso não seja apresentada objeção, o juiz concederá a recuperação judicial.

b) Em sede de recuperação judicial, o juiz deverá deferir o parcelamento dos créditos das fazendas públicas e do INSS, determinando ao Registro Público de Empresas a anotação da recuperação judicial.

c) As microempresas e as empresas de pequeno porte deverão apresentar plano especial de recuperação judicial abrangendo os créditos quirografários e fiscais e o arrendador mercantil.

d) O credor que se oponha a plano de recuperação judicial de uma empresa deve, antes de manifestar ao juiz sua objeção, sujeitar sua proposta à aprovação da assembleia geral de credores.

e) A decisão que conceder a recuperação judicial ao devedor cujo plano não tenha sofrido objeção de credor constituirá título executivo extrajudicial.

18. **(FCC/2012/TJ-GO)** Em relação à recuperação judicial ou falência,

a) a decretação da falência ou o deferimento do processamento da recuperação judicial suspende o curso da prescrição e de todas as ações e execuções em face do devedor, inclusive aquelas dos credores particulares do sócio solidário.

b) em seu curso, não são exigíveis do devedor as obrigações a título oneroso, nem custas judiciais.

c) estão sujeitos à recuperação judicial todos os créditos existentes na data do pedido, desde que vencidos.

d) no curso da recuperação judicial, os credores do devedor perdem seus direitos e privilégios contra os coobrigados, fiadores e obrigados de regresso.

e) o juízo da falência é competente para conhecer de toda e qualquer ação sobre bens, interesses e negócios do falido, inclusive as demandas trabalhistas e fiscais.

19. **(UFPR/2013/TJ-PR)** Assinale a alternativa INCORRETA:

a) O juiz só poderá conceder a recuperação judicial com base em plano que obteve aprovação unânime das três classes de credores presentes em assembleia, circunstância em que está obrigado a homologá-lo.

b) A competência para apreciar pedido de recuperação judicial de grupo de empresas, com sedes em comarcas distintas, é a do local em que se encontra o principal estabelecimento de comando da empresa, ainda que o contrato social aponte outro local como sede.

c) A Lei n. 11.101/2005 introduziu diversas alterações benéficas à empresa beneficiada pela recuperação judicial, entre elas a possibilidade de reconhecimento de novação dos créditos anteriores ao pedido, quando tiver homologado o plano de recuperação judicial, ainda que sob condição resolutiva.

d) O administrador judicial será profissional idôneo, preferencialmente advogado, economista, administrador de empresas, contador ou pessoa jurídica especializada, devendo, nesse último caso, ser declarado o nome do profissional responsável pela condução do processo de falência ou de recuperação judicial, o qual só poderá ser substituído com autorização judicial.

20. **(Cespe/2012/TJ-PI) Assinale a opção correta acerca da recuperação judicial, da recuperação extrajudicial, da falência do empresário e da sociedade empresária.**

a) O juízo competente convocará a assembleia geral de credores por edital publicado no órgão oficial e em jornais de grande circulação nas localidades da sede e filiais, com antecedência mínima de quinze dias.

b) Cabe ao devedor ou à massa falida custear a remuneração dos membros do Comitê de Credores e do administrador judicial, atendendo às disponibilidades de caixa.

c) Para requerer a recuperação judicial, o devedor deve exercer atividades há mais de dois anos, não ser falido e não ter obtido a concessão de recuperação judicial há menos de oito anos.

d) A Lei de Falências não se aplica a empresas financeiras públicas, sociedades cooperativas, sociedades limitadas, sociedades em comum, consórcios, entidades de previdência complementar nem a sociedades seguradoras.

e) O deferimento do processamento da recuperação judicial interrompe o curso da prescrição e de todas as ações e execuções em face do devedor, salvo aquelas dos credores particulares do sócio solidário.

21. **(Cespe/2013/TJ-RR/Titular de Serviços de Notas e de Registros)** Com relação à recuperação judicial, à extrajudicial e à falência do empresário e da sociedade empresária, assinale a opção correta.

a) Compete ao juízo falimentar deixar de conceder, com fundamento na análise econômico-financeira do plano de recuperação aprovado pelos credores, a recuperação judicial ou a sua homologação extrajudicial.

b) A responsabilidade pessoal dos sócios de responsabilidade limitada, dos controladores e dos administradores da sociedade falida, estabelecida nas respectivas leis, será apurada no próprio juízo da falência, independentemente da realização do ativo e da prova da sua insuficiência para cobrir o passivo, aplicando-se aos casos de desconsideração da personalidade jurídica.

c) O deferimento do processamento da recuperação judicial enseja o cancelamento da negativação do nome do devedor nos órgãos de proteção ao crédito e nos tabelionatos de protestos.

d) A extensão dos efeitos da falência a outras pessoas jurídicas e físicas confere legitimidade à massa falida para figurar nos polos ativo e passivo das ações nas quais figurem os atingidos pela falência.

e) A decretação da falência ou o deferimento do processamento da recuperação judicial suspende o curso da prescrição e de todas as ações e execuções em face do devedor e dos seus coobrigados.

22. **(UFPR/2012/TJ-PR)** No que diz respeito à recuperação de empresas, assinale a alternativa correta.

a) Apesar da importância da assembleia geral de credores no procedimento recuperatório, não pode o juiz deferir cautelares para sua suspensão, a pedido de eventuais credores, em razão de discussão judicial sobre a validade ou existência de seus respectivos créditos.

b) Para que uma determinada sociedade empresária, constituída após a entrada em vigor da Lei de Recuperação de empresas, possa pretender recuperação judicial, precisará demonstrar, cumulativamente: não ser falida; não ter, há menos de cinco anos, obtido concessão de recuperação judicial; não ter, há menos de oito anos, obtido concessão de recuperação judicial com base no plano especial; e não ter como administrador ou sócio controlador pessoa condenada por qualquer dos crimes falimentares.

c) A recuperação judicial tem por objetivo viabilizar a superação da situação de crise econômico-financeira do devedor, de modo a preservar-lhe a atividade econômica, promover a função social da empresa e o estímulo à atividade econômica. Em razão disso, o procedimento de recuperação se aplica a todos os tipos de sociedades anônimas, consideradas empresariais por excelência.

d) A Lei de Recuperação de empresas estende os efeitos da recuperação judicial a todos os créditos existentes e válidos na data do pedido, mesmo que não vencidos.

23. (UFPR/2013/TJ-PR) Assinale a alternativa correta:

a) A decretação da falência e o deferimento do processamento da recuperação judicial suspendem o curso da prescrição e de todas as ações e execuções em face do devedor, inclusive aquelas dos credores particulares do sócio solidário, bem como as execuções fiscais e aquelas em que ele for autor.

b) A recuperação judicial de rito especial destina-se exclusivamente aos micro e empresários de pequeno porte, que por ele optarem de forma explícita, de modo a atender o que prescrevem os arts. 146, III, *d*, e 179, da CF, no tocante a dispensar tratamento diferenciado e mais benéfico a essas empresas.

c) A petição inicial de recuperação judicial deverá conter, entre outros documentos obrigatórios, o respectivo plano de recuperação, sob pena de o juiz decretar a falência.

d) Não poderá ser pleiteada a recuperação judicial quando já houver pedido de falência, ainda que o devedor tenha apresentado contestação.

24. (TJ-SC/2013) Sobre recuperação judicial, assinale a alternativa correta:

a) O INSS não pode deferir parcelamento de seus créditos em sede de recuperação judicial.

b) O plano de recuperação judicial poderá sofrer alterações na assembleia geral, independentemente da aquiescência do devedor.

c) A assembleia geral dos credores será presidida pelo Juiz de Direito que atua na unidade jurisdicional onde tramita a recuperação judicial.

d) O Comitê de Credores terá, dentre os seus componentes, 1 (um) representante indicado pela classe de credores com direitos reais de garantia ou privilégios especiais, com 2 (dois) suplentes.

e) O plano de recuperação judicial será apresentado pelo devedor em juízo, no prazo improrrogável de 30 (trinta) dias, contados da publicação da decisão que deferir o processamento da recuperação judicial, sob pena de convolação em falência.

25. (TJ-SC/2013) Assinale a alternativa **INCORRETA:**

a) O processo de recuperação judicial é promovido por iniciativa do próprio empresário em crise, que apresenta perante o Poder Judiciário o pedido do benefício. Verificando o atendimento a todos os requisitos legais, o juiz defere o processamento da recuperação judicial, abrindo-se prazo para os credores realizarem as habilitações de crédito perante o administrador judicial e para o devedor apresentar o plano de recuperação judicial.

b) A recuperação judicial objetiva a superação da crise empresarial, permitindo a continuidade da atividade econômica para evitar a falência, tendo por finalidade a manutenção da fonte produtora, do emprego dos trabalhadores e do interesse dos credores no intuito de promover a preservação da empresa, sua função social e o estímulo à atividade econômica.

c) A data designada para a realização da assembleia geral dos credores não excederá 180 (cento e oitenta) dias contados do deferimento do processamento da recuperação judicial.

d) Pode ser postulada a restituição de coisa vendida a crédito e entregue ao devedor, nos 15 (quinze) dias anteriores ao requerimento de sua falência, se ainda não alienada.

e) O pedido de restituição suspende a disponibilidade da coisa até o trânsito em julgado.

26. (UFPA/2012/PGE-PA) Sobre a recuperação judicial e falência de sociedades empresárias, analise as assertivas a seguir:

I – A Recuperação Judicial constitui mecanismo legal destinado a preservar a função social da empresa, possibilitando o saneamento de situações capazes de inviabilizar a continuidade das atividades da unidade empresarial, sendo aplicável as sociedades empresárias que atuam no mercado há mais de dois anos, incluindo as sociedades de economia mista.

II – O plano de recuperação judicial será apresentado pelo devedor em juízo no prazo improrrogável de 60 (sessenta) dias da publicação da decisão que deferir o processamento da recuperação judicial, sob pena de convolação em falência.

III – No âmbito da recuperação judicial, a nomeação do administrador judicial ocasiona o afastamento automático dos gestores da sociedade em recuperação, passando as suas atividades empresariais a serem desempenhadas a partir das determinações do profissional idôneo nomeado pelo Juízo.

IV – Tendo sido apresentadas objeções ao plano de recuperação, a não aprovação do mesmo plano pelo Comitê de Credores proporciona a convolação da recuperação judicial em falência.

De acordo com as assertivas apresentadas, assinale a alternativa CORRETA:

a) todas as proposições estão corretas.

b) apenas uma das proposições está correta.

c) apenas duas proposições estão corretas.

d) apenas três proposições estão corretas.

e) todas as proposições estão incorretas.

27. (Cespe/2012/TJ-BA) De acordo com a legislação que regula a recuperação judicial, a extrajudicial e a falência do empresário e da sociedade empresária, assinale a opção correta.

a) São estendidos os efeitos da recuperação judicial a todos os créditos existentes na data do pedido, ainda que não vencidos, assim como os do proprietário com contrato de compra e venda com reserva de domínio, para que os bens permaneçam na posse e uso do empresário, a fim de se propiciar a continuidade da atividade empresarial.

b) Os contratos bilaterais se resolvem pela falência, devendo ser cumpridos pelo administrador judicial para evitar redução ou aumento do passivo da massa falida, ou caso seja necessário à manutenção e à preservação de seus ativos.

c) Os efeitos do plano de recuperação extrajudicial podem ser estendidos a todos os credores, além dos signatários, desde que seja firmado por mais de três quintos de todos os créditos de cada espécie por ele abrangidos.

d) Na hipótese da recuperação judicial, exaurido o prazo de cento e oitenta dias, contado da protocolização da ação, os prazos prescricionais são retomados, assim como a possibilidade de prosseguimento ou ajuizamento de medidas individuais por parte dos credores não atingidos pelo plano de recuperação, inclusive com a possibilidade de pleitearem a decretação de falência do empresário.

e) É admitida a participação na assembleia de credores, para créditos trabalhistas, dos sindicatos de trabalhadores, que deverão apresentar, até quinze dias antes da assembleia, a relação dos associados que pretende representar, devendo o trabalhador que esteja cadastrado em mais de um sindicato esclarecer, com vinte e quatro horas de antecedência, o sindicato que irá representá-lo.

28. **(PUC-PR/2012/TJ-MS)** Considere as afirmativas a respeito das manifestações processuais nos processos de falência e de recuperação judicial de empresas, nos termos da Lei n. 11.101/2005:

I. O prazo de apresentação de contestação pelo devedor em um pedido de falência é de 15 (quinze) dias.

II. O recurso cabível em face da sentença que decretar a falência do devedor é o Recurso de Apelação.

III. O prazo para que o devedor apresente o plano de recuperação judicial é de 60 (sessenta) dias, contados da publicação da decisão que deferir o processamento da recuperação judicial.

IV. A ação revocatória é o procedimento trazido pelo legislador falimentar para tornar nulos os atos do empresário praticados durante o termo legal fixado na sentença declaratória de falência, com a intenção de prejudicar credores.

Está(ão) CORRETA(S):

a) Apenas as afirmativas I, III e IV.
b) Apenas a afirmativa III.
c) Apenas as afirmativas II, III e IV.
d) Apenas as afirmativas I, II e IV.
e) Apenas as afirmativas I, II, III e IV.

GABARITO

QUESTÃO	COMENTÁRIOS
01	A alternativa correta é C, pois os créditos com garantia real são atingidos pela recuperação (art. 49 da Lei n. 11.101/2005).
02	A alternativa correta é B, b) Os credores do devedor em recuperação judicial não conservam seus direitos e privilégios contra os coobrigados, fiadores e obrigados de regresso (art. 49 da Lei n. 11.101/2005).
03	A alternativa correta é a B, pois uma vez que a recuperação tenha sido homologada, as execuções individuais ajuizadas contra o próprio devedor devem ser extintas, diante da novação resultante da concessão da recuperação judicial (art. 59 da Lei n. 11.101/2005).
04	A alternativa correta é a B, pois uma vez que seja deferido o processamento da recuperação judicial, as execuções ficam suspensas por 180 dias, com exceção da execução fiscal (arts. 52 e 6º, da Lei n. 11.101/2005).
05	A alternativa correta é a B, pois o prazo para a habilitação é de 15 dias (art. 7º, § 1º, da Lei n. 11.101/2005).
06	A frase está incorreta, pois uma vez que a recuperação tenha sido homologada, as execuções individuais ajuizadas contra o próprio devedor devem ser extintas, diante da novação resultante da concessão da recuperação judicial (art. 59 da Lei n. 11.101/2005).
07	A alternativa correta é a C, pois o proprietário fiduciário e o arrendador mercantil não se submetem à recuperação (art. 49, § 3º, da Lei n. 11.101/2005).
08	A alternativa correta é a A, pois o crédito trabalhista não se submete à recuperação extrajudicial (art. 161 da Lei n.11.101/2005).

09	A alternativa correta é a C, pois a recuperação judicial tem por objetivo viabilizar a superação da situação de crise ec onômico-financeira do devedor, a fim de permitir a manutenção da fonte produtora, do emprego dos trabalhadores e dos interesses dos credores, promovendo, assim, a preservação da empresa, sua função social e o estímulo à atividade econômica (art. 47 da Lei n. 11.101/2005).
10	A alternativa correta é A, pois a recuperação judicial do devedor principal não impede o prosseguimento das execuções nem induz suspensão ou extinção de ações ajuizadas contra terceiros devedores solidários ou coobrigados em geral, por garantia cambial, real ou fidejussória (Súmula 581 do STJ).
11	A alternativa correta é a C, estampando a inteligência do art. 54, parágrafo único, da Lei n. 11.101/2005.
12	A alternativa correta é a E (arts. 161 e s. da Lei n. 11.101/2005).
13	A alternativa correta é a A, de acordo com o art. 6º da Lei n. 11.101/2005. As demais estão erradas de acordo com os arts. 48, 70 a 72 da Lei n. 11.101/2005.
14	A alternativa correta é a D, pois as frases I e III estão corretas, já que os honorários de advogado resultantes de trabalhos prestados à massa falida, após o decreto de falência, são considerados créditos extraconcursais (art. 84 da Lei n. 11.101/2005). Da mesma forma, a recuperação judicial do devedor principal não impede o prosseguimento das execuções nem induz suspensão ou extinção de ações ajuizadas contra terceiros devedores solidários ou coobrigados em geral, por garantia cambial, real ou fidejussória.
15	A Assertiva I está errada, pois sociedades de economia mista não se sujeitam à Lei de Falências (art. 2º, I, da Lei n. 11.101/2005). A assertiva II está correta, nos termos do art. 53 da Lei n. 11.101/2005. A assertiva III está incorreta, pois na recuperação não ocorre o afastamento dos gestores da empresa. O administrador apenas fiscalizará o cumprimento do plano da recuperação. A assertiva IV está incorreta, pois o plano pode ser alterado na Assembleia Geral de Credores, com a concordância do devedor. Portanto, a alternativa correta é a B.
16	A alternativa correta é A, pois a sociedade existente entre João, Joaquim e Rivaldo não é regularizada e, portanto, não poderiam pedir a recuperação de empresas (art. 48 da Lei n. 11.101/2005). Além disso, trata-se de uma sociedade comum, e não pode requerer a falência de seu devedor (art. 97 da Lei n. 11.101/2005).
17	A alternativa correta é A, de acordo com o art. 58 da Lei n. 11.101/2005.
18	A alternativa correta é A, de acordo com o art. 6º da Lei n. 11.101/2005.
19	A alternativa incorreta é A, de acordo com o art. 58 da Lei n. 11.101/2005.
20	A alternativa correta é A, de acordo com o art. 36 da Lei n. 11.101/2005.
21	A alternativa correta é D, pois a massa falida, representada pelo administrador judicial, deve participar de todas as ações que atingir o falido ou os sócios que respondam de forma ilimitada pelas obrigações (art. 76, parágrafo único da Lei n. 11.101/2005).
22	A alternativa correta é A, conforme o art. 40 da Lei n. 11.101/2005.
23	A alternativa correta é B, de acordo com art. 70, § 1º, da Lei n. 11.101/2005.
24	A alternativa correta é D, de acordo com o art. 26, II, da Lei n. 11.101/2005.
25	A alternativa incorreta é C, de acordo com o art. 56, § 1º, da Lei n. 11.101/2005. O prazo correto é de 150 (cento e cinquenta) dias.
26	A alternativa correta é B, pois a segunda afirmativa apenas está correta nos termos do art. 52 da Lei n. 11.101/2005.
27	A alternativa correta é C, nos termos do art. 163 da Lei n. 11.101/2005.
28	A alternativa correta é B, de acordo com o art. 98 da Lei n. 11.101/2005 é de 10 dias para apresentação da contestação; item II, de acordo com o art. 100 da Lei n. 11.101/2005, o recurso cabível é o agravo; item IV, os atos praticados podem ser julgados ineficazes ou revogados, de acordo com o art. 138 da Lei n. 11.101/2005.

17

INSOLVÊNCIA TRANSNACIONAL

SUMÁRIO

O instituto da insolvência transnacional foi introduzido pela Lei n. 14.112/2020, para resolver o problema relativo à recuperação e falência de empresas que exploram suas atividades em países diversos, com o objetivo de promover a cooperação entre juízes e outras autoridades competentes do Brasil e de outros países em casos de insolvência transnacional; aumentar a segurança jurídica para a atividade econômica e para o investimento; administrar de forma justa e eficiente processos de insolvência transnacional, a fim de proteger os interesses de todos os credores e dos demais interessados, inclusive do devedor; proteger e maximizar o valor dos ativos do devedor; promover a recuperação de empresas em crise econômico-financeira, com a proteção de investimentos e a preservação de empregos; promover a liquidação dos ativos da empresa em crise econômico-financeira, com a preservação e a otimização da utilização produtiva dos bens, dos ativos e dos recursos produtivos da empresa, inclusive os intangíveis (arts. 167-A e 167-B da Lei n. 11.101/2005, alterada pela Lei n. 14.112/2020).

O juiz competente para o reconhecimento de processo estrangeiro e para a cooperação com a autoridade estrangeira é do principal estabelecimento do devedor e somente poderá deixar de aplicar essa cooperação internacional se, no caso concreto, a sua aplicação configurar manifesta ofensa à ordem pública. Havendo essa cooperação, o Ministério Público intervirá nesses processos.

As divergências sobre aplicação das regras dessa cooperação serão de competência do Superior Tribunal de Justiça.

A aplicação dessas regras ocorrerá quando:

– autoridade estrangeira ou representante estrangeiro solicita assistência no Brasil para um processo estrangeiro;

- assistência relacionada a um processo disciplinado pela Lei n. 11.101/2005 é pleiteada em um país estrangeiro;
- processo estrangeiro e processo disciplinado pela Lei n. 11.101/2005 relativos ao mesmo devedor estão em curso simultaneamente; ou
- credores ou outras partes interessadas, de outro país, têm interesse em requerer a abertura de um processo disciplinado pela Lei n. 11.101/2005, ou dele participar (art. 167-C da Lei n. 11.101/2005, alterada pela Lei n. 14.112/2020).

Quem pode atuar em outros países, desde que o juiz certifique a condição de representante do processo brasileiro e que seja permitida pela lei do país em que tramitem os processos estrangeiros: o devedor, na recuperação judicial e na recuperação extrajudicial; e o administrador judicial, na falência (art. 167-E da Lei n. 11.101/2005, alterada pela Lei n. 14.112/2020).

17.1 Do acesso à jurisdição brasileira

O representante estrangeiro está legitimado a atuar diretamente com o juiz brasileiro, podendo ajuizar pedido de falência do devedor, desde que presentes os requisitos para isso, de acordo com nossa legislação; participar do processo de recuperação judicial, de recuperação extrajudicial ou de falência do mesmo devedor, em curso no Brasil; intervir em qualquer processo em que o devedor seja parte, atendidas as exigências do direito brasileiro (art. 167-F da Lei n. 11.101/2005, alterada pela Lei n. 14.112/2020).

Os credores estrangeiros têm os mesmos direitos conferidos aos credores nacionais nos processos de recuperação judicial, de recuperação extrajudicial ou de falência, respeitando os seguintes critérios:

- os créditos estrangeiros de natureza tributária e previdenciária, bem como as penas pecuniárias por infração de leis penais ou administrativas, inclusive as multas tributárias devidas a Estados estrangeiros, não serão considerados nos processos de recuperação judicial e serão classificados como créditos subordinados nos processos de falência, independentemente de sua classificação nos países em que foram constituídos;
- o crédito do representante estrangeiro será equiparado ao do administrador judicial nos casos em que fizer jus a remuneração, exceto quando for o próprio devedor ou seu representante;
- os créditos receberão a mesma classificação de nossa legislacao e quando não tiverem correspondência com a classificação prevista na Lei n. 11.101/2005 serão classificados como quirografários, independentemente da classificação atribuída pela lei do país em que foram constituídos (art. 167-G da Lei n. 11.101/2005, alterada pela Lei n. 14.112/2020).

O juiz brasileiro deverá expedir os ofícios e os mandados necessários ao Banco Central do Brasil para permitir a remessa ao exterior dos valores recebidos por credores domiciliados no estrangeiro.

17.2 Reconhecimento de processos estrangeiros

O representante estrangeiro pode ajuizar, perante o juiz, pedido de reconhecimento do processo estrangeiro em que atua, acompanhado dos seguintes documentos:

> I – cópia apostilada da decisão que determine a abertura do processo estrangeiro e nomeie o representante estrangeiro;
>
> II – certidão apostilada expedida pela autoridade estrangeira que ateste a existência do processo estrangeiro e a nomeação do representante estrangeiro; ou
>
> III – qualquer outro documento emitido por autoridade estrangeira que permita ao juiz atingir plena convicção da existência do processo estrangeiro e da identificação do representante estrangeiro.

Além disso, o pedido de reconhecimento do processo estrangeiro deve ser acompanhado por uma relação de todos os processos estrangeiros relativos ao devedor que sejam de conhecimento do representante estrangeiro (art. 167-H da Lei n. 11.101/2005, alterada pela Lei n. 14.112/2020).

Todos os documentos redigidos em língua estrangeira devem estar acompanhados de tradução oficial para a língua portuguesa, salvo quando, sem prejuízo aos credores, for expressamente dispensada pelo juiz e substituída por tradução simples para a língua portuguesa, declarada fiel e autêntica pelo próprio advogado, sob sua responsabilidade pessoal.

O processo estrangeiro pode ser:

- principal, caso tenha sido aberto no local em que o devedor tenha o seu centro de interesses principais; ou
- não principal, caso tenha sido aberto em local em que o devedor tenha bens ou estabelecimento, ou tenha transferido bens a outro Estado com o objetivo de manipular a competência jurisdicional para abertura do processo (art. 167-J da Lei n. 11.101/2005, alterada pela Lei n. 14.112/2020).

A decisão de reconhecimento do processo estrangeiro poderá ser modificada ou revogada, a qualquer momento, a pedido de qualquer parte interessada, se houver elementos que comprovem que os requisitos para o reconhecimento foram descumpridos, total ou parcialmente, ou deixaram de existir.

Da decisão que acolher o pedido de reconhecimento caberá agravo, e da sentença que o julgar improcedente caberá apelação.

Nesse processo, o juiz poderá conceder liminarmente as medidas de tutela provisória, fundadas em urgência ou evidência, necessárias para o cumprimento da Lei n. 11.101/2005, para a proteção da massa falida ou para a eficiência da administração.

Com o reconhecimento de processo estrangeiro principal, decorrem automaticamente:

> I – a suspensão do curso de quaisquer processos de execução ou de quaisquer outras medidas individualmente tomadas por credores relativas ao patrimônio do devedor;
>
> II – a suspensão do curso da prescrição de quaisquer execuções judiciais contra o devedor;
>
> III – a ineficácia de transferência, de oneração ou de qualquer forma de disposição de bens do ativo não circulante do devedor realizadas sem prévia autorização judicial (art. 167-M da Lei n. 11.101/2005, alterada pela Lei n. 14.112/2020).

Com a decisão de reconhecimento do processo estrangeiro, tanto principal como não principal, o juiz poderá determinar, a pedido do representante estrangeiro e desde que necessárias para a proteção dos bens do devedor e no interesse dos credores, entre outras, as seguintes medidas:

- a ineficácia de transferência, de oneração ou de qualquer forma de disposição de bens do ativo não circulante do devedor realizadas sem prévia autorização judicial;
- a oitiva de testemunhas, a colheita de provas ou o fornecimento de informações relativas a bens, a direitos, a obrigações, à responsabilidade e à atividade do devedor;
- a autorização do representante estrangeiro ou de outra pessoa para administrar e/ou realizar o ativo do devedor, no todo ou em parte, localizado no Brasil;
- a conversão, em definitiva, de qualquer medida de assistência provisória concedida anteriormente;
- a concessão de qualquer outra medida que seja necessária (art. 167-N da Lei n. 11.101/2005, alterada pela Lei n. 14.112/2020).

Com o reconhecimento do processo estrangeiro, o juiz poderá, a requerimento do representante estrangeiro, autorizá-lo, ou outra pessoa nomeada por aquele, a promover a destinação do ativo do devedor, no todo ou em parte, localizado no Brasil, desde que os interesses dos credores domiciliados ou estabelecidos no Brasil estejam adequadamente protegidos. Todas as medidas previstas nos arts. 129 e 130 da Lei n. 11.101/2005 poderão ser utilizados nesse processo.

17.3 Da cooperação com autoridades e representantes estrangeiros

Outra situação possível e prevista na Lei n. 11.101/2005, alterada pela Lei n. 14.112/2020, é a cooperação com autoridades e representantes estrangeiros. O juiz deve cooperar "na máxima extensão possível" com a autoridade estrangeira ou com representantes estrangeiros, para dar eficácia a essa cooperação internacional (art. 167-P da Lei n. 11.101/2005, alterada pela Lei n. 14.112/2020).

Para facilitar essa cooperação, toda a informação e assistência necessária pelo juiz não precisa de expedição de cartas rogatórias. Da mesma maneira, o administrador judicial, no exercício de suas funções e sob a supervisão do juiz, deverá cooperar, na máxima extensão possível, com a autoridade estrangeira ou com representantes estrangeiros, podendo se comunicar com as autoridades estrangeiras ou com os representantes estrangeiros.

A cooperação poderá ser implementada por quaisquer meios, inclusive pela:

> I – nomeação de uma pessoa, natural ou jurídica, para agir sob a supervisão do juiz;
>
> II – comunicação de informações por quaisquer meios considerados apropriados pelo juiz;
>
> III – coordenação da administração e da supervisão dos bens e das atividades do devedor;
>
> IV – aprovação ou implementação, pelo juiz, de acordos ou de protocolos de cooperação para a coordenação dos processos judiciais; e
>
> V – coordenação de processos concorrentes relativos ao mesmo devedor (art. 167-Q da Lei n. 11.101/2005, alterada pela Lei n. 14.112/2020).

17.4 Dos processos concorrentes

Se houver um processo e ele for reconhecido como um processo estrangeiro principal, nos termos da Lei n. 11.101/2005, se iniciará no Brasil um processo de recuperação judicial, de recuperação extrajudicial ou de falência se o devedor possuir bens ou estabelecimento no País.

Os efeitos do processo ajuizado no Brasil devem restringir-se aos bens e ao estabelecimento do devedor localizados no Brasil e podem estender-se a outros, desde que esta medida seja necessária para a cooperação e a coordenação com o processo estrangeiro principal.

Sempre que um processo estrangeiro e um processo de recuperação judicial, de recuperação extrajudicial ou de falência relativos ao mesmo devedor estiverem em curso simultaneamente, o juiz deverá buscar a cooperação e a coordenação entre eles, respeitadas as seguintes disposições:

- **se o processo no Brasil já estiver em curso** quando o pedido de reconhecimento do processo estrangeiro tiver sido ajuizado, qualquer medida de assistência determinada pelo juiz deve ser compatível com o processo brasileiro, e o previsto no art. 167-M da Lei n. 11.101/2005, que trata da suspensão e ineficácia de medidas, não será aplicável se o processo estrangeiro for reconhecido como principal;

- **se o processo no Brasil for ajuizado após o reconhecimento do processo estrangeiro** ou após o ajuizamento do pedido de seu reconhecimento, todas as medidas de assistência concedidas nos termos dos arts. 167-L ou 167-N da Lei n. 11.101/2005 deverão ser revistas pelo juiz e modificadas ou revogadas se forem incompatíveis com o processo no Brasil e, quando o processo estrangeiro for reconhecido como principal, os efeitos referidos nos incisos I, II e III do *caput* do art. 167-M serão modificados ou cessados, nos termos do § 1º do art. 167-M da Lei n. 11.101/2005, se incompatíveis com os demais dispositivos da referida lei;
- qualquer medida de assistência a um processo estrangeiro não principal deverá restringir-se a bens e a estabelecimento que, de acordo com o ordenamento jurídico brasileiro, devam ser submetidos à disciplina aplicável ao processo estrangeiro não principal, ou a informações nele exigidas.

Na hipótese de haver mais de um processo estrangeiro relativo ao mesmo devedor, o juiz deverá buscar a cooperação e a coordenação, respeitando-se que: qualquer medida concedida ao representante de um processo estrangeiro não principal após o reconhecimento de um processo estrangeiro principal deve ser compatível com este último; e se um processo estrangeiro principal for reconhecido após o reconhecimento ou o pedido de reconhecimento de um processo estrangeiro não principal, qualquer medida concedida nos termos dos arts. 167-L ou 167-N da Lei n. 11.101/2005 deverá ser revista pelo juiz, que a modificará ou a revogará se for incompatível com o processo estrangeiro principal.

E, ainda, se, após o reconhecimento de um processo estrangeiro não principal, outro processo estrangeiro não principal for reconhecido, o juiz poderá, com a finalidade de facilitar a coordenação dos processos, conceder, modificar ou revogar qualquer medida antes concedida (art. 167-T da Lei n. 11.101/2005, alterada pela Lei n. 14.112/2020).

O juízo falimentar responsável por processo estrangeiro não principal deve prestar ao juízo principal as seguintes informações, entre outras:

- valor dos bens arrecadados e do passivo;
- valor dos créditos admitidos e sua classificação;
- classificação, segundo a lei nacional, dos credores não domiciliados ou sediados nos países titulares de créditos sujeitos à lei estrangeira;
- relação de ações judiciais em curso de que seja parte o falido, como autor, réu ou interessado;
- ocorrência do término da liquidação e o saldo, credor ou devedor, bem como eventual ativo remanescente (art. 167-V da Lei n. 11.101/2005, alterada pela Lei n. 14.112/2020).

O processo de falência transnacional principal somente poderá ser finalizado após o encerramento dos processos não principais ou após a constatação de que, nesses últimos, não haja ativo líquido remanescente.

Sem prejuízo dos direitos sobre bens ou decorrentes de garantias reais, o credor que tiver recebido pagamento parcial de seu crédito em processo de insolvência no exterior não poderá ser pago pelo mesmo crédito em processo no Brasil referente ao mesmo devedor enquanto os pagamentos aos credores da mesma classe forem proporcionalmente inferiores ao valor já recebido no exterior (art. 167-Y da Lei n. 11.101/2005, alterada pela Lei n. 14.112/2020).

18

CRIMES FALIMENTARES

SUMÁRIO

18.1 Nomenclatura

A expressão "crime falimentar" decorre da legislação anterior (Dec.-Lei n. 7.661/45), na qual a única condição objetiva de punibilidade (termo que será estudado em item posterior) era a sentença que declara a falência. Na lei atual (Lei n. 11.101/2005) a sentença declaratória de falência não é a única condição objetiva de punibilidade. Também são condições dessa natureza a sentença que concede a recuperação judicial ou a recuperação extrajudicial. Assim, a expressão "crimes falimentares" só se justifica pela tradição.

18.2 Conflito de leis no tempo

Antes de analisarmos as figuras típicas previstas na nova Lei de Falência (Lei n. 11.101/2005), precisamos verificar eventual conflito entre esta lei e a legislação falimentar anterior (Dec.-Lei n. 7.661/45).

Para solucionar esses conflitos, é imperioso conhecer quais são os princípios constitucionais e infraconstitucionais que regem a matéria dos crimes falimentares. O primeiro deles é a irretroatividade da lei penal, prevista no art. 5º, XL, 1ª parte, da CF/88: "a lei penal não retroagirá". Assim, surgindo uma nova figura típica penal que antes não existia (*novatio legis* incriminadora) ou surgindo uma nova lei que, de qualquer maneira, prejudica a situação do réu (*novatio legis in pejus*), não haverá retroatividade, graças a este imperativo constitucional.

Não obstante, a regra constitucional prevê uma exceção: a lei penal poderá retroagir para beneficiar o réu (art. 5º, XL, 2ª parte, da CF/88). Assim, uma nova lei que não mais considera uma figura como típica (*abolitio criminis*) ou uma lei que, de qualquer maneira, melhora a situação do réu (*novatio legis in mellius*) retroagirá (aplicar-se-á aos fatos praticados antes de sua vigência, em detrimento do que a legislação antes tratava).

A atual Lei de Falências trouxe hipóteses de *abolitio criminis* (transformando em atípica uma conduta antes tratada como típica). Isso ocorreu com o art. 186 da anterior legislação, que previa punição ao devedor que, concorrendo com a falência, tivesse efetuado gastos pessoais, ou de família, manifestamente excessivos em relação ao seu cabedal, ou que tivesse abusado da responsabilidade de mero favor, ou, ainda, que tivesse suportado prejuízos vultosos em operações arriscadas. O mesmo fenômeno ocorreu em relação a algumas figuras do art. 188 da legislação anterior, como no caso de perdas avultadas em operações de puro acaso, como jogos de qualquer espécie, ou ser o falido leiloeiro ou corretor. Nesses casos, a lei retroagirá para beneficiar aqueles que praticaram tais condutas antes da sua vigência.

Perguntamos: a partir de que momento podemos considerar tais fatos atípicos? Depois da entrada em vigor da atual lei. A *vacatio legis* foi de 120 dias a contar da sua publicação, ocorrida em 9 de fevereiro de 2005. Não obstante, há entendimento doutrinário e jurisprudencial no sentido de que a nova lei penal benéfica poderia ser aplicada já no período da *vacatio legis*. Alberto Silva Franco entende que: "o período da *vacatio legis* não tem significado, nem pode surtir efeito em relação aos dispositivos beneficiadores da lei posterior ao fato criminoso, os quais, cedo ou tarde, terão de ser aplicados e só terão validade em relação aos dispositivos agravadores"[1]. No mesmo sentido, a jurisprudência[2].

Da mesma forma, houve hipóteses inversas (transformando em típicas, condutas anteriormente consideradas atípicas). Houve *novatio legis* incriminadora no caso dos novos crimes de violação de sigilo empresarial (art. 169 da Lei n. 11.101/2005), divulgação de informações falsas (art. 170 da Lei n. 11.101/2005), de indução a erro (art. 171 da Lei n. 11.101/2005), de favorecimento de credores (art. 172 da Lei n. 11.101/2005). Nesses casos, a lei só se aplicará aos fatos praticados depois de sua vigência.

Outrossim, houve casos em que a atual Lei de Falências tratou de forma mais rigorosa fatos outrora tratados de forma mais branda (*novatio legis in pejus*). Foi o que ocorreu com o crime do art. 187 da lei anterior, punido com reclusão de 1 a 4 anos, que foi substituído pelo art. 168 da nova lei (Lei n. 11.101/2005), que prevê pena privativa de liberdade de reclusão de 3 a 6 anos e multa, além de várias causas de aumento de pena. Da mesma forma, a habilitação ilegal de crédito, que era punida pelo art. 189, II, com pena de reclusão de 1 a 3 anos, passou a ser tratada pelo art. 175 da nova lei, punida com reclusão de 2 a 4 anos e multa.

---

1. FRANCO, Alberto Silva. *Código Penal e sua interpretação jurisprudencial*. São Paulo: Revista dos Tribunais, 1997. v. I, t. I, p. 77.

2. "Dado o caráter de garantia constitucional do cidadão, o princípio da aplicação aos réus criminais da *Lex mitior* não pode sofrer protraimento, que ocorreria se se aguardasse o vencimento da *vacatio legis* para sua incidência" (TACrimSP, VCP, rel. Adauto Suannes, *RT* 589/329).

Como vimos anteriormente, uma vez que a nova lei trata de forma mais gravosa os fatos outrora tratados de forma mais branda, não pode retroagir, aplicando-se apenas aos fatos praticados a partir de sua entrada em vigor (jamais podendo ser aplicados durante o período de *vacatio legis*).

18.3 Classificação dos crimes falimentares

Segundo a doutrina, os crimes falimentares podem ser classificados: a) quanto ao sujeito ativo e b) quanto ao momento da execução.

a) Quanto ao sujeito ativo, os crimes falimentares podem ser próprios ou comuns (impróprios)

Crimes próprios são aqueles que só podem ser praticados por uma categoria de pessoas. Assim, são crimes próprios os que só podem ser praticados pelo devedor, como vemos nos arts. 168, 171, 172, 176 e 178. Da mesma forma, também é crime próprio aquele tratado no art. 177, que prevê como sujeito ativo o juiz, o membro do Ministério Público, o administrador judicial, o gestor judicial, o perito, o avaliador, o escrivão, o oficial de justiça ou o leiloeiro.

Crimes comuns ou impróprios são aqueles que podem ser praticados por qualquer pessoa, como visto nos arts. 169, 170, 173, 174 e 175.

A Lei de Falência não destoou do Código Penal ao adotar a teoria unitária ou monista, segundo a qual todos os que colaboram com a conduta típica respondem pelo mesmo crime, na medida de sua culpabilidade. Tal teoria pode ser encontrada no art. 168, § 3º, que diz: "nas mesmas penas incidem os contadores, técnicos contábeis, auditores e outros profissionais que, de qualquer modo, concorrerem para as condutas criminosas descritas neste artigo, na medida de sua culpabilidade". Outrossim, podemos também encontrar tal teoria no art. 179, que diz: "Na falência, na recuperação judicial e na recuperação extrajudicial de sociedades, os seus sócios, diretores, gerentes, administradores e conselheiros, de fato ou de direito, bem como o administrador judicial, equiparam-se ao devedor ou falido para todos os efeitos penais decorrentes desta Lei, na medida de sua culpabilidade".

b) Quanto ao momento de execução

Crimes antefalimentares são aqueles praticados antes da declaração judicial da falência ou antes da sentença que conceder a recuperação judicial ou homologar a recuperação extrajudicial. São os delitos dos arts. 168, 169, 172 e 178, sendo que os dos arts. 168, 172 e 178 também podem ser pós-falimentares (pois podem ser praticados depois da sentença que decretar a falência, conceder a recuperação judicial ou homologar a recuperação extrajudicial).

Crimes pós-falimentares são os praticados depois da sentença declaratória da falência, bem como depois da sentença que conceder a recuperação judicial ou homologar a recuperação extrajudicial. São os delitos dos arts. 168 e 170 a 178. Não obstante, como vimos acima, os crimes dos arts. 168, 172 e 178 também podem ser pré-falimentares.

CLASSIFICAÇÃO DOS CRIMES FALIMENTARES	
Crimes próprios	Só podem ser praticados por uma categoria de pessoas (ex.: devedor).
Crimes impróprios	Podem ser praticados por qualquer pessoa.
Crimes antefalimentares	Praticados antes da declaração judicial da falência ou antes da sentença que conceder a recuperação judicial ou homologar a recuperação extrajudicial.
Crimes pós-falimentares	Praticados depois da sentença declaratória da falência, bem como depois da sentença que conceder a recuperação judicial ou homologar a recuperação extrajudicial.

18.4 Condição objetiva de punibilidade

Segundo Julio Fabbrini Mirabete, "Há casos em que a punibilidade, por razões de política criminal, está na dependência do aperfeiçoamento de elementos ou circunstâncias não encontradas na descrição típica do crime e exteriores à conduta. São chamadas de condições objetivas porque independem, para serem consideradas como condições para a punibilidade, de estarem cobertas pelo dolo do agente. Deve-se entender que, constituindo-se a condição objetiva de punibilidade de acontecimento futuro e incerto, não coberto pelo dolo do agente, é ela exterior ao tipo e, em consequência, ao crime"[3].

Exemplo mais importante que encontramos de condição objetiva de punibilidade está na Lei de Falências e de Recuperação de Empresas, ao dizer que: "a sentença que decreta a falência, concede a recuperação judicial ou concede a recuperação extrajudicial de que trata o art. 163 desta lei é condição objetiva de punibilidade das infrações penais descritas nesta lei" (art. 180).

Por esse motivo, parte da doutrina denomina os crimes falimentares como crimes concursais. É o que faz Ricardo Antonio Andreucci: "os crimes falimentares são concursais, pois seu reconhecimento depende de um fato exterior à sua própria conceituação típica, ou seja, depende da sentença que decretar a falência ou que conceder a recuperação judicial ou extrajudicial. Nesse sentido, devem as condutas típicas falimentares, para sua configuração, concorrer com outro fato jurídico estranho à esfera do direito penal"[4].

CONDIÇÃO OBJETIVA DE PUNIBILIDADE
"A sentença que decreta a falência, concede a recuperação judicial ou concede a recuperação extrajudicial de que trata o art. 163 desta lei é condição objetiva de punibilidade das infrações penais descritas nesta lei" (art. 180).

---

3. *Manual de direito penal*. 3. ed. São Paulo: Atlas, 2010. v. I, p. 368.
4. *Legislação penal especial*. São Paulo: Saraiva, 2005. p. 397.

18.5 Objeto jurídico

Objeto jurídico dos crimes constitui o bem jurídico lesado ou ameaçado de lesão. No caso dos crimes falimentares, o **objeto jurídico é o crédito público**. Não obstante, em se tratando de crimes falimentares comuns ou impróprios (que podem ser praticados por qualquer pessoa), outros bens jurídicos são igualmente violados, como fé pública, administração da justiça, propriedade etc.

18.6 Unidade do crime falimentar

Quando em vigor a legislação anterior, doutrina e jurisprudência entendiam que, praticados vários fatos diversos considerados crimes falimentares, haveria unidade ou universalidade do crime falimentar, respondendo o agente pelo evento de maior gravidade. Vejamos: "O princípio da unicidade penal falimentar impede a dupla sanção privativa da liberdade, ainda que várias sejam as incidências delitivas" (TJSP, ApCrim, rel. Ary Belfort, *RT* 626/284). No mesmo sentido: "Ocorrendo diversos crimes falimentares, dá-se uma só ação punível, pois é crime complexo que converte em unidade dos diversos atos praticados pelo agente, não se caracterizando o crime continuado" (TJRS, ApCrim, rel. Érico Barone Pires, *RJTJRS* 174/143).

Aplicar-se-ia o princípio da unicidade dos crimes falimentares à atual Lei n. 11.101/2005? O Superior Tribunal de Justiça entendeu que sim, com parcimônia. Disse o STJ: "Não há contradição no acórdão que deixa clara a aplicação da Súmula 243 do STJ, pois, não obstante o princípio da unicidade dos crimes falimentares, o mesmo princípio não pode ser utilizado como forma de beneficiar mais uma vez o agente, de modo a ensejar a concessão da suspensão condicional do processo" (EDcl no AgRg no Ag 698820/RJ 2005/0128694-1, 5ª T., j. 1º-2-2006, rel. Min. Gilson Dipp, *DJ* 06-3-2006 p. 430).

Não obstante, com o advento da atual lei, a divergência que já existia sobre a existência do sobremencionado princípio foi enormemente ampliada, máxime na doutrina. Alguns autores entendem que esse princípio não mais existe na legislação atual, respondendo o autor por vários crimes independentes[5].

No nosso entender, a questão deve ser resolvida segundo um dos critérios de solução do conflito aparente de normas penais: **o princípio da alternatividade**. Segundo esse princípio, se o agente pratica vários verbos no mesmo contexto fático, não pode responder por vários crimes. Isso ocorre quando alguém importa, guarda, expõe à venda e vende substância entorpecente. Ele não responderá por vários tráficos, mas por apenas um, haja vista que há continuidade fática entre eles. O mesmo ocorre se, depois de decretada a falência, o agente elabora escrituração contábil com dados inexatos, simula a composição do capital social etc. Responderá por crime único.

---

5. NEGRÃO, Ricardo. *Manual de direito comercial e de empresa*. São Paulo: Saraiva, 2003. v. 3; CARVALHO, Pedro Marco Brandão. *Princípio da unicidade do crime falimentar*. Disponível em: <www.fesmpdft.org.br/arquivos/Pedro_Marco.pdf>. Acesso em: 26 jan. 2011.

18.7 Potencialidade ofensiva

Como diz a doutrina[6], não é qualquer ato fraudulento que serve à configuração do tipo penal previsto no art. 168 da Lei n. 11.101/2005. É necessário que o fato seja potencialmente danoso aos credores, no mínimo. Por esse motivo, o tipo penal diz: "de que resulte ou possa resultar prejuízo aos credores". Tal previsão legal se justifica pelo princípio da ofensividade, segundo o qual não haverá crime se o fato praticado não tem sequer potencial de ofender o bem jurídico penalmente tutelado.

18.8 "Credores" e "credor". Interpretação extensiva ou analogia?

O art. 168 da Lei n. 11.101/2005 determina: "praticar, antes ou depois da sentença que decretar a falência, conceder a recuperação judicial ou homologar a recuperação extrajudicial, ato fraudulento de que resulte ou possa resultar prejuízo aos credores, com o fim de obter ou assegurar vantagem indevida para si ou para outrem". A dúvida é: se o prejuízo for causado a apenas um credor, também haverá crime?

Guilherme de Souza Nucci entende que "o tipo penal foi redigido da maneira mais comum, isto é, normalmente, nesses casos há vários credores, o que não impede o fato de haver o crime se existir apenas um"[7]. Não obstante, esse entendimento não é pacífico[8].

No nosso entender, também haverá o crime falimentar se a conduta lesionar ou tiver possibilidade de lesionar apenas um credor. Não se trata de analogia (que seria proibida em norma penal incriminadora, por conta do princípio constitucional da reserva legal, segundo o qual não há crime sem Lei que o defina). No caso, entendemos, trata-se de interpretação extensiva, na qual o legislador disse menos do que queria, cabendo ao intérprete ampliar o sentido da norma. Esse também é o entendimento de Guilherme de Souza Nucci[9].

18.9 Competência para julgamento dos crimes falimentares

O art. 183 da Lei n. 11.101/2005 é claro ao afirmar que "compete ao juiz criminal da jurisdição onde tenha sido decretada a falência, concedida a recuperação judicial ou

6. Por exemplo: NUCCI, Guilherme de Souza. *Leis penais e processuais penais comentadas*. São Paulo: Revista dos Tribunais, 2007. p. 554.

7. Idem, p. 555.

8. "O uso da palavra no plural acaba por ensejar a necessidade de comprovação da existência de mais de um credor para a perfeita subsunção da conduta concreta ao tipo penal, não obstante, aparentemente, a intenção do legislador fosse configurar apenas a existência de débito, sendo o credor indeterminado, sentido que seria obtido também com o uso da palavra no singular, o que não causaria referida perplexidade" (MORAES, Guilherme Alfredo *apud* NUCCI, op. cit., p. 555).

9. NUCCI, Guilherme de Souza. Op. cit., p. 555.

homologado o plano de recuperação extrajudicial, conhecer da Ação penal pelos crimes previstos nesta lei".

Assim, compete ao juízo criminal processar e julgar os crimes falimentares, tendo em vista que este terá melhor técnica para aplicação dos princípios penais e processuais que regem o tema, bem como analisar os elementos do tipo penal, aplicando a pena de forma individualizada etc.

Não obstante, no Estado de São Paulo, há certa resistência em aplicar o sobredito dispositivo, em razão da Lei Estadual n. 3.947/83. Disse o Tribunal de Justiça Paulista: "Conflito de competência. Crime falimentar. Competência da Vara Cível onde foi feito o pedido de falência. Inaplicabilidade do art. 183 da Lei n. 11.101/2005. Mesmo com a redação da norma acima citada, compete ao juízo cível o processamento e julgamento do crime falimentar" (CC 134.639.0/9-00, Câmara Especial, rel. Sidnei Beneti, 23-10-2006).

Sobre o tema, embora na vigência da lei anterior, o Supremo Tribunal Federal já se manifestou no sentido de que: "a atribuição de competência ao juízo de falência para a Ação penal por crime falimentar, acrescendo-lhe essa competência criminal em razão da matéria, é típica norma de organização judiciária reservada privativamente ao legislador estadual, sem invasão da área da competência federal para a edição de processo" (RHC 63.783).

O mesmo raciocínio pode ser mantido, haja vista que a Constituição de 1988 determina, no art. 125, *caput*, e § 1º, que "os Estados organizarão sua justiça, observados os princípios estabelecidos nesta Constituição. § 1º A competência dos tribunais será definida na Constituição do Estado, sendo a lei de organização judiciária de iniciativa do Tribunal de Justiça".

Por fim, ressaltamos que a competência se dá no juízo onde tenha sido decretada a falência, bem como concedida a recuperação judicial ou homologado o plano de recuperação extrajudicial, ainda que a conduta do agente seja praticada em outro local. Trata-se de regra especial, que prevalece sobre as regras gerais previstas nos arts. 70 e s., do CPP. Por fim, não se tratando de competência jurisdicional, nada impede que a investigação policial (e o respectivo inquérito policial) tramite no foro da prática dos atos criminosos, nos termos do art. 4º do CPP.

18.10 Ação penal nos crimes falimentares

Segundo o art. 184 da Lei n. 11.101/2005, os crimes falimentares são de ação penal pública incondicionada (ajuizada pelo Ministério Público, sem necessidade de requerimento de qualquer pessoa interessada).

O prazo para o membro do Ministério Público oferecer a denúncia, segundo o art. 187, § 1º, da Lei n. 11.101/2005 é o mesmo do Código de Processo Penal (5 dias, quando o indiciado está preso; 15 dias, quando o indiciado está solto). Não obstante, segundo o dispositivo mencionado, o Ministério Público pode aguardar a apresentação da exposição circunstanciada do administrador judicial sobre as causas da falência, o procedimento do devedor etc. Depois desse relatório (previsto no art. 186 da lei), o Ministério público terá o prazo de 15 dias para oferecer a denúncia.

Não obstante, diz o parágrafo único do art. 184: "decorrido o prazo a que se refere o art. 187, § 1º, sem que o representante do Ministério Público ofereça denúncia, qualquer credor habilitado ou o administrador judicial poderá oferecer ação penal privada subsidiária da pública, observado o prazo decadencial de 6 (seis) meses".

Trata-se de ação penal privada subsidiária da pública, prevista no art. 29 do CPP, com uma diferença: em vez de ser ajuizada pela vítima do crime, a ação é ajuizada pelo credor habilitado ou pelo administrador judicial.

AÇÃO PENAL NOS CRIMES FALIMENTARES	
Regra	Ação penal pública incondicionada
Exceção	Se o Ministério Público não oferece denúncia no prazo legal, qualquer credor habilitado ou administrador judicial poderá oferecer ação privada subsidiária da pública.

18.11 Questões

01. (Cespe/TJ/AC/Notários/2006) As hipóteses de reabilitação do falido incluem o pagamento dos créditos ou a novação destes com garantia real e o decurso do prazo de 5 anos após o encerramento da falência, independentemente de o falido ou de o representante legal da sociedade falida ter incorrido em crime falimentar.

( ) Verdadeiro

( ) Falso

02. (FGV/Sefaz/RJ/Fiscal/2009) Nos termos da Lei n. 11.101/2005, não se configura como crime falimentar:

a) praticar, antes ou depois da sentença que decreta a falência, conceder a recuperação judicial ou homologar a recuperação extrajudicial, ato fraudulento de que resulte ou possa resultar prejuízo aos credores, com o fim de obter ou assegurar vantagem indevida para si ou para outrem.

b) manter a atividade empresarial após a concessão da recuperação judicial ou a homologação da recuperação extrajudicial.

c) violar, explorar ou divulgar, sem justa causa, sigilo empresarial ou dados confidenciais sobre operações ou serviços, contribuindo para a condução de devedor a estado de inviabilidade econômica ou financeira.

d) divulgar ou propalar, por qualquer meio, informação falsa sobre devedor em recuperação judicial, com o fim de levá-lo à falência ou de obter vantagem.

e) sonegar ou omitir informações ou prestar informações falsas no processo de falência, de recuperação judicial ou de recuperação extrajudicial, com o fim de induzir a erro o juiz, o Ministério Público, os credores, o Comitê ou o administrador judicial.

03. (TRT-15ª Reg./2010/15ª Reg./Juiz do Trabalho) Segundo a Lei n. 11.101/2005, a condenação por crime falimentar:

a) impede o exercício de qualquer atividade empresarial pelo prazo de 5 (cinco) anos, a contar do decreto da falência.

b) impede o falido de exercer cargo ou função em conselho de administração.

c) não impede exercício do cargo de gerência, mas apenas o de diretoria.
d) não impossibilita o falido de gerir empresa por mandato.
e) nenhuma das anteriores.

GABARITO

QUESTÃO	COMENTÁRIOS
01	A afirmativa é falsa, uma vez que a reabilitação do falido se dá no prazo de 10 anos, nos casos em que tenha ocorrido a prática de um crime falimentar, conforme leciona art. 158, IV, da Lei n. 11.101/2005.
02	A alternativa "B" está correta. Os institutos da Recuperação Judicial e da Extrajudicial foram criados justamente para atender ao princípio da preservação da empresa. Volta-se para os empresários ou sociedades empresárias que estão passando por crise, mas cuja continuidade das atividades exercidas ainda é viável, de modo que a lei lhes concede um benefício de tentar se recuperar por meio de um plano de recuperação junto aos credores, o qual pode se dar por meio judicial ou extrajudicial, podendo esse último ser homologado perante o Poder Judiciário. Por isso, a continuidade da atividade empresarial após a concessão da recuperação judicial ou a homologação do plano de recuperação extrajudicial não configura crime falimentar, não se enquadrando na figura típica prevista no art. 176 da Lei n. 11.101/2005, pois a recuperação de empresas não inabilita o exercício da atividade empresarial, pelo contrário, visa prestigiá-la.
03	A alternativa correta é "B", pois a condenação em crime falimentar impede a participação no Conselho de Administração (art. 181, II, da Lei n. 11.101/2005). Além disso, ressalte-se que quem é condenado em crime falimentar é impedido por 10 anos de exercer a atividade empresarial (art. 158, IV, da Lei n. 11.101/2005).

BIBLIOGRAFIA

ANDREUCCI, Ricardo Antonio. *Legislação penal especial*. São Paulo: Saraiva, 2005.

ASQUINI, Alberto. Profili dell'Impresa. *Rivista del Diritto Commerciale*, vol. 41, I, 1943. Trad. Fábio Konder Comparato. *Revista de Direito Mercantil*. São Paulo: Revista dos Tribunais, n. 104, out./dez. 1996.

AZEVEDO, Álvaro Vilaça de. *Teoria geral das obrigações*. São Paulo: Atlas, 2008.

BARRETO FILHO, Oscar. *Teoria do estabelecimento comercial*. 2. ed. São Paulo: Saraiva, 1988.

BERTOLDI, Marcelo M. *Curso avançado de direito comercial*. 4. ed. São Paulo: Revista dos Tribunais, 2008.

BEZERRA FILHO, Manoel Justino. *Lei de recuperação de empresas e falências comentada*. 6. ed. rev. e atual. São Paulo: Revista dos Tribunais, 2009.

BITTAR, Carlos Alberto. *Os direitos da personalidade*. 4. ed. Rio de Janeiro: Forense Universitária, 2000.

BORBA, José Edwaldo Tavares. *Direito societário*. 11. ed. Rio de Janeiro: Renovar, 2008.

BULGARELLI, Waldirio. *Títulos de crédito*. 14. ed. São Paulo: Atlas, 1998.

______. *Tratado de direito empresarial*. 2. ed. São Paulo: Atlas, 1995.

CAMPINHO, Sérgio. *O direito da empresa à luz do novo Código Civil*. 4. ed. Rio de Janeiro: Renovar, 2004.

______. *O direito da empresa à luz do novo Código Civil*. 9. ed. Rio de Janeiro: Renovar, 2008.

______. *Falência e recuperação de empresa*: o novo regime da insolvência empresarial. 3. ed. Rio de Janeiro: Renovar, 2008.

CARVALHO DE MENDONÇA, J. X. *Tratado de direito comercial brasileiro*. Campinas: Bookseller, 2000. vol. 1.

______. *Tratado de direito comercial brasileiro*. Campinas: Bookseller, 2000. vol. 2. t. 2.

______. *Tratado de direito comercial brasileiro*. Campinas: Russel, 2000. vol. 3. t. I.

CARVALHO, Pedro Marco Brandão. Princípio da unicidade do crime falimentar. Disponível em: <www.fesmpdft.org.br/arquivos/Pedro_Marco.pdf>. Acesso em: 8 jul. 2013.

CARVALHOSA, Modesto. *Comentários à lei de sociedades anônimas*. São Paulo: Saraiva, 1997. vol. 3.

______. *Comentários à lei de sociedades anônimas*. São Paulo: Saraiva, 1997. vol. 4.

______. *Comentários ao Código Civil*. São Paulo: Saraiva, 2003.

COELHO, Fábio Ulhoa. *Curso de direito comercial*. 12. ed. São Paulo: Saraiva, 2008. vol. 1

______. *Curso de direito comercial*. 15. ed. São Paulo: Saraiva, 2011. vol. 1.

______. *Curso de direito comercial*. 15. ed. São Paulo: Saraiva, 2011. vol. 2.

______. *Curso de direito comercial*. 12. ed. São Paulo: Saraiva, 2011. vol. 3.

COMPARATO, Fábio Konder. *Ensaios e pareceres de direito empresarial*. Rio de Janeiro: Forense, 1978.

______. *O poder de controle na sociedade anônima*. 3. ed. Rio de Janeiro: Forense, 1983.

COSTA, Wille Duarte da. *Títulos de crédito*. Belo Horizonte: Del Rey, 2003.

DELGADO, Maurício Godinho. *Curso de direito do trabalho*. 10. ed. São Paulo: LTr, 2011.

DINIZ, Maria Helena. *Curso de direito civil brasileiro*: teoria das obrigações contratuais e extracontratuais. 27. ed. São Paulo: Saraiva, 2011. vol. 3.

FAZZIO JUNIOR, Waldo. *Sociedades limitadas*. São Paulo: Atlas, 2003.

______. *Manual de direito comercial*. 3. ed. São Paulo: Atlas, 2003.

FERREIRA, Waldemar. *Tratado de direito comercial*. São Paulo: Saraiva, 1960. vol. 1.

FRANCO, Afonso Arinos de Melo. *Curso de direito constitucional brasileiro*. 1. ed. Rio de Janeiro: Forense, 1960. vol. II.

FRANCO, Alberto Silva et al. *Código penal e sua interpretação jurisprudencial*. São Paulo: Revista dos Tribunais, 1997. vol. I. t. I.

GONÇALVES NETO, Alfredo de Assis. *Direito de empresa*. 4. ed. São Paulo: Revista dos Tribunais, 2013.

LUCCA, Newton de. *Comentários ao novo Código Civil*. Rio de Janeiro: Forense, 2003. vol. XII.

MAMEDE, Gladston. *Direito empresarial brasileiro*: títulos de crédito. 2. ed. São Paulo: Atlas, 2005. vol. 3.

______. *Direito empresarial brasileiro*. 3. ed. São Paulo: Atlas, 2008. vol. 2.

______. *Manual de direito empresarial*. 6. ed. São Paulo: Atlas, 2012.

MARTINS, Fran. *Curso de direito comercial*. 27. ed. Rio de Janeiro: Forense, 2001.

MARTINS, Sérgio Pinto. *Direito processual do trabalho*. São Paulo: Atlas, 1997.

MELLO FRANCO, Vera Helena de. *Manual de direito comercial*. 2. ed. São Paulo: Revista dos Tribunais, 2004.

MIRABETE, Julio Fabbrini. *Manual de direito penal*. 3. ed. São Paulo: Atlas, 2010. vol. I.

MIRANDA, Pontes de. *Tratado de direito privado*. Campinas: Bookseller, 2000.

NEGRÃO, Ricardo. *Manual de direito comercial e de empresa*. São Paulo: Saraiva, 2010. vol. 3.

NUCCI, Guilherme de Souza. *Leis penais e processuais penais comentadas*. São Paulo: Revista dos Tribunais, 2007.

REQUIÃO, Rubens. *Curso de direito comercial.* 28. ed. São Paulo: Saraiva, 2009. vol. 1.

______. *Curso de direito comercial.* 30. ed. São Paulo: Saraiva, 2011. vol. 1.

______. *Curso de direito comercial.* 28. ed. São Paulo: Saraiva, 2011. vol. 2.

ROSA JUNIOR, Luiz Emygdio da. *Títulos de crédito.* 5. ed. Rio de Janeiro: Renovar, 2007.

SCHIAVI, Mauro. *Manual de direito processual do trabalho.* São Paulo: LTr, 2011.

SILVA, Homero Batista Mateus da. *Curso de direito do trabalho aplicado*: execução trabalhista. Rio de Janeiro: Elsevier, 2010. vol. 10.

SOUTO MAIOR, Jorge Luiz. Ação monitória na justiça do trabalho. In: SENTO-SÉ, Jairo Lins Albuquerque (coord.). *A efetividade do processo do trabalho.* São Paulo: LTr, 1999.

TOMAZETTE, Marlon. *Curso de direito empresarial*: teoria geral do direito societário. 2. ed. São Paulo: Atlas, 2009. vol. 1.

______. *Curso de direito empresarial*: títulos de crédito. 3. ed. São Paulo: Atlas, 2012. vol. 2.

______. *Curso de direito empresarial*: falência e recuperação de empresas. 2. ed. São Paulo: Atlas, 2012. vol. 3.

VERÇOSA, Haroldo Malheiros Duclerc. *Curso de direito comercial.* São Paulo: Malheiros, 2010. vol. 2.

WALD, Arnoldo. O governo das empresas. *Revista de Direito Bancário e do Mercado de Capitais*, vol. 15, p. 53, São Paulo, Revista dos Tribunais.